# 中国语文现代化百年记事

## （1892-2013）

费锦昌　主编

商务印书馆
创于1897　The Commercial Press

**图书在版编目(CIP)数据**

中国语文现代化百年记事：1892－2013 /费锦昌主编.
—北京：商务印书馆，2021
ISBN 978－7－100－20007－3

Ⅰ.①中… Ⅱ.①费… Ⅲ.①现代汉语—发展—中国—
1892－2013 Ⅳ.①H109.4

中国版本图书馆 CIP 数据核字(2021)第 117409 号

中国语文现代化百年记事(1892－2013)
费锦昌　主编

商　务　印　书　馆　出　版
(北京王府井大街 36 号　邮政编码 100710)
商　务　印　书　馆　发　行
北 京 中 科 印 刷 有 限 公 司 印 刷
ISBN 978－7－100－20007－3

2021 年 9 月第 1 版　　开本 787×1092　1/16
2021 年 9 月北京第 1 次印刷　印张 43¼
定价：180.00 元

**主编** 费锦昌

**编者** 徐莉莉　费锦昌　于立滨

# 题　记

　　"现代化"是一个活生生的动态性概念，它与"现代性"不同，它不是指后者所象征的那个静态的文明结构，而意味着一种连续，一个过程，一个当代世界正在持续着的历史演进。

——摘自许纪霖、陈达凯主编
《中国现代化史·总论》

# 目　录

前　言 ································································ 001

序言一 ·········································· 许嘉璐 004

序言二 ·········································· 李宇明 007

题词一 ·········································· 张志公 011

题词二 ·········································· 王　均 012

凡　例 ············································ 013

## 正　文 ········································ 001

参考文献 ········································ 629

附　录

　　中国语文现代化百年记事举要（1892—2013）·············· 631

　　人名索引 ·································· 636

# 前　言

　　《中国语文现代化百年记事（1892—2013）》是一本记录中国语言文字逐步实现现代化历史进程的书。本书反映的"中国语文现代化"，主要以汉语文现代化的内容为主。

　　语文界对中国"语文现代化"有不同的理解。我们取周有光先生的说法，中国的"语文现代化"即指语言共同化、文体口语化、文字简便化、表音字母化。我们再加上"一化"——语言文字信息处理电脑化。这"五化"既指作为交际工具的语言文字本身的演进，也指社会语文生活的进步。

　　本书主要是在《中国语文现代化百年记事（1892—1995）》一书基础上增补修订而成。该书自1997年7月由语文出版社出版以来，受到海内外读者的谬爱，并早就售罄，希望再版并增补后续年份记事的呼声不断。承蒙有关专家鼎力推荐，商务印书馆主动承担了新《百年记事》一书的出版，对此，我们十分感谢。

　　本书记述中国语文现代化以1892年卢戆章《一目了然初阶（中国切音新字厦腔）》的出版作为起始，是因为该书系第一个由中国人自己创制的字母式汉语拼音方案。

　　本书把记事时段延至2013年，是因为该年为《通用规范汉字表》由国务院正式公布的年份，而《通用规范汉字表》是我国最新最权威的规范汉字依据。

　　新《百年记事》除了扩大记事的时段外，还修订了已经发现的《中国语文现代化百年记事（1892—1995）》中某些记述不够准确、不够明确、不够完整的片段。

　　在上述时间范围内，凡跟中国语文现代化有关的重要人物、著作、会议、活动、文件等都是本书主要记录的对象。这百年中，在语言文字基础研究和理论研究方面的重要事项，本书也酌予收录。我们把这些内容视为中国语文现代化取得进展的重要基础。

书名定为《百年记事》，而不作《大事记》，是因为我们不敢说这百年来语文界的大事尽在书中，我们也不敢说凡记入本书的都是大事。但我们敢说，凡跟中国近百年语文现代化有关的大事基本上都记录在书中了。

港澳台地区有关中国语文现代化的大事，限于资料，原《百年记事》收录有缺。这次做了较多增补。向为此提供帮助的香港中国语文学会主席姚德怀先生、香港中国语文学会副主席田小琳先生和马来西亚华文教育专家林国安先生等致谢。

本书的内容来源有三：

一、1892—1995年，以《中国语文现代化百年记事（1892—1995）》（语文出版社1997年出版）为底本加以修订增补。原书编写人员有：

主编　费锦昌

编写　王　凡　史丽荣　刘新珍　李　弋　费锦昌

二、1978—2003年，以《新时期语文工作记事（1978—2003）》（语文出版社2005年出版）为底本加以修订增补。原书编写人员有：

主编　费锦昌

编写（按汉语拼音顺序排列）

　　郝阿庆　高　阳　韩其洲　里　元　刘　扬　王翠叶

　　魏　丹　杨建明　于桂英　于　虹　袁钟瑞　周道娟

原书一、二部分由张世平、魏丹、袁钟瑞、郝阿庆、周道娟分段负责校订，经袁钟瑞和张世平先后两次统稿，杨光最后审定。

三、2004—2013年语言文字工作记事，由于立滨编写。

《中国语文现代化百年记事（1892—2013）》在以上三方面材料的基础上，由费锦昌最后定稿。

我们的编写工作曾得到人民教育出版社张志公、国家语言文字工作委员会王均、语言文字应用研究所周有光、北京大学苏培成、复旦大学陈光磊、厦门大学许长安、清华大学黄昌宁、华东师范大学范可育等先生的指导和帮助，并承蒙国家语言文字工作委员会原主任许嘉璐先生赐序，中国语文现代化学会原会长张志公先生、原常务副会长王均先生题词。国家语言文字工作委员会档案室和语文出版社也给予很多支持。此次重新修订出版，又承蒙北京语言大学李宇明教授赐序，商务印书馆周洪波先生及其同人慨然承担这次的出版任务。对于这些前辈和学者的指导和帮助，我们满怀诚挚的谢意，并将永远铭记于心。

编写时间仓促，错漏难免，敬请专家和读者指正。

费锦昌

2020年10月

# 序言一

# 《中国语文现代化百年记事
# （1892—1995）》序言

许嘉璐

　　费锦昌先生和几位同道编了这本《中国语文现代化百年记事》，要我在书前写几句话。最初我想，一百年的时间虽然不算长，但是我的年岁只勉强够它的六成，还不及至今仍健在的一些语言学界老前辈参与其事的年头多，我焉敢为之作序？何况，我是弄古汉语的，一直对现代语言文字问题很少深思，只是从前年（1994年）到国家语言文字工作委员会工作后才真正地投入，到现在还没过了学习期，我又焉能为之作序？

　　但是，我现在还是写了，这是因为在我了解了全书的内容之后，有了如下的考虑：

　　这本书里，记载了在语言文字研究和工作领域里的百年沧桑，它正是和我一样在这方面有兴趣而知识比我更少而事识不丰的人而编撰的。我可以，也应该写出我的感受，和如我一类的读者交流。

　　一百年前，在四万万五千万同胞里，有那么几个人，敏锐地感到当时中国的语言文字状况已经不适应社会的发展，开始思考如何改革。后来，关心这个问题并且投入或涉足其间的人逐渐多了一些，时而热闹，时而冷清。但是，参与的人毕竟比开始时多了，议论也就多起来；与此同时，往往对一个问题也就会有好几种主张，有时争论得还满激烈，当然这些议论和争辩都只限于很小的范围，限于关心语文改革的一些文人范围之内。推广官话、文字改革、改变文体，几乎语文改革中的每个问题都是在长期争论中逐步推进的；甚至即使事情已经做了，争论还在继续。就这样，在争论—前进—争论中过了五十多年。与不断为之奋斗的语文界前辈们所付出的努力很不相称的是，语文改革的几个重要问题，除了趁着新文化运动（特别是五四运动）的东风把青年从文言文的桎梏中解救出来之外，在其他方面，所取得的社会效果甚微。

1949年中华人民共和国成立后不久，一批以还健在的语文改革参与者为主的专家就在政府的领导下认真研究前50年所提出而没有解决的问题。随后，国家正式对汉字进行整理和规范（包括对常用汉字进行简化、整理异体字、审订普通话异读词的字音等），推广普通话，制订并推广《汉语拼音方案》。先驱者们所追求的一些目标成了全民的事业。从那时到现在，又过了40年，规范汉字已经被全国人民所掌握，47岁以下的人都是用规范字学得文化知识、掌握各种技能的；普通话已经成为56个民族的通用语，普通话已经成为绝大多数地方广播和电视的主要语言；《汉语拼音方案》不但成为识字和推广普通话最重要的工具，而且用途还在不断扩大：拼写中国人名地名、制订旗语盲文、计算机键盘拼音输入……

在这本《记事》中每一条看似干巴巴，其实在其背后都有着许多人的心血和丰富的史实，甚至是可歌可泣的史实。它将引起人们的许多思考。

它将告诉人们，为什么几十年做不成的事，现在几年就做成了。

语言文字随时随地在发展。只有在发展演变的基础上不断加以改革和规范，才有利于全社会的应用。因此，语言文字工作的最终目的是为全民服务，为社会发展和经济建设服务。五十多年来语文改革先驱者们之所以孜孜以求、百折不挠，就是为了振兴中华。中华人民共和国政府是为人民服务的政府，对这项于国于民有利的事当然要认真地做，大力地抓，沿着先驱者们奋进的方向继续前进。事实证明，在党和政府的领导下，四十年来语言文字工作的各个方面所取得的成绩，已经并正在继续对国家的建设、民族的团结、经济的发展起到重大的作用。1949年以前的这个世纪之所以收效不大，就是因为学者们的努力得不到政府的支持，有时甚至还要受到政府的阻挠和压制，例如1935年国民政府颁令暂停推行简体字，这一"暂"，就"暂"到了中华人民共和国的建立。

它将告诉人们，四十年来我们所做的一切，都是前人未了事业合乎逻辑的延伸。

推广普通话、简化汉字、推广《汉语拼音方案》等工作，并不是1949年后的发明。四十年来的语言文字工作不过是集中了前人的心血，——这一点永远不能忘记——并使之更加科学化、更适合中国的情况、更有组织有计划，并纳入政府的行为之中，因而也更为有效。

像我这样的语言文字工作者，更要从这本《记事》中汲取营养。

从百年来的历史中可以更深刻地领会到，我们所从事的工作，是关系到民族未来的事业，应该从前人勇于开拓、锲而不舍，甚至是知其不可而为之的精神中获得力量。任何伟大的事业，都像修筑大坝，需要无数人用一铲一铲的泥土把它堆砌起来。任何个人不过是其中的一粒或几粒沙石。而现在的语言文字工作者遇上了前所未有的好时机，具有了前人做梦也想不到的好条件。我们只能把工作做得更好。

和一百年前相比，和四十年前相比，由于社会和科技（特别是计算机信息处理技术）的急速发展对语言文字工作提出了更高的要求，因而语言文字工作的内容、深度、广度和工作方法都有了很大变化。要把工作做得更好，要使语言文字工作适应现在的和未来的现代化建设的需要，我们还要下很大的力气，还要学习新的知识，还要做出可能比过去更多的努力。

费锦昌先生要我写序时说，写几句话就行。我在不知不觉中竟写了这么多。这是因为一百年来的事，太丰富了，察古以知今，使我想了很多，我愿意写出来，向本书的编者袒露，向广大读者请教。

兹为序。

1996年9月21日

# 序言二

# 历史，不只是简单的过去

## ——序费锦昌主编《中国语文现代化百年记事（1892—2013）》

李宇明

　　费锦昌先生主编的这部《中国语文现代化百年记事》，有三部书做基础：1.《建国以来文字改革工作编年记事》（语文出版社，1985年）；2.《中国语文现代化百年记事（1892—1995）》（语文出版社，1997年）；3.《新时期语言文字工作记事（1978—2003）》（语文出版社，2005年）。这三部《记事》都是费锦昌先生主编，编者基本都是国家语委的研究者和工作者，对百余年的语言文字事业有一定的研究，有特殊的感情，有较深的理解，故而记事翔实，取舍有据，评价可信。

　　2001年2月10日，费锦昌先生将《中国语文现代化百年记事（1892—1995）》赠送给我，于我而言，这真是"雪中送炭"。当时，我刚从华中师范大学调入教育部语言文字信息管理司和语言文字应用研究所工作，虽然自己也是语言学出身，但对国家语言规划及其历史却了解不够。为补课，我从语用所图书室借了一大摞发黄的书籍，记得有《清末文字改革文集》、《1913年读音统一会资料汇编》、《第一次全国文字改革会议文件汇编》、《新时期的语言文字工作》（1986年全国语言文字工作会议文件汇编）、黎锦熙《国语运动史纲》、刘复《文字历史观与革命论》、郑林曦《论语说文》、《倪海曙语文论集》、《汉语拼音论文选》、吴玉章《文字改革文集》、周有光《汉字改革概论》、周有光等《汉语手指字母论集》、王均主编《当代中国的文字改革》、《语文现代化论丛》（1—4辑）等等。费先生所赠《百年记事》，就如同红线串珠，将103年林林总总、或隐或显的人物、组织及事件，有序呈现。以此为线索，再去读上述文献，便觉得一下子有了纲目。《百年记事》的每一页，我都认真读过，书中夹满了权作书签的长短纸片，有些页面上还画满了各色线条。此书一直伴我座右，常常翻阅。

历史当然都是过去的事情，但不是简单的"过去"，不只是历史。其一，治史者记什么事、怎么记事、如何评事，是带着当下立场、现实眼光的；其二，历史是现实的源头，现实从历史中流淌而来，正确理解现实往往需要回顾历史；其三，历史是现实的镜子，以铜为鉴可以正衣冠，以古为鉴可以知兴替，以人为鉴可以明得失。这也许就是意大利史学家克罗齐（Benedetto Croce）所谓"一切历史都是当代史"的含义（克罗齐《历史学的理论和实际》）。

翻读中国语言规划的百年历史，回望语文现代化的百年之路，常常令人情绪激动。由衷敬佩前辈的见识，甚至包括那些偏激之见，也由衷感叹前辈对事业的激情与执着。清末以来，政权几经更迭，时局数度变迁，但有许多理念、许多追求、许多做法都仿佛基本未变。

首先，智民强国这一语言文字事业的主题基本未变。1896年前后，青年才俊沈学在上海"一林春茶馆"义务教授他设计的"盛世元音"，墙上挂副对联："十年花尽心机，欲为同胞开慧眼；一旦推行字母，愿教吾国进文明。"梁启超为沈学《盛世元音》作序："国恶乎强？民治斯国强矣！民恶乎智？尽天下人而读书而识字，斯民智矣！"劳乃宣1910年上书学部："今日救亡之道，舍求人民易于识字、俾教育得以普及，别无他策，则实为天下之公论。"通过语文现代化普及教育、智民强国之论，与20世纪50年代的扫盲运动，与20世纪八九十年代的服务于"四个现代化"建设，与当下的促进中华民族共同体意识的牢铸、促进人类命运共同体的构建，是有异曲同工之处的。

其次，"语文现代化"的方向基本未变。卢戆章1892年就提出："窃谓国之富强，基于格致。格致之兴，基于男妇老幼皆好学识礼。其所以能好学识礼者，基于切音为字，则字母与切法习完，凡字无师能自读；基于字话一律，则读于口遂即达于心；又基于字画简易，则易于习认，亦即易于捉笔，省费十余载之光阴。将此光阴专攻于算学、格致、化学，以及种种之实学，何患国之不富强也哉？"卢戆章提出的"切音为字""字话一律""字画简易"，逐渐发展丰富为"语言共同化、文体口语化、文字简便化、表音字母化、语言文字信息处理电脑化"为主要内容的"语文现代化"。语文现代化，不同时代有不同侧重，不同人有不同主张，甚至是针锋相对，但总的发展方向是百年一致的。

再次，为实现语文现代化而执着、坚守的士儒气节基本未变。语文现代化的道路并不平坦，常常需要"咬定青山不放松"的坚守。卢戆章为创"切音新字"，"尽弃外务，朝夕于斯，昼夜于斯，十多年于兹矣"。沈学为传新字，最后一贫如洗，饥病而亡。王照是戊戌变法主将，后流亡日本，为推行《官话字母》不惜回国自首，入狱获释后全力推广，直至暮年。劳乃宣、吴稚晖、刘半农、胡适、赵元任、钱玄同、黎锦熙、吴玉章、叶籁士、倪海曙、魏建功、齐铁恨、周有光、吕叔湘等，都是这方面的坚守者，都有感人的坚守故事。

正是这些坚守百年的"基本未变"，才使得今日海内外的汉民族共同语，虽然分布在不同政体与国度，虽然名称有"普通话、国语、华语"等各种叫法，虽然汉字有简体、繁体等不同写法，虽然拼音有威妥玛式、注音字母、汉语拼音等多种体式，但是标准音都是北京语音，文体都是白话文，并且正在"大华语"的理念下相互趋近；正是这些坚守百年的"基本未变"，使国家在今日向着现代化、国际化、信息化迈进时，语言文字及拼音工具仍可以作为丰厚羽翼，由旧时的"方便教育"发展到今日的"普及教育"，由"救亡图存"意义下的富国强民发展到今日"民族复兴"意义下的富国强民。这种坚守百年的"基本未变"，无论是从中国发展进步的历史角度看，还是从人类语言规划史的学术角度看，都是值得研究的语言现象、文化现象。

2017年初夏，我从校领导岗位上退下来，有了许多静守书桌的时间，就可着劲地"贪活"，以偿还数年欠下的各种"文债"。人不是钢铁，是钢铁也会疲劳。时至初秋，竟然腰疾复发住进医院，做了"小针刀"手术才有所缓解。这是我人生第一次住院，"病榻三尺阔，夜长入睡难"，复盘人生，思绪万千。一日，商务印书馆总编辑周洪波先生探友慰疾，聊起他曾与费锦昌先生通过电话。我忽然激动地接过话茬儿，说起增补《中国语文现代化百年记事（1892—1995）》来。1995年到当时的2017年，又二十多年了，语言文字工作领域又发生了许多大事，如《国家通用语言文字法》《通用规范汉字表》的颁布，语言保护工程的实施，语言资源、构建和谐语言生活等理念的提出等，都值得载入史册。然而记事体例的编年史也不是"流水账"，不是谁都能记的。费锦昌先生是现代汉字研究专家，主持过《语文建设》《语言文字应用》两个杂志的工作，有编纂三部编年记事的经验，由他增补，是不二人选。但他毕竟也80岁了，时不我待！商务若能促成此事，功莫大焉。

洪波先生是一个行动力很强的人，马上拨通费先生电话，说明原委，竟然得到了费先生的积极回应，一个附加条件是要我作序。《百年记事》的序言是许嘉璐先生所作，还有张志公、王均两位先生的题词，他们都是德高望重的长辈，我哪有资格于此置喙？但洪波先生有智慧，劝我先应承下来。

今年9月9日，突然接到费先生从上海打来的电话，告诉我，《百年记事》已经增订完成，主要做了三方面工作：一、时间从1995年延展到2013年；二、重点增补了港澳台地区的史料和语言文字信息处理电脑化领域的史料；三、重新编写索引。并不忘提醒我写序之事。要知道，费锦昌是1938年生人，身体也不太好。特别是2020年，庚子新冠病毒肆虐，生活环境发生了很大变化。但是，他与徐莉莉、于立滨竟然完成了增订任务，三年一诺，三人一诺，不也体现着传承百年的语言工作者的激情与执着吗？

许嘉璐先生在《百年记事》序言中说："四十年来我们所做的一切，都是前人未了事业合乎逻辑的延伸。""推广普通话、简化汉字、推广汉语拼音方案等工作，并不是1949年后的发明。四十年来的语言文字工作不过是集中了前人的心血，——这一点永远不能忘记——并使之更加科学化、更适合中国的情况、更有组织有计划，并纳入政府的行为之中，因而也更为有效。"今日，2020年10月13日，我国又一次召开了全国语言文字会议。算起来，这是中华人民共和国成立以来召开的第4次全国语言文字大会，距上次大会的1997年已23年了。这次大会，总结百余年之经验，展望30年甚至更远之未来，中国语文现代化事业定会有新谋划、新发展，为"前人未了事业"再做"合乎逻辑的延伸"。

再过两年，2022年，就是中国语文现代化130周年。从2013年到2022年，又将近10年。希望那时，再把《中国语文现代化百年记事（1892—2013）》更新补齐。费锦昌先生，您还要运笔呀！

2020年10月13日深夜

序于北京惧闲聊斋

**题词一**

本书内容丰富，
考校精审，在同类
书中允称上乘。其与
检索资料，订正事实，
探讨理论，的大有
助益。对语文现代化
的实施国家语文政
策的确立，贡献尤
著。聊缀数语志
感，并向关心我国
语文现代化的朋
友推荐此本。

张志公

1996年10月

# 题词二

我很同意"现代化是一个动态的概念"。时代不断前进，社会不断进步，作为人类社会交际工具的语言文字，要适应不同时代和社会的需要，因而有不断丰富发展的现代化的要求，这是语言文字的社会功能所决定的。邓小平同志"面向现代化、面向世界、面向未来"的指示，适用于一切工作，特别是语言文字。总的精神是要目光向前，加紧赶上时代的需要。

语文现代化的五项内容，在今天都有现实意义，必须坚持，不能动摇，尤其是计算机中文信息处理这项最新的内容，最迫切的任务。我们要共享全人类的文化成果，获取高新科学技术发展的最新信息，就要高举"语文现代化"的旗帜，多做实事。也就是说，必须考虑语言文字的便学便用及与国际接轨的问题。我们丝毫也不忽视自己几千年的文化传统，我们有民族自豪感和自信心，但我们决不满足现状。我们知道，更重要的是要在改革开放中继续前进！

《中国语文现代化百年记事》用生动的历史事实告诉我们：百年必来，爱国前辈的有识之士，想通过普及教育，振兴中华。他们为了对付汉字的难学、难用，为了促进祖国语文的健康发展，曾经做出多么艰辛的努力，并且在前进中，同守旧势力进行了多么长期复杂的斗争！当前，竟还有人叫嚷，要为"昭雪汉字百年冤案"而拼搏。可是，现在还有谁否定汉字的作用，说要"消灭汉字"的呢？请看看一百年来仁人志士的努力，已在群众中生根结果，历史是不能倒退的。让那些人去捶胸顿脚诡辩诅咒吧，人民要迎着光辉的21世纪奋勇前进，这是谁也不能阻挡的。

王 均
1996年元月5日

# 凡　例

一、全书内容按年、月、日顺序编排。日期相同的，大致按内容重要程度排列先后。只有月份的，排在当月的最后。只有年份的，排在当年的最后，首条前加"同年"。

二、为了便于查阅，全书条目统一在行首编写序号。依条目先后顺序，每年自001始。如"1892001"。

三、为便于读者按类检索，书后附有：

1. 中国语文现代化百年记事举要

2. 人名索引

# 1892 年

1892001　鸦片战争（1840—1842）后，海禁重开。"西风"劲吹，"欧雨"扑打。西方的传教士、行商涌进来了；中国的外交官、留学生走出去了。双方首先接触的是他们各自的语言文字。中国的士人这才知道，世界上除了象形表意的汉字以外，还有记录语音的拼音文字。两相比较，他们发现了西方拼音文字的若干特点和优点，并与西方国家的强盛联系起来，从而产生了推行共同语、改用拼音汉字、提高教育质量等强国利民的种种设想。

　　为了传教，西方传教士就用他们熟悉的拉丁字母记录汉语的语音。如：意大利传教士利玛窦在明朝神宗万历三十三年（1605）写的《西字奇迹》，就用拉丁字母来拼写南京语音；明朝熹宗天启六年（1626）法国天主教传教士金尼阁用利玛窦的拼音系统，写了一部以拉丁字母拼注汉语的书，叫《西儒耳目资》，开启了以拉丁字母为汉字注音的先河；1815—1823 年间，在广州传教的英国传教士马礼逊编了一部《华英字典》。清末"五口通商"以后，来华的很多商人也用拉丁字母来拼识汉字，拼写汉语，如英国驻华公使威妥玛所著《语言自迩集》的拼音法就流传很广。另外，交通业、邮政界拼写人名地名的系统，跟"威妥玛系统"很类似，通称"邮政制拼音系统"。

　　1891 年，宋恕在《六斋卑议》中首先提出汉语"须造切音文字"的主张。

　　1892 年，卢戆章创制第一个由中国人自己设计的字母式汉语拼音文字方案《一目了然初阶（中国切音新字厦腔）》（厦门五崎顶倍文斋出版），揭开了清末切音字运动的序幕。

　　卢戆章（1854—1928），字雪樵，福建同安县（今厦门市同安区）人。他 21 岁到新加坡半工半读，专攻英语。25 岁回厦门教中国人学英语，教外国人学厦门话，并应英国传教士马约翰的聘请"帮译《华英字典》"。多年学用的英语和流行于厦门的教会罗马字启发了他创制拼音汉字的想法。于是，卢戆章"屏弃外务，朝夕于斯，昼夜于斯，十多年于兹矣。无非考究作字之法。因将天下三百左右腔字母之至简易平稳者，又参以己见，选此五十余记号画为'中国第一快切音字'

之字母"（《中国第一快切音新字》原序）。经过十年努力，卢戆章终于完成了《一目了然初阶（中国切音新字厦腔）》的研制工作。

卢戆章认为"中国字或者是当今普天之下之字之至难者"。他认为中国在文字上不应该"自异于万国"。他还提出自仓颉造字以来，汉字"趋易避难"，不断地发展着，所以为求国家富强和科学、教育的普及，他主张采用汉语拼音，认为汉语拼音是普及教育的最有效办法。"窃谓国之富强，基于格致。格致之兴，基于男妇老幼皆好学识理。其所以能好学识理者，基于切音为字。则字母与切法习完，凡字无师能自读。基于字话一律，则读于口遂即达于心。又基于字画简易，则易于习认，亦即易于捉笔，省费十余载之光阴。将此光阴专攻于算学、格致、化学，以及种种之实学，何患国不富强也哉。"

卢戆章《中国第一快切音新字》总字母（韵母）并总韵脚（声母）共55字，所用的字母是拉丁字母的变体，拼写的语言是厦门方言（厦门、漳州、泉州等），音节结构是声韵双拼。

他的方案虽然是拼写方言的，但他主张"国语统一"，把南京语音作为"各省之正音"，把拼写南京话的切音字作为全国"通行之正字"。他认为："若以南京话为通行之正字，为各省之正音，则十九省语言文字既从一律，文话皆相通。中国虽大，犹如一家，非如向者之各守疆界，各操土音之对面无言也。"

卢戆章不要求废除汉字，他主张"切音字与汉字并列"，和汉字有同等地位，可以通过它学习汉字，也可以由它来代替汉字。这些是我国早期的汉语拼音文字理论。"切音字与汉字并行"是切音字运动的一个普遍观点。

卢戆章的切音字实行"词素连写、词间分开"，虽然没有明文定出写法规则，但已产生了一套初级形式的写法体系。这在当时是一种崭新的语文现象。

《一目了然初阶（中国切音新字厦腔）》中的切音字读物实行"左起横行"形式书写，比有些人认为1904年出版的"中国第一本横排的书"《英文汉诂》早了12年。

这本书的切音字读物内容通俗易懂，在通俗化方面比1898年创刊的第一份通俗报《无锡白话报》早了7年。

# 1893 年

1893001　卢戆章出版《一目了然初阶（中国切音新字厦腔）》的节本《新字初阶》，向群众推广。

# 1895 年

1895001　康有为《新学伪经考》成书。在谈到语言文字时，康有为认为："凡文字之先必繁，其变也必简，故篆繁而隶简，楷正繁而行草简，人事趋于巧变，此天理之自然也。"他还提出了"以字母取音，以简易之新文"来书写"中国名物"的设想。康有为主张世界语文应该大同的理想："全地语言文字皆当同，不得有异言异文。"

# 1896 年

1896001　吴稚晖（1865—1953）创制了一套汉字注音符号，用来标注汉字读音。这套符号借鉴篆书笔画，字母采用独体篆文，或者"自创简笔"。因形似豆芽儿，吴稚晖自己戏称之为"豆芽字母"。后来，他奔走于海内外，每与家中通信，便用这套"豆芽字母"拼写家乡的无锡方言。"豆芽字母"方案没有公开发表。

1896002　蔡锡勇《传音快字》在武昌出版。

蔡锡勇，曾出使美国、日本、秘鲁，任参赞，居华盛顿4年，精通几门外语。

蔡锡勇认为汉字难学，"尝念中国文字最为美备，亦最繁难。仓史以降，孳乳日多——字典所收40 000余字——士人读书，毕生不能尽识"。而"泰西承用罗马字母，虽各国音读互殊，要皆以切音为主。寻常语言，加以配合贯串之法，即为文字。自上至下，由男及女，无事不有学，无人不有学。其一丁不识者，不数觏也。加以快字，一人可兼数人之力，一日可并数日之功，其为用不益宏哉"。

为普及教育，蔡锡勇在美国开始拟制汉语的拼音方案《传音快字》。该方案用西洋的速记符号作为字母，故称"快字"。声母用的是横、直、斜、正、粗、细的直线，韵母用的是小弧、小点、小画，拼音方法是"一声一韵，两笔相连，切成一音"，属于双拼制。

《传音快字》强调拼写白话，郑重声明该方案是不拼写文言的。至于以往的古书，他认为可以"以经史衍成俗语"，即译成白话。

由于接触外文，蔡锡勇已经有了"词"的观念。在《传音快字》中最早出现了"连书"这个术语。

以速记符号作为拼音文字的字母在清末曾盛极一时。《传音快字》开创了汉语拼音方案史上"速记式"的先河。后来，蔡锡勇的儿子蔡璋把《传音快字》发展成为中国最早的速记术。

1896003　力捷三《闽腔快字》在武昌出版，可以看作是蔡锡勇《传音快字》的"闽音谱"，拼写的是福州音。

1896004　沈学《盛世元音》在上海《申报》和《时务报》发表。

沈学，上海圣约翰书院的医科学生，精通英文，清末汉语拼音运动杰出的理论家和宣传家。19 岁开始用英文撰写《盛世元音》，5 年而成。他在书中对汉字进行了激烈地批评，指出汉字难学。为求国家富强，他认为必须从"变通文字"开始，"得文字之捷径，为富强之源头"。他强调文字的工具性，强调文字必须便利。"字也者，志也，所以助人省记者也。古字寓形，今字寓音；欲利于记诵，笔愈省为愈便，音愈原为愈正。"其次，他已经把汉语区分词类，把词分为"单音"（单音节词）、"杂音"（多音节词），并规定多音节词必须"缮连为书"（连写）。在词类区分方面，比1898 年出版的中国第一本语法书《马氏文通》还要早两年。

沈学已经提倡横写，认为"按体用两目，左右书法，横行较直行便"。《盛世元音》的方案，采用速记符号做字母，符号的基本形式有左弓、右弓等18 种。这些符号兼表声母和韵母，区别只在笔画的多少。

切音字方案发表以后，沈学曾亲自在上海"一林春茶馆"教授群众，"志在广播传证，并不因利"。茶馆墙上挂的对联是："十年花尽心机，欲为同胞开慧眼；一旦推行字母，愿教吾国进文明。"

1899 年，沈学把《盛世元音》译成中文，改名为《拼音新字》，在上海出版。后来，维新运动失败，切音字不为朝廷重视。沈学沦为乞丐，穷饿而死。他临死时的一句话是："拼音文字是急需的！"

1896005　谭嗣同《仁学》书成。书中言及文字改革的意见。他在《仁学》中提出"尽改象形字为谐声"（即拼音），"各用土语，互译其意"。这是戊戌以前明确提出废除汉字、改用拼音的主张。

# 1897 年

1897001　王炳耀《拼音字谱》在香港出版。

该书是一部极有特点的速记式切音字著作。王炳耀创制《拼音字谱》是要在"文字（汉字）之外复加拼音之字"，"使男女易习，立强国无形之实基"。"字母比之泰西，书法依乎本国。拙者习之，旬日卒业，简莫如也。""各字读法，先声母，后韵母，由左至右，自上而下，或先大后小，按音拼成。有识之士，虚心推行，始于家，继而乡，渐而国。合国为家，天下莫强焉。"

方案中很早就使用"声母""韵母"这两个名称，还创造了"阴声""阳声"这两个术语。

该方案是根据粤东音拟制，但作者的最终目的是要统一于"北音"。

该方案采用速记符号，但另外用拉丁字母对音，"并用罗马字母作音，注明某字即罗马字某音"，因此，实际上还有一套拉丁字母的方案。

该方案把词分成名目字、数目字、实字、死字、活字、助语字、形容字、虚字8类；又把词义分成天类、地类等8类，并据此另订"义符"，加在字上，创制了一种音义式方案。

该方案订立了新式标点符号，有10种符号，书中称为"句义表"。这是最早的中国人自定的新式标点符号。在中国，新式标点符号是由切音字著作首先使用的。

此外，王炳耀还在书中提出了第一份汉语拼音文字的电码方案，提出了灯语和旗语方案。

1897002　侨胞在海外兴学，可考者始于清朝雍正七年（1729），荷属东印度首府巴达维亚（今印尼首都雅加达）华侨会馆所兴办的明诚书院。清朝末年变法维新，各地华侨兴学之风渐盛，也先后创办学堂，其中光绪二十三年（1897）在日本横滨创办的"中西学校"（1968年改名为"横滨中华学院"）是第一所正规的侨民学校。不过当时国语运动尚未开始，也还没有侨胞的华语教育。

1921年，中华书局率先在上海创办"国语专科学校"，以培养南方各省以及南洋各地推动国语教育的师资。1924年吴稚晖建议上海商务印书馆在上海设立一所国语师范学校。他以最快的速度做好了各项准备工作，学校于次年春正式开学，吴稚晖出任校长，并亲自授课。又办理国语师资班，专门培养国语师资。接着，南京中央大学也举办了注音符号传习班。从这里培训出来的师资，回到原侨居地服务，才使侨胞的华语教育开始萌芽。第二次世界大战结束后，侨胞的华语教育又遭压抑。"华侨学校"被纳入侨居地的教育体制中，学生虽然还能够以"外语"学"华文"，但效率已低。至于在禁绝"华文"的国家，华侨学校或华文学校被封闭而萎缩，只能保留小学的层次。70年代中国大陆改革开放以后，海外学校汉语的人数不断成长，使得海外汉语教育进入新的发展时期。目前，全世界使用汉语的人口已超过13亿，世界学习汉语文的人数超过五千万。

# 1898 年

1898001 林辂存以"字学繁难","请用切音以便学问"为由，呈请都察院代奏切音字。林辂存认为："盖字者，要重之器也。器惟求适于用。""迄今重译纷至，因知我国之字，最为繁重艰深，以故为学綦难，民智无从启发。泰西人才之众，实由字学浅易。"林辂存建议："倘以卢戆章所创闽音字学新书，正以京师官音，颁行海内，则皇灵所及之地，无论蒙古、西藏、青海、伊犁，以及南洋数十岛，凡华民散居处所，不数年间书可同文，言可同音，而且妇孺皆能知书，文学因而大启，是即合四外为一心，联万方为一气也，岂不懿哉。"林辂存认为，采用切音字后，汉字可以"仍留为典要，能者从之，不必以此责令举国之人从事讲求，以疲其精力，则幸甚矣"。

同年 7 月 28 日军机大臣片交，面奉上谕："都察院奏林辂存呈称，字学繁难，请用切音，据情代奏等因，着总理各国事务衙门调取卢戆章等所著之书，详加考验具奏。"这是我们看到的我国历史上官员请求官方推行汉语拼音的早期文献。清朝的"百日维新"很快失败，奏请采用切音字一事也不了了之。

1898002 第一份白话文报纸《无锡白话报》在无锡创刊。白话报和切音字是孪生兄弟，目的都是为了"普及教育"。《无锡白话报》主编裘廷梁在《论白话为维新之本》这篇著名论文中喊出了"崇白话而废文言"的口号，认为"白话之益"有八：一曰省日力（时间），二曰除骄气，三曰免枉读（误解），四曰保圣教，五曰便幼学，六曰炼心力（思维），七曰少弃才，八曰便贫民。这八条都是着眼于社会改造的。次年（1899），教育革新家陈荣衮又发表了《论报章宜改用浅说》，这是又一篇讨伐文言的檄文。陈被誉为提倡报纸改用白话的第一人。

1898003 中国第一部系统的汉语语法著作《马氏文通》由商务印书馆出版。原名《文通》，作者马建忠（1845—1900），精通中西文。全书以典范的文言文为研究对象，系统模仿西方传统语法，同时也注重汉语实际。这本书奠定了汉语语法研究的基础，它标志着中国文法研究进入一个新阶段。此书版本甚多。章锡琛依据

1904 年本校点，成《马氏文通校注》，1954 年由中华书局出版。1983 年商务印书馆重排印行原书，并附索引。吕叔湘、王海棻合著《马氏文通读本》，1986 年由上海教育出版社出版。

# 1900 年

1900001　王照（1859—1933）《官话合声字母》在天津著成，署名芦中穷士。

王照因参与戊戌变法失败，清政府要"革职拿办"而逃亡日本。他欣羡日本"文言一致，拼音简便"，故能全国"政教画一，气类相通"，于是"尽十年心血"，发愤拟制"官话合声字母"，拟用于兴学救国。

王照指出文字难易与教育普及的关系。他批评汉字繁难，"后世文人欲借此以饰智惊愚"，又加大了汉字学习的难度。他认为读书 10 年，也只是"学通文字"，而外国文字简易，有利于教育普及。"无论智愚贵贱，老幼男女，暇辄执编寻绎。车夫贩竖，甫定喘息，即于路旁购报纸而读之。"

王照还强调"言文合一"的重要，批评当时"以摩古为高，文字不随语言而变"的文言文。

王照的官话字母以官话为标准音，主张"语言必归画一，宜取京话。因北至黑龙江，西逾太行宛洛，南距扬子江，东溥于海，纵横数千里，百余兆人，皆解京话"，"京话推广最便，故曰官话。官者公也，公用之话，自宜择其占幅员人数多者"。王照强调拼写"北人俗话"（白话），反对拼写"文话"（文言），他指出："若以拼文话则读音有混淆误解之弊，是必不可。"他反对速记式方案单纯求简的思想，认为是"省手力而废脑力，书易就而读易讹"，故采用汉字偏旁作为字母。初稿有 15 个"喉音"（韵母）、49 个"字母"（声母），后改为 12 个"喉音"、50 个"字母"，属汉语拼音方案中的"汉字笔画式"或"偏旁式"，又因为是模仿日文假名字母的，所以也有人称为"假名式"。他认为拼音文字并不排斥汉文，更不能代替汉文，"勿因有捷法而轻视汉文"，二者应该并行并用，互为补充。

1903 年（清光绪二十九年），王照回北京设立"官话字母义塾"传习字母。这是我国最早的民间推行汉语拼音的学堂。又得张百熙、吴汝纶、严修、袁世凯等人支持，得以广设字母学堂，并在"保定学堂章程"中规定："自师范以及高等小学堂，均于国文科内，附入'官话'一门。"这是我国学制中最早订定学习"官话"的。在重印《官话合声字母》凡例中，王照明确了"官话"的定义："余谓'官'者，公也，'官话'者公用之话。"并把它跟北京土话区别开来："殊不知京中市井小有土语，与京中通用之官话自有不同，不得借此黜彼也。"凡例中还出现了"国语"一词。

# 1901 年

1901001　王照《官话合声字母》(署名芦中穷士) 在日本东京由中国留学生为他出版。

1901002　田廷俊《数目代字诀》在湖北江陵出版。

田廷俊在书中批评了汉字的难学和对普及教育的妨碍,为此他拟制数目代字诀方案。这是一种用数码作为文字记号的准切音字方案,虽不是拼音的,但它是在语音分析的基础上拟成的。

1901003　《杭州白话报》《苏州白话报》《扬子江白话报》《京话报》相继创刊。到1904年前后,又有《中国白话报》《宁波白话报》《国民白话报》《上海新中国白话报》《安徽白话报》《长沙演说通俗报》《江西新白话报》《潮州白话报》《北京正宗爱国报》《伊犁白话报》《蒙古白话报》等相继创刊。

# 1902 年

1902001　力捷三《无师自通切音官话字书》出版。书中"定二十三音、三十二韵，以合官音，其体制则就《闽腔快字》（1896）稍加修改而已"。

# 1903 年

1903001　京师大学堂总教习吴汝纶赴日考察后，在给张百熙的信中主张，以北京音为标准实现国语统一，并打算用王照的"官话字母"作为统一国语的工具："近天津有省笔字书……妇孺学之，兼旬即能自拼字画，彼此通书，此音尽是京城声口，尤可使天下语音一律。今教育名家，率谓一国之民，不可使语言参差不通，此为国民团体最要之义。日本学校必有国语读本，吾若效之，则省笔字不可不仿办矣。"在他的影响下，张百熙、荣广、张之洞奏定《学堂章程》，把"官话"列入师范及高等小学课程。

《学堂章程·学务纲要》第24条规定："各国言语，全国皆归一致；故同国之人，其情易洽，实由小学堂教字母拼音开始。中国民间各操土音，致一省之人彼此不能通语，办事多扞格。兹以官音统一天下之语言，故自师范以及高等小学堂，均于国文一科内，附入'官话'一门……"

由于有这些清廷大员的支持，"官话字母"呈现不胫而走之势。直隶大学堂学生何凤华等上书太子少保北洋大臣直隶总督袁世凯，请他奏明皇帝，颁行"官话字母"，设立国语学科，"以开民智而救大局"。袁世凯饬督署的学校司妥拟推行办法。

1903002　陈虬《新字瓯文七音铎》《瓯文音汇》在温州出版。

陈虬，温州人，清末著名改良主义者。他激烈地抨击汉字的繁难，认为文字"如衣冠车船"，以"便民适用，合时为主"，应该求"变"，而不应"守旧"。他表明是为求富强、医贫弱而造新字。

《新字瓯文七音铎》是课本，分认法、写法、记法、拼法、温法、读法六部分。《瓯文音汇》是根据瓯文音序排列的汉字常用字汇。

新字瓯文的方案有98个声韵母，一声一韵，相拼成音，为双拼制。在字母形体上，陈虬反对用外国字母或符号。他创制的新字是"纯主中法，略参西文"。

新字瓯文是拼写温州话的，陈虬以此为初级，准备进而拟订官话方案。这两本书出版不久，陈虬去世。

# 1904 年

1904001　袁世凯命令保定蒙养学堂、半日学堂、驻保定各军营试教王照的官话字母。

1904002　王照《对兵说话》在保定出版。这是他专为军队学习官话字母而编写的。

1904003　王照在保定创办拼音官话书报社。

1904004　袁世凯用行政命令推行王照的官话字母后，不少人上书袁世凯，有的促请推行官话字母，而有的表示异议。袁世凯把这些呈文批给直隶学务处研究。数月后，直隶学务处就此拟复袁世凯。复文首先肯定官话字母的价值，认为它"一则可为教育普及之基，一则可为语言统一之助"，批评了反对推行官话字母的各种意见，认为推行官话字母的具体办法有四："一、专设义塾；二、专员经理；三、须给资本；四、设法鼓励"，"均属切实可行，似应准其试办"。袁世凯批示："奏请颁行。"

直隶学务处便通令全省启蒙学堂传习，专设许多义塾，派了专员经理，拨了官款拼译书报，定了奖励办法，由督署札饬直隶提学司将"官话字母"加入师范及小学课程中，并在天津设立大规模的"简字学堂"辗转传习。于是，字母传习由京津而奉天（今辽宁省）而南京，遍于13省，用官话字母编印的书籍多达6万多种。

# 1905 年

1905001　卢戆章到北京，向清朝政府学部呈缴切音字母书。1906 年，被驳回。卢戆章遂回厦门，在民间推行自己的方案。途经上海时，修改《中国切音字母》，改名《北京切音教科书》。在书名旁写了一副对联："卅年用尽心机，特为同胞开慧眼；一旦创成字母，愿教吾国进文明。"同年，他还在上海出版了一部包括北京、福州、泉州、漳州、厦门、广东等六种切音字方案的《中国字母北京切音合订》。

　　1916 年，卢戆章又编成《中华新字》三本。

1905002　拼音官话书报社从保定迁北京后，出版《初学拼音官话书》多种，都是用"官话字母"排印的各科知识读物。又创刊了《拼音官话报》。

1905003　河北大名县知事严以盛创办官话拼音学堂，并将办学经过呈报袁世凯。呈文说："拼音学堂之设，经费无多，开化最易。北京、保定、天津等处均已盛行。"

　　在切音字运动中，王照的官话字母推行最有成绩。"各地私相传习，一人旬日而通，一家兼旬而遍，用以读书阅报，抒写议论，莫不欢欣鼓舞，顶礼祷祝。"

　　1909 年（清宣统元年）袁世凯被黜免后，"官话字母"也因"触忌"而被禁止传习。幸有劳乃宣的"简字"起而代之。

1905004　劳乃宣著成《增订合声简字谱》（宁音谱）和《重订合声简字谱》（吴音谱），次年在南京出版。

　　劳乃宣（1843—1921）1905 年开始在南方推行王照的官话字母，改称"合声简字"。他认为在南方推行京音的官话字母有困难，不合"言文一致"的原则。他主张南方人先学方言拼音，然后就能很容易地学会官话拼音。在征得王照同意后，他对官话字母做了增补，增加了拼写宁音（南京话），吴音（苏州话），闽广音（福州话、广州话）等方言的字母。他推行简字得到两江总督和江苏巡抚、安徽巡抚的支持，在江宁（南京）创设了"简字半日学堂"师范班和"简字高等小学堂"，先教宁音，后教京音，"以方音为阶梯，以官音为归宿"，先以"宁人"为师，授以"江宁土音"，然后请"京都"人士教以"官话"，通过方音与"官话"语音的对应规律来学习"国语"。

开班之际，沈凤楼、劳乃宣做了演说。他们强调要普及教育必须用简字，认为"简字即反切之捷法"，也就是说，清末的汉语拼音一方面是古代拼音方法的承继与发展，一方面也是外国拼音方法的吸收和消化。

"官话字母"是拼写京音的，劳乃宣在官话字母方案的基础上，增加方言的声韵母，增为56个声母、15个韵母、5个声调，拟成宁音（南京音）；又再增加7个声母、3个韵母、1个声调，拟成吴音（苏州音）。从此，"官话字母"又向南方发展，形成"北王南劳"的大好局面。

1905005　杨琼、李文治《形声通》在日本出版。他们为适应社会进步、普及教育，提出"改良文字"的口号。

《形声通》是一种汉字笔画式方案。它有24个"音父"（声母）、20个"音母"（韵母），另外还有四矩、四绳、五规、四准。这个方案本身价值不太大。

1905006　王国维在《论新学语之输入》一文中指出："近代文学上有一最著之现象，则新学语之输入是已。"这反映了近代中国伴随西学东渐的展开，大批记录西学内容的新词语涌入中国的语言现象。

# 1906 年

1906001　年初，上海《中外日报》发表《述简字学堂办法》，批评劳乃宣的合声简字"乃随地增撰字母，是深虑语文之不分裂而竭力制造之，俾愈远同文之治也"。劳乃宣答复："盖所虑于增撰字母因而语文愈加分裂者，恐所增之谱与原谱不能相通也。今有增无减，将北音全谱包括于中，相通而不相悖，则不必强南以就北，自能引南以归北矣。"

年末，袁世凯令直隶提学司在天津设立简字半日学堂，教授官话字母，"其师范暨各小学堂应如何附入课程，一律学习，由该司通饬遵行，合行札饬"。

官话字母运动，在南北相互影响的推动下，形成了清末汉语拼音运动全国规模的局面。

1906002　卢戆章《中国字母北京切音教科书》和《中国字母北京切音合订》在上海由点石斋石印出版。

《中国字母北京切音教科书》是《中国切音新字》的修订本。《中国字母北京切音合订》包括《中国切音字母》（即总字母表）和官话、福州、泉州、漳州、厦门、广东六种切音字方案。

这两部书都是汉字笔画式方案，但方案的声韵母都有拉丁字母的对音。此外，书中还有一套标点符号。

1906003　朱文熊《江苏新字母》在日本出版。

朱文熊（1882—1961），江苏人。他拟订的江苏新字母方案一共32个字母，还有9个双字母做声母，11个双字母做韵母。方案用字母标调。另外，还定有7种标点符号。

朱文熊已经有了复音词的概念，在《江苏新字母》中大部分词已经连写。他还谈到同音字的问题，认为只要不拼写文言，只要"词素连写"，同音字就不成问题。

朱文熊把汉语分成"国文"（文言文）、"普通话"（"各省通行之话"）和"俗语"（方言）三类。他是最早提出"普通话"这个名称并给它下定义的人，且最早提出"新文字"和"中国文字之改革"的说法。

《江苏新字母》全书"文字自左横读至右"。

1906004　田廷俊的第二种方案拟成，并在湖北江陵出版《拼音代字诀》和《正音新法》二书。

在书中，田廷俊拟订了一种拼写湖北音的汉字笔画式切音字方案，有19个声母、32个韵母，已经部分采用了三拼制。

《正音新法》中除了汉字笔画式方案外，还有拉丁字母的对音方案，这是清末切音字运动的重要发展之一。

1906005　沈韶和《新编简字特别课本》在上海出版。沈韶和拟订了一种真正数码式切音字方案。该方案有27个声母、32个韵母。声韵母都用数码、图形表示。

1906006　1906年前后，上海出版了五十多种用白话编写的教学用书，如《绘图识字实在易》《绘图速通虚字法》《绘图简明白话字汇》《绘图蒙学造句实在易》《论说入门》《绘图中国白话地理》《绘图中国白话史》《绘图幼学白话句解》《绘图四书速成新体读本》等。

1906007　基督教《官话和合译本新约全书》完成。

# 1907 年

1907001　劳乃宣《简字全谱》《京音简字述略》《简字丛录》在南京出版。

　　《简字全谱》是合声简字的京音、宁音、吴音、闽广音四种拼音方案的汇编。《京音简字述略》是介绍王照官话字母原方案的;《简字丛录》是关于合声简字的论文、演说稿、书信等的集子。

1907002　教授官话字母的学堂继续在各地发展。南京简字半日学堂两年间毕业 13 届学生；热河官话字母学堂和官话字母师范学堂开学；重庆简字官话学堂成立。

# 1908 年

1908001　慈禧召见劳乃宣。劳乃宣向她说明合声简字的用处，并要求"将所著谱录进呈御览，敕部核议，钦定颁行"。慈禧表示同意。劳乃宣于是抄录《简字谱录》（包括《增订合声简字谱》等五种著作），以及《普行简字以广教育折》。在奏折中，劳乃宣总结了历年来的合声简字，并制定了一份全国性的推行计划。可惜奏折、著作上呈后，慈禧批交"学部议奏"，后就不了了之。

1908002　江亢虎《通字》发表。这是清末的又一种拉丁字母切音字方案。"其字母纯用英字，而拼法读法略加变通，其四声符号则加阿拉伯数码 1、2、3、4 于字尾上。"这一方案没有流传下来。

1908003　刘孟扬（1877—1943）《中国音标字书》出版。

　　刘孟扬在书中拟订了一套拉丁字母切音字方案。他认为采用这种切音字能够解决汉字长期以来难以解决的三个问题：统一语言问题、译名问题和普及教育问题。他对采用拉丁字母是"忘本"的这种误解做出了明确解释："岂知字也者，记号也，取其适用而已，无所谓人己之别。"

　　方案基本上采用 26 个拉丁字母，以双拼制拼写北方官话。在写法方面，名词已经用短横连写。书中也提出了简单的标点符号用法。刘还赞同横写。

1908004　马体乾著成《串音字标》。他对汉字和文言文提出了尖锐激烈地批评。他认为："今六书文字，难于辨，难于解，难于用；辞难通，音难同，书难工……""阐事理而纯用古文，无异居中土而常操洋语。"

　　他认为中国教育难于普及，主要责任在汉字，因此他主张造切音字："六书文字有如是之积弊……若不及早采用字母以辅之，畅流而广行之；尝恐土崩沙散之势已成，则教育普及之说，徒随大块而陆沉。"

　　马体乾反对采用拉丁字母拟订切音字。所拟串音字标是一种甲骨文式的切音字方案，共有 58 个声韵母：声母 22 个，韵母 36 个。方案本身的价值并不大。

1908005　1908—1910 年间，巴黎中国留法学生主办的刊物《新世纪》刊登了几个无政府主义者的文章，主张中国应该废除汉文汉语，改用"万国新语"

（Esperanto，世界语）。章炳麟在《国粹学报》第 41、42 期上发表《驳中国用万国新语说》，不同意这种幼稚而极端的主张，同时又对当时的切音字提出不同的意见，认为"切音之用，只在笺识字端，令本音画然可晓，非废本字而以切音代之"。在文章里还发表了他"取古文篆籀径省之形"拟成的切音字方案——"纽文""韵文"。他的这种理论，就是后来注音字母理论的根据；他的这套方案，就是后来注音字母方案的前身。

章炳麟不赞成采用拼音文字的主要理由是：

1. 文化发达不发达与文字拼音不拼音没有关系；

2. 教育普及不普及与文字拼音不拼音没有关系；

3. 汉字与拼音文字各有优劣；

4. 汉语是单音节语，只能使用汉字；

5. 汉语方言纷歧，要用拼音文字也不可能。

但他也承认汉字"深密"，需要有"使易能易知"的办法。办法之一是"以反语记注字旁"。

清末的切音字，到民国初年变为注音字母，不论在理论上、方案上，都与章炳麟密切相关。

章炳麟还于 1906 年在《国粹学报》发表《论语言文字学》，首次明确提出"语言文字之学"这个崭新的学科名称。

# 1909 年

1909001　刘世恩《音韵记号》出版。

这套自造符号的拼音方案也是拼写北方官话的。有"父音"（声母）25 个、"母韵" 21 个、"拼媒" 3 个。由于"父音""母韵"多用同一个字母，所以实际用的字母记号只有 28 个。这些字母记号都是图案式，由圆形、角形、直线、曲线四种基本形式构成。

这套方案有部分连写法："爰取表示地名、人名、习用旧例，则无论有形名词、无形名词，或语句联贯处，任意作一画于上或下……"，连写的方法虽然简单，但说明作者已经有了语法的观念。

1909002　黄虚白的含有汉字笔画式切音字方案的《汉文音和简易识字法》及含有拉丁字母切音字方案的《拉丁文臆测》成稿。

1909003　资政院议员江谦在审理"推行官话字母"说帖的报告中，提出："凡百创作，正名为先，官话之称，名义无当，话属之官，则农工商兵，非所宜习，非所以示普及之意，正统一之名，将来奏请颁布此项课本时，是否须改为国语课本以定名称。"因此当年设立"国语编审委员会"，负责编订研究事宜，从此以后才把全国共同语称作"国语"。国语运动就是要把"国语"推行到全国的活动。

1909004　清末学者陆费逵在《教育杂志》创刊号上发表《普通教育应当采用俗体字》一文，认为："最便而最易行者，莫如采用俗体字。此种字笔画简单……易习易记，其便利一也。此种字除公牍考试外，无不用之……若采用于普通教育，事顺而易行，其便利二也。余素主张此议，以为有利无害，不惟省学者脑力，添识字之人数，即写字刻字，亦便也。"

# 1910 年

1910001　由于学部对合声简字"不议不答","深闭固拒",劳乃宣只能转向社会推行。劳乃宣、赵炳麟、汪荣宝在北京成立合声简字研究会。

　　合声简字研究会和保定的官话拼音教育会,都是中国历史上早期的汉语拼音团体。合声简字研究会以"讲习简字理法,为教不能识汉字之人,使得达口中之言,明目前之理,以开民智为宗旨"。

1910002　官话字母至此推行已有 10 年。10 年间官话字母传习至 13 省,"编印之初学修身、伦理、历史、地理、地文、植物、动物、外交等拼音官话书,销至六万余部"。但由于《拼音官话报》得罪了摄政王载沣,官话字母遭到查禁。王照遂"邀合同志,纷纷上书请愿于资政院"。

1910003　资政院议员江谦等 32 人联名提出说帖,对 1909 年学部奏报的《分年筹备立宪事宜清单》中所列国语教育事项,举出 8 点质问,其中包括要求把"官话"正名为"国语"。

1910004　由于全国各地纷纷提出颁行官话简字、开办官话简字学堂的提案,资政院成立以严复为股员长的特任股员会,负责审查这些提案。严复就审查结果提出了一份报告书,肯定了官话简字的积极作用,请求"迅速筹备施行"。这份报告书在资政院得到多数通过,但是学部不肯会奏。

1910005　郑东湖著成《切音字说明书》。他拟订的切音字方案和日本假名同一性质,"取汉字之偏旁以为字","取诗韵中所包括之音以为音",共有 36 个母音、20 个父音,还有上平、下平、上声、去声、上入、下入 6 个声调符号。这个方案的字母有楷草两体,这是清末汉字笔画式汉语拼音方案中所独有的。

1910006　据倪海曙《清末汉语拼音运动编年史》的统计,从 1892 年到 1910 年全国各地提出的切音字方案有 28 种。从字母的形式分,有汉字笔画式 14 种、速记符号式 5 种、罗马字母式 5 种、数码式 2 种、自造符号式 1 种,还有一个是康有为的方案(未见原稿);从音节的拼写方式看,声韵双拼制 18 种、音素制 4 种、音节制 1 种、不详的 5 种；从拼写的语音看，拼写官话音的 10 种、拼写方言音的 9 种、不详的 9 种。可见切音字运动的主流是拼写官话音、声韵双拼、汉字笔画式字母的方案。

# 1911 年

## 8 月

1911001　清政府学部召开中央教育会议。学部大臣交议的各案中，有"国语音韵例释"一案，会上议而未决。会员王劭廉等提出《统一国语办法案》，于 8 月 10 日第 16 次会上通过。

　　该提案主要有如下内容：1. 调查。由学部设立国语调查总会，各省提学司设分会，对语词、语法、音韵及其余关涉语言之事项，进行调查。2. 选择及编纂。根据调查结果，制定标准，据以编纂国语课本及语典、方言对照表等。3. 审定音声话之标准。4. 定音标。5. 传习。由学部设立国语传习所，各省会也随之设立。"凡各学堂之职教员不能官话者，应一律轮替入所学习，以毕业为限。各学堂学生，除酌添专授国语时刻外，其余各科亦须逐渐改用官话讲授。"

　　此提案虽获通过，但同年，清政府覆灭，提案无法贯彻实施。

# 1912 年

1912001　6 月 26 日，北京临时政府所公布的"国务院官制"中设有"教育部"。8 月 2 日公布"教育部官制"。12 月教育部根据"教育部官制"第 8 条第 7 项"关于国语统一会事项"，制定《读音统一会章程》，并在教育部设立"读音统一会筹备处"。《章程》阐明读音统一会的主要任务是：1. 审定国音；2. 核定音素："将所有国音均析为至单至纯之音素，核定所有因素总数"；3. 采定字母："每一音素均以一字母表之"。

同时，还组建了由教育部及各省选派人员组成的筹备会。筹备会隶属教育部，教育总长范源廉聘吴稚晖为筹备会主任。

# 1913 年

## 2 月

1913001　15 日，读音统一会开会。教育部所公告的会员共 80 人，其中延聘员 30 余人、部派员 10 余人、各地代表 30 余人。吴稚晖以 29 票当选为会长，王照以 5 票当选为副会长。读音统一会依序处理四个议案：1. 审定国音；2. 归纳母音；3. 采定字母；4. 议决国音推行办法。读音统一会的主要成果有四：1. 通过了 6500 多字的"审定读音"，会后以《国音汇编草》送呈教育部。因与会者以江苏、浙江人最多，合计有 26 人，而直隶（今河北）代表只有 8 人，为了投票的方式颇有争论，最后议定采用每省一票的方式。与会会员一致同意选定李光地的《音韵阐微》作为根据，把经过修改的章太炎的纽韵文作为记音字母。2. 把"国定读音"的声韵归并为 27 个声母、15 个韵母。这 27 个声母、15 个韵母不再命名，以注音字母直接作声母、韵母。3. 选定注音字母 39 个。此项工作，会中颇有争执。"读音统一会开会的时节，征集及调查来的音符，有西洋字母的、偏旁的、缩写的、图画的，各种花样都有；而且都具匠心，或依据经典，依据万国发音学，依据科学，无非人人想做仓颉，人人自算伕卢，终着意在音符。几乎也无从轩轾，无从偏采哪一种。"（吴稚晖《三十五年来之音符运动》）据罗常培《国音字母演进史》记载："争执许久迄不能决，终于依据马裕藻、朱希祖、钱稻孙、周树人、许寿裳等之提议，于 3 月 12 日以 45 人之出席，得 29 人之赞成，通过制定注音字母之基本原则如下：'母韵符号，取有声有韵有意义之偏旁（即最简单之独体汉字）。作母用取其双声，作韵用取其叠韵（用古双声叠韵假借法不必读如本字）。'即于 13 日准此原则公定注音字母 38 字……实即将会中审定字音时暂用之记音字母，正式通过。溯其渊源，则本章炳麟所创纽文韵文之例而变更其读法者也。"会议正式通过把"记音字母"作为拼写国音的字母，定其名为"注音字母"。会议还议定了声调标注法。4. 议决"国音推行办法" 7 条。条文如下：（1）请教育部通咨各省行政长官，饬教育司从速设立"国音字母传习所"，令各县派人学习；毕业回县，再由县立传习所招人学习以期推广。（2）请教育部将公定字母从速核定公布。（3）请教育部速备"国音留声机"，以便传播于各省以免错误。（4）请教育部将初等小学"国文"一科改作"国语"，或另添"国语"一门。（5）中等师范国文教员及小学教员，必须以"国音"教授。（6）"国音汇编"颁布后，小学课本应一律于汉字旁添注国音。（7）"国音汇编"颁布后，凡公布通知等件，一律于汉字旁添注国音。同年5月22日读音统一会闭会，会期共97天。

会议对于注音字母的作用与地位进行了激烈争论。反对的意见主要有：1.有妨固有之汉字；2.独用则必须变更文体；3.用以注音，亦无法保障统一；4.儿童多耗一番脑力。还有不少批评注音字母本身的意见。最后决定，注音字母是给汉字注音，不能与汉字并行使用。1930年，注音字母改称为"注音符号"，以强调这不是一种与汉字并行的文字。 国务院总理周恩来1958年1月10日在政协全国委员会会议上的报告《当前文字改革的任务》中高度评价了注音字母的作用："辛亥革命之后，产生了注音字母，这是中国第一套由国家正式公布并且在中小学校普遍推行过的拼音字母。注音字母对于识字教育和读音统一有过一定的贡献。尽管今天看来，注音字母还有不少缺点（例如，作为各少数民族文字的共同基础和促进国际文化交流的工具，注音字母显然远不如拉丁字母），但是注音字母在历史上的功绩，我们应该加以肯定。对于近四十年来的拼音字母运动，注音字母也起了开创的作用。"

读音统一会后，因袁世凯篡权，政局变动，会议议决的各项议案悬置。

# 1915 年

## 1 月

1915001　读音统一会于 1913 年 5 月 22 日闭幕后，教育部因政局变动、主管更易，把会议成果搁置起来。1915 年，最后担任读音统一会代理主席的王璞，与热心国语统一的会员共 25 人，成立读音统一期成会，于 1915 年 1 月，向教育部呈请"即将公制之注音字母推行到全国"。但当时的教育总长汤化龙，对于注音字母存有疑虑，借口"业已派员清理"，仍搁置一边。

1915002　留美学生组织的中国科学社在上海创刊《科学》杂志。这是我国最早出版的横排刊物。

## 11 月

1915003　热心国语运动的张一麐于 10 月出任教育总长后，读音统一期成会的成员在本月第二次到教育部陈情，愿由会员捐资先在北京创立注音字母传习所，得到"应准先行试办"的批示。张一麐还月捐俸银 200 元为经费。

## 12 月

1915004　教育总长张一麐将注音字母传习所设立办法报呈大总统袁世凯批准立案。在北京的注音字母传习所，从本月 22 日起开办，由王璞主持，宣传并讲授"国音"。这个传习所虽在四个多月后因张一麐不满袁氏称帝辞职而停办，但还是促使注音字母得以在北京、天津一带传习。1916 年在北京再次创立注音字母传习所，同时还出版发行刊物《官话注音字母报》。

### 同年

1915005　陆尔奎等倡议编纂的《辞源》由商务印书馆出版。该书以词语为主，始编于 1908 年（清光绪三十四年）。1931 年又出版《辞源》续编。

1915006　陆费逵、欧阳溥存等编著的《中华大字典》由中华书局出版。收 48 000 多字，比《康熙字典》多 1000 多字，并改正《康熙字典》错误数千条。

# 1916 年

## 8 月

1916001　袁世凯被迫宣布取消帝制，忧惧而死后，教育界人士又宣传文字改革，主张"言文一致"和"国语统一"，吁请教育部下令改"国文"科为"国语"科。所有这些都为中华民国国语研究会的成立做了准备。

## 9 月

1916002　《新青年》杂志从第二卷起正式使用两种标点符号：用"。"表句，用"、"表读。从第七卷一号起，进一步划一标点符号和行款，并发表《本志所用标点符号和行款的说明》。

## 10 月

1916003　教育部教科书特约编审员黎锦熙，联络教育界人士陈懋治、陆基、董瑞椿、吴兴让、朱文熊等 86 人，组织中华民国国语研究会。该会宗旨是："研究本国语言，选定标准，以备教育界之采用。"敦促北洋政府公布注音字母和改学校"国文"科为"国语"科。

# 1917 年

## 1月

1917001　1 日，中华民国国语研究会召开第一次大会，推举蔡元培为会长，张一麐为副会长，以"研究本国语，选定标准，以备教育之用"为宗旨，制定：调查各省方言、选定标准语、编辑标准语的语法词典、用标准语编辑国民学校教科书及参考书、编辑国语刊物等 5 项任务。研究会掀起了推进政府公布注音字母以及改"国文"科为"国语"科的运动。该研究会还委托黎锦熙拟订《国语研究调查之进行计划书》。4 年中，研究会的会员增至 12 000 多人。

1917002　胡适在《新青年》第二卷第五号上发表《文学改良刍议》，重申 1916 年 10 月发表在《新青年》上《寄陈独秀》的信中提出的"八事"：一曰不用典，二曰不用陈套（滥调），三曰不用对仗（文废骈，诗废律），四曰不避俗字俗语（白话可入诗），五曰须讲求文法之结构，六曰不作无病之呻吟，七曰不模仿古人话语，须有个我在，八曰须言之有物。其中，明确主张以白话文代替文言文，提出"白话文学为中国文学之正宗"。这是白话文运动的公开信号。

## 2月

1917003　陈独秀在《新青年》第二卷第六号上发表《文学革命论》，提倡白话文学，提出三大目标：一、推倒雕琢的阿谀的贵族文学，建设平易的抒情的国民文学；二、推倒陈腐的铺张古典文学，建设新鲜的立诚的写实文学；三、推倒迂晦的艰涩的山林文学，建设明了的通俗的社会文学。

1917004　林纾在上海《民国日报》发表《论古文之不当废》，认为白话文可以提倡，但古文并不必因而废除。《甲寅》《学衡》这两种刊物后来成为反对白话文、维护文言文、宣传复古思想的主要阵地。

# 5 月

**1917005** 1 日，钱玄同在《新青年》第三卷第三号通信栏讨论译音问题时，首先提出"汉文改用左行横迤"的主张。他认为："人目系左右相并，而非上下相重。试立室中，横视左右，甚为省力；若纵视上下，则一仰一俯，颇为费力。以此例彼，知看横行易于直行。且右手写字，必自左至右，均无论汉文、西文，一字笔势，罕有自右至左者。然则汉文右行，其法实拙。若从西文写法，自左至右，横迤而出，则无一不便。"

## 同年

**1917006** 全国教育联合会响应中华民国国语研究会的主张，决议"请教育部速定国语标准，并设法将注音字母推行各省区"。教育部没有回应。

**1917007** 《新青年》杂志提倡"文学革命"。胡适首先发表《文学改良刍议》一文，紧接着，陈独秀的《文学革命论》、刘复的《我之文学改良观》相继刊出，打出"文学革命"大旗。其中内容之一是提倡言文一致，提倡白话文。钱玄同在《寄胡适之》信中提出打倒"桐城谬种""选学妖孽"的口号，并率先考虑到应用文的改革。

此时胡适、刘复等已经采用白话文创作了一些诗歌（如胡适 1917 年的《蝴蝶》）、小说（如鲁迅 1918 年的《狂人日记》）、戏剧、论文（如胡适编写的大学讲义《中国哲学史大纲》）等。

**1917008** 章炳麟《国故论衡》问世。1917—1919 年浙江图书馆木刻本为善本，收入章炳麟有关语言文字之学的重要论文。

# 1918 年

## 4 月

1918001 《新青年》第四卷第四号刊发钱玄同《中国今后之文字问题》，认为"欲使中国不亡，欲使中国民族为二十世纪文明之民族，必以废孔学、灭道教为根本之解决，而废记载孔门学说及道教妖言之汉文，尤为根本解决之根本解决"。《新青年》从第四卷第五号起完全改用白话文。

## 5 月

1918002 陈参一（陈望道）在《学艺》第三卷发表《标点之革新》，系统阐明使用标点符号之必要性和重要性。

## 7 月

1918003 14 日，《新青年》第五卷第二号刊载胡适《答朱经农》。文中说："朱君来书致疑于'诗、丝、思、私、司、师'等同音异义字，如用罗马字拼音则混而无别。答书因谓：此等字在白话中多变为复音词，如'蚕丝''思想''思量''司理''职司''自私''私下里''师傅''老师'之类，翻成拼音字，即无妨碍。以言语全为上下文之关系，句中之字并非独立之物。"这个"复音词""上下文"的概念，祛除了国语罗马字用作"新文字"替代汉字后，其中"同音异义字混而无别"的疑虑，引导国语罗马字走向"以词为单位""词类连书"的方向。

## 11 月

1918004 23 日，教育部发布第 75 号令，正式公布注音字母，"以便各省区传习推行"。傅增湘任教育总长后，教育部召开全国高等师范校长会议，议决在高等师范学校附设国语讲习科。为了落实这项决议案，教育部才公布了"注音字母"（教育部第 75 号令："……本年，全国高等师范校长会议议决，于各高等师范学校附设国语讲习科，以专教注音字母及国语，养成国语教员为宗旨；该议决案已呈由本部采录，令行各高等师范学校遵照办理。但此项字母未经本部颁行，诚恐传习既广，或稍歧异，有乖统一之旨；为此，特将注音字母三十九字正式公布，以便各省区传习推行。"）。注音字母共 39 个，其中声母 24 个、介母 3 个、韵母 12 个。这是第一次以国家专门机构名义正式公布的汉语拼音方案。

## 12 月

1918005　教育部公布"国语统一筹备会规程"，准备成立国语统一筹备会，作为专办国语运动的部属机构。

### 同年

1918006　胡适发表《建设的文学革命论》，提出"建设新文学论"的唯一宗旨是"国语的文学，文学的国语"。这篇文章发表以后，"文学革命"与"国语统一"运动开始合流。报纸杂志上谈政论学的文章逐渐多用白话。

# 1919 年

## 2 月

1919001　12 日,《新潮》第一卷第三号刊载傅斯年《汉语改用拼音文字的初步谈》,提出:一、字母选用方面,主张用罗马字母而就中国声韵情形稍加变通;二、字音选定方面,主张以"蓝青官话"为依据;三、文字结构方面,主张以词为单位不以字为单位。

1919002　基督教圣经《官话和合译本新旧约全书》出版,后易名为《国语和合译本》。("官话""国语"即白话。在 19 世纪,来华基督教传教士曾用文言和方言译出的《圣经》有数十种。《国语和合译本》出版后不到 10 年,即通行中国南北各省。100 年来,虽有多种新译本面世,但《和合本》仍为华人基督教徒最习用的圣经。)

## 4 月

1919003　16 日,教育部又公布注音字母顺序。1918 年 11 月 23 日公布的注音字母排序始于"见溪群疑",终于"日"母,不合现代语音学的归类习惯。这次的顺序调整,废弃 36 字母"始'见'终'日'"的老顺序,走上根据现代语音学归类的道路。

1919004　21 日,教育部据"国语统一筹备会规程",成立了我国第一个推行国语的机构"国语统一筹备会",简称"国语统一会"。教育总长指定张一麐为会长,袁希涛、吴稚晖为副会长。会员有黎锦熙、陈懋治、沈颐、李步青、陆基、朱文熊、钱稻孙、钱玄同、胡适、刘复、周作人、马裕藻、赵元任、汪怡、蔡元培、白镇瀛、萧家霖、曾彝进、孙世庆、方毅、沈兼士、黎锦晖、许地山、林语堂、王璞等。因为该会开展工作以后,还可以根据工作需要延聘人员,所以全部会员先后总计达 172 人。这是我国第一个国语运动的推动机构。国语统一筹备会每年召开大会,从 1919 年到 1923 年共召开五次大会。筹备会下设闰(审)音委员会、汉字省体委员会、国语罗马字拼音研究委员会、国语辞典委员会、国语辞典编纂处、国音字典增修委员会等，分别做了大量工作。

# 11 月

1919005　29 日，在国语统一筹备会第一次大会上，刘复、周作人、胡适、朱希祖、钱玄同、马裕藻等提出《国语统一进行方法》的议案，主张"改编小学课本"，把"国文读本"改作"国语读本"，"国民学校全用国语，不杂文言"。马裕藻、周作人、朱希祖、刘复、钱玄同、胡适等 6 人向教育部提出《请颁行新式标点符号议案（修正案）》。议案分三部分：释名、标点符号的种类和用法、理由。议案最后说："因此我们想请教育部把这几种标点符号颁行全国，使全国的学校都用符号帮助教授；使全国的报馆渐渐采用符号，以便读者；使全国的印刷所和书店早日造就出一班能排印符号的工人，渐渐的把一切书籍都用符号排印，以省读书人的脑力，以谋教育的普及。"

## 同年

1919006　"国语统一""言文一致"和"文学革命"运动完全合作。汹涌澎湃的新思潮招来以古文大家林纾为首的一批人的反对。北京大学校长、国语研究会会长蔡元培与林纾就此展开了激烈笔战。林纾（字琴南）在《致蔡鹤卿太史书》中诬称白话为"引车卖浆之徒所操之语"，嘲讽北京大学"则凡京津之稗贩，均可用为教授矣"。蔡元培（字鹤卿）在《答林琴南书》中指出："北京大学教员中，善作白话者，为胡适之、钱玄同、周启明（又名周作人）诸君，公何以证知为非博极群书，非能作古文，而仅以白话文藏拙者？"

1919007　吴稚晖取读音统一会已经审定其"国音"的 6500 多字为基础，另增选切于实用的 6000 多字，依《康熙字典》部首顺序，编成《国音字典》，由商务印书馆出版，并呈送国语统一筹备会审查。国语统一筹备会由钱玄同、汪怡、黎锦晖三人组成审查小组，提出"修正《国音字典》之说明"和"字音校勘记"。1921年 2 月以《校改国音字典》的名称出版。编纂者"遇到当时会场审定之音之太不合用者"已有修正，而审查人也"根据普通读音分别改注"。可见《校改国音字典》的音读已经不完全是读音统一会投票的结果了。

1919008　国语统一筹备会大会中，吴稚晖提议"加添闰音字母"，于是成立闰音委员会，负责调查各地方言及制定闰音字母（方音符号）的工作。到了 1920 年，闰音委员会改名为"审音委员会"。

1919009　我国东北四洮铁路局开始用注音字母代替四码翻检汉字电报。

# 1920 年

## 1 月

1920001　教育部训令"自本年秋季起，凡国民学校一二年级，先改国文为语体文，以期收言文一致之效"。4 月，教育部又发出通告，分批废止以前的旧国文教科书，要求各学校逐步采用经审定的语体文教科书，其他各科教科书也相应改用语体文。

　　这几道命令引起了极大反响。胡适评论说："这个命令是几十年来第一件大事。他的影响和结果，我们现在很难预先计算。但我们可以说：这一道命令把中国教育的革新，至少提早了 20 年。"

## 2 月

1920002　教育部发布《通令采用新式标点符号文》。

## 4 月

1920003　教育部向供应教科书的书局发出公告，为配合小学设国语科、教语体文的部令，过去审定的国民学校国文教科书，第一、第二学年用书一律作废，第三、第四学年用书也定有停用期限。其他修身、算术、唱歌等科用书，文体也改用语体文。由于这道命令是顺应"全国教育界舆论趋向"的，上海、北京等各地书局都一致配合，全国的国民学校课本都从文言文改为白话，都开始教国语了。

## 12 月

1920004　24 日，教育部以训令正式发布《国音字典》。该字典收 13 000 多字，字音是 1913 年由读音统一会议决的。国语统一会随后刊布《国音字典附录》，即修正国音字典的说明及字音校勘记。次年，商务印书馆发行《教育部公布校改国音字典》。这本字典可看作"现代汉语常用字表"的雏形。

# 同年

**1920005** 1919年首次出版的《国音字典》，所根据的是读音统一会所审定的读音，而不是北京话。《国音字典》中的字音更因"国音乡调"而"南腔北调"。国语统一筹备会会员、南京高等师范学校英文科主任张士一，于1920年发表《国语统一问题》，主张"由教育部公布合于学理的标准语定义，就是定至少受过中等教育的北京本地人的话为国语的标准。由教育部主持请有真正科学的语言学训练的人去研究标准语里头所用的音，分析后先用科学的方法记下。由教育部主持请语音学家、语言学家、心理学家、教育学家制配字母"。这样的主张根本否定了读音统一会所审定的"国音"与注音字母。同年8月，第六届全国教育会联合会在上海召开，响应张士一的主张，议决"请教育部广征各方面意见，定北京音为国音标准，照此旨修定《国音字典》，即行颁布"。为了解决"京音""国音"之间的争执，国语统一筹备会的黎锦熙在11月约同吴稚晖以及陆衣言等人南下南京，与张士一等会面，商讨"弭平京国之争"。但双方始终没能谈拢。同年，由教育部派出的国语统一筹备会会员王璞发音，黎锦熙审查，法国百代公司制作的"中华国音留声机片"10月13日在上海上市。王璞发音的"国音"声调，阴平、阳平、上、去都依照北京语调。这是"国音京调"留下的第一次记录。1922年，赵元任接受国语统一筹备会的委托，在美国哥伦比亚公司录制了一套"国语留声机片"（附课本）。这套留声机片发音的声、韵根据读音统一会通过的"国音"发音，声调的阴平、阳平、上、去按照北京语调，而入声则依照南京音。本来引起轩然大波的"京国之争"，就在"国音京调"的两套国语留声机片发行后悄悄落幕了。

**1920006** 商务印书馆出版《新体国语教科书》（8册）。这是中国第一部小学国语教科书。此后，国语教科书大增。据历届国语统一会审查工作的报告，1920年审定了173册国语教科书，1921年审定了118册。

**1920007** 商务印书馆出版《中等学校用白话文范》（4册）。这是中国第一部中学国语教科书。这部书完全采用语体文，采用新式标点符号，并提行分段。

**1920008** 刘复《中国文法通论》由上海群益书社出版，这是文法革新派的代表著作之一。

**1920009** 注音字母发声唱片灌制成功。上海发行"中华国音留声机片"（由王璞发音）。在盲字、哑语、旗语等方面，人们也开始用注音字母做试验。

**1920010** 北京成立国语讲习所，培训各省学员四五百人。

# 1921 年

## 3 月

1921001　教育部训令各省：凡师范学校及高等师范，均应酌减国文钟点，加授国语。将语体文、注音字母、发音学、国音沿革、国语文法、国语教授法等列入师范学校和高等师范学校必修科目中。

同年

1921002　陆费逵发表《整理汉字的意见》，提出两种具体办法：一、限定通俗字范围，在 2000 个汉字左右；二、减少笔画，第一步用已有社会基础的简笔字，第二步把其他笔画多的字也改变字形，减少笔画。

1921003　中华书局和商务印书馆创办的国语专修学校、国语讲习所，为南方各省以及南洋各地培训了两三千名国语教员。商务印书馆制作"国语留声机片"，由赵元任编课本和发音。赵元任用两句话来概括课本和留声机片的用处："目见不如耳闻，耳闻不如口读。"胡适评价说："如果要用留声机来教学国音，全中国没有一个人比赵元任先生更配做这件事的了。"

1921004　王国维《观堂集林》出版乌程蒋氏初刊本。1959 年中华书局影印出版。该书是作者关于古代史料、古器物、文字学、音韵学的重要论文之合集。

1921005　胡适《国语文法概论》由上海亚东图书馆出版。这是一部研究汉语语法理论的著作，注重国语，注重白话文和国语文法。

# 1922 年

## 8 月

1922001　在教育部国语统一筹备会第四次大会上，钱玄同提出《减省现行汉字的笔画案》。提案认为，"现行的汉字，笔画太多，书写费时，是一种不适用的符号，为学术上、教育上之大障碍"。从古文、篆书到隶书、楷书、行书到"破体、俗体、小写"之变化的字形沿革过程看来，"数千年来，汉字字体时时刻刻都在走向简略化"。提案针对汉字是"象形文字""衍形文字"，"则古人造字，字形之中具有精意，不能随便将它减省"的说法，予以反驳。钱玄同认为，"这种议论是没有道理的。文字本是一种工具，工具应该以适用与否为优劣之标准。笔画多的，难写，费时间，当然是不适用；笔画少的，容易写，省时间，当然是适用。我们应该谋现在的适用不适用，不必管古人的精意不精意"。"我们还应该辨明这种议论于事实全不符合，更应该从历史上证明减省汉字笔画的办法，是顺着自然趋势的事，是绝对的可能而且绝对的应该的事"。"改用拼音是治本的办法，减省现行汉字的笔画是治标的办法"，"但现行汉字在学术上、教育上的作梗，已经到了'火烧眉毛'的地步，不可不亟图补救的方法。我们决不能等拼音的新文字成功了才来改革，所以治标的办法实是目前最切要的办法"。钱玄同分析了当时通行于民间的简体字，得出八种构成的方法："粗具匡廓，略得形似者"（如"壽"作"寿"）、"采用固有的草书者"（如"爲"作"为"）、"将多笔画的字仅写它的一部分者"（如"聲"作"声"）、"将全字中多笔画的一部分用很简单的几笔替代者"（如"觀"作"观"）、"采用古体者"（如"從"作"从"）、"将音符改用少笔画的字者"（如"遠"作"远"）、"别造一个简体者"（如"竈"作"灶"）、"假借他字者"（如"薑"借"姜"）。提案"希望本会中制定这种简体字，由教育部颁行，要求商务印书馆、中华书局等大书店制造铜模铅字，从学校教科书首先改用，次及于新书新报；以后重印古书，也应该一律改用简体字"。这个提案由陆基、黎锦熙、杨树达

044

为联署人。这表明"这件事总算政府方面也在倡办了"。"不幸十余年来，并无成绩"。

钱玄同把汉字单纯地看作一种工具，把笔画多、书写费时作为文字适用不适用的唯一标准，这种认识和论断具有代表性，给后来汉字简化的推行和研究工作带来长期的影响。

1922002　教育部公布《注音字母书法体式》。其中确定四声标调法为阴平（－）、阳平（ˊ）、上声（ˇ）、去声（ˋ），声调标注在韵母之上。

## 同年

1922003　陈承泽《国文法草创》由商务印书馆出版。1957 年重印，1983 年再版。这是一本纲要性的著作。作者提出研究语法三原则："其一，说明的非创造的；其二，独立的非模仿的；其三，实用的非装饰的。"该书取得的成就和贡献明显地大于同时代的其他一些讲文言语法的著作。

1922004　金兆梓《国文法之研究》由中华书局出版。1955 年修订再版，1983 年商务印书馆新一版。该书处处把语法和逻辑联系起来研究，在理论研究和方法探索上做了有益尝试，在当时产生过一定影响。

1922005　以《学衡》杂志为喉舌，一批留美学者主张在用文言的前提下改良文言，否定言文一致的文体改革。

# 1923 年

## 4 月

1923001 15 日，中国留日青年组织白话文研究会，发行《台湾民报》（开始为半月刊，后改旬刊），经常发表有关语文运动的消息和文章，如《新台湾的建设和罗马字》等，把语文运动经日本推行到台湾去。白话文研究会从它的目的和简章来看，和当时大陆的语文运动简直毫无二致。这个组织可看作台湾语文运动的一个先锋队。

## 8 月

1923002 29 日，国语统一筹备会第五次大会议决组织"国语罗马字拼音研究委员会"，指定钱玄同、黎锦熙、黎锦晖、赵元任、周辨明、林玉堂（语堂）、汪怡、叶谷虚、易作霖、朱文熊、张远荫等 11 人为委员，进行国语罗马字的研究工作。大会将诸案并案处理。

## 同年

1923003 国语研究会所编《国语月刊》的长期主编是乐嗣炳，最有名的一期是同年出刊的一卷七期"汉字改革号"，字数多达 25 万字，使汉字改革的讨论达到高潮。该专号发表了钱玄同的《汉字革命》、黎锦熙的《汉字革命军前进的一条大路》、赵元任的《国语罗马字的研究》、蔡元培的《汉字改革说》等。钱玄同批判清末开始的切音字运动不主张废除汉字是"灰色的革命"。其他论文也都主张废除汉字，采用拉丁字母，为制定国语罗马字和开展国语罗马字运动在理论上和技术上打下了基础。

1923004 在国语统一筹备会第五次大会上，王璞提出"国音字典应行修正案"，钱玄同提出"请组织《国音字典》增修委员会案"。两案合并处理，决定组织一个"增修《国音字典》委员会"。1925 年 12 月 21 日吴稚晖主持谈话会，专门讨论有关《国音字典》增修的议案。会中吴稚晖放弃了维护"老国音"的主张，最后决定：以北京音为标准，但是为了顾及读音和古今异同，可以"酌古准今多来几个又读"。增修《国音字典》委员会就是根据这次"以北京音为标准"的决定，修订了"老国音"，将汉字读音改为以北京的普通读法为标准的"新国音"。这次谈话会所做的决定，使我国的"国语"走上"京音京调"的道路。从 1926 年 9 月 3 日起，王璞、赵元任、钱玄同、黎锦熙、汪怡、白镇瀛 6 人逐日召开逐字逐音商讨会，直到 10 月 29 日才完成"增修《国音字典》稿本"十二大册。参照初步完成的"频率字表"中的"常用字汇"确定"常用字标准"，完成《国音常用字汇》的初步草稿。1930 年又经过三次删订改写，到 1931 年秋《国音常用字汇》始成定稿。1932 年 5 月 7 日，国民政府教育部以 3051 号布告，公布《国音常用字汇》，正式确立以北京音系为标准国音。《国音常用字汇》收 9920 字、"别体重文"（异体字）1179 字，又"变音重文"（异读字）1120 字，合计 12 219 字。《国音常用字汇》据常用字表选字、以字音顺序编排、用两式（第一式和第二式）字母注音、收录简体及异体字，这些都是该字典的特点。

1923005 　胡适在《国语月刊》汉字改革号"卷头言"中说："中国的小百姓还做了一件同样惊人的革新事业：就是汉字形体上的大改革，就是'破体字'的创造与提倡。"他断言："在语言文字的沿革史上，往往小百姓是革新家而学者文人却是顽固党。""促进语言文字的革新，须要学者文人明白他们的职务是观察小百姓语言的趋势，选择他们的改革案，给他们正式的承认。"

# 1924 年

## 1 月

1924001　北京大学成立方言调查会并发表宣言书，规定了方言调查会的任务，制订了一套以国际音标为基础的记录方言的字母，并且标注了 14 种方音作为实例。

1924002　国语统一筹备会修改读音统一会所定的"国音"，改为以北京语音为标准音，俗称"新国音"。

　　1913 年所定"国音"采取双重标准，南北兼顾，成为"一种没有人说的语言"。为这种标准语灌唱片的赵元任戏称："13 年的时间里，这种给四亿、五亿或者六亿人定出的国语，竟只有我一个人在说。"1921 年黎锦熙"主张径把很爽快干脆的北京声调为标准"。1924 年黎锦熙草成《京音入声字谱》，其《叙言》成为废止国音中入声的宣言。

## 同年

1924003　黎锦熙《新著国语文法》由商务印书馆出版。这是中国第一部较系统的白话文语法著作，是我国语法学史上最重要的语法著作之一，到 1959 年共印行24 版。

　　《新著国语文法》以白话文为研究对象，创立了宏大的、比较完整的"句本位"的语法体系；建立了一套"中心词分析法"；区分了字、词、短语、子句、句；划分了九个词类、六大成分、七个位；分析了十余种复句类型。这部书出版以后，被各地学校广泛采用，在推广白话文和普通话，普及现代汉语语法知识，促进现代汉语语法研究，提高中小学语文教学水平等方面起了很大作用。当然，这部书仍然没有克服模仿英语语法的通病。

1924004　刘复《四声实验录》由上海群益书社印行。1950 年中华书局重印出版。

该书用语音实验仪器研究汉语方言的声调，在中国属首创。在它的影响之下，王力的《博白方音实验录》（1931）、罗常培的《临川音系》（1940）等都是用刘复的实验方法确定声调的读音。

# 1925 年

## 9 月

1925001　由于时局变动，军阀混战，国语统一筹备会停开，国语罗马字拼音研究委员会无法工作。于是刘复组织在京的音韵学家进行学术讨论的"数人会"，成员有：刘复、赵元任、林语堂、汪怡、钱玄同、黎锦熙。从本月至次年 9 月，在一年内开了 22 次讨论会，议决了一份《国语罗马字拼音法式》。

## 同年

1925002　教育学家陈鹤琴编写完成《语体文应用字汇》，书中公布了他在两年中做出的一部分统计结果，即从六种材料，包含 554 478 个汉字的语料中分析得出 4261 个不同的汉字。这是我国语言学家第一次自觉进行的汉字频度研究。

1925003　以《甲寅》杂志为喉舌，北洋政府的一些官僚重弹"尊孔读经"的老调，认为白话文是"以鄙俗妄为之笔，窃高文美艺之名，以就下走圹之狂，隳载道行远之业"，"欲进而反退，求文而得野，陷青年于大阱，颓国本于无形"。

# 1926 年

## 1 月

1926001　1 日，热衷于研究、推行国语的人士于北京中央公园举行中华民国国语研究会十周年纪念会，同时举行全国国语运动大会。大会中，黎锦熙发表了《全国国语运动大会宣言》，明确地宣告采定北京话为标准国语："北京的方言就是标准的方言，就是中华民国公共的语言，就是用来统一全国的标准国语。"这项宣言明确宣示了以北京音系作为统一全国语言的标准音，是老国音转变为新国音的第一次宣告。自从全国国语运动大会开创走向群众运动的方式后，我国国语运动就兼用"政令路线"与"社会路线"的双轨策略。

## 3 月

1926002　21 日，国音字典增修委员会召开会议，讨论修订国语标准音事宜，到 10 月 29 日完成了 12 册"增修《国音字典》稿本"，最后编成《国音常用字汇》。

　　后来，此事搁置。但以后在传习国语时，大家都渐渐采用北京语音了。

### 同年

1926003　9 月 14 日，国语统一筹备会召开国语罗马字拼音研究委员会会议，通过"数人会"议定的《国语罗马字拼音法式》。9 月 20 日函请教育部公布。教育部专门教育司签报给教育总长任可澄，未得批准。国语统一筹备会只得在 11 月 9 日自行公布，并宣布"定此国语罗马字拼音法式，与注音字母两相对照，以为国音推行之助。此后增修国音字典，即依校订之国语标准拼成罗马字，添记于注音字母之后。教育、交通、工商各界，如遇需用罗马字时，即以此种拼音法式为标准，以昭划一而便通行"。

# 1927 年

## 6 月

1927001 2 日，语言文字学家、史学家、文学家王国维（1877—1927）逝世。

## 10 月

1927002 国民政府模仿法国的制度，不设教育部，而置大学院。蔡元培出任国民政府大学院院长。

## 同年

1927003 清华学校组织了吴语调查。

# 1928 年

## 6 月

1928001 8 日，北伐军入北京，教育部南迁并入国民政府大学院。院长蔡元培邀约吴稚晖等共商留任国语统一筹备会原有人才，继续完成国语统一之工作。

## 7 月

1928002 蔡元培将"国语统一筹备会"改组为"国语统一会"，留驻北京。

## 9 月

1928003 26 日，南京国民政府大学院院长（相当于南京国民政府教育部长）以17 号布告公布《国语罗马字拼音法式》。布告说：《国语罗马字拼音法式》，作为"国音字母第二式"，使它取得"国音字母"的法定地位。

此后出版发行了一些说明国语罗马字拼法的书刊，如：《国语罗马字常用字表》《国语罗马字与威妥玛式拼法对照表》《国语罗马字周刊》等。但由于当时政府对推行国语罗马字并不真正热心，加上该方案拼写规则烦琐，国语罗马字始终没能越出知识分子的圈子。在教育部门，连小学也进不去。1934 年以后，推行活动走向低潮。国语罗马字的社会影响不大，但它证明了汉语也是可以用罗马字母来拼写的。

## 10 月

1928004 24 日，国民政府废弃法国大学院制，重设教育部。

## 12 月

1928005 12 日，教育部以部令第 2 号公布《国语统一筹备委员会规程》，聘请吴稚晖为主席，钱玄同、黎锦熙、陈懋治、汪怡、沈颐、白镇瀛、魏建功 7 人为常务委员。国语统一筹备委员会又约请赵元任、萧家霖加入为常务委员。常务委员会每两个月开一次会。议决过的议案有：编印《国音常用字汇》、筹设"国语文献馆"、专设"国音书报印刷所"、设立"国语研究所"、推广国语罗马字等。还出版了魏建功主编的《国语旬刊》。

1928006　为广大人民群众创制简易的汉语拼音文字的思想于20年代末、30年代初在苏联的中国共产党人和革命知识分子中萌生。苏联的莫斯科中国劳动者共产主义大学附设的中国问题研究所开始研究和讨论中国文字拉丁化问题。当时在苏联积极倡议和参加这一活动的中国共产党党员有瞿秋白、吴玉章、萧三、林伯渠等。

　　本月至次年1月，莫斯科中国问题研究所多次举行讨论会。苏联汉学家郭质生（В.С.Колоколов）和史萍青（А.Г.Шпринцин）等积极参加研讨工作。

## 同年

1928007　教育部改组国语统一筹备会，把该会定名为国语统一筹备委员会，主席吴稚晖，常务委员钱玄同、黎锦熙、陈懋治、汪怡、沈颐、白镇瀛、魏建功，制定了委员会规章，明确了任务、机构、人员等。以后又在全国各重要都市设立特委办事处。

　　国语统一筹备委员会在全国广泛开展活动，在普及民众的基础上，主要任务有四项：1.统一。如议定国音国语的标准，采定标准的语词和语法之类。2.立法。如议定方音符号及关于国语文字上各种符号，编定通行字汇辞典之类。3.审察。如审定关于国语国音的图书，视察纠正国语国音的教学之类。4.文献。如关于国语史料的调查、征集、整理、陈列、统计、表彰等工作。该会修订了注音字母方案，修改了国音标准，制订了《国语罗马字拼音法式》，编辑出版了《国音常用字汇》，成立了中国大辞典编纂处，进行了大规模的辞典编辑工作等。

1928008　国语统一筹备委员会为了宣传国音字母，整理出版了《国音字母表》，每年以年历的方式印制"国音字母单张"十万份以上，在北平（其中一处在天安门城墙上）、南京还用油漆把"国音字母单张"刷在墙上以资宣传。教育部还发布"将简易的国音字母表附印入各印刷品中"之指令，通令各书局将"国音字母单张"尽量附印在书籍中。

1928009　赵元任《现代吴语的研究》出版。1935年再版，1956年科学出版社重印发行。这是中国应用现代语言学方法调查研究吴方言的著作。本书作者最先使用国际音标记录汉语方言。

1928010 "国语统一筹备会"改组为"国语统一筹备委员会"的时候,"国语词典编纂处"扩大编制为"中国大辞典编纂处",预计编出《中国大辞典》。后缩小工作范围,只编出《国语辞典》。

1928011 第一个由中国人自创的字母式汉语拼音文字方案的研制者卢戆章(1854—1928)逝世。卢戆章的墓地在厦门鼓浪屿。

# 1929 年

## 2 月

1929001　在苏联汉学家郭质生（В.С.Колоколов）的协助下，瞿秋白草拟了中国拉丁化字母方案。他们用拉丁字母标出三种声调。后来，瞿秋白又认为在实用的拼音文字中标调是不必要和不适宜的。他还批评了国语罗马字，认为它的主要缺点是"仍旧不敢脱离汉字四声的束缚"。

## 10 月

1929002　10 日，瞿秋白写成《中国拉丁化字母方案》。书中正文分三部分：第一部分谈汉字的难学和中国文字采用字母拼音制是否可能；第二部分谈标注声调是否必要；第三部分是方案和字母的拼写法。由莫斯科中国劳动者共产主义大学出版社出版。《方案》中多处出现"普通话"这一名称，并认为："现在中国已经有一种普通话，可以作一般的标准。"1930 年莫斯科《中国问题》杂志第 2 期发表了瞿秋白的《中国拉丁化字母》（署名"瞿维托"）。该书还由中国劳动者共产主义大学出版社出版单行本。

### 同年

1929003　全国国语教育促进会将 1926 年的《全国国语运动大会宣言》中有关国语运动纲领的理念分析为"两纲四目十件事"。1931 年再次整理订正为：

第一纲　国语统一

第一目　统一

　1.努力宣传并多方推行国音字母。

　2.提倡传习国语的标准语和国语文。

第二目　不统一

　3.添制闽音字母。（闽音字母即方音符号）

4. 调查方言。（兼整理、实验，并寻讨源流）

5. 征集并改进方言文学。

第二纲　国语普及（言文一致）

第三目　普及

6. 提倡汉字注音。

7. 主张汉字外通行一种国语标音字。

　　——以上两件事，具体的方法在努力编译读物。

8. 建设国语的新文学。（兼重内容和思想）

第四目　不普及

9. 给汉字古文和国故以相当之地位。（一方面精选慎择，不让它们再乱七八糟地增加中等教育上的困厄，一方面让专门学者尽量地做科学的整理和真实的探求）

10. 编纂大规模的辞典。

# 1930 年

## 1 月

1930001　吴稚晖与黎锦熙等商谈：关于"注音字母"，遇必要时，改名为便，因为可以减少社会一般的疑虑，而便利政府积极推行。

## 3 月

1930002　中国左翼作家联盟（简称"左联"）在上海成立，提出文艺大众化问题。左联把这一问题列为中心工作，成立了文艺大众化研究会。三、四月间出版的《大众文艺》开始讨论这一问题，鲁迅、郭沫若、沈端先（夏衍）、冯乃超、郑伯奇、钱杏邨（阿英）、洪灵菲等参加讨论。鲁迅发表的文章中，提出文艺大众化的先决条件——文字问题。在《文艺的大众化》一文中，他说："倘此刻就要大众化，只是空谈，大多数人不识字，目下通行的白话文也非大家能懂的文章，若用方言，许多字是写不出的。"

## 4 月

1930003　21 日，中国国民党中央执行委员会第 88 次常务会议上，国语统一筹备委员会主席吴稚晖，以中央执行委员会委员的身份提出"改定'注音字母'名称，改称'注音符号'，以免歧误而不利推行"案。会议议决通过，国民党中央执行委员会行文函知国民政府照办。这里所说的"歧误"是指当时有人误认为"注音字母"像欧美通用的"字母"，可以用来替代汉字。改称"注音符号"就是确定其使用范围，它只限于注在汉字旁边，用来注出汉字的字音，是辅助认识汉字而注音的符号，不能替代汉字单独使用。

1930004　第二次全国教育会议通过吴稚晖等《拟请教育部在最短期内积极提倡注音识字运动案》，要求全体国民一律采用注音符号，所有民众读物加注注音符号，所有教育机关及民众教育团体应组织注音识字设计委员会，并委任专员负责推行。

1930005 　瞿秋白在莫斯科出版了他于 1929 年 10 月 10 日写成的《中国拉丁化字母》，提出了拉丁化新文字草案。这个草案引起苏联学术团体的关注。中国问题研究所（莫斯科）和苏联科学院东方学研究所（列宁格勒）组成专门委员会开始联合进行这方面的研究工作。委员会主席是阿列克谢耶夫院士（B.M.Арексеев），他于 1931 年 1 月在苏联科学院社会科学部做了关于汉字拉丁化的报告，并于 1932 年出版《中国的汉字和拉丁化》一书。瞿氏草案经过修订，1931 年由苏联新字母中央委员会批准，在留苏华侨中推行。1933 年传进中国，被称为"北方话拉丁化新文字"，简称"北拉"。

1930006 　29 日，国民政府发布关于改"注音字母"为"注音符号"的第 240 号训令。

## 5 月

1930007 　19 日，教育部发布第 483 号训令，函件引用"中央执行委员会"函，认为"'注音字母'惟其功用亦不过或注字音或注语音，足当音注而已，与假名相同，仅适注音，不合造字，称为'字母'，徒滋歧误，所以应改称为'注音符号'，以副名实"。

1930008 　22 日，教育部组成注音符号推行委员会，并发布《教育部注音符号推行委员会规程》。该委员会的任务是研究注音符号，编辑有关注音符号的书籍，拟订推行注音符号的方案，协助国民政府所属各院、部、会、处练习注音符号，督促指导全国各地方推行注音符号。根据这样的组织规程与进行办法，应该可以在数年内普及传习注音符号。可惜内忧外患交迫，致使国语运动未能顺利推展。

1930009 　23 日，龙果夫（A.A.Драгунов）在莫斯科中国问题研究所的会上做了关于瞿秋白方案的报告，出席的有苏联各民族的新字母工作者。大家原则上同意瞿秋白的中国拉丁化字母方案，推举瞿秋白、郭质生（B.C.Колоколов）、龙果夫组成专门小组，详细确定方案体系。

　　不久，瞿秋白回国，吴玉章、林伯渠迁居海参崴，由萧三领导的小组继续进行方案的制订工作。

1930010 　国语罗马字促进会成立。从 1932 年起，又在济南、天津、郑州等地设立分会。他们举办讲习班，创办《山东民众周刊》等杂志，大力宣传推广国语罗马字。

## 7 月

1930011　23 日，教育部制定《各省市县推行注音符号办法》，令各省市县教育厅局遵照办理。

## 同年

1930012　刘复、李家瑞《宋元以来俗字谱》由中央研究院历史语言研究所出版。1957 年文字改革出版社重印。该书是宋元明清简化汉字的重要资料，共收集 12 种民间刻本所用的简化字 6240 个。

1930013　陈德芸《德芸字典》（良友版）把汉字笔画分为横、竖、点、撇、捺、提、钩 7 种。

1930014　杨树达《高等国文法》由商务印书馆出版。该书揭示了文言语法的一些规律，是 30 年代的一部重要语法著作。

1930015　陶燠民《闽音研究》出版。原载《历史语言研究所集刊》第一本第四分册，1956 年科学出版社出版单行本。该书是研究闽方言福州话语音的著作，书中揭示的规律和运用的科学方法对后来的方言研究有重要启发。

1930016　9—12 月，苏联科学院东方学研究所（列宁格勒）中文拉丁化委员会以瞿秋白的方案为基础，同时研究了注音符号、国语罗马字、高本汉拼音，以及《歌谣周刊》所用的拼音等。委员会修订了中文拉丁化方案，并据此编辑了识字课本，拟订了成人识字教学法，还确定了中国文字拉丁化的一些基本原则。

委员会成员舒兹基（Ю.К.Шуцкий）在他所写的《汉字在文字体系中的历史地位》的报告中，对中国文字拉丁化问题做了这样的结论："我们能够断言：1. 汉字产生了向拼音文字发展的趋向；2. 它本身不能成为拼音文字；3. 必须用拼音文字来代替它；4. 拼音文字完全可能在中国实现；5. 比起拉丁化来，汉字的'优越性'仅仅是表面的。"

中文拉丁化委员会的研究结果，最后由各个成员分头写成报告，汇编成册，书名是《汉字拉丁化》。

1930017　苏联列宁格勒东方学展览会特设一角，展出了中国文字拉丁化的资料。

# 1931 年

## 4 月

1931001 鲁迅在《前哨》发表《中国无产阶级革命文学和前驱的血》，又在美国《新群众》发表《黑暗中国的文艺界的现状》。两篇文章都认为由于汉字繁难，严重影响了劳苦大众的教育普及。

## 5 月

1931002 全苏新字母中央委员会科学会议的主席团会议批准通过了《中国拉丁化字母方案》。会议决定建立直属于全苏新字母中央委员会的汉字拉丁化专门委员会，并决议在海参崴召开中国文字拉丁化代表大会。

1931003 瞿秋白从苏联回国。在上海先后撰写《鬼门关以外的战争》《学阀万岁》《罗马字的中国文，还是肉麻字的中国文》《普通中国话的字眼的研究》《中国文学的古物陈列馆》等文章，继续研究、宣传汉字改革问题，并认为需要再来一次文学革命，主张"用现代人的普通话来写"。

瞿秋白在发表《中国拉丁化字母方案》之后，仍然一直在继续研究中国拼音文字问题。

## 9 月

1931004 26 日，中国文字拉丁化第一次代表大会在海参崴开幕。参加会议的有来自远东地区和东西伯利亚边区各地的代表 87 人，其中工人 27 人、职员 42 人、学生 17 人、集体农庄庄员 1 人，代表了远东地区各种不同观点的中国劳动者阶层。

开幕式上，由苏共边区委员会指导员、工人干部、前海参崴码头工人王湘宝（真名刘长胜）致开幕词。林伯渠发言认为："在以前就有许多汉字拉丁化的反对者。现在我们必须考虑到右倾机会主义和'左'倾偏差主义的危险。右的意见断言：拉丁化这是将来的事情。'左'的意见断言：汉字在现在对我们来说是完全不需要的。代表大会对于这些偏向应该给以反击。"会上提出"同时也要防止醉心于迅速地和完全地消灭汉字的想法"。在苏联科学院东方学研究所的报告中有要为用拼音文字完全代替汉字而奋斗的提法，在会上没有得到支持。

会议内容有全苏新字母中央委员会的报告，报告人 M.M. 阿勃拉姆孙（М.М.Абрамсон）（汉名马孙）；有关字母方案的报告，分别由龙果夫（А.А.Драгунов）报告字母方案的原则、吴玉章报告正字法规则、史萍青（А.Г.Шпринцин）报告拉丁化的汉语文学语言。大会对正字法做了修改，做出了《中国文字拉丁化的原则和规则》的规定。

1931005　29 日，中国文字拉丁化第一次代表大会闭幕，选出了由 29 名委员和 10 名候补委员组成的远东边区新字母委员会。委员会选举王湘宝（刘长胜）为副主席和主席团中国部主席。委员会的骨干有王昌希（刘长胜回国后，他继任主席团中国部主席）、李唐彬（沿海地区新字母委员会主席）、林伯渠、萧三、吴玉章、张成功（海参崴新字母委员会主席）、周松源（新字母教科书编辑者），以及几位苏联汉学家。这个委员会设在伯力。

出席闭幕会的共有 2000 人，萧三做了题为《在苏联的中国劳动者的文化革命问题》的报告，王湘宝（刘长胜）做了总结发言。

拉丁化新文字在中国文字拉丁化第一次代表大会上产生后，就由远东边区新字母委员会在侨苏的 10 万中国工人中推行，作为扫盲和普及教育的工具。由于新闻封锁，这些情况国内都不知道。报纸上曾登过一则外国通讯社的电讯，有一家杂志也登过一段补白，只说在苏联出现了一种中国话的新的拼音方案，详情不得而知。

1931006　伯力远东边区出版《成人识字课本》《剪开用字母表》等。宣传品提出："学汉字得 10 年，学拉丁化的中国字只要几个礼拜。"

# 12 月

1931007　3 日，中国左翼世界语者联盟（简称"语联"）在上海成立。与左联、剧联、美联……同为 30 年代中国左翼文化总同盟（简称"文总"）所属的左翼文化团体之一。在成立会上产生临时执委会，推定胡愈之担任书记，楼适夷负责组织，张明理负责传播，叶籁士负责国际通信，陈世德负责研究工作。从 1933 年冬起，语联担负起引进、宣传和推广拉丁化新文字的任务。

# 同年

1931008　罗常培《厦门音系》由中央研究院历史语言研究所出版，1956 年科学出版社出版新一版。该书细致地分析了厦门方音，对厦门音跟《广韵》的比较颇为精密，并指出了区别单字音和说话音的重要性，促进了现代汉语方言的研究。

1931009　本年起正式开始《国音普通辞典》的编辑工作。到 1937 年 3 月才出版四册之中的第一册，书名改为《国语辞典》。

# 1932 年

## 6 月

1932001 《四海杂志》发表《苏俄成功之中国语拉丁文》，最早向中国境内透露了在侨苏的中国工人中推行拉丁化新文字的消息。

## 12 月

1932002 7 日，中国世界语函授学社举办世界语展览会。

### 同年

1932003 陈望道《修辞学发凡》由大江书铺出版。1950 年以后分别由开明书店、上海新文艺出版社、上海文艺出版社、上海人民出版社、上海教育出版社等多次再版。

1932004 语言学家王静如（1903—1990）著《西夏研究》三辑（1932—1933），对西夏语言进行全面系统的研究，并对四部西夏文佛经逐字对译。这部著作于1936 年获法国"茹莲奖"。

# 1933 年

## 1 月

1933001　22 日，"上海世界语者协会"成立。机关刊物是 1932 年 12 月 15 日创刊的《世界》(La Mondo)。

## 7 月

1933002　国民政府行政院训令所属机关："公文应采用简单标点，各部会定 8 月 1 日起实行，各部会附属机关定 9 月 1 日起实行。"在此之后，国民政府又议定一种公文标点举例及行文款式。10 月，国民政府训令行政院等从次年 1 月 1 日起全国各机关一律采用实行。

## 8 月

1933003　12 日，中外出版公司编印的《国际每日文选》第十二号刊发世界语学家焦风翻译的《中国语书法之拉丁化》一文。这是国内较详细地介绍拉丁化新文字的第一篇文章。该文是萧三用世界语写的介绍中国拉丁化新文字一文的中译版（发表在 1932 年 8 月国际革命世界语作家协会 IAREV 的机关刊物《新阶段》第二期）。这篇译文介绍了中国拉丁化新文字字母表，虽没有提到字母的发音和拼法，不是完整的方案，但仍在世界语者中引起了关注。

## 10 月

1933004　上海世界语者协会的机关刊物《世界》(La Mondo)增加了一个副刊《言语科学》，它的主要任务是介绍世界语理论和研究中国拉丁化新文字。在《言语科学》创刊号上用世界语登了一则启事，请求苏联世界语者提供苏联出版的有关中国拉丁化新文字的各种书报材料。这则启事立刻得到了响应，苏联世界语者寄来了新文字的原则和方案、检字以及新文字俄文对照的小字典等书刊。根据这些材料，中国世界语者在《言语科学》上开始介绍和讨论拉丁化新文字。1934年，《言语科学》第九、十期合刊上发表了拉丁化新文字方案。这是该方案第一次在国内正式发表。

## 同年

1933005　教育部发出训令，要求所有学生拼写自己的译名时，必须依据教育部国语统一筹备委员会编定的《国音常用字汇》；姓名的排列依照本国的习惯，姓前名后，不得用缩略写法。

1933006　沈兼士《右文说在训诂学上之沿革及其推阐》载《历史语言研究所集刊外编——庆祝蔡元培先生六十五岁论文集》。

# 1934 年

## 1 月

1934001　1 日，全国各大小机关的公文加用新式标点符号，"以求合乎法定的公文程式"。

1934002　7 日，国语统一筹备委员会第二十九次常务委员会通过钱玄同的《搜采固有而较适用的简体字案》。该提案认为"今后写汉字，应该力求笔画减省，以便赴速急就"；还提出要规定简体字的标准写法。简体字标准可以取材于固有而适用的简体字，比如：1. 现在通行的俗体字；2. 宋元以来小说等书中的俗字；3. 章草；4. 行书与今草；5.《说文》中笔画简少的异体；6. 碑碣上的别字。还可以用简体字做偏旁，组合成新的简体字；如再不够，可以创造新的简体字。常务委员会还决定由钱玄同负责搜集编印简体字，再由委员会选定。

## 5—6 月

1934003　20 世纪 30 年代，白话文在发展中出现了半文半白的不良倾向，使主张复兴文言的人以为有机可乘。于是，汪懋祖、许梦因等在南京国民党的《时代公论》《中央日报》等报刊上发表文章，提出了以"文化围剿"为目的的"文言复兴运动"。

汪懋祖发表《禁习文言与强令读经》《中小学文言运动》，认为"文言"是"轻便之利器"，而"白话"是"粗笨之工具"，认为"读经决非恶事"，称道"何（健）、陈（济棠）辈之主张尊孔读经，可谓豪杰之士矣"。

许梦因发表《文言复兴之自然性与必然性》《告白话派青年》，文中说："白话必不可为治学之工具，今用学术救国，急应恢复文言。"

对此，上海文化界进步人士陈望道、胡愈之等立即组织力量发起大众语运动，在《申报》副刊《自由谈》发动反击，决定采用大众语"这个比白话还新的名称"，提倡写"大众说得出、听得懂、看得明白、写得顺手"的更贴近口语的

"大众语"（"大众语"一词最早是陈子展在《文言—白话—大众语》一文中提出的）。很快，全国各地报刊纷纷响应，展开了大众语问题的讨论。在声势浩大的反击下，文言复兴的论调很快就销声匿迹了。

后来，讨论的中心又转移到白话文与大众语的关系，以及大众语本身的种种问题。陈望道提出，要普及大众语，必须做到"三种统一"，即：语言和文字统一、统一各地的土话、统一形式和内容（意识内容也接近大众）。讨论中还有人提出要建设真正的大众语就非用拼音的新文字来写不可，这样，拉丁化新文字问题也在讨论中提出来了，大众语运动开始跟拉丁化新文字运动结合起来。

6月24日，张庚在《中华日报》副刊上发表《大众语的记录问题》，他说："方块字……实在记录不了大众语这丰富活跃的语言……创行了一种中国话拉丁化，推行也很广，而且出版了很多书报，这我们可以拿来研究的。"他在国内提出了用拉丁化新文字记录大众语的问题。

# 7 月

1934004　10日，叶籁士在《中华日报》副刊《动向》发表《大众语·土语·拉丁化》，正式向国内介绍拉丁化新文字。他说："关于中国语言的拼音化，过去已经有了'国语统一筹备会'的'注音符号'（原名'注音字母'）和'国语罗马字'。在简单容易上，苏联华侨创制的'拉丁化中文'（创案者是旅俄华侨文化突击队领导下的'远东边疆拉丁化委员会'）……是非常值得我们参考的。"

# 8 月

1934005　3日，鲁迅对大众语问题也发表了意见。他在《社会月报》发表《答曹聚仁先生：论大众语》一文，文中说，"汉字和大众是势不两立的"，"要推行大众语文，必须用罗马字拼音（即拉丁化）"。又说："在交通繁盛、言语混杂的地方，又有一种语文是比较普通的东西，它已经采用着新字汇，我想这就是大众语的雏形。它的字汇和语法都可以输进穷乡僻壤去。"

此后，鲁迅又相继发表了《门外文谈》《汉字和拉丁化》《中国语文的新生》《关于新文字》等文章，赞同汉字改革。

1934006　黎锦熙发表《大众语真诠》，认为"大众语"就是"国语"，"三个月来的论争，不过是搬弄几个名词术语"。乐嗣炳发表《大众语决不是国语》，闻心发表《大众语运动的几个问题》，不同意黎锦熙的这种说法。

1934007　陈望道主编的《太白》（半月刊）创刊。创刊号发表胡芋之（胡愈之）《怎样打倒方块字》，提倡用别字（同音同调或同音不同调的汉字）和词连写（即构成一个词的二、三、四个汉字连写，词与词之间空一格或半格）的办法来写文章。

1934008　大众语的讨论到本月底基本结束。在讨论中，仅上海一地，就发表了160 多篇文章，平均每天 4 篇。这次讨论的结果，除了推动白话文的大众语之外，还促成了拉丁化新文字在国内的研究、推行。

1934009　世界语学者叶籁士等在上海成立中文拉丁化研究会。这是国内第一个拉丁化新文字团体。

# 9 月

1934010　黎锦熙在《文化与教育旬刊》第二十一期发表《国语"不"统一主义》："我们认定他们那一套'拉丁化中国字母'是绝对的不适用。这个理由很简单：凡一个民族要改革文字，必须有全民族统一的标准语言，我们也主张'汉字改革'，但是属于第一个主义的'国语统一'的，不是属于第二个主义的'国语不统一'的。"

1934011　国语罗马字促进会在郑州召开第一次全国代表大会。大会发表宣言，说拉丁化新文字是"外国人越俎代庖"，并说明召开大会的目的是"研究如何可以抵抗外来的破坏"。

# 10 月

1934012　鲁迅在《新生》（周刊）第一卷第三十六期发表《中国语文的新生》。文章一开头就说："中国现在的所谓中国字和中国文，已经不是中国大家的东西了。……倘要生存，首先就必须除去阻碍传布智力的结核：非语文和方块字。如果不想大家来给旧文字做牺牲，就得牺牲掉旧文字。"最后，他对拉丁化的推行加以鼓励："愈艰难，就愈要做。"

# 12 月

1934013　黎锦熙《国语运动史纲》由商务印书馆出版。《史纲》把国语运动分为切音运动时期（1898年起）、简字运动时期（1908年起）、注音字母与新文学联合运动时期（1918年起）、国语罗马字与注音符号推进运动时期（1928年起），记述了清末以来国语运动的始末，说明了有关的理论、方法和纲领。《国语运动史纲》是国语运动史上一部重要著作。

## 同年

**1934014** 为便于推行注音符号，国语统一筹备委员会常务会议通过"注音汉字字模"案。1935年，国语统一筹备委员会拟订了注音汉字字模的计划，要在汉字字旁附加注音字母。同年3月到6月底，负责该项工作的委员选定了6788字的"铜模字表"，并研制成"汉字旁注之注音符号印刷体式表"，由教育部于1935年6月24日公布。后因日军入侵，所铸造的字模未能运送到重庆后方使用。1941年教育部授命国语推行委员会再设计监制注音汉字铜模，完成了五号和新四号两套铜模，用来印行民众小报，在传习注音符号、扫除文盲的工作中起了很大作用。

**1934015** 杜定友《简字标准字表》和徐则敏《550俗字表》分别出版、发表。

**1934016** 孙海波《甲骨文编》由燕京大学哈佛燕京学社石印出版。后中国科学院考古研究所委托孙海波根据新资料修订，1965年由中华书局出版。新版正编收甲骨文单字1723个，附录收单字2949个。该书是学习和研究甲骨文的重要工具书。金祥恒编有《续甲骨文编》，是补充旧版《甲骨文编》的，1959年由台北艺文印书馆印行。

**1934017** 赵元任《音位标音法的多能性》发表于《历史语言研究所集刊》第四本第四分册，1957年转载于裘斯（Martin Joos）主编的《语言学论文选》，1985年收入中国社会科学出版社出版的《赵元任语言学论文选》。该文被誉为"最优秀的对早期音位学具有指导意义的论文"。

**1934018** 陈立夫《五笔检字学生字典》出版，该字典把汉字笔画分为点、横、竖、撇、折5类。

**1934019** 朱起凤（1874—1948）《辞通》出版。该书是一部以古书中的双音节同义异形词为收录、比较对象的词典。

# 1935 年

## 2 月

1935001　文化界 200 人和《太白》《世界知识》《译文》等 15 家杂志社共同发表《推行手头字缘起》。《缘起》说："我们日常有许多便当的字，手头上大家都这么写，可是书本上并不那么印。识一个字须得认两种以上的形体，何等不便。现在我们主张把'手头字'用到印刷上去，省掉读书人记忆几种字体的麻烦，使得文字比较容易识，容易写，更能够普及到大众。"

## 4 月

1935002　叶籁士《中国话写法拉丁化——理论·原则·方案》以上海中文拉丁化研究会的名义出版。这本书由上海生活书店十几位青年职工捐赠薪金而获得印刷费用。

　　本书的内容有"中文拉丁化概说""中文拉丁化的原则""北方话拉丁化的方案""拉丁化和知识分子的使命"以及附录"拉丁化汉文对译读物"等几个部分。

　　这本书出版后不断再版，成为拉丁化新文字运动在国内推行初期宣传拉丁化新文字印数多、影响大的书之一。

## 6 月

1935003　18 日，杰出的无产阶级革命家、拉丁化新文字方案最早的拟订者瞿秋白（1899—1935）在福建长汀英勇就义。

1935004　天马书店出版叶籁士《拉丁化概论》。

## 8 月

1935005　15 日，中国最早的拉丁化新文字刊物《Sin Wenz 月刊》在上海创刊。这是国内第一个宣传和讨论拉丁化新文字的半公开刊物。内容有短论、新文字读物、新文字写法讨论、问题解答等。创刊号转载了鲁迅的《关于新文字》。这份刊物共出版 7 期。

1935006　20 日，北平的第一份拉丁化新文字刊物《Sin Wenz 半月刊》创刊（第二期起改名为《Beiping Sin Wenz 半月刊》）。这个刊物后来成为北平新文字研究会的会刊和北平拉丁化新文字运动的指导刊物。1937 年 7 月抗日战争爆发后停刊，一共出版了 35 期。

1935007　21 日，国民政府教育部公布《第一批简体字表》，收录简体字 324 个。

　　1922 年国语统一筹备会第四次大会通过了钱玄同提出的《减省现行汉字的笔画案》。但经过数年多次开会研商，直到 1935 年，才由钱玄同主稿，搜采固有而较实用的简体字完成《简体字谱》（收录 2400 多字）。教育部从中选择 324 个字编成《第一批简体字表》颁行。该表的编选原则有三：1. 述而不作；2. 择社会上比较通行之简体字最先采用；3. 原字笔画甚简者不再求简。

　　《第一批简体字表》（1935）中有 204 个简化字形被《简化字总表》（1964）采用；有 84 个简化字形稍加改动后被采用；两表简化字形完全相同的和只有细微差别的合计 288 字，占《第一批简体字表》总数的 88%（两表简化字形完全不同的25 字，《第一批简体字表》简化、而《简化字总表》未简的 11 字）。

　　1936 年 2 月，因在社会上，特别在国民党高层内部有明显的不同意见，教育部于 2 月 5 日奉行政院的命令，训令"简体字应暂缓推行"。

1935008　茅盾为苏联远东新文字《Yngxu Sin Wenz 新文字》撰稿，题为《关于新文字》。文章对中国文字拉丁化第一次代表大会（1931）的决议表示拥护："站在大众的立场上，只有废除汉字，才是中国文字改革运动最正确的道路。"

1935009　《清华周刊》、《京报》副刊《熔炉》、《世界日报》副刊《世界之光》等，开始登载提倡和介绍拉丁化新文字的文章。

# 9 月

1935010　太原新文字研究会成立。随后，该研究会创办《拉丁化半月刊》。

# 10—11 月

1935011　天马书店出版叶籁士编写的《拉丁化概论》《拉丁化课本》，霍应人编写的《拉丁化检字》，胡绳编写的《上海话新文字概论》，作为"天马丛书"发行。

1935012　上海有关刊物的编者、作者两次举行"通俗文座谈会"。会上陶行知表示："用汉字写通俗文的作家，可以把他自己写的文章译成拉丁化新文字，来试验它是否真正通俗。"

## 12 月

1935013　上海中文拉丁化研究会邀请文化界人士座谈推行新文字。会上由陶行知发起成立中国新文字研究会。随后，中国新文字研究会在上海成立，草拟了《我们对于推行新文字的意见》，征求各界人士签名。《意见》中说："中国大众所需要的新文字，是拼音的新文字……我们深望大家一齐来研究它，推行它，使它成为推进大众文化和民族解放运动的重要工具。"签名的人有：蔡元培、鲁迅、郭沫若、邓初民、叶绍钧（叶圣陶）、茅盾（沈雁冰）、陈望道、柳亚子、陶行知、李公朴、周扬、乔木（胡乔木）、胡愈之、胡绳、邹韬奋、巴金、钱亦石等 688 人。《意见》于 1936 年 3 月 28 日正式发出。毛泽东在延安看到了这份意见书，于 1936 年 9 月写信给蔡元培（《致蔡元培书》）大加赞赏。毛泽东还于 1937 年 3 月在徐特立任教的新文字学习班上为少年学员讲述学习新文字和学习文化的重要性，并为学员批改新文字作业。

1935014　郭沫若在日本《留东新闻》第 12 期上发表《请大家学习新文字》，文章认为："现在已经不是讨论新文字要不要的时候，而是我们应该赶快学、赶快采用的时候了。"

　　中文拉丁化研究会出版叶籁士编写的《文盲用拉丁化课本》（后改名为《工人用拉丁化课本》）。这是国内出版的专为工人编写的新文字课本。

## 同年

1935015　因中央经费紧缩，国语统一筹备委员会奉令于本年 6 月底停止办公。后经各方呼吁，教育部才于 8 月 3 日公布"教育部国语推行委员会规程"，成立只做工作不领薪水的"国语推行委员会"，仍聘吴稚晖为主任委员。

1935016　教育部为推行国语注音符号，颁布了"注音汉字字模表"。同年又颁布了"小学初级分级暂用字汇"（最常用字 3516 字）。

1935017　洪深《一千一百个基本汉字使用教学法》由生活书店出版。该《教学法》在同义字和近义字中选择代表性最强的 1100 个基本汉字，把实际语言里的好多词改为基本汉字所能书写的另一种说法，以此来减少实际使用中汉字的字数。这是一次失败的尝试。

# 1936 年

## 1 月

1936001　中国第一份新文字半月报《Womndi shgie》（我们的世界）创刊。

1936002　《Sin Wenz 月刊》第七期发表中国新文字研究会理事会通过和公布的《上海话新文字方案》。同期还发表胡绳《请不要再用新文字写作吧》，批评新文字刊物上有些新文字的文章太不口语化。

1936003　王力发表《中国文法学初探》。这篇文章全面探讨了以往模仿比附的语法研究方法，提出了革新的主张。许多人认为《中国文法学初探》是文法革新大讨论的前奏，是当时文法革新派的宣言书。

1936004　重庆新文字推行社成立。《四川新文字推行十日刊》创刊。

## 4 月

1936005　由广州、中山、澳门、香港四地的新文字团体联合组成的广东区新文字促进会成立。

1936006　东京创刊三种全用新文字的刊物:《Latinxua Sian》（拉丁化线）、《Dazhung di Xusheng》（大众的呼声）和《Rhensh》（认识）。

## 5 月

1936007　18 日，中国新文字研究会邀请各界人士召开座谈会，讨论扩大推行新文字运动的问题。出席的有文化界救国会、职业界救国会、国难教育社、女教师联合会，以及香港、武汉等地的新文字团体代表。

1936008　《中国语言半月刊》创刊。这是接替《Sin Wenz 月刊》的上海新文字运动的指导刊物。初期由胡绳主编。创刊号发表有蔡元培、鲁迅等 688 人签名的《我们对于推行新文字的意见》。

# 6 月

1936009　鲁迅在病中接见《救亡情报》访员，谈到汉字改革问题，他表示："因为汉字的艰深，使全中国大多数的人民永远和前进的文化隔离。中国人决不会聪明起来，理解自身所遭受的压榨和整个民族的危机。"

1936010　了一（王力）在《独立评论》第二〇五号发表《汉字改革的理论与实际》。文中谈到"一个汉字改革方案成功的条件是什么"时说："文字是'约定俗成'的东西，是社会的产品，只有社会的大力量才能改造它。它的成功条件就是努力，好坏的程度只是次要的问题。"

# 7 月

1936011　8 日，邹韬奋在香港《生活日报》发表《简易文字与大众文化》一文。

1936012　19 日，中华苏维埃政府机关报《红色中华》首次刊登用新文字写的报道《Sin Wenz Yndung》（新文字运动）。

1936013　26 日，上海新文字研究会成立，参加的有 40 多个团体会员。该会成立后就宣布参加中国新文字研究会，为中国新文字研究会上海分会。

1936014　本月初，中共中央和中华苏维埃人民共和国中央政府西北办事处由瓦窑堡迁到志丹县。当时，委托西北办事处教育部把共产党关于抗日民族统一战线方面的文件译写成新文字，主要目的是转送给上海地下党组织，以避免国民党的检查。

1936015　胡愈之在《生活日报周刊》第九、十两期发表《新文字运动的危机》，对于当时的新文字运动提出了五点意见，其中提到要审慎地制订和处理方言拉丁化方案。文章发表后，在华南引起很大反响。

# 9 月

1936016　上海新文字研究会举办第一期新文字师资训练班。这是上海新文字运动的第一个公开的干部训练班。

# 10 月

1936017　19 日，鲁迅（1881—1936）在上海逝世。上海很多新文字工作者参加丧仪。在送葬行列中有四面横幅特别显眼，是中国左翼世界语者联盟、上海世界语者协会、中国新文字研究会、上海新文字研究会用汉字和拉丁字母写的。郭沫若写的挽词是："旷世名著推阿 Q，毕生杰作尤拉化。"推崇鲁迅提倡拉丁化新文字的功绩。

1936018　燕京大学哈佛燕京学社出版容庚编著的《简体字典》，收录简体字 4445 个。容庚还在燕京大学开设简体字课。

# 11 月

1936019　北新书局出版陈光垚《常用简字表》，收字 3150 个。

# 12 月

1936020　5 日，陕甘宁边区中央一级青年俱乐部成立并举行开幕典礼。俱乐部提出六项任务，其中第一项就是："推行新文字，消灭文盲。"

1936021　13 日，《红色中华》发表共青团中央局与中央教育部关于开展冬学运动的指示信，提出：加强苏区人民中的政治文化教育工作，特别是新文字运动，来提高人民的政治文化水平。

## 同年

1936022　民主革命家、思想家、学者章炳麟（1869—1936）逝世。

1936023　王力《中国音韵学》出版。1956 年再版时改名为《汉语音韵学》。该书用现代语音学理论解释传统音韵学的概念。

1936024　〔瑞典〕高本汉《中国音韵学研究》，由赵元任、罗常培、李方桂译成中文出版。高本汉把印欧比较语言学的方法介绍到中国来，使汉语音韵学在拟音上有了一套合适的方法和方便的工具。

1936025　舒新城、沈颐等主编《辞海》（上册）由中华书局出版。1938 年出版下册。该书以百科条目为主，兼收语词条目。

# 1937 年

## 1 月

1937001　《语文月刊》创刊，由叶籁士主编，新知书店发行。创刊号有焦风《重提大众语运动》、胡绳《从三本社会常识读本谈写作通俗文的几个具体原则》、亦文《略论通俗化》，以及索原（叶籁士）《土耳其的文字改革》等文章。焦风在《重提大众语运动》中要求作家用新文字写作，"实现新的文字与文学结合的第一步"。

1937002　《教育杂志》第二十七卷第一号发表陆志韦《关于拼音文字的几句话》。

1937003　西安新文字促进会成立。新文字刊物《新西安》创刊。

## 2 月

1937004　《语文月刊》第二期出版，发表有茅盾《"通俗化"及其他》、叶圣陶《语体文要写得纯粹》等文章。茅盾在《"通俗化"及其他》一文认为，通俗化不一定要避去文言字。

## 3 月

1937005　19 日，陕甘宁边区《新中华报》的副刊《教育》第一号刊登《对于教学新文字的意见》，讲了四个问题：1.教学新文字的对象；2.新文字的应用问题；3.新文字与汉字的关系问题；4.新文字的教法问题。

## 4 月

1937006　23 日，陕甘宁边区《新中华报》报道：陕北苏区召开教育会议，讨论目前国难教育方针。会上，省教育部长报告了目前教育工作的几个重要方针和教授新文字的方法与方式。

1937007　29 日，陕甘宁边区《新中华报》的副刊《教育》第四号上发表西北办事处文化教育建设委员会起草的《关于群众的文化教育建设草案》。该《草案》是陕甘宁根据地教育史上第一个成文的教育法规。新文字教育被正式列入《草案》之中。

1937008 《语文月刊》第四期再次发起"通俗化问题"讨论，公开征文。

1937009 中国新文字研究会广州分会出版荻原（陈原）编写的《广州话新文字课本》。

## 5 月

1937010 16 日，陕甘宁边区延安市新文字促进会成立，选举徐特立、刘长胜、陈宗汉、杨其华、高其成为理事。

1937011 《语文月刊》第五期出版，刊发了"国语罗马字和新文字问题"特辑。特辑共有 5 篇文章：潘古干（叶籁士）《关于"新文字的缺点"》、焦风《从阐明差异去追求统一》、郑君实《国语罗马字的缺点》、一个读者的《集中一切力量》和李应《希望大家放弃成见》。

## 6 月

1937012 陕甘宁边区《新中华报》在 16 日、29 日连载谢觉哉的文章《边区政府的组织与建设》。在文化建设部分，文章提出："完全文盲的先教新文字，逐渐改革中国的文字工具。"

1937013 《语文月刊》第六期出版，继续发表讨论国语罗马字和拉丁化新文字携手的文章，有何从《随便记起新文字的几个严重问题》、邓录《只有中国话拉丁化》、崔鼎等《让每个人都有他的一票》、周辨明《拼音路上的里程碑》等。

## 7 月

1937014 《语文月刊》第二卷第一期发表高毓溥《国语罗马字与拉丁化之合流》、姚居华《通俗化与新文字》、王玉川《到携手之路》、Silin《汉语拼音问题我见》等文章。其中，王玉川《到携手之路》依然认为只有国语罗马字好，别的都不行。

1937015 新知书店出版《通俗化问题讨论集》两册，这是《语文月刊》征文的两个单行本。讨论集的执笔者有钱俊瑞、平心、曹伯韩、焦风、汉夫等 40 多人。

1937016 《语文月刊》第二卷第一期"语文信箱"发表有《肤施来客谈》，报道了陕北苏区一年来新文字运动的情况。

1937017　苏联中央执行委员会民族院主席团通过决议，撤销全苏新字母中央委员会，认为它的任务已经完成。9月，远东边区新字母委员会也随之撤销。

## 8月

1937018　《语文月刊》第二卷第二期出版。发表有潘古干（叶籁士）《论"携手"答王玉川先生》。文中指出王玉川的意见"不是携手，而是包办"，主张"国语罗马字和新文字应该马上联合起来"。《语文月刊》出完这一期后停刊。

1937019　昆明新文字研究会成立，并创办《新文字月刊》。抗战初期，昆明的新文字运动曾经相当活跃。但后来云南省政府接到国民党政府命令，说新文字是"匪谍活动之一"，必须取缔，新文字运动遂受到阻碍。

## 9月

1937020　9日，陕甘宁边区中央教育部规定9月为识字运动月。识字课本用汉字编写，生字旁用新文字注音。同日，《新中华报》发表陕甘宁边区中央教育部《关于推行新文字的指示信》。

1937021　为了进一步争取合法化和公开推行，上海新文字研究会向国民党上海市社会局呈请登记，并要求转请国民党中央政府明令提倡拉丁化新文字，在短时期内通饬各地民众教育机关一律试用新文字；还要求设立创导机关，开办新文字实验学校等。

## 10月

1937022　新四军军长叶挺发表关于拉丁化新文字的意见，认为"军队的识字运动只有实行拉丁化是最好的法子"。根据叶挺军长的意见，新四军教导总队训练处规定：各中队每天上文化课一小时，主要学习新文字，其次是自然和地理。

## 同年

1937023　全面抗战开始，国语推行委员会被迫停顿，直到1940年6月21日，为加强后方建设，教育部训令国语推行委员会扩大组织，恢复工作，并重新发表委员名单。国语会的经费改由社会教育司的经费开支。

1937024　字体研究会发表《简体字表》第一表，约收 1700 字。

1937025　黎锦熙、钱玄同主编，中国大辞典编纂处编《国语辞典》1937—1943 年由商务印书馆出版。1957 年再版，有删节，并改名为《汉语词典》。该书是一部描写性详解型现代汉语词典。

# 1938 年

## 1 月

1938001　1 日，上海新文字研究会召开会员大会，选出由许中、王宏、倪海曙等人组成的本年度新理事会。大会举行时，会场被租界巡捕房的巡警包围。次日，会所被搜查。巡捕房认为上海新文字研究会的活动属于抗日性质，妨碍租界中立，要求会中人员离开租界。

1938002　为了使上海难民收容所的新文字教学工作能继续进行，上海新文字研究会求助于租界华人教育处处长兼国际救济会难民教育股主任、著名教育家陈鹤琴。陈鹤琴调查之后，对难民收容所的新文字教学工作表示满意，并且对拉丁化新文字也感到极大兴趣。于是他接受上海新文字研究会的请求，一方面向租界当局说项，由他担任保证人，允许上海新文字研究会登记为合法团体；一方面决定在上海的难民收容所进行大规模的推行新文字工作，他本人亲自动手编写难民用的新文字课本。积极在难民中从事扫盲实验的倪海曙被难民称颂为"孤岛上文盲大众的救星"。

1938003　陕甘宁边区新文字促进会成立，并创办新文字刊物《Dikang Dao Di》（抵抗到底）。这年冬天，延安普遍开设"新文字冬学"。

1938004　武汉新文字教育促进会成立，从事宣传、推广拉丁化新文字工作。

1938005　广州新文字工作者协会成立，制订了《广州话拉丁化统一方案》。年底，广州失陷，华南新文字运动的中心转移到香港。

1938006　西安新文字研究会成立。

## 2 月

1938007　上海国际救济会难民教育股划定 10 个收容所试验教学拉丁化新文字。

## 3 月

1938008　5 日，国民党中央宣传部发表关于拉丁化新文字的令文。文中说："中国字拉丁化运动如不妨碍或分散国人抗战之力量，在纯学术之立场上加以研究，或视为社会运动之一种工具，未尝不可。若仍有反动分子用此为宣传工具，则仍须严加取缔。"这是国民党政府对拉丁化新文字运动宣布的表面上的"解禁"。陈望道在同年 4 月写了《纪念拉丁化的解禁》，文章说："语言文字是一种最重要的团结工具。在最需要团结的现在，对于这种工具需要多方加以检查，多方加以改进，多方加以运用。""凡是切望中华民族加紧团结的人们，应当隆重纪念对于拉丁化的解禁。"

　　在汉口的拉丁化新文字工作者叶籁士、焦风等与国语罗马字推行者王玉川等交换了有关中国文字改革的意见后，得出共同结论，使这两股力量在抗日的旗帜下团结起来，促进了语文联合战线的发展和巩固。

1938009　上海公共租界工部局准许上海新文字研究会登记为合法团体。

## 4 月

1938010　11 日，陕甘宁边区国防教育会第一次代表大会在延安召开。毛泽东、张闻天等出席并讲演。大会决议案内容有五个方面，其中之一是"普遍成立新文字促进会"。

1938011　上海新文字研究会召开本年度第二次会员大会，选举第二届理事会和常务理事会。出席的会员有 200 多人，陈望道、陈鹤琴等出席并讲话。

## 5 月

1938012　国民党政府的《扫荡报》发表陈秋圃的文章《斥拉丁化新文字》。文章发表后，武汉、广州、上海等地报刊纷纷发表文章予以反驳。

1938013　国际救济会难民教育股成立新文字组，专管各收容所的新文字教学工作。

1938014　《大美报》发表陈鹤琴对该报记者的谈话。陈鹤琴代表国际救济会难民教育股向记者表示，将以难民为对象大规模实验新文字。他在谈话中把注音符号与拉丁化新文字做了一个比较，认为"从普及全民教育的便利上着想，新文字比原有注音符号简易得多"，"新文字经他短短三个月来试验的结果，在扫除文盲方面收到的效果，确实优于注音符号"。

# 7 月

1938015　上海语文学会成立。发起人为陈望道、陈鹤琴、方光焘等。成立会上推举陈鹤琴、陈望道为正副理事长。这个学会与上海新文字运动的关系极为密切，上海新文字研究会也派代表参加。

1938016　上海语文学会在《每日译报》创刊《语文周刊》，由陈望道主编。创刊号发表了陈望道的演讲《中国语文的演进和新文字》。从第六期起展开中国文法革新问题的讨论。

# 8 月

1938017　新四军政治部、宣传部为了适应当时全军指战员的语音情况，便于学习，试行《普通话新文字方案》。

# 9 月

1938018　上海语文学会举行第一届新文字教师鉴定考试，参加考试的有 170 人。语文学会理事长陈鹤琴、副理事长陈望道亲临监考。

# 10 月

1938019　陈望道等人在上海发起关于文法革新问题的讨论。这场讨论历时四年多，到 1943 年 3 月止，几乎波及整个南方。讨论参加者主要有陈望道、方光焘、傅东华、张世禄、金兆梓等。

这次讨论的目的是要"以科学的方法、谨严的态度缔造中国文法体系"，但有关如何建立汉语语法新体系，大家意见迥异。此外，还讨论了怎样才是一个好的语法体系、语法研究的方法等问题。这次讨论引进了普通语言学理论，提高了中国语言学界的理论水平。

1938020　国民参政会第二次大会开会，参政员陶行知提出《推行普及教育以增加抗战力量而树立建国基础案》，其中第八条提出"汉字之外应推行拼音新符号，以便利劳苦老百姓及边疆不通汉文之民众"。所谓"拼音新符号"，即指拉丁化新文字。

1938021 大众新文字促进会在上海成立。这是由各收容所新文字教师组成的新文字团体。

## 同年

1938022 张世禄《中国音韵学史》由商务印书馆印行。作者系统地吸收、运用现代语言学的理论方法来研究中国音韵学的发展历史。1984 年上海书店重印。

# 1939 年

## 2 月

1939001　国民党政府教育部在重庆召开全国教育工作会议，上海语文教育学会寄给会议《请试验拉丁化以期早日扫除文盲案》（由陈望道起草），呼吁在国语区和方言区积极推行拉丁化新文字。

## 3 月

1939002　香港世界语协会新文字委员会编的《Latinigo》创刊。

## 5 月

1939003　贵州新文字研究会贵阳总会成立，并创办油印新文字刊物《Kaixuang》（开荒）半月刊。

## 7 月

1939004　30 日，香港新文字学会正式成立。在香港大学冯平山图书馆举行成立大会，公推蔡元培为名誉理事长，张一麐为理事长，冯裕芳、许地山、陈君葆、马鉴等为理事。

1939005　马来亚、新加坡、槟榔屿、霹雳、吉打、彭亨、吉隆坡、马口、柔佛、巴生等东南亚各地华侨都开展了新文字活动。

1939006　新加坡新文字研究会每周在《南洋商报》的副刊《狮声》编辑出版《新文字专页》。

1939007　上海新文字研究会发表《拉丁化中国字运动新纲领草案》。这个草案由一个专门委员会起草，倪海曙执笔，陈望道修改定稿。新纲领共九条：第一条肯定"一个民族的文字改革，是这民族在民主革命过程中必然的要求，也就是民主革命无可逃避的任务"；第二条指出中国文字拼音化的必然性；第三条主张采用拉丁字母；第四条指出北方话为民族统一语的基础；第五条要求方言拉丁化方案与北方话拉丁化方案取得一致；第六条主张"提炼口语中一切普通的和有价值的因素"；第七条提出对拉丁化中国字以外的文字改革主张，应该"采取比较积极的看法"；第八条"反对立刻废除汉字的过左的主张，也反对把汉字看做万古不变、神圣不可侵犯的文字灵物崇拜的顽固主张"，认为拉丁化中国字是汉字的"发展形态"；第九条提出加强调查研究和总结经验的工作，要求"从事运动的人们，一定要永远在理论和实践中维持并且发扬这种进步的特性"。

1939008　蔡元培为香港新文字学会题字："扫除文盲，愈速愈妙；其所用之工具，愈简愈妙；'香港新文字学会'所用之新文字简矣，其有速效，盖无可疑。"

1939009　赵元任《钟祥方言志》由商务印书馆发行，1956年科学出版社重印。

# 9月

1939010　第四次国民参政会在重庆召开，首席参政员张一麐继在第三次国民参政会上与黄炎培、邹韬奋等13人提出《动员全国知识分子，扫除文盲，以利抗战建国》的提案后，又再次强烈要求国民党政府用拉丁化新文字来扫除全国的文盲。

1939011　上海新文字研究会召开第五次会员大会，并出版特刊，其中有张一麐《贡献于国民精神总动员设计会》、韦捧丹（韦悫）《为什么我们要推行新文字》、克士（周建人）《新文字在知识者一方面》、陆高谊《奇怪》、黄警顽《我的愿望》等文章。

# 11月

1939012　3日，在敌伪势力横行的黑暗时期，上海语文教育学会举办中国语文展览会，对上海人民进行"最后一课"式的爱国主义教育并宣传拉丁化新文字。

1939013　《香港新文字学会会报》创刊。

## 同年

1939014　语言文字学家、文字改革理论家钱玄同（1887—1939）逝世。

# 1940 年

## 1 月

1940001　3 日，陕甘宁边区文化协会召开代表大会。大会报告中指出"拉丁化新文字在中国也有历史的根源"。6 日，在会上成立了新文字运动委员会，选举吴玉章为主任，萧三、郝一真、王禹夫、吴伯箫、吕良、丁浩川等为委员。

1940002　22 日，香港《国民日报》出版国语教育建设学会编《推行国语教育纠正怪异文字运动特辑》。所谓"怪异文字"，就是指拉丁化新文字。整个特辑只有两篇文章:《从理论与应用上盰衡拉丁化》( 桓力行 );《为什么要发动"纠正怪异文字运动"》( 桓许义 )。上海《中国语文》月刊批评说:"每一篇，每一节，都看出并不是在学术的研究立场上讲话，而完全是在恶意的诬蔑，目的在攻击拉丁化，推翻拉丁化。他们也有着所谓'理论'，这种'理论'讲了几年，仍是那么一套，仍是那些花样，实在没有一驳的价值。"

1940003　许地山在《大公报》发表《中国文字底命运》。该文认为:"汉字的废灭，只是时间问题，它一定会遇到它自然的死期。"

## 2 月

1940004　15 日，延安《中国文化》创刊号上发表毛泽东《新民主主义的政治与新民主主义的文化》( 后改为《新民主主义论》)。文中指出:"文字必须在一定条件下加以改革，言语必须接近民众。"创刊号还发表吴玉章《文学革命与文字革命》。

## 3 月

1940005　5 日，教育家、香港新文字学会名誉理事长蔡元培（1868—1940）逝世。

1940006　在国民参政会第五次大会上，参政员张一麐、董必武、沈钧儒等联名提出关于扫盲问题的询问案一件，要求实验新文字，作为扫盲工具。国民党政府教育部答复此案，拒绝实验新文字，说:"至于拉丁化文字，其功效如何，尚不可知，本部业已加以注意，并饬部内职员分别研究，今后拟再请于文字改革确有研究之专家从事商讨。但在未证明其功效胜过注音符号以前，一时难以加之采用，仍以推行注音符号为主。"

# 4 月

1940007　延安《中国文化》第 2 期开始连载吴玉章的长文《新文字与新文化运动》，并出版单行本。

# 5 月

1940008　24 日，国民党教育部主管人员对中央社记者发表谈话，认为汉字改革问题只是"中国文字教学法之改进问题"，说政府已经"为普及教育，使文字易学起见，而制定注音符号"；汉字历史悠久，有"六书之明体用"，而且"中华民族之所以巍然独立于世界，绵延数千年，文化之寄托，民族之团结，实有赖于文字之统一"；说拉丁化新文字不标声调，有很多同音词，"欲易更难"，如要试验拼音文字，则可以试行"国语罗马字"。

# 6 月

1940009　美国旧金山加利福尼亚省华工合作会在华侨中推行拉丁化新文字。

# 7 月

1940010　1937 年全面抗日战争开始以后，国语推行委员会的业务转由西北联合大学的中国语文学会及社会教育推行委员会承办。直到本年 6 月 21 日教育部才发布训令，让国语推行委员会扩大组织，恢复工作。7 月 26 日举行的委员全会上，有鉴于抗战期间编写作品激励民心士气，需要"新国音"的韵书，遂议定进行"审音正韵"的工作，编纂"民国一代韵书"，推定黎锦熙、卢前、魏建功三人负编订之责。经年余，编纂成《中华新韵》，于 1941 年 10 月 10 日由国民政府公布。

1940011　《中国语文》月刊从第 2 期到本月出版的第 8 期止，曾连续刊发文章讨论新文字的同音词问题。

1940012　旧金山中国新文字研究会成立。8 月，创办《Zhungguo Sin Wenz Bao》（中国新文字报）。

## 8月

1940013　15日，陕甘宁边区新文字运动委员会编辑的《中国新文字自修课本》出版。

1940014　28日，中共中央宣传部在《关于提高陕甘宁边区国民教育给边区党委及边区政府的信》中提出："初小即须进行新文字教育，或与汉字同时进行，或在汉字先，或在汉字后，请斟酌具体情形决定。"

## 9月

1940015　23日，陕甘宁边区教育厅召开扩大的冬学会议。会议决议第二条："过去三年社教经验，证明用汉字扫除文盲是困难的，因此本届冬学，除一般县份仍用汉字课本外，在延安县、延安市改用新文字课本，举办新文字冬学。"

1940016　香港聚英中学、光汉中学、怡英学校等，本学期起把新文字列为必修课。

1940017　马来亚柔佛、庇能、吉打、槟榔屿等地的华侨新文字工作者积极在华侨中推行新文字。柔佛的《光华日报》和槟榔屿的《星槟日报》经常发表宣传新文字的文章，出版新文字专页。

　　缅甸、菲律宾等地的华侨新文字工作者也开始在华侨中推行新文字。

## 10月

1940018　3日，陕甘宁边区《新中华报》公布《边区新文字协会成立缘起》。发起人是林伯渠、吴玉章、董必武、徐特立、谢觉哉、罗迈（李维汉）、艾思奇、茅盾、周扬、萧三、丁玲、乔木（胡乔木）等，赞助人是毛泽东、朱德、王明、洛甫等。《缘起》中说："我们拥护文字革命，也不妄想一举完成。汉字虽则已经不很合时宜，必须采用拼音文字，但汉字有悠久的历史，不是轻易可以废去，而必须使其逐渐演变，才能完成文字改革。目前我们所要做到的便是利用新文字来教育文盲，……经过它来学习汉字，而同时新文字又能单独自由应用。"

## 11月

1940019　7日，陕甘宁边区新文字协会在延安成立。大会推举毛泽东、张一麔等组成名誉主席团，林伯渠、吴玉章等17人组成主席团。边区政府主席林伯渠宣布，边区政府已在法律上给予新文字以合法地位，用新文字跟用汉字在法律上有同等效力；并宣布今后边区政府的法令、公告等重要文件，将一律一边印新文字，一边印汉字；又宣布边区政府已经下决心，要用新文字扫除边区文盲。党校校长罗迈（李维汉）宣布："中共中央宣传部已经详细讨论新文字问题，决议要边区教育厅在今年冬学中一律试教新文字。"在这次大会上，讨论通过了协会的简章，推举毛泽东、朱德、孙科、张一麐、沈钧儒、郭沫若、黄炎培为名誉理事，选举林伯渠、吴玉章、徐特立、董必武等为理事，大会通过《边区新文字协会简章》，并且议定 11 月 7 日为中国文字革命节。

1940020　20 日，为了帮助和指导正在进行的边区新文字冬学工作，陕甘宁边区政府创刊《Sin Wenz Bao》（新文字报）。

1940021　张一麐在《香港新文字学会会报》发表《为教育部消灭文盲进一解》，对国民党政府教育部的所谓"五年消灭文盲计划"，以及该部对国民参政会第五次大会 10 位参政员所提扫盲询问案的答复提出质问和批评。

1940022　香港新文字学会举办第二届"中国语文讲座"，胡愈之做了题为《世界语和新文字的关系》的演讲。

# 12 月

1940023　25 日，陕甘宁边区政府通过《关于推行新文字的决定》，确定新文字的法律地位：1. 从 1941 年 1 月 1 日起，新文字跟汉字有同样的法律地位，凡是上下公文、买卖账目、文书、单据等等，用新文字写跟用汉字写一样有效。2. 从 1941 年 1 月 1 日起，政府的一切布告、法令，汉字和新文字两种并用。3. 从 1941 年 1 月 1 日起，各县给边区政府的公文，用新文字写的同样有效。

1940024　晋察冀新文字研究会在河北平山成立。

1940025　陕甘宁边区教育厅拟定《边区教育宗旨和实施原则（草案）》，其中包括新文字推行原则。

1940026　重庆筹组中国新文字学会，签名的发起人有邵力子、黄炎培、李济深、任鸿隽、沈钧儒、王昆仑等。

1940027　南洋爪哇巴达维亚《天声报》发表《一年来的侨教动态》，载有巴达维亚华侨文教界讨论推行新文字的六条办法。

## 同年

1940028  1937年以来，国语推行委员会的工作陷于停顿。40年代国语推行委员会恢复工作后，教育部社会教育工作团改编为几个大队，除"宣传抗日、普及教育、扫除文盲"等工作外，还增加了"教授注音符号及国语"的任务，把国语教学传送到偏远地区。如董淮领导的"教育部第一社会教育工作大队"在四川、湖北、湖南、贵州四省的一些地区进行宣传教学工作；王炬所属的"教育部社会教育工作大队"进入湖南、贵州的农村进行宣传教学工作。这些工作随着抗日的需要，一改往昔偏重城市忽略农村的情况，把推行国语的工作真正推向更广大的农村地区，使更多民众接触到了"国语"和"注音符号"。

1940029  教育部国语推行委员会为表明《国语罗马字拼音法式》不是要使汉字拼音化，改《国语罗马字拼音法式》名称为《译音符号》，以示使用"罗马字母"只限于"译音"之用，都将"国语罗马字"定为"国语表音符号"的一种。《国语罗马字拼音法式》有如下特点：兼顾各地官话的语音；只用26个拉丁字母；兼顾汉语及国际习惯；用字母变化标示声调。《国语罗马字拼音法式》采用变化字母拼写来标示声调，这项巧妙的设计，却也使得许多人觉得烦琐复杂。而我国当时"国语运动"的首要目标在"推行国语"和"扫除文盲"。有了"注音符号"并不绝对还要"译音符号"，因此，国语罗马字推行情况并不积极。国语罗马字始终没有走出知识阶层的圈子，没能在社会上普遍推行，它的影响远不如注音符号。

1940030  王力《汉字改革》出版。该书分析了现行汉字的优缺点及改革的可能性，并提出改革方案。

1940031  傅懋勣《纳西么些语研究》（1940、1941、1943）和《丽江么些象形文〈古事记〉研究》（1948）、《纳西族图画文字〈白蝙蝠取经记〉研究》（1981、1984），均为研究纳西族的语言、文化历史、民间文学以及一般文字发展史和古文字解读提供了可贵资料和意见。

1940032  李方桂《龙州土语》由商务印书馆出版，1947年再版。该书用描写语言学的方法描写和分析国内少数民族语言。

# 1941 年

## 1 月

1941001　18 日，陕甘宁边区政府教育厅成立新文字推行委员会，专门领导和计划新文字工作，出版《新文字报》（S.W.B），领导新文字干部学校（S.G.X）。

## 2 月

1941002　5 日，陕甘宁边区新文字干部学校成立，吴玉章任校长。这是一所专门培养中级新文字干部的学校。

## 3 月

1941003　30 日，陕甘宁边区《新中华报》刊登《1941 年边区教育工作计划》，对新文字教育做了具体部署。

## 4 月

1941004　6 日，陕甘宁边区《新中华报》报道，边区政府全体公务员都学习新文字，主席林伯渠亲自授课。

1941005　国语推行委员会承袭国语统一筹备会的研究成果和国语统一筹备委员会时期赵元任的《注音符号总表》，印出《全国方音注音符号总表草案》（油印本）。1943 年 4 月，国语推行委员会所属"全国方音符号修订委员会"研制成《中国语音分析符号》，完成方音符号的设计。

## 5 月

1941006　1 日，中国共产党边区中央局发布《陕甘宁边区施政纲领》，其中第 14 条规定："继续推行消灭文盲政策，推广新文字教育……"

1941007　4 日，许地山发表纪念"五四"的演讲《青年节对青年讲话》。他说：

"中国文字不改革，民族底进步便无希望，这是我敢断言底。我敢再进一步说，推行注音字母还不够，非得改用拼音字不可。"

1941008  15日，陕甘宁边区《Sin Wenz Bao》（新文字报）从第21期起改油印为铅印。在这一期上，毛泽东题词："切实推行，愈广愈好"；朱德题词："大家适用的新文字，努力推行到全国去"。

1941009  陕甘宁边区政府委员会召开第61次会议，讨论《陕甘宁边区施政纲领》。主席林伯渠在会上做了关于施政纲领的报告，报告中解释纲领条文时，着重指出："……顽固派施行文化统治政策，奖励复古，我们则必须奖励自由研究，推行新文字，扫除文盲，使人民普遍享受进步文化的果实。"

1941010  许地山在港九教师联合会发表题为《拼音字和象形字的比较》的演讲。他提出："我们现在需求的知识太多，绝不能用古代落后的工具。我们只可以研究古人，却不能做成古人。"他又答复了各种反对新文字的意见，最后他强调文字改革的重要性，说："我们要跟上世界底进步，如果仍然使用那钝慢的旧文字是不行的。"

1941011  上海文化出版社出版倪海曙编《反对拉丁化的十种"理由"》。

# 6月

1941012  4日，《解放日报》发表社论《推行新文字与扫除文盲》，纠正人们对新文字的不正确认识，其中有一种误解就是认为新文字是非常粗鄙的……高深理论和优美文章仍非汉字不能表达。

1941013  28日，许地山对岭英中学高中毕业生发表关于国粹与国学的演讲，反复说明了汉字应该改革的道理。

# 8月

1941014  4日，积极倡导文字改革的著名作家许地山（笔名落华生，1893—1941）因病去世。发病倒地前，他正在撰写一篇论述文字改革的文章，题目叫作《中国文字底将来》。

1941015  11日，晋冀鲁豫边区太南区新文字研究促进会成立。

1941016  香港新文字学会举办的"人文学讲座"的"语文组"结业。"语文组"的讲师和讲题，大致和以前所办的"中国语文讲座"相同，增加了茅盾《文艺大众化和新文字》、范长江《新闻事业和新文字》、胡绳《中国语文改革运动的趋向》等。

## 9 月

1941017　18 日,《解放日报》以《边区政府重申前令,保障新文字合法地位》为题报道:边区政府为了保障新文字的合法地位和号召全边区群众、干部努力学习新文字,特再发出布告:"……以后,无论是干部、群众,都应当尊重新文字的法律地位,对新文字写的东西,不得拒绝使用。"

1941018　香港新文字学会推举宋庆龄为会长。

1941019　陕甘宁边区印刷厂增设新文字部。

1941020　北马来亚筹组新文字学会,向当地英国政府办理登记手续。

## 10 月

1941021　15 日,陕甘宁边区召开各专署和各县教育科的科长联席会议,决定向即将举行的边区第二届参议会提出七个提案,其中第六个是《推行新文字案》。

1941022　18 日,陕甘宁边区教育厅邀请中国共产党西北局、边区保安司令部、边区青救会、边区妇联、边区总工会、新文字干部学校等有关单位,成立冬学委员会,加强领导本年的新文字冬学运动。

1941023　24 日,《解放日报》发表社论《开展冬学运动》。社论说:"陕甘宁边区今年的冬学,绝大部分就是要教新文字的。"

1941024　29 日,延安举行东方各民族反法西斯代表大会,出席的有 18 个民族的代表。会上通过的几项决议中,有一项是用拉丁化提高和发展各民族的文化。

## 11 月

1941025　7 日,吴玉章在《解放日报》发表题为《庆祝十月革命并纪念中国文字革命节一周年》的文章。同日,延安举行第一届中国文字革命节庆祝大会,由萧三做了有关新文字运动历史的报告。

1941026　8 日,陕甘宁边区第二届会议在延安举行。边区主席林伯渠在《边区政府工作报告》中提出"要广泛推广新文字"。

1941027　20 日,边区参议会讨论有关推行新文字的提案,共 13 件。这 13 件提案由徐特立、范文澜等49人组成的文教提案审查委员会审查后，归纳为一个总案，内容包括四点："1.请同意前届政府对于新文字法律地位的决定；2.在小学里，学生入学应学新文字，再学汉字；3.扫除文盲，应以新文字为主要工具；4.在部队里，应开展新文字运动，用新文字扫除文盲。"大会一致通过了这个总提案。

1941028　26日，《解放日报》报道，边区新文字协会创办的机关刊物《中国新文字》出版第1期。

# 12 月

1941029　7日，陕甘宁边区新文字协会举行第一届年会，会期三天。大会推举孙科、张一麔、吴稚晖、陶行知、黎锦熙、赵元任、周辨明、董必武、成仿吾、林语堂、叶籁士、陈鹤琴等组成名誉主席团，选举林伯渠、李鼎铭、吴玉章、徐特立、罗迈（李维汉）、乔木（胡乔木）、萧三、欧阳山、张继祖、景林、政义（卢正义）等组成主席团。吴玉章在会上做了题为《新文字在切实推行中的经验和教训》的报告。报告回顾了文字改革的历史，批评了新文字运动中的关门主义（"使新文字太政治化"）、宗派主义（"不仅要和国语罗马字根本改革中国文字的同志合作，就是一些改革汉字，如简体字各种改革文字运动的人，都应引为同志而共同努力于中国文字的改革"）和主观主义（一种"认为新文字是行不通的"，另一种"认为新文字是很容易的"）的错误，并明确了今后的几项工作。会上，萧三做了《为什么要用新文字来创作》的报告、景林做了《新文字词儿通俗化问题》的报告、政义（卢正义）做了《关于改良新文字的几个问题》的报告，徐特立、周扬、柳湜、阿里阿罕、张曙时、世界语协会代表庄栋、大众读物社代表胡绩伟、新文字报社负责人以及边区新文字协会各分会的代表等都在会上发言。会议最后修改了简章，改选了理事，并由吴玉章致闭幕词，他说："新文字还在不断向前发展着，不完善的地方只有在不断的实践过程中去求改进，希望大家努力，努力，再努力。"

1941030　19日，日军在香港登陆，香港新文字学会的一切活动暂时停止。该会理事冯裕芳被日军逮捕，囚禁在集中营里。

1941031　日本发动太平洋战争后，日伪占领上海租界，上海新文字工作者大批转移到苏北抗日民主根据地，只留少数人在上海坚持研究和联络工作。

# 同年

1941032　国语推行委员会恢复工作以后，感受到注音汉字字模的重要，教育部在 1941 年授命国语推行委员会再设计监制注音汉字铜模，结果在当年完成了五号注音汉字铜模一套，次年又完成新四号的铜模一套。这两套铜模就是抗日战争时后方印行《民众小报》的注音汉字铜模，对于扫除文盲，传习注音符号的贡献很大。

1941033　陕甘宁边区银行的钞票，一面印汉字，一面印新文字。边区邮局的邮票上也印上了新文字。

1941034　罗常培《临川音系》由中央研究院历史语言研究所出版。1956 年科学出版社再版。

1941035　黄锡凌《粤音韵汇》由中华书局出版。1957 年 3 月中华书局香港分局重印出版，1979 年 4 月重排发行，1981 年 1 月再次重印。该书是中国第一部用国际音标记录、研究广州方音的著作，以记音准确、立论精当、叙述详尽、易查易懂而获得语言学界好评，对几十年来的粤音研究影响甚大。

1941036　出版家陆费逵（1886—1941）逝世。

# 1942 年

## 1 月

1942001　22 日，陕甘宁边区政府拟定《关于边区施政纲领用汉字和新文字铅印执行的公函》。

1942002　陕甘宁边区政府讨论通过《边区 1942 年教育工作计划大纲》，大纲中社会教育部分第一项为"继续推行新文字，消灭文盲"。

## 2 月

1942003　晋察冀边区新文字协会成立，在成立大会上选举姚依林为理事长。

## 5 月

1942004　陕甘宁边区政府文化委员会主任吴玉章在边区文协召开会议，讨论本年度 36 万字新文字读物的出版问题，到会的有徐特立、萧三等。会议决定在边区文协下成立新文字丛书工作委员会，由吴玉章任主任，柯仲平任副主任，李绵任总编辑；决定出版中级的新文字通俗文艺丛书一套，自然科学的、政治的、史地的、卫生的小册子若干种；并决定编辑新文字的文法、课本、小词典等。

## 8 月

1942005　陕甘宁边区教育厅召集西北局、边区新文字协会、新文字干部学校、新文字报社、新文字丛书编辑委员会等有关单位，举行新文字工作座谈会，讨论今年办冬学和推行新文字的有关事宜。

## 同年

1942006　吕叔湘《中国文法要略》上卷出版，下卷于 1944 年出版。该书力图摆脱印欧语法的羁绊，探索汉语自身的语法规律。

# 1943 年

## 3 月

1943001　由于整风运动的发展和战争形势的急促变化，陕甘宁边区新文字扫盲教育停顿下来，新文字协会、新文字报社、新文字干部学校也都相继停止活动。

## 同年

1943002　香港新文字学会理事长张一麐（1867—1943）在重庆逝世。

1943003　汉语语法讨论集《中国文法革新论丛》由文聿出版社出版。原名《中国文法革新讨论集》，1940 年由上海学术社编辑出版。1958 年中国语文杂志社重编，中华书局出版。该书是 1938—1943 年间开展的文法革新问题讨论成果的汇编。

# 1944 年

## 3 月

1944001　12 日，国语推行委员会召开常年大会，决定成立国语专修科。由教育部指定在甘肃兰州的国立西北师范学院、四川白沙的国立女子师范学院以及四川璧山的国立社会教育学院增设国语专修科，培养高级国语师资。这三校于 1944 学年度招生，1946 年暑假国语专修科第一届学生毕业。许多毕业生都到台湾协助推行国语工作。

## 8 月

1944002　林迭肯（林汉达）主编、齐铁恨注音《国语拼音词汇》由上海世界书局出版。

### 同年

1944003　在台湾长达半个世纪的殖民统治期间，日本殖民当局强力推行同化政策，利用国家暴力将日本文化移植台湾，透过各级学校教育将日本国家意识与日本国民意识强加灌输于台湾青少年。此同化政策自 1937 年抗日战争全面爆发后，更是变本加厉，日本在全台各地设置皇民炼成所，以法西斯式的军国主义思想向台湾青少年推行皇民化教育。在这种高压政策下，台湾人民的语言生活遭到严重毒害和摧残，"老年人虽还使用台湾话，但是语汇已经渗入不少日本语和语法，中年人大都讲日本话、看日文书、写日文，甚至用日本语思考，台湾话虽还会说，但只在家里使用，而少年人有的甚至不会说台湾话了"（台湾大学中国文学系吴守礼）。面对这样严重的局面，当时执掌台湾省教育行政的教育处明确表示："本省光复之后，教育上的第一个问题就是如何施行国语教育。"于是设立"台湾省国语推行委员会"，聘请教育部国语推行委员会常务委员魏建功，赴台担任台湾省国语推行委员会主任委员，负责光复后台湾的国语推行工作（台湾省国语推行委员会副主任委员何容，常务委员：方师铎、李剑商、齐铁恨、孙培良、王玉川）。

1946 年 1 月，魏建功抵达台湾后，紧锣密鼓地展开台湾省国语推行委员会筹备工作，在短时间内写了《国语运动在台湾的意义》《国语运动纲领》等 21 篇有关台湾推行国语的论文，阐述在台湾省推行国语的意义、方针和方法，"恢复母语与推行国语"相辅相成，先恢复台湾民众的母语之后，再从方音比较学习国语，使台湾人民能够讲"国音"、认"国字"、写"国文"，把"言文一致"的实效表现出来，使得新文化运动的理想也得到最后的胜利。魏建功还在省立师范学院设国语专修科，培养推行国语的人才，亲赴北平延聘国语专家来台协助推行国语工作，在全省各地设置国语推行所，配置推行员，并创刊了我国第一份在字旁加注注音符号的报纸《国语日报》。1947 年 6 月，魏建功辞去台湾省国语推行委员会主任委员的职务，返回北平，先后担任北京大学教授、中文系主任、北京大学副校长等职。台湾省国语推行委员会主任委员的职务由原副主任何容接任。

1944004　教育部举办国语运动宣传周，制定五条国语运动纲领：1.实行国字读音标准化，统一全国读音；2.推行国语，使能通行全国，并作为外国人学习汉语的标准；3.推行注音国字，以普及识字教学；4.推行注音符号，以沟通边疆语文；5.研究国语教学法，以增进教育效率。

1944005　毛泽东在延安大学开学典礼的讲话中提出："要使边区老百姓每一个人至少识一千个字。"1945 年 4 月，他在《论联合政府》里提出："从百分之八十的人口中扫除文盲，是新中国的一项重要工作。"

1944006　淮南、盐阜、苏中等区的邮票都用新文字拼写地名。盐阜区行政委员会发行的盐阜银行钞票，1943 年即在背面印上新文字的行名。

1944007　王力《中国语法理论》上册由商务印书馆出版，1945 年出版下册。1955 年中华书局重印。该书是一部从理论上论述汉语语法的专著。

1944008　董同龢《上古音韵表稿》由四川李庄石印本刊行。

# 1945 年

## 3 月

1945001　为了抗战胜利后能顺利接收台湾，国民党当局设置了台湾调查委员会。该委员会的主要任务是制订接收台湾的计划。23 日正式公布《台湾接管计划纲要》。该纲要共分十六大项，其中，"通则"和第八大项均涉及光复后台湾省的教育文化重建。如"通则"："接管后之文化设施，应增强民族意识，廓清奴化思想，普及教育机会，提高文化水准。"如第八大项之第 44 项："接管后应确定国语普及计划，限期逐步实施。中、小学校以国语为必修科，公教人员应首先遵用国语。各地方原设之日语讲习所应即改为国语讲习所，并首先训练国语师资。"执掌台湾省教育行政的教育处明确指出："本省光复之后，教育上的第一个问题就是如何施行国语教育。"可知，台湾的文化重建政策，早于战争结束前五个月，已做好诸般准备。而国语教育被置于"先行"的重要地位，设立了台湾省国语推行委员会，聘请教育部国语推行委员会常务委员魏建功为台湾省国语推行委员会主任委员，参与接收台湾的设计筹划工作，并在训练接收工作人员的台湾行政干部训练班讲授关于台湾接收后的国语教学问题。

## 9 月

1945002　21 日，上海《时代日报》副刊《语文》周刊创刊，由倪海曙主编。创刊号发布木公（周建人）《论为什么要用拼音字》。该刊物 1948 年 6 月被封。

## 同年

1945003　抗日战争时期，推行国语这项工作没有完全停顿。国民政府教育部于 1935 年设置的国语推行委员会，抗战后期，分别在西北师范学院和重庆国立女子师范学院开办国语专修科，培养训练推行国语的专业人员。抗战胜利，台湾光复。台湾年轻一辈，很多以日语为读书的语言，而年老的多半只会讲方言，推行国语成了一项重要的工作。以西北和重庆这两支推行国语的队伍为主力，汇集台北，成立国语推行委员会，主任委员魏建功，副主任委员何容。全省各县市分别成立国语推行所。教育部又修正公布"各省市县推行注音符号办法"。台湾光复（1945）到1959年之间，是台湾省推行国语最积极，也是成果最好的时期；既有主其事者的重视，有语文教育专家的努力，也有适用的教材与教法，更有广大的适任教师全面实施教学；使国民学校的国语教学成为台湾国语运动成功的基础。

1945004　语言文字学家张相（1877—1945）逝世。

1945005　音韵学家曾运乾（1884—1945）逝世。

# 1946 年

## 2 月

1946001 上海"苏联呼声"电台举办"中国语文问题讲座",邀请倪海曙主讲,每周一次,共 12 次。

## 3 月

1946002 香港新文字学会恢复会务,主持者为冯裕芳、渥丹、田家、吴大立、吴昭、辛丁等,重新出版《会报》,举办新文字讲习班。

## 4 月

1946003 2 日,《台湾省行政长官公署国语推行委员会组织规程》公布,即日成立台湾省行政长官公署国语推行委员会,展开工作。

## 8 月

1946004 上海《时代杂志》第 33、34 期特辟专栏,发表《时代日报》副刊《语文》征求文化界对于中国文字拼音化意见的第一批答案。周建人、潘梓年、冯宾符、郭绍虞、蔡尚思等 19 人都做了答复。他们大多认为中国文字的改革是必要的;赞成拼音化和采用拉丁字母;比较同意拉丁化新文字方案;认为文字改革后汉字还会存在,还有用处,不会消灭;改革的困难首先是没有政治条件,其次是方言分歧和拼音文字本身还不够成熟,还须在实践中解决许多技术问题;大家一致同意成立包括各种派别的拼音文字团体,十分重视文字改革统一战线的建立。

## 9 月

1946005 19 日,香港政府华民政务司准许香港新文字学会再度备案登记。

# 10 月

1946006　31 日，台湾省行政长官公署为推行国语，举办台湾省第一届全省国语演说竞赛会。12 月 14 日第二次举办时增加朗读节目，名称是"台湾省第二届国语朗读演说竞赛会"。1947 年举办时，又只剩下演说一项，名称是"第三届国语演说竞赛会"，直到 1964 年连续举办了 18 届。1965 年增加朗读、作文两项，改称"台湾省第一届语文竞赛大会"。1966 年增加写毛笔字的项目。1978 年为纪念推行国语注音符号 60 周年，改称"某某年台湾区国语文竞赛大会"。2000 年起称为"全国语文竞赛"。

1946007　香港西贡新文字学会成立。

# 11 月

1946008　《时代日报》副刊《语文》第 57 期发表 Angz（方仁麒）《拼音文字的字母问题》，文中对一年来在该刊发表、介绍和讨论的各种拼音文字方案提出了总结性意见，认为其中的拉丁化新文字是比较好的方案。第 58 期发表倪海曙《结束符号，建立文字！》，文中呼吁："中国的拼音文字研究，今天无论如何应该跳出符号的圈子，走向文字建设。"认为"拉丁字母是能够帮助中国进步的，我们不要在它以外去寻找新符号了"。文字怎样建立？文章提出两点：1. 确定拼音文字的词汇，使它们各有一个独立的、固定的面孔；2. 创造拼音文字的表现方法，使它们自成体系。

# 12 月

1946009　《时代日报》副刊《语文》转载萨空了《报纸和拼音文字》。文章说："过去提倡拼音文字都以代替方块汉字为口号，那实在是一个错误的口号，事实上拼音文字决不会一下子取汉字而代之。……拼音文字就是在中国推行成功，方块汉字也和文言文一样，在中国仍有它的地位。"

## 同年

1946010　本年起到 1954 年，前后 8 年，每天上午 7 时，齐铁恨在台湾电台担任"国语音示范"，起先播讲国语读本、国语会话、国民小学课本，后来应听众要求，又播讲中学国文课本和国语日报发行的《古今文选》。

1946011　廖庶谦《口语语法》由上海读书出版社出版。这是一部重视汉语口语的语法著作。1950 年三联书店重印。

# 1947 年

## 1 月

1947001　15 日，《国语小报》在北京创刊，是一份四开三日刊小型报纸。全部用注音汉字编印。报头由吴稚晖题写，旁加注音符号。《国语小报》在报头上表明它的三大特色是：第一，很白很白的白话文；第二，有声文字的有声报；第三，数码排队的新闻报（把每条新闻分类编号，便于收集资料和分类剪贴）。该报的另一特色是"词类连书"。该报于 1948 年 6 月 26 日宣告停刊，共出版 162 期。

## 2 月

1947002　14 日，上海文化界知名人士陈望道、叶圣陶、郭沫若、马叙伦、胡朴安、金兆梓等发起组织中国语文学会。

1947003　20 日，《香港新文字学会会报》新 2 号发表千家驹的题字："新文字是扫除文盲的重要武器，是知识大众化的桥梁。因此，凡愿知识为大众享受的，无不赞成它。只有固执着'民可使由之，不可使知之'的少数人，才对新文字抱着仇视的态度。"又发表狄超白的题字："新文字是大众的文字，是扫除文盲和普及教育的基本武器。中国的新民主运动和新文化运动是息息相关的，人民的觉醒和积极行动俱有赖于新文化运动的传播和推进。作为一个新文字工作者，应是一个普及教育家，是一个新文化的传播者，同时是一个新民主运动的斗士！"

1947004　27 日，台湾光复后，为了让社会大众了解国语的重要，在 2 月 27 日—3 月 5 日举办"国语运动周"。

## 3 月

1947005　2 日，中国语文学会在上海宣告成立。《中国语文学会之发起与成立》中明确认为："语言文字问题是我们社会生活上的基本问题。靠着语言文字，我们才可以营造社会生活。我们对于语言文字，理解得正确不正确，处理得适当不适当，往往在我们的社会生活中发生重大的影响。"成立会上选出叶圣陶、陈望道、章锡琛、郭绍虞、周予同、方光焘、魏建功等 7 人为理事，马叙伦、郭沫若、郑振铎等 3 人为监事。

1947006 26 日，《时代日报》副刊《语文》从第 68 期起改名为《新语文》，由柳亚子题写报头。

# 6 月

1947007 8 日，香港新文字学会举行复会后的第一次大会。出席的有：李济深、邓初民、冯裕芳、陈其瑗、陈此生、陈君葆、马鉴、萨空了等 100 多人。由冯裕芳任临时主席，马鉴致开会辞，冯裕芳报告国内拉丁化运动的情况和学会过去的工作，陈君葆报告复会以来的会务。李济深、陈其瑗等也做了发言。会议修改了会章，选举了新理事会，选出冯裕芳、马鉴、陈君葆、黄新彦、范世儒、狄超白、刘思慕、千家驹、朱学范、杨建平、萧寿民、林书颜、郑坤廉、陈其瑗、胡仲持等 15 人为理事。

1947008 12 日，国民党政府教育部为了筹备 9 月中旬在南京举行的联合国文化教育委员会远东区基本教育研究会，特地召开基本教育预备会，会中讨论到拉丁化新文字问题。据 13 日《新闻报》载：会上"亦有人主张废除汉字，提倡汉字拉丁化者，多数专家反对，谓我国各地方言大多不同，倘用拉丁化文字，势必分化中国之统一。我国数千年来之历史文化，悉以汉字记载，且国人学习汉字，几无一感到困难者，倘一旦废除，无异断送我一脉相传之固有文化"。

1947009 15 日，香港新文字学会召开第一届第一次新理事会，选举冯裕芳为理事长，马鉴、陈君葆、刘思慕、黄新彦、杨建平为常务理事；聘请李济深为名誉理事长，邓初民、萨空了、彭泽民、沈志远、陈汝棠、李伯球、张文、黄药眠、宋云彬等为名誉理事。

1947010 台湾行政长官公署改组为省政府，国语推行委员会改组为台湾省政府国语推行委员会，改聘何容为主任委员。

# 8 月

1947011 10 日，《香港新文字学会会报》新 5 号发表胡仲持《旧文字和新文字》。

# 11 月

1947012　10 日，《香港新文字学会会报》新 7 号发表朱学范的题字："新文字运动是中国新文化运动中最基本和最重要的一支。新文字运动的推广和实践是意味着将中国文化推进到一个崭新的阶段。文化大众化和文盲的清除，乃是建设新中国的基本条件之一。"

1947013　朱经农在《教育杂志》11 月号发表反对拉丁化新文字的意见，他认为：1. 中国数千年的文化都是用汉字记载下来的，一旦把汉字废了，将来中国人就无法阅读古书、了解中国文化。2. 中国文字原系一字一音，同音的字实在太多，用罗马字拼起来，真不容易分别清楚。3. 同一字各地读音不同，各人照自己的乡音用罗马字拼出来，会变成完全不同的许多字。将来中国的文字，化为无数种不同的文字，没有法子可以统一，也弄得彼此不能互相了解。统一的文字与国家的统一有密切的关系，破坏数千年来文字的统一，将有不良的结果，不可不慎重考虑。

# 12 月

1947014　24 日，《时代日报》副刊《新语文》第 40 期发表基达（倪海曙）《寿星唱曲子》，答复了《教育杂志》11 月号上朱经农反对拉丁化新文字的意见。文中认为：1. 固有文化应分为精华和糟粕，精华译成拼音文字，反而可供更多人之用；2. 同音词是拼音文字过渡时期的困难；3. 按照北方普通话拼写的拉丁化新文字，是全国共通的书面语，因此实行拼音文字仍旧可以有文字上的统一。

## 同年

1947015　倪海曙在《文汇报》发表《答复美国 John de Francis 君关于中国文字改革的问题》，阐明当时中国拉丁化新文字运动的方针和主张。一共 29 个问题，分两天刊载。（John de Francis 的中文译名为德范克）

1947016　台湾光复后积极展开推行国语的工作。台湾省国语推行委员会主任委员魏建功认为，要做好推行国语的工作，非有标准国音的工具书不可。为了推行国语，以《国音常用字汇》为主，编纂了《国音标准汇编》。教国语的人都根据《国音标准汇编》教，学国语的人都学《国音标准汇编》里《国音常用字汇》的标准国音。它对于台湾地区的国语教育贡献很大，影响很深。

1947017　语言学家张琨发表论文《苗瑶语声调问题》。该文奠定了苗瑶语声调比较研究的基础。

1947018　语言文字学家、文献档案学家沈兼士（1886—1947）逝世。

1947019　陆志韦《古韵说略》刊于哈佛燕京学社出版的《燕京学报》专号之
二十，1985年收入中华书局出版的《陆志韦语言学著作集》（一）中。作者把数理
统计法引入音韵学领域，开辟了音韵研究的新途径。

# 1948 年

## 1 月

1948001 《香港新文字学会会报》新 8 号发表郭沫若的题字："新文字我相信和土地改革一样重要。这在中国文化上真是挖旧根。从事新文字的建设，应该尽量用口语，也就是老百姓的言语。如有文言或新文言的字汇，应该摒弃干净。"

1948002 《时代日报》副刊《新语文》第 43 期转载发表郭沫若《论反对新文字的人》。文中分析了反对新文字的人有种种立场：有的是在文字的立场以外，譬如有一批人要拥护中国的旧礼教、旧教德……有的反对者"十分尊重旧文字，以为新文字一推行，旧文字便要消灭，连中国的文化遗产也因之而消灭"；"还有站在政治立场而反对的"。郭沫若认为，对待不同类型的反对者，应采取不同的态度，尤其是对待"站在（国语）罗马字的立场而反对新文字的人，我们似乎应该视为同路人。……在（国语）罗马字运动的主张方面，恐怕也有好些值得我们学习的东西存在，我们应该加紧去学习"。

## 6 月

1948003 8 日，《时代日报》被国民党上海市政府勒令停刊，罪名之一是诬指该报副刊《新语文》上的"拉丁化读物"是指导学生反内战、反饥饿运动的"密码"。《新语文》是国统区唯一的文字改革刊物，从 1945 年 11 月用《语文》的名称创刊，到 1948 年 6 月停刊，一共出了 129 期。

1948004 苏商时代出版社出版倪海曙《中国拼音文字运动史简编》。

## 7 月

1948005 徐特立致信参加山东全省教育会议的三位代表，要他们在会上提出推行拉丁化新文字的问题。他在信中说："教育问题很多，消灭文盲为最重，你们的会议请将新文字问题一定提出为盼。"这封信后来在山东出版的《新华文摘》第 3 卷第 7 期发表。

# 同年

1948006 台湾省政府公布《台湾省各县市国语推行委员会组织章程》。有 16 个县市设立国语推行委员会。

1948007 台湾省国语推行委员会请求办一份注音日报。教育部同意把北平的《国语小报》移到台湾，改刊为《国语日报》。《国语日报》对台湾地区的推行国语工做出了大力。

1948008 赵元任、丁声树、杨时逢、吴宗济、董同龢《湖北方言调查报告》，由中央研究院历史语言所列为专刊交商务印书馆出版。该书是 20 世纪三四十年代汉语方言地区性调查的代表著作。

1948009 高名凯《汉语语法论》由开明书店出版。该书是 20 世纪 40 年代汉语语法研究的重要著作之一。1957 年修订，由科学出版社出版。

# 1949 年

## 1 月

1949001　27 日，从香港来东北解放区的香港新文字学会理事长冯裕芳（1881—1949）因病在沈阳逝世。

## 3 月

1949002　苏商时代书报出版社（后改称时代出版社）出版倪海曙编《中国语文的新生——拉丁化中国字运动二十年论文集》，共九编：第一编"第三次文学革命"和"罗马字新中国文"；第二编 世界语者介绍和讨论拉丁化中国字；第三编 从大众语的讨论到拉丁化的提倡；第四编 拉丁化和国语罗马字的论争和两种方案合流的讨论；第五编 推行初期各种拼音文字问题的讨论；第六编 抗日战争时期的拼音文字论；第七编 抗日战争时期的拼音文字问题研究和实际工作的讨论；第八编 抗日战争胜利后三年中的拼音文字论；第九编 抗日战争胜利后三年中的拼音文字问题研究。书末有两个附录：1.1946 年征求各界对于中国文字拼音化的意见；2.拉丁化中国字出版物调查（1935～1948）。全书共收论文 150 篇，60 多万字。

1949003　由热心国语运动的汪怡、胡适、傅斯年、齐铁恨等 17 人在台湾组成国语日报社董事会，傅斯年任董事长，洪炎秋任社长，梁容若任总编辑。《国语日报》的发行量上升到 20 多万份。1964 年该社又成立出版部，出版注音读物八九百种。

## 4 月

1949004　11 日，东北铁路总局召开电报工作者代表大会。会上通过史汉武拟订的新文字电报方案。此前，齐齐哈尔铁路局在齐齐哈尔与白城子之间试验该局史汉武拟订的新文字电报方案。结果表明，新文字电报方案可以使通信效率提高一倍以上。

1949005　苏商时代出版社出版倪海曙编《鲁迅论语文改革》，共三辑：第一辑　论文字的改革；第二辑　论文体的改革；第三辑　论反对意见和运动的做法。

1949006　大连《文教通讯》（周刊）第40、41号讨论教不教注音字母问题。第41号发表武木的《学国音不如学新文字》。

1949007　哈尔滨东北书店出版张雁编《北方话新文字初级讲义》和《北方音新文字拼音课本指导书》。

1949008　香港新文字学会编审部出版《语文丛刊》之一《鲁迅与语文运动》。收有黄毅芬《鲁迅先生与语文改革运动》、Boxan（曹伯韩）《汉字同字异调及异音举例》和《谈同音字问题》、冯裕芳遗著《对于修改方案的意见》、庄嘉农《关于闽南话拉丁化运动》、任重《方言和新文字》、宜闲《外来语写法问题》、黄石《许地山先生与新文字》等文章。

1949009　香港《青年知识》（半月刊）第46期发表Boxan（曹伯韩）《谈谈中国新文字运动》。

# 5月

1949010　4日，陆志韦在北平、天津解放后创刊的《进步日报》发表《五四纪念再谈谈新文字》。文章认为，中国文字是"封建性的"，这种"封建文字的锁链又是双重的：第一重是不许人说话，只许写文言文。第二重是不论写文言文也罢，写白话文也罢，只许用方块汉字，不许用拼音文字"。"白话运动的成功，只打断了一重锁链，就是文言，可没打断第二重，就是汉字"。文章认为，用同音假借的办法，"普遍的写别字，确是可能的"，但是作者"并不敢这样主张"，"主张的还是干干脆脆用拉丁字母拼音"。文章说，"在老解放区，拼音文字好像推行不开。跟着解放军到平津来的，只有'华北大学'的胸章上、冀南出产的烟卷的纸包上、有几种报纸的名称上，还带着几个拉丁化字"。作者分析了推行不开的五点原因后认为，"过去的工作可以说是失败了，至少没有完全成功。自从解放了大都市，一个新局面到了，以后我们的民众，不单是农民，还有上百万的工人，特别是大工厂的工人"，"城市的干部以及知识分子应当多为他们着想了"。文中提出了推行拼音文字的四点"最终的要求"："一是赶快用大众话修改中小学的教科书……二是在各大城市记录方言，在北平就记北平话。三是由政府指派一个学术性的研究会，重订方言的拼音格式。先从国语入手，可是同时必得考虑到别种方言，所以必得同时研究方言的拼音格式（至少应当包含广东方言跟上海方言）。四是先在北平、长辛店、石景山的区域里试办推行拼音文字的工作，从此可以研究出一个可以推行的方式来，然后再试办一种拼音的方言报纸，编一部方言词典。"

1949011 5 日，胡愈之在《进步日报》发表《五四与文字改革》。文章认为，"五四新文化运动是从文字改革运动开始的。……拿过去 30 年的经验来做一个总结，文字这方面的进军虽然发动得最早，所获得的胜利并不算大"，"只有在五四新文化运动开始的最初 10 年中，文字改革有了一些进展。在以后的 20 年中，就停顿下来。特别自从抗战以后，文字战线方面，即使不是全面退却，至少也只是采取了守势"。"在五四运动初期，所获得的进展是什么呢？第一是打败了文言文，建立了白话文的新阵地。第二是开始向方块字进攻，提出了汉字的存废问题"。文章认为，"文字与一般的精神生活的方式相同，不能用命令来废除，也不能在短时间内加以改造，一定只有通过长期的逐步改造的过程，到最后才能完全废除旧的，建立新的"。作者认为，"由逐步改造汉字，帮助汉字教育，以达到代替汉字，废除汉字，这就是拉丁化新文字运动的目的。这就是说，首先用拼音的新文字来帮助儿童和文盲学习方块字，局部解决方块字的'不便于识，不便于写'的困难，以后使汉字和新文字混和起来，最后做到以新文字代替汉字"。"但是 20 年来的拉丁化新文字运动，却并没有能够依着这个方向走。这一方面是由于一般知识分子对于汉字的保守性，另一方面也由于新文字运动多少走了偏向。新文字工作者多年以来所努力的，只是创造拼音字，以代替汉字，并没有把新文字运动和改造汉字工作结合起来"，"当人民革命获得胜利，人民有了自己的政权的时候，我们不应当忽略一件事，那就是完成五四以来没有完成的文字改革工作。这一件工作是长期性的，但也是重要而且迫切的"。

1949012 5 日，浙江大学师生成立浙江大学新语文研究会。浙大师生在这方面的活动开始于 1948 年秋，他们组织过新文字学习班，出版过新文字墙报，油印出版过《新文字课本》《北拉方案》和《新文字入门》，并拟订了《浙江话拉丁化草案》。新语文研究会的任务为："研究与推行新文字；建立方言新文字的语法和语音学；协助世界语运动；试探国内少数民族的拉丁化问题"等。

1949013 23 日，台湾省"教育厅"订定《台湾省国语演说竞赛办法十三条》，颁发施行。

1949014 26 日，东北铁路总局举办的新文字电报干部训练班开学。学员有总局派送的电务干部 20 人、北京铁路局派送的 6 人。训练班由史汉武担任教学工作。

1949015　27 日，上海解放。拉丁化新文字工作的骨干叶籁士、周新武、王益等随解放军南下，到达上海。

1949016　27 日，香港《青年知识》"五四特刊"发表 Boxan（曹伯韩）《关于方言文学和新文字》。

1949017　29 日，吴玉章邀请黎锦熙、罗常培、胡愈之、叶圣陶、陆志韦、陈定民、叶丁易等在北京师范大学座谈中国文字改革问题。

1949018　大连市识字运动委员会编辑和出版用拉丁化新文字给生词注音的《大众文化课本》4 册。

# 6 月

1949019　15 日，《天津日报》副刊 15、16 日连载邢公畹《重提拉丁化运动》。文章说，"我们相信，中国文字是必须要进行改革的，而且我们又相信在各种改革文字的方案中，拉丁化的语文政策会更被重视，因为它不但可以用来扫除文盲，而且它本身具有可以提高为科学的中国文字的足够条件的"。文中提出七点意见：1. 不立刻废除汉字，到全部使用新文字的时候，方块字也仍然作为旧体文字存在；2. 汉字是现时似乎坚固、但已经开始死亡的东西，拉丁化文字是正在产生着和发展着的东西；3. 拉丁化不应光给人民一种"拼音的方法"，还要替人民创造出一种"定型的文字"来；4. "在不繁琐的条件下设法保持声调标记"；5. "在必要时"，新文字也可以利用书写条例来区别同音词；6. "先就某一方言区的工农大众试验推行"；7. 调查清楚推行拉丁化新文字的实际困难，设法予以解决。

1949020　唐兰《中国文字改革的理论和方案》出版。书中提倡他草拟的由"形声文字与方块字"混合的"切音文字草案"。唐兰认为这"才是民族自己的形式"，"是反映中国民族的语言的"。

1949021　台湾教育事务主管部门负责人朱家骅决意把北平的《国语小报》迁往台湾，遂于本月令在台湾的国语推行委员会常务委员魏建功和专门委员何容负责主持，迅速筹编出版。不久，魏建功应北京大学胡适校长的聘请，前往北大任教，整个筹备工作完全落在何容身上。筹备人员克服重重困难，到 10 月 25 日才发行了创刊号，又经过近 20 天，才在 11 月 13 日续出第二号。在这困难时期，国语运动的前辈吴稚晖赴台，指示《国语日报》应该"当成一种社会事业来办"。报社就请他领衔，在本年3月13日成立国语日报董事会，推举傅斯年为董事长、洪炎秋为社长。《国语日报》报道的新闻以文教信息为主，即便委刊的广告也经过严格筛选，使得家长十分放心，愿意订给孩子阅读。该报的文字都是地道的国语，绝少错别字，足为学习国语文的典范，得到许多教师的信赖，因此报纸的订数逐渐增加。除了经常性的服务以外，报社还利用报社资源，举办"国语推行员讲习"，也成为台湾地区推行国语工作者的联络中心。《国语日报》除了文教新闻的报道以外，始终秉持着推行国语文的理念编报。《国语日报》还坚持举办语文竞赛，提升国语学习。国语日报社还以编教材的严谨态度编辑丛书，获得教师和家长的信任。编辑出版的国语文辅助教材《古今文选》也深受欢迎。可以说，《国语日报》见证了台湾国语运动发展的历史。

1949022　台湾省"教育厅"实施台湾省立各师范学校应届毕业生国语文统一考试。凡国语文不及格的不准毕业。

# 7 月

1949023　2日，第一届中华全国文学艺术工作者代表大会开幕。倪海曙提交关于推行拉丁化新文字的提案。提案要求文艺作品的语言文字，应该肃清不必要的文言成分，不用难的、古的、生僻的汉字，笔头语应该尽量口头化，并尝试用拉丁化新文字来写，使人民文艺更能取得内容与形式的一致。在提案上联署的有陈望道、周建人、陈中凡、俞平伯、陈子展、魏金枝、巴金、胡风、唐弢、陈原等68人。

1949024　2日，华北大学重印出版吴玉章《新文字与新文化运动》。

1949025　10日，上海新文字工作者50多人，在市立女子师范学校举行上海解放后的第一次座谈会，通过成立上海新文字工作者协会筹备会，推举陈鹤琴、倪海曙、任以奇等7人为筹备委员。

1949026　23日，吴玉章在全国教育工作者代表会议筹备会开幕式的讲话中谈到汉字改革时认为，"中国文字必须改造成为简易的、现代的、进步的文字"。

1949027　香港《文汇报》副刊《社会大学》连载Boxan(曹伯韩)《新文字讲座》，计有:《新文字运动的初步介绍》《拉丁化与民族独立问题》《新文字与固有文化》《方言拉丁化问题》《对六书派和基本汉字派的批判》等。

# 8 月

**1949028**　1 日，台湾省"中央通讯社"开始发布语体文通讯稿。以前他们的通讯稿不是语体文，而大多数报刊都用语体文，对于不是语体文的通讯稿还要经过一道翻译的手续，极为不便。

**1949029**　7 日，吴玉章、徐特立、黎锦熙、罗常培、萧三、叶圣陶、陆志韦、叶丁易、胡锡奎等发起组织中国文字改革协进会，在华北大学举行发起人会议。会上经过热烈讨论，拟定了《中国文字改革协进会章程（草案）》，并交换了关于拼音方案和连写方法的意见。

**1949030**　14—15 日，香港《文汇报》连载香港新文字学会准备送交中国人民政治协商会议的提案《请设立拉丁化新文字实验机构，逐步完成中文拉丁化工作，以便提早扫除文盲，发展现代文化建设案》。提案首先说明拉丁化新文字与新民主主义文化建设的关系："因为新民主主义的文化是人民大众的，作为文化工具的语言文字，一定要适合人民大众的使用。过去为士大夫独享其利的文言与汉字，在学习及使用上，必须支付过多的时间、金钱和脑力，决不是一般劳动生产分子的经济能力所能担负。又因为新民主主义的文化是科学的，旧文字使青年大部分时间耗费在文字的认识上，求知识、研究科学的时间反被缩减到最低限度；加以旧文字不便于吸收国际化的科学用语，不便于编排字典、图书目录、公文档案、报纸剪贴等，以及利用现代文化工具，如打字机、电报、活版印刷等，又不便于中国书刊流传国外，以致现代学术的普及与提高、中外文化的交流，都受了很大的阻碍。这种事实证明旧文字不是发展科学文化的工具。"提案又认为拼音文字运动是现代中国语文改革运动"最主要的一环"。"只有拉丁化新文字，才是劳动大众所能运用的新文化的工具，也才是给大众打开知识之门的唯一的钥匙。"最后，提案提了六条具体建议，主要有"推行新文字并不废除旧文字，不过旧文字的使用应该加以改良"。改良的办法是：1.现代汉语所不用的汉字一律不用，人名地名用时，要用新文字注音。2.科学名词的新造汉字一律取消，改用拉丁化写法。外国人名地名，以及一切"依声托事"的词儿，也逐渐改用拉丁化写法。3.避免听不明白的同音词。4.单音词尽可能换用复音词。5.白话文尽可能口语化。6.一切书面语都用白话，应用文也不例外。7.横排横写。"中央人民政府文教部或教育部应迅速设立一个全面性的拉丁化新文字实验机构，统筹各民族的语文改革事宜，并且附设调查、研究、出版、教育各项组织，以便利工作的进行"等。

1949031 25 日，吴玉章写信给主席毛泽东，请示文字改革问题。信中提出文字改革的三个原则：1. 根据文字应当力求科学化、国际化、大众化的原则，中国文字应改成拼音文字，以拉丁化的拼音为好；2. 各地方、各民族可以用拼音文字拼其方言，但同时要以较普遍的、通行得最广的北方话作为标准使全国语言有一个统一发展的方向；3. 整理各种汉字的简体字。并提出应着手的三项工作：1. 经常的研究工作；2. 全国各地选择重点试行新文字，由群众团体主办，政府积极帮助；3. 编新文字、汉字、简体字混合字典。毛泽东接到信后，立即将信转给郭沫若、马叙伦、沈雁冰审议。郭沫若、马叙伦、沈雁冰于同月 28 日复信给毛泽东，基本同意吴玉章所拟的文字改革三个原则，但对应着手的第二项工作，即在全国各地重点试行新文字，认为条件尚未成熟。同时还提出，地区的方言拉丁化，一定会成为全国语言统一发展方向的阻力。因此，拉丁化与国语运动应当作为一件事来进行。29 日，毛泽东复信吴玉章，并附郭沫若、马叙伦、沈雁冰三人讨论文字改革的信，请吴玉章与范文澜、成仿吾、黎锦熙对郭沫若、马叙伦、沈雁冰的意见座谈讨论一次，并"以集体意见见告"。

1949032 28 日，中国文字改革协进会发起人会议举行第二次会议。出席者除原有发起人外，还有新增的发起人胡乔木和聂真。会上修改了协进会章程草案，商定了成立日期，并展览了苏联出版的拉丁化新文字的教科书、读物、词典，国内关心文字改革的人们写给吴玉章的信件，以及一些个人拟订的拼音方案。吴玉章在会上指出：中国文字改革的原则，应该力求科学化、国际化、大众化，新的文字应该是以拉丁罗马字母为主体的拼音文字。

1949033 黎锦熙主编、中国大辞典编纂处编《增订注解国音常用字汇》由商务印书馆出版发行。

# 9 月

1949034 4 日，上海新文字工作者协会成立。出席成立大会的有来宾 40 多人、会员 110 人。陈望道致开幕词，筹委会任以奇报告筹备经过。在会上发言的有郭绍虞、周予同、吕叔湘、周新武等。郭绍虞认为新文字根据人民语言，有群众基础，所以有前途，有希望。周予同分析经学与文字学的关系，指出以后研究文字学，不但要摆脱《说文解字》，而且不应该停留在汉字的研究上。吕叔湘认为，要解决中国的文字问题只有两条路：一条路是强迫全世界的人都来学汉字，事实上这是不可能的，那么只有丢掉汉字，走另一条国际化、拉丁化的路。周新武批评过去的新文字工作者犯了急性病，群众基础还不够巩固，今后应继续扩大和巩固群众基础，修改过"左"的口号。大会通过了会章、宣言和给吴玉章的致敬信，并选出陈望道、陈鹤琴、叶籁士、焦风、王益、倪海曙、周新武、陈原、姜椿芳、艾中全、任以奇、方仁麒、萧聪、王平等15人为理事。

1949035　6日，《人民日报》发表陆志韦的万字长文《关于拼音文字的方案的意见》，对北方话、江南话和广东话三种拉丁化新文字方案做了介绍和批评，建议它们相互统一；文章还对定型化和标调等问题发表了意见。

1949036　6日，中国大辞典编纂处出版黎锦熙《国语新文字论》（《师大文史丛刊》第1期抽印本）。全书分为12章：1. 引言；2. 中国文字改革是属于国语的；3. 国语新文字用哪一种字母；4. 国语罗马字与拉丁化新文字；5. 国语新文字在字母方面的一定条件；6. 汉字存废问题；7. 汉字处理办法——改良；8. 汉字处理办法——改换；9. 汉字处理办法——退休；10. 标准话与方言；11. 少数民族的各种语文；12. 语法与词汇，大众化与教育化。文中谈到字母方案，认为"国语罗马字"与"拉丁化新文字""本来同源"，不同的只是"拼写上的技术（声调）问题"和"推行上的程序（标准）问题"。文中还提出制订方案的七条原则：1. "以采定字母，直标语音为主"；2. 采定字母"以国际化的拉丁罗马字母为主"；3. 采定的字母"应以'最广义的国语'为对象，应能代表全国汉语的各种方言和境内少数民族的各种语言的简要'音素'"；4. 应适当地处理声调的区别；5. 应定型地词儿连写；6. 代替汉字之外，还要考虑与汉字并行的问题；7. 在"汉字尚在活跃的时代"，必须设计"注音汉字"。

1949037　11日，上海新文字工作者协会召开第一届第一次理事会，会上选出常务理事7人，推举陈望道、倪海曙为协会正副主席，并决定今后的工作方针为：把新文字运动与当前的政治任务密切结合，以工农为主要推广对象。稍后，《时代》半月刊第9卷第25期出版"上海新文字工作者协会成立特辑"，内容有《上海新文字工作者协会成立宣言》、倪海曙《关于目前新文字运动中的几个问题和今后上海新文字工作的计划》。倪文谈了五个问题：1. 政府推行不推行的问题；2. 方案修改不修改的问题；3. 民族形式问题；4. 同音词问题；5. 方言与共通语问题。

1949038　21日，中国人民政治协商会议第一届全体大会在北平开幕。会议期间，除了香港新文字学会寄了《请设立拉丁化新文字实验机构、逐步完成中文拉丁化工作，以便提早扫除文盲、发展现代文化建设案》外，上海新文字工作者协会也寄了贺信。贺信拥护国歌用白话的决定，"希望将来的宪法也一定用白话来写"，并"请求会议对于怎样扫除占全国人口百分之八十左右的文盲的问题，怎样为国内还没有文字的少数民族获得文字的问题，能够照顾到、注意到"；又"请求会议注意推行拉丁化新文字事业的实现"。

1949039　24日，台湾省"教育厅"公布《台湾省各级学校国语正音补救办法六条》，要点是："传习注音符号，以为正音工具，由国语推行委员会利用广播电台之国语广播教学时间传习，各校教师应按时收听。……师范学院、师范学校应加强国语教学，俾各生毕业后能正确运用注音符号及适合国音标准。"

# 10 月

1949040　4日，《人民日报》发表 Boxan（曹伯韩）《关于拼音文字的几点意见》。这篇文章是和陆志韦《关于拼音文字的方案的意见》中提出的若干问题进行商榷的。

1949041　5日，齐齐哈尔铁路局成立新文字电报研究委员会，对《新文字电报方案》做了进一步研究；发布举办新文字学习班办法，指定齐齐哈尔、安达、昂昂溪、海拉尔、博克图、白城子、北安、扎兰屯 8 个站为第一批举办地点。10 月 15日这 8 个站的新文字学习班同时开班，学员共 251 人，学习 20 天。

1949042　6日，由吴玉章、黎锦熙、罗常培、萧三、叶圣陶、陆志韦、叶丁易、胡锡奎等发起组织的中国文字改革协进会在华北大学举行最后一次发起人会议。出席会议的有吴玉章、黎锦熙、罗常培、范文澜、茅盾、林汉达、叶丁易、胡锡奎、聂真等人。会上决定把会名改为中国文字改革协会，并于 10 月 10 日在北京举行成立大会。

1949043　9日，《人民日报》发表唐兰《中国文字改革的基本问题和推进文盲教育、儿童教育两问题的联系》。文章分为"文字改革的原则""新文字的性质——综合文字""新声符字母的形式——民族形式""新文字的拼法——两合音""对于声调的处理""新文字的两种形式——基本形式与完全形式""文字配合语言的问题——全国性的标准文字和方言文字""文字改革和实际联系起来——文盲教育和儿童教育的改进问题"等八个部分。作者仍然不赞成以拉丁化新文字为代表的拼音方案，提倡音符拼音与汉字混合的"综合文字"。文中提出：改革文字必须注意到中国具体环境，因此必须先了解汉字的历史、中国语言和文字的关系，接受过去一切经验，针对目前情况，用新的观点、方法去研讨。他主张新文字的性质应该是综合文字，即包含几百到一千个最常用最简单的拼音文字（由拉丁字母改为汉字系统字母），再用加义符的办法来分化同音字。这篇论文被收入杜子劲编《一九四九年中国文字改革论文集》。在中华人民共和国成立初期，唐兰还曾自编自印《中国文字改革的理论和方案》一书，阐述自己的观点、意见和研究成果。

1949044 10日，中国文字改革协会正式成立。成立大会在北京协和礼堂举行。到会的有全国各地语文工作者、华侨和少数民族代表以及各界来宾100多人。

吴玉章致开幕词并报告中国文字改革协会筹备经过、成立的意义以及目前的主要工作。吴玉章着重指出，中国文字必须改革，这是多数研究中国文字和从事中国教育的人的共同意见。成立文字改革协会的目的是系统地研究和试验文字改革的办法。目前的主要工作是汉字改革的研究、汉语和汉语统一问题的研究、少数民族语言文字的研究、根据研究结果进行可能的试验和汉字改革的宣传。徐特立、黎锦熙、罗常培、嵇文甫、陆志韦、李运昌、于力等在大会上讲话。

大会通过了《中国文字改革协会章程》，选出丁西林、丁浩川、王兴国、天宝、田汉、司徒美堂、朱德海、朱早观、艾思奇、光未然、成仿吾、邢公畹、吴玉章、沈钧儒、沈雁冰、李立三、李维汉、李达、李济深、李绵、何干之、何其芳、邵力子、林伯渠、林汉达、林曦（郑之东）、周扬、胡乔木、胡愈之、胡锡奎、胡绳、范文澜、柳湜、奎壁、马叙伦、徐特立、陈望道、陈鹤琴、陈嘉庚、陈其瑗、陈伯达、陈定民、倪海曙、乌兰夫、郭沫若、陆定一、陆志韦、黄炎培、张照、张友渔、张勃川、张冲、曹伯韩、彭真、叶圣陶、叶丁易、叶籁士、景林、董必武、杨静仁、刘善本、黎锦熙、廖承志、巩绍英、潘梓年、钱俊瑞、卢正义、萨空了、赛福鼎、谢觉哉、聂真、聂绀弩、罗常培、魏建功、萧三、萧家霖等78人为理事（其中两个名额留给待解放区的文字改革工作者）。

1949045 11日，《人民日报》第2版全文刊登了吴玉章在中国文字改革协会成立大会上的开幕词、《中国文字改革协会章程》和全体理事名单。

1949046 20日，中国文字改革协会举行第一次理事会，到会的近40人。理事会决定把研究拼音文字作为主要任务，并同意把北方话拉丁化新文字方案作为研究的底案。同时又认为目前如何使汉字简体化和标音化，也是一个极值得注意的问题。会上选出吴玉章、成仿吾、沈雁冰、胡乔木、胡愈之、林汉达、徐特立、陆志韦、郭沫若、马叙伦、倪海曙、陈定民、陈鹤琴、范文澜、张照、黎锦熙、叶圣陶、叶丁易、彭真、钱俊瑞、罗常培、叶籁士、萧三、魏建功、聂真等 25 人为常务理事。

1949047　25 日,《人民日报》全文发表黎锦熙《在中国文字改革协会成立大会上的讲话》和 Boxan（曹伯韩）《文字改革的几个问题》。Boxan 的文章提出四个供讨论的问题：1. 新文字和旧文字；2. 民族形式和国际化；3. 精密化和简单化；4. 标准语和方言。作者希望"求得一致的了解"，"得到共同的结论"，以免"各人的具体方案相差太远，不容易弄出一个头绪来，结果会推延了这个运动"。

# 11 月

1949048　1 日，齐齐哈尔铁路局废除了原来在铁路上使用的注音字母电报，试用拉丁化新文字电报。

1949049　15 日，台湾省"教育厅"公布国语正音补充办法，规定每天早晨 6 时50 分至 7 时 20 分在台湾广播电台进行国语广播教学，每周六讲授注音符号发音，并规定不熟悉国语的教员，应该订阅《国语日报》。

1949050　时代出版社增订再版倪海曙《中国拼音文字概论》，改书名为《拉丁化新文字概论》。

# 12 月

1949051　4 日，中国文字改革协会在华北大学召开第一次常务理事会。会上通过了常务理事会的组织大纲；选举吴玉章为常务理事会主席，黎锦熙、胡乔木为副主席；推定吴玉章、黎锦熙、胡乔木为方案研究委员会正副主任，黎锦熙兼汉字整理委员会主任，罗常培为地方语文研究委员会主任，叶圣陶为编审出版委员会主任，聂真为常务理事会秘书处主任。

1949052　10 日，上海新文字工作者协会编辑、东方书店出版的《新文字周刊》在上海创刊。方仁麒、任以奇、邢舜田、马丁、倪海曙、陈刚、储祎、苏红等 8 人为编辑委员。在创刊号《创刊的话》中写道："我们拉丁化新文字工作者，认定中国语文应该改革，并且深深地相信中国语文的发展，是有它一定的规律，我们要研究这一个规律，熟悉这一个规律，掌握这一个规律，来从事于新文字的工作。"1952 年 5 月 5 日该刊改名为《语文知识》，由倪海曙主编。1960 年 8 月 5 日该刊停刊，共出刊 100 期。

1949053　25 日，东北铁路局开始全面使用拉丁化新文字电报。

1949054　台湾省立师范学院附设小学教员国语讲习班于 12 月初开班上课，1950 年 3 月 5 日该班 33 名学生毕业。班主任由师范学院院长刘真兼任，任课教师有王寿康、何容、齐铁恨、王玉川、李剑南、梁容若，分别担任注音符号、国语文法纲要、国音练习、国语练习和国语教学法、国语文选读、国语运动史等课程。

## 同年

1949055　国民党当局迁台后，台湾教育事务主管部门并未恢复国语推行委员会的建制。在 1948 年 6 月 23 日应驻台常务委员要求而设置的教育事务主管部门国语推行委员会闽台区办事处，虽订有"组织规程"3 条，在该常务委员离台后，办事处也不办事了。偶有国语推行业务由社教司办理。直到 1981 年教育事务主管部门国语推行委员会才在台湾恢复工作，历任主任委员有：何容、杨其铣、李鍌、曹逢甫、郑良伟、梁荣茂、童春发等。台湾省从 1945 年光复到 1949 年是全面学习国语的高峰期，也是教学成果最好的时期。既有主其事者的重视，有语文教育专家的努力，也有适用的教材与教学法，更有广大的适任教师全面实施教学，使学校的国语教学成为台湾国语运动成功的基础。

1949056　唐兰《中国文字学》由开明书店出版。1979 年上海古籍出版社新一版。

1949057　上海新文字工作者协会出版《北方话新文字的方案和写法》《江南话新文字的方案和写法》和《广州话新文字的方案和写法》。

1949058　艾伟《汉字问题》由中华书局出版。

# 1950 年

## 1 月

1950001 10 日，《生活教育》第六卷第一期发表陈鹤琴《汉字拉丁化》，共七节：1. 引言；2. 学习中国文字的困难；3. 中国字的罗马化；4. 白话文运动；5. 注音符号运动；6. 国语罗马字；7. 汉字拉丁化。

1950002 14 日，《新文字周刊》第 6 期发表王益《语文改革和政治》，认为"语文改革运动决不能脱离整个革命运动而孤立起来，它必须紧跟着整个革命运动前进而前进……""我们的运动需要很多的专家，很杰出的专家。……但另一方面，我们希望每一个语文改革运动者，都有全局的眼光……'闭门不问窗外事，一心只想新文字'，这是不合乎实际的。"

1950003 15 日，杭州市新文字工作者召开座谈会，会上决定筹备成立杭州新文字工作者协会，同时还议定了协会的任务和组织以及初期的工作纲领。同月，发表了《杭州市新文字工作者协会宣言》。

1950004 15 日，上海新文字工作者协会开始在沪声电台开办新文字广播班。

1950005 16 日，《开明少年》连载任以奇《新文字讲习班》，共 10 讲。

1950006 17 日，厦门市文联筹备委员会召开第一次新文字座谈会，出席座谈会的有当地的罗马字运动者、白话字工作者（即厦门话教会罗马字者）和拉丁化新文字工作者共 30 人。与会者一致通过以拉丁化新文字为当前文字改革的目标，并组织厦门新文字研究会，进行研究、实验和宣传。

1950007 21 日，上海新文字工作者协会在上海人民广播电台举办新文字广播讲座，共 11 讲，每周一次。此后，杭州人民广播电台、广州人民广播电台也相继举办新文字讲座。

1950008 25 日，台湾省政府修正《台湾省各县（市）推行国语实施办法》和《台湾省各县（市）国语推行员任用及待遇办法》。

1950009 29 日，厦门新文字研究会正式成立，基本会员 24 人。会员推举黄典诚、洪笃仁、潘隽之、曾逸梅、陈之任、庄遁昌、谢华等 7 人组成理事会。

1950010　29 日，香港《文汇报》副刊《社会大学》续载《新文字讲座》。

# 2 月

1950011　1 日，刘少奇写信给中宣部负责人陆定一、胡乔木，提出要研究亚洲邻国蒙古、朝鲜、越南等国的文字改革经验。信中说："中国的文字改革，尚无定案。但现在我们亚洲邻国蒙古、朝鲜、越南的文字改革均已成功。在某一方面来讲，他们的文字已较中国文字为进步，而且他们原来是学并用中国文字的。朝鲜的字母已有数百年历史，日文字母历史亦有多年。据朝鲜大使李周渊说：全用朝鲜字母翻译各种著作均无困难。这是一件值得注意的事。我想我们的文字研究者应即研究他们的字母及文字改革经验，为此，并可派学生或研究工作者去这些国家学习，以便为我们的文字改革制定方案。此事，请你们提出一谈。"《文字改革》1985 年第 5 期刊登了刘少奇的这封信。

1950012　12 日，《新建设》第一卷第十二期发表罗常培《中国语言学的新方向》，文中论及文字改革："自从中国文字改革协会成立以后，我们已经收到几百种新文字方案了。一时的风尚，大有 1913 年读音统一会开会时'个个想做仓颉，人人自算佉卢'的趋势。我个人觉得，不管哪种方案，只要经得起人民大众考验，能够达到解除文盲的目的，就算是顶好的。就已往推行的成绩、形式的简易和学术上的联系，我是赞成'方案国际化'的。有人假借民族化的招牌，要把'新'文字变成已经死亡的西夏文或安南的'字喃'一类的东西，那简直是违背发展的规律。至于现在试行的拉丁化新文字应否补订，倒得看国内方言和少数民族语言的实际音韵系统来决定。就北方话的拉丁化方案来说，首先应该考虑的是应否标注声调的问题；其次就是它所用的符号跟其他方言和少数民族的音位有没有冲突的问题。我个人意见颇倾向于劳乃宣《简字全谱》以多包少的原则，而符号参用拉丁字母和国际音标的集合体，声调的标注也不该避免。推行时应按照当地的实际语音需要，抽出一部分来学习，不必普遍记忆本地方言用不着的音标。为解除文盲起见，从劳动大众着想，也应仿照苏联的办法，先从不同的方言或族语入手……"

1950013　1949 年 12 月 16 日—1950 年 2 月 17 日，毛泽东访问苏联期间，在跟斯大林谈话时曾阐述了这样一个论点：汉字和汉语尽管不易掌握，但实际上是所有人都能学的，任何一个人都能学的，只要愿意学和不断提高。

1950014 大连实验小学和劳动小学（大部分学生是流浪儿童），经过两年试教新文字后，从本学期起，小学一年级新生所有学科都用新文字教授，第二学期开始再附带学汉字。旅大行政公署教育厅准备把这两个班用新文字连教四年，最后看学生的语文知识水平比汉字班超过多少。其他各班，课本一律用新文字注音。

# 3 月

1950015 4 日，《新文字周刊》第 13 期发表罗竹风的来信，介绍他在山东胶东地区推行新文字的经验。胶东开展新文字工作，"最高峰是在 1939 年到 1945 年春天"。

1950016 5 日，扬州新文字研究会成立，下设联络、编辑、服务三科。

1950017 10 日，台湾省"教育厅"订定《台湾省播音教育实施办法 16 条》。

1950018 12 日，《新建设》第二卷第二期发表陆志韦《目前能做些什么》，分四部分：1. 新文字还得待一个时期才有出路。2. 目前应该积极地推行简字。3. 对新文字工作者提出四点意见：（1）任何拼音文字不必是理想的"科学的"方案；（2）不同意见可以相互批评规劝，不必闹情绪；（3）拼音文字的用处最主要的不是为扫除文盲，乃是创造新的文化工具；（4）在一个地方推行，首先要学习当地老百姓的话。4. 对不赞成拼音文字的先生们恳求一件事：就是说话、做文章，不要专图自己的方便，也得为上万万工农大众的读者想一想。该期还发表杜子劲的《中国文字改革运动中的几个问题》，也分四部分：1. 中国文字改革的性质及重心；2. 新文字的建设；3. 新文字与新文化；4. 民族形式与国际化。

1950019 14 日，英文刊物 *The China Weekly Review*（《密勒氏评论报》）第 116 期发表 William Berges 介绍中国拉丁化新文字的专文 *Reforming China's Written Language*（《改革中国文字》）。

1950020 15 日，《中华教育界》月刊第四卷第三期发表周有光《北方话方案比较研究》，把威妥玛式拼音方案、国语罗马字和拉丁化新文字方案做了比较。

1950021 齐齐哈尔铁路局新文字电报研究委员会续办新文字电报业余训练班。

1950022 开明书店出版吕叔湘写的通俗读物《中国字》，书中介绍了拉丁化新文字。

1950023 厦门新文字研究会在《江声报》创办副刊《新文字双周刊》。

# 4 月

1950024  1 日,《新文字周刊》第 17 期发表 Zh. Zhx（钟兆琥）《新文字和中国的工业化》,认为:"大规模地发展经济建设,需要大批的、各方面的科学技术专门人才。""我们应该……使现在在各工业部门中工作的工人的文化水准、技术水准,迅速地提高,从他们中间训练出一批新的技术专家和企业管理人才来。""中国汉字是那么难读难写","中国方块字又那么不科学","总之,一个工业化的国家,必须有一种科学化的文字为它服务,一个由工人阶级领导的新民主主义国家,也必须要有一种容易被劳动人民学会和使用的文字。汉字是工业化的大障碍,所以必须用 S. W.（新文字）来代替它。"

1950025  14 日,台湾省"教育厅"公布《台湾省立教育机关设置播音教育分站办法 13 条》。应设置分站的机关计有:省立各图书馆、省立各级补习学校、省立师范学院、省立各师范学校、省立各职业学校。

1950026  15 日,《新文字周刊》第 19 期发表张照《中国新文字电报方法》的"开头几句话"和"结束语"。

1950027  17 日,《光明日报》副刊《新语文》在北京创刊,由曹伯韩、孙伏园、杜子劲、陈越等任编辑。创刊号发表了杜子劲《新语文运动的性质跟目前的任务》和启明《我们主张横排的版式》等文章。

1950028  开明书店出版倪海曙编《知识分子用的北方话新文字课本》。分为字母和拼音、写法、读物三部分。这是新文字课本中销量最大的一本。

1950029  东方书店出版原由上海新文字工作者协会编印的三种方案的订正本:《北方话新文字的方案和写法》《江南话新文字的方案和写法》《广州话新文字的方案和写法》。

1950030  日本东京日中友好协会和中国学生留日同学会合办的中国话讲习会,采用拉丁化新文字教汉语。

# 5 月

1950031  1 日,厦门新文字研究会主办的《新文字月刊》创刊（共出 4 期,8 月终刊）。创刊号发表了《创刊的话》和 2 月 9 日修订的《厦门话新文字方案》。

1950032  4 日,《光明日报》发表特写《吴玉章为五四纪念谈拉丁化新文字运动》。吴玉章在谈话中指出:"要想打破文字和语言分离的障碍,达到言文一致,若仅仅在文学上革命，而不在文字上革命，是没有用的。中国文字必须改革，这是多数研究中国文字和中国教育的人们的共同意见。中国文字主要是汉字，有许许多多不合理的地方。因为它太繁难：难认、难写、难记，是中国教育普及、文化发展的一个严重障碍。""中国语文将来必须要有一种统一的语言文字，这种语言文字应以通行得最广的北方话作为标准，使全国语文有一个统一的发展方向。各地的方言可以用拉丁化的拼音字拼写，但不宜大为提倡。国内各少数民族也可以用拉丁化的拼音字拼写各种民族的语文；本无文字的少数民族可以用拉丁字母为他们制订方案。"

1950033　21 日，《人民日报》发表题为《请大家注意文法》的短评，号召"把文法上的一切错误，从我们所有发表的文字中逐步地、最后是彻底地消灭掉"。

1950034　26 日，中山大学新文字研究会举行成立大会，会上选出岑麒祥、张为纲、郭一岑、周耀文、商承祚、龙庆忠、毛承恩、詹伯慧、黄伯荣等 23 人为理事。

1950035　28 日，中国文字改革协会邀请旅大行政公署教育厅厅长卢正义介绍旅大识字运动情况，并座谈文字改革问题。

1950036　28 日，杭州新文字工作者协会正式成立。选举张同光、张鸣镛、孙用、楼炳芳等 13 人为理事，刘文葆等 4 人为候补理事。

1950037　《人民教育》创刊号发表教育部副部长钱俊瑞《当前教育建设的方针》，指出："中国文字的改革工作要即刻着手作有计划的研究和实验。今年秋季的'工农教育会议'对这一重大工作应该作出一个可行的计划，规定步骤，争取明年起，就能在若干地区以适当的规模来推行识字教育，达到逐渐扫除文盲之目的。"

1950038　政务院文化教育委员会设立学术名词统一工作委员会。

1950039　中外出版社出版丁易（叶丁易）《中国文字与中国社会》。书中谈到汉字改革的方向时，赞成把汉字改为拉丁化新文字。

1950040　东方书店出版任以奇编《北方话新文字基础读本》。

# 6 月

1950041　3 日，《中国青年》第 44 期发表郭沫若《在春天抢着来播种》。这是郭沫若在第一次全国少年儿童工作干部大会上的讲话。文末说："文字改革是当前很值得我们考虑的一个问题。""在全国 175 种报纸中，有几种少数民族的报纸，如维吾尔民族用自己的文字出版报纸，每天销五万份，东北的朝鲜文字出版的报纸每天销四万份，而首都占全国领导地位的《人民日报》每天只销九万份，这说明了很大的一个问题：第一是文盲多，第二是文字困难，很值得我们考虑。文字改革的问题确实很重要……文字改革的首要条件，是使文艺作品口语化，减少文字拼音化的困难。"

1950042　5日，《光明日报》副刊《新语文》第8期发表林曦（郑之东）《方块字妨害了工人的文化跟技术的进步》等文章。

1950043　5日，《光明日报》副刊《新语文》第9期发表陈健中（陈越）《怎样把新文字应用到业务上去》，并摘录转载郭沫若、钱俊瑞《对于文字改革的意见》。

1950044　13日，西北大学新文字研究会举行全体大会，正式通过会章，推举燕宗昭为主席。

1950045　17日，《新文字周刊》第26期发表倪海曙《关于目前新文字运动的方针任务，过去运动中的缺点和今后工作的做法》和日本拉丁化学者大岛义夫（高木弘）的来信。后者报道了日本拉丁化运动的情形，说："在我们国内，拉丁化运动是很久的，……但是我们保守的反动政府，不愿意积极进行日本文字的改革。不过从去年起，小学里开始教授一年只有40小时的（罗马字）日文了。因此，不管愿意不愿意，事业是有了进展了。然而作为一个社会文化运动来看，我们的拉丁化运动还是很悲惨的……我希望赶快由一个民主政府来把我们的文字采用拉丁化。"

1950046　20日，济南铁路局公布局令：从8月1日起，电报采用全国统一的新文字站名略号。

1950047　24日，《新文字周刊》第27期继续讨论科学文字问题。辅航（方仁麒）《化学元素方块汉字译名的疙瘩》列举了化学元素用方块汉字译名带来的混乱。钟兆琥《写科学应该用什么文字？》举出五点理由来说明"在写科学文章时，尽先推行新文字，实在是值得并且应该提倡的"。N. Xs.（倪海曙）的短论《关于科学应该用什么文字写》主张"文章中国化，名词国际化"，译名应该有两种：一种是汉字的，另一种是字母拼音的。

1950048　25日，中国科学院语言研究所（简称"语言所"）在北京成立。该所的主要任务是，对汉语及其有关的语言问题进行基础研究和理论研究，为加强现代汉语规范化服务。

1950049　杭州新文字工作者协会在杭州人民广播电台举办新文字讲座。

1950050　教育部社会教育司开始进行常用字的研究和汉字简化工作。研究常用字所用的资料是三种字汇（辛安亭《群众急需字》、黄贵祥《文盲字汇》、吴廉铭《中华基本教育小字典》）和五种课本（《旅大工人识字课本》《济南工人文化课本》《华北民校识字课本》《晋察冀识字课本》《山东农民文化课本》），从中选出常用字 1589 个。

# 7 月

1950051　3 日，《人民日报》发表由齐望曙翻译的斯大林在 1950 年 6 月 29 日《真理报》上发表的《论语言学的几个问题——答克拉舍宁尼科娃同志》一文。

1950052　3 日，《光明日报》副刊《新语文》第 12 期发表张洵如《改用新文字的准备工作》。

1950053　6 日，香港《文汇报》副刊《社会大学》发表岑麒祥《新文字和我们的任务》。

1950054　7 日，香港《文汇报》副刊《社会大学》发表《关于广州话新文字方案》。

1950055　7 日，西北大学新文字研究会编辑的《Sin Wenz Bao》（新文字报）创刊。

1950056　10 日，吴玉章召开中国文字改革协会干部会议，会上传达了 6 月份毛泽东主席的指示。毛泽东主张首先进行汉字的简化，搞文字改革不要脱离实际。

1950057　10 日，《光明日报》副刊《新语文》第 13 期发表 Boxan（曹伯韩）《拉丁化和大众化、科学化、民族化》一文。

1950058　11 日，《人民日报》发表由李立三翻译的斯大林在 1950 年 6 月 20 日《真理报》上发表的新著《论马克思主义在语言学中的问题》。这篇文章是斯大林对《真理报》语言学问题讨论的总结性发言。该文论述了四个问题：1. 语言不是社会上层建筑；2. 语言只有全民性，没有阶级性；3. 语言的特征；4. 马尔学派的错误理论和不良学风。这篇文章对中国语言学界影响很大，也帮助中国的新文字工作者在文字改革理论上做了必要的修正，特别是对语言以及方言和民族语的看法，纠正了过去认为语言文字是上层建筑，方言可以融合成为民族共同语的说法。

1950059　16 日，《文汇报》副刊《学术与出版》第 4、5 期连载贝友林《论拉丁化新文字》。文章从拼音形声字的角度对新文字提出修正意见。

1950060　17日，重庆《大公报》发表肖华、陈士翘《请大家重视新文字》。

1950061　22日，《新文字周刊》第31期发表 Mali G. Xang《漫谈左起横写》，列举了横写横排的七点好处。

1950062　23日，广州新文字出版社成立。在第一次股东会上选出陈君葆、叶启芳、黄长水、马鉴等4人为董事，梁若尘等3人为监察，并推举陈君葆为董事长。该社是由华南各地新文字工作者包括一部分港、九同胞集资创办的。

1950063　24日，《光明日报》副刊《新语文》第15期发表朱星《中国文字改革问题研究提纲》。

1950064　29日，《新文字周刊》第32期发表周有光《拼音方案问题》，内容有：1.共同基准与个别方案；2.区域方案与中心典型；3.中心方案与土语分写。

1950065　31日，教育部根据毛泽东要求教育部对常用字、简体字和一般文字改革问题多加研究的指示，邀请在北京的语文研究者30多人座谈文字改革问题。与会者认为应考虑设立研究文字改革的机构，推进文字改革工作，提出了组织中国文字改革研究委员会的建议。

1950066　教育部印发《小学课程暂行标准初稿》。稿中列举了小学国语课程的"阅读教材的编选注意点"，其中第5点是："生字注音，除以熟字互注外，尽可能采用拉丁化新文字。在教师未习用新文字而仍用注音符号的小学，可暂用注音符号。"

1950067　东方书店出版张芷《论中国文字改革的统一战线》一书。该书主要内容为：1.中国文字改革的历史发展；2.论拼音文字；3.论汉字淘汰；4.论简体汉字；5.文字改革的统一战线。

1950068　《新文字周刊》第30期发表周有光《拉丁化运动的任务和方向》，主要内容有：1.语言记录与语言统一；2.拉丁字母与国际音标；3.辅助文字与法定文字。同期还发表华东重工业部副部长孙冶方《关于译名统一问题》，文章说："对于统一译名的问题，特别是技术上一些名称，我同意鲁迅先生的意见，即是有些东西中国原来没有的，与其挖空心思杜撰一个出来，不如直截了当的译音。但有些外国名称，如译音而用方块字写起来，则叽哩咕噜一大串，写的人吃力，读起来亦不顺。我是主张索性用拼音文字写的。""关于拉丁化问题，我虽然同意在今天还不能取汉文而代之；但我主张可像日文'カナ'一样与汉字夹着用，先用以移译外来语。只有这样，才可大量采用音译办法。"

1950069　厦门《新文字月刊》第 3 期发表洪笃仁《新文字和初步的汉字教学》。

# 8 月

1950070　1 日，铁道部规定：从本日起，"除东北管内实行拉丁化新文字电报外，东北对南方、北方和南北各局，一律使用新文字略号和四码电文"。

1950071　8 日，北京市第二届第三次各界人民代表会议开幕。黎锦熙、宣节等向会议提出《利用现存的注音字母和注音汉字的印刷工具，克服汉字困难，使扫除文盲工作迅速有效》的提案。

1950072　9 日，教育部社会教育司简体字研究组举行关于简化汉字的座谈会。会议草拟了简体字选定原则草案：1. 整理选定已经通行的简体字，必要时根据已有简字的简化规律，加以适当的补充；2. 所选定补充的简体字，以楷体为主，间或采取行书、草书，但必须注意容易书写和便于印刷；3. 简体字的选定和补充，以最常用的汉字为限，不必为每一繁难的汉字制作简体；4. 简体字选定后，由教育部报请中央人民政府政务院公布实行。

1950073　9 日，《铁路工人报》开始连载天津铁路局新文字研究会编写的《新文字讲座》，共 21 讲。

1950074　13 日，《光明日报》副刊《新语文》第 10 期发表倪海曙《解放一年来全国新文字运动的大概情况》。文中报道：一年来，全国有 60 个县市开展了新文字活动，有 14 000 人参加学习，有 20 个县市成立新文字团体，有 6 所大学和 3 所中学把新文字列为正课，有 3 个市的电台举办了广播讲座，有 10 多种新文字书籍和 20 多种新文字刊物出版。

1950075　14 日，教育部常用字研究组举行常用字座谈会。参加座谈会的有黎锦熙、陆志韦、罗常培、林汉达、魏建功、曹伯韩、王泗原、麦若鹏、彭道真等。会上一致同意按照教育部社会教育司所编的 1589 个常用字进行增删。为了提高选字的客观性，又增加了七种资料（《六家字汇总计》《陕甘宁边区群众报常用字》《天津五百工人识字调查统计》《华文打字机常用字》《〈工人日报〉常用字盘》《新华印刷厂常用字盘》和《华东渤海新华书店印刷厂常用字盘》）。根据这些资料，参考专家意见，并考虑生活语言的实际需要，对 1589 字进行增删，选出 1556 字（1017 个常用字、539 个次等常用字）。1950 年 9 月 15 日把 1017 个常用字编成《常用汉字登记表》，作为教育部召开的全国工农教育会议的参考资料。

1950076　14 日，《人民日报》发表由曹葆华、毛岸青翻译的斯大林在本年 7 月 11 日、22 日、28 日《真理报》上发表的《给同志们的回答（关于语言学问题答复同志们的三封信）》。

1950077　19 日，《新文字周刊》第 35 期发表周有光《文字改革的统一战线》，内容有：1. 三个朋友，一个敌人；2. 朋友一：汉字改良派；3. 朋友二：罗马字派；4. 朋友三：国语派；5. 一个敌人：汉字国粹派。还发表殷焕先《谈方言调查》，内容有：1. 方言调查的意义；2. 北方话新文字方案下的方言情形；3. 方言带给新文字推行上的困难；4. 方言带给新文字推行上的便利；5. 提出怎样的调查报告；6. 方言词汇的调查；7. 教学的条件就是调查。

1950078　26 日，《新文字周刊》第 36 期发表周有光《走上实用的道路》，内容有：1. 拉丁化与汉字注音；2. 拉丁化与专有名词；3. 拉丁化与邮政电报。

1950079　27 日，《光明日报》副刊《新语文》第 18 期发表《东欧兄弟关心我们的文字改革》。文中引了作家冯至《新中国在东欧》一文中的话："他们觉得对于新中国的发展，只有欢欣和鼓舞是不够的，他们想学习中国文，好进一步认识中国的新文化和社会情况，而中国的文字却使他们望而生畏，因此他们希望中国文字能够迅速改革。"

1950080　时代出版社出版上海新文字工作者协会会员草婴译《斯大林论语言学问题》（即斯大林在《真理报》上发表的关于语言学问题的文章和几封信的另一种译本）。

1950081　齐齐哈尔铁路局又一期新文字电报学习班开班，学员 67 人，1 个月结业。

# 9 月

1950082　2 日，《新文字周刊》第 37 期发表倪海曙《现在学习新文字有什么用处》和周有光《统一全国字母表》。周文的内容有：1. 统一的必要与可能；2. 各区字母表的比较；3. 字母名称的国际习惯；4. 统一字母表拟议。

1950083　3—4 日，《大公报》连载张锐光《斯大林论语言学对于中国语文问题的启示》。这是斯大林关于语言学问题的意见发表后，国内发表的不赞成汉字拉丁化的文章中的一篇。

1950084　8 日，中国文字改革协会武汉分会筹备委员会成立。推举高庆赐为主任委员，周浩然为副主任委员，许钟毅（许中）为秘书长。

1950085　10 日，广东省文教委员会召开临时会议，会上萧向荣主任提出了在广东省推行普通话的问题，引起与会者热烈讨论。最后与会者一致同意应该有计划、有步骤、大规模、长期地推行普通话。先由文化教育厅组织研究会，征集专家意见，订定方案。

1950086　14 日，《大公报》发表周有光《斯大林语言论与拉丁化运动》。文章针对张锐光在《斯大林论语言学对于中国语文问题的启示》一文中提出的反对文字改革的观点，进行了反驳。

1950087　15 日，《中华教育界》第 29 卷第 9 期发表周有光《广东话新文字研究》。

1950088　16 日，《新文字周刊》第 39 期开始连载《台湾话新文字讲座》。

1950089　17 日，《大公报》发表陈榕甫《从汉字的发展谈到简体字的应用》。文章认为："怎样改革中国的文字呢？那就是要废除我们现在所用的这种单音节的形意字——方块汉字，而另用一种多音节的拼音字——拉丁化文字来代替。这是历史发展的必然趋势。""不过，文字改革并不是一蹴可就的事。毛主席在《新民主主义论》里面说过：'文字必须在一定条件下加以改革'，今天这'一定条件'显然并不具备，或者说，准备还不周全，时机还不成熟。""直到今天，拉丁化新文字还不曾脱离设计和实验的阶段。""既然文字改革在今天还不具备条件，那么我们只得暂时就汉字本身加以改良，使它成为发展大众文化的工具。改良方案之一，便是简体字的广泛推行，而这在今天完全有其可能与必要。"

1950090　20 日，教育部和中华全国总工会联合召开第一次全国工农教育会议。会上卢正义、王芝九、方与严、田乃钊、林汉达等 21 人联合提出《建议设立中国文字改革研究机构和确定汉字注音方案》的提案。提案建议：1. 整理和简化汉字，选定和公布常用字和简体字；2. 确定北方话拉丁化方案和注音字母为学习汉字的拼音工具。

1950091　25 日，教育部召集出席全国工农教育会议的部分代表举行文字改革座谈会。出席座谈会的有韦悫、张宗麟、吴研因、郑之东、田乃钊、洪深等。座谈会就汉字改革的方向和领导机构、简体字问题、常用字问题、汉字注音和拼音方案问题、汉字教学方法和书写方法问题、少数民族文字问题进行了广泛的讨论。

1950092　30 日，《新文字周刊》第 41 期发表 Linxi（郑之东）《读劳乃宣"简字丛录"》（"文字改革备忘录"之一）。文章认为："语言统一是应该的……但是这不能一下子由拼音文字来做到，更不能把不统一的责任推给方言的新文字。""仍然和五十年前一样，今天应该'引南以归北'，不应该'强南以就北'。""那么怎样才能使中国的语言达到统一呢？实在说起来，语言统一问题不是任何种文字能够解决的，那将是交通发达、经济政治统一、文化融合的自然结果。""真正的统一的方法正是劳乃宣所说的'引南以归北'……"

1950093　教育部编定常用字和简体字登记表及其选定原则。

1950094　上海大众书店出版杜子劲编《一九四九年中国文字改革论文集》。这本书共收集了 1949 年内有关文字改革的重要论文 16 篇。书中还附有《一年来中国文字改革运动纪要》和《中国汉字拉丁化的原则和规则》。

1950095　《光明日报》副刊《新语文》第 19 期发表《苏联朋友关心中国文字改革》。这是苏联《新时代》杂志第 30 期发表的一篇对读者的问题解答。读者的问题是："有好些人……相信中国字写法的根本改革在最近期内就会实现，将来学习中国语文要容易得多……另一方面，也有人相信这种改革是不可能的，或者至少目前办不到。我们希望《新时代》来解答这一问题。"《新时代》的答复是："中华人民共和国中央人民政府正在采取步骤简化这种字体（按指现行汉字）。一个全国性的'文字改革协会'已经在 1949 年 10 月里成立……它的目的是减少字数，简化字形，最后发展成为一种拼音制度的文字。"

1950096　到本月止，东北铁路方面举办的新文字班达 570 班之多，有 2 万人学习了新文字。

# 10 月

1950097　1 日，天津《进步日报》发表叶恭绰《整理通用字及规定其简写法（即简体字）的一套办法》。

1950098　14 日，《新文字周刊》第 42 期发表吴廉铭《新文字和简化汉字》，提出："简化汉字是一座桥梁，是方块字过渡到拼音的新文字不可少的工作。这期间还应当在格式方面开始向着拼音文字的方向走。比如直写要改横行，词儿连写要从特别一点的复词实行起来……并且进一步用'作为研究新文字的底案'的拉丁化新文字来注音，还要提倡把一些西文原名和北拉拼音的名词等夹在汉字里面用，渐渐地养成习惯，走上新旧文字混合使用的道路。"还发表钟兆琥《再谈关于专门名词的统一》，提出："在审订专门名词的时候，应该照顾到下列几个原则：1. 是工农大众熟悉的，或者容易为他们所接受的；2. 应该估计到中国文字（汉字）的不可避免的改革；3. 便利少数民族学习科学；4. 便于国际间的文化交流。"

1950099　14 日，《广州新文字月刊》创刊，由广州新文字出版社出版。创刊号上登载了发刊词《我们对现阶段新文字运动底意见》、陈君葆《目前拉运的几个问题》、岑麒祥《和华南新文字工作同志们讨论关于广州话新文字方案》等。这个刊物共出 9 期，1951 年 7 月终刊。

1950100　15 日，中山大学新文字研究会理事会邀请广州新文字出版社、大众语文讲习所、省立国语训练班、外侨事务处等单位举行座谈会。出席的有岑麒祥、倪康华、郭毅、麦耀云、曹眉飘等 36 人。会上决定成立广州语文工作者协会筹备委员会。

1950101　22 日，广州语文工作者协会筹备委员会举行第一次会议。会上通过了《筹备委员会规程》，并推举岑麒祥为筹委会主任委员，倪康华为副主任委员。本月 29 日筹委会又举行第二次会议。王力、欧阳山等都签名参加为协会发起人。

1950102　28 日，《新文字周刊》第 44 期发表倪海曙《对于解放以来的拉丁化新文字运动的一些感想》，文中提出当前新文字工作者可做的 6 项工作。

1950103　教育部编成第一批简体字表初稿（计 550 字）。

1950104　解放社出版由李立三、曹葆华等翻译的斯大林《马克思主义与语言学问题》一书。

1950105　广州新文字出版社编委会编《新文字问题解答》由广州新文字出版社出版。该书收编了 1949 年 7 月—1950 年 2 月在香港《文汇报》发表的 20 篇《新文字讲座》的单行本。

# 11 月

1950106　5 日，《光明日报》副刊《新语文》第 23 期发表 Lingding《斯大林论语言学问题和大方言区新文字》、陈健中（陈越）《拉丁化的人名编目法》、Lanwei《学好语言，学好新文字》等。

1950107　7 日，中山大学新文字研究会举行庆祝中国文字革命节十周年晚会。

1950108　15 日，教育部常用字研究组开始对《常用汉字登记表》中所收的 1017字和 1556 字两种常用字的常用性进行检验。检验工作到 12 月 21 日结束。

1950109　18 日，上海《新文字周刊》第 46 期出刊。这一期是迎接上海新文字工作者协会第一届年会特辑（上），发表了协会主席陈望道的题字："结合实际，推进文字改革工作"和康华《只有坚持，不能急躁》、Boxan（曹伯韩）《Chuban Duwu》（出版读物）、拓牧（杜松寿）《我们的方向》、张芷《大力实行实验，奋勇前进》、柏苇《加强团结，把新文字推广开去》、陈刚《检讨自己，充实自己！》、黄典诚《全国知识分子团结起来，为完成文字改革而奋斗》等文章。11 月 23 日出版的《新文字周刊》第 47 期是迎接上海新文字工作者协会第一届年会特辑（下），发表了 Linxi（郑之东）《Fangkai Shou Gunzo, Wenzho Bur Cianzin！》（放开手工作，稳着步前进！）、杜子劲《推行新文字，我们有责任！》、Lan Pei《当前推行新文字运动的几个重要工作》、施效人《信念与希望》、周有光《新文字与民族形式》、Zhamiyng（张鸣镛）《把新文字运动与新文艺运动结合起来》、殷焕先《加紧我们的基本工作》等文章。

1950110　23 日，教育部常用字研究组拟出《常用字研究工作报告》。报告分为：1. 选定常用字的原则；2. 推行常用字的方法；3. 常用字的增删和登记表的编制。

1950111　26 日，上海新文字工作者协会在上海亚洲文会礼堂举行第一届年会。出席会议的会员及各界人士有 130 人。华东文化部部长、上海复旦大学校长、协会主席陈望道致开幕词。他说，当前进步的语文运动面对着两大任务：一是文字改革，一是扫除文盲。随后，华东新闻出版局副局长兼华东和上海人民广播电台台长周新武、华东新华书店总编辑叶籁士、复旦大学教授吴文祺等讲了话。年会根据结合实际的方针修改了会章，讨论了提案，并选举了第二届理事会理事陈望道、叶籁士、周新武、王益、倪海曙、任以奇、方仁麒、马丁、苏红、刘如水等 27人。最后还通过了《上海新文字工作者抗美援朝宣言》。

1950112　29 日，中国文字改革研究委员会筹备会举行第二次会议，原则上通过了常用字研究工作报告和常用字表，讨论了简体字研究工作报告和第一批简体字。

1950113　广东省教育厅提倡学习普通话，除省立和市立国语讲习所以及电台继续举办用新文字教普通话的讲习班外，中山大学也举办用新文字教学普通话的讲习班。

1950114　中山大学新文字研究会举行第二次会员大会，选举新的理事会，并推举岑麒祥为理事长，郭一岑为副理事长。

## 12 月

1950115　2 日，《光明日报》副刊《新语文》第 25 期发表 Lingding《真该这样检讨的吗？》，继续对张锐光在《斯大林论语言学对于中国语文问题的启示》一文中提出的反对汉字拉丁化改革的观点进行反驳。

1950116　2 日，上海《新文字周刊》第 48 期发表倪海曙《十四个月来的上海新文字运动和上海新文字工作者协会》。文章在报告了运动和协会的情况后说："我们拉丁化新文字运动的方向，即使从今天来看，也还是正确的。首先，拼音文字一定比表意文字合理；其次，采用拉丁字母，也仍旧有坚强的理由，合乎世界文字总的发展趋向。"还发表李朴（周新武）《把我们的工作和当前的运动结合起来》一文，文中指出："在我国人民解放斗争已经基本胜利的现在，人民政府还没有明令推行拉丁化新文字，许多新文字工作同志忍耐不住，急躁起来了。这种情绪是可以理解的。""但是新文字底拥护者在全国人口中所占的比例却是很小的，另外还有些人怀有疑问，还有很多的人根本不了解有新文字这么一回事。改革文字是关系全国人民生活的大事，必须慎重；特别因为方块汉字是中国人民几千年来使用下来成了习惯的，加以改革更非慎重不可。文字改革的阻力如果很大，那就不是一纸命令能够解决问题的。……还需要我们在理论研究上，在方案实验上和在各种宣传工作上作更多的、更实际的努力。"

1950117　3 日，上海新文字工作者协会召开第二届第一次理事会。会上选出常务理事 15 人，并推举陈望道、倪海曙连任第二届理事会正副主席。

1950118　5 日，教育部社会教育司编印《群众识字问题调查表》（分甲、乙两种），以教育部名义发往国内的 77 个省、市、地区教育厅（局），广泛征集地方、各方面人士对识字运动和中国文字改革问题的意见。

1950119　14 日，教育部常用字研究组举行第二次常用字研究座谈会。出席会议的有马叙伦、罗常培（周定一代）、魏建功、杜子劲、丁声树、吴研因、麦若鹏等。会上交换了如何进一步增删常用字表的意见。大家认为，除了借常用性检验来发现可能遗漏的字以外，还有必要加以主观的选择，删去一些习惯上相互通用的，可以酌量省略的字。

1950120　15 日，《中华教育界》第二十九卷第二期发表郑梅林《论建设中国新文字》、周有光《论共通语》。

1950121　16 日，《新文字周刊》第 50 期发表黄郁《新文字工作者和统一战线》，指出语文运动"不能被单独地或孤立地提出来，否则将犯'原则的错误'，或犯'为语文改革而语文改革的主观主义'"，"无补于实际"。文中肯定语文改革"应该是而且一定是人民革命和巩固这一革命胜利的组成部分，所以它的大原则便是共同纲领的精神"；提出"我们必须了解现阶段的现实条件和客观环境，不仅要密切配合普及和提高人民大众一般文化教育的水平这一实际工作去推进，而且更应注意语文改革本身的统一战线问题"；要求"拉丁化新文字工作者必须成为语文改革统一战线的骨干分子"。

1950122　16 日，《光明日报》副刊《新语文》第 26 期发表少波《知识分子学习新文字的任务》。

## 同年

1950123　大连市立实验小学在 38 名一年级新生中（最大的 10 岁，最小的 7 岁，一般在 8 岁左右），试验用新文字教全部课程。据该校总结：1. 全班平均成绩在四分左右（五分制）；2. 老师没有教过的课文，学生们也能读，看连环画时，学生喜欢看有新文字说明的，说是容易看懂；3. 全班有半数以上学生能用新文字写一百字左右的、简单而有具体内容的作文，又普遍能用新文字在图画上写说明；4. 作文内容比较全面完整，用的是儿童语言，比较通俗；5. 有一名 10 岁的学生，过去学过一年多汉字，可是听写 288 个汉字，只写对 103 个字，有 32 字写错，有 153 字写不出来，根本不能作文。这名学生学习了一年新文字，就能用新文字作文了。

1950124　大连新文字研究会编印《新文字课本》（一至四册）、《北方话新文字拼音课本》、《汉字新文字两用字汇》、《国语》（第一、二册，大连新文字研究会根据东北人民政府文化教育部原编本改编）等书刊。

1950125　台湾省学校举办失学民众补习班，到 1954 年总共办了 17 849 班，受教育者总共有 999 816 人。台湾省"教育厅"正式核准语文补习学校，并派"国语"推行委员会常务委员王寿康兼任校长。语文补习学校是由王寿康一手恢复起来的，以辅导小学教员进修为中心工作。到 1951 年 6 月，共毕业初级班三班、中级班两班、高级班一班。该校自初级班三班毕业后不再招生，改办巡回正音班，缩短期限，简化课程，由各学校自行开班，补校讲师前往上课。以后又曾办民众补习班并进行教材、教法实验。整个工作一直维持到省"国语"会奉令裁并为止。

# 1951 年

## 2月

1951001　1日，中共中央发出"关于纠正电报、报告、指示、决定等文字缺点的指示"，指出"尚有许多文电，在文字上存在着严重缺点，必须予以纠正。这些缺点之最常见者，有滥用省略、句法不全、交代不明、眉目不清、篇幅冗长五类"。"指示"提出了相对应的纠正办法。

1951002　19日，全东北铁路电务会议在哈尔滨举行。会上，总局电务部的史汉武做了一年来新文字电报工作的总结和今后工作计划的报告。他在报告中列举了新文字电报的三个优点：1. 容易防止事故。由于有固定化的站名略号，大大减少了电报的差错。2. 可以节约电报纸。注音字母电报平均用纸为2.5张，新文字电报平均用纸为1.4张，各局每月可以节约用纸281 736张左右。3. 大大加快了通信速度。1949年发一封一般的注音字母电报要52分钟，而用新文字电报发同样的内容只需要26.8分钟。

## 4月

1951003　10日，台湾省"民政厅"邀请"教育厅"、"国语"推行委员会等有关机关代表举行座谈会，决定推举罗葆基、赵赓飏、何容、迟念古组织小组，修正"民政厅"拟订的"台湾省各县山地乡推行国语运动办法草案"。内容有：成立山地工作人员"国语"讲习班、山地各级学校应该用"国语"教学、新任山地工作人员应该遴选"国语"及格人员担任。

## 5月

1951004　8日，中国文字改革协会编成《苗语拉丁化学习草案（黔东区）农民识字课本》。

1951005　14日，教育部聘请林汉达、韦悫、胡愈之、马叙伦、黎锦熙、罗常培、陆志韦、俞敏、曹伯韩、郑之东等 10 人作为中国文字改革研究委员会筹备会委员，成立了中国文字改革研究委员会筹备会，马叙伦为主任委员。

1951006　16 日，上海《新文字半月刊》创刊。其前身为《新文字周刊》，因此创刊号的期数仍衔接《新文字周刊》，为第 68 期。创刊号发表《革新的话》，文中指出，改刊后，"本刊以后将成为新文字的一本宣传性、学习性和读物性的通俗刊物了"。"我们以后要把初学新文字的人作为主要对象，反复不断地向他们解释新文字的基本道理，帮助他们学习和熟练新文字的方案，供给他们模范的新文字读物。"还发表了 N. Xs.（倪海曙）的短论《新文字同志应该写最通俗的汉字文章》。短论认为："新文字工作者，必须同时是一个通俗化工作者。新文字工作者的理论和实践必须统一起来……一字一句对自己的语文主张负责，把新文字的基本精神彻底贯彻到自己一切的语文实践中去，使说的和做的一致。"

1951007　24 日，台湾省"国语"推行委员会为加强山地推行"国语"，邀请"民政厅"第五科科长黄式鸿，台湾大学教授凌纯声、董同龢、芮逸夫、周法高、吴守礼等，研讨山地方言符号问题。决定：先制定一种可通行山地各族的方音符号总表，以便利山地同胞从母语方言中来学"国语"。符号形式采用国音字母第一式，略加符号以求适用。

1951008　教育部社会教育司编制出《第一批简体字表（初稿）》。

1951009　北京一部分新文字工作者提出修改北方话拉丁化方案的意见，印发意见书。意见书说："目前推行拉丁化新文字，还有很多困难须待克服。文字改革者意见分歧，各种拼音方案越来越多，大多都在重走历史的旧路。领导上暂时不做决定，让民间各行其是。因此，统一的、全国公认的拼音方案，短时间内恐怕很难公布。我们拉丁化者必须面对现实，从工作中不断改进自己，提高自己，巩固团结，扩大影响。为了求得拉丁化新文字者内部的团结一致，我们要求自动地改进方案，使我们有共同的拼音方案，这样我们就可以大量出版书报，扩大新文字的宣传。"上海、武汉、香港的新文字工作者先后讨论了修改意见，发表了各自的看法。

1951010　东方书店再版张芷《论中国文字改革的统一战线》一书。再版时内容做了修改，书名改为《条条道路通向拼音文字》。

# 6 月

1951011 　1 日，《新文字半月刊》第 69 期发表 N. Xs.（倪海曙）《新爱国主义和文字改革》一文。文中指出："新爱国主义和旧爱国主义是不同的：旧爱国主义无批判地肯定一些旧的传统，无条件地保留一些旧的传统；新爱国主义肯定旧的传统，却有所批判；接受旧的传统，但是还要发展。""现在已经有人借爱国之名，唱复古之调，把爱国主义作为反对文字改革的理论根据，而且把旧文字的改革曲解为民族语言的改革，来混乱论点，迷人耳目。这样的论调在解放后的大报上出现，是值得我们注意和警惕的。"

1951012 　5 日，中国文字改革协会出版《中华人民共和国全国政治组织机构新文字字母、俄文字母拼音略号》。

1951013 　6 日，《人民日报》发表题为《正确地使用祖国的语言，为语言的纯洁和健康而斗争！》的社论，号召"建立正确地运用语言的严肃的文风"，并且开始连载吕叔湘、朱德熙合写的《语法修辞讲话》（到 12 月 15 日全部登完）。《讲话》于 1952 年由开明书店出版单行本。这本书的目的在于纠正当时社会上在使用语言文字方面的混乱现象，内容切合实际，影响很大。1979 年，中国青年出版社重印《语法修辞讲话》。

1951014 　7 日，中国文字改革研究委员会筹备会召开汉字注音、拼音问题座谈会。出席会议的有韦悫、林汉达、黎锦熙、魏建功、丁声树、周祖谟、蒋仲仁、陈定民、张照、王均、陈越、曹伯韩、郑之东等 20 人。座谈会就汉字要不要注音，注音用什么符号等问题进行了讨论。与会者基本上都赞成给汉字注音，但注音首先要定标准音，大部分人倾向以北京话为标准音。对于用什么符号注音，大部分人主张用拉丁化符号来注音。

1951015 　11 日，全国铁路电报工作会议在北京举行。会议期间，东北的新文字铁路电报工作情况受到与会者的普遍关注。东北铁路局代表做了关于东北新文字铁路电报工作的报告，天津铁路局代表做了天津铁路局新文字研究会成立经过的报告。铁道部电务局局长在讲话中认为，东北的新文字电报已经取得相当的成功，希望在今后一二年内推行得更好，做到真正能够全面运用，给全国范围内的使用打下良好的基础。

1951016 　16 日，《新文字半月刊》第 70 期发表 N. Xs.（倪海曙）的短论《继续推广"左起横行"的书写和排印方法》，认为"它和文字改革有密切的关系"。还发表王幼境的《新文字和打字》。该文说，新文字打字有操作迅速、机器轻便、技术易学等优点，认为新文字"的确能够解决中国文字技术上的好些困难，使中国文字也走向科学化、合理化和适应群众需要的道路"。

1951017　在 11—23 日召开的台湾省参议会第十一次大会上，省参议员马有岳向省参议会提出："请政府颁制常用简易汉字，限制使用奥僻文字，以利人民辨认。其办法为：一、请专家选定常用而简易的汉字若干，公布为通用文字。二、政府一切公文刊物和学校课本一律采用通用字，不得再用僻字。三、所用奥僻文字留供专家考古研究之用。"这个提议经大会决议通过。据说，这是 1949 年国民党当局"迁台后，首先提出'简体字问题'于公开场所而做成公文书的"。

## 7 月

1951018　1 日，《新文字半月刊》第 71 期发表 N. Xs.（倪海曙）的短论《新文字的字母和新文字的精神》，认为"我们今天的新文字工作，首先应该是贯彻新文字精神的工作……要紧的是我们看新文字运动的眼睛，不应该老是盯在二十几个字母上"。

1951019　6 日，宋美龄领导的妇女团体开办妇女"国语"师资训练班。王寿康任主任，齐铁恨、梁容若等任教师。

1951020　10 日，华东人民出版社编辑出版的《文化学习》半月刊，从第二卷第 1 期起改成横排。又选定常用字 1260 个，凡所选常用字以外的字在刊物上出现时，一律用拉丁化新文字和汉字注音。

1951021　10 日，台湾省"教育厅"发布《各县市国民学校办理民众补习班应行注意事项十四条》，规定了民众补习班的教学科目、教学时数等。其中"国语文"一科包括注音符号及应用文。据当年调查，台湾省各县市失学民众共计 1 413 569 人。从 1950 年到 1954 年，失学民众全部接受补习教育。光复后的台湾民众补习教育政策，原拟计划先从方音符号入手，然后再从方音符号进到"国音"汉字。这个计划未能实现，各机关团体推行的都是直接学习"国语"，认识汉字。

## 8 月

1951022　1 日，《人民教育》第四卷第二期发表曹伯韩《新语文运动中的一些思想》。文章首先对中国新语文运动的任务做了概括的论述，指出："语文改革工作的首要任务就是要改进书面上的语言，使这些语言能够接近民众，尤其要使记载这些语言的文字能在一定条件下加以改革而成为适合大众学习使用的好工具。""中国近代资产阶级民主革命开始产生的时候，就发生了语文改革运动。在文体上，充满着新语汇并接受了外国语法的新式文言文，逐渐代替了桐城派古文的地位。在文字上，切音新字的方案不断产生。五四运动以后，随着新民主主义革命而产生了新文化运动。在语文方面，也就产生了获得巨大成就的白话文运动（包括大众语运动、写话运动），以及成就较少的汉文注音及拼音化（国语罗马字及拉丁化方案）运动。还有手头字、简体字和基本汉字的提倡。可是，直到现在，白话文还不能完全达到'言语接近民众'的理想，而文字改革呢，可以说还没有开始。……我们语文工作者的任务，就是要在新中国新的文化高潮到来的前夜，加紧设法来解决这些问题，为新的文化高潮准备新的工具。"文中认为目前在进行的提倡注意语法修辞、避免滥用简称、整理和简化汉字等还"不属于新语文运动的主流，它的主流在于有根本改革意义的拼音文字运动。拼音文字现在还在伏流状态中，可是它是一步步向前发展的，到了一定时期会要蓬勃地生长，迅速成为全中国劳动人民爱好的语言书写形式；它的成功，可以帮助白话文运动及近年产生的写话运动达到理想的目标，可以帮助广大人民很顺利地迎接新的文化高潮"。由于人们关于拼音文字的意见很不一致，文章对有关文字改革的六个问题发表了意见：1.反驳了汉语是单音节语，同音异义的字太多，拼音文字行不通的观点。2.反驳了有人教条主义地引用毛泽东"中国文化应有自己的形式，要尊重自己的历史"的指示来反对文字改革。认为所谓文字的民族形式并不在于文字的笔画或字母，而在于文字所表达的语言。3.反驳了没有统一的民族语言，因而谈不到建立拼音文字的观点。4.批评了把文字改革看得过分容易的认识。5.反驳了拼音文字不如方块汉字易识易记的观点。6.批评了先把新文字研究好了再推行的认识。

1951023　4 日，《光明日报》副刊《新语文》第 42 期发表林曦（郑之东）《北方话拉丁化方案是按照什么音系拼音的》。

1951024　15 日，中国文字改革协会秘书处编印《常用简字语典（草稿）》，分上下两册油印出版，征求意见。稿中的例词都用新文字和汉字对照。

1951025　18 日，《光明日报》副刊《新语文》第 43 期发表《修改北方话拉丁化方案的讨论》，汇集了北京、香港新文字工作者关于修改北方话拉丁化方案的意见。

1951026　24 日，台湾省"教育厅"订定台湾省各县山地推行"国语"办法四条。

要点是：1.为纠正山胞使用日语之习惯，并普遍推行"国语"，借以提高山地行政效果，普及祖国文化，增加国家观念，依据《台湾省山地人民生活改进运动办法》第二条第一款，特订定本办法。2.推行山地"国语"，由工作人员、学校、山地社会三方面实施。所订办法极为详尽。

# 9 月

1951027　9 日，上海新文字工作者协会举行座谈会，由周有光分析当前各种反对新文字的意见。

1951028　15 日，《光明日报》副刊《新语文》第 45 期发表勉予《修改北方话拉丁化方案的讨论》。

1951029　16 日，《新文字半月刊》第 75 期发表 Maomao（刘泽先）《科学名词漫谈》和《掌握语文科学的方法，彻底解决我国化学名词问题》。

1951030　16 日，华东人民出版社出版用新文字注音的《文化学习常用字表》。字表分两部分：第一部分从音查字，第二部分从字查音。

1951031　26 日，《人民日报》刊登出版总署发布的《标点符号用法》。

# 10 月

1951032　5 日，政务院发出《关于学习〈标点符号用法〉的指示》。《指示》说："务望全国各级人民政府机关处理文件人员、各报刊出版机关编辑人员、各学校语文教员和学生，一律加以学习，务使今后一切文件和出版物，均按该件规定，统一标点符号的使用。"

1951033　12 日，政务院文化教育委员会设立少数民族语言文字研究指导委员会。邵力子任主任委员，罗常培为秘书长。

# 11 月

1951034　2 日，中国文字改革协会、中国科学院语言所联合召开少数民族文字汇通方案及汉字注音问题座谈会。

1951035　11 日，上海市新文字工作者协会举行座谈会，会上澄清了过去对新文字运动的一些过"左"或过"右"的看法，一致认为必须坚持"结合实际，稳步前进"的方针。

1951036　29 日，中国文字改革研究委员会筹备会举行第二次会议，原则通过了《常用字研究工作报告》和《常用字表》，讨论了《简体字研究工作报告》和第一批简体字。

1951037　教育部调整机构，把文字改革研究工作从社会教育司分出，设立中国文字改革研究委员会秘书处，由林汉达兼任秘书主任，曹伯韩、郑之东为副秘书主任，专门负责进行文字改革问题的研究，并进行中国文字改革研究委员会的筹备工作。

1951038　东方书店出版倪海曙编《北方音·江南音·广州音对照字汇》。书中每一个汉字都用三种拉丁化方案注音。

## 12 月

1951039　15 日，教育部、中国文字改革研究委员会筹备会召开速成识字法座谈会。韦悫、黎锦熙、杜子劲、辛安亭等人出席座谈会。会上肯定了速成识字的方法，并讨论了一些与速成识字法有关的问题，如扩大推广范围、注音符号等问题。

1951040　16 日，上海新文字工作者协会举行第二届第五次理事会，讨论新文字如何结合当前的汉字识字运动问题。

1951041　26 日，周恩来总理指示在文化教育委员会下设立中国文字改革研究委员会。经马叙伦、郭沫若、吴玉章、胡乔木共同商讨后，把会商情况及拟订的委员会名单上报主席毛泽东、总理周恩来，并得到批准。政务院文化教育委员会第 31 次委务会议，决议设立中国文字改革研究委员会。主任委员马叙伦，副主任委员吴玉章，委员丁西林、吴晓铃、林汉达、季羡林、胡乔木、韦悫、陆志韦、陈家康、叶恭绰、黎锦熙、魏建功、罗常培。委员会下设拼音方案组、汉字整理组、教学试验组、编辑出版组、秘书组。马叙伦为文字改革工作题词："中国文字的改革是教育普及的基础，是新中国重要建设之一。"

## 同年

1951042　春，教育部社会教育司文字组用第四野战军政治部编印《三千常用字表》和林天钧编《福建农民报常用字表》对《常用汉字登记表》进行核对，制订出《常用字表》初稿，包括一等常用字 1010 个、次等常用字 490 个，合计 1500 字。8 月，中国文字改革研究委员会筹委会把《常用字表》初稿寄给专家征求意见，修改后的总字数仍为 1500 字。11 月 29 日，筹委会原则通过。1952 年 6 月 5 日由教育部公布。

1951043　陆志韦《北京话单音词词汇》由人民出版社出版修订本。1956 年科学出版社重印。1939 年曾由燕京大学刊印，原名《国语单音词词汇》，是最早从北京话口语入手系统地研究词汇的专著。

1951044　黎锦熙《中国文字与语言》上册由北京师范大学出版部出版，中册由五十年代出版社出版。

# 1952 年

## 1 月

1952001　6 日，革命军事委员会总政治部宣传部在《人民日报》介绍速成识字法。

1952002　6 日，北京速记月报社出版的《速记月报》1 月号发表 M. Y.（张勉予）《拉丁化新文字学习讲话》、童振华（曹伯韩）《汉字为什么要拉丁化》。

1952003　6 日，东方书店出版倪海曙《祖国语言文字的今天和明天》一书。

1952004　13 日，《新文字半月刊》编辑委员会举行扩大会议，讨论刊物的编辑方针如何结合当前的扫盲运动和工农兵学文化问题。会议决定把原来的刊物改名为《语文知识》月刊，使内容更充实、更通俗。

1952005　17 日，台湾省议员林汤盘在临时省议会提出："请政府在改编小学课本时，尽量采用注音符号，减少笔画太多的字，以利国民教育。""经大会通过，送请政府办理。"

## 2 月

1952006　5 日，中国文字改革研究委员会召开成立大会。会议由马叙伦主持。政务院文化教育委员会主任郭沫若到会并讲话。他说，中国文字改革研究委员会的成立在文化建设上是一件重要的事情。新民主主义国家是工人阶级领导的，工人阶级必须具有高度的文化水平才能担负起领导国家走向经济建设高潮的重任，而提高工农大众的文化水平，文字障碍必须消除。文字改革是一个长远任务，走拼音字的道路是同各国文字发展趋势一致的。郭沫若还提出汉文"必须自左而右地横行"的建议。研究委员会主任马叙伦在讲话中传达了毛泽东主席的指示：文字必须改革，要走世界文字共同的拼音方向；形式应该是民族的，字母和方案要根据现有汉字来制定。副主任吴玉章在讲话中首先对以往在文字改革问题上的错误认识进行了自我批评："我过去对文字改革的认识有以下两方面的错误：1. 认为文字是社会上层建筑，并认为文字是有阶级性的。前年斯大林发表《论马克思主义在语言学中的问题》以后，我才认识到过去的意见是错误的。我在《新文字与新文化运动》一书里说'文字是文化的工具，它和其他艺术、宗教、文学等等一样是人类社会的上层建筑'，这句话就错了。我并未读过马尔的书，但已有这样的和他一样的错误观点。2. 没有估计到民族特点和习惯，而把它抛开了。认为汉字可以立即用拼音文字来代替。这事实上是一种脱离实际的幻想。中国人没有拼音的习惯，以前念书的人少，懂得反切和音韵学的人更少。汉字已有悠久的历史，在文化生活上有深厚的基础，其改革必须是渐进的，而不应粗暴地从事。"接着，他传达了毛泽东主席关于首先进行汉字的简化，搞文字改革不要脱离实际的指示："根据毛主席的指示，汉字拼音所用的字母也应该采取民族形式。现在注音字母已证明可以应用，可以在它的基础上进行研究。我们应该打破非用拉丁字母或斯拉夫字母不可的思想。我们用的字母应当是和汉字比较接近的，并能正确地代表中国的音素的。"会议修正并通过了委员会 1952 年的工作计划纲要，主要内容是：1. 研究并提出中国文字拼音化的方案（包括字母、拼写规则、汉字注音办法、常用词汇、词的书写规则）；2. 整理汉字并提出其简化方案（包括印刷体和书写体的简化方案、整理汉字的办法）；3. 研究并实验中国拼音文字的教学方法（包括办实验班和汉文中夹用拼音文字的办法）；4. 出版书刊（包括出版以文字改革为中心的定期语文刊物和各种有关文字改革的书籍）。会议还讨论了委员的分工。拼音方案组：韦悫、马叙伦、吴玉章、胡乔木、罗常培、黎锦熙、丁西林、陆志韦、魏建功、陈家康、吴晓铃、林汉达。汉字整理组：叶恭绰、马叙伦、魏建功、季羡林、丁西林。教学实验组：黎锦熙、陆志韦、吴晓铃、林汉达。编辑出版组：由秘书处暂时负责。秘书处主任林汉达，副主任曹伯韩、郑之东。

1952007　26 日，匈牙利大使馆官员葛莱白到中国文字改革研究委员会了解有关情况和工作设想，以及中国文字改革的趋势。委员会秘书处主任林汉达，副主任曹伯韩、郑之东接待了匈牙利客人，并向客人介绍了我国文字改革研究实验的现状和委员会的四项主要工作。

1952008　中国文字改革协会宣告结束工作。该会秘书处并入中国文字改革研究委员会秘书处。

1952009　中国文字改革研究委员会协助新建设杂志社邀请研究委员会和语文研究工作者共 10 人，分别就文字改革的各个主要问题撰写专文，在《新建设》1952 年2 月号至 6 月号上开辟《中国文字改革问题》特辑。第 1 期发表了魏建功《从汉字发展的情况看改革的条件》、曹伯韩《关于汉字整理和简化的各种意见》(文章汇集了各方面对缩减通用汉字数目、减少汉字笔画、加强汉字音符性的意见)、易熙吾《简体字的几个问题》、黎锦熙《论注音字母》(上)、陈刚《试谈欧洲字母发展概况及中国新字母问题》等。后来汇编成《中国文字改革问题》一书。

1952010  《新文字半月刊》第 83 期发表大连市实验小学的《一年级新文字实验教学的总结》(连载两期,84 期登完)。

## 3 月

1952011  12 日,政务院文化教育委员会主任郭沫若向毛泽东、刘少奇、周恩来等中央领导转呈中国文字改革研究委员会主任马叙伦、副主任吴玉章草拟的关于中国文字改革研究委员会成立的报告和 1952 年工作计划纲要。22 日,毛泽东批示"同意这个报告"。

1952012  17 日,中国文字改革研究委员会拼音方案组召开第一次会议。出席会议的有吴玉章、韦悫、黎锦熙、魏建功、罗常培、吴晓铃、林汉达、陈家康、曹伯韩、郑之东等,韦悫主持会议。会议就中国拼音文字字母的制订进行了讨论,大致有三种主张:1. 黎锦熙主张就注音字母略加修改;2. 丁西林、陈家康等主张新创一种字母;3. 吴玉章、韦悫、林汉达等赞成打破界限,不限于注音字母,可采用现行汉字和一部分外文字母。因为那时提出要"民族形式",会上"多数同意以注音字母为基础进行修改"。

1952013  25 日,中国文字改革研究委员会汉字整理组召开第一次会议,会议决定当前工作任务中心是简化汉字,并决定以本会筹备会期间选出的第一批简体字 550个为基础,继续进行修改删选。出席会议的有魏建功、黎锦熙、季羡林、林汉达、叶恭绰、曹伯韩、郑之东、易熙吾。叶恭绰主持会议。林汉达首先传达了马叙伦的意见:汉字整理目前主要是简化汉字,简化最好能有规律。汉字大部分是形声字,简化后最好保留形符,声的部分必须注意和原有符号读音相同。与会者对此意见有分歧。魏建功、黎锦熙主张有规律;叶恭绰认为汉字本身规律不严,简化后更难寻,应以大众易认易读为主。关于限制汉字数量问题,多数人认为是以后考虑的事。

1952014  30 日,中国文字改革研究委员会教学实验组召开第一次会议,决定在拼音文字方案确定以前,注重研究速成识字法的拼音教学问题。

1952015 《新建设》3 月号《中国文字改革问题》特辑发表林汉达的《汉语拼音方案采用欧洲形式的经过和问题》（上），文章将汉语拼音方案采用欧洲形式的经过分为三个阶段，即：1. 注音罗马字阶段；2. 教会罗马字阶段；3. 国语罗马字和拉丁化新文字阶段。这一期特辑还有黎锦熙的《论注音字母》（中）等文章。

1952016 《新文字半月刊》第 84 期发表 N. Xs.（倪海曙）的短论《拉丁化新文字是有前途的》。短论针对"如果将来正式的新文字不是拉丁化的，那么今天以及过去的拉丁化新文字工作不是落空了吗？我们今天学习它，不也是白费了吗？"做了答复：1. 拉丁化新文字工作"替未来的正式的拼音文字创造了一定的条件……这些工作无论如何都是对总的文字改革运动有贡献的"。2. "未来正式的拼音文字是不是拉丁化的，我们现在还不能论断，但是我们可以争取，我们有争取的条件……我们未来的拼音文字的或早或迟的国际化，可以说是很自然的……一切要求最好的字母的愿望，至少到目前为止，还只有拉丁字母最能够满足。"3. "即使未来正式的拼音文字不是拉丁化的，我们原来拉丁化的拼音文字也可以继续存在。这是因为在今天和明天的生活中，任何一个民族，在原来非国际化的文字以外，一套国际化的拼音法式是少不了的。"4. "至于我们今天学习拉丁化新文字，学了也还是有很多用处的。"

## 4 月

1952017 16 日，中国文字改革研究委员会秘书处和教育部初等教育司联合邀请速成识字法的创造者祁建华，以及北京市各小学的注音字母教员，举行注音字母教学座谈会，征集改进拼音教学的意见。其后，中国文字改革研究委员会教学实验组委员又分别参观了祁建华在石景山钢铁厂的示范教学和北京市几个速成识字实验班的教学情况。

1952018 16 日，《新文字半月刊》出版终刊号（第 85 期）。在给读者的信中告知读者，《新文字半月刊》将改为《语文知识》月刊。月刊将是一本从发展观点看语文问题、结合实际的、普及性的语文刊物，同时又是一本旗帜鲜明的新文字刊物；读者对象不再限于从事新文字的同志，将扩大到小学和民校的教员、初中学生以及初中文化水平的职工和干部。

1952019 22 日，中国文字改革研究委员会拼音方案组召开第二次会议。出席会议的有吴玉章、黎锦熙、罗常培、韦悫、魏建功、丁西林、林汉达等。会议讨论了中国拼音字母的几个原则问题：1. 在拼音字母民族化的原则下，是否可以就注音字母略作必要的修改，不要变动过大；2. 拼音字母是否必须音素化，这种音素化应如何进行；3. 是否标调，标在什么地方。

1952020　29 日，台湾省"教育厅"颁发《各县市国民学校办理民众补习班教学改进要点》。

1952021　《新建设》4 月号《中国文字改革问题》特辑继续登载林汉达《汉语拼音方案采用欧洲形式的经过和问题》（下）和黎锦熙《论注音字母》（下），还有曹伯韩《谈谈中国自创字母的汉语拼音方案》。

1952022　由（台湾）文化界人士集资筹办的《中国语文》月刊创刊。该刊的主要任务是："培养青年阅读及写作能力，帮助教师增进语文教学技术，评介语文书刊及文艺创作，灌输教育哲学及历史与文艺知识，研究中国语文教育问题及革新计划。"1953 年 7 月出齐第二卷后，因经费困难而停刊。1958 年 6 月复刊。至 2007年 6 月，月刊已发行 600 期。

1952023　东京岩波书店出版东京大学教授仓石武四郎《汉字的命运》。书中有专章论述拉丁化新文字。

# 5 月

1952024　5 日，上海新文字工作者协会主编的《语文知识》月刊创刊，由东方书店出版。《发刊词》中宣布这个刊物的任务是：1. 普及语文知识；2. 帮助语文教学；3. 研究文字改革；4. 促进语文健康。杜子劲《中国文字改革运动年谱——文字改革六十年大事记》从《语文知识》创刊号起开始连载。

1952025　16 日，中国文字改革研究委员会汉字整理组召开第二次会议。叶恭绰、魏建功、季羡林、韦悫、黎锦熙等出席会议。经过讨论，通过制订第一批简体字表的四条原则：1. 已有通行简体的字，以述而不作、不另造简体为原则，但无通行简体而笔画较多的较常用字，不妨另找简体；2. 简体字以印刷体为准，构造宜注意与手写体相近，偏旁简化可以类推；3. 异体字另行处理，代用字暂不列入本表；4. 简体字表公布时，以简体字为主，附注繁体字。会议根据以上原则，就秘书处整理的"各委员对第一批简体字表的意见"逐字讨论，初步决定了第一批简体字的草稿。

1952026　28 日，《人民日报》发表郭沫若《爱护新鲜的生命》。文中说："我们中国

现行的汉字是比较难于驾驭的工具。汉字将来是会改革的，并采取拼音化的道路
……但在汉字采取拼音化之前，我认为我们的文章必须先走上写话的道路……旧
文言文固不用说，'五四'以来的新文言也不用说，近来的理论文字和文艺作品又
显然有'新新文言'的倾向了。主要恐怕依然是汉字在作怪。用汉字来表达，总
想少写几个字以求效率的提高，因而有意无意之间，便不免和语言脱离了。在今
天鼓励以工农兵或少年为对象而写作，也就是鼓励我们写话，减少不常用的汉字
的使用，使文章和语言愈见接近起来，做到言文一致，对于汉字改革无疑是会减
少许多困难的。"

1952027　《新建设》5 月号《中国文字改革问题》特辑发表陈文彬《汉字影响下的
一些东方民族的文字》和周定一《汉语方言和拼音文字》。

1952028　东方书店出版周有光《中国拼音文字研究》一书。该书是作者在《新文
字周刊》《新文字半月刊》《大公报》《中华教育界》等报刊上陆续发表的有关新文
字研究的论文汇编。

# 6 月

1952029　2 日，中国文字改革研究委员会拼音方案组召开第三次会议。出席会议
的有吴玉章、韦悫、黎锦熙、罗常培、吴晓铃、林汉达等。

1952030　5 日，教育部公布选有 1500 字的《常用字表》，后又由中国文字改革研
究委员会秘书处突击选出 500 字作为补充常用字，合计 2000 字。

1952031　11 日，中国文字改革研究委员会、中国科学院语言所合办的中国语文杂
志社成立。由韦悫任社长，罗常培任总编辑，林汉达任副总编辑，叶圣陶、黎锦
熙、吴晓铃、郑之东任编辑委员。

1952032　12 日，中国文字改革研究委员会拼音方案组召开第四次会议。出席会
议的有吴玉章、韦悫、黎锦熙、罗常培、丁西林等。经过多次协商以及 4 月 22 日、
6 月 2 日和本次小组会议讨论，已经取得了比较一致的意见。但是有一些原则问题
还须继续讨论决定，主要有复合韵母可否由音素叠合成一个字母，音节的拼写是
采用两拼、三拼还是四拼制等。此外，关于词儿的拼写规则以及同音词的分别写
法等，也得继续研究。委员中有主张保留汉字形旁的，也在继续讨论中。

1952033　21 日，中国文字改革研究委员会汉字整理组召开第三次会议。主任委员
马叙伦做了重要指示。会议决定第一批简体字数为 500 个，暂时限定范围在常用

字表及补充常用字的 2000 字以内。这 500 字将由小组研究选出，并在取得一致意见以后，提交研究委员会全体委员会议讨论决定。

1952034　《新建设》6 月号"中国文字改革问题"特辑发表郑林曦（郑之东）《中国文字有没有阶级性，会不会突变——纪念斯大林著〈马克思主义与语言学问题〉发表两周年》。"中国文字改革问题"特辑共发表 12 篇文章，后辑印成《中国文字改革问题》一书。

1952035　东方书店出版倪海曙编《北方音拼音识字课本》。这是专供速成识字法用的一种课本，目的在使新文字也能与速成识字法结合起来。

# 7 月

1952036　9 日，台湾省政府修正公布三种各县市国语的规程和办法：1.《台湾省各县市国语推行委员会组织规程》；2.《台湾省各县市国语推行员任用及待遇办法》；3.《台湾省各县市推行国语实施办法》。

1952037　10 日，台湾省政府颁布《各县市民众补习班奖励办法》。第二条中规定：教师学生能一律使用国语者，成绩考核得列甲等。

1952038　19 日，台湾省"教育厅"颁令"国民学校班级应订阅《国语日报》"。

1952039　20 日，中国文字改革研究委员会和中国科学院语言所合作编辑的《中国语文》杂志创刊，由人民教育出版社出版。该刊的性质是"大众化的语文科学杂志，以文字改革问题为讨论和宣传的重点"。创刊号发表了郭沫若《在中国文字改革研究委员会成立会上的讲话》、马叙伦《中国文字改革研究委员会成立会开会词》、吴玉章《在中国文字改革研究委员会成立会上的讲话》。同期还发表了韦愨《为什么我们需要拼音文字》、郑林曦（郑之东）《文字改革是一个迫切的现实问题》、曹伯韩《半拼音呢，还是全拼音呢？》、老舍（舒舍予）《民间文艺的语言》、中国科学院语言所语法小组《语法讲话》（连载到 1953 年 11 月号止，共 21章。1961 年 12 月由商务印书馆出书，改名为《现代汉语语法讲话》），以及曹伯韩、郑之东、张人表合写的《介绍常用字表》等。

1952040　人民教育出版社出版教育部编印的《常用字表》单行本。

1952041　人民革命军事委员会海军部召集全国各舰队通讯战士 60 多人，在上海华东海军部举办新文字速成训练班。

1952042　上海人民广播电台的"新文字广播讲座"停播。

1952043　新建设杂志社出版"中国文字改革问题"特辑的单行本。

1952044　上海各报建议铲除商店招牌与路牌上的英文和威妥玛式拼音，彻底清除旧中国买办商业和帝国主义留下的烙印。国际书店、解放日报馆和上海市日用品公司大门上的新文字拼音招牌也被同时铲去。

# 8月

1952045　13日，中国文字改革研究委员会拼音方案组召开第五次会议。出席会议的有吴玉章、韦慤、罗常培、魏建功、丁西林、林汉达等。

1952046　20日，《中国语文》八月号发表罗常培《从历史上看中国文字改革的条件》。文章指出，根据历史经验，汉字改革应具备如下条件：1.必须有工人阶级领导下的为人民办事的政府；2.政治、经济必须达到全国能由中央统一领导的集中程度；3.必须基本上有了在政治、经济集中条件下形成的民族共同语；4.拼音方案和拼音方法应根据群众的基础，适当地照顾民族形式；5.文字研究应与语言研究紧密结合，关于词的连书和定型必须服从民族语的结构规律；6.从事文字改革的语文工作者必须有战斗的精神和热情。丁西林《现代汉字及其改革的途径》认为："文字的主要功用是扩大语言的用途，因此如果一种文字脱离了现实的语言，它就变成一种偏枯的、陈腐的、落伍的文字……这样的文字，从任何方面看，都是发展文化的障碍而有加以改革的必要。"文章通过对现代汉字的分析，指出"现代汉字不管整体的象形字或象意字，不管是合体的会意字或形声字，在认识它的时候，必须一个一个地学习字的读音，必须一个一个地学习字的意义。这对于提高大众文化是有阻碍的"。还发表了吴畏《全国推行速成识字法的情况和问题》。

1952047　26日，中国文字改革研究委员会召开第二次全体委员会议。到会的有马叙伦、吴玉章、韦慤、罗常培、丁西林等。马叙伦主持会议。他说，毛主席肯定文字要拼音化，要力求美观，毛主席倾向双拼，但不是最后指示；对汉字要进行有规律的简化，还要规定草书形式；拼音文字必须横写。吴玉章简单介绍了拼音方案组工作的情况，并将初拟的三种拼音方案提交会议讨论。韦慤谈了拼音方案组拟订方案的三个原则：1.民族形式；2.在注音字母的基础上进行必要修改；3.音素化。会议经过讨论决定：1.音节化和音素化两种方案的字母可以相同；2.因为注音字母已有群众基础，尽量不改；3.要改须有一定的根据和原则；4.采用双拼法需要增加的字母，尽量找简单的汉字和偏旁。

1952048　东方书店出版倪海曙编《上海音拼音识字课本》。拼音用江南话新文字与江南音注音字母对照。

# 9 月

1952049　20 日，《中国语文》九月号发表丁西林《现代汉字及其改革的途径》下半部分。文章简述了对汉字进行改革的途径，将基本字方案、基本声音字方案、简笔字方案、改良形声字方案和拼音字方案等几种改革汉字的方案加以比较。该期还发表了彭楚南翻译的康拉德《论汉语》（上），中国文字改革研究委员会秘书处答复部分读者要求速成识字法用拉丁化新文字注音的文章《速成识字法的注音工具问题》。文章认为："速成识字法利用拼音工具，目的是为了突击汉字的生字，不是为了建立拼音文字，现在大家用了注音字母，如果没有重大理由，也就没有改换的必要。""如果要结合目前中国文字改革情况来说，那么已确定是实行拼音化。为了适合民族感情，字母拟采用民族形式，有许多人主张尽量采用注音字母的优良部分，再加以补充，不一定采用拉丁字母。"

1952050　东方书店出版郑林曦（郑之东）《中国文字为什么必须改革》。这是作者从 1949 年到 1952 年间所发表的部分有关文字改革问题的论文汇编。

# 10 月

1952051　14 日，中国文字改革研究委员会汉字整理组召开第四次会议。叶恭绰、黎锦熙、魏建功、季羡林、丁西林等出席。会议在原订 695 个简字基础上又增加 5 个简字，订出 700 简字表。会议还提议立即着手进行制订简字手写体、全面整理汉字和整理异体字等几项工作。

1952052　20 日，《中国语文》十月号继续刊登彭楚南翻译的康拉德《论汉语》。文章对汉语的方言和汉民族共通语的形成进行了论述，批驳了苏联一些语言学者对汉语不正确的结论。这一期还发表了丁西林《对于整理汉字字形的几点意见》、叶恭绰《文化建设和文字改革中整理汉字的重要性》、魏建功《汉字发展史上简体字的地位》等文章。

1952053　23 日，中国文字改革研究委员会拼音方案组召开第六次会议。吴玉章、罗常培、陆志韦、魏建功、吴晓铃等参加会议。会上通过了汉语拼音字母表，其中声母 24 个、韵母 37 个。

1952054　人民教育出版社出版教育部 6 月公布的《常用字表》。

1952055　东方书店出版倪海曙《中国拉丁化拼音文字的写法》。

## 11 月

1952056　5 日，中国文字改革研究委员会汉字整理组召开第五次会议。出席会议的有叶恭绰、魏建功、黎锦熙、丁西林、季羡林等。会议通过了编制 700 简体字的具体规定，同时责成丁西林对秘书处收集的异体字进行选择。

1952057　20 日，《中国语文》十一月号发表林汉达《汉语是不是单音节语？》。文章指出：由于汉字不是拼音文字，词儿不能连写，一字一音；又由于以往的汉字文章（尤其是文言）缺乏人民大众的多音节词，所以一些语言学家一直把汉语误认为是单音节语，而实际上"双音节词儿在汉语中占了绝对的优势"，因此汉语不是单音节语。这一期继续刊登康拉德《论汉语》。作者通过科学的分析，指出"汉语的单音节性的理论是不正确的"。在反驳汉语是单音节的、落后语言的结论的过程中，明确指出"汉语是世界上最丰富的语言之一"。这一期还发表了卢芷芬《整理印刷体的建议》。文章认为，同字异形也是人们学习汉字的一大障碍，应该以楷体（手写体）做基础，兼采美观、简便、通用等原则，求得印刷字体的统一。

1952058　28 日，台湾省"教育厅"颁发《台湾省师范学校辅导国民学校加强国语教育办法》《台湾省国民学校加强国语教育办法》。

1952059　《语文知识》月刊从第 7 期起取消"拼音文字学习通讯"专栏。尽管还有不少人在学习拉丁化新文字，但是全国再也没有一个刊物报道这方面的消息了。

1952060　东方书店出版陈越《新文字编目档案管理法》。

## 12 月

1952061　16 日，台湾省政府公布《四十二年度（1953）本省各县市政府施政准则》。其中第五项说明"今年民众补习班要比去年增加一倍"，第六项说明"要继续加强国语运动的推行，严禁日语台语教学；凡是语言不正确的教员，要责令补习国语"。

1952062　16 日，台湾省立师范学院学生发起组织"国语"研究会，并举行成立大会。该会的目的是"建立国语环境和辅导同学学习国语。准备做的工作是：国语广播、听写比赛、朗读比赛、出刊壁报、专题演讲"。

1952063　20 日,《中国语文》十二月号发表袁家骅《广西僮语方言分布概况和创制文字的途径》、罗季光《关于帮助少数民族创造文字的一些问题》。

1952064　29 日,台北市教育局召集全市学校校长举行"国语"教学问题座谈会,讨论 1953 年度"国语"教学和即将开办的学校教员语文专修班等问题。"国语"会负责人列席指导。

## 同年

1952065　大众书店出版杜子劲编《1950 年中国语文问题论文辑要》。书中收集了新文字刊物上的文章和有关拉丁化新文字的论文。还附有《1940—1942 年陕甘宁边区新文字运动》和《1950 年中国语文问题纪要》。

1952066　李荣《切韵音系》由中国科学院印行。

# 1953 年

## 1 月

1953001　13 日，斯大林在莫斯科克里姆林宫接见从中国前往访问的宋庆龄和郭沫若。斯大林很关心中国的文字改革问题，郭沫若介绍了中国文字改革的一些情况，斯大林谈了他对中国文字改革的看法。

1953002　20 日，《中国语文》一月号发表伯韩（曹伯韩）的语文评论《从字母研究向前推进一步》。文章说："研究汉字改革方案的人很多，还在五四运动以前……光说自创字母的就有四十家以上……1949 年中国文字改革协会成立以来，各地方提出方案的又有二百二十几家。去年中国文字改革研究委员会成立以后，收到各方面寄来的方案或关于方案的意见，又有一百四十余件。……由于这种个人研究，不能跟不同时代和不同地方的人联系，就难免用了许多重复的工夫，或者拼命钻牛角尖，跟现实脱节，都不免浪费了人力。就我们看到的材料说，汉字改革工作中关于字母方案的个人研究，已经达到了尽头，再要发展下去，只能在原有的园地上兜圈子，决不可能有什么'新发明'了。"文章认为，目前的字母研究"已经接近成熟"，汉字改革的研究应该更深入一步，进而认真探讨词儿连写、词儿的定型化、基本词汇和常用词的搜集选定等方面的问题。但是由于新的拼音方案没有产生，这篇评论发表以后，群众还是源源不断向中国文字改革研究委员会投寄新方案，最后多达 1200 多件。

## 2 月

1953003　8 日，台湾文化教育界人士丁治磐等 63 人，"为了发扬民族文化，普及语文教育，促进语文统一运动，以增进国民使用语文技能起见"，发起组织中国语文学会，并召开发起人第一次会议。出席的有刘真、赵友培等 40 余人。会上推举毛子水、赵友培、王寿康等 9 人为筹备委员，赵友培为召集人。

1953004　20 日，中国文字改革研究委员会汉字整理组召开第六次会议。出席会议的有叶恭绰、丁西林、季羡林、魏建功、林汉达等。会议传达了毛泽东主席关于拼音方案和简化汉字的有关指示，根据这些指示讨论了汉字整理组本年的工作计划。

1953005 《中国语文》从二月号开始开辟"拼音文字和汉字的比较"专栏。这一期专栏发表了陈秉武《东北铁路采用拉丁化新文字电报的经验》。在文前的"编者按"中说："东北铁路上试行拉丁化电报的经验，肯定了改革后效率可以大大提高。""他们的成绩不仅对电码改革有好处，对文字改革也有重要的启示。"这一期还发表了曹伯韩《略谈同音字问题》、刘泽先《北京话里用四声区别同音词问题的实际考察》、陈文彬《拼音文字中的同音词的初步研究》等文章。专栏文章后来汇编成《拼音文字和汉字的比较》一书。

# 3 月

1953006 19 日，台北市学校教员语文专修班举行开学典礼。语文专修班修业时间为 6 个月，全天上课。在学期间"给予公假，照支原薪"。

1953007 22 日，《中国语文》三月号发表了拓牧（杜松寿）《实行拼音文字后汉字的存废问题》。

1953008 25 日，中国文字改革研究委员会召开第三次全体委员会议。马叙伦、吴玉章、丁西林、魏建功、叶恭绰、林汉达、黎锦熙、陆志韦、季羡林、吴晓铃等出席会议。主任委员马叙伦向会议做了 1952 年工作总结报告，报告中谈到拼音方案组所拟出的中国拼音文字的字母草稿和汉字整理组选拟的第一批简体字送给毛泽东主席审阅。毛泽东主席认为去年草拟的拼音字母，在拼音方法上虽然简单了，但笔画还是太繁。有些比注音字母更难写。拼音文字不必搞成复杂的方块形式，那样的体势不便于书写，尤其不便于连写。汉字就因为笔画的方向乱，所以产生了草书，草书就是打破方块体势的。拼音文字无论如何要简单，要利用原有汉字的简单笔画和草体，笔势基本上要尽量向着一个方向（"一边倒"），不要复杂。方案必须真正做到简单容易，才能推行。过去拟出的 700 个简体字还不够简。做简体字要多利用草体，找出简化规律，做成基本形体，有规律地进行简化。汉字的数量也必须大大简缩。只有从形体上和数量上同时精简，才算得上简化。会议还讨论了本年工作计划的纲要。

1953009 31 日，台湾省政府奉台湾教育事务主管部门令，"禁止各校学生写简体字及日化变相汉字"。

# 4 月

1953010　3 日，中国文字改革研究委员会汉字整理组召开第七次会议。出席会议的有叶恭绰、丁西林、黎锦熙、魏建功等。会议讨论通过了"汉字整理的工作计划"。要点如下：1. 汉字字形简化的工作，今后要和汉字字数精简工作结合起来，成为全部通用汉字的整理。2. 开始工作时，一方面进行精简通用汉字数目的研究，一方面搜集草化简体字的资料，研究一般简化规律，进行常用字的简化工作。3. 精简汉字的几个原则：（1）精简通用字数，以减少到 3000 个以下为目标。（2）精简汉字的研究必须以现代汉语为基础。凡现代汉语所不用的字一律删除（这些被删除的字不再属于通用字的范围）。（3）精简汉字采用以下三项办法：a. 删除；b. 同音代用；c. 拼音化（如正式字母还没有制出，暂时用注音字母代替）。但一部分专用字可以暂存。4. 字形简化的办法和进行程序：（1）研究草书规律，拟制草化简体字的组成部分；（2）根据以上研究结果，将精简后的通用汉字全部改成草化简体字。该计划将送请主任委员批准。5. 会议决定：（1）汉字整理的结果不应等精简汉字工作全部做好后再公布，一部分研究有了结果，就可以在刊物上用初稿形式发表，征求意见；（2）把收到的各个方面对文字改革工作的意见在《中国语文》杂志以报道方式发表；（3）在研究精简汉字过程中由秘书处承担的具体工作，每做出一部分后，立即提请委员审核。

1953011　14 日，政务院文化教育委员会通知中国文字改革研究委员会，《新盲字方案》"在目前暂勿以行政决定的方式明令公布"，但是可以用个人的名义，在报上发表。

1953012　17 日，中国文字改革研究委员会拼音方案组召开第七次会议。出席会议的有韦悫、吴玉章、黎锦熙、陆志韦、魏建功等，会议由韦悫主持。会议决定分人、分组进行拼音字母方案的拟订，在 10 月 1 日以前拟出一个或更多的草案。在会上，委员们对于民族形式问题依然有两种认识：一种认为凡是用一套字母能把汉语的特点拼写出来的，就是民族形式；一种认为应该根据汉字的笔画，字母形式要接近汉字。对方案要求音素化还是音节化暂时没有做出决定，但是着重拟订双拼方案。

1953013　22 日，《中国语文》四月号发表俞敏《谈民族标准语问题》、周耀文《汉语拼音文字的标准音问题》等文章，希望能够引起大家对民族共通语这一问题的注意和讨论。在"拼音文字和汉字的比较"专栏内发表了袁翰青《从化学物质的命名看方块字的缺点》。

1953014　台湾教育事务主管部门为顺应民意机关的呼吁，邀请对文字学有研究有兴趣的专家，举行简化汉字座谈会。

1953015　新疆文字改革指导委员会成立。

1953016　东方书店出版倪海曙《语文漫谈》一书，选编了作者1952年在《语文知识》月刊上用各种笔名发表的有关文字改革和语文基础知识的通俗文章。同年东方书店还出版江成（陈刚）编《北方话·江南话语辞辨异》。

# 5 月

1953017　15日，中国语文杂志社召开"拼音文字和汉字的比较"座谈会。出席会议的有魏建功、杜子劲、萧家霖、刘御、袁翰青等20多人。

1953018　22日，《中国语文》五月号发表谷敏《我提议在报刊上展开字母问题的讨论》。文章认为："一个民族……是不是也需要它独特的民族形式的字母呢？我看这就不一定了。""汉语新文字呢？我看也可以而且需要采用拉丁字母。事实上，我们并没有创造出比拉丁字母更好的字母。"从《中国语文》收到的来信、来稿可以看出，在创制民族形式的字母这一问题上，存在不同的意见。同期发表了伯韩（曹伯韩）《关于字母问题的几点解释》。文章说："根据过去各地推行拉丁化新文字的经验，群众接受这种文字并不太困难，问题在于成百万的天天使用文字的革命知识分子，他们用惯了汉字，可能不欢迎改革，特别是因为中国是一个大国，又已经使用了三四千年的文字，今天不但要仿照外国字母来拼音，而且要改用外国字母来写，在民族感情上可能过不去……另一方面，用26个拉丁字母拼写汉语，也是有困难的，例如 zh，ch，rh，ng，不能采用单一的字母，自己创造的民族形式的字母就可以不受这种拘束，造得更合理些。"在"拼音文字和汉字的比较"专栏发表陈越《拼音文字在打字技术上的优越性》。本期还发表了林汉达《名词的连写问题》（上）、刘泽先《用连写来规定词儿》、伊凡《从实际上解决词儿连写问题》、陈文彬《词儿连写的演变、办法和问题》等四篇讨论词连写的文章。

1953019　31日，台湾"中国语文学会"举行成立大会。会上通过会章，选举毛子水等27人为理事，另有7名候补理事；选举傅启学等9人为监事，并有3名候补监事。大会通过下列各议案：1. 设置中国语文专科学校；2. 加强华侨国文教育；3. 筹设中国语文函授学校；4. 倡导辩论会；5. 改进语文教学；6. 编印中国新辞典。

# 6 月

1953020　13 日，台北市学校教员语文专修班召开语文座谈会，讨论言文一致、"国语"教法等问题。齐铁恨、何容、王玉川、洪炎秋等出席。

1953021　22 日，《中国语文》六月号发表黎锦熙《论注音汉字》、曹伯韩《精简汉字问题》、拓牧（杜松寿）《试谈中国拼音文字跟方言问题》。在"拼音文字和汉字的比较"专栏发表了陈越《拼音文字在活字凸版印刷术上的优越性》。这一期还刊登了中国文字改革研究委员会第三次全体会议讨论纪要、1953 年工作纲要和汉字整理的工作计划。

1953022　29 日，中国文字改革研究委员会拼音方案组召开第八次会议。出席会议的有马叙伦、吴玉章、韦悫、丁西林、黎锦熙等。会议由韦悫主持。会议就吴玉章、丁西林、韦悫、林汉达及秘书处所拟的五个拼音字母方案进行了讨论，并提议按照方案的类型分两组深入探讨。

1953023　台湾教育事务主管部门设立简体字研究委员会，聘请委员 15 人。

1953024　日本东京岩波书店出版仓石武四郎编《拉丁化新文字中国语初级教本》。这是教日本人用拉丁化新文字学习汉语的课本。

# 7 月

1953025　13 日，中国语文杂志社举行学术译名问题座谈会。出席会议的有刘泽先、黄宗甄、陶坤、袁翰青、杨肇燫等 20 人。座谈会就学术译名的统一问题发表了各自的见解，没有取得一致意见。

1953026　15 日，黎锦熙、黄和钧致函出版总署，建议出版用注音汉字排印的《中华人民共和国宪法草案》。

1953027　22 日，《中国语文》七月号"拼音文字和汉字的比较"专栏发表黄典诚的《从闽南的"白话字"看出拼音文字的优点》。同期还刊登了中国语文杂志社拟订的《拼音文字跟汉字应用效能的调查研究工作计划纲要》。

1953028　30 日，黎锦熙写信给马叙伦、吴玉章、韦悫，提出他对推广注音字母的意见。信中说："我在今年元旦写了个信致毛主席，……昨（即 7 月 29 日）又接到

毛主席自己的回信:'我同意您的推广注音字母的意见。具体解决,请向文字研究
会商洽。'"黎锦熙在信中认为,关于拼音化问题,文字改革研究委员会首先应该着
手的工作是推广注音字母,把注音字母当作拼音文字字母"民族形式"的第一式。

## 8 月

1953029  22 日,《中国语文》八月号发表了曾昭抡、曹伯韩、刘泽先等撰写的一
组讨论学术译名统一问题的文章。在"拼音文字和汉字的比较"专栏发表了陈越
《拼音文字在出版技术上的优越性》。在"信箱"栏发表费虞、丁永福、相望、金
刀、谷敏等讨论字母问题的来信。

1953030  22 日,曹伯韩、彭楚南等主张用注音字母音译外国人名地名,夹用在汉
字文章中。他们写的文章,文中"斯大林"一律用注音字母书写。

## 9 月

1953031  6 日,中国文字改革研究委员会汉字整理组编成供印刷上代替繁体字用
的《简体字表稿》,共收编 700 字。

1953032  10 日,台湾中国国民党中央委员会举行"总理纪念周"。党史编纂委员
会主任委员、"考试院"副院长罗家伦就中国文字简化问题发表讲演,认为中国文
字必须保存;但如欲保存中国文字,则必须简化中国文字,使广大民众易于学习。
罗家伦在讲演中,引用了蒋介石的意见:标语用字的时候,应该尽力避免十画以
上的难字。因为十画以上的字,在一般识字不多的高小学生的心目中,就多少会
费解。蒋介石还曾说过:为大众写的文字而不能大众化,那如何望其有效!我们
须知文字是大众达意表情、取得知识和争取生活的工具……,所以简体字的需要,
是生活的需要、时代的需要。

1953033  22 日,《中国语文》九月号在"拼音文字和汉字的比较"专栏发表王荫
椿《拼音文字在电报上的优越性》。该期还发表了林汉达《动词的连写问题》。

1953034  从本月起至 1955 年 5 月,中国语法学界展开词类问题的讨论。

## 10 月

1953035  1 日,中国共产党党内设立中央文字问题委员会,并在中南海召开第一
次会议。设立这个委员会是为了协调党内对文字改革的不同意见,研讨文字改革

工作上的重大原则和实行步骤问题，并向中央提供切实可行的意见。委员 34 人，都是党内热心文字改革或对语言文字有研究的人士。董必武、徐特立、吴玉章、谢觉哉、成仿吾、胡绳、聂真、胡锡奎、张照、郑之东等都是委员。主任胡乔木，副主任范文澜。

1953036　5 日，中国文字改革研究委员会拼音方案组召开第九次会议。出席会议的有吴玉章、韦悫、丁西林、陆志韦、林汉达等，会议由韦悫主持。会议对吴玉章所拟的方案交换了意见，组员基本上同意音素化的三拼制原则，并提出修改意见，由吴玉章根据讨论意见对三拼制方案做进一步修改。同时决定，除了三拼方案外，再拟一个双拼方案，以便比较和最后选定。

1953037　12 日，中国文字改革研究委员会汉字整理组召开第八次会议。出席会议的有吴玉章、韦悫、叶恭绰、丁西林、黎锦熙等。会议听取了曹伯韩做的关于异体字整理工作情况的汇报，随后进行了有关汉字整理问题的讨论。会议认为，对于汉字整理应注意的问题有：1.同音代替要从词的方面考虑，不要单从字上来考虑；2.要考虑到代替字与被代替字的常用程度；3.汉字整理组目前的工作过于急促，应缓一些；4.同音代替字不要太多；等等。

1953038　19 日，政务院文化教育委员会聘任韦悫为中国文字改革研究委员会副主任委员，负责主持日常会务。聘任董纯才为中国文字改革研究委员会委员。

1953039　21 日，台湾省高雄市举行一年级"国语"直接法教学观摩会。同年台湾省"教育厅"分别在高雄市和台北女师附小实验一年级"国语"科直接法教说话，综合法教注音符号。

1953040　22 日，《中国语文》十月号"拼音文字和汉字的比较"专栏发表黄典诚《越南采用拼音文字的经验》。"信箱"栏发表了讨论字母问题的来信，有的主张用拉丁字母，有的同意创造民族形式字母。

1953041　30 日，吴稚晖（1865—1953）在台湾病逝，骨灰海葬于金门海峡。吴稚晖是中国第一批赴日留学生，又是孙中山创立的同盟会重要成员，被称为"国民党元老"。他一生致力于教育，积极倡导汉语文字改良。1962 年，在吴稚晖去世后的第十个年头，联合国教科文组织第六十一届会议上授予吴稚晖"世界百年文化学术伟人"的荣誉称号。

1953042　中国文字改革研究委员会秘书处编制《保留字表》和《保留字表（第二式）》。

# 11 月

**1953043** 7 日，中国文字改革研究委员会汉字整理组召开第九次会议。出席会议的有吴玉章、黎锦熙、叶恭绰、董纯才、丁西林等。

**1953044** 21 日，中国共产党中央文字问题委员会举行第二次会议，研究了整理和简化汉字问题。最后根据中国文字改革研究委员会一年多来研究的材料，向党中央写了请示报告，提出目前较有准备可以首先实行的四项初步改革办法：1. 推行简化字；2. 统一异体字；3. 确定常用字，并对非常用字加注音；4. 极少数汉字改用拼音字母，先从最常用而不易写的虚字做起。还主张"集合人力以解决字母问题"，并建议于 1954 年召集全国语文专家会议。

**1953045** 22 日，《中国语文》十一月号"拼音文字和汉字的比较"专栏发表唐亚伟《从速记看拼音文字的优越性》。这一期还刊登了中国文字改革研究委员会秘书处整理的《各地寄来拼音方案整理报告》（1950 年 10 月—1953 年 7 月）。投寄方案的共 194 位，方案按字母形式分为 7 类：1. "来自汉字的"共 34 种，其中"采用汉字偏旁或笔画少的汉字的"有 21 种；"采用汉字基本笔画的"有 13 种。2. "采用外文字母的"共 54 种。3. "主张用注音字母的"（加以修正或草化），共 18 种。4. "速记式的"，共 7 种。5. "方位字母的"（"由字母的位置决定它的音值"），种数未列。6. "数码式的"（"用阿拉伯数字代字母"），种数未列。7. "图案式的"（"用几种基本线条构成字母"），共 15 种。秘书处在报告中认为："采用外文字母在现阶段是不合适的。"

**1953046** 中国文字改革研究委员会提出《精简汉字工作的报告》。报告中提出汉字必须从形体上和数量上同时进行有系统的简化；工作程序是先精简数量，然后简化形体。同月，中国文字改革研究委员会曾拟订《1469 个精简汉字表》进行实验，但是没有成功。

**1953047** 中国文字改革研究委员会秘书处编印《7635 字分类表》。其中：古代文言用字 894 个，罕用字 482 个，拟声字 86 个，译音专用字 36 个，联绵字 622 个，异体字 1638 个，地名专用字 229 个，姓氏专用字 106 个，行业专用字 309 个，学术专用字 64 个，口语生僻字 340 个，一般用字 2829 个。供精简汉字时参考。

# 12 月

**1953048** 7 日，中国教育协会台湾省分会协助台湾省"教育厅"组织山地教育调查团。台湾"国语"会派祁致贤等调查"国语"教育，共调查台北、桃园、新竹、苗栗等山地学校及分校分班 31 所。

1953049　22 日，《中国语文》十二月号"拼音文字和汉字的比较"专栏发表杜定友《检字问题的根本解决办法》。这一期还发表了陈光垚、郑林曦（郑之东）、易熙吾撰写的讨论精简汉字的文章。

1953050　25 日，中国文字改革研究委员会拼音方案组召开第十次会议。出席会议的有吴玉章、韦悫、林汉达、罗常培、黎锦熙等。会议由韦悫主持。吴玉章首先对修改拼音方案过程做了简介。会议基本同意吴玉章的三拼方案，并建议进一步修改后在《中国语文》1954 年二月号上发表，征求意见。

1953051　26 日，中国文字改革研究委员会汉字整理组召开第十次会议。吴玉章、韦悫、叶恭绰、魏建功等出席会议。郑之东首先传达了中共中央宣传部对汉字整理工作的四点意见：1. 实行简体字。采用通行的简体字 3400 个，另外整理出通行简字的偏旁，依偏旁类推。不必怕改变铜模。2. 统一异体字，有简字的以简字为正体。3. 选定一般必学的常用字 1500 个。1500 字以外注音。注音以通行读物为范围，专门读物不注。4. 夹用拼音不宜太多。会议根据中共中央宣传部意见决定：1. 以 1500 常用字整理工作为中心工作；2. 整理异体字；3. 进行字形简化。并决定 1954 年前 3 个月确定《异体字统一写法表》，拟出常用简体字的初步方案。

1953052　中央语文教学问题委员会给中共中央提出《关于改进中小学语文教学的报告》，建议中学语文实行语言和文学分科教学。1954 年初中央决定采纳这个建议。1954 年人民教育出版社确定《文学》课本的主编是张毕来，《汉语》课本的主编是张志公。为了编写《汉语》课本，决定要制订一个语法体系。经过两年多的努力，形成了《暂拟汉语教学语法系统》。根据这个《系统》编写了初中《汉语》课本第三、四、五册。1956 年秋季开始分科教学。这个暂拟系统一直用到 80 年代初。

1953053　魏建功主编、新华辞书社编《新华字典》由人民教育出版社印行第一版，按注音符号顺序排列。1957 年起转由商务印书馆出版，并首次采用汉语拼音音序排列。《新华字典》是新中国成立后发行量最大的语文工具书。

1953054　1952—1953 年有关文字改革方针政策的重要文章汇集成论文集《中国文字拼音化问题》由中华书局出版。

# 1954 年

## 1 月

1954001　6 日，胡适在台湾《国语日报》欢迎会上答问。在回答"注音拼外来语怎么样？"时，胡适说："这样比较正确。外来语，往往不容易找到适当的字。……所以我认为拼音字，值得提倡。"谈到方言问题，胡适主张"不要严格的限制"。有人问："简字是不是要加以规定？"胡适说："我很赞成简字。不过简字怎样来的呢？我认为是慢慢承认的，……定一个标准，恐怕不容易。"胡适对台湾的"国语"运动"佩服之至。我的看法，不要求之太速。……不要禁止儿童说方言，只要他毕业以后，能够用国语就行了"。

1954002　13 日，政务院文化教育委员会增聘邵力子、胡愈之、叶籁士、吕叔湘、傅懋勣等 5 人为中国文字改革研究委员会委员。

1954003　22 日，《中国语文》一月号发表罗常培《语文工作者怎样为国家在过渡时期的总路线服务》。文章指出，语文工作者"首先必须重视文字改革的问题"。这一期的"拼音文字和汉字的比较"专栏发表了陈越《包罗万有极端混乱的现代汉字排写方式——拼音文字和汉字字序、行序问题研究之一》，并摘登 6 封读者来信，主张汉字统一为横行左起。这一期还发表了中国文字改革研究委员会秘书处的《关于文字有没有阶级性问题》。本文是答复范希三先生的一封信。

## 2 月

1954004　15 日，中国文字改革研究委员会决定在《光明日报》上增设《文字改革》双周刊。《文字改革》双周刊编辑委员会也在这一天成立。叶籁士、陆志韦、杜子劲、倪海曙、曹伯韩、郑之东、杜松寿、陈刚、陈越为编辑委员会委员。在初拟的"《文字改革》双周刊编辑计划"中提到该刊的宗旨："宣传文字改革的必要性，报道文字改革运动的情况，反映群众对于改革文字的要求，以利文字改革工作的进行。"

1954005　22日，中国文字改革研究委员会汉字整理组召开第十一次会议。出席会议的有叶恭绰、吴玉章、韦悫、丁西林、黎锦熙等。又于同月26日召开了第十一次会议的第二次会议，出席会议的有叶恭绰、胡愈之、韦悫、邵力子、丁西林等人。两次会议对秘书处新提出的《偏旁简化表》及《常用字分类简化表》进行了讨论。

1954006　22日，《中国语文》二月号发表了陆志韦、蒋希文《拼音汉文联写问题》、拓牧（杜松寿）《从语义学的观点来看拼音形声字问题》。"拼音文字和汉字的比较"专栏发表陈越《汉字应该直行排写，还是横行排写？》。同期还简单介绍了1953年汉字整理工作的概况。

1954007　22日，台湾国民党民意代表廖维藩因为不满党史编纂委员会主任委员、"考试院"副院长罗家伦提倡简体字的主张，拟订提案，联署者共106人。案由是《为制止毁灭中国文字，破坏传统文化，危及国家命脉，特提议制定文字制定程序法，以固国本案》。提案中斥责研究简体字的人们是"民族文化的罪人"，是"不肖的知识分子"，诬蔑他们的主张为"类似匪谍行为"。这个提案经立法机构会议热烈讨论后，决议交教育、内务、法制三个委员会审查。审查时还邀请台湾教育事务主管部门负责人程天放和学者专家列席报告和发表意见。台湾中国文字学会于1955年10月将各方意见辑印成《中国文字论集》上下两册。该书第一、二编收集了民意代表、教育部门与专家之书面意见、发言修正记录等，第三编是刊发在中国台湾、香港地区和菲律宾书报杂志上的文章。著名甲骨学者董作宾在立法机构发言时主张推行正体字，在不影响正体字原则下，可以整理简体字，简化一部分字体，并且把简化了的字做成一部标准字典，三四千字，除了这些字以外就不许再写另外的简体字或俗字。

# 3月

1954008　15日，胡适在台北市北一女中大礼堂做题为《白话文的改革》的演讲。大意是：我们应该用现代的"国语"来写活的文章。现在我们的"国语"，流通的区域最广，使用的人数最多；它有我国文字遗产，可以做模范，是全世界最简单、最规则、最容易学习的语言。我们要协助"国语"的推行，使它发挥政治统一、教育统一、文化统一的工具效能。

1954009　17日，《光明日报》的《文字改革》双周刊创刊。第一期发表韦悫《有计划、有步骤地改革中国文字，使它更有效地为社会主义建设服务》。文章分五点叙述了文字改革工作的近期内容。这一期刊登的文章还有曹伯韩《要采用简体字来排印书报》、拓牧（杜松寿）《两个"第一课"》、倪海曙《拼音的萌芽》等。

1954010　17 日，台湾党史编纂委员会主任委员、"考试院"副院长罗家伦在台湾《中央日报》发表题为《简体字之提倡甚为必要》的长篇文章，此文连载四天才登完，后由"中央文物供应社"印成单行本，书名为《简体字运动》，分送民意代表。这是罗家伦从 1953 年 3 月在师范学院谈简体字起，一年来讲演座谈等的总结，目的是让大家了解简体字的重要，希望大家（尤其是民意代表）支持他的主张，并借以对民意代表廖维藩的反对主张加以说服。

1954011　22 日，《中国语文》三月号发表韦悫《掌握语言发展的规律，有计划、有步骤地改革中国文字，使它更有效地为过渡时期的总路线服务》。文章指出："汉语的发展早已有标声的因素，如六书中就有形声一项。后来形声字增加了很多，证明了标声的必要。今天我们准备把汉语拼音化，是使汉语更进一步地向前发展，这又是与语言发展规律相符的。"在"拼音文字和汉字的比较"专栏发表了陈越《打破思想障碍，推广横排横写》。

1954012　26 日，台湾张明炜成立台中农民广播电台，设有"国语"教学节目，内容为播讲注音符号等。

1954013　31 日，《光明日报》的《文字改革》双周刊第 2 期发表杜定友《文字可以改革吗？》，指出"中国文字本来是走向拼音的途径的"。"中国文字是必需改革的。……改革的方向，只有一条——拼音化"。这一期还发表了陈越《为什么不直写？》、孙伏园《新语文的实践》等文章。

# 4 月

1954014　1 日，台湾省高雄市"国语"会举办空中正音讲座。每周二、四、六由张广权在凤鸣电台播讲 20 分钟，采用《国语日报》为教材。

1954015　2 日，台湾"中国国民党中央党部妇女工作委员会"发起推行妇女识字运动，扫除妇女文盲。

1954016　22 日，《中国语文》四月号发表彭楚南《两种词儿和三个连写标准》。在"拼音文字和汉字的比较"专栏发表了杜子劲《汉字在书写上的缺点》。

1954017　28 日，《光明日报》的《文字改革》双周刊第 4 期发表黎锦熙《文字改革后，汉字是否完全废弃，文学遗产是否无法继承？——答读者罗孔安同志提出的两个问题》。文章指出，推行拼音文字，并未要求废弃汉字。从甲骨文至今没有磨灭的事实看，汉字也不会磨灭。对于文学遗产的继承，作者认为，影响只在骈体和律体上，"其余的不仅只当作过去的'遗产'来接收，连'风格'都可以作现代化的历史性的'继承'"。同期还发表了杜定友《谁都在写别字！》、拓牧（杜松寿）《苏联小学一年级的阅读课》等文章。

## 5 月

1954018　12 日，《光明日报》的《文字改革》双周刊第 5 期发表陈世德《电报和拼音文字》、倪海曙《东北的拉丁化新文字铁路电报》和陈文彬《汉字减低了教育的效率》。

1954019　22 日，《中国语文》五月号"拼音文字和汉字的比较"专栏发表刘御《从苏联小学语文课本的质和量看我们的小学语文课本》。

1954020　26 日，《光明日报》的《文字改革》双周刊第 6 期发表陆志韦《在方言复杂的情况下，拼音文字能行得通吗？》、余学文（叶籁士）《汉字改成拼音文字，会不会破坏祖国语言的统一》等文章。

1954021　26 日，台湾立法机构教育、内务、法制三委员会，在台北市中山堂堡垒厅举行联席会议，报告最近收到的各界人士对简化文字的书面意见，并邀请文字学家林尹、程发轫、宗孝忱等列席发表对简化文字问题的意见。

1954022　东方书店出版曹伯韩《新语文评论集》和倪海曙《语文点滴》。

## 6 月

1954023　5 日，台湾"国语"推行委员会举行本年度第十一次常委会，报告说："政工干校"为将来扫除文盲，决定举办专班教学注音符号，学习人员 300 余人。

1954024　8 日，吴玉章将拟订的拼音方案进一步完善后，由中国文字改革研究委员会印发，征求意见。

1954025　9 日，《光明日报》的《文字改革》双周刊第 7 期发表郑林曦（郑之东）、陈刚《同音词挡不住文字拼音化的道路——拼音文字能像汉字一样容易看懂吗？同音词很多怎么办？》。同期还发表了黄典诚《从汉字本身看汉字的缺点》。

1954026　9 日，台湾省"教育厅"规定，从本年起，一年级"国语"教学前 12 周先教说话和注音符号。教说话用《国语说话教材及教法》，教注音符号用《注音符号课本》。

1954027　22 日，《中国语文》六月号发表罗常培《为帮助兄弟民族创立文字而努力》、王力《论汉族标准语》、周祖谟《根据斯大林的学说论汉语标准语和方言问题》、周有光《拼音文字与标准语》。在"拼音文字和汉字的比较"专栏发表李启烈《朝鲜文字改革的历史》。

1954028　中国文字改革研究委员会汉字整理组编制了《常用字简化表草案（第四稿）》。

1954029　台湾朱兆祥在台湾盲人会指导盲人编辑《盲人国语报》。

# 7 月

1954030　7 日，《光明日报》的《文字改革》双周刊第 9 期发表罗甸华（叶籁士）《文字改革是违反斯大林语言学理论的吗？》。文章指出，斯大林有关"马克思主义不承认在语言发展中有突然的爆发，有现存的语言的突然死亡和新语言的突然创造"的论述是讲语言发展的，而不是讲文字发展的。不能把语言和文字混为一谈。文字改革不是"消灭现存的语言和创造新的语言"。推行拼音文字，记录的依旧是汉语。

1954031　10 日，中国文字改革研究委员会汉字整理组召开第十二次会议。吴玉章、韦悫、叶恭绰、黎锦熙、丁西林等出席会议。会议基本通过《常用字简化表草案（第四稿）》。

1954032　15 日，中国文字改革研究委员会召开第四次全体委员会议。出席会议的有吴玉章、韦悫、董纯才、叶恭绰、邵力子等。会议由吴玉章主持。韦悫在会上报告了委员会从第三次全体委员会议后一年多的工作情况。会上提出了已经设计完成的五套民族形式拼音方案草案，其中"双拼的有四种，一种是字母形式不表音素的，三种是表音素的；三拼的一种，字母形式也是表音素的。还有一种就是采用注音字母，仅仅添造了一套草书。各种草案都曾经过修改，有的修改了七八次"。这些草案提出后，"由各委员于会后分别研究，再行开会讨论"。叶恭绰代表汉字整理组报告了汉字整理和简化工作进行的情况。会议对汉字整理工作进行了讨论，并授权韦悫、叶恭绰、丁西林、叶圣陶、魏建功、林汉达委员和曹伯韩组成七人小组，审核秘书处根据各位委员的书面意见整理而成的《印刷体简体字表》和《异体字统一写法表》。

1954033　19 日，政务院文化教育委员会增聘叶圣陶为中国文字改革研究委员会委员。

1954034　21 日，中国文字改革研究委员会汉字整理七人小组召开第一次会议，特邀罗常培、叶籁士参加。会议由韦悫主持。会议就简化汉字问题交换了意见，并议决了工作原则：1. 以现有简体字和行草书为基础，对印刷、手写二体合并处理。2. 异体字基本上以同音同义为范围，选定一个简单的。未简化的暂时不搞。3. 代用字已经约定俗成的可以采取，其余作为疑问征求意见。4. 标准字可选两三千个，多选些，然后分批完成。

1954035　21 日，台湾盲哑福利协进会为聋哑人学习"国语"开办训练班，由"国语"会训宣组长王炬和盲哑教育专家王谟担任讲师。

1954036　22 日，《中国语文》七月号发表中国文字改革研究委员会秘书处草拟的《现代用字统计报告》。报告说，秘书处汉字整理小组对《新华字典》《学文化字典》《语体文应用字汇》等七种材料进行了统计，全部字数为 9163 个，其中只见于一种或两种材料上的字 2772 个，可以算作生僻字；六种或七种材料上都见的 4619 个，可以当作通用字；三种至五种材料上都见的 1705 个，应该是介乎通用与生僻之间的字。

1954037　25 日，台湾省议员何金生、张振生分别提出语文教育建议。何金生的议案是"为促进国语推行，建议政府采取有效办法，鼓励公教人员常用标准语"。他认为民众学习"国语"的情绪越来越低落，主要原因是公教人员对标准语的学习不能以身作则。为了培养国家民族观念，标准语的推行是很紧要的事，因此，他建议"政府"规定期限，鼓励公教人员矫正方音，然后加以测验，把不及格的淘汰；任用新人的时候，要以能不能说标准"国语"为重要条件，同时希望健全各县市"国语"推行委员会的组织。张振生的提案建议"政府"把全省学校的课本一律加注注音符号，以便利儿童学习，并求读音正确。

# 8 月

1954038　2 日，中国文字改革研究委员会拼音方案组收到各地各界人士寄来的汉语拼音方案已超过 270 种。拼音方案组认为这些方案从各个不同角度上考虑问题，各有独特的见地，可以作为讨论拼音文字方案的参考，因此请示将这些方案加以整理，把有代表性的较成熟的汇编成册。

1954039　2 日，《语文知识》8 月号（总第 28 本）发表石文（杜松寿）《拼音字母的民族形式和字母体系》。文章认为："文字的要求是能真实地表现语言，是使用起来方便，是便于和先进科学、先进民族的文化交流。文字的外貌眼熟与否（即是否民族习用的形式）是次要问题。"

1954040　22 日，《中国语文》八月号发表陈文彬《日本的文字改革问题》，还刊登了《中国文字改革研究委员会第四次全体会议记要》。

# 9 月

1954041　20 日，台湾省当局公布《台湾省公务员国语进修辅导委员会组织规程》。

1954042　21 日，台湾"联勤总司令部"给"教育厅"公文，吁请加强"国语"运动。"教育厅"通知各县市，"要在以后对应召入营的地方医师和国民兵，应先劝导进国语补习班或民众补习班"。

1954043　22 日，《中国语文》九月号发表陈越《从越南的扫盲、出版工作看我国文字改革的必要和可能》。

1954044　30 日，《光明日报》的《文字改革》双周刊第 15 期发表倪海曙《谈古代文化遗产的翻译》。文章认为，"继承古代文化遗产，主要是学习它的内容，不是学习它的语文……"。"改革文字和接受古代文化遗产之间，并没有多大的矛盾。"

1954045　广西壮文工作委员会成立。

1954046　中华书局出版丁西林等《汉字的整理和简化》一书。

1954047　《语文知识》9 月号（总第 29 本）发表 Angz（方仁麒）的《拉丁字母好比公历纪元》。文章认为："汉字改革决定采用拼音的制度，好比在历法上采用了阳历。拼音字母的形式如果采用国际化拉丁字母，又好比在纪年上采用公元。"在"文字改革大家谈"栏，发表编委会的《给读者同志们的一封公开信》，要求谈文字改革不要片面。指出不能等待文字改革完成以后再来学习文化、掌握先进技术，"因此认真地学习汉字，在今天有极重要的意义"。"一切对汉字批评的文章，我们要求能掌握三点基本精神：1. 承认汉字的光荣历史和它在我们祖国历史上的伟大贡献；2. 肯定汉字在今天必须改革，改革是汉字的发展，不是汉字的消灭；3. 指出改革不是简单的，是有困难的，但是困难是可以克服的"。

# 10 月

1954048　8 日，第一届全国人民代表大会常务委员会（简称"全国人大常委会"）

第二次会议，根据国务院总理的提请，批准设立中国文字改革委员会，为国务院的直属机关之一。

1954049　13 日，《光明日报》的《文字改革》双周刊第 16 期发表余学文（叶籁士）《书籍期刊应该横排》。

1954050　22 日，《中国语文》十月号发表李森《维吾尔文和汉字在教学和应用上的比较》。文章对维吾尔文和汉字在扫盲、应用方面进行比较后，指出："为了广泛展开民族文化的交流，为了进一步加强各民族人民之间的互相了解，为了进一步帮助各兄弟民族政治、文化事业的发展，让我们大家来填平民族文化交流中的鸿沟——走汉字拼音化的道路吧！"

1954051　27 日，《光明日报》副刊《文字改革》双周刊第 17 期发表沙一穹《报纸更应该横排》和罗甸华（叶籁士）《尽量横写》。

1954052　中国文字改革研究委员会呈报《关于整理汉字的报告》。报告第一部分概述了整理简化工作的过程；第二部分叙述了汉字整理简化的原则；第三部分拟订了汉字简化的步骤。

1954053　中国文字改革研究委员会秘书处拼音方案工作组编成《本会委员草拟拼音字母对照表》。其中有吴玉章的十种，韦悫的四种，丁西林的两种，林汉达的五种，秘书处、陆志韦的两种，黎锦熙拟注音字母草体一种。

## 11 月

1954054　10 日，国务院发出通知，决定"设立 20 个直属机关，主办各项专门业务"。这 20 个直属机关中包括中国文字改革委员会。

1954055　20 日，国务院任命吴玉章为中国文字改革委员会主任，胡愈之为副主任；吴玉章、胡愈之、韦悫、丁西林、叶恭绰等 5 人为常务委员，进行成立中国文字改革委员会的筹备工作。

1954056　22 日，《中国语文》十一月号发表黄典诚《新形声字呢，还是拼音字？》。文章通过对三个问题的讨论：汉语词汇是不是属于单音节性的？我国文字改革是否应该走切音新形声字的道路？拼音文字在中国到底行得通行不通？"证明汉语使用拼音文字是完全可能的"。

1954057　24 日，《光明日报》的《文字改革》双周刊第 19 期发表林汉达《拿汉字作拐棍不可靠》。文中指出："由于古今读音的变迁，这种还能够利用的带音符号的汉字，到了今天，只留下一小部分，其余大部分音符的读音已不正确。""念半边字是很靠不住的。"

1954058　30 日，中国文字改革委员会常务委员会举行第一次会议，讨论由中国文字改革研究委员会经过五次修改拟成的"803 个简体字表"，决定分为三个表：1.《798 个汉字简化表草案》；2.《拟废除的 400 个异体字表》；3.《汉字偏旁手写简化表》。

1954059　中共中央发出《关于讨论汉字简化方案的指示》，并附中国文字改革委员会主任吴玉章关于整理汉字问题向中央的请示报告。《指示》指出："我国汉字有很多缺点，必须'在一定条件下加以改革'，而最初步的改革就是简化汉字笔画，使初学者容易书写，并使印刷体和通用的书写体尽量趋于接近和一致。"

# 12 月

1954060　8 日，《光明日报》的《文字改革》双周刊第 20 期发表林汉达《拐棍抵不上大腿》。文章指出，注音字母对速成识字是根很好的拐棍，但拐棍终不是大腿。如果把"拐棍（包括注音字母、汉字的音符和意符）变成了大腿的话，如果咱们采用了精密的定型化的拼音文字的话，扫盲的期限就可以大大地缩减，教学的效果就可以大大地提高"。

1954061　10 日，台湾省政府通知所属各机关和各县市政府，"为了加强本省国语教育的推行，各县市政府应参照以前订颁的各机关员工国语补习班实施办法，加强地方基层行政人员（包括乡镇公所人员）的国语补习，做一般民众的表率。……至于对国语已经有相当基础的，应该按时收听教育厅所办的教育广播国文教学节目，以增进使用文字的能力，提高工作效率。并规定各乡镇公所应该订阅《国语日报》，以利员工进修国语文"。

1954062　16 日，国务院任命丁西林、王力、朱学范、邵力子、吴玉章、吕叔湘、季羡林、林汉达、胡乔木、胡愈之、马叙伦、韦悫、陆志韦、傅懋勣、叶恭绰、叶圣陶、叶籁士、赵平生、董纯才、黎锦熙、聂绀弩、魏建功、罗常培等 23 人为中国文字改革委员会委员。

1954063  22日，《光明日报》的《文字改革》双周刊第21期发表曹伯韩《汉语不是单音节语》。文章列举了大量实例证明，"汉语的语词固然有单音的，但同时有很多复音的，而且新产生的语词差不多全是复音的"，因此，"汉语不是单音节语"。

1954064  22日，《中国语文》十二月号发表三篇讨论新形声字的文章：殷焕先《谈新形声字》、曹伯韩《关于标类拼音字（拼音形声字）的几点意见》、龙鸿志《拼音文字应该有义符》。

1954065  23日，中国文字改革委员会举行第一次全体会议，正式宣告成立。原来的中国文字改革研究委员会即日起撤销。会上吴玉章做了报告。他说："前中国文字改革研究委员会改组成中国文字改革委员会，这不仅仅是名称的改变，而是机构性质的改变。过去基本上是研究机构，现在就不同了，不能仅仅做研究工作，而应该走到人民中间去，走到生活中间去，根据政府的政策，采取切实可行的步骤来推行各项文字改革的具体工作，把文字改革运动向前推进一步。"他在报告中还提出了1955年的工作任务："要发动全国讨论《汉字简化方案（草案）》，要继续整理汉字，编订汉字标准字表，还要拟出拼音文字的初步方案，展开群众性的讨论，同时进行广泛的试验。此外，还要研究并推行标准音教学。要解决同音词问题，并规定词的连写规则，试编常用词汇，等等。"会议最后通过了《汉字简化方案（初稿）》和《工作计划大纲（草案）》。

1954066  28日，中国文字改革委员会邀请出席第二届中国人民政治协商会议的部分代表举行文字改革问题座谈会。

## 同年

1954067  中国文字改革研究委员会秘书处拼音方案工作组编印出《各地人士寄来汉语拼音文字方案汇编》。其中有"1.汉字式字母；2.拉丁、斯拉夫字母；3.图案式字母；4.速记式；5.就注音字母略加改变的11种；6.其他"6种。共计143种。

1954068  人民教育出版社中学汉语编辑室接受委托拟订"暂拟汉语教学语法系统"，编写《汉语》课本，由张志公任主编。"暂拟系统"是中国影响最大的语法体系，也是第一个在教学上全国统一的语法体系。

1954069　白涤洲（1900—1934）遗稿《关中方音调查报告》（喻世长整理）由中国科学院语言所编入《语言学专刊》第 6 种在北京刊行。这是一部 20 世纪早期调查研究关中方言的著作。

# 1955 年

## 1 月

1955001　1 日,《光明日报》首先实行横排。这是中华人民共和国成立以来我国第一份左起横排的全国性大报。

1955002　3 日,《光明日报》发表胡愈之《中国文字横排横写是和人民的生活习惯相符合的》。

1955003　3 日,中国文字改革委员会召开第五次常务会议。会议讨论修改了中国文字改革委员会组织大纲,讨论了《汉字简化方案草案(初稿)》的修改问题。会议决定:将"初稿"二字删去;三个表不改动;"说明"部分做必要的修改,"说明"中如采用古体字、同音代替和声旁简化可补充举例说明。

1955004　4 日,中国文字改革委员会召开第六次常务会议。会议讨论修改了由赵平生根据第五次常务会议的意见整理出来的组织大纲;讨论修正通过由叶籁士修改的《汉字简化方案草案说明》;讨论修正通过《汉字简化方案草案》的意见表。

1955005　7 日,教育部、中国文字改革委员会联合发表《汉字简化方案草案》(包括三个表:《798 个汉字简化表》《拟废除的 400 个异体字表》《汉字偏旁手写简化表》),并在全国各地组织讨论,征求意见。

1955006　8 日,中国文字改革委员会召开第七次常务会议。讨论通过《中国文字改革委员会组织大纲(草案)》和吴玉章提出的秘书长、副秘书长及各业务部门主任、副主任名单:秘书长叶籁士,副秘书长庄栋、赵平生;拼音方案部主任吴玉章,副主任胡愈之;汉字整理部主任叶恭绰,副主任魏建功、曹伯韩;技术指导部主任丁西林;宣传推广部主任韦悫,副主任庄栋(兼);编辑出版部主任林汉达;方言调查部主任丁声树;词汇研究部主任吕叔湘;语文教学部主任叶圣陶。

1955007　8 日,教育部、中国文字改革委员会发出联合通知,征求对《汉字简化方案草案》的意见。

1955008　8 日,台北市教育局决定分区设置"国语"补习班,"凡 18 到 20 岁的役男，不识国字、不懂国语的，一律都要参加"。

1955009　13 日，国务院常务会议通过《中国文字改革委员会组织大纲》。组织大纲指出：中国文字改革委员会根据中华人民共和国国务院组织法第六条设立，为国务院直属机构之一；委员会的任务是制订汉语拼音方案和整理汉字以及其他有关的各项工作；委员会由主任、副主任、常务委员和委员组成，委员会组成人员由国务院任命；委员会下设拼音方案、汉字整理、方言调查、词汇研究、语文教学、技术指导、编辑出版、宣传推广等部。

1955010　15 日，中国文字改革委员会召开第八次常务会议，通过委员会工作人员名单，讨论 1955 年上半年工作计划。

1955011　20 日，中国文字改革委员会主任吴玉章在国务院全体会议上做《关于整理汉字问题的报告》。报告分三部分：整理工作的经过、整理简化的原则和逐步推行的步骤。报告中说，中国文字改革研究委员会在 1951 年筹备期间开始搜集简体字，曾经初步选出比较通行的简体字 500 多个。1952 年中国文字改革研究委员会正式成立后，把常用字中笔画太繁而没有通行简体的字，依照草书楷化的原则，较有系统地加以简化，拟出了《常用字简化表草案》第一次稿，共 700 个简体字，包括以前所选的简体字在内。1953 年又开始进行整理全部通行汉字的工作，首先就数量上试行精简。由于精简字数的研究工作，特别是字的选择，一时不容易得到全面的结果，而简体字的推行和异体字的统一又有迫切需要，于是，决定在 700 个简体字中首先选定普遍流行的简体字 338 个，并在精简字数方面拟订了《异体字统一写法表草稿》，这就是《常用字简化表草案》第二次稿（1953.11）。在这个基础上又根据行草书简化偏旁并加以类推的办法来扩大简化范围。在 2000 个常用字范围内，共简化了 1934 个字。这是《常用字简化表草案》第三次稿（1954.2）。1954 年 4 月根据各方意见又把第三次稿加以修改，在原有的简化字表之外，另外增加《书写体简化表》，把根据行草书笔画简化的字列入《书写体简化表》。此外，对某些简化不够的字做了必要的修改，遗漏未简的常用字也做了一些补充。这就是《常用字简化表草案》第四次稿。1954 年 7 月第四次稿经过汉字整理组第十二次会议原则上通过，由叶恭绰、林汉达、曹伯韩加以整理后提交中国文字改革研究委员会第四次全体委员会议讨论并得到原则同意。会议授权韦悫、叶恭绰、丁西林、叶圣陶、魏建功、林汉达、曹伯韩等 7 人再加整理。整理范围由 2000 个常用字扩大到 4000 多字，分列成三个表，这三个表总称为《印刷字体整理表》。

此外，还把 4000 多个字逐字拟订书写体并归纳书写原则，编成《试拟书写字体偏旁类推表》。另外，《异体字统一写法表》也做了改订。这是《汉字简化表草案》第五次稿。1954 年 11 月，中国文字改革委员会常务委员会成立以后，又把第五次稿做了一些整理和修改。《印刷字体整理表》中的第一、第二两表经过整理修改后合并成为《798 个汉字简化表草案》。《异体字写法统一表》删去了一部分，改称为《拟废除的 400 个异体字表草案》。《试拟书写字体偏旁类推表》改称为《汉字偏旁手写简化表草案》。这三个表合成《汉字简化方案草案》。汉字的整理简化工作，主要依据是适当控制简化面，以及约定俗成的原则。

1955012　20 日，中国文字改革委员会召开新闻出版界座谈会，商谈各报刊宣传文字改革工作问题。

1955013　22 日，中国文字改革委员会向中央、国家机关、各民主党派、各高等院校发出通知《征求对〈汉字简化方案草案〉的意见》。

1955014　22 日，《中国语文》1 月号发表韦悫《略谈汉字简化工作》。这一期报道了中国文字改革委员会成立的消息，并以"附册"的形式发表了中国文字改革委员会拟定的《汉字简化方案草案》。

1955015　31 日，中国文字改革委员会召开第十次常务会议，讨论公文改横行问题。决定由技术指导部研究方案，并与计划委员会、重工业部等单位联系，吸取他们实行公文横行的经验，最后向国务院正式提出建议。

1955016　从 1 月起，《新华月报》及《新观察》《中学生》《世界知识》《时事手册》等全国 70% 的刊物实行横排。

# 2 月

1955017　7 日，中国文字改革委员会召开第十一次常务会议，决定增聘丁西林、王力、杜松寿、高名凯、倪海曙、陆志韦、庄栋、陈刚、魏建功等 9 人为中国语文杂志社编委。

1955018　21 日，中国文字改革委员会召开第十二次常务会议，决定成立拼音方案委员会，由吴玉章、胡愈之、韦悫、丁西林、林汉达、罗常培、陆志韦、黎锦熙、王力、倪海曙、叶籁士为拼音方案委员会委员（后又增加周有光、吕叔湘，共 13 人）。

1955019　22 日，《中国语文》2 月号发表叶恭绰《关于整理汉字工作的一些问题》、魏建功《汉字简化的历史意义和汉字简化方案的历史基础》、曹伯韩《关于〈汉字简化方案草案〉的几个问题》。

1955020　25 日，中国文字改革委员会就《汉字简化方案草案》在中央机关组织讨论的问题向周恩来总理请示。总理 3 月 4 日批示："同意。"

1955021　26 日，台湾为提高预备军士的"国语"能力，有关单位举行座谈会，决定："已入营的台籍青年国语补习由国防部总政治部负责办理，教材由总政治部跟省国语会洽商编印。适龄青年国语补习由省政府通令各县市政府，使他们尽先入民众补习班，并积极加强各县市民众补习教育。"

1955022　26 日，中国文字改革委员会召开第二次全体会议。会议讨论通过了拼音方案部 1955 年上半年工作计划（草案）和成立拼音方案委员会。讨论中傅懋勣、魏建功提出，应该加强对北京语音的研究、对北京语音与其他方言的联系的研究，使未来的拼音方案也适当照顾其他方言。形式是次要的问题，首先应该确定音素。

1955023　《语文知识》2 月号（总第 34 本）发表周有光《什么是字母好坏标准》。提出 6 条标准：1. 简单（在其他条件相等之下，字母愈简单就愈好）；2. 明确（一目了然，不相混淆）；3. 连写（"一笔连写"是手写体的高级形式）；4. 表达力（表达能力和拼音能力）；5. 机械化（适合文字工作机器的要求）；6. 文化交流（便于各民族间和国际的文化交流）。

1955024　台湾教育事务主管部门组织的"国语"教育视察小组，月底出发视察西部各县市民众补习班的"国语"教学情况。"国语"推行委员会也派人参加视察小组。

# 3 月

1955025　4 日，中国文字改革委员会邀请北京各报社、杂志社和出版社就报刊上试用一部分简化字问题举行座谈会。

1955026　4 日，中国文字改革委员会邀请来京的各省、市、自治区教育厅（局）的领导及各地工农速成中学校长分别举行文字改革问题座谈会。

1955027　7 日，国务院秘书厅、文化部（出版事业管理局并转各主要出版社）、教育部、邮电部、新华社等单位转发周恩来总理指示："中国文字改革委员会所提出的《汉字简化方案（草案）》同你处工作关系密切，为使这个草案能够较为完善，望你处负责组织认真讨论，在 3 月份内提出修正意见交给该会，并准备推出适当人选参加该会拟成立的简字审订委员会的工作（具体办法将由该会另行通知）。"

1955028　7日，台湾省议员胡丙申、林仁和等在台湾省议会提出有关教育革新的询问。胡丙申说，为了加强民族精神教育，发挥民族精神力量，应该普遍推行标准"国语"。他们建议：凡市面上出售的字词典注音不合标准"国音"的，应当禁止发行；应加强"国语"推行委员会的组织及人事；教员的检定考试要加考"国语"。

1955029　9日，上海市召开专家座谈会，征求对简化汉字工作的意见。座谈会由副市长金仲华主持。市教育局局长陈琳瑚就汉字简化问题做了报告。

1955030　10日，中国文字改革委员会发布第一号工作简报。简报报告了两个多月的工作情况：建立了五个业务部；印制《汉字简化方案（草案）》30万份，分发中央和各地机关、团体、部队和学校。《光明日报》等10家报刊转载了这个方案草案。中国文字改革委员会与教育部联合发出了组织讨论的通知，军委总政也发了通知。中国文字改革委员会收到个人填写的意见表2000多份。

1955031　12日，中国文字改革委员会拼音方案委员会召开第一次会议，讨论通过《拼音方案委员会讨论规划草案》，并确定讨论步骤与提纲。第一阶段讨论原则问题，第二阶段讨论具体方案。拼音方案委员会每周召开一次会议。

1955032　15日，吴玉章在中国人民政治协商会议全国委员会（简称"全国政协"）上做《关于汉字简化问题》的报告。报告内容与1月20日在国务院全体会议上所做的报告基本相同，另外还谈了社会上对文字改革工作的顾虑和误解，并逐条加以解释。

1955033　15日，胡乔木在全国政协做《关于汉字简化和改革问题》的报告。

1955034　22日，《中国语文》3月号发表林焘《论中国拼音文字的民族形式》、拓牧（杜松寿）《汉语拼音文字的音节结构问题》、王羊《关于汉字简化的性质和规律问题》。还发表了中国文字改革委员会汉字整理部整理的《各地人士对〈汉字简化方案草案〉的意见提要》。

1955035　26日，中国文字改革委员会拼音方案委员会召开第三次会议，讨论标准音问题。会议通过"以北京语音为基础，加以适当调整"的意见。

1955036　26日，台湾学校一年级"说话""注音符号"教学，经台湾教育事务主管部门核定改为8周，从1955学年度起实施。

1955037 《语文知识》3 月号（总第 35 本）发表周有光《什么是文字的民族形式》。主要内容为：1. 由符号形式表现出来的民族形式；2. 由语言形式反映出来的民族形式；3. 民族形式和国际形式的转化；4. 近代各国的"民族字母"。

## 4 月

1955038 1 日，中国文字改革委员会第二号工作简报：胡愈之向国务院秘书长报告《汉字简化方案草案》发表以后各方面的反应。

1955039 2 日，中国文字改革委员会拼音方案委员会召开第四次会议，讨论拼音方案的音节结构问题，决定音节结构采用音素制。

1955040 20 日，台湾中国国民党中央委员会，会同教育事务主管部门、台湾省党部、"教育厅"、社会处等单位，组成补习教育督导团，开始分南北两区视导全省各县市的补习教育和"国语"推行情形。

1955041 22 日，《中国语文》4 月号发表吴玉章《关于汉字简化问题——在政协全国委员会报告会上的报告》、恭士《汉字简化中的同音代替问题》、王显《略谈汉字的简化方法和简化历史》。在"拼音文字和汉字的比较"专栏发表了陈越《文字形式同书籍发行工作的关系》。

1955042 25 日，中国文字改革委员会召开第十九次常务会议。会议讨论建立《汉字简化方案草案》审订委员会，通过周有光为拼音方案委员会委员兼拼音方案部研究员。

1955043 27 日，广西壮族文字问题座谈会在南宁市举行。

1955044 29 日，《工人日报》发表社论《为什么要进行文字改革》。

1955045 30 日，中国文字改革委员会拼音方案委员会连续召开第五、第六次（5 月 7 日）会议，讨论字母形式和声调符号问题。对声调符号做出了决定。

## 5 月

1955046 1 日，毛泽东致信蒋竹如谈文字改革问题。信中指出："兄作语文学研究，提出不同意见，我虽未能同意，但辩论总是会有益的。拼音文字是较便利的一种文字形式。汉字太繁难，目前只作简化改革，将来总有一天要作根本改革的。"

1955047 1 日，北京、天津 40 种报刊首先试用《汉字简化方案（草案）》中的第一批 51 个简化汉字。

1955048  6 日，刘少奇接见吴玉章听取关于文字改革工作的汇报，提出三点意见：1.为了减少社会震动，简化字要分期分批进行；原来的繁体字要保留一个时期，不要马上废除。2.汉民族要有统一的语言，学校要用普通话进行教学。可以考虑做出这样的规定：老师在一定时期内学会普通话，今后凡是不会讲普通话的，不能当教师。3.拼音方案制订后，要用来做试验，可以试译《毛泽东选集》。

1955049  9 日，国务院同意中国文字改革委员会接收原属北京师范大学的中国大辞典编纂处，作为该会附设的事业机构，并同意黎锦熙为主任，吕叔湘为副主任。

1955050  9 日，中国文字改革委员会召开第二十次常务会议，讨论语文教学部叶圣陶向教育部提出的关于语音规范化问题的建议。

1955051  14 日，中国文字改革委员会拼音方案委员会召开第七次会议，讨论字母形式问题。决定采用现成的国际通用字母，必要时做个别调整。

1955052  16 日，中国语文杂志社邀请北京语言学界座谈汉语拼音文字怎样处理声调的问题。

1955053  21 日，中国文字改革委员会拼音方案委员会召开第八次会议，讨论拟订拼音方案的基本原则。

1955054  22 日，《中国语文》5 月号发表江成（陈刚）《谈谈拼音文字的标准音问题》、高元白《汉字拼音化与汉字简化》、王均《对汉字改革问题的几点体会》和周有光《我们需要一个拉丁字母的拼音方案》。在"拼音文字和汉字的比较"专栏发表了陈越《苏联打字排铸机介绍》。

# 6 月

1955055  3 日，台湾原"国语"辅导会改称教育事务主管部门"国语"教育辅导会议，除原聘汪怡、王玉川、齐铁恨、何容、洪炎秋、王寿康、刘真、游弥坚、王星舟等 9 人为委员外，又增聘祁致贤、李剑南、方师铎为委员。1965 年 11 月再增聘吴守礼、黄得时、王洁宇、赵友培、张席珍、孙邦正、董长志、王炬、张希文、钟露昇、张广权、张孝裕等 12 人为委员。

1955056  6 日，中国科学院语言所召开关于滇、黔、桂、康等省区兄弟民族文字创立改进工作座谈会。

1955057  6 日，《光明日报》的《文字改革》双周刊发表蒋善国《简体字的产生和简化汉字运动》、沈尹默《应该怎样为拼音化准备条件》等文章。

1955058　7 日，台湾省各县市失学民众，经本年初复查结果有 120 万人。本年上半年各县市办理民众补习班 2836 班，收容失学民众 15 万人。"教育厅"重新拟订了一项各县市民众补习班分年实施计划，"最迟于 1959 年底使全省失学民众都接受补习教育，完成本省扫除文盲工作"。

1955059　13 日，中国文字改革委员会主任吴玉章给国务院总理提交《关于成立汉字简化方案审订委员会审订汉字简化方案》的请示报告。6 月 25 日由国务院汇报会审核批准。

1955060　22 日，《中国语文》6 月号发表鲍明炜《略论汉族共通语的形成和发展》、温知新《采取约定俗成原则呢，还是采取系统整理原则？》、康同璧《我对于汉字简化的看法》、管燮初《关于汉字简化的意见》，还发表李仁《拼音文字必须有类符》。李文批评拉丁化新文字"基本理论不健全"，"犯了无政府主义的错误"，"犯了极端民主化的错误"，"不能继承既有的文献"，"犯了窒息语言的错误"，"犯了空想主义的错误"。

1955061　24 日，中国文字改革委员会召开第二十二次常务会议。会议决定:《中国语文》杂志由中国科学院语言所接办。

# 7 月

1955062　3 日，全国人大常委会委员长刘少奇对中国文字改革委员会党组关于试用简化字请示（1955.6.24）的批语：拟予同意，改在 8 月 15 日京、津各报采用。全国各地报刊采用第一批简化字后，亦应隔三四个月再采用第二批简化字，以免一次改变太多，或改变太快在人民中引起不便。第二批连同第一批对照表亦应在开始采用简化字的一星期至十天登在报刊上。

1955063　10 日，文化部、中国文字改革委员会联合发布《关于各省、市报纸、杂志试用第一、二批简化字及铜模的供应问题的通知》。

1955064　13 日，教育部发出《举办小学语文教师标准语音训练班的通知》。

1955065　14 日，国务院聘请董必武为汉字简化方案审订委员会主任，郭沫若、马叙伦、胡乔木为副主任，张奚若、沈雁冰、朱学范、邵力子、张修竹、项南、许广平、舒舍予、徐昕、曾昭抡、邓拓、傅彬然等 12 人为委员。

1955066　16 日，中国文字改革委员会发出《关于京、津及各省、市报纸、杂志试用第一、二批简化汉字问题的补充通知》。通知要求，第二批试用的简化汉字（84个）北京、天津报刊可于 8 月 15 日起采用，其他各省市报刊从 8 月份起，先行采用第一批简化汉字，以后隔三四个月再采用第二批。

1955067　17 日，中国科学院编译局为了使科学用字能够得到合理的简化，召集有关各方面的专家就科学用字如何结合汉字简化问题进行讨论，并对科学用字的简化问题提出了具体意见。

1955068　21 日，台湾省政府抄发"各机关公告改进要点"，指明"公文文字已明文规定简浅明确，分段叙述，并加具标点符号"。

1955069　22 日，《中国语文》7 月号发表编辑部文章《关于汉语有没有词类的讨论》。文章介绍了自 1953 年 10 月开始的这个问题的讨论。这一期还发表了铁道部电务局《东北铁路电报改革工作的经验总结》、朱学范《文字改革和电报业务》、周有光《拼音文字中的声调问题》以及任言信（周有光）《不应当歪曲拉丁化新文字运动》。任文批评李仁《拼音文字必须有类符》（载《中国语文》1955 年 6 月号）"把拉丁化新文字说成'幼稚不堪'、'一文不值'、'行不通'、'失败'了，这都完全不是事实"。"这个方案虽然还应当进一步研究，可是歪曲事实加以攻击是不应当的"。

1955070　22 日，中国文字改革委员会召开报刊和出版界座谈会，出席会议的有北京各主要报纸、杂志、出版社、印刷厂、新华字模制造所、出版事业管理局等 20个单位的代表。座谈会由韦悫主持，胡愈之讲话。会上讨论了在报刊图书上试用第三批简化汉字和铅字铜模规范化等问题。

1955071　中国文字改革委员会拟出《第二批异体字整理表草案（初稿）》，向北京各报社、出版社征求意见。

1955072　人民教育出版社采用第一、二批共 141 个试用简化汉字编印的新的初级小学课本《语文》第一册出版。从秋季开始，这个课本在全国重点地区试用。

1955073　从本年 1 月《汉字简化方案草案》发表至 7 月，中国文字改革委员会收到群众来信或意见书共计 5167 件。全国参加讨论的人数达 20 万，其中赞成《简化方案草案》的人数达 97%。

1955074　从本月起至 1956 年 4 月，语法学界展开主语宾语问题的讨论。

1955075　台湾"国语"推行委员会常务委员齐铁恨编著中华"国语"教学留声片

及课本并发音录制，由台湾中国广播公司监制发行，凤鸣唱片公司制片。

## 8 月

1955076　3 日，中国文字改革委员会召开第二十四次常务会议，讨论《汉字简化表草案修正稿》。

1955077　15 日，北京、天津 40 种报刊开始试用第二批 84 个简化字。

1955078　17 日，《光明日报》的《文字改革》双周刊发表林汉达《文字改革和古书的阅读问题》、马公愚《汉字简化的必然性》。

1955079　22 日，《中国语文》8 月号发表林焘《关于汉语规范化问题》、陈越《文字改革工作中的铅字改革问题》、丁勉哉《〈汉字简化方案草案〉的优越性》。

1955080　25 日，中国文字改革委员会在北京图书馆展览厅举办的中国文字改革文献资料展览会开始预展。展览会共分两大部分：第一部分是关于汉字简化和整理的文献资料，第二部分是关于拼音化的文献资料。第一部分又分三个单元：第一单元是"汉字形体的简化"，第二单元是"汉字字数的精简"，第三单元是"其他汉字改良方案"（新形声字、唯声字、复合字等）。第二部分分六个单元和一个附展部分：第一单元是"拼音化的萌芽"，第二单元是"清末的切音字"，第三单元是"注音字母"，第四单元是"国语罗马字"，第五单元是"拉丁化新文字"，第六单元是"从辛亥革命到中华人民共和国成立以来的其他拼音方案"。附展部分是"外国传教士和汉学家所拟的拼音方案和在中国所做的拼音化工作"。展览会于 9 月 5 日正式展出，9 月 16 日闭幕。展出后全部展品移北京西单原中国大辞典编纂处，在那里布置了一个永久性的陈列室。

## 9 月

1955081　8 日，内蒙古自治区人民委员会蒙古文字改革委员会召集新闻、出版、印刷、广播、青年、妇女、教育、文艺、军队等各界代表 20 余人，座谈《关于推行新蒙文的决定》。与会代表拥护这一决定，并表示积极着手进行推行新蒙文准备阶段的工作。

1955082　16 日，汉字简化方案审订委员会举行第一次会议。会议由董必武主持。会上通过了简化汉字采取"约定俗成，稳步前进"的方针。

1955083　22 日，《中国语文》9 月号发表《内蒙古自治区人民委员会关于推行新蒙文的决定》。这一期还发表了刘泽先《略谈汉字在日本的整理和简化》、范同《反对乱造新字》、黎锦熙《从汉语的发展过程说到汉语规范化（初稿）》。

1955084 28 日，汉字简化方案审订委员会举行第二次会议，会议由胡乔木主持。魏建功做投票结果和意见整理情况的报告。会议决定由中国文字改革委员会根据讨论情况做出取舍，再交审订委员会投票复决，然后由中国文字改革委员会提交全国文字改革会议讨论。讨论后，审订委员会再做最后审订，然后提请国务院公布。会议原则通过《异体字整理表》，提交出版事业管理局参考采用。

1955085 中国文字改革委员会根据各方面的意见，对《汉字简化方案草案》再次进行修订，拟出《汉字简化方案修正草案》，提交国务院汉字简化方案审订委员会审订。《汉字简化方案修正草案》删除了《汉字简化方案草案》中的《拟废除的400 个异体字表草案》和《汉字偏旁手写简化表草案》。简化字由原草案的 798 字变成 512 字，另外增收简化偏旁 56 个。此外，单独整理了异体字，拟订了《第一批异体字整理表草案》。

# 10 月

1955086 8 日，台湾省"教育厅"指定阳明山管理局及所属北投士林两镇为失学民众补习教育实验区。实验要复查失学民众确数，试行职业年龄性别分组的办法，并试行适应一般民众学习需要的教学方法。

1955087 13 日，中国文字改革委员会召开第三次全体会议，讨论《汉字简化方案》，准备提交全国文字改革会议通过；韦悫报告全国文字改革会议筹备情况。

1955088 13 日，中国文字改革委员会拼音方案委员会召开第十次会议，决定把四个汉字笔画式方案（草案）、一个拉丁字母式和一个斯拉夫字母式方案（草案）提交全国文字改革会议征求意见。四个汉字笔画式方案分别是：1. 以丁西林为首的设计，用全新的汉字笔画式音素字母；2. 以黎锦熙为首的设计，是改良注音字母而形成的音素字母；3. 以郑林曦（郑之东）为首的秘书组设计，是汉字笔画式音素字母；4. 以吴玉章为首的民族形式的设计。

1955089 15 日，教育部、中国文字改革委员会联合召开的全国文字改革会议在北京隆重举行。参加会议的有来自全国 28 个省、市、自治区和中央一级各机关、部队、人民团体的代表 207 人。会议的任务是首先解决两个迫切问题：通过《汉字简化方案》和推广以北京语音为标准音的普通话——汉民族共同语。国务院副总理陈毅就政治形势和文字改革、推广普通话问题做了重要讲话，并传达了中央负责同志对会议的关怀和支持；中国科学院院长郭沫若以《为中国文字的根本改革铺平道路》为题在会议上讲话，他特别就汉字的发展历史和改革道路做了分析；文化部部长沈雁冰做了《文艺工作者必须把自己的创造劳动和文字改革工作相结合》的报告；中国文字改革委员会主任吴玉章做了《文字必须在一定条件下加以改革》的报告；教育部部长张奚若做了《大力推广以北京语音为标准音的普通话》的报告；中国文字改革委员会常务委员叶恭绰做了《关于汉字简化工作的报告》；中央宣传部副部长胡乔木做了总结性发言。会议对上述报告表示一致同意。中国科学院语言所苏联顾问谢尔久琴柯教授也在全体会议上做了题为《关于中国文字的几个问题》的报告。会上讨论了《汉字简化方案修正草案》和《第一批异体字整理表草案》，对《汉字简化方案修正草案》做了必要的修正和补充之后，对这两个文件一致表示同意。会议通过了提案审查委员会《提案审查报告》和《全国文字改革会议决议》。决议指出：1. 建议中国文字改革委员会把修正后的《汉字简化方案》提请国务院审定公布实行。2. 要求各报刊和文化教育机关广泛宣传简化汉字；各级学校使用简化汉字；出版和印刷机关立即着手制作铜模，迅速采用简化汉字，并按照异体字整理表在出版物上废除异体字。3. 要求中国文字改革委员会继续简化汉字、整理异体字的工作，并向群众广泛征求意见。4. 建议教育部首先对全国各地小学、中学、各级师范学校分别做出指示，大力推广以北京语音为标准音的普通话；并且指示各地教育行政部门有计划地分批调训各级学校语文教师学习普通话。关于部队推行普通话办法，建议由中国人民解放军总政治部决定。5. 建议在全国各省市设立推广普通话的工作委员会，组织社会力量，特别是广播电台和文化馆（站），大力提倡学习和使用普通话。6. 建议中国科学院和各有关高等学校合作，进行全国方言调查，编写普通话的教材和参考书，以便利各方言区人民学习普通话。7. 建议中华人民共和国文化部和有关部门进一步推广报纸、杂志、图书的横排；建议国家机关、部队、学校、人民团体推广公文函件的横排、横写。8. 建议中国文字改革委员会早日拟定汉语拼音方案草案，提交全国各界人士讨论并试用。这次大会共有 38 位代表发言。会议在 23 日闭幕。

1955090 16 日，中国文字改革委员会筹办的中国文字改革文献资料陈列室开放，供全国文字改革会议的代表参观。这个陈列室设在有历史意义的前国语统一筹备会的中国大辞典编纂处旧址，亦即北洋政府时代教育部的旧址。陈列内容同中国文字改革文献资料展览会。

1955091　19日，台湾省政府颁布《台湾山地乡工作人员国语文考核办法》。

1955092　22日，《中国语文》10月号发表韦悫《拥护第一次全国文字改革会议的决议，大力宣传文字改革的方针和步骤，积极推行简化字和以北京话为标准的普通话》、罗常培《略论汉语规范化》。

1955093　24日，《光明日报》发表社论《文字改革工作的伟大开端》。社论指出，在国家发展的现阶段，汉字已经不能完全适应现代生活各个方面的需要，不能满足人民的要求。我国的文字必须改革，改革的方向是改用拼音文字，在实现拼音化之前，必须首先解决简化汉字和推广普通话两个迫切问题。社论认为，大力推广以北方话为基础方言，以北京语音为标准音的普通话——汉民族共同语，是一项基本的也是迫切的重要工作。

1955094　24—26日，教育部召集参加全国文字改革会议的中小学、各级师范学校教师和教育行政干部代表举行座谈会。座谈会根据全国文字改革会议的决议，研究了推广普通话的方针和在学校中用普通话教学的步骤、要求，讨论了训练教师、编辑普通话教材等问题。教育部副部长董纯才做总结性发言。他号召各级各类学校要大力推广普通话教学，积极采用简化字。教育部决定在教育行政部门的公文往来中用简化字，并且推广横写、横排。

1955095　25日，中国科学院哲学社会科学部在北京召开现代汉语规范问题学术会议。会议的主要任务是：1.明确现代汉语规范化的必要性和可能性；2.对汉语规范化的一些原则性问题进行讨论；3.动员全国语文工作者共同进行汉语规范化的工作。出席会议的有北京和其他各地的语言研究工作者、语文教学工作者以及文学、翻译、戏剧、电影、曲艺、广播、新闻、出版、速记工作者共122人。中国科学院邀请了苏联的汉语专家鄂山荫教授和郭路特教授，波兰汉语专家夏伯龙教授和赫迈莱夫斯基教授参加会议。正在中国访问的罗马尼亚语言学家格拉乌尔院士以及国务院苏联文教总顾问马里采夫、中国科学院语言所苏联顾问谢尔久琴柯教授、在北京大学任教的朝鲜人民共和国语言学家柳烈教授也都应邀参加了会议。会议由郭沫若、陈望道和罗常培任执行主席。中国科学院院长郭沫若致开幕词。国务院副总理陈毅做重要讲话。他在讲话中指出，汉字改革、现代汉语规范化和在一部分少数民族地区实行拼音文字，是当前语言学工作中的主要任务。他勉励语言工作者互相商讨学习，加强相互间的团结，并且向语言工作者提出"专家要把自己的经验和知识传授给下一代，要用更多的时间和精力放在培养新生力量方面"的希望和要求。

会议听取和讨论了中国科学院语言所所长罗常培、副所长吕叔湘做的《现代汉语规范问题》的报告。还听取了重要的学术发言，有陆志韦《关于北京话语音系统的一些问题》、陆宗达《关于语法规范化的问题》、郑奠《现代汉语词汇规范问题》、丁声树和李荣《汉语方言调查》等。会议通过《现代汉语规范问题学术会议决议》，会议认为：为了充分地发挥语言在社会生活中的交际作用，使我国的社会主义建设能更加顺利地进行，为了提高人民文化生活的水平，为了给汉语拼音文字的实施准备条件，以及为了有效地发展民族间和国际的联系和团结，都必须使汉民族共同语即普通话的规范进一步明确起来。会议经过讨论，对于普通话和规范化的含义都得到了一致的认识：普通话以北方话为基础方言，以北京语音为标准音，是符合汉语的实际情况和历史发展的。决议中提出 6 条具体建议：1. 组成普通话审音委员会，研究并确定普通话常用词汇的语音；2. 组成词典计划委员会，拟订《现代汉语词典》的详细编纂计划；3. 迅速拟订在两年内完成汉语方言初步普查的计划；4. 中国科学院语言所和各高等学校以及各高等学校间加强语言研究工作上的联系；5. 把各地的语言工作者和有志于语言研究的人组织起来，有计划地进行工作；6. 各出版社、杂志社、报社以及广播、戏剧、电影部门加强稿件在语言方面的审查工作，并广泛进行汉语规范化的宣传工作。陈望道做了会议总结。大会在 31 日闭幕。

1955096　26 日，《人民日报》发表社论《为促进汉字改革、推广普通话、实现汉语规范化而努力》。社论指出，推广普通话和汉语规范化的工作是同文字改革工作不可分离的。为了加强汉民族的政治、经济、文化的统一，为了顺利地进行社会主义建设，为了充分地发挥语言在社会生活中的交际作用，以至为了有效地发展民族间和国际的联系、团结工作，都必须使汉民族共同语的规范明确，并且推广到全民族的范围。社论说，改革汉字、推广普通话和实现汉语规范化的工作，是社会主义建设中重要的一环，是一个相当长期的工作。必须按照"全面规划，加强领导"的方针，订出切实的计划，认真地通力合作加以执行。

1955097　26 日，《中国青年报》发表社论《在文字改革中做好三件事》。社论号召青年要成为推动文字改革的一支积极活跃的力量。在当前简化汉字和推广普通话工作中，可以做好：1. 带头学会和带头使用简化字，并掀起学习普通话的热潮。2. 青年教师、广播员、演员和曲艺工作者们应该成为推广简化汉字和以北京语音为标准音的普通话的突击力量。3. 全体青年应该积极向群众做宣传工作。

# 11 月

1955098　4 日，中国人民解放军总政治部发出《关于在军队中推行汉字简化、推广普通话和实现现代汉语规范化的通知》。

1955099　11 日，以韦悫为团长的中国文化代表团赴朝鲜民主主义人民共和国进行访问。任务之一是学习朝鲜文字改革的经验，研究改用拼音文字后的成效和问题，供我国文字改革工作者参考。

1955100　13 日，全国最后一个新文字团体——上海新文字工作者协会，召开二届第十三次理事会，决议即日起结束协会工作，并在本月 30 日发表告会员书，宣布全国文字改革会议召开以后，我国的文字改革运动已经进入了新阶段，协会本身已经完成历史任务，宣告结束。

1955101　17 日，教育部发出《关于在中小学和各级师范学校大力推广普通话的指示》。要求全国中小学和各级师范学校必须逐步用普通话教学，使学生学会说普通话。指出在学校中用普通话教学，应该从语文科做起，逐渐推广到各科；指示中对学生学习普通话，提出了初步要求：中小学的学生应该学会拼音字母（暂用注音字母），能准确地发音、拼音和朗读，师范学校学生的普通话水平除应该达到中学生的程度外，还应该掌握基本的语音知识，用普通话试教。指示要求在 1956 年暑假期内，将全国小学、初中一年级和师范学校的语文教师训练完毕。其他各科的教师应该在 1958 年训练完毕。指示中对编辑教材和参考资料问题也做了有关的规定。对推广普通话搞得好的要给予奖励。

1955102　21 日，教育部发出《关于在各级学校推行简化汉字的通知》和《对推行简化汉字和横行排写等问题的规定》。

1955103　22 日，《中国语文》11 月号集中刊登全国文字改革会议的文件、讲话、消息。

1955104　23 日，教育部和中国文字改革委员会党组给中共中央写的《关于全国文字改革会议的情况和目前文字改革工作的请示报告》中提出："我国地名用字中有许多生僻字（约略估计在三四百字以上），难认难写，除作地名外没有别的用处，但在报纸上和教科书上却非用不可，因而增加学习和使用上的负担。我们建议由内务部和文改会同这些有关地方人民委员会协商，请他们提出常用的同音字或简字来代替。我国少数民族的汉文名称所用的字亦有不少生僻或笔画繁复的，建议由民政事务委员会和文改会同本民族协商改用较简易的字。"1956 年 1 月 27 日，中共中央批转了这个报告。

1955105　25 日，《光明日报》发表社论《教师们应当成为推广普通话的积极分子》。社论号召全体教师要根据教育部的指示，用积极的严肃的态度，有步骤有计划地来进行这项工作。社论还指出，用普通话教学同促进文字改革、实现汉语规范化的工作是分不开的。学校教师，首先是语文科教师，必须教育学生初步地懂得文字改革、汉语规范化的道理和意义，学会使用规定的简体字，在书面语言的语法、修辞、逻辑方面逐步地受到有系统的规范化的教育，使他们不但在口头语言方面能够说普通话，同时在书面语言方面也能够写出通顺的文字。

1955106　25 日，《文史哲》第十一期发表殷焕先《汉字简化中的"系统"和"类推"问题》。

# 12 月

1955107　6 日，中国科学院语言所和中央民族学院联合召开民族语文科学讨论会。潘梓年致开幕词，吴玉章讲话。傅懋勣做《帮助少数民族创立、改进和改革文字工作情况和问题》的报告。闭幕式上胡乔木做了重要讲话。会议期间对我国民族语文工作的初步计划进行了讨论和修改。会议在 15 日结束。

1955108　6 日，广西壮族自治区公布《壮族文字方案（草案）》。方案是以广西壮族自治区北部方言为基础方言，以武鸣话为标准音制定的。新创立的壮文是一种拼音文字，一共有 29 个字母。这些字母能够拼写壮族标准语的全部音节和词汇。

1955109　10 日，中国文字改革委员会和文化部联合发出《关于〈汉字简化方案〉中第一批简化字 260 个，拟自 1956 年 1 月 1 日起试用的通知》。

1955110　22 日，文化部、中国文字改革委员会发出《关于发布第一批异体字整理表的联合通知》。《通知》说："中国文字改革委员会根据全国文字改革会议讨论的意见，已经把第一批异体字整理完毕，我们现在随文发布，并且决定从 1956 年 2 月 1 日起在全国实施。从实施日起，全国出版的报纸、杂志、图书一律停止使用表中括弧内的异体字。但翻印古书须用原文原字的，可作例外。一般图书已经制成版的或全部中分册尚未出完的可不再修改，等重排再版时改正。机关、团体、企业、学校用的打字机字盘中的异体字应当逐步改正。商店原有牌号不受限制。停止使用的异体字中，有用作姓氏的，在报刊图书中可以保留原字，不加变更，但只限于作为姓用。"表内所列异体字共 810 组，每组最少 2 字，最多 6 字，合计共 1865 字，经过整理后共精简去 1055 字。（据陈明然《异体字整理细说》，由于选用字"参"、停用字"粦""妳"分别重复出现，实际停用字数应为 1053 字。选用字和停用字总计为 1862 字。）1956 年 8 月 23 日，发布单位发出《修正第一批异体字整理表〔阪〕〔挫〕二字的通知》。1964 年版《简化字总表》、1986 年 10 月 10 日重新发表的《简化字总表》、1988 年 3 月 25 日发布的《现代汉语通用字表》、1990 年版与 1993 年版、1997 年版、2006 年版《语言文字规范手册》和 1993 年国家语委《关于"鎔"字使用问题的批复》，以及 2013 年发布的《通用规范汉字表》等先后对异体字进行了调整。2013 年《通用规范汉字表》在附录《规范字与繁体字、异体字对照表》中列出异体字 794 组，1023 个停用字，总字数 1817 个。

1955111　22 日，《中国语文》12 月号集中刊登现代汉语规范问题学术会议的文件、报告、消息。

1955112　24 日，中国文字改革委员会拼音方案委员会召开第十一次会议，决定把原来的《拼音文字方案》的名称改为《汉语拼音方案》。

1955113　全国文字改革会议秘书处编《全国文字改革会议文件汇编》出版（内部发行）。后改名《第一次全国文字改革会议文件汇编》，1957 年 10 月由文字改革出版社出版。

## 同年

1955114　从本年起，中国进行了大规模的方言普查。在不到三年的时间内，普查了 1849 个点，约占全国县市的 80%；编辑了十多种"方言概况"和三百多种"学习普通话手册"。

1955115　为了消除印刷铅字字形的混乱，中国文字改革委员会成立了标准字形研究组，开始研究统一印刷铅字的字形。

1955116　中国文字改革委员会编出《通用字表（初稿）》，收字 5709 个。

1955117　中国科学院语言所编《方言调查字表》由科学出版社出版。

1955118　吕叔湘《汉语语法论文集》由科学出版社出版。收入书中的论文为近代汉语语法学奠定了基础。

1955119　胡附、文炼《现代汉语语法探索》由东方书店出版。

1955120　董少文（李荣）《语音常识》由文化教育出版社出版。

# 1956 年

## 1 月

1956001　1 日,《人民日报》和地方报纸纷纷改为横排。据吴玉章《中国文字改革的道路》一文统计:"全国性的报纸,自 1956 年元旦起全部改为横排,大多数省报已经或正在准备改为横排。据 1955 年年底统计,全国 372 种期刊中,横排的有298 种,占 80.1%。1956 年起,全国性的期刊除了一两种仍用直排外,已经全部改用横排。一年来,图书采用横排的亦在逐渐增多。"

1956002　7 日,中国文字改革委员会召开第二十六次常务会议,讨论向国务院请示工作的报告。报告包括: 1. 把《汉字简化方案》送交各审订委员审订,然后提请国务院公布。地名生僻用字、少数民族汉字名称用字,建议分别由内务部会同中国文字改革委员会与当地协商,民族事务委员会(简称"民委")会同文改会与本民族协商。2. 建议国务院设立中央一级的推广普通话工作委员会。3. 拼音方案委员会经过十个多月的工作、三十多次会议的讨论,拼音方案的制订工作基本上已经完成。

1956003　7 日,台湾教育事务主管部门通知台湾省"教育厅",1956 年的"国语"推行工作还要加强,重心是健全全省各县市"国语"推行委员的人事与充实工作。已成立"国语"推行委员会的有台北等 15 个县市,其他地区在经费许可的条件下将设法促使在本年内成立。

1956004　10 日,中国文字改革委员会召开第四次全体会议。会议对个别字母做了修改后,一致通过了《汉语拼音方案(草案)》。会议推举叶籁士、陆志韦、周有光组成小组,根据通过的方案,负责写定《汉语拼音方案(草案)》和《关于拟定汉语拼音方案(草案)的几点说明》。

1956005　16 日,国务院汉字简化方案审订委员会同意中国文字改革委员会 1 月再次修正的《汉字简化方案》。

1956006　18 日,《光明日报》的《文字改革》双周刊发表吴玉章《中国文字改革的道路》。文章回顾了中国文字改革委员会成立一年来文字改革工作的概况，以及今后需要做的工作。

1956007　18 日，台湾省议员胡丙申在省议会上提出加强教员"国语"训练的建议。认为"教育厅"应拟定中等学校教员"国语"进修办法通令实施，至少应规定语文教师应限期学习标准"国语"，以利"国语"教育的进行。

1956008　19 日，台湾省政府颁布《台湾省各县山地乡国语推行小组设置办法》。规定：各县"国语"会在各山地乡分别设立各山地乡"国语"推行小组，由乡长、驻乡"国语"推行员、乡镇公所各有关课长、卫生所主任、驻乡警务首长、学校校长、民教班教员组成，乡长兼小组长，"国语"推行员为小组干事。小组成立后负责全面展开"国语"推行工作。

1956009　20 日，中共中央召开知识分子问题会议。中国文字改革委员会主任吴玉章在会上做了关于文字改革的发言，然后毛泽东主席讲话。他指出：会上吴玉章同志讲到提倡文字改革，我很赞成。在将来采用拉丁字母，你们赞成不赞成呀？我看，在广大群众里头，问题不大。在知识分子里头，有些问题。中国怎么能用外国字母呢？但是，看起来还是以采取这种外国字母比较好。吴玉章同志在这方面说得很有理由，因为这种字母很少，只有二十几个，向一面写，简单明了。我们汉字在这方面实在比不上，比不上就比不上，不要以为汉字那么好。有几位教授跟我说，汉字是"世界万国"最好的一种文字，改革不得。假使拉丁字母是中国人发明的，大概就没有问题了。问题就出在外国人发明，中国人学习。但是，外国人发明，中国人学习的事情是早已有之的。例如，阿拉伯数字，我们不是久已通用了吗？拉丁字母出在罗马那个地方，为世界大多数国家所采用，我们用一下，是否就大有卖国嫌疑呢？我看不见得。凡是外国的好东西，对我们有用的东西，我们就是要学，就是要统统拿过来，并且加以消化，变成自己的东西。我们中国历史上汉朝就是这么做的，唐朝也是这么做的。汉朝和唐朝，都是我国历史上很有名、很强盛的朝代。他们不怕吸收外国的东西，有好的东西就欢迎。只要态度和方法正确，学习外国的好东西，对自己是大有好处的。

1956010　20 日，上海市教育局举办全市中、初等学校教师普通话训练班。全市中小学、师范学校及其他各类学校教师共 566 人参加学习。训练班在 2 月 9 日结束。

1956011　27 日，中共中央发出《关于文字改革工作问题的指示》，决定公布汉字简化方案、大力推广普通话、早日确定汉语拼音方案、发布一个文字改革宣传提纲，并明确指出："中央认为，汉语拼音方案采用拉丁字母比较适宜。"新中国成立初期，毛泽东曾经主张汉语拼音方案采用汉字笔画，即所谓民族形式字母。文改研究委员会曾经用了整整三年时间集中大部分力量研究、拟订过多种民族形式的方案。毛泽东看了都不满意，他要求民族形式的拼音字母比注音字母更简单。他认为注音字母笔画太繁，有些字母多到四笔；还说我们的拼音字母要胜过日本假名。在这段时间里，毛泽东研究了世界上各种字母产生和发展的历史。最后，他说民族形式字母不要搞了，还是采用拉丁字母。他说拉丁字母是世界上最通行的字母，也比俄文字母或其他字母好看。多数国家所用的字母都不是本民族发明的。

1956012　28 日，国务院全体会议第 23 次会议通过《关于公布〈汉字简化方案〉的决议》和《推广普通话的指示》。决定成立中央推广普通话工作委员会，并任命陈毅为主任，郭沫若、吴玉章、陆定一、康生、林枫、张奚若、舒舍予为副主任，丁西林、丁声树、王力、王芸生、叶恭绰、叶圣陶、叶籁士、朱学范、吕叔湘、刘春、沈雁冰、吴冷西、邵力子、周有光、周建人、周扬、周新武、罗常培、林汉达、胡乔木、胡愈之、胡绳、胡耀邦、范长江、夏衍、韦悫、陈克寒、曾昭抡、梅益、梅兰芳、黄松龄、董纯才、邓拓、蔡畅、黎锦熙、赖若愚、钱俊瑞、戴伯韬、萧三、萧华、谢觉哉、萨空了、魏建功等 43 人为委员。委员会的工作机关设在中国文字改革委员会。

1956013　30 日，中国文字改革委员会编印的内部刊物《文字改革通讯》第一期出版。至 1960 年 6 月 3 日停刊，共出 34 期。

1956014　31 日，《人民日报》发表国务院《关于公布〈汉字简化方案〉的决议》和《汉字简化方案》。《决议》指出，1955 年 1 月提出的草案，经全国文字学家、各省市学校的语文教师以及部队、工会的文教工作者约 20 万人参加讨论，提供意见，再经全国文字改革会议通过，并由国务院汉字简化方案审订委员会审订完毕。方案分三个部分：第一部分即汉字简化第一表所列简化汉字共 230 个，已经由大部分报纸、杂志试用，应该从 1956 年 2 月 1 日起在全国印刷的和书写的文件上一律通用；除翻印古籍和有其他特殊原因以外，原来的繁体字应该在印刷物上停止使用。第二部分即汉字简化第二表所列简化汉字 285 个和第三部分即汉字偏旁简化表所列简化偏旁 54 个。为慎重起见，特先行公布试用，并责成各省市人民委员会邀集本省市政协委员征求意见，在 3 月底以前报告国务院，以便再做必要的修正，然后正式分批推行。

1956015　31 日，中国科学院语言所成立普通话审音委员会。聘请丁西林、丁声树、舒舍予、罗常培、吴文祺、吴晓铃、周有光、周祖谟、徐世荣、高名凯、陆志韦、陆宗达、欧阳予倩、齐越、魏建功等 15 人为委员，罗常培为召集人。

## 2 月

1956016　1 日，中国文字改革委员会根据国务院的决议，将《汉字简化方案》里的简化字分为四批推行。1956 年 2 月 1 日公布第一批推行的简化字 260 个（包括《汉字简化方案》第一表的 230 个简化字和《汉字简化方案》之外的 30 个偏旁类推简化字）；1956 年 6 月 1 日公布第二批推行的简化字 95 个；1958 年 5 月 10 日公布第三批推行的简化字 70 个；1959 年 7 月 15 日公布第四批推行的简化字 92 个。以上四批推行的简化字共 517 个，其中包括《汉字简化方案》未收入的 30 个偏旁类推简化字。至此，只剩下 28 个字尚未推行。经过一段时间的试用，文改会对《汉字简化方案》里的三个偏旁"金""魚""鳥"的简化偏旁做了调整，还把简化字"娄（婁嘍）"改为"娄（婁）"、"彻（徹澈）"改为"彻（徹）"、"仓（倉艙）"改为"仓（倉）"。

1956017　1 日，《光明日报》的《文字改革》双周刊发表叶恭绰《关于汉字简化工作》，文章谈了以下问题：汉字简化问题是怎样提出来的；目前汉字简化工作的方针和步骤可以用"约定俗成，稳步前进"八个字来概括；以及简化字是不是破坏了汉字的完整性和艺术性等。同时还登载马寅初转来的一封工人来信《汉语拼音方案应采用国际通用字母》。

1956018　2 日，国务院发出《关于成立中央推广普通话工作委员会的通知》。

1956019　6 日，国务院发布《关于推广普通话的指示》。《指示》指出，"汉语统一的基础已经存在了，这就是以北京语音为标准音、以北方话为基础方言、以典范的现代白话文著作为语法规范的普通话"①。在文化教育系统中和人民生活各方面推

---

①　在 1955 年 10 月 15 日召开的全国文字改革会议上，只强调了"以北京语音为标准音的普通话——汉民族共同语"；在 10 月 25 日召开的现代汉语规范问题学术会议上才明确指出"普通话以北方话为基础方言，以北京语音为标准音"；而关于普通话的完整定义，即加上"以典范的现代白话文著作为语法规范"，则最早见于这个《指示》。为了体现各民族的平等与相互尊重，为了避免少数民族误认为国家只推行汉语而歧视少数民族语言，所以在 1955 年 10 月召开的全国文字改革会议和现代汉语规范问题学术会议上，对规范的汉民族共同语的名称进行了认真的研究讨论，决定把清末至民国时期的"国语"改名为"普通话"。

广普通话，是促进汉语达到完全统一的主要方法。指示共分 12 条，对全国各行各业，各机关、组织、团体都提出了要求。

1956020　12 日，《人民日报》刊载《汉语拼音方案（草案）》和《关于拟定〈汉语拼音方案（草案）〉的几点说明》。这次发表的"原草案"与 1955 年 10 月的《汉语拼音文字（拉丁字母式）草案初稿》相比，名称上去掉了"文字"二字。

1956021　12 日，《人民日报》发表社论《努力推广普通话》。

1956022　15 日，《光明日报》发表社论《大力推广普通话》。

1956023　16 日，中华全国总工会发出《关于在职工中推广普通话的指示》。

1956024　16 日，教育部和中国科学院语言所联合举办的普通话语音研究班第一期开学，学员 106 人。研究班每期半年结业，到 1959 年 7 月共办七期。从 1959 年 8 月起，为了加强对该班的领导，决定今后改由教育部、文改会、语言所合办。到 1960 年上半年，又办了两期，前后一共办了九期，为全国各地培养汉语方言调查和推广普通话工作骨干 1666 人。

1956025　17 日，《光明日报》发表题为《欢迎〈汉语拼音方案（草案）〉》的社论。

1956026　22 日，《中国语文》1 月号发表《国务院关于推广普通话的指示》和社论《为完成语文工作的三大任务而奋斗》。社论说，全国文字改革会议和现代汉语规范问题学术会议向全国语言学界提出了三大任务，就是促进文字改革、推广普通话和实现汉语规范化。这一期还发表了《汉语拼音方案（草案）》和中国文字改革委员会的《关于拟定〈汉语拼音方案（草案）〉的几点说明》。同期还发表了唐兰《论马克思主义与中国文字改革基本问题》。唐兰原来主张"切音文字"，即常用汉字和新形声字混用（新形声字就是以注音字母拼写形声字声旁），后来，他的主张改为"综合文字"，即常用汉字和用注音字母拼写的拼音文字混用，如把"风景"写作"风ㄐㄧㄥ"。《中国语文》同期发表了五篇批评唐文的文章，后来又发表六篇批评文章，给人以围攻的印象。

1956027　28 日，《光明日报》发表向若《对汉语词汇的规范化工作的一些意见》。

1956028　29 日，《光明日报》的《文字改革》双周刊发表周建人《谈谈汉语拼音方案》、李朴（周新武）《迎接我国文字改革工作的新成就》、拓牧（杜松寿）《汉语拼音方案（草案）字母读音的根据》、徐世荣《把汉语拼音字母试用到北京语音教学上》。

1956029　《汉字简化方案》单行本由人民教育出版社出版。

1956030　语言文字学家杨树达（1885—1956）逝世。

# 3 月

**1956031** 5 日，全国政协常委会第十八次会议（扩大）讨论《汉语拼音方案（草案）》。中国文字改革委员会主任吴玉章在讨论前做了《关于汉语拼音方案（草案）》的报告。报告主要讲三个问题：1. 我们为什么要有一个汉语拼音方案？2. 我们的拼音方案为什么采用拉丁字母？3. 汉字的前途究竟怎么样？叶恭绰、郑芸、钟惠澜、邓初民、张德庆、周建人、王遵明、胡庶华、吴家象等委员相继发言，基本赞同此方案，对个别拼法提了意见。会议还通过了政协全国委员会和各省、市、自治区委员会组织讨论《汉语拼音方案（草案）》的计划。当天，中国人民政治协商会议发出《关于组织讨论〈汉语拼音方案（草案）〉的通知》。

**1956032** 10 日，中国文字改革委员会召开第二十七次常务会议。会议通过建立推广普通话的工作机构、《1956 年上半年推广普通话工作计划纲要（草案）》和举办拼音字母讲习班的计划。此外，还讨论了中国文字改革委员会委员如何参加政协讨论汉语拼音方案的问题。

**1956033** 12 日，中央推广普通话工作委员会在北京宣告正式成立，举行第一次全体会议。会议由主任陈毅主持，听取了教育部副部长叶圣陶所做的《各省、市教育厅、局推广普通话工作初步总结》，修正并通过了《1956 年上半年推广普通话工作计划纲要》。会议决定，中央推广普通话工作委员会不另外设立机构，由中国文字改革委员会负责推广普通话整个工作的计划、指导和检查。为了和有关各部门联系，中国文字改革委员会设立普通话推广处。

**1956034** 14 日，《光明日报》发表郭沫若《希望拼音方案早日试用》。

**1956035** 15 日，铁道部政治部发出《关于在全国铁路推行文字改革的指示》。

**1956036** 16 日，《人民日报》发表罗常培《从汉字造字和标音的历史看汉语拼音方案的进步性》。

**1956037** 17 日，北京市推广普通话工作委员会成立，主任吴晗，副主任廖沫沙、翁独健、孙承佩，委员 16 人。

**1956038** 18 日，《中国语文》2 月号发表社论《大家来讨论研究〈汉语拼音方案（草案）〉和〈汉字简化方案〉》。

**1956039** 20 日，高等教育部、教育部发出《关于汉语方言普查工作的指示》。《指示》说，这次方言普查以帮助推广普通话为目的，着重调查语音（声、韵、调的系统，音值跟北京语音的对比），同时调查一部分词汇和语法特点。这次调查还是初步的，详细深入的调查研究，待以后再做。《指示》提出，全国各地的汉语方言普查工作要在 1956、1957 两年内完毕。调查方言的任务，主要由各地综合大学和高等师范学校的中国语言文学系分区承担。

1956040　20 日，《人民日报》发表傅懋勣《汉语拼音方案对发展少数民族语言和文化的意义》。

1956041　27 日，江西省推广普通话工作委员会成立，主任邵式平，副主任莫循、饶思诚、欧阳武、吕良、许德瑗、郭庆棻、石凌鹤，委员 12 人。

1956042　28 日，中国文字改革委员会、文化部联合发出通知，根据群众意见，修正《第一批异体字整理表》内"阪、挫"二字。"阪"字用作日本地名大阪时仍用原字，"挫"字应予删去，不作为异体字。

1956043　29 日，中共中央、国务院发布《关于扫除文盲的决定》。

1956044　论文集《简化汉字问题》出版。第一部分是有关汉字改革方针、原则的文章，第二部分是对《汉字简化方案（草案）》编制经过和具体内容的说明、分析，第三部分是从文字应用的方方面面分析研究《汉字简化方案（草案）》。

1956045　林汉达《文字改革是怎么回事》由工人出版社出版。

# 4 月

1956046　3 日，中央广播事业局发出《关于推广普通话的指示》。

1956047　3 日，青海省推广普通话工作委员会成立，主任张国声，副主任何邦魁、冯峰正、魏敷滋。

1956048　10 日，文化部发出《为贯彻国务院〈关于推广普通话的指示〉的通知》。

1956049　10 日，广东省推广普通话工作委员会成立，主任古大存，副主任陈汝棠、王匡、杨康华、娄光琦、梁威林、肖隽英、欧阳山、杜国庠，委员 39 人。

1956050　13 日，浙江省推广普通话工作委员会成立，主任俞子夷，副主任李微冬、陈立，委员 6 人。

1956051　26 日，中国文字改革委员会召开第三十次常务会议，讨论中国文字改革委员会的机构问题。原则上同意把机构改组为：第一研究室、第二研究室、第一编辑室、第二编辑室、文献档案室、宣传联络处、普通话推广处、出版处、技术处、办公室。

1956052　26 日，教育部发出《关于组织教师收听"普通话语音教学讲座"的通知》。

1956053　26 日，安徽省推广普通话工作委员会成立，负责人操震球。

# 5 月

1956054　4 日，福建省推广普通话工作委员会成立，主任陈绍宽，副主任庄炎林、何若人、何公敢、熊兆仁，秘书长郑书祥，委员 15 人。

1956055　9 日，国务院发出《关于在各省（市）教育厅（局）设立普通话推广处（科）的通知》。

1956056　9 日，中国文字改革委员会拼音方案委员会举行第十四次会议，对《汉语拼音方案（草案）》在试用时期字母的名称做出决定。

1956057　9 日，山西省推广普通话工作委员会成立，主任王中青，副主任解玉田，委员 12 人。

1956058　15 日，高等教育部、教育部发出《关于在高等学校和中等专业学校推广普通话的联合通知》。《通知》指出，高等学校到 1959 年、中等专业学校到 1960 年，除年老和有特殊困难的教师外，要求一般都能基本上用普通话进行教学。1956 年本届毕业生，凡是不会说普通话的，在离校前都应该进行短期的补习。将在 1957 年和 1958 年毕业的学生，凡是不会说普通话的，要求在毕业时，基本上都会说普通话。其他不会说普通话的在校学生，高等学校的，一般最迟到 1959 年；中等专业学校的，一般最迟到 1960 年，应当基本上都会说普通话。

1956059　18 日，湖南省推广普通话工作委员会成立，主任唐麟，副主任华国锋、陈志彬、肖敏颂、陈曦，秘书长孙景华，委员 20 人。

1956060　24 日，湖北省推广普通话工作委员会成立，主任聂国清，副主任周杰、沈肇年、何定华、柳野青，委员 15 人。

1956061　28 日，中央推广普通话工作委员会和中国文字改革委员会联合发出《请各地组织有关文字改革和推广普通话问题的报告会、讲演会的通知》。

1956062　30 日，台湾省"教育厅"令各中等学校谈话应尽量讲"国语"，避免用方言。

1956063　教育部、中央广播事业局、中央人民广播电台联合举办《普通话语音教学广播讲座》，共讲 24 次。这次播讲，《汉语拼音方案（草案）》的"拼音字母"被试用为正音工具。

# 6 月

1956064　1 日，《汉字简化方案》的第二批简化字开始正式推行。这一批推行了 95 个字。

1956065　3 日，内务部、中国文字改革委员会发出公函，征求对地名生僻用字简化的意见。

1956066　7 日，黑龙江省推广普通话工作委员会成立，主任于天放，副主任陈元直、王清正，委员 21 人。

1956067　7 日，台湾教育事务主管部门发令规定作业试卷及出版书刊字体与款式。针对大陆推行简化字和书刊横排规定："1.各国校学生作业，均应用正楷，不得写简体字。2.考试试题试卷，除数理化乐谱等横写外，其他如国文、公民、史地等科目，均应由上向下，由右而左，不得横排或横写。"

1956068　15 日，陕西省推广普通话工作委员会成立，主任成柏仁，副主任董锡斌、景岩征、鱼讯，委员 14 人。

1956069　16 日，中国文字改革委员会拼音方案委员会第二十次会议决定推举王力、陆志韦、黎锦熙三人组成小组，起草《汉语拼音方案修正草案要点（草稿）》。

1956070　23 日，文字改革出版社在北京成立，并建立文字改革实验工场。

1956071　26 日，台湾省"教育厅"令"各校国文教员勿侧重文言忽略白话文"。

1956072　27 日，台湾省议员林金生在省议会上提出："各级公务人员，大多喜说方言，这对社会风气和政令推行都有影响，并须纠正。"

1956073　29 日，中国文字改革委员会拼音方案委员会举行关于修改《汉语拼音方案（草案）》座谈会，陈毅、胡乔木出席会议。

# 7 月

1956074　2 日，中国共产主义青年团中央委员会（简称"共青团中央"）发出《关于在青少年中逐步推广普通话的通知》。

1956075　2 日，河北省推广普通话工作委员会成立，主任李继之，副主任齐璧亭、刘文哲、马紫笙，委员 14 人。

1956076　8 日，文字改革文献资料陈列室在北京开放。

1956077　22 日，《中国语文》7 月号发表郑之东《朝鲜的文字改革》。

1956078　26 日，河南省推广普通话工作委员会成立，主任嵇文甫，副主任高镇

五、曲乃生，委员 23 人。

1956079　30 日，江苏省推广普通话工作委员会成立，主任管文蔚，副主任齐建秋、吴贻芳、方光焘、陈鹤琴，委员 29 人。

1956080　辽宁省推广普通话工作委员会成立，主任车向忱，副主任张立达、王奉璋、毕文庭、时绍五，委员 11 人。

1956081　现代汉语规范问题学术会议秘书处编辑的《现代汉语规范问题学术会议文件汇编》出版。

## 8 月

1956082　15 日，研究实验汉语拼音文字的刊物《拼音》月刊创刊，文字改革委员会主办。《发刊词》说，拼音方案不等于拼音文字，对于汉语来说尤其是这样。汉语拼音方案只是汉语拼音文字的第一步甚至可能是万里长征的第一步。怎样在汉语拼音方案的基础上建设一套完善的拼音文字，需要进行多方面的巨大的研究和实验工作。汉语拼音文字能不能顺畅地生长和发展，在很大程度上将取决于这些工作能不能胜利地完成。创刊号是《汉语拼音方案（草案）》修正意见特辑。这一辑发表了中国文字改革委员会拼音方案委员会的《关于修正〈汉语拼音方案（草案）〉的初步意见》。委员会根据各方意见提出修正第一式和修正第二式。本期还发表了《中国人民政治协商会议全国委员会和各地委员会、各人民团体和各界人士对〈汉语拼音方案（草案）〉所提主要意见的整理》以及讨论方案的四篇文章。在《拼音文字史料》栏发表了倪海曙《清末拼音文字的写法》。本期还有附册：《SHIJAN》（实验）。

1956083　17 日，广西壮族自治区推广普通话工作委员会成立，主任石兆棠，副主任雷沛鸿、潘古，委员 17 人。

1956084　22 日，《中国语文》8 月号发表韦悫《关于修改〈汉语拼音方案（草案）〉的几个问题》和丁西林的《汉字的笔画结构及其写法与计算笔画的规则》。

1956085　23 日，贵州省推广普通话工作委员会成立，主任田君亮，副主任陶澎、唐健，委员 8 人。

1956086　27 日，交通部发出《关于推广普通话的指示》。

1956087　中国文字改革委员会拟出《通用汉字表草案（初稿）》。收通用汉字 5390 个，分为三部分：常用字 1500 字、次常用字 2004 字、不常用字 1886 字。

经征求意见修改后，于 1960 年 7 月拟订了《通用汉字表草案》，比《初稿》增加 500 多字。这份字表，后又经修订，但没有完成。

1956088　新疆维吾尔自治区语言文字研究委员会成立。

1956089　董同龢《华阳凉水井客家话记音》由科学出版社重印出版。原载 1948 年商务印书馆发行的《历史语言研究所集刊》第十九本。

# 9 月

1956090　1 日，教育部和中国科学院语言所合办的普通话语音研究班第二期开学，学员 138 人。

1956091　9 日，上海语文学会成立。

1956092　15 日，《拼音》第 2 期发表杜松寿译《东干语词儿书写规则》、周刚译《朝鲜语词儿连写规则》，还发表了汉语拼音文字的几种写法资料。

1956093　18 日，台湾教育事务主管部门令，规定学校公告用语体并加标点。

1956094　19 日，中国文字改革委员会召开第三十四次常务会议讨论《通用汉字表》。通用汉字的性质确定为"现代一般书籍杂志上通用的汉字"。选定通用汉字的目的是，促进汉语用字的规范化，并且作为教学语文、编辑字典、电码本和刻制印刷字模等的依据。《通用汉字表》是客观地选定社会上通用的字，它不限制别人使用未选定的字或创造新字，但是有了这个表，人们在使用非通用字或创造新字的时候将有所考虑。

1956095　22 日，《中国语文》9 月号发表周有光《汉语盲文的音素化和系统化》。

1956096　22 日，台湾师范大学设置"国语"教学中心，召开第一次"国语"教学中心设计委员会。王寿康主持，刘真、梁容若、梁实秋、高明、齐铁恨、许世瑛、沈亦珍、赵友培出席。王寿康任主任。

1956097　24 日，上海市教育局、上海市人民广播电台联合举办《普通话广播讲座》。

1956098　26 日，中国文字改革委员会主任吴玉章在中国共产党第八次全国代表大会上做题为《关于中国文字改革的问题》的发言。发言指出，社会主义建设要求大大提高工人、农民的文化水平和技术知识，要求我国科学在一个比较短的时期内，达到世界的先进水平。科学、文化、技术的提高，对于我国工业化的进展，具有决定性的作用。但是如果汉字不加以彻底的改革……将成为向科学和文化进军的一重障碍。……汉语拼音方案，采用罗马字母，这是确定了的。因为拉丁字母是现代大多数的民族语言中所公用的字母，并且是为我国知识界所已经熟悉的一种字母。……拼音方案，在目前主要的用途，是为了给汉字注音和用作教学普通话的工具，同时用以进行拼音文字的试验工作。吴玉章对中央关于发展国民经济的第二个五年计划的建议中已经列入"有计划有步骤地推行文字改革"表示赞同。

1956099　26 日，中国文字改革委员会召开第三十五次常务会议，讨论修正《汉字简化方案》中第二表和第三表的问题。会议决定，召开座谈会，根据各地政协委员的意见，讨论并写成修正建议，然后由常务会议通过，送请国务院汉字简化方案审订委员会审订，国务院批准正式推行；已正式公布推行的《汉字简化方案》中的第一表，如有个别字简化得不完全恰当，也可建议修订。

1956100　26 日，教育部和中国文字改革委员会联合发出《通用汉字表》，征求各省、自治区、直辖市教育厅（局）的意见。

1956101　26 日，文化部、中国文字改革委员会联合发出通知，规定在报刊、书籍中，日本、朝鲜的人名、地名、书名等暂且不用简化字。

# 10 月

1956102　10 日，国务院全体会议决定成立汉语拼音方案审订委员会。主任郭沫若，副主任张奚若、胡乔木，委员叶恭绰、叶圣陶、朱学范、沈雁冰、邵力子、陆定一（后由周扬出席会议）、周建人、罗隆基、胡绳、马叙伦、许广平、陶孟和、黄绍竑、许德珩、舒舍予、钱俊瑞。

1956103　15 日，《拼音》第 3 期发表周秉清《谈汉字改革》、陈文彬译《罗马字日文的书写规则》。本期附册是《常用汉字拼音表（草稿）》。

1956104　17 日，汉语拼音方案审订委员会召开第一次会议。会议由郭沫若主持。会议讨论了审订委员会工作计划草案，推定胡愈之为秘书长。会上由中国文字改革委员会王力做《关于修改〈汉语拼音方案（草案）〉的初步意见的说明》。

1956105　17 日，中国文字改革委员会又发出《关于建议更改生僻地名字问题》给各省、市、自治区人民委员会的函件，提出更改生僻地名字的程序：县以上地名用字的更改，由各省、市、自治区提出更改意见，报内务部和文改会组织成立的地名审改组审核同意后，再报请国务院审批；县以下地名用字的更改，由各省、市、自治区审批，审批后报内务部备案，同时抄送文改会。从 1955 年 3 月 30 日到 1964 年 8 月 29 日，经国务院批准，分 9 次更改了 35 个县以上地名中的生僻用字。中国文字改革委员会于 1982 年 11 月 5 日发出《征集更改县以上地名及山河等名称中生僻字的通知》，准备继续推进这项工作。后陆续收到反馈意见，多数意见认为县以上地名用字应保持稳定，现不宜更改。不少学术界人士认为地名负载着文化，应保护这一文化资源，一般不宜改动。

1956106　19 日，民族文字字母形式问题讨论会在贵州贵阳举行。

1956107　22 日，中国文字改革委员会召开第三十六次常务会议，议题是协助汉语拼音方案审订委员会组织关于拼音方案的座谈讨论问题。

1956108　22 日，《中国语文》10 月号发表杜松寿《鲁迅与文字改革》。

1956109　25 日，汉语拼音方案审订委员会举行第二次会议。会议由郭沫若主持。会上继续听取中国文字改革委员会关于汉语拼音方案问题的说明，讨论通过了审订委员会召开分组座谈会的各组名单和组召集人名单、外地投票人名单和投票办法。

1956110　31 日，苗族语言文字问题科学讨论会在贵州贵阳举行，通过《苗族文字方案（草案）》。

1956111　31 日，甘肃省推广普通话工作委员会成立，主任陈成义，副主任马惇靖、吴坚、黄执中，委员 11 人。

# 11 月

1956112　4 日，布依族语言文字问题科学讨论会在贵阳市举行，通过《布依族文字方案（草案）》。

1956113　12 日，交通部发出《关于组织水运系统调度工作人员学习普通话的指示》。

1956114　19 日，山东省推广普通话工作委员会成立，主任王哲，副主任刘健飞、冯毅之、彭畏三，委员 11 人。

1956115　21 日，汉语拼音方案审订委员会召开第四次会议，通过了《汉语拼音方案修正草案》。该修正草案将提请国务院批准公布。会议由审订委员会主任郭沫若主持。到会的有副主任张奚若、胡乔木和委员 14 人。会上通过的《汉语拼音方案修正草案》是汉语拼音方案修正第一式。

1956116　22 日,《中国语文》11 月号发表李荣《怎样编写本地人学习普通话手册和方言调查报告》。

# 12 月

1956117　14 日,教育部、中国文字改革委员会联合转发《浙江省推广普通话工作情况及今后工作的初步意见》。

1956118　15 日,《拼音》第 5 期发表曾世英《从整理外国地名译名的角度上来谈谈汉语拼音文字》、周有光《拼音文字和拼音电码》、陈文彬译《日本罗马字拼音的历史》。

1956119　18 日,彝族语言文字科学讨论会在四川成都举行,通过《凉山彝族拼音文字方案（草案）》。

1956120　28 日,云南省推广普通话工作委员会成立,主任龚自知,副主任徐嘉瑞、刘鼎铭、陆万美,委员 7 人。

1956121　30 日,中国文字改革委员会召开第三十八次常务会议,决定:文字改革出版社从 1957 年 1 月起改为企业机构;简化字和异体字整理工作,根据国务院已公布的三批简化字和异体字表进行审订,制定出一个 500 字以上的 1957 年简化字表和繁简字对照表,再请文化部公布实行。

## 同年

1956122　陈梦家《殷虚卜辞综述》由科学出版社出版。

1956123　罗常培《汉语音韵学导论》由中华书局出版。

1956124　1956—1957 年,《中国语文》开展北京话音位问题讨论。这次讨论为《汉语拼音方案》的制订奠定了理论基础。

# 1957 年

## 1 月

1957001　14 日，上海市教育局和上海市人民广播电台再次联合举办《普通话语音教学广播讲座》。

1957002　16 日，《光明日报》的《文字改革》双周刊发表曹伯韩《汉字的体系和它的内部矛盾》。

1957003　23 日，上海市推广普通话工作委员会成立，主任金仲华，副主任陈望道、陈其五、陈琳瑚、舒新城、孟宪承、巴金，委员 29 人。

1957004　23 日，《光明日报》发表文字学家唐兰的谈话《给文字学以应有的地位》。唐兰谈了语言学不能代替文字学，冷落和"一家不鸣"，不要由冷门变成绝门等问题，文章呼吁要肯定文字学的存在价值，给文字学以应有的地位。

1957005　27 日，中国文字改革委员会拟出《关于修改〈第一批异体字整理表〉几点建议》，并决定将修改后的《第一批异体字整理表》与《第二批异体字整理表（初稿）》合并为《异体字整理表》。经反复研究和多次修改，于 1959 年 12 月 31 日拟出《异体字整理表（初稿）》。在此基础上，于 1964 年拟出《异体字整理总表》第一批字组、第二批字组和第三批字组，1965 年 6 月拟出第四批字组和第五批字组。1965 年 11 月，中国文字改革委员会又拟出《异体字整理表》（修订稿）。后因十年动乱，加上对《第一批异体字整理表》褒贬不一，社会认识难以统一，字表最终未能审订公布。

1957006　〔意〕利玛窦《明末罗马字注音文章》由文字改革出版社出版。这是该社编印的"拼音文字史料"丛书的第一本。这套丛书一共出版了 26 种，收集比较完整，是研究汉语拼音文字历史的珍贵资料，受到海内外学者的重视。

1957007　《汉语拼音方案草案讨论集》由文字改革出版社编辑出版，一共出版 4 辑。

## 2 月

1957008　4 日，陈梦家在《光明日报》发表《略论文字学》，认为文字学"对于研究古代是一把少不了的钥匙"；"要想做好改繁体字为简体字的工作，需要首先总汇这些简体字加以研究，然后将可用的选出推行。简体字应该是继承过去许多代的习用而加以正式规定，而不是创造"，"改革文字是一件大事，不可以过于忙迫。现在颁布的简体字，在公布前所作的讨论是不够充分的"，"在讨论文字改革的时候，还应该对汉字作一个比较公平的估计"。

1957009　11 日，黎族语言文字问题科学讨论会在海南黎族苗族自治州州府通什（今五指山市）举行，会议通过了《黎文方案（草案）》。

1957010　15 日，教育部和中国科学院语言所合办的普通话语音研究班第三期开学，学员 156 人。

1957011　19 日，台湾省政府公布《台湾省失学民众强迫入学施行细则》，共计 20 条，并由省"教育厅"通令各县市实施。

1957012　22 日，中国文字改革委员会召开第五次全体会议，决定扩大汉语拼音方案委员会。会上推定胡乔木、吕叔湘、魏建功三位委员参加，并推定韦悫、王力、陆志韦三位委员为拼音方案委员会扩大会议的召集人。此外，接受汉语拼音方案审订委员会郭沫若主任，张奚若、胡乔木副主任的建议，将个别拼法提交拼音方案委员会重加讨论。

1957013　28 日，上海市教育局发出《各级学校应继续大力推广普通话的指示》。

## 3 月

1957014　6 日，高等教育部、教育部联合发出《关于汉语方言普查的补充通知》。《补充通知》根据一年来各地汉语方言普查的工作情况提出了 10 点意见。

1957015　16 日，云南少数民族语言文字科学讨论会在云南昆明举行，讨论会通过哈尼、傈僳、景颇、拉祜、佤等拼音文字方案（草案）。

1957016　19 日，台湾省政府发布《国语标准测验实施办法》，并规定应"加强员工国语补习，准备接受测验"。

1957017　22 日，《中国语文》3 月号发表唐兰《再论中国文字改革基本问题》和韦悫《和唐兰先生商谈文字改革问题》。

1957018　30 日，中国文字改革委员会举行第六次全体会议。会议一致通过拼音方案委员会提出的《汉语拼音方案修正草案（草稿）》。会议决定由拼音方案委员会扩大会议的召集人韦悫、王力、陆志韦对《汉语拼音方案修正草案（草稿）》进行文字上的整理。

## 4 月

1957019　11 日，台湾省召开全省地方教育座谈会。会议决定："对于推广补习教育，各县市区，今年继续完成失学民众补习教育普及计划，并于两年内完成。"

## 5 月

1957020　6 日，中国文字改革委员会召开第四十二次常务（扩大）会议。在这以前，4 月 18 日《人民日报》刊发唐兰《行政命令不能解决学术问题》。4 月 28 日《光明日报》刊登骆瑛《一位生物学家对文字改革的意见》。会议决定：1. 为贯彻执行百花齐放、百家争鸣的方针，（1）举办文字改革问题讲座或讲演会；（2）召开文字改革工作座谈会，听取各方面的意见；（3）文字改革刊物应多登载不同意见；（4）整理人民来信，将有价值的建议、意见发表。2. 由韦悫、丁西林、王力、林汉达、陆志韦、吕叔湘、罗常培、黎锦熙、叶籁士、周有光、倪海曙等 11 人组成拼音化临时委员会。3. 叶恭绰委员提议由前汉字整理部委员丁西林、叶恭绰、邵力子、胡愈之、韦悫、赵平生、叶圣陶、林汉达、曹伯韩、黎锦熙、魏建功、傅东华等 12 人组成汉字整理临时委员会，丁西林为召集人。

1957021　14 日，台湾教育事务主管部门禁止各校学生写"日化变相汉字"。

1957022　16 日，中国文字改革委员会召开第一次文字改革问题座谈会，听取专家和著名人士对文字改革工作的意见。应邀出席座谈会的有陈梦家、周亚卫、俞平伯、茅以升、马学良等 15 人。唐兰、陶坤、周亚卫、翦伯赞、俞平伯等发言。座谈会主要围绕四个问题发表意见：1. 汉字要不要改革；2. 对汉字拼音化的意见；3. 对汉字简化的意见；4. 对中国文字改革委员会的意见。

1957023　17 日，《文汇报》发表陈梦家《慎重一点"改革"汉字》。文章认为，"汉字为我们过去许多朝代服务过，现在为社会主义服务也还是可以的。世界上许多国家用拼音文字，也有许多国家吃面包用刀叉；我们中国一向用汉字，一向吃大米馒头用筷子，有什么不好呢？因此，我常以为汉字应该'改进'而不必革掉它"，"现在报刊上试用的简字，有一部分有很不好的后果，希望考虑把这个方案暂行撤回，重作慎重的考虑"，"已公布简字的方案，主要的缺点在于公布以前的手续和方式。文字的改进应该先经过学术的研究与讨论，不宜于用行政命令来推行。""在没有好好研究以前，不要太快的宣布汉字的死刑"，"文字这东西，关系了我们万万千千的人民，关系了子孙百世，千万要慎重从事"。

1957024　19 日，《光明日报》的《文字改革》双周刊第 82 期发表陈梦家《关于汉字的前途》。文章分四个部分：1. 什么是汉字？ 2. 汉字有哪些缺点？ 3. 如何改进汉字？ 4. 对研究汉字的意见。陈梦家认为："拼音字母应该明确分别它的两种功用：作为注音的或是代替汉字的。不要把这两种混淆起来。注音是需要的，代替汉字作为文字只是一些人的一种看法，是否行得通是很成问题的。我希望不要把还有问题的看法急急见诸实行，而对国家人民是大大不利的。希望大家慎重考虑这件事。"这篇文章是陈梦家 3 月 22 日应邀在中国文字改革委员会做的讲演。

1957025　20 日，中国文字改革委员会召开第二次文字改革问题座谈会。应邀出席座谈会的有王伯祥、江超西、李长之、萧璋、周亚卫、周祖谟等。

1957026　22 日，《中国语文》5 月号发表刘又辛《从汉字演变的历史看文字改革》。

1957027　27 日，中国文字改革委员会召开第三次文字改革问题座谈会。应邀出席的有王伯祥、艾青、江超西、陈定民、陈梦家等 10 人。王伯祥、江超西、陈梦家、陈定民、楚图南、周亚卫、翦伯赞、艾青发言，谢无量、袁家骅、傅东华和高名凯做书面发言。从 1957 年下半年起，由于当时"反右斗争"扩大化，有关文字改革的争鸣也基本停息。有些学者因为在学术上、理论上对文字改革持不同意见而受到了批判。

# 6 月

1957028　4 日，中国文字改革委员会召开第四十五次常务（扩大）会议。会议对同音代替字及异体字做出决定。对《汉字简化方案》中的同音代替字做如下处理：1. 撤销不是真正同音的。2. 撤销代替后意义上可能引起混淆的。3. 方案上已经取消了的同音代替字，在通用字表里繁体和简体并存，但是已经约定俗成的同音代替字（例如：沈阳的"沈"、稻谷的"谷"等）仍可使用。关于异体字：1. 异体字以音义完全相等只有字形分歧的字为限，意义不完全相等的字组一律撤销。2. 删去异体字表中属于古代的极生僻的异体字。会议还集中讨论了大部首简化问题。

1957029　5 日，台湾省政府决定，从新学年度开始，全省 18 至 30 岁的男性失学民众一律强迫进入民众补习班，接受基本教育。

1957030　22 日，《中国语文》6 月号发表关锡给陈梦家的一封信。信中对拼音化提出了不同意见，并批评了汉字简化工作。同时发表了陈梦家的"附记"。

1957031　22 日，台湾省有关机关会商决定：拟定 1957 年暑期各县市推行失学民众补习班实施要点。暑期举办 1200 个班，补习时间缩短为两个月，失学民众 12 万人参加。

1957032　24 日，台湾省"教育厅"分别在台北、台中、高雄三地区召集各县市局教育、兵役、民政、警察等有关单位主管开会，指令同时准备举办全省性暑期役男补习班，彻底解决失学役男不识字不懂"国语"的问题。

1957033　25 日，教育部和中国文字改革委员会在北京联合召开全国普通话推广工作汇报会，26 个省市教育厅（局）的代表出席了会议。会议讨论了六个问题：1. 对普通话推广工作中的成绩、缺点和困难的估计；2. 明确提出了推广普通话的方针"大力提倡，重点推行，逐步普及"，讨论了对三者之间的关系的理解；3. 如何在学校中继续开展普通话的推广工作；4. 如何开展社会宣传和推广工作；5. 关于加强领导和健全机构的问题；6. 关于如何进行方言调查工作的问题。根据会议统计，到会议召开时为止，全国已有 60 多万名中小学语文教师受过普通话语音训练，约占语文教师总数的三分之一；大多数小学、部分师范学校和中学的语文课已经开始用普通话教学；中央和多数省市的广播电台举办了普通话语音讲座，收听人数在 200 万人以上。已出版普通话教材和参考书约 450 万册，已灌制普通话教学留声片约 138 万张，大多数省市进行了初步的方言调查。

1957034　27 日，《光明日报》的《文字改革》双周刊开展《汉字要不要改革》的讨论。

1957035　黎锦熙《文字改革论丛》由文字改革出版社出版。本书收录了作者在1949 年后发表的两篇论文，附录 1949 年前的一篇。

# 7 月

1957036　23 日，台湾当局防务、内务、教育事务主管部门联合发令，要求各县市依省"教育厅"颁发的实施要点立即筹备暑期失学役男补习班。

1957037　《大家来说普通话》科教片由上海科学教育电影制片厂摄制完成。

1957038　中国文字改革委员会第一研究室编《外国文字改革经验介绍》由文字改

革出版社出版。本书收录了 10 篇分别介绍越南、朝鲜、日本、蒙古、苏联和土耳其的文字改革情况的文章。

1957039　张世禄《汉字改革的理论和实践》由文字改革出版社出版。

# 8 月

1957040　15 日，《拼音》月刊改名为《文字改革》。改刊的目的就是要扩大刊物的内容范围，除了保持《拼音》月刊原有的内容以外，还将容纳有关文字改革各项问题的研究和讨论，包括汉字的整理和简化以及推广普通话等问题。1966 年 7 月，"文化大革命"爆发，《文字改革》被迫停刊。1982 年 7 月复刊。1986 年改名为《语文建设》。

1957041　21 日，教育部发出《关于继续推广普通话的通知》。《通知》要求各地采取适当措施，在已有基础上继续坚持下去，不要半途而废。

1957042　22 日，《中国语文》8 月号刊登魏建功在中国文字改革委员会的讲演《我对汉字改革的一些粗浅的看法》。

# 9 月

1957043　2 日，教育部和中国科学院语言所合办的普通话语音研究班第四期开学，学员 136 人。

1957044　10 日，台湾教育事务主管部门召开 1957 年暑期台湾省役男补习班督导工作检讨会及专案会议，决定役男补习班结业测验日期于 10 月 19 日在全省各县市统一举行。

1957045　22 日，《中国语文》9 月号发表梁东汉《从汉字的演变看文字改革》。

1957046　陈青今（陈文彬）编译《日本文字改革史料选辑》由文字改革出版社出版。本书收集的主要是日本改用罗马字母拼音的一部分有史料价值的文章。

1957047　刘复、李家瑞《宋元以来俗字谱》由文字改革出版社重印出版。这是有关汉字简化的一本重要史料。

1957048　前国语研究会编《〈国语月刊〉汉字改革号》由文字改革出版社重印出版。这是"五四"时期有关文字改革的一本重要史料。

1957049　罗振鋆、罗振玉编《增订碑别字》由文字改革出版社重印出版。这是关于汉字异体字的一本重要资料。

# 10 月

1957050　9 日，台湾省"教育厅"就教会使用罗马字拼音一事发函。决定：1. 罗马字《圣经》有碍推行"国语"政策，仍照 1953 年 7 月 6 日令办理。2. 由台湾省"国语"推行委员会派员协助教会，对于《圣经》加注音符号，以便宣传教义。

1957051　16 日，中国文字改革委员会召开第七次全体会议。会议听取了韦愨关于《汉语拼音方案（修正草案）》修正经过的说明。修正草案与以前的主要不同点是用 zh、ch、sh 等双字母表示ㄓ、ㄔ、ㄕ，相应的仍用 z、c、s 表示ㄗ、ㄘ、ㄙ。这样的修改比较符合拉丁字母的一般使用习惯，有利于减少拼音方案推行的阻力。经过讨论，全体一致同意将《修正草案》提交汉语拼音方案审订委员会讨论通过。

1957052　16 日，汉语拼音方案审订委员会举行第五次会议，讨论并通过了中国文字改革委员会提出的《汉语拼音方案（修正草案）》。

1957053　22 日，《中国语文》10 月号发表王力《方言复杂能不能实行拼音文字？》。

1957054　22 日，普通话审音委员会在《中国语文》发表《普通话异读词审音表初稿》和《本国地名审音表（初稿）》。（《普通话异读词审音表初稿（续）》在《中国语文》1959 年 7 月号发表，《普通话异读词审音表初稿第三编》在《文字改革》1962 年 12 月号发表，1963 年 10 月文字改革出版社出版《普通话异读词三次审音总表初稿》）。普通话审音委员会审订本国地名的读音是从 1956 年 11 月开始的。审订的程序是把本国重要地名里面读音有疑问的选出了一百多个，用通信的方式向当地进行初步调查。根据调查结果定出普通话的读音，由审音委员会审订通过。

1957055　25 日，全国政协常委会分四组座谈《汉语拼音方案（修正草案）》，到会共 46 人。座谈结果，四个组都一致同意《修正草案》。

1957056　台湾防务事务主管部门总政治部编印《国语注音符号概论》。序文说："我国虽然有了国语注音符号，因为未普遍推行，所以过去在各省仍然是就字认字，教的一个一个字的教，学的一个一个字的记，结果是：认字认不到相当数目，就没有方法读书；生字须要死记，生字过多，又无力负担，尤其是军中学习认字的战士们，都是成年，记忆力当然不如国民学校的小学生，所以……必须推行注音符号，就是在学习认字以前，要先学会注音，然后阅读注音的读物。它的好处是：可以一面读书，一面认字，不必强记生字。读多了，自然不知不觉的就认识了。我们今后的教育，在学习识字阶段，所用的读物要全部注音，这样只要是内容程度相适合的读物，战士们就可以自己阅读，在教育效果上，自然是大得多，但是要战士学习注音符号，我们直接带兵的官长同志们，便必须先学会……"

# 11 月

1957057　1 日，国务院全体会议第六十次会议通过《关于公布〈汉语拼音方案草案〉的决议》。决议指出：《汉语拼音方案草案》，经中国文字改革委员会提出后，两年来，由全国政协和各地方政协组织了广泛的讨论，并且由国务院组织汉语拼音方案审订委员会加以审核修订，最后又由全国政协常委会召开扩大会议加以审议，现在由国务院全体会议通过，准备提请全国人民代表大会下次会议讨论和批准，并且决定登报公布，让全国人民事先知道。应用《汉语拼音方案》为汉字注音来帮助识字和统一读音，对于改进学校语文教学，推广普通话，扫除文盲，都将起推进作用。对于少数民族制定文字和学习汉语方面，也有重大意义。因此，这个方案草案在提请全国人民代表大会讨论和批准之后，可以在师范、中小学校、成人补习学校、扫盲教育和出版等方面逐步推行，并在实践过程中继续求得完善化。

1957058　22 日，《中国语文》11 月号发表《汉语拼音方案草案》和中国文字改革委员会《关于汉语拼音方案草案的说明》，并发表社论《拥护汉语拼音方案草案！》。

1957059　29 日，中国文字改革委员会《关于讨论壮文方案和少数民族文字方案中设计字母的几项原则的报告》上报国务院。报告中说：这个壮文方案（草案）在字母的用法上跟汉语拼音方案基本上一致，而且能表达壮语的语音特点，在试用推行过程中，受到壮族群众的普遍欢迎。关于少数民族文字方案中设计字母的原则，报告中说：1. 少数民族创制文字应该以拉丁字母为基础；原有文字进行改革采用新的字母系统的时候，也应该尽可能以拉丁字母为基础。2. 少数民族语言和汉语相同或者相近的音，尽可能用汉语拼音方案里相当的字母表示。3. 少数民族语言里有而汉语里没有的音，如果使用一个拉丁字母表达一个音的方式有困难的时候，在照顾到字母系统清晰、字形简便美观、字母数目适当、便于教学使用的条件下，根据语言的具体情况，可以采用以下办法：（1）用两个字母表达一个音；（2）另创新字母或采用其他适用的字母；（3）个别情况也可在字母上附加符号。4. 对于语言中的声调，根据实际需要，可在音节末尾加字母表示或者采用其他办法表示或不表示。5. 各民族的文字，特别是语言关系密切的文字，在字母形式或拼写规则上应尽量取得一致。

1957060　29日，经国务院全体会议第六十三次会议讨论通过中国文字改革委员会《关于讨论壮文方案和少数民族文字方案中设计字母的几项原则的报告》，并做了批复：中国文字改革委员会，并告民族事务委员会、中国科学院语言研究所、少数民族语言研究所、中央民族学院、广西省人民委员会和广西壮族自治区筹备委员会：同意报告中关于壮文方案的意见，壮文方案可在壮族地区逐步推行，在推行过程中应该随时总结经验，使方案更加完善，以后修订方案的时候，可由广西壮族自治区提出，报中央民族事务委员会批准后实行。同意关于少数民族文字中设计字母的五项原则，今后少数民族设计文字方案的时候，都应该按照这些原则办理。

1957061　《拼音文字写法资料选辑》由文字改革出版社出版。本书辑录了清末的切音字各家、国语罗马字各家、拉丁化新文字各家的写法（正字法），另外还附录俄文、日文罗马字、朝鲜文、法文、英文、东干语等一些外文的写法资料。

# 12 月

1957062　4日，中国文字改革委员会就公布《汉语拼音方案草案》问题请示周恩来总理。

1957063　6日，国务院全体会议第六十四次会议批准中国文字改革委员会《汉语拼音方案草案宣传工作计划要点》。

1957064　9日，中央推广普通话工作委员会召开第二次会议。会议由陈毅主持，通过了1958年推广普通话工作计划和举办全国普通话教学成绩观摩会计划草案。

1957065　11日，《人民日报》发表社论《当前文字改革的任务和汉语拼音方案》。社论指出，当前的文字改革工作包含三项主要的任务：1.简化汉字，就是简化汉字的笔画和字数，以便利教学汉字和应用汉字；2.推广以北京语音为标准音的普通话，以逐渐统一汉民族的共同语言；3.制订和推行一套拼音字母，为汉字注音和帮助教学普通话，即汉语拼音方案。1955年10月全国文字改革会议以后，文字改革工作在贯彻执行以上三项任务方面，有很大进展。关于汉语拼音方案的制订和应用，社论中也做了详尽说明。

1957066　11日，《人民日报》发表吴玉章、黎锦熙合写的《六十年来中国人民创造汉语拼音字母的总结》。文章指出，我国人民为汉语创造拼音字母，已有六十多年的历史。从甲午战争到辛亥革命，是中国文字改革运动史上的所谓"切音字运动"时期，当时的爱国人士纷纷提倡文字改革，创制拼音方案。清末的切音字从字母的形式上可分为两个流派：一派主张采用拉丁字母，一派主张自造新字；后者又可分为"速记系""假名系""篆文系""草书系""象数系"等小系。切音字中，王照和劳乃宣的方案当时曾经在一部分地区得到传播。辛亥革命之后，1913年的读音统一会制订了"注音字母"，至1918年由当时的教育部正式公布。注音字母的产生是汉字标音法的一大进步，它曾经在小学、中学普遍推广，对于帮助识字和"统一国语"有过很大的贡献。1926年产生了由钱玄同、黎锦熙、赵元任等制订的"国语罗马字"，至1928年由当时南京的大学院正式公布。接着，1931年产生了由瞿秋白、吴玉章等制订的"拉丁化新文字"。拉丁化新文字和国语罗马字是中国人民自己创造的拉丁字母式汉语拼音方案中比较完善的两个方案，大大超越了它们之前的各种同类方案，包括西洋传教士制订的各种方言罗马字、流行很广的威妥玛式方案、邮政式方案在内。如果说国语罗马字的缺点是标示声调的办法过繁，那么拉丁化新文字的缺点就是过简：完全不标声调。现在由国务院公布的这个《汉语拼音方案草案》可以说是六十年来前人经验的总结。

1957067　12 日，《解放军报》发表社论《汉语拼音方案在军队中有些什么作用》。

1957068　12 日，《光明日报》的《文字改革》双周刊发表编辑部文章《汉语拼音方案有些什么用途》，平明《汉语拼音方案（草案）的优点》。此外，还发表了资料：新旧拼音方案字母对照表，列有注音字母、国务院修正公布的汉语拼音方案草案，中国文字改革委员会发表的汉语拼音方案草案，北方话拉丁化新文字、国语罗马字、威妥玛式、邮政式、国际音标，目的是使熟悉各种旧拼音方案的人了解《汉语拼音方案》。

1957069　12—14 日，《文汇报》连载倪海曙《汉语拼音方案草案名词解释》。

1957070　13 日，《教师报》发表社论《大家来学习汉语拼音字母》。

1957071　14 日，《人民日报》发表邵力子《欢迎汉语拼音方案（草案）》。

1957072　16 日，中央人民广播电台举办拼音字母教学讲座。

1957073　22 日，《中国语文》12 月号发表韦悫《汉语拼音方案草案的拟订经过和问题》以及魏建功、马学良、王均等拥护《草案》的文章。

1957074　25 日，《人民日报》发表评论员文章《继续努力推广普通话》。

1957075　27 日，教育部发出《关于宣传汉语拼音方案（草案）工作的通知》。

1957076　28 日，中国人民解放军总政治部宣传部通知全军宣传和试行《汉语拼音方案（草案）》。通知中要求全军各级宣传部门做好四件工作：1.在广大官兵中宣传《汉语拼音方案草案》的好处；2.首先组织全军文化教员学好《汉语拼音方案草案》，以便进一步组织全体官兵普遍进行学习；3.在文化学校的学员中进行试教，并总结出经验；4.通过《汉语拼音方案草案》的学习，巩固过去推广普通话运动的成绩，并使更多的官兵学会普通话。

## 同年

1957077　李荣《汉语方言调查手册》由科学出版社出版。

1957078　王力《汉语史稿》由科学出版社在 1957—1958 年陆续出版。

1957079　陆志韦等《汉语的构词法》由科学出版社出版。

1957080　岑麒祥《普通语言学》由科学出版社出版。

1957081　罗常培、王均《普通语音学纲要》由科学出版社出版。

1957082　黎锦熙《文字改革论丛》由文字改革出版社出版。

# 1958 年

## 1 月

1958001  10 日，周恩来总理在全国政协举行的报告会上做题为《当前文字改革的任务》的报告。报告规定了我国当前文字改革的任务是：简化汉字，推广普通话，制订和推行《汉语拼音方案》。周恩来总理在报告中指出："文字改革是关系到全国人民的一件大事，政府对它采取的步骤是很慎重的。""希望大家积极支持文字改革工作，促进这一工作而不要'促退'这一工作，好使中国文字能够稳步地而又积极地得到改革，以适应六亿人民摆脱文化落后状态的需要，以适应多、快、好、省地发展社会主义事业的需要。"《当前文字改革的任务》于 1958 年 2 月由人民出版社出版单行本，以后又多次印刷。胡乔木在会上做了《关于汉语拼音方案（草案）的几点说明》的报告。

1958002  10 日，全国政协派出六个宣传组，分别到华东（负责人胡愈之）、西北（负责人魏建功）、中南（负责人王力）、西南（负责人叶圣陶）、东北（负责人韦悫）、京津（负责人罗常培、吕叔湘）的 15 个大城市宣传《汉语拼音方案》。

1958003  20 日，上海语文学会主办的《汉语拼音方案》展览会在上海科学会堂开幕。

1958004  20 日，《文字改革》杂志 1 月号发表文章，介绍《汉语拼音方案（草案）》宣传工作概况。发表王力《汉语拼音方案草案的优点》，文章指出，这个方案的最大优点，即根本性的优点，就是采用了拉丁字母。发表吕叔湘《拼音字母有哪些用处》，文章列举了六个用处：1. 可以用来给汉字注音；2. 可以用来帮助学习普通话；3. 可以用来做少数民族创造文字的基础；4. 可以解决人名、地名和科技术语的译写问题；5. 可以解决编字典、索引以及其他需要检字的问题；6. 可以解决电报、旗语以及应用文字代号的问题。还发表罗常培《汉语拼音方案的历史渊源》。

1958005  23 日，台湾省政府公布《台湾省加强山地教育实施办法》。有关条文规定："凡不合格及不谙国语之教员，不得派往山地任教，违者除将该不合格教员免职外，教育科长应予议处。""各县山地国民学校，应切实加强国语教学，其日常管训讲话等，均须用国语，禁用日语，违者从严议处。"

1958006　上海市举行为期一个月的《汉语拼音方案》宣传月。在宣传月内，举行了一次万人大会，由胡愈之传达周恩来总理在全国政协会议上所做的关于当前文字改革任务的报告。

# 2月

1958007　2日，台湾省为了在陆军中培养优秀"国语"教员，以推行新兵"国语"教育，决定在全军设置44个干部"国语"讲习班，并规定每期讲习4周，授课96小时。内容有：国字正音、注音符号概论等。

1958008　3日，中国文字改革委员会主任吴玉章在第一届全国人民代表大会第五次会议上做《关于当前文字改革工作和汉语拼音方案的报告》。全文分两大部分：1.当前文字改革的任务和几年来的文字改革工作；2.《汉语拼音方案（草案）》的制订经过和它的用处。报告中说，《汉语拼音方案》"是三百多年来拼音字母运动的结晶，也是六十年来中国人民创造拼音方案的经验总结"。它的推行，"对于帮助识字、扫除文盲、统一读音、推广普通话都将起巨大的推进作用"。

1958009　6日，台湾省"教育厅"颁发《师范学校训练标准》。该标准的草案是教育事务主管部门在1956年委托台南师范学校拟定的。语文部分规定，入学考试国语文及口试成绩不达标准不予录取、如何使学生能说标准"国语"等。

1958010　11日，第一届全国人民代表大会第五次会议通过《全国人民代表大会关于汉语拼音方案的决议》。全文如下："第一届全国人民代表大会第五次会议讨论了国务院周恩来总理提出的关于汉语拼音方案草案的议案，和中国文字改革委员会吴玉章主任关于当前文字改革和汉语拼音方案的报告，决定：一、批准汉语拼音方案。二、原则同意吴玉章主任关于当前文字改革和汉语拼音方案的报告，认为应该继续简化汉字，积极推广普通话；汉语拼音方案作为帮助学习汉字和推广普通话的工具，应该首先在师范、中、小学校进行教学，积累教学经验，同时在出版等方面逐步推行，并且在实践过程中继续求得方案的进一步完善。"

1958011　11日，《人民日报》发表陈垣在第一届全国人民代表大会第五次会议上的发言《我国文字不改革，"白"的状况就不易改变》（按："白"指一穷二白）。发言指出：现在的汉语拼音方案比以前的任何一种都更加完善；应该从全民利益来考虑问题，用革命精神来进行文字改革；师范教育工作者对推行文字改革工作有不可推卸的责任。

1958012　15 日，台湾省"教育厅"发文，"为增加文盲教徒对本国语文的认识"，"罗马字圣经，在三年内暂准使用，以后逐渐淘汰。继续加强推行国语，以求贯彻。鼓励并协助私人撰写标准国语圣经，以代替罗马字圣经"。

1958013　22 日，《中国语文》2 月号发表社论《大家来推行汉语拼音方案》、张志公《汉语拼音方案和语言教育》、高名凯《汉语拼音方案与语言科学的教学研究工作》等文章。

1958014　27 日，中国文字改革委员会向全国政协秘书处报告全国政协派出的六个汉语拼音方案宣传组的工作情况。各个小组在各地举行报告会、座谈会，参加者有全国人民代表大会在各地的代表，政协委员，政府有关部门负责人，部队代表，文化、教育、新闻、出版、广播、语文工作者等各方面人士。

# 3 月

1958015　10 日，教育部和中国科学院语言所合办的普通话语音研究班第五期开学，学员 119 人。

1958016　13 日，中国文字改革委员会召开第四十九次常务（扩大）会议。会议推定吕叔湘、陆志韦委员拟订按词分写暂行规则，提交拼音方案委员会讨论。

1958017　13 日，教育部发出《关于在中小学和各级师范学校教学拼音字母的通知》，规定高等师范院校、师范专科学校和中等师范学校，1958 年秋季入学的一年级新生应该教学拼音字母，1958 年暑假应届毕业生应该在毕业前补学；初级中学一年级，原则上应该从 1958 年秋季起教学拼音字母，其他年级以及高级中学和工农中学学生也应补学；从 1958 年秋季起，小学一年级应该尽可能教学拼音字母，如果教师确实没有条件的，应积极准备条件，争取从 1959 年秋季起开始教学；中小学一年级语文教师和师范学校的全体语文教师，应该在 1958 年秋季开学初，进行一次拼音字母的学习。

1958018　13 日，齐齐哈尔、哈尔滨、牡丹江铁路管理局电务处发出《在铁路电报工作中推行汉语拼音字母的倡议》。倡议提出将铁路电报现行使用的北方话拉丁字母拼音电报改用《汉语拼音方案》。

1958019　14 日，四川省推广普通话工作委员会成立，主任康乃尔，副主任李亚群、张秀熟、杨吉甫，委员 18 人。

1958020　18 日，国务院副总理陈毅审阅同意中央推广普通话工作委员会《1958年推广普通话工作计划纲要（修正稿）》和《关于举办全国普通话教学成绩观摩会的通知》。

1958021　19 日，内蒙古自治区人民委员会第三十一次全体委员会议一致通过《关于停止使用新蒙文，继续学习与使用旧蒙文》的决定。

1958022　20 日，中央推广普通话工作委员会向各省（市）发出《1958年推广普通话工作计划纲要》。

1958023　20 日，中央推广普通话工作委员会、教育部发出《关于举办全国普通话教学成绩观摩会的通知》。

1958024　21 日，上海市教育局、上海市教育工会、共青团上海市委联合举办上海市中等、初等学校教师推广普通话广播大会。

1958025　22 日，《中国语文》3 月号发表吕叔湘《汉语拼音方案浅说》。

1958026　27 日，中国科学院和国家民委联合召开第二次少数民族语文科学讨论会，确定了帮助少数民族创制文字的原则。会议认为，语言文字是交流思想的工具，它不仅直接影响着自己民族的进步和发展，并且对于祖国的统一和各民族的共同繁荣也有很大的关系，所以，在创制、改革或选择文字时，必须坚持有利于本民族的发展和繁荣，也就是有利于社会主义祖国大家庭的团结、统一和各民族共同发展和繁荣的原则。

# 4 月

1958027　18 日，据新华社讯，国家帮助 12 个民族创制或改进了文字。12 个原来没有文字或文字不完备的少数民族，在国家的帮助下，已经创制了文字或改进了原有的文字。至此，连通用汉文的回、满、畲三个民族在内，全国已有 24 个少数民族有了文字。

1958028　20 日，台湾省"教育厅长"刘真与台湾中国语文学会毛子水签订一项为期三年的《改进台湾省国语文合作计划》。主要内容有：语文教育视导，恢复《中国语文》月刊，成立国语文研究部，办理国语文奖金等。

1958029　22 日，铁道部电务局在北京召开现场会议，研究在铁路系统中推行汉语拼音电报的问题。会议建议，东北各铁路管理局电务处和铁道部电务局直属通信段在 6 月份内首先推行；铁道部电务所从 8 月 1 日起实行汉语拼音电报直接转发关内各铁路局，不再译成四码；关内各铁路局根据具体条件可在管区内试行汉语拼音电报。

1958030　22 日，《中国语文》4 月号发表周有光《汉语拼音方案的争论问题及其圆满解决》、黎锦熙《汉语拼音字母的科学体系》。

1958031　29 日，中国文字改革委员会、文化部联合通知，从 5 月 10 日起推行第三批简化字 70 个（5 月 3 日又补充通知将 5 月 10 日改为 15 日）。通知指出，国务院公布的《汉字简化方案》，其中简化字已于 1956 年推行两批，计 355 个字。现在再在原方案中选定 70 个简化字，从 15 日起在北京市各报纸、杂志、一般书籍上一律采用（古籍等例外），其他省市也尽早采用。各报纸、杂志从使用这批简化字之日起刊登字表一次或数次，使读者了解。

1958032　30 日，中国文字改革委员会第一研究室公布《各国首都名称拼写法（初稿）》（外国地名拼写法之二）。

1958033　《方言与普通话集刊》（第一本）由文字改革出版社编辑、出版。该集刊一共出了八册。

## 5 月

1958034　1 日，中国文字改革委员会文献资料陈列室开放。

1958035　5 日，刘少奇在中国共产党第八次全国代表大会第二次会议上做中央委员会的工作报告，列举了文化革命的主要任务，号召大家"积极地进行汉字的改革"。

1958036　15 日，北京市各报纸、杂志开始推行第三批简化字 70 个。

1958037　22 日，《中国语文》5 月号发表李行健《汉字为什么没有早走上拼音的道路》。

1958038　中国文字改革委员会主任吴玉章，副主任韦悫、胡愈之到河北视察，建议河北试用汉语拼音字母帮助扫盲，巩固扫盲成果和提高群众文化水平。

## 6 月

1958039　12 日，上海铁路局电报工作者在沪蚌和沪宁直达报路上试行短文汉语拼音电报，效果良好。

1958040  25日，教育部和中国文字改革委员会联合召开全国普通话推广工作汇报会议。会议于7月3日结束。

1958041  《文字改革》杂志6月号发表中国文字改革委员会第一研究室公布的《本国地名拼音表初稿》，征求修正意见。《拼音表》根据《汉语拼音方案》拼写，一共收集了2128个县市或相当于县市级以上的地名，包括台湾的一些重要地名。

1958042  《方言与普通话集刊》（第二本）由文字改革出版社编辑、出版。本书收录的13篇文章把北方方言跟普通话在语音、词汇上进行了对应比较。

# 7月

1958043  1日，东北铁路实行汉语拼音电报。

1958044  13日，上海市教育局举行上海市普通话教学成绩观摩大会。

1958045  22日，《中国语文》7月号在《文字改革大家谈》的标题下，发表黎锦熙等6人的短文。这一期还发表了1958年5月15日推行的第三批简化字70个。

1958046  25日，中央推广普通话工作委员会和教育部联合举办的全国普通话教学成绩观摩会在北京举行。参加观摩会的代表是由25个省、市、自治区选拔出来的在教学和推广普通话工作中有优秀成绩的教师、学生和教育行政工作者，共141人。中央推广普通话工作委员会副主任、中国文字改革委员会主任吴玉章致开幕词。教育部副部长韦悫和中央推广普通话工作委员会副主任舒舍予在会上号召代表们回去以后要更加努力做推广普通话的促进派和积极分子，以进一步促进汉语的统一。观摩会在7月31日闭幕。

# 8月

1958047  1日，全国普通话教学成绩观摩会全体代表发出倡议书，表示愿意和全国的青少年、壮年展开学习和推广普通话的竞赛。

1958048  4日，周恩来总理和陈毅副总理接见全国普通话教学成绩观摩会全体代表，并合影留念。

1958049  15日，《文字改革》杂志由月刊改为半月刊。

1958050  17日，中央推广普通话工作委员会、教育部、中国文字改革委员会联合发出《关于征集文字改革展览会展览品的通知》。

1958051　18 日，侗族语言文字问题科学讨论会在贵州贵阳举行。

1958052　22 日，《中国语文》8 月号发表社论《让推广普通话的红旗插遍全国》和徐世荣《普通话的丰收和大跃进》，以及全国普通话教学成绩观摩会几位代表的发言摘要。

1958053　25 日，《人民日报》发表雷勃《是奇迹，也是宝贵经验》，赞扬福建省大田县积极推广普通话。

1958054　26 日，福建省教育厅在大田县召开推广普通话现场会议。

# 9 月

1958055　1 日，教育部和中国科学院语言所合办的普通话语音研究班第六期开学，学员 195 人。

1958056　10 日，上海市教育局发出《关于在本市中、小学教学拼音字母的通知》。

1958057　15 日，中国文字改革委员会第一研究室在《文字改革》杂志第 10 期发表《全世界国家名称拼写法（初稿）》（外国地名拼写法之一）。1964 年 10 月号发表修正稿，改名为《外国国家名称拼写法（修正稿）》。

1958058　30 日，中央工商行政管理局、中国文字改革委员会发出《关于在商标图样和商品包装上加注汉语拼音字母的联合通知》。

1958059　《清末文字改革文集》由文字改革出版社编辑出版。这本书收集从 1892 年至 1911 年切音字运动各家的文献，内容有序跋、论文、奏折、提案、书信、演说等 60 多篇。

# 10 月

1958060　1 日，邮电部制订《开办国内汉语拼音电报办法（暂行）》。决定自本日起在各省、自治区人民委员会所在地、北京、上海、重庆市相互间试行开办此项业务。

1958061　1 日，中国文字改革委员会、首都历史与建设博物馆筹备处联合举办的文字改革展览会在北京北海公园展出。展览会分为序室、简化汉字展览室、《汉语拼音方案》展览室和推广普通话展览室四部分。周恩来总理为展览会题写会标。

1958062　7 日至 11 月 4 日，中国文字改革委员会主任吴玉章到黑龙江、吉林、辽宁三省视察文字改革工作，同时还带着教员协助三省各办了一期汉语拼音字母师资训练班。

1958063　12 日，中国文字改革委员会和中国人民大学新闻系合办的《汉语拼音报》在北京创刊。

1958064　17 日，中国文字改革委员会向部分省、市、县发出《更改一部分生僻地名字的建议》。建议更改的地名一共有 81 个。

1958065　20 日，《光明日报》的《文字改革》双周刊暂时停刊。

1958066　22 日，《中国语文》10 月号发表韦悫《江苏、山东、河北拼音字母扫盲试点的主要成果》。

1958067　北京大学中文系语言专业开设"文字改革"课程，由周有光、曹伯韩和倪海曙讲授。

## 11 月

1958068　15 日，中国文字改革委员会第一研究室在《文字改革》杂志第 14 期发表《各国首都名称拼写法（初稿）》（外国地名拼写法之二）。

1958069　28 日，台湾省政府发文："文字书写时必须由上而下由右而左，其因情形特殊，必须由左向右横写时，自毋须加以限制。"

## 12 月

1958070　3 日，文化部、中国文字改革委员会联合发出《关于在连环图画、儿童读物、扫盲读物以及各种通俗书刊上尽可能加注汉语拼音字母的通知》。

1958071　13 日，教育部发出《关于介绍山东、河北两省拼音字母扫盲试点经验的通知》。

1958072　13 日，中国科学院语言所所长、中国文字改革委员会委员、语言学家罗常培（1899—1958）逝世。

1958073　29 日，台湾有关方面举办中文打字电报机首次公开表演。该机直接传递中文，不须译电，并决定于 1959 年元旦在台北台南之间启用。

1958074　30 日，中国文字改革委员会第一研究室在《文字改革》杂志第 17 期发表《苏联各加盟共和国及其首都名称拼写法（初稿）》（外国地名拼写法之三）。

1958075　30 日，中国文字改革委员会词汇小组编《汉语拼音词汇（初稿）》由文字改革出版社出版，收词约 20 100 条。1964 年出版增订稿，收词、词组和成语约

59 100 条。1991 年改由语文出版社出版"1989 年重编本"，收词、词组和成语约 60 400 条。

## 同年

1958076　到 1958 年为止，已经为我国壮、苗、彝、侗、布依、黎、哈尼、傈僳、纳西、佤等 10 个民族创制了以拉丁字母为基础的新文字，帮助景颇族和拉祜族设计了以拉丁字母为基础的文字改革方案。1959 年帮助新疆的维吾尔族和哈萨克族拟订了拉丁字母式的新文字方案。国务院于 1964 年 10 月 23 日批准，新疆维吾尔自治区人民委员会于 1965 年 1 月 1 日公布推行。"文化大革命"期间新文字受到批评，1982 年放弃新文字，恢复老维文和老哈文。

1958077　《汉语拼音方案》公布以后，中国盲人福利会（后改组为中国盲人聋哑人协会）在本年成立了盲字研究委员会，根据《汉语拼音方案》拟订了《汉语拼音盲字方案（草案）》，1960 年又加以修正。

1958078　毛泽东推荐《工作方法六十条（草案）》，其中的第三十七条是："文章和文件都应当具有这样三种性质：准确性、鲜明性、生动性。"

1958079　王力《汉语诗律学》由新知识出版社出版。

1958080　岑麒祥《语言学史概要》由科学出版社出版。

1958081　黎锦熙《字母与注音论丛》由文字改革出版社出版。

1958082　丁声树编录、李荣参订《古今字音对照手册》由科学出版社出版。1981 年改由中华书局出版新一版。2020 年收入商务印书馆出版的《丁声树文集》上卷。

# 1959 年

## 1 月

1959001　2 日，上海市各界近一千人集会，听取中国文字改革委员会主任吴玉章题为《积极地进行文字改革工作》的报告。中共上海市委书记处书记陈丕显、副市长金仲华也在会上讲话。随后，根据吴玉章主任的建议，成立了上海市文字改革协会筹委会。石西民任筹委会主任委员，陈琳瑚、罗竹风为筹委会常务副主任委员，罗竹风兼任秘书长。

1959002　14 日，广州市文字改革协会筹备委员会成立。委员会主任委员周光，副主任委员孙乐宜、张瑞权、梁煦，委员 20 人，正、副秘书长 2 人。中国文字改革委员会副主任胡愈之在成立会上讲话。

1959003　18 日，台湾教育事务主管部门规定，电影院放映外国语影片，用"国语"说明或在晚间第二场放映前 10 分钟用闽南语说明。放映"国语"影片则绝对不准加用闽南语说明，以加强推行"国语"工作。倘有不遵规定者，当地有关机关可随时予以纠正或勒令停业等处分。

1959004　中国文字改革委员会会同教育部组成工作组，到广东省的广州、新会、佛山、中山、汕头、惠阳、普宁、揭阳、潮安和福建省的漳州、厦门、泉州、大田、福州等地了解当地推广普通话和推行《汉语拼音方案》的情况。

## 2 月

1959005　22 日，《中国语文》2 月号发表唐捷《山东省用汉语拼音字母巩固扫盲成果和推广普通话的情况》。

1959006　24 日，内务部、教育部发出《关于试行聋人汉语手指字母方案（草案）的联合通知》，同时发表中国聋哑人福利会聋人手语改革委员会制订的《汉语手指字母方案（草案）》。

## 3 月

1959007　3 日，上海市教育局、上海人民广播电台联合举办的"普通话朗读练习讲座"开始播讲。

1959008　7 日，黑龙江省推广普通话工作委员会、教育厅、共青团省委在拜泉县联合召开利用拼音字母推广普通话和巩固扩大扫盲成果现场会议。中国文字改革委员会主任吴玉章发贺电。

1959009　9 日，教育部和中国科学院语言所合办的普通话语音研究班第七期开学，学员 265 人。

1959010　20 日，中国文字改革委员会主任吴玉章视察河南、辽宁、吉林、黑龙江、上海、江苏、山东、河北等省市后，在《人民日报》发表《利用拼音字母帮助扫盲和推广普通话》一文。文章说，山东、河北、江苏三省注音扫盲的试点说明：第一，拼音字母很受群众欢迎。第二，群众学习拼音字母，并没有什么困难。第三，拼音字母能够提高语文教学效率，巩固和扩大扫盲成果。根据江苏、河北、山东的经验，可以归纳为五条：1. 党委领导，书记挂帅。这是做好一切工作的关键。注音扫盲也是这样。2. 深入宣传，发动群众。把拼音字母的效用和学习的目的说清楚，消除各种误解和怀疑。3. 结合生产，统一安排。4. 培养骨干，训练师资。5. 编写教材，供应读物。推广普通话，必须建立经常工作，必须采取巩固措施，宁愿步子放慢一点，要把这项工作放在一个确实可靠的基础上。在方言区推广普通话，对不同对象应有不同的要求，在开始的时候，要求必须放低。在工人农民中间只求大体上能听能讲普通话，首先普及，然后逐步提高。推广普通话应该采取多种多样的方式，不要采取强制的方式。推广普通话并不是要废除方言，应当容许在推广普通话的同时，本地区的人们仍然可以使用方言。学校仍然是推广普通话的重要阵地，不可放松。

1959011　22 日，《中国语文》3 月号发表杜松寿《试谈一年来文字改革工作的跃进情况》、周有光《外来词拼写法问题》。

1959012　罗常培《汉语拼音字母演进史》由文字改革出版社出版。

1959013　倪海曙《清末汉语拼音运动编年史》由上海人民出版社出版。

1959014　倪海曙主编《绘图注音小字典》由文字改革出版社出版，供拼音扫盲用。

# 4 月

1959015　22 日，《中国语文》4 月号发表郑林曦（郑之东）《五四运动促进了汉字改革》、魏建功《从"国语"运动到汉语规范化》。

1959016　24 日，人民教育出版社召开关于小学一年级拼音字母教学问题座谈会。有城区和乡村学校的九位教师参加。座谈会上的主要发言刊登在《文字改革》半月刊第 10 期上。

# 5 月

1959017　19 日，中国文字改革委员会和北京电视台合办"汉语拼音电视教学讲座"。

1959018　24 日，中共中央、国务院发出《关于在农村中继续扫除文盲和巩固发展业余教育的通知》。通知要求，在全国普通话地区，试用汉语拼音给汉字注音的办法帮助扫除文盲。

# 6 月

1959019　25 日，中国文字改革委员会在北京召开关于注音扫盲问题六省（河南、河北、山东、辽宁、吉林、黑龙江）汇报会，了解在群众和儿童中教学拼音字母的情况、注音读物供应的情况以及存在的问题。

1959020　29 日，文化部、中国文字改革委员会联合通知各省、自治区、直辖市文化局（厅）、出版局，自 7 月 15 日起，在北京市各报纸、杂志、一般书籍上（古籍等例外）开始采用第四批简化字 92 个。

1959021　台湾省政府裁撤"国语"推行委员会，另在"教育厅"内设置"国语"推行委员会。从 1946 年成立以来，"国语"推行委员会主要在五个方面做了许多工作：1.大量培训师资；2.积极进行辅导工作；3.示范读音与广播教学；4.编印"国语"书刊；5.加强"国语文"课程。

1959022　文字改革出版社编辑出版《注音扫盲基本用书》。这套用书包括拼音识字课本两种，教学法两种，阅读课本一种，教学手册一种，注音补充读物十种，字母、声韵母、音节和识字卡片各一种，字表一种，绘图注音小字典一种，共 22 种，先后共印 1600 多万册。

# 7 月

1959023　1 日，台湾省"国语"推行委员会奉令并入台湾省"教育厅"，主任委员由"教育厅厅长"兼任，"国语"推行委员会原主任委员何容任改任副主任委员。

1959024　11 日，由上海市推广普通话工作委员会和市文字改革协会筹委会主办、上海教育出版社出版的《汉语拼音小报》创刊。

1959025　15 日，第四批简化字 92 个开始正式推行。至此，只剩下 28 个字尚未推行。中国文字改革委员会发言人发表谈话，对第四批推行的简化字表做了规定：《汉字简化方案》中的简化偏旁，在手写、油印、胶印上通用已久，在铅印的出版物上，将根据字模刻制情况，陆续推行，不再分批公布。

1959026　22 日，《中国语文》7 月号发表普通话审音委员会《普通话异读词审音表初稿（续）》，审订了 569 条异读词的读音。这一期还发表了周有光《分词连写法问题》。

1959027　25 日，上海市举行普通话教学成绩观摩会。8 月 3 日闭幕。

1959028　27 日，内务部、教育部发出《试行规范化的聋人手语的通知》。

1959029　《文字改革》半月刊第 14 期发表短评，题目是《在出版物上给难字注音》。短评指出，给难字注音大致有六种方式：1. 夹注；2. 字头注；3. 页末注；4. 旁注；5. 篇末注；6. 卷末注。

# 8 月

1959030　7 日，为了适应农民学习汉语拼音的需要，山西省《万荣拼音报》创刊。1964 年改名为《晋南拼音报》。1974 年改名为《运城地区报》（汉语拼音版）。1980 年改名为《运城拼音报》。1982 年改名为《小学生拼音报》。

1959031　10 日，中国文字改革委员会、教育部、共青团中央在上海召开第二次普通话教学成绩观摩会。出席会议的有来自 27 个省、市、自治区的 184 名代表。观摩会在 21 日闭幕。中国文字改革委员会主任吴玉章在闭幕式上做了重要指示：1. "大力提倡，重点推行，逐步普及"这一方针，对今后推广普通话工作仍是适用的。2. 应该充分发挥省、市、自治区推广普通话工作委员会的作用。在条件成熟的地区，也可以考虑成立文字改革协会。3. 各省、市、自治区应抓紧训练教师这一环节。4. 在北方话地区推行注音扫盲，已经进行了试点的，要注意巩固，并逐步推广。还没有进行试点的，应该首先进行试点，然后推广。

1959032　14日，教育部、中国文字改革委员会、中国科学院语言所发出《关于合办普通话语音研究班的联合通知》。《通知》决定，该班今后改由三个单位合办。有关行政领导则交由中国文字改革委员会负责。

1959033　25日，国务院任命胡愈之、韦悫、丁西林、叶籁士为中国文字改革委员会副主任。

1959034　30日，山东省教育厅在平原县董王庄人民公社召开注音扫盲现场会议。

1959035　在德意志民主共和国莱比锡举办的社会主义国家书籍展览会上，我国有一部分文字改革书籍和挂图被选入展出。其中有《儿童用汉语拼音字母表》，《汉语拼音方案声母韵母表》，汉语拼音对照的《英中对话》，英、日、俄文本的文字改革小册子和儿童注音读物。

# 9月

1959036　1日，教育部、中国文字改革委员会和中国科学院语言所合办的普通话语音研究班第八期开学，学员245人。

1959037　22日，《中国语文》9月号报道了第二次全国普通话教学成绩观摩会，并发表了吴玉章、韦悫、陈望道的讲话。这一期还发表了徐世荣《推广普通话工作的巨大成就——迎接伟大的中华人民共和国建国十周年》、周有光《汉语拼音文字的正字法问题》。

1959038　教育部、中国科学院语言所共同组织的全国汉语方言初步普查工作基本完成。

# 10月

1959039　1日，全国铁路机车车辆上原来的注音字母标记一律改用汉语拼音字母。

1959040　22日，《中国语文》10月号发表杜松寿《国庆十周年谈文字改革》。这一期还报道了全国汉语方言初步普查基本完成的消息。消息说，这项工作是1956年开始的，现在已在2000个调查点中调查了1822个点，完成91%以上。共写出方言调查报告稿1195种、学习普通话手册307种（已出版40多种）。

1959041　《文字改革》半月刊第18期刊登傅懋勣《我国已有十个少数民族在汉语拼音方案的基础上创制了文字》。文章说，已帮助壮、布依、苗、彝、侗、哈尼、傈僳、佤佤、黎和纳西十个民族创制了拼音文字，帮助傣、景颇、拉祜三个民族在原有文字的基础上改革了文字。

1959042　地名译音委员会在《文字改革》半月刊第 19 期发表《地名翻译原则草案四种》。第一种是《用汉字翻译外国地名的一般原则（草案）》，第二种是《用汉语拼音字母翻译外国地名的一般原则（草案）》，第三种是《用汉语拼音字母音译国内少数民族地区地名的一般原则（草案）》，第四种是《汉语惯用的东南亚地名处理办法（草案）》。

1959043　教育部召开全国农村扫盲和业余教育会议。吴玉章代表中国文字改革委员会和教育工会讲话。

# 11 月

1959044　3 日，为了帮助北京各报刊进行难字注音工作，中国文字改革委员会开办拼音字母学习班。有 26 个报刊和出版社的编辑人员参加学习。

1959045　9 日，中央军委总政治部召开全军第二次文化教育工作会议，对推行《汉语拼音方案》和推广普通话工作提出了具体措施。中国文字改革委员会副主任叶籁士在会上介绍文字改革工作的任务和情况。

1959046　22 日，《中国语文》11 月号发表周有光《文字改革和文化革命》、郑林曦（郑之东）《按词连写问题》、齐力《关于汉字走拼音化道路的几个认识问题》，还发表了韩永惠《在推行拼音字母中要正确对待汉字》。

1959047　24 日，新疆维吾尔自治区在乌鲁木齐市举行第二次民族语文科学讨论会，会上制订了以《汉语拼音方案》为基础的《维吾尔、哈萨克新文字方案（草案）》。

1959048　26 日，《人民日报》发表吕叔湘《谈谈现代汉语规范化工作》。文章指出，现代汉语规范化是汉语研究的中心任务。全国文字改革会议和现代汉语规范问题学术会议为汉语规范化工作制订了明确的标准。在方言区推广普通话取得了很大成绩，关于书面语的规范化已从各个方面进行了研究并有了一定进展，但我们面前还有繁重的任务。

1959049　王立达编译《汉语研究小史》由商务印书馆出版。

# 12 月

1959050　17 日，新疆维吾尔自治区人民委员会第八次会议讨论通过《维吾尔、哈萨克新文字方案（草案）》。

1959051　27 日，山西省教育厅和共青团山西省委在万荣县联合召开山西省推行注音扫盲和推广普通话现场会议。中国文字改革委员会主任吴玉章发了贺电，副主任叶籁士出席会议。参加会议的还有 14 个省、市、自治区的代表。

## 同年

1959052　梁东汉《汉字的结构及其流变》由上海教育出版社出版。

1959053　刘泽先《汉语拼音方案在科技方面的利用》由文字改革出版社出版。

1959054　文化部召开革新铅印字体座谈会。会议决定，委托中国文字改革委员会、中国科学院语言所、教育部推定专人，成立汉字字形整理组，对通用汉字的字形加以整理。

1959055　周法高《中国古代语法》由台湾"中研院"历史语言研究所出版（1959年出版称代编，1961 年出版造句编，1962 年出版构词编）。

1959056　语言学家、文字改革研究者曹伯韩（1897—1959）逝世。

1959057　北京师范学院中文系汉语教研组编著《五四以来汉语书面语言的变迁和发展》由商务印书馆出版。

1959058　50 年代底，丁西林提出供检索用"四笔法"（木字法），黎锦熙建议加一笔成为"五笔法"（札字法）。从此，许多字典、词典采用"五笔法"检字。

# 1960 年

## 1 月

1960001　7 日，教育部、内务部发出《关于试行聋人手语草图第二辑的联合通知》。

1960002　8 日，北京图书馆召开汉语拼音著者号码座谈会。

1960003　27 日，教育部发出《征求对〈关于小学汉语拼音字母教学方案的报告〉的意见的通知》。

1960004　30 日，经国务院同意，文化部和中国文字改革委员会发布《关于统一汉字铅字字形的联合通知》。为了消除印刷铅字字形的混乱，中国文字改革委员会于 1955 年成立了标准字形研究组。1956 年 9 月编成《标准字形方案（草案）》。1957 年根据各方意见进行修改，改名为《汉字字形整理方案（草案）》，并于 1959 年初步定稿。1959 年 12 月，文化部召开革新铅字字体座谈会，并委托中国文字改革委员会、教育部和中国科学院语言所推定专人成立"汉字字形整理组"，在中国文字改革委员会原先提出的《汉字字形整理方案（草案）》的基础上进一步研究，于 1960 年编印了《通用汉字字形表（草案）》。后根据各方意见，决定把《通用汉字表（草案）》和《汉字字形表（草案）》合并成《印刷通用汉字字形表》，收印刷通用汉字 6196 字的字形（宋体），规定了每个字的笔画数、笔画形状、结构方式和笔顺。《关于统一汉字铅字字形的联合通知》下发后，《印刷通用汉字字形表》并没有立即向社会公布，而是由文化部、中国文字改革委员会印制成样本，经由各地的文化局、出版局转发给当地的报社、杂志社、出版社、印刷厂、字模厂，由这些部门逐步推行。直到"文化大革命"结束后，这份字表才在社会上得到广泛传播。

## 2 月

1960005　9 日，陕西省推广普通话工作委员会发出《关于加强推行简化汉字的通知》。

1960006　10 日，国家民委致函新疆维吾尔自治区人民委员会，同意将以《汉语拼音方案》为基础的维吾尔、哈萨克新文字方案作为试行方案推行。

1960007　22 日，《中国语文》2 月号发表题为《汉语拼音方案推行两周年》的社论。社论指出，两年来，依照国务院的决议，《汉语拼音方案》主要是用来作为教学普通话的正音工具，并用来给汉字正音，帮助成人识字。其次在不同程度上，《汉语拼音方案》已经用在报刊名称、路牌、站牌、商品包装、电报、旗语、手指字母、盲文等方面。总而言之，《汉语拼音方案》已经在各个方面推行起来了。《汉语拼音方案》在目前推行的重点，主要是用来推广普通话和帮助识字。这一期还发表了周有光《汉字改革运动的历史发展》。

1960008　26 日，上海市文字改革协会筹备委员会、市教育局、上海人民广播电台联合举办庆祝汉语拼音方案公布两周年广播会。

1960009　袁家骅等《汉语方言概要》由文字改革出版社出版。1983 年 6 月出版第二版。

## 3 月

1960010　7 日，教育部、中国文字改革委员会和中国科学院语言所合办的普通话语音研究班第九期开学，学员 306 人。

1960011　16 日，上海市教育局发出《关于加强各级职工、干部业余学校教师学习汉语拼音方案和普通话的通知》。

1960012　23 日，湖北省教育厅发出《关于推行注音扫盲和推广普通话工作的通知》。

1960013　25 日，吉林省注音识字和业余教育现场会议在延吉市和永吉县岔路河公社召开。

## 4 月

1960014　1 日，上海铁路总局在铁路电报上试行汉语拼音略号。

1960015　2 日，日本考察中国文字改革学术代表团一行 10 人，在国语审议会会长土岐善麿率领下，来中国访问。

1960016　4 日，河北省在河间县（今河间市）召开注音识字现场会议。

1960017　4 日，辽宁省教育厅和广播电台联合举办普通话朗读广播讲座。

1960018　11 日，浙江省教育厅在桐庐县新登人民公社召开注音识字和推广普通话现场会议。

1960019　22 日，中共中央发出《关于推广注音识字的指示》，指出，"山西省万荣县注音识字的经验是我国文化革命中一项很重要的创造，应当在全国迅速推广"，"在学生、教师和青年工人、农民、店员、职员、部队官兵中大力推广普通话，造成风气"，"此外，为了加速扫盲和减轻儿童学习负担，现有的汉字还必须再简化一批"，"使难写难认难记、容易写错认错记错的字逐渐淘汰"。

1960020　24 日，铁路部门电务系统第二协作区（包括上海铁路总局、济南、蚌埠、南昌、福州铁路局）召开普通话讲演比赛广播大会。北京等 20 多个铁路局应邀派代表参加。

# 5 月

1960021　3 日，北京市在城区公办幼儿园和有条件的街道幼儿园，陆续开始对大班孩子（6—7 岁）进行汉语拼音字母和识字教学。有 148 所幼儿园已经开始教学汉语拼音字母。

1960022　6 日，教育部、共青团中央、中央广播事业局、中国文字改革委员会发出《关于举办全国十省一市少年儿童普通话朗读比赛的联合通知》。这十省一市是：山西、辽宁、陕西、甘肃、江苏、浙江、福建、湖北、广东、四川、上海。

1960023　6 日，上海市教育局在南市区（已撤销）召开学校推广普通话现场会。

1960024　11 日，《人民日报》发表《大力推广注音识字，争取提前扫除文盲》的社论。社论着重指出注音识字的五大优越性：1. 消灭了扫盲过后大量回生的现象；2. 加快了扫盲和业余教育的速度；3. 解决了早期阅读和早期写作问题；4. 便于工农群众利用劳动间隙分散自学；5. 为推广普通话创造了极为有利的条件。社论对注音识字做了很高的评价，指出，"注音识字是扫盲和业余教育中的重要的教学改革，为工农群众的知识化开辟了捷径，因此是一件了不起的好事"。《工人日报》《中国青年报》也就注音识字、扫除文盲发表了社论。

1960025　14 日，国务院业余教育委员会、教育部、中华全国总工会、共青团中央发出《关于在业余初等学校推广注音识字的联合通知》，要求"对已经脱盲而没有学习过汉语拼音方案的工农群众，应该组织他们学习拼音字母，以便利用这个工具阅读注音读物，练习写作，巩固提高扫盲成果，防止回生复盲。对已经参加业余初等学校而没有学过汉语拼音方案的人，也应当教学拼音字母……进行注音识字教学"，"为此，须积极地有计划地组织业余初等学校教师先学习汉语拼音方案"。

1960026  17 日，北京市教育局举办汉语拼音电视广播教学讲座。

1960027  24 日，北京市教育局在西城区福绥境人民公社召开北京市推广注音识字经验现场会。

1960028  中国文字改革委员会主任吴玉章到山西万荣视察工作。

## 6 月

1960029  4 日，中国人民解放军总政治部发出《关于在全军中学习拼音字母和推广普通话的指示》。

1960030  4 日，教育部、文化部、中国文字改革委员会联合向各省、市、自治区教育厅（局）、文化（出版）局发出《关于征集新简化字的通知》。《通知》中提出了几条选用简化字的原则意见：1. 首先应该尽量利用汉字结构的形声原则；2. 在使用时绝不引起意义混淆的条件下，也可以考虑采用同音代替；3. 以上两种简化方法不能适用的时候，可以酌量采用下列办法：用原字的一部分，会意字，轮廓字，草书楷化。《通知》还指出，为了减轻儿童和成人的学习负担，地名用的生僻字（包括少数民族和少数民族地名的译音汉字）应该一并加以简化。

1960031  5 日，中国文字改革委员会在北京举办福建、山西、黑龙江、辽宁、吉林、四川、山东、河北、安徽、北京等 10 个省市注音识字展览会。

1960032  22 日，《中国语文》6 月号刊登《中共中央关于推广注音识字的指示》，同时发表题为《贯彻执行中共中央关于推广注音识字的指示》的社论。

1960033  28 日，上海市推广普通话工作委员会、市文字改革协会筹备委员会、市业余教育委员会联合发出在工农群众中大力开展注音识字运动的通知。

## 7 月

1960034  6 日，教育部、全国妇女联合会发出《关于在幼儿园教学汉语拼音、汉字和算术的通知》。

1960035  10 日，上海市推广普通话工作委员会、市文字改革协会筹委会、市教育局联合举行上海市普通话教学成绩观摩会。

1960036　10 日，一生从事国语运动的汪怡先生（1877—1960）在台湾逝世。

1960037　18 日，教育部、中国文字改革委员会、中国科学院语言研究所和心理研究所联合邀请语言、文字、教育、心理等方面的专家 30 多人座谈进一步简化汉字问题。

1960038　28 日，《光明日报》的《文字改革》双周刊恢复出版。

1960039　中国文字改革委员会主办的《文字改革》半月刊暂时停刊。

1960040　河北省昌黎县县志编纂委员会、中国科学院语言所合编的《昌黎方言志》由科学出版社出版。1984 年上海教育出版社出版新一版。

## 8 月

1960041　1 日，中国文字改革委员会、教育部和共青团中央在青岛联合举行第三次全国普通话教学成绩观摩会。出席会议的有来自 27 个省、市、自治区的代表 321 名。中国文字改革委员会主任吴玉章出席并讲话。观摩会于 8 月 10 日闭幕。

1960042　6 日，教育部、内务部发出《部分地区和学校实验汉语拼音（双拼）盲字方案的通知》。

1960043　22 日，《中国语文》10 月号发表《注音识字在文化革命中的巨大成就》和《第三次全国普通话教学成绩观摩会纪要》。

1960044　24 日，教育部、共青团中央、中央广播事业局、中国文字改革委员会联合举办 11 个省市少年儿童普通话朗读比赛。这 11 个省市是：山西、辽宁、陕西、甘肃、江苏、浙江、福建、湖北、广东、四川、上海。比赛由各地评选后，将当选者的朗读录音磁带寄送中央人民广播电台参加总评。

## 11 月

1960045　2 日，内务部、教育部、中国文字改革委员会联合发出《关于试行聋哑人通用手语草图第三辑的通知》。

1960046　20 日，中国文字改革委员会主办的《文字改革》半月刊改为月刊，恢复出版。

## 12 月

1960047　1 日，《光明日报》的《文字改革》双周刊开展关于"怎样称说数、理、化科中的拉丁字母？"的讨论。从 1961 年 2 月 20 日起，《文字改革》月刊也开展了"拉丁字母科学符号读法讨论"。

1960048　16 日，台湾省"教育厅"在台中师范专科学校召开师范学校"国语"教学综合研讨会。

1960049　20 日，《文字改革》月刊第 15 期发表中国文字改革委员会公布的《注音识字拼音教学大纲（初稿）》，发表广东省教育行政部门领导制订的四种方言（广州话、客家话、潮州话、海南话）拼音方案。制订这四种方言拼音方案是为了在广东省方言地区开展注音识字运动，加速扫除文盲。这四种方案分别在 9 月 22 日、10 月 30 日和 31 日由广东省教育行政部门审定公布。

## 同年

1960050　为加强文字改革的理论研究、培养文字改革工作干部，中国人民大学成立语言文字研究所，由吴玉章兼任所长。1962 年改名为文字改革研究所。1978 年又恢复原名。

1960051　中国文字改革委员会征集群众创造的简化字。

1960052　中国人民银行重印一种人民币，背面的行名和币值采用汉语拼音字母。

1960053　辞书编纂家舒新城（1893—1960）逝世。

1960054　董同龢《四个闽南方言》在台湾出版。这是用现代语言学的方法研究汉语方言的著作。

# 1961 年

## 2 月

1961001 22 日，《中国语文》2 月号发表思弥《汉语拼音方案推行三周年》(6 月号发表周有光《怎样认识汉语拼音方案的优越性——跟思弥同志商榷》、杜松寿《关于汉语拼音方案的几个问题》)。

## 3 月

1961002 15 日，北京电视台和《光明日报》的《文字改革》编辑室联合举办汉语拼音字母和拼音字母歌教学节目。

1961003 22 日，《中国语文》3 月号发表周有光《在百家争鸣中进一步开展汉字改革的研究》、丁声树《关于进一步开展汉语方言调查研究的一些意见》。

## 4 月

1961004 5 日，《光明日报》的《文字改革》双周刊发表倪海曙《利用拼音帮助识字教育的简史》。文章说，最早提出和提倡利用拼音帮助识字教育的，是清末的切音字运动者。

1961005 文化部、中国科学院和中国文字改革委员会邀请各方面人士讨论汉字的排检问题。

## 5 月

1961006 9 日，中央人民广播电台和中国文字改革委员会联合举办小学语文课本朗读教学广播讲座。

1961007 17 日，《光明日报》的《文字改革》双周刊发表丁西林《怎样才能得到一个好的字典查字法》、程养之《对于统一制订几种汉字查字法的意见》。

1961008 31 日，《光明日报》的《文字改革》双周刊发表周有光《字母顺序查字法问题》、白水《谈谈按音的汉字查字法》、杜定友《查字法问题的基本认识》。

# 6 月

1961009　14 日，《光明日报》的《文字改革》双周刊发表周梦贤《谈谈拼音字母顺序查字法》、杜定友《比较查字法》。

# 7 月

1961010　22 日，国务院发出《关于调整现有十八个临时性工作机构的通知》，决定：汉字简化方案审订委员会和中央推广普通话工作委员会合并到中国文字改革委员会。它们的工作由中国文字改革委员会管理。撤销汉语拼音方案审订委员会。

# 9 月

1961011　8 日，中央人民广播电台和中国文字改革委员会联合举办小学语文课本朗读教学广播讲座。这个讲座除做朗读示范外，还有朗读指导。

1961012　《文字改革》月刊第 8、9 月号合刊发表"汉字查字法问题特辑"。特辑介绍了四种汉字查字法：部首法、画数法、笔顺法、形位法。这一期还发表了黎锦熙《四十多年来创拟汉字新部首的回忆》。

# 10 月

1961013　20 日，教育部、中国文字改革委员会、中国科学院语言所发出《关于撤销普通话语音研究班的机构的联合通知》。《通知》说，撤销机构，但仍保留名义，以备二三年后有条件时考虑再办。

1961014　中国文字改革委员会主办的《文字改革》月刊革新，除了刊登文字改革问题的研究讨论外，又增加了供中小学语文教师阅读的语文教学和语文基础知识的内容。

1961015　中国文字改革委员会精简机构，保留文字改革出版社的名义，印刷任务交商务印书馆。

# 11 月

1961016　1 日，《人民日报》开始用汉语拼音给难字注音。

1961017　1 日，《光明日报》的《文字改革》双周刊刊登"难字注音"笔谈。这一期发表了黎锦熙《对于难字注音的意见》、朱学范《难字注音是件好事》、张志公《难字注音和语言教育》等。《文字改革》月刊从 11 月号起也发表和转载了有关难字注音的文章。这一期发表的有叶圣陶《拥护〈人民日报〉实行难字注音》、吕叔湘《给汉字注音应该用汉语拼音方案》等。《文字改革》月刊第 12 期"笔谈难字注音选辑"，刊登了王芸生、王力、马大猷、冰心、季羡林、萧璋、曾世英、陈望道、罗竹风、傅懋勣的有关文章。

1961018　11 日，《解放军报》发表《毛主席看望炮兵战士》一文。文中写道，毛泽东看到新战士学习的汉语拼音课本，就把书要过去，一页一页地翻看，笑着向大家说："这种拼音字很好，你们好好学习吧。"

1961019　14 日，上海市推广普通话工作委员会、市文字改革协会筹委会、市教育局、市业余教育局、共青团上海市委联合举办上海市普通话教学成绩观摩会。

1961020　文化部、教育部、中国文字改革委员会、中国科学院语言所联合成立汉字查字法整理工作组。成员有文化部胡愈之、教育部叶圣陶、中国文字改革委员会丁西林、中国科学院语言所丁声树。工作组邀请各有关方面的专家成立研究小组，召开座谈会，进行各类查字法方案的研究和整理工作。工作组商定的方针是：1. 选择查字法方案的标准，首先是便于检查，容易学会；2. 既要照顾多数人的习惯改进通用的方案，又要综合群众提出的各种建议，拟订更为合理的方案；3. 整理查字法方案，必须广泛征求各方面的意见；4. 最后应提出几种方案，同时推行，并容许自由选用。工作组推荐给文化、教育和出版界试用的四种草案是：《拼音字母查字法》《部首查字法》《四角号码查字法》和《笔形查字法》。

# 12 月

1961021　27 日，中国文字改革委员会向国务院文教办公室递交《关于〈汉字简化方案〉推行情况的报告》，提出准备把从 1956 年到 1961 年公布推行和做了修改的简化字做成一张总表。1962 年 1 月 13 日文教办公室批示：同意中国文字改革委员会的报告。同年 4 月 16 日中国文字改革委员会编成《简化汉字总表》。该表收集从 1956 年 1 月国务院公布《汉字简化方案》起，到 1961 年年底止，分批推行和修订补充的简化字 1914 个。《总表》分为两个大部分：第一大部分是《简化字表》，包括《汉字简化方案》第一表所列 230 个简化字，以及根据第二表经修订补充的 302 个简化字，共计 532 个简化字；第二大部分是《偏旁简化字表》，又分作两部分：第一部分列 116 个简化偏旁；第二部分是用这 116 个简化偏旁类推出来的简化字，共计 1382 个。

1961022　27 日，《文字改革》月刊和《光明日报》的《文字改革》双周刊编辑部同时征文，题目是《孩子学了拼音字母以后》。在以后的几期里发表了教师和家长的体会、意见。

## 同年

1961023　周有光《汉字改革概论》由文字改革出版社出版。1964 年再版。1979 年三版。

1961024　丁声树等著《现代汉语语法讲话》由商务印书馆出版。本书初稿曾以中国科学院语言所语法小组的名义在《中国语文》1952 年 7 月号至 1953 年 11 月号连载，原名《语法讲话》。全书共 20 章，尽量通过语言事实来阐明现代汉语书面语与口语中的重要语法现象。

# 1962 年

## 1 月

1962001　港台圣书公会拟在台湾出版"国语"注音《圣经》。

## 2 月

1962002　20 日，为纪念《汉语拼音方案》公布四周年，《文字改革》月刊发表吕叔湘《从汉语拼音方案想到语言教学》、傅懋勣的《汉语拼音方案促进了兄弟民族文化的发展》、岑麒祥《语言学和文字改革》等文章。

1962003　教育部、中国文字改革委员会联合转发《山东省教育厅关于在普通中小学、中等师范、幼儿师范和幼儿园中教学拼音字母和推广普通话的工作意见》。

## 3 月

1962004　6 日，中央人民广播电台和中国文字改革委员会联合举办中学、小学、师范学校语文朗读教学广播讲座，帮助中小学语文教师用普通话教学。

1962005　《小学语文朗读留声片》由中国唱片社发行。

## 4 月

1962006　中国文字改革委员会、文化部、教育部向全国各省、市、自治区文化、教育厅（局）发布《简化汉字总表》。

## 5 月

1962007　20 日，周恩来总理向中国文字改革委员会负责同志当面指示：简化字应当邀请各方面人士重新讨论；如有不同意见或反对意见，必须虚心接纳，即使国务院早已公布的简化字，如大家有意见，也可以考虑重新修改。

1962008　22 日，中国文字改革委员会向周恩来总理报告《简化汉字总表》制订经过以及重新讨论这个《总表》的计划。《报告》中说："经周恩来总理指示后，我们认识到，《总表》在公布之前，没有经过各方面充分讨论，征求意见……这是不对的。因此，我们决定将《简化汉字总表》这本小册子暂时停发，并将《总表》提请各方面有关人士举行座谈，或书面征求意见。经过充分讨论以后，根据多数意见，进行一次修订，再行报请总理核示。"

1962009　新开馆的黑龙江省图书馆应用汉语拼音编排书目卡片。这是大型图书馆系统地应用汉语拼音编排卡片的开始，是我国图书馆工作上的一次革新。

## 6 月

1962010　5 日，中国文字改革委员会商同文化部、教育部向全国各省、市、自治区文化、教育厅（局）说明《简化汉字总表》尚须重新讨论修改，暂时不要转发，也不要登报。

1962011　13 日，中国文字改革委员会副主任胡愈之向习仲勋副总理书面报告关于重新组织讨论《简化汉字总表》一事。《报告》中说，中国文字改革委员会目前正在忙于办理机构及人事精简工作。组织讨论《简化汉字总表》的时间，是否可推迟到中国文字改革委员会机构调整以后，再由新机构负责办理。6 月 14 日习仲勋副总理对中国文字改革委员会副主任胡愈之的报告做了批示："同意文改会机构调整后再组织座谈的意见。"

1962012　13 日，《光明日报》的《文字改革》双周刊开展"科技文献里的外国人名要不要翻译成汉字"的讨论。

## 7 月

1962013　为了配合报刊上的难字注音，中央人民广播电台和中国文字改革委员会联合举办汉语拼音广播教学讲座。

1962014　中国文字改革委员会主办的《汉语拼音报》停刊。

## 8 月

1962015　3 日，为了使北京具有中等文化水平的职工、干部学会汉语拼音，北京电视台和中国文字改革委员会联合举办汉语拼音教学讲座。

# 9 月

1962016　6 日，中国文字改革委员会举行第八次全体委员会议，讨论汉字简化问题。会议指出，《汉字简化方案》公布六年多来，受到了群众的欢迎和拥护，但是也有小部分简化字，主要是一些同音代替的简化字和个别字形容易跟别的字相混的简化字，群众感到不便；简化偏旁如何使用才算正确，也一直不明确。根据周恩来总理的指示，要在广泛征求群众意见的基础上，对原方案进行总结修订。会议做出决议：召开座谈会，征求对《汉字简化方案》的意见；成立总结修订小组。总结修订小组经推举，由丁西林主持，叶圣陶、吕叔湘、林汉达、黎锦熙、魏建功、赵平生 6 位委员组成。

1962017　21 日，政协全国委员会文化教育组邀请有关方面人士座谈汉字简化问题。出席座谈的有政协全国委员会委员，高等学校社会科学方面的教授，编译出版工作者，历史学家，古代文物研究工作者和北京市部分中小学校教师，共 300 余人。座谈会由全国政协文化教育组组长胡愈之主持。中国文字改革委员会副主任丁西林就《汉字简化方案》公布以来的情况做了介绍。

1962018　22 日，中国文字改革委员会邀请北京市中小学语文教师，业余学校教师以及部队文化教员 26 人座谈汉字简化问题。座谈会由韦愨副主任主持。

1962019　25 日，政协全国委员会文化教育组中小学分组召开座谈会，讨论汉字简化问题。座谈会由徐楚波、吴研因主持。参加座谈讨论的有 14 人。

1962020　26 日，政协全国委员会文化教育组语言分组召开座谈会，讨论汉字简化问题。座谈会由吕叔湘主持。参加座谈讨论的有 16 人。

1962021　27 日，政协全国委员会文化教育组高教分组召开座谈会，讨论汉字简化问题。座谈会由吴大琨主持。参加座谈讨论的有 8 人。

1962022　27 日，政协全国委员会文化教育组出版分组召开座谈会，讨论汉字简化问题。参加座谈讨论的有 8 人。

1962023　28 日，政协全国委员会文化教育组文史分组召开座谈会，讨论汉字简化问题。座谈会由吕振羽主持。参加座谈讨论的有 6 人。

1962024　29 日，政协全国委员会文化教育组第一组召开座谈会，讨论汉字简化问题。座谈会由丁西林、邵力子主持。参加座谈讨论的有 12 人。

1962025　北京大学中文系语言学教研室编《汉语方音字汇》由文字改革出版社出版。该书根据 1956—1958 年全国方言普查的结果编著而成，主要供汉语语音比较研究使用。1989 年出版第二版。

## 10 月

1962026　4 日，广东省教育厅发出《关于在学校推广普通话的意见》。

1962027　10 日，政协全国委员会文化教育组语言分组召开汉字简化问题第二次座谈会。座谈会由季羡林主持。参加座谈讨论的有 14 人。

1962028　17 日，中国文字改革委员会组成修订简化汉字七人小组，根据各方面的意见，研究修订《汉字简化方案》。这个小组由丁西林、叶圣陶、黎锦熙、赵平生、魏建功、吕叔湘、叶籁士组成，丁西林担任组长。该日举行第一次会议。

1962029　19 日，中国文字改革委员会修订简化汉字七人小组举行第二次会议，继续研究修订《汉字简化方案》。

1962030　22 日，中国文字改革委员会修订简化汉字七人小组举行第三次会议，继续研究修订《汉字简化方案》。

1962031　25 日，中国文字改革委员会修订简化汉字七人小组举行第四次会议，继续研究修订《汉字简化方案》。

1962032　31 日，《光明日报》的《文字改革》双周刊开展"文言能不能用简化汉字"的讨论。

1962033　31 日，中国文字改革委员会接到国务院秘书厅电话通知，周恩来总理指示，修改后的简化汉字明年（1963 年）元旦要在《人民日报》公布，同时发布国务院命令。

## 11 月

1962034　7 日，中国文字改革委员会修订简化汉字七人小组举行第五次会议，提出《对〈汉字简化方案〉的修改意见（初稿）》。

1962035　9 日，中国文字改革委员会副主任叶籁士向周恩来总理书面报告简化汉字讨论、修订情况及今后计划。《报告》中说：1. 原准备争取在 11 月 15 日完成简化汉字的修改工作，现在看来要推迟至 11 月底；2. 将在《人民日报》发表《反对乱造乱用简化字》一文；3. 将《对〈汉字简化方案〉的修改意见（初稿）》发给上次参加政协讨论的人士，再一次书面征求意见，同时召开中央各部门负责同志、新闻出版以及学校教师座谈会，听取他们对《修改意见〈初稿〉》的意见，根据各方面意见，七人小组再一次讨论修改，编制成准备公布的《简化汉字总表》；4.草拟供公布用的《关于修改简化汉字的说明》，召开中国文字改革委员会全体委员会议讨论通过；5.草拟国务院的《命令》，一并送请周恩来总理审核；6.组织一些委员、专家写文章，提倡写规范的简化字，反对乱造乱用简化字。

1962036　9 日，北京电视台每星期五增加了一项注音识字节目，用拼音字母拼注难字，一面学汉字，一面复习巩固汉语拼音。

1962037　10 日，周恩来总理在叶籁士关于简化汉字讨论、修订情况及今后计划的报告上批示，同意照此安排，修改意见待收到文件后再复。

1962038　12 日，中国文字改革委员会修订简化汉字七人小组举行第六次会议，继续研究修订《汉字简化方案》。胡乔木出席会议。

1962039　15 日，上海市部分大中小学教师及编辑出版工作者座谈讨论《对〈汉字简化方案〉的修改意见》。座谈会由傅东华主持。出席座谈的有 32 人。

1962040　16 日，中国文字改革委员会通过全国政协发出 300 份《对〈汉字简化方案〉的修改意见》，书面征求意见。

1962041　17 日，《人民日报》发表《反对滥造滥用简化字》一文。编者按说，本报最近收到有关简化汉字的读者来信 270 多封，绝大多数来信反对任意滥造滥用简化字，主张根据国务院公布的《汉字简化方案》统一简化字的用法，以消除目前在使用简化字方面存在的一些混乱分歧现象。

1962042　20 日，文化部和中国文字改革委员会联合召开新闻出版界座谈会，讨论汉字简化问题。座谈会由胡愈之主持，叶籁士说明了《对〈汉字简化方案〉的修改意见》的草拟经过。参加座谈讨论的有 26 人。

1962043　22 日，中国文字改革委员会主任吴玉章邀请中央机关负责同志座谈，听取他们对修改简化汉字方案的意见。座谈会由胡愈之主持，丁西林就《对〈汉字简化方案〉的修改意见》做了说明。参加座谈讨论的有 24 人。

1962044　24 日，中国文字改革委员会再次召开语文教师座谈会，讨论《对〈汉字简化方案〉的修改意见》。参加座谈讨论的有 22 人。

1962045　30 日，中国文字改革委员会副主任叶籁士通过教育部有关负责同志向中共中央宣传部报告简化字讨论情况及各方面提出的意见和问题。《报告》中说，简化字讨论中各方面的主要意见如下：1.对于汉字简化没有根本反对或者主张大量收回的意见。对国务院公布的方案以外的滥造滥用颇表不满，希望政府加以制止。

2. 对原方案尽可能少改动。《修改意见》修改得太多了。3. 要不要补充新的简化字，小学和扫盲教师主张多增加一些，中学教师主张少增加一些。高级知识分子希望汉字简化工作稳定一个时期。4. 对于偏旁类推，高级知识分子和小学教师都说好。在讨论中遇到两个主要问题：（1）文言文和古书中用不用简化字的问题。（2）简化方法从形好，还是从声好。

1962046　30 日，人民教育出版社召开中小学语文教材使用简化字问题座谈会。出席会议的有中小学教师 14 人。

1962047　中国文字改革委员会通过中共中央宣传部办公室给在北京参加宣传会议的各省、市、自治区宣传部长、教育厅（局）长分发《对〈汉字简化方案〉的修改意见》140 份，书面征求意见。

# 12 月

1962048　15 日，修订简化汉字七人小组主持人丁西林提出《简化汉字的原则和对修改原方案的意见》，印发给中国文字改革委员会各位委员。它的主要内容是：1. 规定一切简化的字和原繁体字并存。规定在现代刊物和教科书上引用古书上的文言时，一般也用简体字，对中小学的学生不教繁体字。2. 规定简化繁体字的原则。首先是"约定俗成"，其次是尽量保留原字的轮廓。3. 不要多造即使标音准确的新形声字。4. 少改已经公布推行的原方案中的字。5. 承认汉字有楷书和行书（草书是另一问题）两体，规定两体并用，印刷上用楷书，手写时可以用行书。6. 规定类推简化原则。7. 新方案中增加少数新简化字。

1962049　26 日，上海市举行普通话教学成绩观摩会。

1962050　29 日，中国文字改革委员会再次召开北京市语文教师座谈会，专门讨论汉字简化的偏旁要不要类推、如何类推等问题。出席会议的有文化教育办公室、人民教育出版社、北京市教育局教材编审处的代表和中小学教师共 21 人。

1962051　《文字改革》月刊 12 月号刊登普通话审音委员会公布的《普通话异读词审音表初稿（第三编）》，共 600 多条。

## 同年

1962052　林尹、高明主编《中文大辞典》（40 册）由台湾中国文化研究所出版，1968 年出齐。1973 年改由华冈出版有限公司出版修订本。该辞典共收汉字 49 888

个，"为中国文化研究所创修'中华民国百科全书'之基础"。

1962053　王力主编《古代汉语》由中华书局分册出版，1964 年出齐。

1962054　胡裕树主编《现代汉语》由上海教育出版社出版。1978 年修改再版，1987 年又出版增订本。

1962055　哲学家、文学史家、语言文字学家胡适（1891—1962）在台湾逝世。

# 1963 年

## 1 月

1963001　4 日，中国文字改革委员会修订简化汉字七人小组举行第七次会议，继续研究修订《汉字简化方案》。

1963002　8 日，中国文字改革委员会修订简化汉字七人小组举行第八次会议，继续研究修订《汉字简化方案》。

1963003　9 日，《光明日报》的《文字改革》双周刊第 61 期发表郭沫若《日本的汉字改革和文字机械化》。

1963004　15 日，中国文字改革委员会修订简化汉字七人小组举行第九次会议，继续研究修订《汉字简化方案》。

## 2 月

1963005　7 日，中国文字改革委员会修订简化汉字七人小组举行第十次会议，继续研究修订《汉字简化方案》。

1963006　8 日，中国文字改革委员会修订简化汉字七人小组举行第十一次会议，继续研究修订《汉字简化方案》。

1963007　9 日，中国文字改革委员会以叶籁士的名义向周恩来总理呈报《关于汉字简化方案修订工作的报告》。《报告》说，《汉字简化方案》已经讨论修订完毕，目前正在做文字加工，起草给总理并中央的报告。《报告》中汇报了修订工作的三条原则：1. 对原方案尽量少做改动；2. 对于哪些简化字可做偏旁类推，哪些不能类推，做出明确规定，以防止混乱；3. 不增加新简字。

1963008　20 日，《文字改革》月刊 2 月号发表刘涌泉《机器翻译和文字改革》（上）。

1963009　21 日，上海市推广普通话工作委员会、上海市文字改革协会筹备委员会联合发布《1963 年上海市推广普通话工作纲要》。

1963010　22 日，《中国语文》第 1 期发表普通话审音委员会的《普通话异读词三次审音总表初稿》。

1963011　24 日，周恩来总理批复《关于汉字简化方案修订工作的报告》：原则同意。请先提交中国文字改革委员会全体会议讨论，通过后再交我阅。

1963012　27 日，中国文字改革委员会修订简化汉字七人小组举行第十二次会议，继续研究修订《汉字简化方案》。胡乔木出席会议。

# 3 月

1963013　3 日，中国文字改革委员会草拟《国务院命令（草稿）》和《简化汉字修订方案（草案）》。

《国务院命令（草稿）》指出，1956 年公布的《汉字简化方案》，经过七年多的实践证明，受到全国人民，特别是广大工农兵群众和青少年、儿童的欢迎。在实践过程中，也发现少数简化字还有容易读错写错，或者在某种情况下意义不明确的情况；原方案没有详细规定哪些字无论单用或者作偏旁都简化，哪些字只在单用时简化，哪些字只在作偏旁时简化；此外，原方案注意了汉字需要简化的一面，对于汉字需要规范化的一面注意不够，对于纠正乱造简化字的倾向和防止发生读错字写错字的情况，没有起应有的和可能有的作用。《命令（草稿）》指明，这次修订只在 1956 年《方案》的范围内进行，对于各地群众要求增补的简化字，留待以后适当时机处理。《命令（草稿）》还就有关汉字简化和规范化的重要事项做了如下规定：1. 除供专家使用的古籍、高等学校中国古代语言文字、文学、历史、哲学各科的教学用书和其他某些适应特殊需要的书籍以外，一般出版物一律通用简化汉字。2. 简化汉字由于刻铸各号各体字模需要相当时间，在一般出版物上仍将陆续推行，但是字典辞典、中小学教材、扫盲教材、青少年课外读物和通俗书报应尽早全部使用。3. 群众自造的简化字，凡是未经中国文字改革委员会采用和国务院批准的，一律不得在出版物中应用，不得在县级以上的国家机关的布告和省级以上的国家机关的公文中应用，不得在各级学校的试卷和作业中应用。4. 为了树立现代汉字的明确规范，责成中国文字改革委员会、中国科学院语言所、文化部和教育部搜集目前通用的汉字，审订每个字的形体，使一个字只有一种正式的写法，不同的字不相混淆，编成字表公布；并责成他们编辑《标准字典》，作为正字正音的标准。

　　《简化汉字修订方案（草案）》包括"修订说明"和三个字表。"修订说明"指出：1.原方案有少数简化字做了修改。这些修改一般是尽量减少同音代替，尽量接近繁体字的原字形和原系统，便于互相对照，尽量避免可能发生的意义混淆、读错和写错，和尽量照顾过去汉字简化的习惯。2.《修订方案（草案）》把简化字分列两表。第一表的字只在单用时简化，第二表的字无论单用或作偏旁都简化。简化偏旁表所列简体限于作偏旁时使用。3.为了防止和纠正乱造简化字的现象，先列繁体，次列简体，在必要时加注简单的说明。这些说明和方案本身同样有效。

　　《简化汉字修订方案（草案）》的"简化字第一表"收录303字（不能当作偏旁类推出别的简化字），"简化字第二表"收录131字（能当作偏旁类推出别的简化字），"简化偏旁表"收录32个简化偏旁（只限于作字的偏旁）。

1963014　8日，中国文字改革委员会召开全体委员会议，讨论修订简化汉字问题。吴玉章宣布开会，胡愈之主持会议。出席会议的有吴玉章、胡愈之、丁西林、韦悫、叶籁士等。修订简化汉字七人小组汇报了工作。

1963015　9日，上海语文学会召开座谈会，讨论《简化汉字修订方案（草案）》。座谈会由傅东华主持。大中小学、出版社、印刷研究所等单位的15人参加座谈会。

1963016　18日，中国文字改革委员会研究处派人到北京朝阳区东坝中德友好人民公社向社员征求对简化汉字的意见。

1963017　19日，中国文字改革委员会再次召开教师座谈会，继续征集对《汉字简化方案》的修订意见。北京市中小学、业余学校教师和课本编辑人员、部队文教工作者共12人参加座谈会。会议由叶籁士主持。

1963018　20日，《文字改革》月刊3月号发表周有光《发挥汉语拼音在语文教学上的作用》，并续登刘涌泉《机器翻译和文字改革》（下）。

1963019　23日，上海市教育局发出《关于加强学校普通话教学和推广工作的几点意见》的通知。

1963020　30日，上海市人民委员会批转上海市推广普通话工作委员会、上海市文字改革协会筹备委员会联合发出的《1963年上海市推广普通话工作纲要》。文件指出，推广工作发展不够平衡，在社会上还没有形成普遍说普通话的风气。除了继续在学校中结合经常的教学工作，推行《汉语拼音方案》、教学和推广普通话，充分发挥学校在推广普通话工作中的基地作用以外，还应该做好社会推广工作，特别应该以商店营业员、服务员、公交车辆售票员、铁路列车员为主要对象，有重点地进行。

1963021　31 日，中国文字改革委员会再次以叶籁士的名义向周恩来总理报告有关修订简化汉字的工作情况。报告中说，上次送审的命令和修订方案又做了一些小的改正。随报告送审的文件有：《国务院命令（草稿）》《简化汉字修订方案（草案）》《关于修订简化汉字的报告（草稿）》。

## 4 月

1963022　11 日，陕西省推广普通话工作委员会召开全体会议，听取关于 1962 年工作情况的汇报，讨论通过了 1963 年工作计划。

1963023　15 日，陕西省教育厅召开小学汉语拼音教学座谈会，总结 1958 年以来全省教学汉语拼音的经验。

1963024　22 日，《中国语文》第 2 期发表周有光《汉语拼音在科学技术上的应用——汉语拼音方案公布五周年纪念》。

1963025　27 日，中国文字改革委员会研究处邀请北京市第一实验小学、景山学校等校教师座谈在语文教学和学生作业中发现的难写难读和容易写错读错的字，以及有关简化汉字的一些问题。

1963026　28 日，中国文字改革委员会研究处派人到北京大兴县（今大兴区）红星中朝友好人民公社征求社员和教师对简化汉字的意见。

1963027　台湾编译馆成立"国民"学校常用字汇厘定委员会，用四年时间，根据台湾地区出版的报章（只收《国语日报》）、学校课本、儿童作品、课外读物、广播资料、民众读物等共 753 940 字的语料，订定常用字 4864 字。再依不同的等级，分为常用字 3861 个、次常用字 574 个、备用字 429 个，并编成《国民学校常用字汇研究》一书，由台湾中华书局出版。

## 5 月

1963028　20 日，《文字改革》月刊 5 月号发表雷简《电报拼音化的当前问题》（上）、马大猷《谈语音自动识别问题》。

1963029　邮电部组织北京、上海等六个城市的邮局对于平信封面上不合规定的简笔字进行调查。

1963030　中国文字改革委员会研究处派人到北京市部分商店、誊印社进行调查，征求对简化汉字的意见，搜集在商业和誊印工作中经常使用的简化字。

## 6 月

1963031　6 日，江苏省教育厅和江苏人民广播电台、江苏省广播师范学校，从 6 月 6 日起联合举办汉语拼音广播教学讲座，每周两次，12 次播完。

1963032　中旬，上海市教育局为郊区各县小学教师举办汉语拼音学习班，重点学习新编 12 年制小学语文第一册的汉语拼音教材。

1963033　29 日，中国文字改革委员会研究处召开座谈会，讨论汉字简化问题。应邀出席的有中南海警卫团六名文化教员。

## 7 月

1963034　4 日，中国文字改革委员会发出《关于召开部分省市普通话工作汇报会议的通知》。《通知》要求福建、上海、广东、江苏、浙江、陕西、黑龙江（哈尔滨）、湖北、安徽等 9 个省市教育厅（局）于 8 月派代表参加在北京召开的汇报会议。召开这次汇报会的目的是，了解近几年来推广普通话、教学汉语拼音的情况和存在的问题，交流经验，并研究怎样使汉语拼音在语文教学中充分发挥作用。

1963035　12 日，中央推广普通话工作委员会、教育部、中国文字改革委员会发出《关于转发〈1963 年上海市推广普通话工作纲要〉联合通知》。《通知》指出，近年以来，好些地区对于推广普通话的工作有所放松，值得引起注意。"大力提倡，重点推行，逐步普及"，仍然是推广普通话的正确方针，必须继续努力贯彻。各级学校是推广普通话的重要基地，而中小学校和各级师范学校又应该是学校中的重点。为此，希望各地教育行政部门采取切实措施，加强普通话师资的培训工作，并逐步使中小学和师范学校的语文教师（年老的除外）首先掌握普通话。汉语拼音字母是学习普通话的有效工具，在教学普通话中应该充分利用。社会推广工作应以商业、交通、铁路和服务性行业中的营业员和服务员为主要对象，有重点地进行，而方言地区尤其应该加强这方面工作。普通话教学成绩观摩会和演讲比赛会是推广普通话的可行的形式，各地可以根据情况，在省、市、县的范围内或在一部分学校之间定期举行，以检阅成绩，交流经验，并促成社会上说普通话的风气。

1963036　20 日，《文字改革》月刊 7 月号发表曾世英《汉语拼音在少数民族语地名调查中的应用》。

1963037　22 日，台湾省"教育厅"订定《台湾省公私立中小学校加强推行国语注意事项》。其中规定："各中小学之播音器严禁播放方言节目及日语节目"；"各中小学教职员参加学生家长会或母姊会，必须使用国语"；"中小学师生与校外人士交谈时，凡对方能略懂国语者，即须一律使用国语，必要时可以国语方言并用，但严禁使用日语"；"学生平日使用国语情形，列为学生操行成绩之参考"；"各中小学教师各科教学，遇有用日语者，应即报请严予处分"。

# 8 月

1963038　1 日，中国文字改革委员会在北京召开部分省市推广普通话工作汇报会议。出席会议的有：广东、福建、江苏、浙江、安徽、湖北、陕西、黑龙江、上海、广州、西安、哈尔滨等省市教育厅（局）负责推广普通话工作的干部。教育部、中国科学院语言所、人民教育出版社和北京市教育局也派代表参加会议。叶籁士在会上讲话。与会人员在专题讨论时，着重研讨了以下八个问题：1. 对推广普通话的意义的认识。2. 对推广普通话方针的理解和体会。如何具体贯彻？3. 如何加强推广普通话工作的组织领导？4. 普通话、拼音字母和语文教学的关系。在教学中如何结合？5. 师资培训问题。6. 观摩会怎么开法？还有哪些经常性的宣传活动可以开展？7. 注音识字还要不要试验？如果试验需要具备哪些条件？8. 拼音教学问题。会议于 13 日结束。

1963039　中国唱片出版社录制新编初级小学语文课本第一册的拼音和朗读教学留声片，以配合教学，帮助教师备课。

# 9 月

1963040　山西省教育厅发出《关于进一步加强学校普通话教学工作的通知》。

1963041　广州市教育局开始在广州市第一师范附属小学初小一年级进行"说话教学"试验。

# 10 月

1963042　7 日，山东省推广普通话工作委员会和山东省教育厅发出《关于转发

〈1963 年上海市推广普通话工作纲要〉的联合通知》，并对本省今后的推广普通话工作提出了具体要求。

1963043　23 日，国务院发出关于推行维吾尔、哈萨克两个新文字方案问题给民族事务委员会并教育部、高等教育部、文化部、中国科学院、中国文字改革委员会、新疆维吾尔自治区人民委员会的文件。文件指出："国务院同意民族事务委员会《转报维吾尔、哈萨克两个新文字方案的报告》。维吾尔、哈萨克两个新文字方案，可由新疆维吾尔自治区人民委员会公布推行。在推行过程中，应该随时总结经验，使文字方案更加完善。以后这两个文字方案如果需要修订，可由新疆维吾尔自治区提出，直接报民族事务委员会批准。"

1963044　28 日，中国文字改革委员会给周恩来总理写了关于简化字问题的请示报告。报告说，如果简化汉字修订方案中央一时还不能讨论，拟请总理考虑，可否将其中一部分字，即"可以类推简化的字"，先行批准。

1963045　29 日，江苏省推广普通话工作委员会和教育厅发出《关于进一步加强推广普通话工作的联合通知》。

1963046　陕西省推广普通话工作委员会、教育厅、文化局、高教局发出《关于加强推行简化汉字的联合通知》。《通知》要求各出版单位和印刷厂尽可能购置各号简化汉字铜模，在出版物中尽量使用已推行的简化汉字。各地报刊、电台、文化馆等要经常宣传文字改革工作。《通知》还要求各地在标语、壁画、路牌、招牌、包装纸、书报刊物等上面都使用简化汉字，由左向右横写，并尽可能加注汉语拼音字母注音。

1963047　普通话审音委员会编《普通话异读词三次审音总表初稿》由文字改革出版社出版。

# 11 月

1963048　23 日，安徽省人民委员会批转了安徽省教育厅《关于推广普通话工作情况和今后工作意见的报告》。

1963049　24 日，中国文字改革委员会，在全国人民代表大会和中国人民政治协商会议开会期间，召开关于文字改革问题座谈会。应邀出席的有：陈望道、车向忱、吴贻芳、张秀熟、李辉、王越、陈鹤琴、杭苇、竺可桢、叶圣陶、傅懋勣、曾世英、陈文彬、袁翰青、黎锦熙。座谈会由吴玉章、胡愈之主持。先由叶籁士汇报文字改革工作的简况。车向忱、王越、张秀熟、吴贻芳、陈鹤琴、陈望道等谈了所在省市文字改革工作的情况，并提出建议。中国文字改革委员会的韦悫、丁西林、赵平生、林汉达、周有光、倪海曙、杜松寿、徐世荣参加了座谈会。

1963050　中国文字改革委员会不断研究、修改《简化汉字修订方案（草案）》。11月的修改稿，包括修订说明、简化字表、简化偏旁表三部分。简化字表列繁简对照的字 492 组，简化偏旁表列繁简对照的偏旁 28 组。

1963051　在第二届全国人民代表大会第四次会议上，全国人民代表大会代表丁西林、叶圣陶、车向忱、陈望道、吴贻芳等做了《继续促进文字改革工作》的联合发言，对简化汉字、推广普通话的成绩给予肯定，指出："文字有社会性和全民性，它的产生必须经过两个过程，一个是创造的过程，另一个是规范化的过程。群众所创造的简化汉字，必须经过国家的统一，才能成为社会和全民的工具。""这一点必须向群众宣传说明，说服他们不要乱用简化汉字。""推普的工作既艰巨又长期，在做法上不能太心急。""汉语拼音字母既然是识字正音的工具，学校必须有正确的认识，学校必须有适当的安排，应该从头到底，从低年级到高年级，都要教好，学好，不断使用。"

1963052　甲骨文学者、古史学家董作宾（1895—1963）逝世。

# 12 月

1963053　9 日，台湾省"教育厅"举行加强师范生"国语文"研讨会，决定：请台湾师范大学国文系加强"国语"教学，并将中国文化基本教材译成白话；制订小学书法和范帖及作文量表。

1963054　11 日，浙江省教育厅发出《关于进一步做好中、小学校和各级师范学校推广普通话工作的通知》。

1963055　22 日，上海市举行普通话教学成绩观摩会。观摩会由上海市推广普通话工作委员会、市文字改革协会筹备委员会、市教育局、市总工会和共青团市委联合举办。

1963056　25 日，中国文字改革委员会就简化汉字问题，向国务院呈报《关于类推简化原则的请示》。《请示》说，类推简化的原则问题需要及早解决，也可以提前解决。拟请国务院批准《请示》中提出的类推简化原则，以便据此做出可以类推简化的字表，分发新闻出版部门遵照执行，以统一简化字规范。

1963057　29日，内务部、教育部、中国文字改革委员会发布《关于公布〈汉语手指字母方案〉的联合通知》。《通知》是中国盲人聋哑人协会根据各地试行的经验和手指字母指式清晰性实验的结果，对《手指字母方案（草案）》反复地进行了讨论和修改，于11月1日在聋人手语改革委员会上一致通过的。汉语手指字母用指式代表字母，按照《汉语拼音方案》拼写普通话，作为手语的一种——指语。《通知》要求"各地民政、教育部门要督促聋哑学校、聋哑人业余文化学校，一律按公布的方案进行手指字母教学，并做好宣传和推行工作"。

1963058　广东省推广普通话工作委员会和广东省教育厅联合发出《1964年广东省推广普通话工作纲要》。

## 同年

1963059　王力《中国语言学史》前三章从第3期起在《中国语文》连载。这是作者在北京大学开设的这门课的讲义。1981年8月由山西人民出版社出版。

1963060　周殿福、吴宗济《普通话发音图谱》出版。

1963061　语言学家董同龢（1911—1963）逝世。

# 1964 年

## 1 月

1964001　4 日，中国文字改革委员会再次就类推简化原则问题向文教办公室并国务院请示，拟请国务院批准类推简化的原则。

1964002　7 日，中国文字改革委员会向文教办公室并国务院呈报《关于简化字问题的请示》。《请示》说，遵照周恩来总理的指示，为了修订简化字，我们从 1962年 9 月开始，采取座谈、通信、访问等方式，组织了关于简化字问题的讨论和调查。经过反复研究和仔细推敲，最后拟具修订方案草案，送请周总理审批。后因周总理出国以前事忙，不及审批。由于目前学校教科书及若干词典急待排印，各新闻出版等有关单位都要求简化字有个明确规定，以免混乱，为此，我们拟通知各有关方面，在修订方案未公布前，使用简化字仍以 1956 年国务院公布的原方案为准，其中尚未推行的 28 个字，亦仍照原方案简化。但简化汉字中的类推部分，由于原方案交代不够明确，目前出版物上存在分歧混乱现象。在简化字修订过程中，我们确定了类推简化的原则。1962 年 2 月间，根据这个原则拟订的修订方案草案初稿，曾送周总理审核。周总理批示"原则同意"。这个问题经过各方面人士的讨论和广泛征求意见，大家的认识是一致的。为此，拟请国务院批准上述类推简化的原则。

1964003　8 日，湖北省教育厅发出《关于 1964 年我省师范院校、中小学改进汉语拼音教学，推广普通话工作的意见》。

1964004　12 日，《文字改革》月刊 1 月号发表王均《汉语拼音方案与少数民族语文工作》。并开始连载吕叔湘《语文常谈》。

1964005　16 日，中国文字改革委员会发出《关于了解新编〈初级小学课本语文第一册〉拼音部分的教学情况的通知》。《通知》说，人民教育出版社新编的《初级小学课本语文第一册》从去年秋季起已在全国使用。其中的拼音字母教材，比旧课本有很大改进，为了解情况并进行研究，请各省（市、区）汇报使用新课本教学拼音的情况（如，多少学校使用，事先有没有组织教师座谈和研究新教材，教学时间，效果、经验和问题）。浙江省教育局、江苏省教育局、黑龙江省教育厅、辽宁省教育局、四川省教育局、上海市教育局、广东省教育厅、内蒙古教育厅、山东省教育厅、山西省教育厅、河南省教育厅等书面汇报了情况。

1964006　22 日，《光明日报》的《文字改革》双周刊第 85 期发表《汉语手指字母方案》。

1964007　23 日，陕西省推广普通话工作委员会召开全体会议。会议听取了委员会办公室关于 1963 年推广普通话工作的汇报和中国文字改革委员会召开的部分省市推广普通话工作汇报会议情况的汇报，着重讨论了 1964 年的工作计划。

1964008　27 日，云南省教育厅发出《了解小学汉语拼音和推广普通话工作情况的通知》。

## 2 月

1964009　4 日，国务院关于简化字问题给中国文字改革委员会批示："同意你会在报告中提出的意见：《汉字简化方案》中所列的简化字，用作偏旁时，应同样简化；《汉字简化方案》的偏旁简化表中所列的偏旁，除了四个偏旁（讠、饣、纟、钅）外，其余偏旁独立成字时，也应同样简化。你会应将上述可以用作偏旁的简化字和可以独立成字的偏旁，分别作成字表，会同有关部门下达执行。"

1964010　4 日，中国文字改革委员会向有关单位发出《关于汉语拼音方案在各方面应用情况的报告》。《报告》指出，拼音方案在以下十方面得到应用：1. 给汉字注音；2. 帮助少数民族创造和改革文字；3. 帮助外国人学习汉语；4. 提高聋哑教学质量；5. 改进盲字；6. 增加电报速度；7. 用于视觉通信；8. 用作代号和缩写；9. 用于编字典词典；10. 用于序列索引。

1964011　16 日，湖南省教育厅发出《1964 年湖南省推广普通话工作计划》。

1964012　17 日，吴玉章《汉语拼音方案在各方面的应用》在《人民日报》发表。文章指出："六年来，《汉语拼音方案》在各方面的应用中发挥了不少作用，但是目前汉语拼音知识在社会上尚未普及，还有许多人没学过，因此不能不使这种作用受到一定限制。"

1964013　24 日，上海市人民广播电台开始播讲汉语拼音教学、语文朗读基本知识和小学语文朗读教学三种节目。

## 3 月

1964014　1 日，江西省推广普通话工作委员会向全省各地发出《关于进一步加强推广普通话工作的几点意见》。

1964015　3 日，河北省推广普通话工作委员会和河北省教育厅发出《关于继续加强推广普通话工作的通知》，并附发了《河北省 1964 年推广普通话工作纲要》。

1964016　4 日，福建省教育厅发出《关于继续积极推广普通话的工作意见》。

1964017　6 日，中国文字改革委员会向国务院文教办公室呈报《关于推行 28 个简化字的请示报告》。

1964018　7 日，中国文字改革委员会、文化部、教育部发出《关于简化字的联合通知》。《通知》指出，根据国务院批示，特作如下规定：1. 下列 92 个字已经简化，作偏旁时应该同样简化。例如，"爲"已简化作"为"，"僞、嬀"同样简化作"伪、妫"。（92 字从略）；2. 下列 40 个偏旁已经简化，独立成字时应该同样简化（"言食糸金"一般只作左旁时简化，独立成字时不简化）。例如，"魚"作偏旁已简化作"鱼"旁，独立成字时同样简化作"鱼"。（40 个偏旁从略）；3. 在一般通用字范围内，根据上述 1、2 两项规定类推出来的简化字，将收入中国文字改革委员会编印的《简化字总表》中。

1964019　18 日，山东省教育厅发出《关于加强推广普通话工作的通知》。

1964020　25 日，中国文字改革委员会继 1963 年 8 月的汇报会后，再次召开部分省、自治区普通话工作汇报会。云南、四川、贵州、江西、湖南、广西的代表出席了会议。

1964021　26 日，新疆维吾尔自治区第三届人民代表大会第一次会议通过《关于改革维吾尔、哈萨克文字的决议》。

## 4 月

1964022　7 日，广东省教育厅举办普通话师资训练班。参加学习的有各县市的中小学教师、部分师范学校教师和教研室教研员，共 221 人。

1964023　11 日，上海市推广普通话工作委员会和中国财贸工会上海市委员会召开财贸系统推广普通话工作会议。

1964024　12 日，《文字改革》月刊 4 月号发表施效人《试论汉字长期停滞在表意阶段的原因》。

1964025　14日，陕西省推广普通话工作委员会、教育厅与陕西省人民广播电台举办《汉语拼音字母广播教学讲座》，帮助各级学校教师和社会人士学习汉语拼音和普通话。

1964026　15日，上海市文字改革协会筹备委员会和上海市推广普通话工作委员会发出《关于本市1964年至1965年推广普通话的工作要点》。

1964027　18日，陕西省教育厅举办省直属中小学及幼儿园普通话朗诵比赛会。

1964028　20日，广西壮族自治区人民委员会向国务院呈报《关于将广西僮族自治区僮族名称的"僮"字改为"壮"字的请示》。《请示》说，"僮"字在读音上往往被人念为"童"音。改为"壮"后，既可以避免读音之误，且对于民族的自称和被称，其读音也是一样的，民族名称并没有变。

# 5 月

1964029　3日，郭沫若《日本的汉字改革和文字机械化》在《人民日报》上发表。全文分五部分：1.日本的"当用汉字"1850个；2.日本的"教育汉字"881个；3.整理字体和简化笔画；4.文字工作的机械化；5."他山之石，可以攻玉"。同年10月，该文由人民出版社出版单行本。

1964030　11日，中国文字改革委员会、文化部就读者提出的意见在《人民日报》发表《关于简化汉字一些问题的说明》。《说明》分四部分：1.关于繁简并用问题。分析了书报上繁简并用的原因。2.关于铅字字形的统一。3.关于简化字与原有字混淆和繁难常用字的简化问题。4.关于增加简化汉字问题。

1964031　13日，上海市人民委员会批转4月15日上海市文字改革协会筹备委员会和上海市推广普通话工作委员会发出的《关于本市1964年至1965年推广普通话的工作要点》。

1964032　15日，中国人民解放军总政治部发出文件《总政治部转发关于在士兵中扫除文盲和推广普通话的两个文件》。文件指出："在士兵中扫除文盲和推广普通话，对于我军的军事和政治建设有重要意义，他们退役以后，在工、农业战线的各项建设中也能发挥更好的作用。因此，有必要重申总政治部1960年6月4日发布的关于在全军中学习拼音字母和推广普通话的指示。"

1964033　中国文字改革委员会编《简化字总表》由文字改革出版社出版。《简化字总表》为使用简化字确立了明确的、统一的规范，对消除使用简化字方面的混乱现象及避免乱造不规范的简化字起到了积极的作用。

1964034　北京大学中文系语言学教研室编《汉语方言词汇》由文字改革出版社出版。该书收集 18 个方言点的 905 条词语。

# 6 月

1964035　12 日，《文字改革》月刊 6 月号发表郭沫若《日本的汉字改革和文字机械化》，还开辟了"为了减轻学生负担，在汉字整理方面应该做些什么？"讨论专栏，并发表了中国文字改革委员会、文化部《关于简化汉字一些问题的说明》。

1964036　28 日，中国文字改革委员会发文给国家民委："我们接到广西僮族自治区人委关于将'僮族'改称'壮族'给国务院的报告的抄件，我们完全同意广西僮族自治区人委的意见。在少数民族名称用字中还有一部分生僻难认，看到读不出来，或者容易读错；有的笔画太繁，书写不便，而且容易写错。"文中举出"藏、蒙、疆、彝、傣、畲、侗、斡、祜、仫、傈僳、仡、瑶、羌、孜"等字可以简化或改用常用字，征求民委的意见。

# 7 月

1964037　12 日，青海省文教厅和团省委举行普通话教学成绩观摩会。汉、藏、蒙、回、撒拉等民族的代表参加了会议。

1964038　12 日，《文字改革》月刊 7 月号发表白锐《朝鲜的文字改革》，并开始连载周有光《汉字改革讲话》。

1964039　15 日，山东省推广普通话工作委员会、省教育厅、共青团山东省委在济南市举行全省普通话教学成绩观摩会。

1964040　16 日，国家民委复文给中国文字改革委员会，关于少数民族名称中的一些生僻难写的字的简化和改换问题，提出如下意见：

1."僮族"改称"壮族"，正和内务部研究，有了结果，即报请国务院核批。

2."蒙、藏"等字是一般常用字，又是民族名称。在简化前，须征求这些民族地区的党政领导机关同意。

3."疆"字可按一般汉字简化，因为它不是民族名称。

4.民族名称用字，如彝、傣、畲、侗、仫佬、傈僳、仡佬、瑶、羌等，原是由各该民族人民自己认定的。如果本民族地区领导机关向中央提出要改变时，再由中央研究决定。

1964041　21日，广西壮族自治区举行普通话教学成绩观摩会。参加会议的有壮、汉、瑶、回等兄弟民族学校系统的代表和铁路、商业、交通等部门的代表。

1964042　21日，广东省举行全省普通话教学成绩观摩会。

1964043　22日，《光明日报》的《文字改革》双周刊开展"关于改换生僻地名用字的讨论"。

1964044　22日，中国文字改革委员会召开全体委员会议，讨论关于《简化字总表》和第四次全国普通话教学成绩观摩会的问题。

1964045　25日，吴玉章给各大区领导写信，指出"地名字生僻难认，外地人容易读错写错，这些字除作地名字外，别无用处，徒然增加识字教学的负担和使用方面的不便"。建议把中国文字改革委员会提出的更换难写难认的地名字转告各省考虑。

1964046　25日，陕西省举行全省普通话教学成绩观摩会。

## 8月

1964047　6日，北京市人民委员会决定10月1日更换新的街道名牌，加注拼音，按词连写，一律使用规范的简化字。异体字也都按《第一批异体字整理表》的规定用字。

1964048　17日，第四次全国普通话教学成绩观摩会在西安召开。全国27个省、市、自治区和解放军代表199人参加大会。中央推广普通话工作委员会副主任、中国文字改革委员会主任吴玉章、教育部副部长叶圣陶、共青团陕西省委副书记延焕梧在会上讲话。

1964049　23日，中国文字改革委员会、轻工业部、商业部联合发出《关于统一中文打字机轻钢字字形的联合通知》。

1964050　29日，国务院批复陕西省人民委员会关于更改部分地名用字的报告，批准改换陕西省14个地名用生僻字。

## 9月

1964051　7日，中国文字改革委员会致函文化部，请该部转告全国各出版社，今后在图书杂志中一律使用国务院批准更改的地名用字，停止使用原来的生僻字。

1964052　10 日，陕西省人民委员会发出《关于更改"鳌屋"等 13 个县和"商雒"专署名称的通知》。

1964053　10 日，《光明日报》的《文字改革》双周刊从第 123 期起，开辟"关于统一偏旁部首名称问题的讨论"专栏。

1964054　12 日，中国文字改革委员会、广播事业局发出《关于举办 1964 年上学期小学语文朗读教学广播讲座的联合通知》。《通知》说，从 10 月 5 日起，将连续播讲新编十二年制初小语文第三册和旧编十二年制初小语文第五、七册，高小语文第一、三册的课文。

1964055　12 日，台湾省政府通令所属机关学校，希望全体公教人员加强推行"国语"，并以身作则，积极倡导。尤其在办公和开会时，必须一律使用"国语"。

1964056　14 日，陕西省人民委员会发出通知，又更改了一批县以下以及山、水等自然地理的名称用字，使它们跟以前更改了的用字一致。

1964057　北京市的街道在国庆前换了新的路名牌。新路牌一律加注拼音，按词连写，使用了规范的简化字。

# 10 月

1964058　8 日，文化部向全国出版社、杂志社发出通知，规定在今后出版的图书、杂志中使用国务院批准改换的地名；除翻印古籍和有其他特殊原因的以外，在一般新出版的书籍中，原来的生僻地名字应停止使用。

1964059　8 日，河北省推广普通话工作委员会、共青团河北省委、河北省教育厅联合发出《关于贯彻第四次全国普通话教学成绩观摩会会议精神的几点意见》。

1964060　9 日，青海省文教厅发出《关于我省通用汉语学校和地区推广普通话工作情况及今后工作意见的通知》。

1964061　12 日，《文字改革》月刊 10 月号发表第四次全国普通话教学成绩观摩会的消息，还刊登了福建省大田县人民委员会的《福建大田县坚持推广普通话》。

1964062　14 日，国家民委向国务院转报维吾尔、哈萨克两个新文字方案。《报告》说，这两个新文字方案经过长期研究、四年试行，基本上是可行的，拟请国务院予以批准，由新疆维吾尔自治区人民委员会公布推行。在推行以后还可能遇到一些新问题，那时还可以再研究修改。

1964063　20日，山东省教育厅发出《关于加强师范学校推广普通话工作的意见》。

1964064　23日，国务院同意国家民委《转报维吾尔、哈萨克两个新文字方案的报告》。《批复》指出，维吾尔、哈萨克两个新文字方案，可由新疆维吾尔自治区人民委员会公布推行。在推行过程中，应该随时总结经验，使文字方案更加完善。

1964065　26日，云南省教育厅发出《在各级各类学校中进一步开展推广普通话工作的通知》。

1964066　28日，甘肃省教育厅发出《关于加强各级学校推广普通话工作的通知》。

1964067　为了帮助各地小学语文教师提高语文教学质量，加强朗读指导，中国文字改革委员会与中央人民广播电台联合举办小学语文朗读教学广播讲座。

# 11 月

1964068　12日，《文字改革》月刊11月号开辟专栏讨论"出版物上要不要使用迭（叠）字号'々'？"。

1964069　12日，陕西省教育厅发给蒲城、长安、宝鸡文教局《关于农村扫盲班重点试验注音识字的通知》，建议这三个县继续试验注音识字。

1964070　13日，《晋南拼音报》复刊。这是一份八开四版给晋南农民看的注音报。

1964071　16日，国务院发出《关于更改山脉、河流、湖泊、海湾、海峡、岛屿等的名称报批权限的通知》。

1964072　20日，上海市公共交通公司召开推广普通话、统一服务用语的现场会议。推广南京路到中山东一路的20路、22路无轨电车车队的经验。

1964073　20日，上海市文字改革协会筹委会、市推广普通话工作委员会和市教育局联合举办的普通话干部学习班开学。这一期学习班培训的对象是各区中学语文教研组组长。

1964074　30日，陕西省教育厅发出《关于贯彻执行"第四次全国普通话教学成绩观摩会"精神的通知》。

1964075　经青海省人民委员会第五次全体会议决定，对青海省一些地名用字中生僻繁难的字加以更改、简化。

1964076　《简化字总表检字》由文字改革出版社编辑出版。

## 12 月

1964077　11 日，台湾省"教育厅"通知各县市政府，提出具体扫除文盲计划。

1964078　12 日，《文字改革》月刊 12 月号发表傅懋勣、朱志宁《维吾尔族、哈萨克族的文字改革和新文字方案》，发表霍羽白《〈简化字总表〉在字形上的革新》。

1964079　16 日，上海市举行普通话教学成绩观摩会。

1964080　31 日，台湾省政府决定 1965 年度在全省各山地乡普遍增设民众补习班，传授国语文跟生产技能，以增进山胞生产职业的能力。

### 同年

1964081　语言学家、南京大学教授方光焘（1898—1964）逝世。

# 1965 年

## 1 月

1965001　1 日，新疆维吾尔自治区人民委员会发布命令："维吾尔新文字方案、哈萨克新文字方案，已经国务院于 1964 年 10 月 23 日批准，现予公布。"

1965002　12 日，《文字改革》月刊 1 月号发表《维吾尔新文字方案》和《哈萨克新文字方案》。同期还发表施效人《文字的产生及其发展的一般规律》。

1965003　23 日，台湾教育事务主管部门公布《失学民众补习教育课程标准》。

1965004　30 日，文化部、中国文字改革委员会联合发出《关于统一汉字铅字字形的联合通知》。《通知》指出："我国印刷用铅字字形不统一，同一个字，在报纸、杂志、图书上出现几种不同的笔画结构。为了便利阅读，需要统一铅字字形。""为了使汉字印刷体的字形趋于统一，笔画结构力求与手写楷书一致，以减少初学者阅读和书写的困难。我们现在把汉字字形整理组所编的《印刷通用汉字字形表》（6196 字）印制成样本，随文送去，请各地逐步推行。""采用后，书写报纸、杂志标题和图书封面的美术字，亦应以该本为范本，以求一致。""翻印古籍和有其他特殊需要者，可以不受范本限制。"

## 2 月

1965005　22 日，《中国语文》第 1 期发表周有光《有关汉字改革的科学研究》。

## 3 月

1965006　29 日，中国文字改革委员会、广播事业局继续联合举办小学语文朗读教学广播讲座。

## 4 月

1965007　8 日，汉字查字法整理工作组从 1961 年成立以来，历时五年，先后征集到专家和群众提出的查字法方案 170 件、意见 144 件。各研究小组经过反复讨论、综合、修改、补充，结束了整理工作，并由中国文字改革委员会备文报告国务院文教办公室，提出部首查字法、四角号码查字法、笔形查字法、拼音字母查字法四种方案（草案）。《报告》说，工作组现在拟把这四种查字法方案（草案）在报刊上发表，推荐给各方面试用，以便在实践过程中听取意见，研究改进，求其更加完善，逐步做到汉字查字法的统一。

## 5 月

1965008　10 日，上海市教育局举行师范院校普通话教学、推广工作经验交流会。

1965009　12 日，国家测绘总局、中国文字改革委员会公布《少数民族语地名的汉语拼音字母音译转写法（草案）》（发表在《文字改革》月刊 5 月号）。《草案》分三部分：1. 总则。包括四条：（1）少数民族语地名的汉语拼音字母音译转写法的用途。（2）音译转写法限用《汉语拼音方案》中的二十六个字母、两个附加符号和一个隔音符号。（3）情况特殊的地名的处理办法。（4）现在先拟订维吾尔语、蒙古语和藏语（拉萨话）地名的音译转写法。2. 几种少数民族语地名的汉语拼音字母音译转写法。包括维吾尔语、蒙古语、藏语。3. 说明。指出"汉字代表音节，长于表意，拙于表音。加以方音的影响，因此音译地名的汉字读音跟当地原音往往出入很大。汉语拼音字母代表音素，可以灵活拼音，表音的准确性较高"。

1965010　《文字改革》月刊 5 月号发表陈越《谈字形规范化问题》、编辑室《〈简化字总表〉答问》。

## 6 月

1965011　1 日，陕西省教育厅发出《关于当前学校推广普通话工作的意见》。

1965012　12 日，人名地名译写统一委员会召开第一次会议。参加会议的有：张际春、胡愈之、韩念龙、罗俊、朱穆之、叶籁士、朱学范、吕叔湘、张仲实、张国器、张恩俊、李廷赞、萨空了、曾世英、傅懋勣、竺可桢。会议决定成立工作组，指定叶籁士、吕叔湘、傅懋勣、曾世英为工作组召集人。委员会的办公室设在中国文字改革委员会。

1965013　12 日，《文字改革》月刊 6 月号发表曾世英《关于〈少数民族语地名的汉语拼音字母音译转写法（草案）〉》和周有光《汉语拼音字母在地图测绘工作中的应用》。

1965014　20日，广西壮族自治区教育厅发出《建议各地举办普通话师资训练班的通知》。

1965015　22日，《中国语文》第3期发表叶楚强《现代通用汉字读音的分析统计》。

1965016　中国文字改革委员会和中央人民广播电台联合举办汉语拼音教学广播讲座。这次播讲采用循环式，从6月至12月，每月安排播讲和重播各一次。

## 7月

1965017　《新疆文字改革》创刊。创刊号发表了《新疆维吾尔自治区第三届人民代表大会第一次会议关于改革维吾尔、哈萨克文字的决议》《新疆维吾尔自治区人民委员会公布维吾尔、哈萨克新文字方案的命令》和《维吾尔新文字方案》《哈萨克新文字方案》。

## 8月

1965018　12日，《文字改革》月刊8月号发表短论《精简异读问题可以讨论》，指出有些异读是否必要，能否归并，大可研究。汉语普通话以北京语音为标准，主要是说以它的音系为标准，而不是凡北京语音的具体读法都是标准。这一期还发表了编辑室《统一偏旁部首名称的建议》，建议每一种常见的偏旁和部首（包括各种零件）最好都有个名称，而名称必须避免同音同调。同时开始连载《偏旁部首名称表（初稿）》。

1965019　16日，中央推广普通话工作委员会、中国文字改革委员会、商业部发出《关于召开方言区城市推广普通话工作经验交流座谈会的联合通知》。

1965020　17日，陕西省推广普通话工作委员会、高等教育局、教育厅发出《关于加强高等学校和中等专业学校推广普通话工作的联合通知》。

1965021　19日，陕西省推广普通话工作委员会、高等教育局、教育厅和省文化局发出《关于下达1965年推广普通话工作纲要的联合通知》。

1965022　22日，《中国语文》第4期发表周耀文、巫凌云《谈拼音文字中的声调表示法》、陈越《偏旁简化、草书楷化综论》。

## 9月

1965023　12日，《文字改革》月刊9月号发表吴建一《偏旁所处部位及其名称》。

文章指出，如果所有常用而又不能独立成字的偏旁部首，都给它们规定统一的、通俗的、便于称说的名称；如果偏旁在字中所处的各种部位，都给它们规定统一的名称，那么描写汉字的结构就比较方便了。

1965024　25 日，中国文字改革委员会邀请北京 16 家医院的病案管理人员座谈用汉语拼音字母编制姓名索引、病案索引、手术索引的情况、经验和问题。

## 10 月

1965025　12 日，《文字改革》月刊 10 月号发表文之初《汉字部件应该规定名称》，文章赞同就这件事展开讨论，并提出对部件和部位名称的建议。从这一期起，《偏旁部首名称表（初稿）》因为要做进一步研究，暂停发表。

1965026　13 日，国务院文教办公室发出《关于试行几种汉字查字法的意见》。文件说："准备把'部首查字法'、'四角号码查字法'、'笔形查字法'和'拼音字母查字法'四个草案在报刊上发表，推荐给各方面试用的问题，我们的意见，在四种方案中'四角号码查字法'和'拼音字母查字法'现在已经在群众中比较广泛地使用，可不必再行试用。至于准备推荐的'部首查字法'（即新编辞海部首查字法），因它跟现在使用的部首查字法有所不同，'笔形查字法'则是一种未经使用的新方案，这两种方法可由文化部会同教育部邀请有关单位商定在若干小学三、四年级学生中小范围内试行，根据试行结果，然后进一步研究是否推行此两种查字法和如何改进汉字的查字方法。"经会议讨论，决定将两种新查字法草案先在北京市若干小学校内三、四年级学生中小范围试用，也可将范围酌量扩大，在初中及农村小学试用。后因"文化大革命"，这项工作没能按计划进行。

1965027　22 日，《中国语文》第 5 期发表许宝华《略说方言和普通话构词的异同》、徐仲华《谈写别字》。

1965028　25 日，中央推广普通话工作委员会、中国文字改革委员会和商业部在上海联合召开方言区城市推广普通话工作座谈会。上海、广东、广西、江西、江苏、安徽、浙江、湖南、福建等九个省市商业、教育系统的 39 名代表出席会议。会议在 29 日结束。

1965029　30 日，汉字查字法整理工作组在中国文字改革委员会召开关于查字法问题会议，讨论遵照国务院文教办公室批示，部首查字法和笔形查字法如何试用的问题。出席会议的有文化部胡愈之、段太林，教育部任莲溪、齐泳冬，中国科学院语言所丁声树，中国文字改革委员会丁西林、赵平生，商务印书馆吴泽炎。讨论决定，两种新查字法草案先在北京市若干小学校内三、四年级学生中小范围试用。也可将范围酌量扩大，在初中及农村小学加以试用。

1965030　31日，上海市举行普通话教学成绩观摩会。上海人民广播电台、上海电视台转播大会实况。

# 11月

1965031　12日，《文字改革》月刊11月号发表短论《需要给偏旁部件规定统一的通俗名称》。文章认为，"推动这件事，既可以使目前的识字教学前进一步，又可以使今后的汉字简化整理工作更好地为人民服务"。从这一期起，开辟了"关于统一偏旁部首名称问题的讨论"。还发表了讨论精简异读问题的两篇文章。

# 12月

1965032　7日，湖南省教育厅向全省各师范院校、教师进修学校发出《关于进一步加强汉语拼音教学和推广普通话工作的意见》。《意见》着重指出师范毕业生讲普通话、教普通话的能力和质量直接影响到中小学推广普通话和汉语拼音教学工作。同时，对师范学校的工作提出了具体意见。

1965033　8日，上海市教育局向各区、县教育局及各级各类学校发出《关于当前学校推广普通话工作的几点意见》。

1965034　12日，《手旗部位、灯光符号挂图》在《文字改革》月刊12月号上发表。

1965035　22日，《中国语文》第6期发表王力《论审音原则》、张照《论文字发展的规律》。

## 同年

1965036　赵元任《中国话的文法》出版。这部著作是重要的汉语语法著作之一。

1965037　方师铎《五十年来中国国语运动史》由台湾国语日报社出版。

1965038　语言学家高名凯（1911—1965）逝世。

# 1966 年

## 2 月

1966001　12 日,《文字改革》月刊 2 月号发表新疆维吾尔自治区文字改革委员会《新疆掀起学习新文字的群众运动》。文章说,1965 年 1 月,《维吾尔新文字方案》和《哈萨克新文字方案》经国务院批准后,已由新疆维吾尔自治区主席命令公布。从此,维、哈文字改革工作由试验推行阶段进入了全面推行阶段。

1966002　22 日,《中国语文》第 1 期发表上海市推广普通话工作委员会办公室《使推广普通话工作更好地为三大革命运动服务》。

1966003　25 日,中国文字改革委员会编印的《文字改革工作通讯》改名为《文改简报》,性质仍为供领导阅读的内部刊物。

1966004　上海市第一商业局向所属单位发出《1966 年推广普通话工作意见》。

## 3 月

1966005　12 日,《文字改革》月刊 3 月号开始连载《〈印刷通用汉字字形表〉音序检字》。

1966006　17 日,台湾省政府通令各县市应切实执行 1966 年度推行"国语"工作计划。主要项目有:辅导各级学校加强国语文教育及转业教师的"国语"正音,督导办理失学民众补习班,并办理乡镇市区公所公职人员的"国语"能力测验。

## 4 月

1966007　12 日,《文字改革》月刊 4 月号在"关于规定偏旁部件名称问题的讨论"专栏发表倪海曙、凌远征《先把部首的名称定下来》。

1966008　22 日,《中国语文》第 2 期发表河北省哲学社会科学研究所语言研究室《〈毛泽东著作选读(乙种本)〉的用字和出现频率的统计》。

## 5 月

1966009　倪海曙主编《汉字正字小字汇（初稿）》由文字改革出版社出版。这是一本为汉字正字正音用的小型工具书，指明汉字的正确写法和读法，对中小学师生极为有用。共收单字 4000 个左右。由于"文化大革命"开始，书印出后发不下去，因而鲜为人知。

## 6 月

1966010　2 日，《人民日报》报头去掉从 1958 年起加注的汉语拼音。随后，《解放军报》《光明日报》《北京日报》等也相继取消了报头注音。

## 7 月

1966011　《文字改革》月刊停刊。

1966012　上海《汉语拼音小报》停刊。

## 8 月

1966013　1 日，出席香港大学举办的香港第一届中国语言研究会议的学者专家、校长、教师共同研究汉语作为第一和第二语言的教学。

1966014　4 日，《光明日报》的《文字改革》双周刊停刊。

## 12 月

1966015　12 日，教育家、历史学家、中国文字改革先驱、中国文字改革委员会主任吴玉章（1878—1966）逝世。

### 同年

1966016　考古学家、古文字学家陈梦家（1911—1966）逝世。

# 1967 年

## 1 月

1967001　30 日，台湾"省府委员会"决定恢复设置台湾省各级"国语"推行委员会，并加强工作。

## 3 月

1967002　22 日，台湾省政府通令各县政府，加强推行"国语"教育。本年度推行"国语"工作计划的重点是：1. 辅导失学民众补习班教学"国语"。2. 辅导各级学校加强国语文教学。3. 举办教师国语文进修。4. 举办第三届国语文竞赛。

## 4 月

1967003　22 日，沙学浚在台湾发表文章，主张学校的"国语"科应正名为"国文"，于是引起"国语"与"国文"之争。

## 9 月

1967004　23 日，台湾省"教育厅"邀集学者专家举行九年教育语文教学座谈会，讨论未来初中"国文"科的教材和教学法问题。毛子水教授指出，目前中学"国文"的文言文分量太重，他主张未来初中的"国文"教科书不选文言文，尽量选白话文。

## 12 月

1967005　25 日，中国文字改革委员会委员邵力子（1882—1967）逝世。

# 1968 年

## 2 月

1968001　24 日，台北市"国语"推行委员会举办首届老人"国语"演讲比赛。

## 6 月

1968002　28 日，台湾中国语文学会举行"中国语文学术纪念章"首次赠奖典礼。纪念章分别赠予齐铁恨、王寿康、包明叔。同年 11 月，台湾教育事务主管部门将金质学术奖章和题匾赠给王玉川、齐铁恨，以奖励他们长期从事"国语"推行和注音符号推广工作。

## 7 月

1968003　17 日，台北美国学校决定改用中国编印的中文课本，教学生用注音符号学习华语，废弃了原用的耶鲁式罗马字拼音。

## 8 月

1968004　6 日，中国文字改革委员会常务委员叶恭绰（1880—1968）逝世。

## 11 月

1968005　7 日，台湾侨委会将从 1969 年起在海外各侨校、侨社和侨团加强"国语"的推行。拟灌制大批"国语"唱片，并重新编订海外侨校的教科书。

## 同年

1968006　赵元任《汉语口语语法》在美国出版。中译本（吕叔湘译）1979 年由商务印书馆出版。

# 1969 年

## 4 月

1969001　10 日，台湾中国国民党中央评议委员何应钦在第十届中央委员会及中央评议委员会议第一次会议上，提出整理简笔字案，建议由教育事务主管部门会同"中研院"切实研究整理简笔字，"以适应当前之教学实用以及光复大陆后之文教设施"。据报刊消息，"各界对此案反映极佳，只少数学者专家持不同意见"。

## 5 月

1969002　28 日，台湾中华文化复兴运动委员会举行常务委员会议。林语堂临时动议，整理台湾现有简体文字。会议决定原则同意交由教育事务主管部门改革促进委员会研究办理。

## 9 月

1969003　26 日，《人民日报》报道：我国第一台电子式中文电报快速收报机试制成功，揭开了用计算机技术处理汉字信息的序幕。

## 11 月

1969004　8 日，台北市"国语"推行委员会成立。

## 12 月

1969005　25 日，台湾党史编纂委员会主任委员、热心研究和积极推行简体字的罗家伦（1897—1969）逝世。

同年

1969006　台湾教育事务主管部门奉上级"运用科学方法整理国字"的指示，开始研究讨论这项工作。次年，台湾教育事务主管部门确定这项工作的方针是："整理国民常用字，公布常用字汇，并进而厘定标准字体，铸造字模，划一印刷字体，以利社会大众之应用，促进教育文化之发展。"并将这项任务划归该部"社会教育司"承担。

# 1970 年

## 2 月

1970001 1 日，张席珍《发扬祖先智慧解决问题——关于罗马字圣经》和《再谈发扬祖先智慧解决问题——关于国语罗马字》分别在台湾《中国语文》第二十六卷第二、三期发表。两篇文章的重点在阐述方音罗马字和国语罗马字弊多于利。

1970002 19 日，台湾经济事务主管部门所属联合工业实验所计划拨出经费，从事研究电脑中文化工作。

## 3 月

1970003 2 日，由台湾亚洲广播公会举办的第一次国际性华语广播节目奖进行评审。

1970004 7 日，台湾"中央社"国外新闻部编译的《译名汇录》第一、二册英文人名部分，第三册日本、韩国、越南、缅甸、泰国人名部分出版。

1970005 14 日，台湾教育事务主管部门召开小学课程实验研讨会。

1970006 17 日，台北市教育局为加强推行"国语"教育，正式公布实施要点。

## 4 月

1970007 1 日，穆超《请加强加速推行国语》在台湾《中国语文》第二十六卷第四期发表。该文详述了"国语"运动的意义及对过去的检讨和今后的展望。

1970008 11 日，台湾省"教育厅"召开第九次"国语"推行委员会，决定从本年起加强小学的提前写作。

## 5 月

1970009 4 日，中国文字改革委员会委员、语言文字学家、前教育部部长马叙伦（1884—1970）逝世。

1970010  16 日，台北师专附小举行速读指导教学研究会。

1970011  27 日，台湾教育事务主管部门 1971 年度以推行"国语"教育作为施政重点之一。办法有：1. 编印中国语文教材；2. 摄制中国语文电影；3. 灌制唱片；4. 督导省市举办"国语"比赛活动；5. 报请行政管理机构恢复教育事务主管部门"国语"推行委员会，并展开教学研究推行工作。

1970012  经周恩来总理批示同意，国务院、中央军委转发总参谋部关于使用新报务制度的报告，决定将我国军队和地方通信中使用的报务制度进行改革，改革项目包括"将难学难记的英文代字式的通报用语，改为好学好用的汉语拼音式通报用语"。

# 6 月

1970013  10 日，台湾"文复会"第 12 次常会通过加强推行"国语"运动的决议。办法：1. 立刻恢复教育事务主管部门"国语"推行委员会；2. 充实省市和各县市"国语"推行会人员经费；3. 从几方面着手推行"国语"运动目标：（1）加强学校"国语"教学；（2）加强社会"国语"教学；（3）广播电视电台减少外语和方言节目，增加"国语"节目；（4）加强海外华侨"国语"教育；（5）规定各级机关、学校办公室跟各种公共场所一律使用"国语"；（6）开展各种"国语"比赛。

1970014  12 日，台湾地区立法机构教委会希望两家电视公司负起推行"国语"任务。

# 11 月

1970015  2 日，世界中文报业协会第三届年会在香港举行。羊汝德提出新闻基本常用三千字。

1970016  21 日，中国文字改革委员会委员、心理学家、语言学家陆志韦（1894—1970）逝世。

# 12 月

1970017  26 日，台湾省第六届语文竞赛在新竹县举行闭幕典礼。台湾当局领导人严家淦发表演说，其中讲到：以时间计算起来，现在是台湾光复第 25 周年。这 25

年中，"相当有基础而且效果相当是合于基层建设的"是国语文教育的成效。无论"到高山到平地到大的城市到小的乡村到学校到其他地方，到处我们可以发现国语文很通行"。

# 1971 年

## 1 月

1971001　1 日，台湾教育事务主管部门中国语文教材编审委员会由何景贤执笔编撰外国人及华侨学习"中国语文"教材，分初级、中级、高级上下册六本。每册附教学指引 1 册，共计 12 册，由正中书局出版，并将初级上下册拍成电影，供辅助教学之用。

1971002　31 日，台湾中国语文学会举行为包明叔、齐铁恨、毛子水、丁治磐庆祝八十大寿茶会。

## 2 月

1971003　5 日，台湾《大众日报》副刊刊出周冠华《彻底推行国语》，强调书同文、语同音是任何国家立国的基本条件之一。

## 3 月

1971004　30 日，台湾省跟台北市"国语"会在国语日报社联合举办台湾区"国语"教育座谈会。参加座谈会的有师专、师大、东海、台大语文科教授、副教授及县市"国语"会秘书。该会建议：1. 加强师专"国语"教学；2. 恢复教育事务主管部门"国语"推行委员会。

## 4 月

1971005　1 日，台湾《中国语文》第二十八卷第四期刊载两则资料：（1）1000 个基本汉字表（《基本国语》，香港华侨国语教育社 1939 年初版，1951 年 15 版）；（2）1610 个生字，由 1091 个基本汉字补充而成（《中华基本教育小字典》，中华书局 1948 年初版。所据 1091 个基本汉字系 1935 年编成）。

## 5 月

1971006　11 日，台湾省"教育厅""国语"推行委员会招考"国语"推行员。

## 6 月

1971007　1 日，台湾《国语日报·日日谈》刊文谈"国语化"运动。所谓"国语化"运动，就是要设法使古人用现代语言来跟我们谈话，以使古代典籍流传万年；要设法使科学术语中文化，以使现代西洋科学知识普及全国；要为儿童编印《儿童的诗经》《儿童的庄子》《儿童的史记》，并把各文种的儿童科学书籍译成中文。即提倡用现代语言来阐述中国典籍的精华，用中国语言给一切外来语定名。

## 7 月

1971008　14 日，台湾教育事务主管部门召开补习教育座谈会。12 月又召开补习教育综合研讨会议，并在台湾科学馆举办补习教育资料展览。

### 同年

1971009　周恩来总理在外交部的一个文件上批示同意用汉语拼音编印中国地图，以应国内外需要。

1971010　语言学家、中国文字改革委员会研究员、上海《辞海》编辑委员会编委傅东华（1893—1971）逝世。

# 1972 年

## 3 月

1972001　15 日，台湾"国民"大会第五次会议第八次大会上，于斌等 490 名代表提出《请政府制定"国语推行法"》的提案。

1972002　15 日，台湾中华文化复兴运动委员会举行座谈会，题目是"加强推行国语"。

1972003　按照周恩来总理的指示，中国科学院下设文字改革办公室，叶籁士为负责人。从五七干校调回原中国文字改革委员会的部分干部。

## 4 月

1972004　8 日，台北市教育局"国语"会和国语日报社合办"台北市第一届各籍人士中国语文竞赛"。

1972005　《红旗》杂志第四期发表郭沫若的通信《怎样看待群众中新流行的简化字？》。信中指出："把民间纷纷简化汉字，一律认为是错误的，却未免言之过重。""在汉字拼音化之前要经历一段长远的过渡时期。在这过渡时期中，为了减少汉字在使用上的困难，故进行了汉字简化和减少字数的工作。""民间对汉字纷纷简化，这正表明汉字必须简化，也正表明文字必须改革。这是时代潮流，不应禁止，也不能禁止。""从事文改工作的人，应该经常注意民间的简化汉字，吸取其可取者而随时加以推广。"

## 5 月

1972006　4 日，台湾《国语日报・语文周刊》发表何容《国语跟方言的关系》，进一步阐明推行"国语"的必要性。

## 6 月

1972007 17 日，台湾地区民意代表陈洪向行政管理机构建议：学校对注音符号应特别注重。教师必须精通"国语"。广播与电视全部"国语"化，不得再有例外。汉字横排应改成由左向右。

## 7 月

1972008 26 日，教育家、中国文字改革委员会委员林汉达（1900—1972）逝世。

1972009 中国文字改革委员会办公室着手拟订《第二次汉字简化方案（草案）》。该《草案》的拟订工作是在 4500 个常用字范围内进行的。选取工作主要根据以下三种材料：1. 1960 年各省、市、自治区以及部队系统推荐的简化字；2. 1956 年《汉字简化方案》公布以来群众来信中推荐的新简化字资料；3. 1972 年向各省、市、自治区征集的新简化字资料。拟订的原则是：1. 主要选用群众中流行的简化字，同时根据群众简化汉字的规律，适当拟制一些新简化字。2. 从有利于目前应用出发，着重简化比较常用的汉字。3. 在简化汉字形体的同时，精简汉字的数量。4. 尽量使汉字的非字部件成为常用字，以使汉字便于分解、便于称说。

## 8 月

1972010 台湾教育事务主管部门"社会教育司"与台湾师范大学国文研究所商定，由师大国文研究所师生负责执行整理常用字、研究标准字体的工作。该标准字体的功能：满足语文教育及学术研究的需要，满足民众生活及学术交流的需要，满足中文资讯输入、编码及字形的需要，满足民众姓名用字规范化的需要。编定"国民常用字调查表"时，以"常用字资料来源及其出现次数表"所选定的 7980 字为底本，按照各字在"常用字表"与"国民学校常用字汇表"的总出现数排序，总共选定 4808 个常用字。

## 9 月

1972011 5 日，台湾省"教育厅"颁令，各级学校教职员在校内必须使用"国语"。

## 10 月

1972012　3 日，台湾地区民意代表穆超就裁撤省市、县市"国语"推行委员会一事，向行政管理机构提出书面质询，吁请加强推行"国语"。

1972013　6 日，台湾行政管理机构颁发《行政机关公文处理改进要点》。

1972014　14 日，周恩来总理接见美籍中国科学家李政道，在谈到文字改革时指出，第一要推广普通话，第二要简化汉字。

1972015　16 日，中国科学院文字改革办公室编印第 1 期《文字改革简报》。该《简报》是不定期的内部材料（从 1973 年 7 月 30 日第 28 期起，改由中国文字改革委员会编印）。

1972016　19 日，台湾在彰化教育学院举行"第一次语文教育学系筹备委员会"会议。语文教育学系负有培养"国语文"推行工作后继人才的责任。

## 11 月

1972017　11 日，台湾省"国语"推行委员会举行第 11 次委员会，讨论修订省县市"国语"推行委员会组织规程及县市"国语"推行员任用待遇办法。

1972018　11 日，台湾"世界华语文教育学会"举行成立大会。该会宗旨为：倡导中华语文的研究，推广华文教育的发展，促进世界华文学术的交流。成立以来，台湾"世界华语文教育学会"的主要工作有：出版华语文教学期刊《华文世界》《华语文教学研究》，展开华语文师资培训工作，开展华裔青年研习华语文课程，举办华语文教学研讨会，举办世界华语文教学研讨会，编辑华语文教材，编辑《对外华语文教学研究丛书》，促进海峡两岸华语文学术交流，等等。

1972019　18 日，中国科学院文字改革办公室负责人叶籁士会见日本共同社社长福岛慎太郎，双方就文字改革方面的问题进行了交谈。

1972020　28 日，台湾"中研院"、行政管理机构、国科会、主计处等单位在新竹"清华大学"主办"中文计算机示范展览"，展出张系国设计的"中文计算机输入输出软体系统"，汪德耀"中文输入用两千字键盘"，杨觉民、李曾适"仿宋体中文点阵字样"，谢俊清、杜敏文"中文字根拼字法"。

## 12 月

1972021　1 日，何容在世界中文报业协会第五届年会上做的专题报告《从语文的观点讨论中文报纸的现代化》在台湾《中国语文》第三十一卷第六期刊出。文中谈及书面语和口语的配合问题、词汇的现代化问题等。

## 同年

1972022　方祖燊、郑奋鹏、张孝裕《六十年来之国语运动简史》，收入程发轫主编《六十年来之国学》，由台北正中书局出版。

1972023　张洪年《香港粤语语法的研究》由香港中文大学出版。

1972024　台湾提出建立中文资料计算机处理系统的建议。1973 年台湾科技情报所研制成计算机化的《图书馆藏科学期刊联合目录》。1974 年中山科学会开始用美国国会图书馆机读目录磁带制作目录卡片。1979 年农业科技情报所首创"农业科技情报管理系统数据库"。进入 80 年代，台湾图书馆协会和"中央"图书馆合作建立图书馆自动化计划委员会。

# 1973 年

## 1 月

1973001  15 日，"社会教育司"代表台湾教育事务主管部门正式委托台湾师范大学国文研究所负责研订常用字及订定标准字体的工作。

1973002  17 日，台湾省立彰化教育学院语文教育学系召开第二次筹备委员会议，专题研究五年计划内容。

1973003  22 日，台湾教育事务主管部门为普遍推行"国语"和注音识字运动，公布了"国语推行办法"。2003 年 2 月 10 日，台湾教育事务主管部门"国语"推行委员会通过《语言平等法草案》，两日后（2 月 12 日），废止《国语推行办法》。

1973004  台湾师范大学国文研究所以抽样统计法与综合选取法相互参酌，整理出 4708 字的常用字初稿，后增补 259 字，删除 159 字，成为 4808 字的修订稿，定名为《常用国字标准字体表》（简称甲表）。台北正中书局于 1979 年 6 月出版。

## 2 月

1973005  1 日，台湾师范大学国文研究所成立编纂处，开始筹备台湾教育事务主管部门委托的整理常用字，以及厘定标准字体的工作。编纂处以该校国文研究所所长林尹为主任委员。后来接任所长职务担任主任委员的，先后有周何、李鍌。此外，编纂处还有副主任委员陈新雄、李殿魁，总干事张文彬等。

1973006  28 日，台湾国语日报社语文中心筹备就绪，开始招生。该中心教外籍人士及华侨学习"国语"和本国人士"国语"正音，以加强"国语"的推行。

1973007  外交部就联合国地名国际标准化会议有关问题向国务院请示报告中提出，这项工作的进行步骤由中国科学院文字改革办公室召集有关部门协商解决。周恩来总理批示同意。

## 4 月

1973008　16 日，上海市教育局召开推广普通话和汉语拼音教学座谈会。

## 5 月

1973009　10 日，经毛泽东主席批示"同意"，《光明日报》的《文字改革》双周刊复刊。

## 6 月

1973010　1 日，台湾"中研院"中美人文社会科学合作委员会在台湾大学举行语文学座谈会，由方师铎主讲"台湾的国语运动"。

1973011　新疆维吾尔自治区革命委员会召开维吾尔、哈萨克新文字推行工作会议，制订了新疆维吾尔自治区《全面推行维吾尔、哈萨克新文字规划》，提出争取在 1976 年完成推行维、哈新文字的任务。

## 7 月

1973012　9 日，台湾省"国语"会改组后，第一次招考各县市"国语"推行指导员。

1973013　17 日，国务院科教组提出文字改革工作机构的名称问题的建议。周恩来总理批示，同意恢复"中国文字改革委员会"名称，归国务院科教组管理。

1973014　20 日，上海市教育局举办推广普通话干部学习班。

## 8 月

1973015　3 日，台湾省"国语"推行指导委员会召开"国语"推行工作会议。

## 9 月

1973016　14 日，台湾教育事务主管部门负责人蒋彦士在中华文化复兴运动委员会常委会上说，该部门正在积极研究常用字汇，并已经完成了第一阶段的工作，选出 3408 个常用字。第二阶段制订常用字标准字体 3000 到 5000 的工作，也已经委托台湾师大国文研究所进行。

# 10 月

1973017　21 日，台湾中国语文学会在台湾师大举行学会成立二十周年和注音符号制定六十周年庆祝会。

1973018　29 日，中国文字改革委员会在河南郑州召开汉语拼音基本式教学座谈会。交流半年来北京、上海、河南、黑龙江四个汉语拼音基本式教学试点的经验。北京、上海、河南、黑龙江、浙江五个省市的代表参加，座谈会于 11 月 3 日结束。

汉语拼音基本式教学法是由中国文字改革委员会提出的，于本年春季开始在上述四个试点进行试验。到 1978 年止，全国有二十多个省、市、自治区在不同范围内进行了试验。"基本式教学"就是把《汉语拼音方案》的教学分两步走：第一步是学生刚入学时，教汉语拼音的最基本的内容，不教 y、w 以及它们的拼写规则；不教 iou、uei、uen 及 ü 上两点的省写规则。第二步是在适当年级（二年级中期）教拼写规则。这样做的意图是分散难点，由浅入深。

# 12 月

1973019　6 日，中国文字改革委员会召开改用汉语拼音作为我国人名、地名罗马字母拼写法统一规范问题座谈会。外交部、国家测绘总局、总参谋部测绘局、民族事务委员会、新华社、邮电部、广播事业局、外文出版局、出版事业管理局、地理研究所等单位的代表参加了座谈会。到会人士一致要求尽快改用汉语拼音，以消除我国人名、地名罗马字母拼法方面长期存在的混乱现象。

1973020　7 日，台湾地区行政管理机构新闻局规定，电视广播里的方言节目不得超过一小时。

1973021　14 日，上海市教育局、共青团上海市委等联合召开上海市中小学普通话教学经验交流及成绩观摩会。中国文字改革委员会负责人叶籁士、赵平生等带领江苏、浙江、福建、广东、广西、江西、湖南、安徽、山西等九个省、自治区负责中小学教育的干部参加了会议。会议于 27 日闭幕。

1973022　20 日，中国文字改革委员会邀请出席上海市中小学普通话教学经验交流及成绩观摩会的江苏、浙江、福建、广东、广西、江西、湖南、安徽、山西等九个省、自治区和上海市的代表，举行推广普通话工作座谈会，叶籁士主持会议。座谈会于 26 日结束。

同年

1973023　台湾公布《国语推行办法》，并将省县市"国语"推行委员会一律更名为"推行指导委员会"。

# 1974 年

## 1 月

1974001　香港《抖擞》双月刊出版。该刊设有"语文论坛"，由姚德怀主持。

## 3 月

1974002　15 日，中国文字改革委员会和中央人民广播电台联合举办汉语拼音广播讲座。讲座于 4 月 3 日结束。

## 4 月

1974003　11 日，中国文字改革委员会副主任丁西林（1893—1974）逝世。

## 5 月

1974004　中国文字改革委员会发布《中国人名汉语拼音字母拼写法》，分汉语姓名和少数民族语姓名两大类。

## 6 月

1974005　3 日，台湾教育事务主管部门"国教司"为了解小学教学现状及修订课程和改进教学方法，举办小学六年级学生国语文能力调查研究。

1974006　汉语拼音版《中华人民共和国地图》由地图出版社出版。内附汉字—汉语拼音—英文地名对照索引。

## 7 月

1974007　山西省《运城地区报》（汉语拼音版）复刊。

## 8 月

**1974008** 9 日，四机部（第四机械工业部）、一机部（第一机械工业部）、中国科学院、国家出版局和新华通讯社联名向国家计划委员会提出《关于研制汉字信息处理系统工程的请示报告》。同年 9 月，国家计委下文，批准由四机部组织领导，开始研制工作。由于是 1974 年 8 月启动，故称为"748 工程"。为了科学地解决汉字集问题，首先开始汉字频度统计研究工作。先后组织十多个印刷单位，抽调 30 多位有经验的科技人员和技术工人承担统计研究工作，还组织几所中学的学生共约 15 000 人参加人工统计工作。把包括工业、农业、军事、科学、技术、政治、经济、文学、艺术、教育、体育和卫生等 3 亿多字的出版物分成科学技术、文学艺术、政治理论和新闻通讯四类，从中选出 86 本书、104 本期刊和 7075 篇论文，合计 21 657 039 字，作为统计研究的语料。经过两年多的努力，于 1976 年中初步完成统计任务。1977 年 10 月，以北京新华印刷厂的名义印出《汉字频度表》一书，实收 6335 字，供内部参考试用。1984 年初，统计组又根据原始统计数字用电脑重新计算，提高了准确性。1988 年 4 月电子工业出版社出版贝贵琴、张学涛汇编的《汉字频度统计——速成识读优选表》。此书可看作这一工程汉字统计的一份总结性资料。"748 工程"始终得到胡愈之、郭平欣、陈越等的指导。

## 10 月

**1974009** 14 日，中国文字改革委员会派出考察组赴阿尔巴尼亚对正词法等问题进行考察。

## 11 月

**1974010** 15 日，中国文字改革委员会在河南开封召开汉语拼音基本式教学座谈会。北京、湖北、湖南、广州、河南等省市的代表参加了会议。

**1974011** 25 日，中国文字改革委员会在江苏吴县（今苏州市吴中区）召开汉语拼音基本式教学座谈会。参加会议的有浙江、上海、福建、广东、江苏等省市的代表。

## 12 月

**1974012** 3 日，中国文字改革委员会在山西太原召开汉语拼音基本式教学座谈会。

黑龙江、辽宁、天津、山西、河南等省市的代表参加了会议。

1974013　6日，共青团上海市委、上海市总工会、市妇联、市教育局等联合召开上海市中小学普通话教学经验交流及成绩观摩会。

## 同年

1974014　台湾订定《台湾省各县市加强推行国语教育改进要点》，规定公教人员说"国语"，提高基层人员"国语"能力，举办"国语文"竞赛，等等。

1974015　杨时逢《湖南方言调查报告》在台湾出版。

# 1975 年

## 2 月

1975001 26 日，应中国文字改革委员会的邀请，以日本国语审议会委员、国立国语研究所所长林大为团长的日本文字改革访华团到中国北京、上海等地访问。

## 3 月

1975002 中国第一次派专家组出席在纽约联合国总部举行的联合国地名国际标准化会议第六次地名专家组会议。中国专家在发言中，除介绍了中国地名标准化的情况外，着重论述了用汉语拼音字母拼写中国地名的问题。会议期间，我专家组散发了最新出版的 1:6 000 000 比例尺汉语拼音版《中华人民共和国地图》及该图的地名索引，受到与会各国专家的好评。会议一致同意采用《汉语拼音方案》作为中国地名罗马字母拼写法的国际标准，拟出提案，以便在联合国第三届地名标准化会议上讨论通过。

## 5 月

1975003 15 日，中国文字改革委员会《第二次汉字简化方案（草案）》定稿，报请国务院审阅。该草案包括两个字表，第一表收 109 字，第二表收 303 字，合计 412 字。

## 8 月

1975004 5 日，上海市教育局举办推广普通话骨干教师学习班。

## 9 月

1975005 15 日，国务院办公室传达周恩来总理对《第二次汉字简化方案（草案）》及文字改革工作的意见："此事（简化汉字）主席说了那么长时间了，为什么这一次才这么一点？……汉字简化方案让群众讨论提意见，这一条好。"并指出："现在普通话普及问题没有过去提得那么多了。不学普通话，拼音怎么能准确呢？"

1975006　30日，国务院直属机构进行调整，中国文字改革委员会仍为国务院直属机构，由教育部代管。

# 10 月

1975007　20日，上海市教育局、共青团上海市委等部门联合举办"上海市中小学、幼儿园普通话教学成绩观摩会"。

# 11 月

1975008　4日，教育部发出文件，向各省、市、自治区教育局转发上海市教育局、江苏省东台县（今东台市）教育局关于推广普通话的总结材料。文件指出："努力推广普通话是一项重要的政治任务。""要继续贯彻'大力提倡，重点推行，逐步普及'的方针。""同时要重视汉语拼音教学，使它成为帮助识字和教学普通话的有效工具。"

同年

1975009　倪海曙编《现代汉字形声字字汇（初稿）》由文字改革出版社出版。该书第一部分从形声字分析声旁，第二部分按声旁排列形声字。

# 1976 年

## 1 月

1976001 从本月起到 1981 年 11 月，周有光以"华明"为笔名，在香港《抖擞》双月刊"语文论坛"发表系列短文，名为"文字改革杂谈"，后改为"海外文谈"，介绍并论述语文现代化的方方面面。这些文章后收集在周有光《语文闲谈（初编）》里。

## 6 月

1976002 北京大学计算机科研所完成了一种独特的高分辨率汉字信息压缩方案的模拟试验，并于 1979 年 7 月研制出相应的硬件样机，输出了高质量的报版样张。这项研究找到了一种十分紧凑的、不失真的汉字字形描述方法，一种不失真的、易于硬件实现的快速复原算法和一种不失真的放大、缩小字形的方法。总体压缩达几百倍仍能保证字形质量，在字形信息压缩倍数、复原速度、字形复原和激光扫描控制设备的体积这三方面处于国际领先地位。

1976003 国家测绘总局和中国文字改革委员会修订出版《少数民族语地名汉语拼音字母音译转写法》。该《转写法》总则第一条指出，《音译转写法》的主要用途："作为用汉语拼音字母拼写少数民族语地名的标准"，"作为地图测绘工作中调查记录少数民族语地名的记音工具"，"作为汉字音译少数民族语地名定音和选字的主要依据"，"为按照字母顺序统一编排我国地名资料和索引提供便利条件"。

## 8 月

1976004 1 日，新疆维吾尔自治区革命委员会决定从即日起全面使用维吾尔、哈萨克新文字。

# 9 月

1976005　中国文字改革委员会发表修订的《中国人名汉语拼音字母拼写法》。

## 同年

1976006　中国文字改革委员会原副主任韦悫（1896—1976）逝世。

1976007　北京大学计算机科研所开始计算机—激光汉字编辑排版系统的研制工作。他们跳过二代机、三代机，直接研制四代机。

1976008　成书于 1939 年的《国语辞典》，由于其中许多语词发生变化，因而"重编"的呼声时有提起。1976 年台湾教育事务主管部门拟订重编计划，于 4 月 13 日召开第一次指导委员会议，商定编辑方针与体例。另又聘请何容为总编辑、王熙元为副总编辑，于当年 5 月 21 日正式成立编辑委员会，展开工作。指导委员会议决的重编方针有"音义注释力求明确、编辑体例力求完善、取材繁简力求适当、检查方法力求便利、着重标准国语的运用、整理国字的形音义、切合国民生活需要"等项。《重编国语辞典》的字词总数比《国语辞典》多出 50%，计收单字 11 412 个，一般语词 74 416 条，加上学术名词、人名、书名、地名，共计收 122 889 条，于 1982 年 11 月出版。

# 1977 年

## 1月

1977001　1日，《人民日报》报头、《红旗》杂志封面恢复汉语拼音注音。

1977002　《甘肃日报》《云南日报》《湖北日报》《吉林日报》《福建日报》《贵州日报》报头恢复汉语拼音注音。

## 2月

1977003　《北京日报》《辽宁日报》《南方日报》《河南日报》《宁夏日报》《黑龙江日报》《文汇报》《解放日报》《山西日报》《浙江日报》《湖南日报》《大众日报》《天津日报》报头相继恢复汉语拼音注音。

1977004　汉语拼音版《中华人民共和国分省地图集》由地图出版社编制出版。地名的汉语拼音字母拼写形式是根据中国文字改革委员会、国家测绘总局1976年9月修订的《中国地名汉语拼音字母拼写法》拼写的。

## 3月

1977005　14日，上海市教育局、上海人民广播电台联合举办汉语拼音广播讲座。

1977006　《河北日报》《陕西日报》《安徽日报》《江西日报》《青海日报》报头相继恢复汉语拼音注音。

## 4月

1977007　《四川日报》《新华日报》报头恢复汉语拼音注音。

## 5月

1977008　20日，中国文字改革委员会将《关于〈第二次汉字简化方案（草案）〉的请示报告》送呈国务院审批。报告中说，我们在拟订《草案》时着重考虑了以下几点：1. 主要选用的是群众中流行的简化字；同时根据群众简化汉字的规律，适当拟制了一些新简化字。2. 从有利于目前的应用出发，着重简化比较常用的汉字。3. 在简化汉字形体的同时精简汉字的数量。

# 6 月

1977009　16 日，上海市教育局向各区、县教育局、教师进修学院发出《1977 年推广普通话工作要点》。

# 7 月

1977010　14 日，上海市教育局召开文字改革工作座谈会。

1977011　20 日，中国文字改革委员会和国家标准计量局联合发布《关于部分计量单位名称统一用字的通知》。《通知》的附表"部分计量单位名称统一用字表"中，淘汰了一部分不合理的计量单位名称用字，其中被精简掉的字有：浬、哩、浔、哷、呎、吋、噉、喵、奸、唰、呏、礨、咀、咶、唡、喱、眧、乇、呚、唻、嘆、縈、纴。

1977012　23 日，国务院同意国家测绘总局、公安部、外交部、中国文字改革委员会和新华社《关于成立中国地名委员会的请示》。《请示》中提到："在对外使用罗马字母拼写我国地名方面，目前仍沿用'威妥玛式'等外来拼法，同一地名在不同语种中常常拼法不一，存在着混乱现象，尚未实现周总理在 1958 年《汉语拼音方案》公布后所作的'可以在对外文件书报中音译中国人名、地名'的指示。"

1977013　28 日，中国文字改革委员会在安徽黄山召开汉语拼音基本式教学座谈会。北京、上海、安徽、河南、湖南、湖北、广东、山东、陕西、江苏、黑龙江等 11 个省市教育系统的代表及人民教育出版社的代表参加了座谈会。座谈会于 8 月 2 日结束。

1977014　中国文字改革委员会主办的《汉语拼音报》复刊，改名为《汉语拼音》。

# 8 月

1977015　25 日，云南省教育局发出《关于在全省中、小学和师范院校大力推广普通话的通知》。

1977016　江苏省教育局发出《关于中、小学进一步开展文字改革工作的意见（讨论试行稿）》。

## 9 月

1977017　2 日，湖北省教育局、湖北省广播事业局和武汉广播事业局联合举办汉语拼音基本式教学广播讲座。

1977018　5 日，中国文字改革委员会编《文字改革通讯》第一期试刊出版。1978 年 1 月 12 日正式出刊，至 1979 年底停刊，共出版 19 期。

1977019　7 日，在希腊首都雅典举行的联合国第三届地名标准化会议通过了我国提出的关于采用《汉语拼音方案》作为中国地名罗马字母拼写法的国际标准的提案。会议关于推荐用《汉语拼音方案》拼写中国地名作为中国地理名称罗马字母拼法的国际标准的决议中指出，会议注意到：《汉语拼音方案》在语言学是完善的，用于中国地名的罗马字母拼法是最合适的；考虑到：在国际上通过适当的过渡时期，采用汉语拼音拼写中国地名是完全可能的；建议：采用汉语拼音作为中国地名罗马字母拼法的国际标准。

## 10 月

1977020　29 日，一贯积极倡导和研究文字改革的语言学家、教育家、复旦大学校长陈望道（1891—1977）逝世。

1977021　31 日，国务院发出文件批转中国文字改革委员会关于《第二次汉字简化方案（草案）》的请示报告。文件指出："《第二次汉字简化方案（草案）》可在《人民日报》以及省、市、自治区一级报纸上按照规定日期同时发表，征求广大工农兵群众和各方面人士的意见。其中第一表的字，已在群众中广泛流行，自《草案》发表之日起，即在图书报刊上先行试用，在试用中征求意见。""普通话是社会主义革命和社会主义建设的需要，是国家的统一、人民的团结的需要，必须大力推广，逐步普；汉语拼音是工农兵群众以及中小学生学习文化、学习普通话的有效工具，是我国文字拼音化的基础，要大力宣传，积极推广。"

## 11 月

1977022　2 日，商业部就手表上的商标使用汉语拼音字母问题复信上海市工商行政管理局，并以商业部（77）管字第 8 号文件抄送各省、市、自治区工商行政管理局、商业局。文件指出："商标和包装上，在使用汉语拼音的同时，必须有相应的汉字，并注意使用国务院公布的简化字。"

1977023　25 日，教育部、中国文字改革委员会在北京联合召开有全国各省、市、自治区、解放军总政治部和中央、国务院有关部门代表参加的讨论《第二次汉字简化方案（草案）》工作座谈会，就全国讨论《第二次汉字简化方案（草案）》的工作，进行研究安排。

# 12 月

1977024　1 日，中国文字改革委员会发出《关于组织讨论〈第二次汉字简化方案（草案）〉工作的意见》，建议各省、市、自治区成立一个临时领导机构，负责组织本地区《草案》的宣传、征求意见和修订工作。

1977025　20 日，《人民日报》《光明日报》《解放军报》及各省、市、自治区一级报纸发表中国文字改革委员会拟订的《第二次汉字简化方案（草案）》，广泛征求意见。该草案由原中国文字改革委员会拟订，共分两个表。第一表收简化字 193 个（其中不作简化偏旁的简化字 172 个，可作简化偏旁用的简化字 21 个）；类推出来的简化字 55 个。以上两项合计，共 248 个。第二表收简化字 269 个（其中不作简化偏旁的简化字 245 个，可作简化偏旁用的简化字 24 个），不能单独成字的简化偏旁 16 个。根据 24 个可作简化偏旁的简化字和 16 个不能单独成字的简化偏旁，类推出来的简化字 336 个。以上两项合计，共 605 个。整个草案，共收简化字 853 个、简化偏旁 61 个。第一表的简化字在出版物上试用，在试用中征求意见。

　　《人民日报》为此发表社论，题目是《加快文字改革工作的步伐》。《光明日报》社论的题目是《符合群众愿望的一件大事》。

1977026　21 日，《人民日报》开始试用《第二次汉字简化方案（草案）》第一表的简化字。

1977027　21 日，北京电视台播放《第二次汉字简化方案（草案）》讲座。

1977028　22 日，福建省革命委员会教育局发出《关于组织讨论〈第二次汉字简化方案（草案）〉的通知》。

1977029　23 日，陕西省革命委员会教育局发出《关于开展文字改革工作的计划安排》。

# 1978 年

## 1 月

1978001　9 日，中国人民解放军总政治部向全军发出关于征求对《第二次汉字简化方案（草案）》意见的通知。

1978002　12 日，四川省革命委员会发出《关于成立四川省文字改革工作临时小组的通知》。

1978003　29 日，西安市教育局印发《关于组织讨论〈第二次汉字简化方案（草案）〉工作的通知》。

1978004　31 日，《人民日报》发表《〈第二次汉字简化方案（草案）〉解释》。

1978005　《计算机学报》发表中国科学院计算所竺廼刚、倪光南、陈芷英《汉字输入和人机对话》。

## 2 月

1978006　3 日，上海市成立文字改革临时领导小组，即日召开第一次会议，研究有关上海市组织讨论《第二次汉字简化方案（草案）》的工作。

1978007　3 日，辽宁省革命委员会批转省文教办公室的《关于组织讨论〈第二次汉字简化方案（草案）〉工作的请示报告》。

1978008　13 日，新疆维吾尔自治区教育局发出《关于加强高等院校、民族预科班汉语教学的意见》。

1978009　《第二次汉字简化方案（草案）》由文字改革出版社出版。

## 3 月

1978010　2 日，教育部发出《关于学校试用简化字的通知》。《通知》要求全国统编的中小学各科教材，自今秋起一律试用《第二次汉字简化方案（草案）》第一表的简化字。各省、自治区、直辖市今年秋季自编的教材，也应全部试用《草案》

第一表的简化字。

1978011　4 日，胡愈之、王芸生、王力、周有光等 23 位人大代表、政协委员联名写信给第五届全国人民代表大会第一次会议秘书处和中国人民政治协商会议第五届第一次会议秘书处：考虑到当前人心思定、人心思稳，而《第二次汉字简化方案（草案）》还不够成熟，要求第五届全国人民代表大会和第五届中国人民政治协商会议的主要文件不采用《第二次汉字简化方案（草案）》第一表的简化字。

1978012　6 日，中国文字改革委员会在吉林省通辽市召开注音识字座谈会。福建、河北、四川、山东、山西、黑龙江、吉林等 7 省教育部门的代表参加会议。

1978013　7 日，上海市教育局和上海市电视台联合举办"文字改革专题讲座"，解说《第二次汉字简化方案（草案）》。

1978014　12 日，上海市教育局和上海人民广播电台联合举办"汉语拼音广播讲座"。

1978015　23 日，胡愈之提出关于实现汉字标准化的建议，以便中文信息处理。该建议得到邓小平、方毅支持，他们指示四机部、教育部和中国文字改革委员会研究实施方案，报国务院审批。

1978016　27 日，原国语统一筹备会会员，中国文字改革委员会委员、语言文字学家、北京师范大学教授黎锦熙（1890—1978）逝世。

1978017　陕西省教育局印发《关于在中小学和师范院校进一步开展文字改革工作的通知》。

# 4 月

1978018　4 日，西安市政协召开简化汉字座谈会。

1978019　13 日，广东省文字改革委员会成立。自国务院发出批转中国文字改革委员会关于《第二次汉字简化方案（草案）》的请示报告以后，全国已有 16 个省市革命委员会先后成立了文字改革的机构或临时领导机构。其中广东、湖南成立了文字改革委员会；云南、浙江、河南、黑龙江、贵州、湖北等省成立了省文字改革领导小组或文字改革办公室；上海、河北、四川、安徽、辽宁、陕西、福建等省市成立了文字改革临时领导小组。其他省市决定不另成立文字改革机构，文字改革工作由省教育局负责。

1978020　14 日，中国语文杂志社在苏州召开语言文字工作者批判"四人帮"座谈会，并研讨语言学科发展规划。

1978021　17 日，教育部发出《关于学校使用简化字的补充通知》。通知指出："《第二次汉字简化方案（草案）》第一表的字，正在试用并征求意见。今秋供应的教材，凡未发排的，不再使用新简化字。使用了新简化字的教材……可不再改动，但仍用原字进行教学。再版时改用原字。"

1978022　26—28 日，全国政协教育组邀请 40 多位在京委员座谈《第二次汉字简化方案（草案）》。胡愈之、董纯才、齐燕铭、王力、曾世英等出席座谈会。

## 5 月

1978023　1 日，《社会科学战线》发表吴甲丰《对当前文字改革的意见和建议》。文章对《第二次汉字简化方案（草案）》提出具体意见，并对我国的文字改革工作提出建议。

1978024　10 日，《中国语文》复刊后，第 1 期发表闻进《努力做好文字改革工作》、陶伦《关于〈第二次汉字简化方案（草案）〉的几个问题》、徐仲华《读〈第二次汉字简化方案（草案）〉》。同日印发《中国语文简报》，到 9 月 9 日该《简报》共印发 11 期。

1978025　18 日，中国文字改革委员会在江苏省吴县（今苏州市吴中区）召开南方方言区推广普通话工作座谈会。上海、江苏、安徽、浙江、福建、江西、湖南、广西、广东等 9 个省、自治区、直辖市教育部门及中国社科院语言所的代表参加会议。座谈会于 5 月 25 日结束。

1978026　20 日，台湾师范大学国文研究所从 1973 年 1 月 15 日起正式接受台湾教育事务主管部门"社会教育司"的委托，开始研订常用字及订定标准字体的工作，经过五年又四个月，到 1978 年 5 月 20 日完成所有研订常用字及订定标准字体的工作，由台湾教育事务主管部门出版《常用国字标准字体表》。

　　1979 年，台湾行政管理机构函交各界征集对标准字体的修订意见。正中书局于同年 6 月印行《常用国字标准字体表（订正本）》台初版。8 月 1 日，台湾教育事务主管部门公布《常用国字标准字体表》，试用 3 年。1982 年 9 月 1 日台湾教育事务主管部门公告启用，内收常用国字 4808 字的标准字体，简称甲表。

　　《次常用国字标准字体表》，简称乙表，是台湾教育事务主管部门委托正中书局在 1982 年 12 月 20 日出版的，收录 6341 个次常用国字的标准字体。台湾教育事务主管部门继出版《常用国字标准字体表》后，于 1981 年两次印制《次常用国字标准字体表稿》。第二次印行的《次常用国字标准字体表稿》除了 7894 个次常用国字以外，还附有异体字表稿 2845 字。1982 年 9 月 20 日台湾教育事务主管部门公告《次常用国字标准字体表》试用 3 年。同年 10 月，台湾教育事务主管部门第三次印行《次常用国字标准字体表》6332 字。现在较常见的是正中书局在 1982 年 12 月 20 日出版、收录 6341 字的《次常用国字标准字体表》。

《罕用国字标准字体表》，简称丙表，是 1983 年 10 月台湾教育事务主管部门出版的，内收 18 388 字，加上补遗 74 字、附录 18 字，共计收录 18 480 字。

《异体字表》，简称丁表，是台湾教育事务主管部门于 1984 年 3 月印行的，内收 18 588 字，加上补遗 22 字，共计 18 610 字。

合计四种字表，共整理出标准汉字 48 239 字。随后，台湾教育事务主管部门"国语"推行委员会请专人用毛笔楷体书写四份字表，供标准字体铜模铸造之用。到 1987 年完成标准字体铜模的铸造工程。

1978027　22 日，中国文字改革委员会和中央人民广播电台联合举办"汉语拼音广播讲座"。王力、周有光、徐世荣分别讲解文字改革工作的方针、任务和推广普通话以及推行《汉语拼音方案》的意义。

# 6 月

1978028　12 日，科学文化工作领导人、社会活动家、历史学家、古文字学家郭沫若（1892—1978）逝世。他一贯热心提倡和积极领导文字改革工作。

1978029　15 日，陕西省及西安市人民广播电台举办"文字改革广播讲座"。

1978030　21 日，新疆维吾尔自治区教育局印发《加强民族学校汉语教学的意见》。

# 7 月

1978031　10 日，《中国语文》第 2 期发表于夏龙《关于第二次汉字简化工作的一些意见》。

1978032　19 日，上海《文汇报》在第一版以《汉字进入了计算机》为题，报道支秉彝、钱锋发明的用于计算机处理汉字的"见字识码"编码方案。

1978033　《人民日报》《解放军报》停止试用《第二次汉字简化方案（草案）》第一表简化字。

# 8 月

1978034　21 日，上海市教育局发出《上海市中小学、师范院校关于加强推广普通话工作和汉语拼音教学的意见（草案）》。

1978035　25 日，中国社会科学院（简称"中国社科院"）语言所主办的《中国语文通讯》（双月刊）创刊。

1978036　26 日，教育部发出《关于加强学校普通话和汉语拼音教学的通知》。《通知》指出："学校是推广普通话和教学汉语拼音的重要基地，广大师生是普及普通话和推行汉语拼音的重要力量。""推广普通话是一项群众性工作"，"要利用各种机会，采取多种方式，大讲推广普通话的重要政治意义，发动群众自己起来克服旧的习惯势力和狭隘的地方观念，树立以讲普通话为荣的好风气。要做到学校与社会相结合，教学与日常工作相结合，普及与提高相结合"，"必须继续贯彻'大力提倡，重点推行，逐步普及'的方针"，"要充分发挥汉语拼音的作用，经常运用拼音，进行必要的考核，杜绝'回生'现象"。

# 9 月

1978037　10 日，《中国语文》第 3 期发表周有光《现代汉字中声旁的表音功能问题》。

1978038　15 日，上海市教育局召开推广普通话工作会议。

1978039　16 日，安徽省教育局发出《关于转发教育部〈关于加强学校普通话和汉语拼音教学的通知〉的通知》。

1978040　19 日，河南省教育局发出《贯彻教育部〈关于加强学校普通话和汉语拼音教学的通知〉的意见》。

1978041　25 日，福建省教育局发出《关于转发教育部〈关于加强学校普通话和汉语拼音教学的通知〉的通知》。

1978042　25 日，天津市教育局印发《关于加强普通话和汉语拼音教学的通知》。

1978043　26 日，国务院批转中国文字改革委员会、外交部、国家测绘总局、中国地名委员会《关于改用汉语拼音方案作为我国人名地名罗马字母拼写法的统一规范的报告》。文件指出："改用汉语拼音字母作为我国人名地名罗马字母拼法，是取代威妥玛式等各种旧拼法，消除我国人名地名在罗马字母拼写法方面长期存在混乱现象的重要措施。"文件规定，用汉语拼音拼写中国人名地名，适用于罗马字母书写的各种语文。

## 10 月

1978044　6 日，黑龙江省教育局发出《关于转发教育部〈关于加强学校普通话和汉语拼音教学的通知〉的通知》。

1978045　8 日，高等院校文字改革教材协作会议在保定召开。参加会议的代表来自河北大学、辽宁大学、山东大学、郑州大学、内蒙古师范学院、河北师范学院、河北师范大学、北京师范学院、西南师范学院、湘潭大学、西北大学。中国文字改革委员会研究员周有光、倪海曙应邀出席会议。会议拟定了编写大纲，确定了编写人员。

1978046　13 日，云南省教育局发出《关于转发教育部〈关于加强学校普通话和汉语拼音教学的通知〉的通知》。

1978047　20 日，陕西省教育局发出《关于转发教育部〈关于加强学校普通话和汉语拼音教学的通知〉的通知》。

## 11 月

1978048　6 日，国务院发出《关于扫除文盲的指示》。

1978049　15 日，《文字改革通讯》第八期发表一组纪念原中国文字改革委员会主任吴玉章 100 周年诞辰的文章。

1978050　26 日至 12 月 6 日，新疆维吾尔自治区革命委员会在乌鲁木齐市召开自治区第二次蒙古语文工作会议。会议制定《新疆维吾尔自治区 1979～1985 年蒙古语文工作规划要点（草案）》，研究审定并统一了 302 条蒙文常用名词术语。

1978051　28 日，上海市教育局召开推广普通话和汉语拼音教学现场交流会。

## 12 月

1978052　1 日，外交部通知各国驻华外交代表机构："从 1979 年 1 月 1 日起，中华人民共和国政府的外交文件译文将改用《汉语拼音方案》作为中国人名地名罗马字母拼写法的统一规范。"

1978053　4 日，湖北省文字改革领导小组召开全省普通话教学成绩观摩会。

1978054　5 日，中国科学技术情报学会和中国科学技术情报研究所在青岛召开全国汉字编码学术交流会。

1978055　9—22 日，新疆维吾尔自治区维吾尔、哈萨克语言文字工作会议召开，中央和自治区有关单位的代表共 60 人参加会议。会议修改了《维、哈新文字方案》并上报自治区人民政府；制定民族语言新词术语规范审定总原则，初步统一维吾尔语新词术语 1500 条、哈萨克语术语 1000 条；会议就是否继续推行维、哈新文字问题征求了与会者意见。

1978056　23 日，天津市对外贸易局、工商行政管理局发出《关于规定出口商品商标的罗马字母拼写法的联合通知》。《通知》要求全市出口商品的商标及其包装装潢、宣传品上使用的我国人名地名以及音译的汉语词语的罗马字母拼写法，从 1979 年 1 月 15 日起一律改用汉语拼音。

1978057　30 日，原中国文字改革委员会主任吴玉章 100 周年诞辰。中国人民大学出版社出版吴玉章《文字改革文集》。

1978058　中国古文字研究会在长春成立。

1978059　张其浚、支秉彝、刘涌泉、李一华、刘源、扶良文、倪光南等汉字编码研究者在青岛召开汉字编码学术讨论会，17 个省市的 80 名代表出席。会上成立了全国汉字编码研究会。会后，科学技术文献出版社出版《汉字编码方案汇编》。

## 同年

1978060　由吕叔湘、丁声树先后任主编、中国社科院语言所词典编辑室编的《现代汉语词典》于本年底由商务印书馆出版。它是在 1973 年出版的"试用本"基础上修订、增补成书的。这部词典为推广普通话、促进汉语规范化服务。

1978061　新疆维吾尔自治区察布查尔锡伯自治县各界人民群众上书党中央、国务院、国家民委，要求恢复使用锡伯文，学校恢复锡伯语文教学。经中央批准，当年，自治区各锡伯族小学恢复锡伯语文教学。

1978062　香港中国语言学研究中心重组为"香港中文大学中国文化研究所吴多泰中国语文研究中心"。该中心的宗旨是理论与实践并重，促进学术研究和中文教学。

# 1979 年

## 1 月

1979001  1 日，新华社采用《汉语拼音方案》音译中国的人名和地名。"新华通讯社"的罗马字母拼写法，改为 Xinhua，而不再使用原来的拼法 Hsinhua。

1979002  1 日，《汉语拼音小报》（上海）复刊。

1979003  20 日，上海市教育局和上海人民广播电台联合举办"汉语拼音广播讲座"。

## 2 月

1979004  12 日，上海市文字改革委员会成立。

1979005  16 日，教育部、中国文字改革委员会、中国社科院语言所联合举办的第一期普通话研究班在北京开学，学员 43 人。

1979006  中国社科院语言所方言研究室主办的《方言》杂志创刊。

1979007  中国社科院民族研究所（简称"民族所"）主办的《民族语文》杂志创刊。

## 3 月

1979008  4 日，广西壮族自治区文字改革领导小组、自治区教育局、共青团自治区委员会在南宁联合举行全自治区中小学和师范学校普通话教学成绩观摩会。

1979009  12 日，广东省召开文字改革座谈会，着重讨论如何进一步开展推广普通话工作。

1979010  27 日，山东省普通话教学成绩观摩会在济南市举行。

1979011  28 日，浙江省教育局和共青团省委联合举办浙江省普通话教学成绩观摩会。

## 4 月

1979012　21 日，上海市文字改革委员会召开全体委员会议，通过《1979 年上海市文字改革工作纲要》。

1979013　22 日，中国文字改革委员会、教育部在杭州联合召开全国推广普通话工作汇报会。全国 29 个省、自治区、直辖市教育局或文字改革办公室主管推广普通话工作的干部出席会议。

1979014　24 日，香港中国语文学会正式成立。

## 5 月

1979015　5 日，《文字改革通讯》第五期举办"纪念五四运动，搞好文字改革"笔谈会。

1979016　6 日，高等院校文字改革教材协作会议第二次会议在上海举行。28 所高等院校和 8 个科研、出版单位的代表出席会议。语言文字学家、文字改革工作者王力、叶籁士、吴文祺、张世禄、周有光等出席会议。胡愈之、吕叔湘、张弓做了书面发言。会议讨论了已经编写好的文字改革教材的部分初稿和详细提纲，就高等院校开展文字改革的教学和科研交换了意见。与会人员发起成立高等院校文字改革研究会，组成了筹备组。会议于 5 月 14 日闭幕。

1979017　16 日，上海市文字改革委员会、市教育局、共青团市委联合举行 1979 年上海市中小学普通话教学成绩观摩会。中国文字改革委员会负责人叶籁士和研究员倪海曙出席会议。

1979018　25 日，河南省教育局在郑州市举行全省普通话教学成绩观摩会。

1979019　27 日，安徽省教育局、共青团省委联合举行全省普通话教学成绩观摩会。

## 6 月

1979020　9 日，教育部、中国文字改革委员会、共青团中央联合发出《关于召开第五次全国普通话教学成绩观摩会的通知》。

1979021　13 日，有关部门决定，中国文字改革委员会仍为国务院直属机构，但改由中国社会科学院代管。

1979022　13 日，内蒙古自治区普通话教学成绩观摩会在呼和浩特市举行。

1979023　15 日，联合国秘书处发出关于采用"汉语拼音"的通知。通知规定，从这一天起，联合国秘书处采用"汉语拼音"作为在各种拉丁字母文字中转写中华人民共和国人名和地名的拼写标准；秘书处起草、翻译或发出的各种文件都用"汉语拼音"书写中国名称。

1979024　15 日，江苏省普通话教学成绩观摩会在无锡市举行。

1979025　26 日，吉林省召开全省普通话教学成绩观摩会。

1979026　27 日，湖南省召开全省普通话教学成绩观摩会。

1979027　香港中国语文学会《语文杂志》创刊。周有光继续以笔名"华明"为该刊撰文，栏名为《语文杂谈》。

# 7 月

1979028　13 日，福建省教育局召开全省普通话教学成绩观摩会。

1979029　17 日，广东省文字改革委员会和省教育局召开全省普通话教学成绩观摩会。

1979030　21 日，西安市教育局召开第五次全市普通话教学成绩观摩会。

1979031　23 日，青海省召开全省普通话教学成绩观摩会。

1979032　25 日，黑龙江省教育局和共青团省委召开全省普通话教学成绩观摩会。

1979033　27 日，"748 工程"第一分系统——计算机汉字编辑排版系统主体工程在北京大学研制成功。

1979034　云南省举办全省第五次普通话教学成绩观摩会。

# 8 月

1979035　10 日，上海市文字改革委员会、市工商行政管理局、市城建局印发《关于在招牌、路牌上加注汉语拼音的通知》。

1979036　11—20 日，教育部、中国文字改革委员会、共青团中央在北京联合召开第五次全国普通话教学成绩观摩会。除台湾省外的全国 29 个省、自治区、直辖市的中小学、师范学校的师生 250 人参加观摩会。财贸系统的职工代表、中央有关部门的代表以及部分语言文字学家也应邀出席。蒋南翔、张承先等出席开幕式，王震、康克清等出席闭幕式并讲话。会议期间，王力、马大猷、朱德熙、张志公做了学术报告。

1979037　11 日,《光明日报》在头版头条以《汉字信息处理技术的研究和应用获重大突破》为题,报道我国自行设计的计算机—激光汉字编辑排版系统主体工程研制成功。

# 9 月

1979038　1 日,《光明日报》的《文字改革》双周刊停刊。

1979039　20 日,叶籁士、周有光、倪海曙、殷焕先、黄典诚等 57 位语言文字工作者发出《成立高等院校文字改革研究会倡议书》,胡愈之、王力、吕叔湘等为赞助人（载《语文现代化》丛刊 1980 年第 1 辑）。

1979040　21 日至 10 月 4 日,8 省（自治区）第三次蒙古语文专业会议在乌鲁木齐召开。会议确定了蒙古语基础方言、标准音和音标方案,同时成立蒙古语文协会。

# 10 月

1979041　13 日,教育部、中国文字改革委员会和中国社会科学院语言研究所合办的第二期普通话研究班在北京开学,学员 44 人。

1979042　16 日,上海市教育局召开重点中小学推广普通话工作会议。

1979043　21 日,上海市文字改革委员会办公室和上海语文学会联合召开文字改革座谈会,交流和探讨当前文字改革工作的情况。

1979044　22 日,中国地名委员会办公室、中国文字改革委员会办公室发出《关于征求对城市街道里弄名称汉语拼音字母拼写形式的意见并搜集有关资料的通知》。

1979045　信息处理交换用汉字字符集编码标准讨论会在上海市嘉定举行。

# 11 月

1979046　16 日,新疆维吾尔自治区人民政府向自治区人大常委会上报《关于继续推行维、哈新文字和同时使用维、哈老文字的报告》。自治区人大常委会第二次会议审议并原则通过了《报告》。

1979047　25 日,《新疆日报》（蒙文版）发布《蒙古语音标试行方案》。

# 12 月

1979048　新疆维吾尔自治区人民政府做出《关于继续使用维、哈新文字和同时使用维、哈老文字的决定》。

1979049　经新疆维吾尔自治区党委、人民政府批准，恢复使用柯尔克孜文。

1979050　王力应香港大学中文系和香港中国语文学会邀请，偕夫人到香港做为期一个月的学术访问。

## 同年

1979051　香港中国语文学会和香港教育专业人员协会联名向香港考试局提交"香港中学会考增设国语科建议书"，建议在会考中增设国语科作为一个独立选科。

1979052　新疆维吾尔自治区蒙古语文工作领导小组开始对全区蒙古族使用语言文字情况进行调查，至1980年结束，并形成《关于自治区蒙古语文工作情况的调查报告》呈报自治区党委、自治区人民政府。

1979053　中文信息处理研讨班在长春举办。研讨班用两个月的时间研讨汉字基础理论和编码方案。其成果在《语文现代化》丛刊连载。

1979054　北京语言学院主办的《语言教学与研究》杂志创刊。

1979055　文字学家唐兰（1901—1979）逝世。

# 1980 年

## 1 月

1980001　5 日,《山西运城地区报》(拼音版) 改名为《运城拼音报》。

1980002　10 日,《中国语文》第 1 期发表李荣《汉字演变的几个趋势》、林茂灿等《普通话二字词变调的实验研究》。

1980003　28 日,上海市教育局和上海人民广播电台联合举办"汉语拼音广播讲座"。

## 2 月

1980004　18 日,中国文字改革委员会委员、语言文字学家、北京大学教授魏建功 (1901—1980) 逝世。

1980005　高等院校文字改革研究会筹备组编辑的不定期丛刊《语文现代化》创刊号由知识出版社出版。《发刊词》说:"文字改革就是语文现代化。也可以说,文字改革的最终目的是语文现代化,语文现代化的首要工作是文字改革。"这本丛刊特别重视技术性、资料性和实验性。主编倪海曙。到 1990 年共出 10 辑。吕叔湘用"非常出色"来评价这本丛刊。

1980006　周有光《汉语拼音正词法要点》在《语文现代化》丛刊第 1 辑发表。该文是作者应国际标准化组织(ISO)召开的语文转换国际标准化会议(ISO/TC46/SC2)的要求写作的。

1980007　倪海曙《推广普通话的历史发展》(资料整理) 在《语文现代化》丛刊第 1、2 辑连载。

## 3 月

1980008　9 日,由袁晓园等倡议发起的民间学术组织——汉字现代化研究会在北京成立。

1980009　10 日，《中国语文》第 2 期发表王均《民族文字工作中的若干问题》、刘泽先《谈谈文字现代化》。

1980010　25 日，国务院发出《关于充实和加强中国文字改革委员会的通知》，决定增补马大猷、王竹溪、朱德熙、陈翰伯、张友渔、张志公、周有光、钱伟长、倪海曙、曾世英 10 人为中国文字改革委员会委员。由董纯才任主任，胡愈之、张友渔、吕叔湘、王力、叶籁士为副主任，倪海曙为秘书长。该会仍直属国务院，但由中国社会科学院代管，它的工作机构由中国社会科学院直接领导，主要任务是提出和执行工作规划、调查研究、审查科研成果、编辑资料和处理国内外联系事务等。有关普通话的推广工作（包括推广工作的机构）划归教育部管理。

1980011　周有光《拼音化问题》由文字改革出版社出版。

# 4 月

1980012　28 日，上海市教育局召开市重点中小学推广普通话工作会议。

1980013　30 日，中国文字改革委员会举行充实和加强后的第一次主任会议。出席会议的有董纯才、胡愈之、张友渔、吕叔湘、王力、叶籁士、倪海曙、刘平。会议研究了有关召开第一次全体委员会议等事宜。

1980014　由台湾"资讯应用国字整理小组"陆续制定完成的中文资讯交换码 CCCII 相当于行业标准。其字集依据使用频度分为五部分：1. 常用字集，收 4808 个常用字，作为 CCCII 第一册于 1980 年 4 月发布；2. 备用字集，收 6025 个次常用字、5364 个罕用字、2112 个异体字及 3531 个其他资讯用字，共 17 032 字，作为 CCCII 第二册于 1981 年 2 月发布；3. 罕用字集，收 12 924 个罕用字、314 个次常用字及 7345 个其他资讯用字，共计 20 583 字，作为 CCCII 第三册于 1987 年 5 月发布；4. 补遗字集；5. 异体字集，收 11 517 个异体字，与第二册同在 1981 年 2 月发布。CCCII 采用三个七位字节的编码方式，整个编码空间由 94 个平面组成，每 6 个平面为一层，共得 16 层。字集先按《康熙字典》部首，次按部首的笔画数，再按笔顺排序。

1980015　陈原《语言与社会生活——社会语言学札记》由三联书店出版。

1980016　香港中国语文学会《汉字改革》（香港）创刊。1982 年 4 月改名为《语文建设通讯》（香港）。周有光继续以笔名"华明"为该刊撰文，栏名先后为"文字改革杂谈"和"语文建设杂谈"。

## 5 月

1980017　10 日,《中国语文》第 3 期发表张朝炳《〈毛泽东选集〉用字的字数、次数按音节分布情况》。《毛泽东选集》(第一至四卷)总字数为 659 928 字,共用不同单字 2981 字。加上《毛泽东选集》(第五卷)和《毛主席诗词》39 首(包括诗的题解和注释),毛泽东公开发表的 90 多万字的全部著作,所用不同单字大约在3300 字以内。

1980018　16 日,中国文字改革委员会举行第二次主任会议。会议由中国社会科学院院长胡乔木召集,董纯才、胡愈之、张友渔、吕叔湘、王力、叶籁士、倪海曙、刘平等出席。胡乔木在讲话中指出,《第二次汉字简化方案(草案)》是正式发表的,政协还开了会,后来暂停试用,所以一定要有个交代,明确宣布哪些字可以用,哪些字不能用。

1980019　19 日,中国文字改革委员会举行第三次主任会议,张友渔、吕叔湘、王力、叶籁士、倪海曙、刘平等出席。会议认为要成立专门机构修订《第二次汉字简化方案(草案)》,并考虑计算机处理汉字的要求问题。

1980020　20 日,充实和加强后的中国文字改革委员会第一次全体委员会议在全国政协礼堂举行。会议由董纯才主持。出席会议的有胡乔木、胡愈之、张友渔、吕叔湘、王力、叶籁士等 20 位委员。叶籁士报告中国文字改革委员会成立以来的工作概况。胡乔木发表讲话。会议原则通过《中国文字改革委员会 1980 年工作计划要点》《关于研究和制订标准现代汉字表的建议》和《制订标准现代汉字表的科研计划》,通过《关于整顿改组中国文字改革委员会工作机构的决议》,并决定由主任会议研究成立专门委员会修订《第二次汉字简化方案(草案)》。修订方案待委员会讨论通过后,报国务院审批。

1980021　周有光《现代汉字学发凡》在《语文现代化》丛刊第 2 辑发表。

1980022　由高等院校文字改革研究会筹备组起草的《文字改革科研规划项目》在《语文现代化》第 2 辑发表,共提出 11 个方面 75 个课题。

## 6 月

1980023　10 日,以冯传璜为团长的新加坡华文第二语文教师协会访华团一行 14人访问中国文字改革委员会。叶籁士、倪海曙、周有光、徐世荣等接待。访华团成员都是在新加坡英语学校教授华语(普通话)的教师。

1980024　13 日，上海市文字改革委员会召开 1980 年上海市普通话教学成绩观摩会。参加会议的有各区、县教育、财贸、公交系统的推广普通话积极分子、先进工作者和先进集体的代表约 1000 人。

1980025　18 日，北京市语言学会举行成立大会。

1980026　27 日，中国文字改革委员会举行第四次主任会议。出席会议的有董纯才、胡愈之、张友渔、王力、叶籁士、倪海曙、刘平、陶静。会议决定由王力、叶籁士、叶圣陶、吕叔湘、王竹溪、陈翰伯、张志公、周有光、倪海曙、钱伟长、马大猷等 11 人组成《第二次汉字简化方案（草案）》修订委员会。由王力、叶籁士主持修订委员会的工作。会议讨论通过中国文字改革委员会临时工作组提出的《关于整顿改组中国文字改革委员会工作机构的建议》，讨论通过《关于恢复文字改革出版社并扩大为语文出版社的初步意见》。会议原则通过《中国文字改革委员会 1980 年工作计划（草案）》。

# 7 月

1980027　台湾师范大学国文研究所受台湾教育事务主管部门"社会教育司"的委托，从 7 月 7 日至 10 月 10 日研订次常用字和罕用字。1981 年 9 月，根据各方意见进行修订。将《常用国字标准字体表》（甲表）以外的 10 740 字分为"乙表"与"丙表"。乙表收次常用字 6341 个，定名为《次常用字标准字体表》；丙表收罕用字 4399 个，定名为《罕用字表》，由正中书局出版。

1980028　北京大学"748 工程"攻关组开发的汉字激光照排系统排印出样书《伍豪之剑》。国务院副总理兼国家科委主任方毅阅后批示："这是可喜的成就。印刷术从火与铅的时代过渡到了计算机与激光的时代。"

# 8 月

1980029　16 日，全国高等院校文字改革研究会筹备组在北京召开第二次筹备会。叶籁士、倪海曙、周有光 3 位顾问出席会议。筹备会讨论和修改了《章程》《成立宣言》《文字改革科研项目》3 个文件的草稿，初步商定了学会的机构、人选以及成立大会的时间、地点等问题。经过讨论，组织名称改为"高等院校文字改革学会"。

1980030　20 日，叶圣陶、胡愈之、吕叔湘等 15 人发起，由中国文字改革委员会主持的庆祝王力学术活动 50 周年座谈会在全国政协礼堂举行。出席座谈会的有胡愈之、蒋南翔、叶圣陶、董纯才、张友渔、王力、叶籁士、倪海曙、周有光等 200 多人。王力在会上说，发展现代语文科学有两件事很重要：一件是提高语文教学工作，从而提高全国人民的科学文化水平；一件是汉字改革，大力推行《汉语拼音方案》，使汉语书面语更便于交际，并且改造得适用于文字信息处理。

1980031　28 日，中国文字改革委员会和教育部上报国务院《关于普通话推广工作划归教育部管理的报告》。《报告》说，为了贯彻执行国务院关于普通话推广工作（包括推广工作的机构）由中国文字改革委员会划归教育部管理的决定，中国文字改革委员会和教育部商定：1. 从 1980 年 9 月起，原中国文字改革委员会的普通话推广工作正式划归教育部管理；2. 原中国文字改革委员会普通话推广工作的专职机构（普通话推广组）和普通话师资培训班的人员编制同时移交教育部，作为教育部的建制；3. 这个机构仍在中国文字改革委员会办公。今后，教育部在开展普通话推广工作当中，凡需要中国文字改革委员会予以协助的，中国文字改革委员会当积极协助。

1980032　文字改革出版社扩大改名为语文出版社。

1980033　新疆维吾尔自治区人民政府发出通知，要求中央及各地驻新疆的行政机关在自治区境内行文，都必须同时使用维、汉两种文字。并强调"如无维、汉两种文字，自治区人民政府办公厅一律不予受理"。

# 9 月

1980034　4 日，中国文字改革委员会确定新的工作机构为三处二室和三个常设委员会，即：联络处、规划协作处、编译处、办公室、图书资料室以及科研委员会、审音委员会、汉语拼音拼写法委员会，还有附属机构语文出版社。

1980035　10 日，美国之音访华组成员徐天约（华语部副主任）、戴浩泽（华语部新闻及参考资料组副组长）、王澄水（华语部导播、节目组副组长）访问中国文字改革委员会。叶籁士、倪海曙、周有光接待。宾主座谈了汉字简化和汉语拼音化等问题。

1980036　16 日，以德意志联邦共和国杜塞尔多夫大学迪特尔·冯德利希教授为首的西德语言学考察组一行 3 人访问中国文字改革委员会。王力、倪海曙接待。宾主座谈了汉字简化与拉丁化的关系等问题。

## 10 月

1980037　4 日，中国文字改革委员会委员周有光应香港中国语文学会邀请，到香港讲学。访问期间周有光做了题为《中国文字改革的现状和问题》的学术报告。

1980038　9 日，教育部主办的第一期中央普通话进修班在北京开学，学员 40 名。

1980039　21—27 日，中国语言学会在武汉举行成立大会。与会代表 195 人。全国 30 个省、自治区、直辖市均有代表出席，港澳地区也派代表参加。开幕式由吕叔湘主持，王力致开幕词。13 位代表做了学术报告。中国文字改革委员会委员周有光向大会介绍了中国文字改革委员会改组的情况以及正在开展的一些主要工作。代表们还交换了对制定语言学科规划的意见。大会选举王力为名誉会长，吕叔湘为会长，傅懋勣、季羡林、罗竹风、严学宭、朱德熙为副会长。

1980040　29 日，中国音韵学研究会成立大会在武汉举行。

1980041　29 日，中国第一家哈萨克文出版社——伊犁人民出版社成立。

1980042　新疆锡伯语言文字研究委员会在察布查尔锡伯自治县成立，同时创办锡伯文油印会刊《语言通讯》。

## 11 月

1980043　17 日，新疆首届突厥语科学讨论会在乌鲁木齐召开。

## 12 月

1980044　2 日，新疆维吾尔自治区民族语言文字工作委员会呈文自治区人民政府《关于完全恢复维、哈老文字，逐步停止使用新文字的报告》。

1980045　王力应香港大学中文系和香港中国语文学会邀请，偕夫人到香港做一个月的学术访问。

1980046　中国修辞学会在武汉成立。

1980047　全国第二次汉字编码学术会议在杭州举行。

## 同年

1980048　云南省教育厅从 1980 年起连续 10 年，每年召开全省师范院校推广普通话工作座谈会。

1980049　新疆维吾尔自治区克孜勒苏柯尔克孜州民族语言文字工作委员会编辑发

行《柯尔克孜文正字法》。

1980050 吕叔湘主编《现代汉语八百词》由商务印书馆出版。

1980051 周有光《语文风云》由文字改革出版社出版。

1980052 赵元任《语言问题》由商务印书馆出版。

1980053 台湾出版《标准行书范本》。该《范本》的编写工作历时 4 年，专家讨论 40 多次。编定后由台湾教育事务主管部门颁布并"协助推行"。《范本》所收 4000 字中，有 600 多个字形与大陆简化字字形相同或相似。

1980054 香港应用语言学学会成立。该会宗旨是推动应用语言学的研究。

1980055 香港阅读学会成立，为国际阅读协会香港分会。

1980056 《中国语文研究》创刊，由香港中文大学中国文化研究所吴多泰中国语文研究中心出版。

1980057 张朋、费锦昌编《文字改革 30 年记事（初稿）》在《语文现代化》丛刊第 4 辑开始连载。

1980058 山西省社会科学研究所主办的《语文研究》创刊。

# 1981 年

## 1 月

1981001  15 日，中国地名委员会、外交部、中国文字改革委员会、国家测绘总局向国务院呈报《关于用汉语拼音拼写台湾地名时括注习惯拼法的请示》。2 月 9 日，国务院将该《请示》转发各省、自治区、直辖市人民政府和国务院各部委、各直属机构。

1981002  15 日，由黄沛荣主持的台湾财团法人海峡交流基金会委托研究报告"汉字的整理与统合"，开始调查研究，6 月 30 日完成。这份报告从主持人角度"对 1949 年以来海峡两岸有关汉字的整理工作进行讨论，并对未来汉字统合的前景作初步的评估"。

1981003  国际标准化组织文献工作技术委员会（ISO/TC46）通过决议，规定把《汉语拼音方案》作为文献工作中拼写有关中国的专门名称和语词的国际标准草案，并发给各成员团体通信投票，获得通过。

1981004  中国仪器仪表学会汉字信息处理系统研究会在苏州成立。

## 2 月

1981005  28 日，经过马来西亚有关当局批准，马来西亚简化汉字委员会首次出版《简化字总表》，并在全马来西亚发行。在出版仪式上，马来西亚简化汉字委员会主席曾永森致辞说："《简化汉字总表》出版，使马来西亚的汉字进入一个新的里程碑。它没有政治色彩，是具有马来西亚特色的汉字，适合马来西亚人士应用，并作为马来西亚各族人民学习汉字的主要参考书。"马来西亚简化汉字委员会1972 年成立。该委员会成立时，"看到中国已经颁布和实行了几批简化字。为了使在马来西亚的华人能跟上潮流，免得将来看不懂中国书籍"，该委员会一成立就着手研究和编制在马来西亚使用的简化字表。经过几年努力，终于出版了《简化字总表》。

## 3 月

1981006　10 日,《中国语文》第 2 期发表关尔佳、田林《如何实现汉字标准化》。

1981007　13 日,教育部主办的第二期中央普通话进修班在北京开学,学员 43 人。6 月 19 日结业。

1981008　27 日,中国现代文学巨匠沈雁冰(1896—1981)逝世。生前他一贯关心文字改革工作。

1981009　30 日,国际标准化组织(ISO)文献工作技术委员会(TC46)第十九届大会在南京举行。大会再度审议了采用中国《汉语拼音方案》的"国际标准草案"(ISO/DIS7098)。经过这个委员会的会员国通信投票,草案获得通过。

## 5 月

1981010　1 日,国家标准《信息交换用汉字编码字符集·基本集》(GB2312-80)公布实施。该字符集由华北计算技术研究所起草、国家标准总局发布。《基本集》收录以下字符:一般符号 224、序号 60、拉丁字母 52、日文假名 169、希腊字母 48、俄文字母 66、汉语拼音字母 26、注音字母 37、汉字 6763,共计 7445 个图形字符。参考使用频度,把 6763 个汉字分为两级:第一级为常用字 3755 个,按汉语拼音字母顺序排列;第二级为次常用字 3008 个,按部首排列。该标准适用于一般汉字处理、汉字通信等系统之间的信息交换,基本上是现行通用字。从此,计算机的汉字编码研究、汉字码本、汉字库、汉字点阵在字量方面均以 6763 字为准。

1981011　22 日,上海市文字改革委员会进行充实调整。调整后的市文字改革委员会由 34 人组成,杨恺任主任。

## 6 月

1981012　7 日,上海市教育局举办中小学生拼音、朗读、说话比赛。

1981013　18 日,上海市文字改革委员会召开 1981 年普通话教学成绩观摩会。

1981014　27 日,中国中文信息研究会在天津成立。钱伟长当选为理事长,支秉彝、刘涌泉、安其春、阎沛森、甄建民、聂春荣、陈力为、许孔时当选为副理事长。学会的学术研究内容是利用计算机对汉字的音、形、义等语言文字信息进行加工和操作,包括对字、词、短语、句、篇章的输入、输出、识别、转换、压缩、存储、检索、分析、理解和生成等各方面的处理技术。1987 年该研究会改名为中国中文信息学会。该学会与其挂靠单位中国科学院软件研究所联合主办学术刊物《中文信息学报》。

1981015　30 日，中国文字改革委员会秘书长倪海曙接待美国匹兹堡大学教授白德明（Dayle Barnes）。白德明教授长期研究中国文字改革问题。7 月 6 日，他再次到中国文字改革委员会访问了周有光委员。

1981016　中国仪器仪表学会汉字信息处理系统研究会第一届年会在杭州举行。

## 7 月

1981017　13 日，全国高等院校文字改革学会成立大会在哈尔滨举行。参加会议的有来自全国 90 所高等院校文字改革组织的代表 164 人。中国文字改革委员会副主任吕叔湘、叶籁士，秘书长倪海曙，委员周有光、曾世英、张志公、朱德熙等出席大会。主任董纯才，副主任张友渔、王力做了书面发言。周祖谟、姜椿芳、齐越、罗竹风、任溶溶等应邀出席大会。吴文祺、张世禄、袁翰青等做了书面发言。应邀参加大会的还有上海、湖北、广东等省市文字改革领导机构和部分高等院校负责人。该学会的宗旨是团结全国高等院校教学和科研力量，在中国文字改革委员会的指导下，分担国家文字改革规划所规定的科研、推广和培训任务。大会聘请王力为学会名誉会长，推选倪海曙为学会会长。

1981018　27 日，中国文字改革委员会召开主任会议，董纯才、张友渔、吕叔湘、王力、叶籁士、倪海曙、刘平出席。会议讨论通过了《第二次汉字简化方案（草案）》修订委员会提交的《第二次汉字简化方案（修订草案）》。这个草案共收 111字。会议决定通过教育系统、政协系统、文字改革系统和语言学会系统向全国征求意见，然后集中各方面意见，对草案做进一步修订。

1981019　由北京大学总体设计的汉字—激光照排系统，经电子部、教育部联合鉴定，确认：解决了汉字编辑排版系统的主要技术难关，与国外电子照相排版系统相比，在汉字信息压缩技术方面领先，激光输出精度与软件、17 万条指令的某些功能达到国际先进水平。汉字压缩技术于 1985 年 2 月获国家发明奖。

## 8 月

1981020　云南省语言学会主办的《语言美报》创刊。1995 年 7 月，该报并入《云南日报》。

# 9 月

1981021　11 日，中国文字改革委员会秘书长倪海曙、委员周有光接待来访的国际术语学情报中心主任费尔伯（H. Felber）教授。

1981022　16 日，中国文字改革委员会召开全体委员会议，董纯才、张友渔、吕叔湘、王力、叶籁士、倪海曙、周有光、朱学范、傅懋勣、叶圣陶、王竹溪、朱德熙、曾世英、赵平生、张志公出席。会议经过讨论，原则上通过《第二次汉字简化方案（修订草案）》。部分委员提出一些意见，留待全国征求意见工作结束后一并研究考虑。会议决定，《修订草案》立即印发全国征求意见。

1981023　香港教育署开始推出普通话科教学试验计划。计划分两期，在 42 所小学和 51 所中学进行。该计划第一期于 1984 年 7 月完成，第二期于 1987 年 7 月完成。

# 10 月

1981024　15 日，教育部主办的第三期中央普通话进修班在北京开学，学员 27 人。

1981025　新疆维吾尔自治区人民政府呈报自治区人大常委会《关于普遍使用维、哈老文字的报告》，自治区人大常委会第十七次会议审议批准该报告。

1981026　新疆维吾尔自治区召开第三次蒙古语文工作会议。会议通过了《在新疆蒙古族人民中推广普及胡都木蒙文的决定》，并形成《关于蒙文问题的请示报告》呈报自治区人民政府。

# 11 月

1981027　11 日，《人民日报》刊发新华社北京 11 月 9 日电：中国文字改革委员会主任董纯才最近对新华社记者发表谈话，指出《第二次汉字简化方案（修订草案）》即将在全国范围内有重点地征求意见；在此基础上形成《第二次汉字简化方案》。董纯才表示希望与台湾的语言文字学者建立联系，共同就汉字的规范化和现代化问题进行深入地研究和探索。

1981028　11 日，新疆维吾尔自治区人民政府做出《关于普遍使用维吾尔、哈萨克老文字的决定》。

1981029  13 日，广东省教育厅和广东省文字改革委员会在广州召开全省推广普通话工作会议。中国文字改革委员会副主任叶籁士出席会议并讲话。会议号召全省中小学要坚持用普通话教学，力争几年内在学校普及普通话。

1981030  23 日，全国汉语方言学会成立大会在厦门举行。

# 12 月

1981031  4 日，奥地利维也纳大学汉学系主任、汉学研究所所长罗致德教授访问中国文字改革委员会，王力主持，周有光、杜松寿、徐世荣等参加。宾主双方就汉字简化、中小学汉字教学、少数民族文字使用拉丁字母，以及汉语拼音分词连写、中国人名地名拼写法等问题进行了讨论。

1981032  18 日，日本早稻田大学语学教育研究所武部良明、日中学院竹中宪一访问中国文字改革委员会，周有光和杜松寿接待。宾主就中国的简化汉字、汉语拼音和日本的《常用汉字表》以及日语罗马字、日本科技术语等问题进行了座谈。

## 同年

1981033  中国文字改革委员会主办的《汉语拼音报》改名为《PINYIN BAO》，1981 年出版试刊，1982 年 1 月正式出版。

1981034  香港政府在中小学进行普通话教学试验计划，普通话成为小四至中三独立科目。有人把香港的普通话教学分为 4 个阶段：1941—1960 年间，学校采用注音符号学习"国音"，被称为"国音期"；1961—1980 年间，学校取消国音课，小学的普通话教学一片空白，被称为"真空期"；1981—1990 年间为"试验期"；1991—2000 年间，香港当局宣布自 1998 年起普通话自小一至中五成为核心课程，2000 年普通话成为中学会考科目。

1981035  段生农《汉字拉丁化质疑》在《北京师范大学学报》（社会科学版）第 5 期发表。段生农又在《文字改革》1982 年第 1 期发表《汉字拼音化的必要性初探》。这两篇文章明确否定汉字拼音化的必要性和可能性。文章引起了学术争论。

1981036  武汉大学、复旦大学等公布在《新华字典》字集范围内的字根频度统计结果。稍后，在郑易里指导下，王永民公布了字根统计分析结果。

1981037  陈明远等学者分别公布了汉语音节、声母、韵母、声调、字母的频度统计结果。

1981038　王力《中国语言学史》由山西人民出版社出版。

1981039　华中理工大学（今华中科技大学）语言研究所主办的《语言研究》（半年刊）创刊。

1981040　詹伯慧《现代汉语方言》由湖北人民出版社出版。

1981041　饶秉才、欧阳觉亚和周无忌合编的《广州话方言词典》由香港商务印书馆出版。

1981042　北京语言学院开始用人机结合方式进行北京口语调查。

# 1982 年

## 1 月

1982001　20 日，中国文字改革委员会召开主任会议。会议由董纯才主持，张友渔、吕叔湘、王力、唐守愚、刘平出席。会议原则上同意中国文字改革委员会临时党委提出的关于工作机构设置的意见，设置办公室、汉字处、汉语拼音处、编辑室、语文出版社等 5 个部门。会议决定恢复出版《文字改革》杂志。

1982002　23 日，中国文字改革委员会召开主任会议。出席会议的有董纯才、张友渔、吕叔湘、王力、倪海曙、唐守愚、周有光等，应邀出席的还有中国社会科学院语言研究所副所长李荣、刘涌泉，中宣部新闻局局长王揖，还有新华社、人民日报社和光明日报社的有关人士。会上，胡乔木就当前的文字改革工作发表讲话，号召让"文字改革的火焰继续燃烧下去"，他着重指出：1. 推广普通话的工作要在学校教育和社会教育中继续加强；2.《汉语拼音方案》是经过长时间广泛讨论、采取慎重步骤制订的，它不但是由国务院提请全国人民代表大会讨论通过和推行多年的方案，而且已经得到了世界上的公认，没有任何理由动摇，现在需要的是迅速制订正词法规则和解决扩大实际应用范围的一系列技术问题；3. 关于简化汉字方案，需要进一步加以完善，以适应汉字信息化的要求，特别是要使汉字便于编码输入电子计算机。这不但是我国现代化的迫切需要，也是世界各国在使用汉字文献中的迫切需要。

1982003　26 日，《人民日报》《光明日报》《北京日报》等刊发新华社关于胡乔木在中国文字改革委员会主任会议上发表讲话的消息。《人民日报》的标题是《胡乔木提出文字改革工作三点意见》，《光明日报》的标题是《争取文字改革工作更大的全面的进步》，《北京日报》的标题是《把文字改革的火焰继续燃烧下去》。

## 2 月

1982004　2 日，国家民委批准《壮文方案（修订案）》。这个方案的修订原则是：

1. 在原方案的基础上，既要保持壮语的音位系统，又要尽可能靠近《汉语拼音方案》。以此为前提，尽量少改或不改。2. 考虑到字母通用化、拉丁化，全部以拉丁字母作为壮文的字母符号。

1982005　21—25 日，全国高等院校文字改革学会在上海召开第一届第二次常务理事会，会上传达了胡乔木 1 月 23 日在中国文字改革委员会主任会议上的讲话，讨论通过了 1982 年学会的工作计划。

1982006　22 日，上海市教育局向各区、县教育局发出《关于继续加强学校推广普通话和汉语拼音教学的通知》。

1982007　25 日，美籍华人语言学家赵元任（1892—1982）逝世。他热心推广"国语"，是国语罗马字拼音法式的主要制定者。

1982008　台湾教育事务主管部门印制、台北正中书局发行《次常用国字标准字体表》，分乙表和丙表。乙表收录次常用字 6341 字，丙表收录罕用字 4399 字。连同甲表收录的 4808 常用字，甲乙丙 3 表共收 15 548 字。这 3 个表中的异体字再另立丁表（异体字表）。

1982009　中国文字改革委员会的工作机构调整为：办公室、汉字处、汉语拼音处、编辑室，还有直属的事业单位语文出版社。

# 3 月

1982010　10 日，黑龙江省教育学院在哈尔滨召开"注音识字，提前读写"实验第一次试点工作会议。这项实验是根据全国高等院校文字改革学会关于进行和加强小学拼音教学实验的倡议，由黑龙江省教育学院决定在省内佳木斯市、拜泉县、讷河县（今讷河市）进行的。

1982011　13 日，中国文字改革委员会举行主任会议。会议由董纯才主持，吕叔湘、王力、倪海曙、周有光、唐守愚、刘平出席。会议讨论了《第二次汉字简化方案（修订草案）》的修改问题，研究了有关必须调整的简化字的建议。讨论了汉语拼音正词法委员会和普通话审音委员会的人选：同意叶籁士、周有光、杜松寿、赵慕昂为正词法委员会核心小组成员，叶籁士、周有光为正副主任；同意王力、李荣、周祖谟、徐世荣、夏青为审音委员会 5 人小组成员，王力为主任。讨论了《文字改革》杂志复刊的筹备工作。讨论了中国文字改革委员会写给中央书记处的工作汇报初稿。讨论了中国文字改革委员会 1982 年工作计划要点。

1982012　14日，中共上海市委宣传部、市人民政府财贸办公室、市基本建设委员会、市人民政府教育卫生办公室和市文字改革委员会联合发出《关于在"五讲四美"活动中大力推广普通话的通知》。

1982013　25日，教育部在北京召开全国学校推广普通话工作会议。29个省、自治区、直辖市教育厅（局）和有关单位的代表近70人参加会议。教育部副部长张承先、张文松和中国文字改革委员会副主任倪海曙出席会议并讲话。吕叔湘、周有光做了专题报告。会议交流了经验，讨论研究了全国学校加强推广普通话的问题。

1982014　30日，广西壮族自治区人民政府发出关于公布和推行《壮文方案（修订案）》的通知。通知要求今后出版的壮文图书、报刊、新刻制的壮文印章、书写的机关名称牌子等，应按修改后的壮文符号书写、刻制。自治区民族语委、自治区教育局和壮族聚居地区的地区行署、县人民政府，要积极地、有步骤地组织壮族人民群众学习壮文，并相应地做好壮文书刊的出版工作。

1982015　31日，新疆维吾尔自治区人民政府批转自治区民族语委、蒙古语文工作领导小组《关于蒙文问题的请示报告》，要求把推广胡都木蒙文的事情办好。

1982016　中国文字改革委员会主办的《PINYIN BAO》停刊。

# 4月

1982017　11日，教育部主办的第四期中央普通话进修班在北京开学，学员25名。

1982018　14日，中国文字改革委员会普通话审音委员会核心组召开扩大会议。会议讨论了《审音范围和审音原则》，研究制订了委员会工作条例，确定由徐世荣担任审音委员会副主任。

1982019　26日，全国人大常委会公布《中华人民共和国宪法修改草案》。《草案》第二十条规定："国家推行全国通用的普通话，以利于文化教育事业的发展。"

1982020　中国语言学会主办的《中国语言学报》创刊。

# 5月

1982021　18日，上海市文字改革委员会举行会议，学习胡乔木同年1月23日在中国文字改革委员会主任会议上的讲话，讨论并确定了当前和今后一个时期的工作。

1982022　范继淹、徐志敏《RJD-80 型汉语人机对话系统的语法分析》在《中国语文》第 3 期发表。

1982023　中国中文信息研究会基础理论专业委员会在厦门成立。

1982024　中国训诂学研究会在武汉成立。

## 6 月

1982025　5 日，上海市文字改革委员会和上海市政府财贸办公室联合召开上海市商业服务业推广普通话工作座谈会。

1982026　19 日，国家标准局批准全国文献工作标准化技术委员会拟定的《中文书刊名称汉语拼音拼写法》（GB3259-82）为国家标准。该标准规定："国内出版的中文书刊依本标准的规定，在封面，或扉页，或封底，或版权页上加注汉语拼音书名、刊名"，这一规定"也适用于国内用中文出版而向国外发行的书刊"。该标准从 1983 年 2 月 1 日起施行。（1992 年 2 月 1 日国家技术监督局批准用修改后的国家标准《中文书刊名称汉语拼音拼写法》代替 GB3259-82。）

1982027　22 日，广东省教育厅在广州召开全省学校推广普通话工作会议。

1982028　26 日，普通话审音委员会召开第一次全体委员会议。委员会由 19 名委员组成。会议由王力主持。出席会议的有曹乃木、傅兴岭、高景成、蒋仲英、梁容若、陆宗达、孙德宣、孙修章、王力、夏青、徐世荣、徐仲华、俞敏、张志公、周有光等 15 名委员。方伟、齐越、吴青、周祖谟 4 名委员缺席。中国文字改革委员会主任董纯才、教育部副部长张文松出席会议。会议着重讨论并原则通过《普通话审音委员会条例（草案）》《审音范围和审音原则（草稿）》《审音工作计划大纲（草案）》。

1982029　28 日，新疆人民广播电台增设柯尔克孜语广播。

1982030　教育部推广普通话办公室和中央人民广播电台文教部合编的《中央人民广播电台汉语拼音讲座讲稿》由文字改革出版社出版。

1982031　中国文字改革委员会主办的《汉语拼音报》复刊。

## 7 月

1982032　23 日，上海市文字改革委员会办公室协同市公交公司召开公交各场推广普通话工作汇报交流会。

1982033　24日，汉语拼音正词法委员会召开第一次全体委员会议。会议由周有光主持。杜松寿、杜祥明、姜树森、李大魁、刘涌泉、毛成栋、孙德宣、王均、王宗柏、曾世英、张寿康、张志公出席。中国文字改革委员会主任董纯才、副主任王力、秘书长唐守愚出席会议。会议讨论并原则通过了《汉语拼音正词法委员会条例》和《汉语拼音正词法委员会第一阶段工作计划》。

1982034　25日，《文字改革》杂志复刊。唐守愚任总编辑，杜松寿任副总编辑，费锦昌任编辑部主任。复刊号发表了编辑部文章《把文字改革的火焰继续燃烧下去——学习胡乔木同志1982年1月23日关于文字改革问题的讲话》、董纯才《〈汉语拼音方案〉的制订和推行》、刘涌泉《科技革命和汉字改革》。(《文字改革》1982年为双月刊，1983年为月刊，1984年又改为双月刊；1986年更名为《语文建设》，仍为双月刊；1992年再度改为月刊。)

1982035　31日，上海市文字改革委员会、上海语文学会、上海教育出版社《汉语拼音小报》编辑部联合举行上海市首次教师拼音、朗读、说话邀请赛。

# 8月

1982036　1日，国际标准化组织（ISO）发表由该组织成员国投票表决决定的国际标准《文献工作——中文罗马字母拼写法》（ISO-7098）。该文件规定拼写汉语以汉语拼音为国际标准。澳大利亚等26个国家的成员团体投票赞成，美国的成员团体投票反对。文献工作包括图书馆、档案馆、资料馆、国际情报网络等，涉及一切有文字的图书资料目录。《汉语拼音方案》成为拼写汉语的国际标准，为在国际情报网络检索终端的电子计算机上应用《汉语拼音方案》开辟了广阔的道路。

1982037　8日，广东省人民政府发出《关于做好推广普通话工作的通知》。《通知》提出，力争6年内各类学校基本普及普通话；三五年内在大中城市一切公共场合都能使用普通话。

1982038　8日，黑龙江省教育厅在佳木斯召开"注音识字，提前读写"实验准备会议。全国高等院校文字改革学会会长倪海曙出席会议。

1982039　13日，浙江省教育厅、高教局联合发出《进一步做好推广普通话和汉语拼音教学工作的通知》。

1982040　14日，美国夏威夷大学荣誉中文教授德范克（John de Francis）访问中国文字改革委员会。14日和23日，由倪海曙、周有光主持，德范克教授同中国文字改革委员会有关部门的负责人进行了两次座谈，广泛讨论有关汉字改革的问题。

25 日，德范克教授应邀在中国文字改革委员会做了题为《中国语文改革的一些矛盾——一个美国人的看法》的报告，并解答了与会者提出的一些问题。

1982041　17 日，国家标准局、中国文字改革委员会联合发出文件，就统一标准代号读音问题致函广播电视部，并抄送各有关部、委、局，各省、自治区、直辖市标准局。函件指出，我国的标准代号都是汉语拼音的缩写。国家标准是从 1958 年开始采用 Guo Biao（国标）中的 GB 两个字母作为代号的。1963 年国家科委对部标准、企业标准的代号以同样的原则做出了统一规定。工程建设标准也采用汉语拼音字母作为代号。但是，目前在广播电视中都把标准代号的汉语拼音字母读成英文字母的名称音，这是不妥当的。《汉语拼音方案》现已广泛应用于各个领域，并且已经得到国际上的公认。为此，函请转告各广播电台、电视台，尽快做好汉语拼音字母的正确读音工作。函件附有：1.《国家科委关于统一标准代号、编号的几项规定》；2.《汉语拼音字母的名称读音表》；3.《标准代号的读音》。

1982042　20 日，福建省教育厅召开学校推广普通话工作会议，省语言学会首届年会同日召开。

1982043　22 日，吉林省语言学会汉字和汉字改革研究会举行年会。

1982044　24 日，上海市体育运动委员会发出《关于在本市体育系统提倡、推广普通话的通知》。

# 9 月

1982045　13 日，新疆维吾尔自治区第五届人民代表大会常务委员会通过《关于全面使用维吾尔、哈萨克老文字的报告》。

1982046　16 日，上海市人民政府批转《上海市文字改革委员会关于本市 1982 年至 1985 年推广普通话工作纲要》。

1982047　18 日，广东省人民政府发出《关于做好推广普通话工作的通知》。

1982048　21 日，香港中国语文学会名誉会长莫天随、理事会主席姚德怀、文字改革研究部主任周天健访问中国文字改革委员会。叶籁士、倪海曙、周有光、杜松寿、郑之东以及各业务处室负责人接待参加座谈。主方向客人介绍了 1949 年以来文字改革机构的建立和发展过程以及文字改革三项工作的进展情况。

1982049　25 日，中国文字改革委员会召开主任会议。董纯才主持，张友渔、吕叔湘、叶籁士、倪海曙、周有光、唐守愚、刘平出席。秘书长唐守愚汇报了中国文字改革委员会半年来的工作情况。会议讨论了关于全面整理和简化汉字的设想。根据胡乔木1982年1月和4月两次谈话的精神，会议认为，应该在现代汉语用字的范围内整理和简化那些难认、难写、难念和难记的字，以利于普及教育和发展科学、文化事业。会议还讨论了有关纪念《汉语拼音方案》公布25周年的活动。

1982050　28日，燕山计算机研究中心设计、华北终端设备公司生产的ZD-2000型中文计算机通过鉴定。国防部长张爱萍题词祝贺："微型计算机，汉字创新题，肚量大如海，进出显神奇。"

1982051　在中国文字改革委员会和全国高等院校文字改革学会的支持下，黑龙江省佳木斯市第三小学、拜泉县育英小学和讷河县（今讷河市）实验小学的6个一年级班开始进行"注音识字，提前读写"实验。这项实验改变了传统的小学语文教学结构，变"先识字，后读书"为"先读书，后识字"或"边读书，边识字"，以此解决小学语文教学中长期存在的学汉语同识汉字的矛盾，为提高教学质量、开发儿童智力寻求一条新途径。这项实验暂定3年为一个周期，用3年的时间在识字、阅读、写作方面基本完成现在小学5年的语文教学任务。

1982052　中国仪器仪表学会汉字信息处理系统研究会和中国中文信息研究会汉字信息处理系统专业委员会（筹）在承德联合召开学术交流会。

# 10 月

1982053　16日，上海市人民政府批转上海市文字改革委员会《关于本市1982年至1985年推广普通话工作纲要》。《工作纲要》提出，争取今后二三年内，在全市师范院校，市区中小学、幼儿园，农村中心学校做到普及普通话；社会推广工作达到并超过"文化大革命"以前的水平。

1982054　29日，广东省教育厅在乐昌县（今乐昌市）坪石镇召开小学汉语拼音教学经验交流会。

1982055　厦门大学汉语方言研究室主编的《普通话闽南方言词典》由福建人民出版社出版。

1982056　山西《运城拼音报》改名为《小学生拼音报》。

# 11 月

1982057　5日，中国文字改革委员会发出《征集更改县以上地名及山河等名称中生僻字的通知》。《通知》指出：从 1955 年到 1964 年，经国务院批准，至少已有 8 个省区的 35 个县级以上使用生僻字的地名改用了同音的常用字。请各地提出所属县市级以上地名及山河等名称中的生僻字改为常用字的意见，以便进一步整理和研究。《通知》提出原则意见：1. 目前这一工作的重点是将县市以上地名及山河等名称中使用的生僻难认的字改为常用字；2. 选择的常用字应与原名称用字同音同调；3. 选择的常用字应尽可能与原名称用字的形体保持一定的联系；4. 选择的常用字其形体结构应便于分析和称说。

1982058  11 日，新疆维吾尔自治区人民政府做出《关于全面使用维吾尔、哈萨克老文字的决定》。维、哈新文字推行工作停止。

1982059  15 日，民政部、教育部、中国文字改革委员会发出《关于试行和推广聋哑人通用手语的联合通知》。《通知》说，中国盲人聋哑人协会于本年 10 月 18—26 日在北京召开第二次手语工作座谈会，讨论和制定了聋哑人手语新词手势 640 个动作。三部委同意在全国试行。

1982060  20 日，《计算机世界》总第 49 期报道：国际标准化组织（ISO）已承认中国汉字交换码《信息交换用汉字编码字符集·基本集》（GB2312-80），并正式通知各成员国。

1982061  20 日，日本早稻田大学教授武部良明访问中国文字改革委员会。

1982062  21 日，黑龙江省文字改革研究会召开年会。

1982063  22—26 日，新疆维吾尔自治区召开推广、普及胡都木蒙文规划会议。会议制定了《新疆维吾尔自治区 1982～1990 年推广胡都木蒙文规划》，规定 1990 年以前为推行阶段，1990 年开始全面地正式使用胡都木蒙文。会议成立了中国蒙古语文学会新疆分会。

1982064  24 日，国务院成立以万里为组长的电子计算机和大规模集成电路领导小组，全面领导中国信息产业的研究、开发和生产工作。

# 12 月

1982065  4 日，第五届全国人民代表大会第五次会议通过《中华人民共和国宪法》。《宪法》第十九条规定："国家推广全国通用的普通话。"

1982066  8 日，上海市举行 1982 年上海市普通话教学成绩观摩会。参加会议的有教育、财贸、公交等战线推广普通话先进集体代表和先进个人近千人。

1982067　20日，《计算机世界》总第51期报道：武汉大学语言自动处理系统（WZ-3）建立70万字的现代汉语资料库，录入《骆驼祥子》《倪焕之》《雷雨》《日出》等文学名著，并进行分析统计。

1982068　21日，教育部、中国文字改革委员会、解放军总政治部、共青团中央、全国总工会、全国妇联、公安部、商业部、铁道部、交通部、邮电部、城乡建设环境保护部、文化部、广播电视部、国家旅游局等15个单位联合发出《大家都来说普通话倡议书》。《倡议书》指出，五届人大五次会议通过的新宪法已经载明"国家推广全国通用的普通话"。《倡议书》提出了9条具体倡议。

1982069　22日，国家标准局批准全国文献工作标准化技术委员会报批的《中国各民族名称的罗马字母拼写法和代码》国家标准草案为国家标准（GB3304-82）。从1983年10月1日起实施。该标准规定了中国各民族名称的罗马字母拼写法及其字母代码和数字代码，适用于文献工作、拼音电报、国际通讯、出版、新闻报道、信息处理和交换等。[1991年8月30日又批准用修改后的国家标准《中国各民族名称的罗马字母拼写法和代码》（GB3304-92）来代替GB3304-82。]

1982070　23日，《人民日报》《光明日报》发表教育部等15个单位联合发出的《大家都来说普通话倡议书》，并发表评论员文章。

1982071　28日，汉语拼音正词法委员会召开第二次全体会议，讨论《汉语拼音正词法基本规则（草案修正稿）》（1981年10月30日，正词法委员会核心组和工作组召开联席会议，对草案初稿做进一步修改，形成了修正稿）。这次会议决定委托核心组和工作组，根据委员们的意见，对修正稿再次修订，经送请中国文字改革委员会主任会议审议同意后，作为试行草案发表，公开征求意见。

1982072　30日，热心文字改革的心理学家、教育家陈鹤琴（1892—1982）逝世。

1982073　中国中文信息研究会汉字信息处理专用设备委员会在南京成立。

## 同年

1982074　1982—1998年，台湾先后研制完成《国字标准字体楷书母稿》，共收11 151字（包括常用字4808字、次常用字6343字）；《国字标准字体宋体母稿》，共收17 266字（包括常用字4808字、次常用字6343字、罕用字3405字、异体字2455字、附录255字）；《国字方体母稿》（方体即黑体），共收13 067字；《国字隶书母稿》，共收4808字。

1982075 新疆维吾尔自治区民族语委创办《语言与翻译》杂志,用维吾尔文、哈萨克文出版发行。1985—1986 年,汉文版、柯尔克孜文版、蒙古文版也相继出版发行。

1982076 叶籁士《回忆语联——三十年代的世界语和新文字运动》在《新文学史料》1982 年第二期发表。

1982077 北京市语言学会普通话等级标准研究小组发表《普通话等级标准条例草案》。

1982078 台湾汉学研究中心出版的《汉学研究通讯》创刊。

1982079 山西省开始编纂方言志,成果以"山西省方言志丛书"的形式由语文出版社陆续出版。

# 1983 年

## 1 月

1983001　1 日，中国国际电台对外广播的英语节目呼号中的"北京"，改用汉语拼音，即由原来的 RADIO PEKING 改为 RADIO BEIJING。该台广播的法语、印地语、乌尔都语、僧伽罗语、豪萨语、斯瓦希里语等节目也同时做相应改动。

1983002　4 日，新疆维吾尔自治区人民政府办公厅印发自治区民族语言文字委员会《关于统一机关牌匾、印章商标等的几项具体建议》。

1983003　6 日，山西省教育厅发出《关于积极响应教育部等 15 个单位发出的〈大家都来说普通话倡议书〉的通知》。

1983004　10 日，西安市教育局召开座谈会，纪念周恩来《当前文字改革的任务》（1958 年）发表 25 周年。

1983005　15 日，河南省教育厅召开全省学校推广普通话工作会议。

1983006　21 日，广东省教育厅、省文字改革委员会等单位联合召开会议，讨论如何结合广东省的实际，响应教育部、中国文字改革委员会等 15 个单位联合发出的《大家都来说普通话倡议书》。

1983007　25 日，《文字改革》1 月号发表社论《努力开创文字改革工作的新局面》，同时刊登周有光《〈汉语拼音方案〉的科学性和实用性》、教育部等 15 个单位的《大家都来说普通话倡议书》。该刊从本期起开始连载《印刷通用汉字字形表》，12 月号登完全文。

1983008　30 日，中国文字改革委员会委员、北京大学副校长、著名物理学家王竹溪（1911—1983）逝世。

1983009　新疆维吾尔自治区民族语言文字委员会、蒙古语文工作领导小组联合印发《关于自治区推广胡都木蒙文规范和 1983 年工作安排的通知》。

## 2 月

1983010　3 日，商业部发出《关于动员广大商业、供销、粮食职工响应〈大家都来说普通话倡议书〉的通知》。

1983011　4 日，诗人、文学翻译家、国际文学活动家、文字改革活动家萧三（1896—1983）逝世。

1983012　5 日，上海市文字改革委员会和市语文学会联合召开座谈会，纪念《汉语拼音方案》公布 25 周年。上海市市委书记、市哲学社会科学联合会主席夏征农，市人大常务委员会副主任周谷城，市委宣传部副部长陈其五等到会讲话。市文字改革委员会副主任、语文学会会长罗竹风主持座谈会。

1983013　5 日，内蒙古自治区计算中心提出《蒙文信息互换标准代码设计方案》。

1983014　8 日，黑龙江省文字改革研究会等单位联合举行座谈会，纪念《汉语拼音方案》公布 25 周年。

1983015　9 日，中国人民大学语言文字研究所邀请在京有关人士 50 多人举行座谈会，纪念《汉语拼音方案》公布 25 周年。

1983016　10 日，《人民日报》发表吕叔湘《〈汉语拼音方案〉是最佳方案》和王力、周有光《进一步发挥〈汉语拼音方案〉的作用》。

1983017　22 日，全国政协、中国文字改革委员会、教育部联合召开纪念《汉语拼音方案》公布 25 周年座谈会。中共中央政治局委员胡乔木、全国人大常委会副委员长朱学范出席。座谈会由全国政协副主席周培源主持并致开幕词。出席座谈会的有钱三强、萨空了、梅益、董纯才、张友渔、叶圣陶、张文松、吕叔湘、王力等知名人士和各界代表共 100 多人。中国文字改革委员会主任董纯才、教育部副部长张文松讲话。邮电部王福元介绍了汉语拼音电报在邮电部门的应用情况，中国科学院声学研究所马大猷介绍了汉语拼音在科学符号和名词译写方面的应用问题，中国文字改革委员会周有光介绍了《汉语拼音方案》已经成为国际标准的新进展，新华社国际部黄志南介绍了新华社部分驻国外分社记者用汉语拼音向总社发稿的情况，中国社科院民族所傅懋勣报告了汉语拼音与少数民族创制、改革文字的关系，中国社会科学院语言研究所刘涌泉报告了《汉语拼音方案》在汉语信息处理中的作用，北京语言学院吕必松介绍了《汉语拼音方案》在对外汉语教学中的作用，北京市朝阳区特级教师张惠芬介绍了汉语拼音在小学语文教学中所起的作用。北京大学王力在发言中认为可以用《汉语拼音方案》作为拼音文字的基础。外交部翻译室裴克安、中央民族学院汉语系汪小川、北京市第四聋哑学校沈家英、中国社科院民族所王均、中国科学院科技情报所袁翰青、国家标准局测绘研究所曾世英等做了书面发言。胡乔木、朱学范在讲话中充分肯定了制订和推行

《汉语拼音方案》取得的重大成绩，对努力使这个方案完善化、在日常应用中规范化和扩大它的适用范围等问题提出了热切的期望。胡乔木还就进一步推行《汉语拼音方案》发表了三点意见：第一，要坚持推行《汉语拼音方案》。这是经过长期研究讨论由国家正式制订的唯一方案，已在国内外获得公认地位，不应再走回头路去另起炉灶，那样会造成许多无益的混乱。第二，希望中国文字改革委员会能尽快地把《汉语拼音方案》进一步完善化，在日常应用中规范化。例如拼写要标调，要正词（规定词的区分的统一规则）。否则不但不便使用，而且会使人认为这是一个不完善的粗制滥造的方案。希望这个久已应该解决的问题在1983年内解决。第三，希望总结新华社和邮电部在电报中采用《汉语拼音方案》的经验。由中国文字改革委员会等单位尽快拿出一个能为大家接受的电报中使用拼音字母的完善方案，妥善而严密地解决标调、区分同音字、同音词等问题。

1983018　28日，教育部主办的第五期中央普通话进修班在北京开学，学员38名。

1983019　中国中文信息研究会在北京举行新春茶话会，探讨所属各专业委员会的研究方向。

1983020　文字改革出版社编辑出版《〈汉语拼音方案〉的制订和应用——〈汉语拼音方案〉公布25周年纪念文集》。

# 3 月

1983021　2日，福建省教育厅和福建省语言学会联合召开座谈会，纪念《汉语拼音方案》公布25周年。

1983022　2日，教育部邀请部分语言文字专家及热心推广普通话的著名人士座谈如何进一步做好推广普通话工作。座谈会由副部长张文松主持。中国文字改革委员会副主任吕叔湘、王力、叶籁士、倪海曙，研究员周有光，声学研究所所长马大猷，文学研究所研究员吴世昌，人民教育出版社副总编张志公，中央广播电视部播音指导夏青，铁道部顾问吴钰、郎钟騋，北京师范大学客座教授梁容若等出席。

1983023　8日，上海市教育局印发《关于加强对教师普通话和汉语拼音培训工作的通知》。

1983024　13日，四川省教育厅召开全省学校推广普通话会议。

1983025　15日，安徽省教育厅发出通知，决定对全省高等师范院校的中文系科和普通中等师范、幼儿中等师范的应届毕业生进行普通话语音笔试考核。

1983026　16 日，中国人民银行就群众反映在人民币上使用"贰""角""国"三字的繁体字或旧字形一事答复《中国青年报》。函件称："现行人民币上的汉字是建国初期写就的，一直沿用至今。""待今后我行印制新币时，选择适当时机改用中国文字改革委员会发布的规范简化字和标准字形。"

1983027　23 日，湖北省文字改革委员会、省教育厅联合召开全省师范院校普通话教学成绩观摩会。中国文字改革委员会副主任叶籁士、倪海曙，教育部推广普通话办公室徐世荣应邀出席会议。湖北省副省长梁淑芬致开幕词。这次观摩会还特设了口头作文比赛等项目。

1983028　中国中文信息研究会汉字编码专业委员会在成都成立，郭冶方当选为主任。

# 4 月

1983029　7 日，全国高等院校文字改革学会召开学术讨论会和一届二次理事会。中心议题是进一步推广普通话和推行《汉语拼音方案》。学会名誉会长王力，会长倪海曙，顾问叶籁士、曾世英、夏青等出席并讲话。会议还特地安排了湖北省师范院校普通话教学成绩观摩会和黑龙江省小学语文"注音识字，提前读写"实验情况汇报。

1983030　12 日，福建省教育厅召开全省中等师范学校普通话教学成绩观摩会。

1983031　25 日，《文字改革》4 月号发表周有光《拼音和文字》、陈耀星《〈信息交换用汉字编码字符集〉简介》。

# 5 月

1983032　3 日，共青团福建省委和省教育厅联合举行中小学生普通话讲演比赛。

1983033　9 日，教育部在镇江召开全国中等师范学校推广普通话工作座谈会。参加会议的有全国 29 个省、自治区、直辖市教育厅（局）和部分中师、高师的代表共 80 多人。会议交流了师范学校推广普通话的情况和经验，讨论了《加强师范学校推广普通话和汉语拼音教学意见要点（草稿）》。

1983034　15 日，国务院电子计算机和大规模集成电路规划会议确定重点攻关项目，其中中文信息处理方面的课题约 20 个。

1983035　17 日，陕西省教育厅召开学校推广普通话工作会议。

1983036　25 日，《文字改革》5 月号发表黄志南《一条走得通的道路——新华社部分驻外记者使用汉语拼音发稿的经验》、王福元《〈汉语拼音方案〉在公众电报通信中的作用》、袁翰青《科技情报工作离不开〈汉语拼音方案〉》、张惠芬《汉语拼音在小学语文教学中的作用》。

1983037　中国中文信息研究会汉字信息处理系统专业委员会在武汉成立。竺迺刚当选为主任。

1983038　中国中文信息研究会自然语言处理专业委员会在武汉成立。刘涌泉当选为主任。

1983039　中国中文信息研究会在武汉举行第二次全国学术会议。

1983040　全国计算机与信息处理标准化技术委员会成立。同年 10 月组建了下属的第一批分技术委员会。计标委的成立推进了中国信息处理标准化的发展。1984 年，计标委"字符集和编码"分技术委员会提出编码字符集标准的繁体字与简体字对应编码的原则，并做出制订六个信息交换用汉字编码字符集的计划。其中，基本集、第二、四辅助集是简化字集；第一、三、五辅助集是繁体字集。基本集与"辅一"，"辅二"与"辅三"，"辅四"与"辅五"中的汉字分别有简繁体的一一对应关系，简繁字在两个字符集中同码。

# 6 月

1983041　1 日，中国文字改革委员会召开主任（扩大）会议。会议由董纯才主持，吕叔湘、叶籁士、倪海曙、唐守愚、周有光、王均出席。会议一致同意把《第二次汉字简化方案（修订草案）》上报国务院审批公布。会议讨论了国务院审订委员会组成人员的建议意见，同意《汉语拼音正词法基本规则（试用）征求意见稿》暂不公开发表，先在内部征求意见。会上宣布：国务院任命倪海曙为中国文字改革委员会副主任、唐守愚为副主任兼秘书长。

1983042　3 日，中国文字改革委员会在北京召开汉字部首排检法座谈会。文化部出版局、商务印书馆、上海辞书出版社、汉语大字典编纂处、汉语大词典编纂处、中国社会科学院语言研究所、中国人民大学、北京师范大学、武汉大学、北京图书馆和中国科学院图书馆等单位派代表出席会议。中国文字改革委员会副主任倪海曙、代秘书长陈章太分别出席开幕式和闭幕式。座谈会讨论了 3 个问题：1. 设立部首的原则；2. 部首数量；3. 单字归部的原则和方法。会议决定由上海辞书出版社、汉语大词典编纂处、汉语大字典编纂处、商务印书馆和中国社会科学院语言研究所等 5 个单位组成工作组，拟订统一的部首排检法方案。

1983043　10 日，湖北省教育厅和省文字改革委员会对全省师范院校应届毕业生进行普通话语音统考。

1983044　11 日，广东省文字改革委员会在顺德举办普通话语音研究会。

1983045　23 日，吉林省教育厅发出《关于转发教育部等 15 个单位发出的〈大家都来说普通话倡议书〉的通知》。

1983046　25 日，《文字改革》6 月号发表吕必松《〈汉语拼音方案〉在汉语作为外语教学中的应用》、蒋仲仁《〈汉语拼音方案〉在教学上的应用》、尹斌庸《论文字的形象性》。

1983047　中国教育学会对外汉语教学研究会在北京成立。

1983048　中国文字改革委员会和文化部出版局邀请商务印书馆、上海辞书出版社等有关单位共同研究，在《康熙字典》（214 部）、《辞海》（150 部）、《新华字典》（189 部）共有的 168 个部首的基础上，提出设立 201 个部首的初步方案，同时确定依据字形定部的原则。

# 7 月

1983049　7 日，浙江省教育厅在杭州召开中等师范学校推广普通话工作座谈会。

1983050　26 日，中国文字改革委员会编印的《文字改革简报》第三期（总 103 期）发表倪海曙的《难以相信》。这篇文章是作者在黑龙江省对"注音识字，提前读写"实验进行了半个月的考察后写的报告。报告用数字和事例告诉读者，仅仅经过一年的实验，孩子们拼音非常熟练，能够像我们读汉字那样扫读了，识字量大大增加，普通话说得好。"这个实验之妙，妙在谁都感到'难以相信'。"

# 8 月

1983051　1 日，福建省教育厅举办中等师范学校普通话语音教学骨干讲习班。

1983052　3 日，语言学家吕叔湘在读了倪海曙的考察报告《难以相信》以后，激动地写道："二十年以前，我就曾经提出，在识字问题上要两条腿走路，汉字要识，拼音字也要识，认识拼音字，熟悉拼音字，对认识汉字有帮助，对发展儿童语言、发展儿童智力，尤其有帮助。我曾经在全国政协作过一次发言，也在《人民日报》上写过文章，很可惜的是我说我的，人家不爱听。还有几位教育家，对我的主张甚不以为然，简直视为毒蛇猛兽，发动人写了好多篇文章进行攻击，简直有点围剿的味道。好了，现在有了三处地方的试验班，成绩之好，简直难以相信。我希望不久还将在北京进行试验，使原来不相信的人相信，使原来相信的人更加坚定。使我国的初等教育耳目一新，使宪法上规定的义务教育早日实现。这是我的希望。"

1983053　6 日，中国文字改革委员会和全国高等院校文字改革学会在北京联合召开黑龙江省小学"注音识字，提前读写"实验总结汇报会。出席会议的有教育部、中央教育科学研究所、中国社会科学院语言研究所、中国人民大学语言文字研究所、北京师范大学、国家测绘局测绘研究所、新华社、人民日报社、中国教育报社、教育研究杂志社等单位的代表，还有黑龙江、北京、上海、湖北、广东、福建、山西、河北、辽宁、陕西等省市负责教育和文字改革工作的代表共 70 多人。会议由中国文字改革委员会叶籁士、倪海曙主持。会议播放了实验的录音录像，举办了展览。

1983054　25 日，《文字改革》8 月号发表陈原《关于现代汉语正词法的若干理论问题》、王自强《部首查字法需要统一》、冯书华《试论统一部首排检法的必要和可能》。

1983055　29 日，河南省科委主持召开五笔字型汉字编码方案鉴定会。

1983056　上海市杨浦区第四中心小学、徐汇区安亭路小学、静安区华山路第二小学在一年级四个班开始进行"注音识字，提前读写"实验。

1983057　广州市海珠区同福中路第一小学一年级三个班开始进行"注音识字，提前读写"实验。

1983058　台湾教育事务主管部门委托台湾师范大学国文研究所整理异体字，收录《常用字体表》《次常用字体表》《罕用字体表》中所收字的异体，或是正体以外的不同写法，共 18 609 字（内含补遗 22 字），编成《异体字表》，于 1984 年 3 月出版。

# 9 月

1983059　1 日，中国文字改革委员会召开主任会议。会议由叶籁士主持，吕叔湘、王力、倪海曙、陈章太出席。会议回顾了中国文字改革委员会近年来的工作，认为研究工作和实际工作取得的成果不多，有关的文章和消息报道也少。近期要抓好几件实际工作，加强宣传报道工作。会议决定，待中国社会科学院对《第二次汉字简化方案（修订草案）》批复后，即举行中国文字改革委员会全体委员会议，审议《第二次汉字简化方案（修订草案）》。会议还讨论了王力关于汉语拼音标调法的意见，决定成立一个汉语拼音标调法研究小组，由王力主持，周有光、陈章太、王均、杜松寿参加。会议听取了关于"注音识字，提前读写"实验总结汇报会的情况，强调要继续搞好实验，一定要扎扎实实做好工作，决定成立"注音识字，提前读写"实验研究小组。会议还对《汉语拼音正词法基本规则（征求意见稿）》征求意见的工作做了安排，计划分别在北京、上海、广东再召开三次座谈会，然后全面修订。会议还听取了关于汉语拼音电报研究小组的工作汇报。

1983060　6 日，美国东西文化科技交流中心和夏威夷大学举办的华语社区语文现代化和语言计划会议在檀香山开幕。中国学者周有光、陈章太、傅懋勣、刘涌泉等出席。会议就华语在世界各地的应用、变异情况，以及研究华语的发展、规范等问题进行了学术交流。

1983061　8 日，教育部初等教育司、中央教育科学研究所、人民教育出版社和推广普通话办公室派出调查组对黑龙江省"注音识字，提前读写"实验进行调查。调查活动于同月 23 日结束。11 月 1 日写出调查汇报。《文字改革》1984 年第 1 期发表了这份汇报。汇报肯定了这项实验进行的许多有益的探索和取得的可喜成果，并提出了促进实验工作健康发展的建议。

1983062　8 日，教育部和中国文字改革委员会联合举办的第一期中央推广普通话专（兼）职干部训练班开学，来自全国各地的 38 名推广普通话干部参加学习。

1983063　12 日，教育部发出《关于加强中等师范学校推广普通话和推行汉语拼音工作的通知》。《通知》指出，师范学校是培养小学教师和幼儿教师的基地，对于我国下一代能否从小学好普通话、掌握汉语拼音负有重要责任，应成为推广普通话和推行汉语拼音的重要阵地。师范学校的每届学生，在校期间都应掌握汉语拼音，学会普通话，毕业后能教汉语拼音，能用普通话教学。师范学校的教师必须明确树立普通话是教师职业语言的思想，力争在三五年内做到各科教学和学校各项活动都能坚持使用普通话。《通知》指出本文件精神适用于高等师范院校。

1983064　23 日，新疆维吾尔自治区人民政府发出《关于公布维吾尔、哈萨克、柯尔克孜文字母表的通告》。10 月 14 日，《新疆日报》刊登了三种文字的字母表。

1983065　北京市语言学会文字改革组于 9 月 29 日和 10 月 6 日两次召开学术讨论

会，就曾性初《汉字好学好用证》一文（载《教育研究》1983 年第一、二期）展开讨论。曾性初的文章从 12 个方面论证汉字"好学好用"。发言者一致认为，不能同意曾文关于汉字好学好用的基本观点，汉字的确存在着严重的缺点，必须进行改革。

## 10 月

1983066　1 日，新疆维吾尔自治区克孜勒苏柯尔克孜自治州柯尔克孜语广播台建成开播。

1983067　5 日，中国文字改革委员会召开全体委员会议，讨论汉字整理和简化工作。胡乔木出席并讲话。

1983068　8 日，上海市教育局在闸北区召开推广普通话现场会。

1983069　11 日，商业部、教育部在福州召开商业系统部分省市推广普通话工作座谈会。参加会议的有江苏、浙江、福建、广东、上海等 5 个省市的商业、粮食、供销和教育部门代表共 40 人。

1983070　12 日，中文信息处理国际研讨会在北京举行。研讨会是由中国中文信息研究会和联合国教科文组织联合召开的。来自中国、美国、日本、加拿大、澳大利亚、西德、法国、英国、新加坡、新西兰、印度尼西亚、丹麦、科威特、韩国和中国香港、台湾等 16 个国家和地区的 175 名代表出席。会上宣读了 77 篇论文。会议期间还举办了计算机、中文信息处理展览会。

1983071　25 日，湖北省教育厅和湖北省文字改革委员会在荆门举办全省普通话语音学习班。

1983072　28 日，新疆维吾尔自治区推广胡都木蒙文交流经验表彰先进大会和蒙古语文学会新疆分会首届年会同时在博乐举行。

1983073　《文字改革》10 月号刊出黑龙江省小学"注音识字，提前读写"实验总结汇报会专辑。主要内容有倪海曙《我们能够消灭这个差距！》，吕叔湘、周有光、蒋仲仁、杜松寿、陈建民、张惠芬的座谈发言，还编发了有关注音识字的文件、资料和黎锦熙、吕叔湘、张志公在 20 世纪 60 年代发表的有关"注音识字"的论述。

## 11 月

1983074　2 日，山东省第三次普通话教学成绩观摩会在济南举行。

1983075 3 日，湖北省汉语拼音教学改革实验研究会在荆门召开。会议肯定了该省几所试点学校学习黑龙江省"注音识字，提前读写"经验，改革拼音教学，提高教学质量的做法。

1983076 7 日，广东省教育厅发出《关于在全省小学各年级开设普通话说话课的通知》。决定从 1984 年 9 月新学年度开始，全省大中城市，城镇和公社（乡）中心小学一至五年级普遍开设普通话说话课。

1983077 17 日，汉语拼音正词法座谈会在北京举行。参加座谈会的有北京、天津、河北、山西、内蒙古等地的高等院校、科研单位及有关部门的研究工作者41人。会议由汉语拼音正词法委员会主任叶籁士主持。中国文字改革委员会主任董纯才致开幕词。中国文字改革委员会副主任王力、倪海曙、唐守愚出席会议并讲话。副主任吕叔湘做了书面发言。汉语拼音正词法委员会副主任周有光汇报了委员会的工作情况。大百科全书出版社姜椿芳，商务印书馆陈原，人民教育出版社张志公，中国文字改革委员会杜松寿，中国社科院民族所孙竹、金有景，测绘研究所杜祥明，中央民族学院史有为等做了专题发言。参加会议的多数人认为，《征求意见稿》稍加修改后就可以先定下来，拿出去，让实践去检验它、修改它。周有光表示《基本规则》大体定稿以后，要再写一份通俗文件，以便中小学教师阅读。

1983078 17 日，上海市粮食局在静安区召开上海市粮食系统推广普通话现场会。

1983079 25 日，《文字改革》11 月号发表教育部《关于加强中等师范学校推广普通话和推行汉语拼音工作的通知》、短评《加速推广普通话的进程》。

1983080 汉字部首排检法工作组拟订的《统一汉字部首表（征求意见稿）》在《文字改革》11 月号发表，公开征求意见。

1983081 《教育研究》在第十一期刊登吕叔湘《拼音识字可以充分调动儿童学习的积极性》、蒋仲仁《识字·拼音·语文教学》和丁义诚、李楠、包全恩《"注音识字，提前读写"实验报告》。

1983082 湖南省湘西土家族苗族自治州在吉首师范附属小学进行"注音识字，提前读写"实验。

# 12 月

1983083 2 日，新疆维吾尔自治区民族语委公布《现代维吾尔文学语言正字法》，并于 1984 年 1 月 1 日起在全区推广使用。

1983084　5 日，上海市文字改革委员会召开推广普通话先进集体积极分子表彰大会及《汉语拼音小报》出刊 300 期纪念会。

1983085　7 日，中国文字改革委员会汉语拼音正词法委员会在上海召开座谈会，听取对《汉语拼音正词法基本规则（征求意见稿）》的意见。复旦大学、华东师范大学、上海师范学院、上海教育学院等单位的教师以及社会各界研究正词法的人士出席座谈。

1983086　13 日，注音识字研究小组成立并举行第一次会议。研究小组由吕叔湘任组长，组员有叶籁士、倪海曙、周有光、杜松寿、张志公、蒋仲仁、袁微子、李仲汉、刘泽先、贾援、佟乐泉、陈建民等。

1983087　17 日，广东省推广普通话工作委员会成立，副省长王屏山任主任。

1983088　24 日，《语文研究》编辑部召开学习毛泽东关于文字改革论述座谈会。

1983089　25 日，《文字改革》12 月号发表董纯才《在毛泽东思想指引下开创文字改革的新局面——纪念毛泽东同志诞辰 90 周年》、叶籁士《吴玉章同志对文字改革的卓越贡献——纪念吴玉章同志诞辰 105 周年》。这一期还刊发了黑龙江省"注音识字，提前读写"实验经验专辑。

1983090　28 日，中国人民大学举行纪念吴玉章 105 周年诞辰大会。中共中央宣传部部长邓力群等出席。会上宣布成立吴玉章奖金基金委员会。

1983091　29 日，全国政协教育组和中国文字改革委员会在政协礼堂举行纪念吴玉章同志 105 周年诞辰座谈会。全国人大常委会副委员长胡愈之出席并讲话。中国文字改革委员会副主任叶籁士追述了吴玉章长期从事的文字改革实践活动，高度评价吴老为这项事业奠定的基础。

1983092　31 日，《人民日报》发表董纯才的文章《在毛泽东思想指引下开创文字改革的新局面——纪念毛泽东同志诞辰 90 周年》。文章回顾了毛泽东关于文字改革的一系列指示和文字改革工作取得的成绩，指出，我国的文字改革工作在毛泽东思想指导下，在老一辈无产阶级革命家的积极努力下，经过在全国范围内的实践、总结，终于有了明确的方向和具体的方针任务。文章指出，在开创文字改革新局面的进程中，一方面要坚持正确的方向，一方面要采取积极而稳妥的步骤：1. 文字改革必须为人民服务，为社会主义服务；2. 文字改革要从实际出发；3. 文字改革要实行领导和群众相结合；4. 文字改革还要加强研究和实验。

1983093　中国文字改革委员会汉字处拟订"关于《汉字简化方案》的调整和《第二次汉字简化方案（修订草案）》的修改意见"（打印稿）。"意见"重点对《汉字简化方案》中 103 个同音代替简化字在使用中是否会发生意义上混淆的问题进行了反复研究，并搜集了有关资料进行验证，还对经删除后的《第二次汉字简化方案（草案）》123 个简化字中的 40 组同音代替简化字（包括少数异体字）进行了重点研究。

1983094 《中国语文》第 6 期发表陈章太《略论汉语口语的规范》，论及普通话的三级标准。

1983095 中国仪器仪表学会第四届全国学术交流会、中国微电脑学会汉字信息专业委员会成立会在桂林举行。

1983096 台湾发布《通用汉字标准交换码》，收常用字 5401 个、次常用字 7652 个，共计 13 053 个汉字;《全汉字标准交换码》，共收古今中外汉字 29 528 个。

## 同年

1983097 北京航空学院正式推出国内外第一个汉语自动分词系统，也是第一个可实用的自动分词系统 CDWS。分词精度约为每 625 字发生一次错误切分。CDWS 在 HP-3000 计算机系统上实现，分词速度 5—10 字 / 秒。此后，他们又在 IBM4361 计算机系统上 VM/SP 操作系统 CNS 环境下实现了 CASS 分词系统，在 PC 类机器的 DOS 环境下实现了 PC-CWSS 分词系统。PC-CWSS 已应用于语言处理专家系统，获得令人满意的成果。开展自动分词研究的还有北方交通大学（现名北京交通大学）、山西大学、哈尔滨工业大学、北京师范大学、清华大学、东北工学院等，并已开发出 ABW-S、LSDW 等自动分词系统。上海交通大学、中国软件技术公司等还开展了汉语自动抽词的研究。

1983098 中国机电部第六研究所最先推出 CC-DOS 中文操作系统，随后版本不断更新，如 1984 年推出 CC-DOSV2.0；1985 年将汉字字模存入 EPROM 中，做成汉卡，从而推出 CC-DOSV3.0；1987 年又重新开发设计，研制出 CC-DOSV4.0 等。

1983099 为完成《中国语言地图集》等国家重点科研项目，中国社会科学院语言研究所和新疆大学、新疆师范大学、乌鲁木齐市教育学院联合组成调查组，对全疆 87 个县（市）的汉语方言进行调查。此次调查结果分别于 1985 年、1986 年汇集成书，即《新疆汉语言特点》《新疆汉语方言的分区》，并绘制《新疆汉语方言分区图》，列入《中国语言地图集》。

1983100 《吕叔湘语文论集》由商务印书馆出版。

1983101 北京市公安局交通管理处就更换北京市路牌、地名牌等做出决定。名牌上使用的汉字要严格遵守规范，并决定所有更换的名牌用字都要经过中国文字改革委员会有关部门的审核。

1983102 中国社会科学院设立语言学家吕叔湘捐助的中国社会科学院青年语言学家奖金。

1983103 中国印刷物资公司组织北京新华字模厂、上海字模一厂、上海印刷技术研究所、湖北丹江口文字六〇五厂等制模单位举办印刷新字体展评会。会上强调印刷新字体的设计要采用规范简化字和标准字形。

1983104 新疆电视台用维吾尔语开办综合节目。

1983105 中国社会科学院语言研究所编《中国语言学论文索引·乙编增订本（1950—1980）》由商务印书馆出版。

1983106 陈原《社会语言学》由学林出版社出版。

# 1984 年

## 1月

1984001　1日，新疆维吾尔自治区人民政府决定："所有机关、学校、企事业单位和新闻、出版、印刷部门，使用维、哈、柯文老文字印刷的公文、报纸、书刊，应一律以1983年10月14日《新疆日报》维文版公布的字母表为准。"

1984002　6日，中国社会科学院向国务院呈报《关于建立语言文字应用研究所的报告》。《报告》提出，为加强对文字改革的研究，同时填补语言文字应用方面某些学科的空白，拟建立语言文字应用研究所（简称"语用所"）。语用所同中国社会科学院语言研究所（简称"语言所"）有明确分工。语言所主要研究语言事实（指语音、词汇、语法等）和基本理论；语用所的主要任务是：研究语言文字应用的实际问题和理论问题，研究语言文字的规范化、标准化，为国家语委有关语言文字的决策和工作提供科学依据；研究语言文字应用的学术问题，发展应用语言学。

1984003　台湾教育事务主管部门，为因应外籍人士及华侨子弟学习中国语文之实际需要，邀请内务部门、防务部门、外务部门、"中研院"、"国语"推行委员会以及国内各语文中心与各大学之语音学教授多人举行座谈会，就"译音符号（国语罗马字）"交换意见。座谈会决定，仍以1938年9月26日南京国民政府大学院第17号布告所公布的《国语罗马字拼音法式（译音符号）》为蓝本予以修订。学者专家经多次集会讨论，就《国语罗马字拼音法式（译音符号）》，分别与汉语拼音方案、威妥玛式、耶鲁式逐一进行比较，形成三点意见：1.以原先制定公布之译音符号声韵母基本拼法为准，略做修改；2.改用现今通行之调号表示声调；3.修订后的译音符号定名为"国语注音符号第二式"。台湾教育事务主管部门依据研究小组所拟订的草案，先行于1984年5月10日以台（73）社字第17698号函公告试用一年。1986年1月28日以台（75）社字第03848号函正式公告使用。5月15日台湾教育事务主管部门函报台湾行政管理机构，请"通函各部会规定：邮政、铁公路、护照、产品、商店招牌等所使用之人名、地名译音，自规定之日起改用'国语注音符号第二式'"。但6月13日台湾教育事务主管部门接到台湾行政管理机构秘书长函："奉院长批示：请再审慎研究考虑。"台湾教育事务主管部门在"注音符号第二式"的推行工作上只能低调进行。不过随着政策的改变，又有了一系列变化。如根据台湾教育事务主管部门2008年12月18日发布的"中文译音使用原则"，台湾的道路名称和地名英译都采用汉语拼音，又根据台湾内务部门2009年6月1日发布的"台湾地区乡镇市区级以上行政区域名称中英对照表"，台湾各乡镇市区的英译也都使用汉语拼音了。

## 2月

1984004　16日，经广泛征求意见和多次讨论，中国文字改革委员会决定《第二次汉字简化方案（草案）》不再作为修订方案公布，而拟作《增订汉字简化方案》发表。在中国文字改革委员会对《第二次汉字简化方案（草案）》修订和《汉字简化方案》调整的审定意见基础上，参考吕叔湘、曾世英、马大猷等委员的意见，中国文字改革委员会汉字处编制了《增订汉字简化方案（征求意见稿）》。

## 3月

1984005　13日，国务院电子计算机和大规模集成电路领导小组办公室转发中文信息研究会汉字编码专业委员会1983年8月10日"关于落实《汉字编码优化研究》分项任务的报告"。"报告"认为，目前中国大陆约有400个编码方案，中国台湾有三四十个方案，其他国家和地区还有一些方案，各有优缺点。由于基础工作不牢、理论研究不足、应用先进手段不够，因而大同小异、力量分散、工作重复。优化输入编码的联合攻关，势在必行。从1978年12月青岛会议开始的编码统一工作，经5年努力，终于在1983年5月的武汉会议上统一了认识。"报告"认为，编码的正确决策应该是：联合攻关，优化统一。

1984006　16日，国务院向中国社会科学院下达《关于建立语言文字应用研究所的批复》，同意建立语言文字应用研究所，由中国社会科学院和中国文字改革委员会双重领导，以中国社会科学院为主。

1984007　16日，小学"注音识字，提前读写"实验研究小组举行第二次会议。吕叔湘、叶籁士、倪海曙、周有光、杜松寿、蒋仲仁、贾援、陈建民、刘泽先出席。

会议先听取黑龙江省和广东省进行实验的近况介绍，然后讨论决定：1. 请教育部向全国教育厅（局）发文件，支持"注音识字，提前读写"实验；2. 培训秋季开学的实验班师资；3. 出版拼音读物。

1984008  20 日，教育部主办的第六期中央普通话进修班在北京开学，学员 37 名。

# 4 月

1984009  25 日，日本国立国语研究所言语体系研究部第二研究室室长访问中国文字改革委员会，并于 6 月 8 日再次访问。

# 5 月

1984010  15 日，美国阅读考察团一行 9 人访问中国文字改革委员会。中国文字改革委员会顾问倪海曙等接待了考察团。

1984011  24 日，新疆维吾尔自治区党委办公厅通知："各地、各部门上报区党委并需要区党委或区党委办公厅转发的报告、汇报、请示和重要材料，请以两种文字（汉文和维文）上报。"

1984012  26 日，教育部、中国文字改革委员会联合发出《关于小学"注音识字，提前读写"实验的几个问题的通知》。《通知》指出，"注音识字，提前读写"是我国小学语文教学改革的一项重要实验，对提高小学教育质量和推广普通话等都有重要意义。这项教学改革还处于实验阶段，方言区和少数民族地区的实验工作刚刚开始，因此必须采取扎扎实实、稳扎稳打、有计划、有步骤地进行的方针。各地城乡初等学校都应从当地实际情况出发，加强教师的汉语拼音培训工作，进一步改进和加强汉语拼音教学，逐步做到用直呼音节代替拼读，并在熟练掌握汉语拼音的基础上，引导学生阅读注音的课外读物，为提高小学语文教学质量积极创造条件。

1984013  27 日，中国社会科学院和教育部联合组织召开鉴定会，对采用电子计算机分析统计汉字结构部件的工作成果进行鉴定。这项工作是由中国文字改革委员会和武汉大学合作完成的。分析统计的对象是《辞海》收录的全部单字共 16 000 多个，成果是 9 个字表，从而初步建成了我国规模较大、精确度较高的汉字字形信息资料库。出席鉴定会的有董纯才、高沂、吕叔湘、钱伟长、叶籁士、倪海曙等。鉴定组建议把成果复制到软盘上，迅速推广使用。

1984014 31 日，六届全国人大二次会议通过《中华人民共和国民族区域自治法》。该法第十条规定："民族自治地方的自治机关保障本地方各民族都有使用和发展自己的语言文字的自由。"第三十七条规定："招收少数民族学生为主的学校，有条件的应当采用少数民族文字的课本，并用少数民族语言讲课；小学高年级或者中学设汉文课程，推广全国通用的普通话。"第四十七条规定："民族自治地方的人民法院和人民检察院应当用当地通用的语言检察和审理案件。保障各民族公民都有使用本民族语言文字进行诉讼的权利。对于不通晓当地通用的语言文字的诉讼参与人，应当为他们翻译。法律文书应当根据实际需要，使用当地通用的一种或者几种文字。"第四十九条规定："民族自治地方的自治机关教育和鼓励各民族的干部互相学习语言文字。汉族干部要学习当地少数民族的语言文字，少数民族干部在学习、使用本民族语言文字的同时，也要学习全国通用的普通话和汉文。民族自治地方的国家工作人员，能够熟练使用两种以上当地通用的语言文字的，应当予以奖励。"

1984015 汉字自动识别研讨会在南阳举行。

# 6 月

1984016 9 日，澳门语言学会成立。创会会长程祥徽。

1984017 14 日，中国文字改革委员会和教育部联合举办首届汉语拼音电脑击键竞赛（北京地区）决赛。竞赛从 4 月 29 日开始，分初测、初赛、复赛、决赛 4 个阶段。竞赛采用新近研究成功的 FMB 中文语词处理机，采用拼音转变法，即按照语言思考，输入汉语拼音，自动转变为汉字输出。中国社会科学院党组第一书记梅益、中国文字改革委员会副主任叶籁士在决赛会上讲话。

1984018 26 日，中日民间人士会议第二次会议在北京召开。中方代表吕叔湘、倪海曙、陈章太和日方代表伊东正义、永井道雄、林大、吉田光邦等在发言中对文字改革和汉字简化进行了讨论。

1984019 图形、文字兼容处理系统学术讨论会在保定举行。

1984020 香港教育署中国语文教学研究中心组织小学说话训练活动比赛。参赛的有 100 多所学校。

## 7 月

1984021　19 日，《哈萨克语正字法》在《新疆日报》上公布，并推广使用。

1984022　21 日，教育部和中国文字改革委员会在佳木斯举办的"注音识字，提前读写"教学研究班开学，听课的有各省市教师、教学研究人员 350 人。开班式上，中国文字改革委员会顾问倪海曙讲话。30 日在结业式上，教育部初等教育司司长陈德珍讲话。

## 8 月

1984023　1 日，黑龙江省"注音识字，提前读写"实验总结汇报会在佳木斯开幕。出席这次汇报会的有教育部，中国文字改革委员会，全国高等院校文字改革学会，中央"注音识字，提前读写"实验研究小组，黑龙江省委、省政府和佳木斯市委、市政府的负责人，语言文字学界、教育界的著名专家、学者，有 10 多个省、自治区、直辖市教育部门的代表，北京、上海、广东、湖南、湖北、福建等地正在实验和即将开始实验的学校领导和教师，佳木斯、拜泉、讷河实验班的教师和学生代表，还有部分新闻、出版单位的代表，共 470 多人。出席开幕式的有靖伯文、刘达、王力、吕叔湘、倪海曙等。汇报会期间，代表们听取了领导、专家的讲话和黑龙江、上海、广东、湖南湘西土家族苗族自治州等实验单位的汇报，观看了黑龙江省电化教育馆摄制的彩色录像片《黑龙江省"注音识字，提前读写"实验简介》，还对黑龙江省 30 名接受实验的学生代表进行了现场测试。汇报会于 5 日结束。

1984024　7 日，中国中文信息研究会汉字信息处理系统专业委员会、中国仪器仪表学会汉字信息处理系统研究会、大连中文信息研究会在大连市联合召开汉字数据库学术讨论会。

1984025　24 日，国务院任命中国文字改革委员会新的领导成员：主任刘导生，副主任陈原、陈章太、王均，秘书长陈章太（兼），顾问胡愈之、吕叔湘、王力、叶籁士、倪海曙、唐守愚、周有光。

1984026　中国中文信息研究会委托四川师范大学、成都科技大学主办的《中文信息》杂志创刊。支秉彝任主编。

## 9 月

1984027　14 日，中国文字改革委员会召开主任、副主任、顾问联席会议。主任刘导生，副主任陈原、陈章太、王均，顾问吕叔湘、王力、叶籁士、唐守愚、周有光出席会议。顾问胡愈之、倪海曙因病请假。中国文字改革委员会各部门负责人列席会议。会议主要议程有：汇报中国文字改革委员会当前的工作；讨论 10 月召开全国文字改革工作座谈会的有关事项。会议提出即将着手的主要工作有：召开语用所成立大会；召开全国文字改革工作座谈会，交流情况，促进工作，并为 1985 年召开第二次全国文字改革会议做准备；基本完成《第二次汉字简化方案（草案）》征求意见的工作，力争早日公布《增订简化汉字方案》。会议还讨论了 1985 年工作要点。

1984028　20—28 日，新疆维吾尔自治区民族语委在乌鲁木齐市召开现代维吾尔书面语正字法学术讨论会。会议讨论、修改并通过新的《现代维吾尔文学语言正字法》。

1984029　24 日，广东省教育厅、省小学语文研究会在中山市召开小学普通话说话课教学观摩会。

1984030　24 日，日本一桥大学社会学部教授折敷濑兴访问筹建中的语用所。

1984031　25 日，语言文字应用研究所召开成立大会。中国社会科学院党组第一书记梅益，中国文字改革委员会主任刘导生，语言文字学界、文教界和科技界知名人士董纯才、王力、吕叔湘、路易·艾黎、叶籁士、季羡林、曾世英、唐守愚、李荣、周有光、周祖谟、王均等 90 多人出席大会。中国文字改革委员会副主任、语用所所长陈原报告了研究所筹备经过、具体任务和机构等。语用所的具体任务是：1. 研究整理汉字，提出现代汉语用字的各种标准；2. 研究解决《汉语拼音方案》在实际应用中的问题（如正词法、同音词问题、拼音电报等），在《汉语拼音方案》的基础上，研究实验汉语拼音文字；3. 研究语言信息处理问题，利用计算机研究语言文字问题；4. 开展社会方言、社会语言信息、比较社会语言学以及语言识别的研究；5. 研究语言风格、口语问题、儿童语言、语言教学以及盲聋语文；6. 研究、介绍国外文字改革和语言应用方面的情况。

# 10 月

1984032　7 日，全国少数民族语言文字信息计算机处理学术讨论会在呼和浩特举行。此前已有蒙古文、维吾尔文、哈萨克文、朝鲜文、藏文、壮文、彝文等少数民族语言文字信息处理系统陆续投入使用，还研制了一批少数民族语言文字信息处理系统的国家标准。

1984033　10 日，中国中文信息研究会汉字专用设备专业委员会在武汉召开学术研讨会，研究汉字终端设备系列型谱的总体方案。

1984034　16 日，中国文字改革委员会在北京召开文字改革工作座谈会，中央有关部门和 26 个省、自治区、直辖市教育厅（局）和文字改革机构的负责人、有关的专家学者共 60 多人出席。中国文字改革委员会主任刘导生主持会议，副主任陈原、陈章太、王均，顾问吕叔湘、唐守愚等出席会议。刘导生和教育部副部长彭珮云在会上发表讲话。陈章太传达了中共中央政治局委员胡乔木 10 月 18 日同刘导生、陈原、陈章太、王均谈话的内容和精神。吕叔湘也在会上做了重要讲话。座谈会肯定了成绩，进一步提高了对文字改革工作重要性的认识；初步明确了新时期文字改革工作的方针任务；共同认识到建立健全文字改革机构的必要性和紧迫性，提出了切实可行的设想；明确了加强文字改革队伍建设的途径；认为文字改革工作要面向社会，加强宣传，开展咨询服务；初步讨论了拟于 1985 年召开第二次全国文字改革会议的准备工作。会议指出，目前文字改革要抓好 5 件事情：1. 加强宣传，大力开展社会咨询和服务工作；2. 建立和健全地方文字改革机构；3. 进一步做好推广普通话工作；4. 逐步消除社会用字的混乱现象；5. 认真总结 30 年来文字改革工作的经验，做好明年（1985）召开的第二次全国文字改革会议的各项准备工作。座谈会于 10 月 20 日闭幕。

1984035　19 日，中共中央政治局委员胡乔木写信给参加文字改革工作座谈会的全体代表，指出文字改革工作在这几年里，依靠全国很多同志的努力取得了不小的成绩，这特别表现在某些重要省市的大力推广普通话和小学语文教育利用拼音字母提前识字，从而大大加强了阅读写作能力的成功实验方面。汉语拼音字母的应用也得到了进一步地扩大，特别是在受到国际上的广泛承认和电子计算机汉字输入方案得到优异成绩方面。通过对汉字简化的深入研究，不久将向社会提出修订简化汉字总表征求意见。这也是一项重要的成果。文字改革工作的继续前进，需要向社会各方面做有说服力的耐心而持久的宣传，不能求成过急。语言文字是全社会的交际工具，社会各界人士对语言文字使用的习惯和看法不同，这是我们必须承认的客观事实，至于对语言文字应用规范的确定和对新字的审定，这是一项不可避免的工作，是一切文明的国家民族都不能不进行的，这也是任何人所不能否认的客观事实。有同志从这一方面的考虑出发，建议将文字改革工作改称为语言文字工作，这个建议很值得大家认真研究。这是一方面。在另一方面，由于国家在各方面要求现代化，要求高效率，要求普及初级教育和扩大中等、高等教育，要求扩大商品流通和建立统一的国内市场，要求进一步扩大对外开放和国际交往，这些不可抗拒的客观趋势，终将使愈来愈多的人认识到在全国全社会范围内推广普通话（同时也就推广汉语拼音字母）和对汉字继续进行稳步改革的必要性，这是无可置疑的。

1984036　26 日，中国文字改革委员会副主任陈原邀请文化部出版局、新华书店总店、北京发行所、人民教育出版社、语文出版社、人民美术出版社、少年儿童出版社和上海教育出版社等单位负责人座谈汉语拼音读物的编辑、出版、发行问题。31 日，陈原出席上海有关出版单位的座谈会，再次研究这个问题。

1984037　29 日，瑞典哥德堡大学语言学系主任詹斯·奥武德（Jens Allwood）访问语用所。

1984038　中国中文信息研究会自然语言处理专业委员会在常州市召开自然语言处理和机器翻译学术讨论会。会议认为，中国的机器翻译研究项目已开始向实用阶段过渡。中国社会科学院语言研究所还在会上演示了 1200 多个音节的语音合成系统。

# 11 月

1984039　2 日，中国文字改革委员会召开主任扩大会议。主任刘导生、副主任陈章太、王均等出席会议。会议就"增订汉字简化方案"问题和近期工作进行了讨论。《第二次汉字简化方案（草案）》从 1977 年公开征求意见到现在已经 7 年，此事应该有个交代，正式确定下来，免得人们等待。争取年底将修订方案上报国务院审批。会议还对文字改革工作近期的宣传工作进行了讨论部署。

1984040　10 日，出席福建省第六次妇女代表大会的 1000 多名代表向全省妇女发出"关于开展'多讲普通话，少说地方话'活动的倡议书"。

1984041　17 日，中国文字改革委员会召开会议，对中国文字改革委员会汉字处和山西大学计算机科学系合作进行的研究项目"利用计算机对姓氏、人名用字的分析统计"通过技术鉴定。该课题抽样复制了 174 900 人的 1982 年全国人口普查资料，进行了姓氏、人名用字、单双名及各自重名情况等 41 个项目的综合统计。鉴定小组认为，统计成果不仅给姓名本身的研究工作，而且给语言文字学、社会学、心理学、汉字信息处理、邮电、通信、图书情报等学科提供了研究手段和有用数据。

1984042　17 日，北京市文字改革研究会举行成立大会。

1984043　19 日，第三十六届香港学校朗诵节举行，活动分汉语和英语两个部分。

## 12 月

1984044　5 日，湖北省文字改革委员会和教育厅召开首次全省推广普通话先进单位、先进个人表彰大会。梁淑芬副省长代表省委、省政府出席会议并讲话，中国文字改革委员会副主任陈原和教育部推广普通话办公室的代表到会祝贺。

1984045　7 日，湖北省文字改革协进会成立。会长李仲英。

1984046　9 日，台湾教育事务主管部门召开"国语"推行委员会会议。会议吁请：促进中文电脑标准化、统一化；扩展标准字形铸模工作，使教科书和政府文件用标准字形印刷；增置"国语文"教育辅导；大学增设"国语"系或组，培植"国语"人才；电视台多播出"国语"节目。

1984047　10 日，拉美通讯社驻北京记者何塞·鲁伊斯·罗瓦依那访问中国文字改革委员会。

1984048　20 日，中国文字改革委员会、教育部、文化部向各省、自治区、直辖市教育厅（局）、文化局、出版局、文字改革机构发出《关于编写、出版、发行儿童拼音读物的联合通知》。

1984049　22 日，中国中文信息研究会基础理论及专用设备专业委员会在杭州召开学术讨论会，预测国内外发展动向。

1984050　25 日，语用所召开学术委员会成立会议。

1984051　25 日，中国地名委员会、中国文字改革委员会、国家测绘局发出《关于颁发〈中国地名汉语拼音字母拼写规则（汉语地名部分）〉的通知》，指出："凡过去关于汉语地名的汉语拼音字母拼写规定与此规则相矛盾的，均以此规则为准。"

1984052　27 日，台湾地区第一届世界华语文教学研讨会在台北举办。到 2006 年12 月已举办八届。（1985 年，中国大陆在北京召开第一届国际汉语教学研讨会。此后，美国、德国、新加坡等国家和中国香港地区也相继召开类似的学术会议。）

## 同年

1984053　刘涌泉《中国的机器翻译》一书作为"现代科技知识丛刊"之一，由知识出版社出版。

1984054　尹斌庸、苏培成编《科学地评价汉语汉字》由华语教学出版社出版。

1984055　中英签署联合声明,《中华人民共和国香港特别行政区基本法》第一章"总则"第九条："香港特别行政区的行政机关、立法机关和司法机关,除使用中文外,也可使用英文。"中英文的地位发生了变化。香港,在1974年中文正式成为法定语文之前,英语是官方唯一的法定语文,政府所有的法律条文、文件、通告等都只使用英语;1970年开始,香港民间团体要求中文成为法定语文的运动大力展开,于是,港英政府成立了"中文研究委员会",研究官方使用中文的可能性;1972年,成立"中文公事管理局";1974年通过立法程序,承认中文具有法定语文地位,其中第三条确认中英文同为官方语文,并享有同等地位。

1984056　香港普通话教育中心成立。

1984057　台湾教育事务主管部门修订了长期搁置的"国语罗马字",作为"国语注音符号第二式"(简称"注音二式")。

1984058　香港城市理工学院创建(1994年升格为香港城市大学),设有中文、翻译及语言学系和语言资讯研究中心。汉语言文字教学研究是该系该中心教学研究工作的重要组成部分。

1984059　台湾教育事务主管部门曾研议《语文法》,其中有"公开演讲、各种会议、接洽公务及公共场所交谈都必须使用标准语文"之规定。长期担任台湾省"国语"推行委员会主任的何容提出反对意见,最后"语文法"之议没有获得继续研议。

# 1985 年

## 1 月

1985001　11 日，香港普通话教育中心开办商业普通话（国语）课程。教学内容包括贸易对话、商业用语、汉语拼音训练等。

1985002　14 日，湖南省教育厅发出通知，要求：1. 在 1985 年 3 月中旬，对中等师范学校的学生、各科教师和学校领导进行汉语拼音和普通话的统一考试。在统一考试的基础上进行"双推"（推广普通话、推行汉语拼音方案）工作的全面检查和评比。2.6 月上旬召开中等师范学校"双推"工作表彰大会。

1985003　18 日，广州市 23 所幼儿园举办普通话邀请观摩会。广东省委第一书记任仲夷为观摩会题词："推广普通话要从幼儿语言教育做起。"

1985004　21 日，《浙江日报》报道：杭州自动化研究所和中央电视台合作研制的电视字幕处理系统在北京通过鉴定。

1985005　新疆维吾尔自治区民族语委分别在乌鲁木齐、察布查尔锡伯自治县召开锡伯语语音和正字法研讨会。

## 2 月

1985006　1 日，中国文字改革委员会向国务院报送《关于文字改革工作座谈会情况的报告》。报告共分 3 部分：1. 关于新时期文字改革工作的方针、任务。会议认为，当前文字改革的任务主要是：积极推广和普及普通话；研究整理现行汉字并制定现代汉语用字的各项标准；进一步推行《汉语拼音方案》，使《汉语拼音方案》在实际运用中完善化、规范化；加强有关文字改革的社会调查和科学研究，进行各种规模的实验，并努力为社会服务。2. 关于省、自治区、直辖市文字改革工作机构问题，除已经成立文字改革委员会的省、自治区、直辖市外，其他省、自治区、直辖市可根据实际情况，考虑是否成立文字改革委员会或推广普通话工作委员会。3. 1985 年秋季，拟由中国文字改革委员会和教育部在北京召开第二次全国文字改革会议。

1985007 1日，广西壮族自治区教育厅发出《关于1985年推广普通话、推行汉语拼音工作的通知》。

1985008 15日，广东省推广普通话工作委员会和小学语文教学研究会在广州共同创办普通话培训中心，主要任务是培训商业、公交、旅游、饮食服务等行业的推广普通话骨干。

1985009 《文字改革》第1期刊登陈章太《关于当前文字改革工作的意见》。这是作者传达胡乔木有关讲话精神的讲稿。文章指出：在新的历史时期，仍然要坚持文字必须稳步进行改革的方针。当前文字改革的任务主要是：大力推广、积极普及普通话；研究整理现行汉字，制定现代汉语用字的各项标准；进一步推行《汉语拼音方案》，使《汉语拼音方案》在实际应用中完善化、规范化；加强有关文字改革的社会调查和学术研究，并进行各种规模的实验。

1985010 新疆人民出版社出版发行《哈萨克文字母表及正字法》。

1985011 福建省成立推广普通话工作委员会。

# 3月

1985012 2日，国务院办公厅转发中国文字改革委员会关于文字改革工作座谈会情况报告的通知。通知说，省、自治区、直辖市要认真搞好语言文字规范化工作，根据实际情况考虑是否成立相应的机构。中国文字改革委员会和教育部要为1985年召开第二次全国文字改革会议做好各项准备工作。

1985013 6日，浙江省教育厅、省中小学教改实验指导小组、省教育学院在宁波召开会议，交流"注音识字，提前读写"教学经验。

1985014 9日，江苏省教育厅在南京举行全省普通话教学成绩观摩会。

1985015 9日，《人民日报》报道：北京航空学院刘源领衔进行的现代汉语字频统计通过国家鉴定。这次字频统计所用语料，是从1977年到1982年间社会科学和自然科学的1.38亿字的材料中抽取出来的。总字数为1108万字，结果得到7754个字种（不同字形的汉字）。全部成果于1992年由国家语委和国家标准局汇编为《现代汉语字频统计表》出版。

1985016 10日，为庆祝吕叔湘先生从事语言教学与研究60年，《中国语文》第2期发表吕必松写的《吕叔湘先生传略》，还刊登了《吕叔湘先生著作系年》。同期还刊发了吕冀平和戴昭铭合写的《当前汉语规范工作中的几个问题》。

1985017　11 日，国家标准局发布国家标准《信息交换用汉字 24×24 点阵字模集》（GB5007.1-85）。本标准规定了信息交换用汉字（书版宋体）图形字符的 24×24 点阵字模。它适用于汉字信息处理系统中的点阵式印刷设备和显示设备，也适用于其他有关设备。

1985018　16 日，新疆维吾尔自治区人民政府办公厅召开电子计算机维吾尔文信息处理标准问题座谈会。

1985019　22 日，上海市教育局召开中学推广普通话经验交流会。

1985020　国务院电子振兴领导小组成立计算机专业小组，负责组织、制定计算机发展的方针政策和法规；全面研究制定发展规划；全面推广应用发展，对计算机的研究、开发、制造、应用、服务等重大项目进行审议和协调。

## 4 月

1985021　5 日，由上海市文字改革委员会和上海电视台联合举办的"我爱祖国语言美——上海市普通话电视评比"活动结束。这项活动从 1984 年 12 月下旬开始，历时 3 个半月。全市参赛者共有 4000 多人。

1985022　12 日，中国训诂学研究会、河南省语言学会、河南大学、郑州大学、新乡师范学院、信阳师范学院在开封联合举办纪念许慎学术讨论会。

1985023　15 日，京沪粤理论语言学学术讨论会在上海召开。会议由上海市哲学社会科学联合会、复旦大学、华东师范大学、上海师范大学、上海外国语学院、上海教育学院和上海交通大学 7 个单位主办。

1985024　国际中文计算机会议在美国旧金山举行。来自中国、美国、澳大利亚、加拿大、联邦德国、日本等国以及中国香港、台湾地区的 100 多名代表出席。

## 5 月

1985025　1 日，由香港大学语文研习所、香港中文大学中国语文研习所、浸会学院文学院、理工学院语文学系、城市理工学院语文学系和香港中国语文学会联合举办的普通话教学与测试研讨会在香港举行，与会的 200 多名学者、普通话教师和语文研究者分别来自中国大陆、台湾、香港、澳门等地区以及新加坡、马来西亚、美国、澳大利亚和新西兰等国家。中国社会科学院语言研究所名誉所长吕叔湘、中国文字改革委员会顾问倪海曙等应邀出席。

1985026　13 日，北京大学、山东潍坊计算机厂、邮电部杭州通信设备厂、无锡电子计算机厂、新华社技术局和印刷厂合作研制的计算机—激光照排汉字编辑系统通过国家级鉴定。鉴定会由国家经济委员会主持。全国政协副主席周培源出席鉴定会。国家鉴定委员会的鉴定结论是，"这套系统性能是比较稳定的，系统的主要技术指标达到国际先进水平"，"系统设备可以投产，并尽快推广应用"。该系统中高倍率字模信息压缩技术和高速还原等多项技术具有中国特色，达到世界先进水平。8 月 15 日正式通过中间试验工程的国家验收。

1985027　10 日，中国文字改革委员会、教育部向全国各省、自治区、直辖市文字改革委员会（办公室）、教育厅（局）发出《关于召开第二次全国文字改革会议的通知》。

1985028　15—17 日，中国文字改革委员会邀请安徽、福建、广东、河南、黑龙江、湖北、湖南、江苏、上海等 9 省市的代表召开座谈会，商讨第二次全国文字改革会议的筹备工作。

1985029　17 日，国家标准局发布《信息交换用汉字 15×16 点阵字模集》（GB5199.1-85）。本标准规定了信息交换用汉字（书版宋体）图形字符的 15×16 点阵字模。它主要适用于汉字信息处理系统中的显示设备，也可用于点阵式印刷设备和其他有关设备。同年 10 月 1 日起实施。由于受点阵栅格数少的限制，有些汉字没有添加体现宋体风格的装饰点。对 138 个汉字进行了必要的笔画简化处理，如"霸、鼻、疆、瞿、饕、麟"等。

1985030　17 日，国家标准局发布《信息交换用 24×24 点阵字模数据集》（GB5199.2-85）。本标准规定了信息交换用汉字（书版宋体）图形字符的 24×24 点阵字模数据。它主要适用于汉字信息处理系统中的显示设备，也可用于点阵式印刷设备和其他有关设备。同年 10 月 1 日起实施。

1985031　21 日，由华中工学院（今华中科技大学）语言文字研究所主办的近代汉语学术讨论会在武汉举行。

1985032　中国文字改革委员会发出《增订汉字简化方案（草案）》（征求意见稿），广泛征求各界意见。《草案》是同年 2 月印制的。据《草案》的"说明"记载：《第二次汉字简化方案（草案）》修订委员会从 1980 年 7 月至 1981 年 6 月共召开 9 次会议，对《第二次汉字简化方案（草案）》中的部分简化字进行反复讨论，选出其中比较成熟、比较合理的字于 1981 年 8 月制定《第二次汉字简化方案修订草案》。修订工作主要依据 6 点：1. 不能片面强调笔画的减少，要尽量做到减少罕用部件，简化后不增加新的部件；2. 尽量避免产生新的形近字；3. 要照顾到简化字与原字字形上的联系，以减轻识字人认读和记忆简化字的负担；4. 尽可能使一些不能独立成字、无法称说的偏旁或笔画结构独立成字，从而使包含这一偏旁或笔画结构的汉字便于称说和分解；5. 采用形声结构的简化字时，声旁力求表音准确；6. 同音代替的字，选用字与被代替的字要求同音，不搞异音代替，代替后，要求表义明确，不产生歧义。《第二次汉字简化方案修订草案》经中国文字改革委员会全体会议通过后，印发 10 万份，从 1981 年 11 月开始，在全国政协、教育、邮电、出版和部队系统重点征求意见，中国语言学会和全国高等学校文字改革学会协助征求意见。根据各界的意见，修订委员会经多次讨论、修改，决定选用 111 个简化字，并将《第二次汉字简化方案修订草案》改称《增订汉字简化方案（草案)》，所收 111 字分为 3 个表：第一表是不做简化偏旁用的简化字（89 个）；第二表是可做简化偏旁用的简化字（18 个）；第三表是简化偏旁（4 个）。

1985033　中国中文信息研究会汉字编码专业委员会在福州召开第二次学术研讨会。会上研究了我国已有的 400 多种汉字编码输入方案的评测工作。

1985034　台湾省"国字"整理小组通过著述宣告：台湾已成功地建立"中国文字资料库"，编定"国字交换码"，刊印《中国文字资料库》（修订版），并备有磁带，以"供资讯界需索"。经过三次修订后的中文资讯交换码，共收录常用字 4808 个、备用字 17 032 个、异体字 11 517 个，共计 33 357 字。

# 6 月

1985035　13 日，《文字改革》第 3 期发表中国文字改革委员会副主任兼秘书长陈章太就国务院办公厅转发中国文字改革委员会《关于文字改革工作座谈会情况的报告》答该刊记者问。回答的主要问题是：1. 国务院办公厅转发的文字改革工作座谈会情况报告的意义是什么？2. 从第一次全国文字改革会议到现在整整 30 年了，文字改革工作取得了哪些成绩？3. 当前社会上对文字改革工作有不同的认识，您对这个问题有什么看法？4. 文件中关于当前文字改革方针、任务的阐述与以往有哪些不同？

1985036　26—30 日，新疆维吾尔自治区民族语言名词术语规范审定工作会议在乌鲁木齐召开，会议讨论通过了《自治区民族语言规范审定委员会组织条例》。

# 7 月

1985037　1 日，《现代维吾尔文学语言正字法》公布实施。《现代维吾尔文学语言正字词典》出版。

1985038　6 日，汉语方言学会在山西忻州召开第三届年会。

1985039　6 日，深圳市推广普通话协会举行成立大会。

1985040　11 日，《光明日报》报道：北京师范大学建成我国第一个计算机中文信息库。

1985041　16 日，中国文字改革委员会和中国社科院语用所联合召开汉语拼音正词法学术讨论会，集中讨论三个问题：1.关于制定汉语拼音正词法的原则；2.关于助词的分连写问题；3.成语、人名、地名等的拼写问题。

1985042　20 日，全国高等师范学校现代汉语教学研究会首届学术年会暨第二届会员代表大会在广西河池师范专科学校举行。

1985043　28 日，中国语言学会第二届年会在昆明举行。开幕式由中国语言学会副会长清格尔泰主持，会长季羡林致开幕词。

1985044　福建省推广普通话工作委员会办公室于 7 月 16 日—8 月 4 日在三明市举办全省小学语文教师普通话培训班。

1985045　国家教委和中国文字改革委员会组织联合工作组对黑龙江省佳木斯市、讷河县（今讷河市）、拜泉县 3 所小学"注音识字，提前读写"第一轮实验进行考察。

1985046　北京语言学院《现代汉语词汇统计与分析》通过鉴定。

1985047　为现行汉字正字、正音的《汉字正字手册》（傅永和、费锦昌、孙建一合编）由上海教育出版社出版。

# 8 月

1985048　5 日，由中国翻译工作者协会、民族出版局、中央民族语文翻译局、新疆维吾尔自治区翻译工作者协会联合举办的首次全国少数民族语文翻译学术讨论会在乌鲁木齐召开。

1985049　13 日，由中国教育学会对外汉语教学研究会、北京语言学院举办的第一届国际汉语教学讨论会在北京开幕。出席这届讨论会的有来自 20 个国家和地区的 260 位代表，收到论文 180 多篇。会上建议建立世界汉语教师协会或世界汉语教师研究会。讨论会于 17 日闭幕。《第一届国际汉语教学讨论会论文选》由北京语言学院出版社于 1986 年 5 月出版。

1985050　26—29 日，由中文信息研究会咨询委员会、系统委员会、设备专业委员会联合召开的汉字信息处理系统发展对策研讨会在北京举行。

1985051　31 日，中国文字改革委员会召开全体委员会议。会议由主任刘导生主持，出席会议的有副主任陈原、陈章太、王均，以及委员吕叔湘、王力、叶籁士、倪海曙、董纯才、傅懋勣、陈翰伯、周有光、曾世英、马大猷。会议讨论了上报中共中央的《关于语言文字工作几个问题的请示报告（初稿）》。

1985052　江苏省教育厅于 8 月下旬举办"注音识字，提前读写"教学改革实验讲习班。

1985053　到本月止，台湾地区行政管理机构文化建设委员会国字整理小组，为推广中文电脑的应用，已研究开发出 32×32 电脑用中文字型，计正体字 21 841 个、异体字 11 517 个，合计 33 358 个。这项研究成果已提供中文电脑厂商和有关研究机构参考使用。

# 9 月

1985054　18 日，湖北省教师普通话教学成绩观摩会在武汉召开。

1985055　22 日，新疆电视台试播哈萨克语电视节目。

1985056　30 日，福建人民广播电台开设普通话教学节目。

1985057　黑龙江省《提前读写报》创刊。

# 10 月

1985058　8 日，中国朝鲜语言学会在延吉市举行朝鲜语学术研讨会。

1985059　15—25 日，中国音韵学会、中国训诂学会、江苏省语言学会、南京大学、武汉大学和南京师范大学先后在武汉、南京两地联合举办纪念黄侃（1886—1935）诞生 100 周年、逝世 50 周年纪念会和学术讨论会。

1985060　16 日，中国中文信息研究会少数民族语言文字信息处理专业委员会在呼和浩特市举行成立大会。

1985061　21 日，国家教委和中国文字改革委员会在北京召开"注音识字，提前读写"教学实验座谈会。参加会议的有：国家教委副主任柳斌，初教司司长陈德珍，中国文字改革委员会副主任王均，语言文字学家吕叔湘、周有光等。全国 22

个省、自治区、直辖市的代表及有关人士共 100 多人出席会议。会上，黑龙江省介绍了他们第一轮的实验经验，其他省市也分别在会上介绍了实验经验。柳斌在讲话中指出，通过"注音识字，提前读写"的教学，能使学生不失时机地掌握祖国的语言文字，这是一个突破。强调要坚持、完善、扩大、提高这一实验。吕叔湘说，新时代的语文教育，要求不失时机地、全面地发展儿童的听说读写能力，发展儿童的智力，丰富他们的知识。这一实验正是抓住了这个黄金时代。周有光说，这一实验是语文教学的现代化。在 25 日的闭幕式上，陈德珍做了总结讲话，他说，黑龙江第一轮实验已经胜利结束，达到了原方案要求，证明这条路子是成功的。

1985062　25 日，由新疆工学院承担的《维吾尔文字处理系统》电脑软件通过专家鉴定。

1985063　河南省教育厅和省文字改革办公室在郑州市召开小学语文"注音识字，提前读写"教学改革实验汇报会。

1985064　贵州省人民政府办公厅发出《关于进一步开展文字改革工作的通知》。

1985065　广东省推广普通话工作委员会办公室和省小学语文教学研究会在惠州市召开小学普通话教学研讨会。

# 11 月

1985066　3 日，山西省教育厅在运城召开全省小学"注音识字，提前读写"实验研讨会。中国文字改革委员会副主任陈章太应邀出席。

1985067　5 日，由广东省教育厅、省推广普通话工作委员会举办的学校推广普通话现场大会在英德召开。中国文字改革委员会主任刘导生出席并讲话。会议集中介绍了英德县（今英德市）各级各类学校推广普通话的经验，研究今后全省学校系统推广普通话工作的规划。

1985068　5 日，广西教育学会中小学语文教学研究会、广西壮族自治区教育厅普教处、广西教育学院教研部在南宁地区崇左县（今崇左市）联合召开小学汉语拼音教学改革经验交流与学术讨论会。

1985069　6 日，福建省大田县推广普通话办公室会同县教育局、县妇联、县总工会、团县委联合举行"我爱祖国语言美"普通话竞赛。

1985070　13 日，周有光率中国文字改革代表团访问日本。

1985071　25 日，自然语言处理学术讨论会在北京举行。

1985072　香港普通话研习社与香港中国语文学会、香港教育专业人员协会联合主办中小学普通话教学研习班，招收对象是已经或准备教授中小学普通话课程的教师，目的是训练提高教师运用普通话的能力，增加他们的普通话语音知识。

# 12 月

1985073　9 日，中国文字改革委员会召开汉字属性字典鉴定会。用于加强计算机在汉字排字、检字、传输等方面功能的汉字属性字典，由中国社科院语用所和山西大学计算机系共同研制。字典包含了《信息处理交换用汉字编码字符·基本集》所收 6763 个汉字的 50 类属性。在计算机处理过程中还建立了 5000 多字的繁体字、异体字和旧字形的字库。语言学界和计算机学界组成的鉴定组通过了鉴定。

1985074　10 日，国家教委推广普通话办公室在北京召开南方部分开放、旅游城市推广普通话工作座谈会。上海、广州、深圳、福州、厦门、杭州、宁波、苏州等 8 市主管推广普通话工作的人员参加会议。

1985075　16 日，国务院办公厅发出《关于中国文字改革委员会改名为国家语言文字工作委员会的通知》。通知说，为了加强新时期的语言文字工作，国务院决定将原中国文字改革委员会改名为国家语言文字工作委员会（简称"国家语委"）。国家语委仍为国务院直属机构，其主要职责是：贯彻执行国家关于语言文字工作的方针、政策和法令，促进语言文字的规范化、标准化，继续推动文字改革工作，并做好有关的社会服务工作。少数民族语言文字工作仍由国家民委管理。原中国文字改革委员会改名，说明它的工作范围已从进行文字改革扩大到促进语言文字的规范化、标准化，以及其他有关的工作。内容比以前增多了，但性质上并没有根本的改变。过去中国文字改革委员会担负的主要任务是进行文字改革，而文字改革也是语言文字规范化、标准化的内容。

1985076　27 日，国家语委、国家教委、广播电视部发出《关于〈普通话异读词审音表〉的通知》。《通知》说，随着语言的发展，《初稿》中原审的一些词语的读音需要重新审定；同时，作为语音规范化的标准，《初稿》也亟须定稿。因此在 1982 年 6 月重建了普通话审音委员会，进行修订工作。这次修订以符合普通话语音发展规律为原则，以便利广大群众学习普通话为着眼点，采取约定俗成、承认现实的态度。对《初稿》原定读音的改动，力求慎重。修订稿经国家语委、国家教委、广播电视部审核通过，决定以《普通话异读词审音表》的名称予以公布。自公布之日起，文教、出版、广播等部门及全国其他部门、行业所涉及的普通话异读词的读音、标音，均以此表为准。

## 同年

1985077　北大华光照排系统被评为当年中国十大科技成就之一。该照排系统采用了北京大学王选首创的新的中文字库字模算法和技术，是国家汉字信息处理系统工程项目"748 工程"的一个核心成果。

1985078　新疆维吾尔自治区教委选定部分学校进行汉语拼音的"注音识字和提高读写能力"的教学实验。

1985079　新疆维吾尔自治区民族语委开始编写《现代维吾尔语描写语法》。

1985080　本年起至 1987 年，中央民族出版社先后出版了由中国社科院民族所组织编纂的《维吾尔语简志》《塔吉克语简志》《哈萨克语简志》《锡伯语简志》《柯尔克孜语简志》《塔塔尔语简志》《乌孜别克语简志》《达斡尔语简志》等。

1985081　中国文字改革委员会为进一步开展文字改革的宣传、咨询和社会服务，成立了宣传推广部。宣传推广部的主要任务是：宣传党和政府的语文政策，对语言文字的应用进行调查研究，为社会各方面使用规范的汉字和汉语拼音提供咨询和服务，推广语言文字应用的研究成果，为有关部门培训干部，负责国内外联络等。

1985082　全国自然科学名词审定委员会成立。

1985083　哈尔滨工业大学王开铸进行汉语理解研究，涉猎从汉语自动分词到中文自动文摘等多个研究方向，取得多项优秀成果。20 世纪 90 年代后，先后实现了基于理解的中文文摘系统和基于统计的任意文本文摘系统，并通过了专家组主持的鉴定，被认为达到国内领先水平。

1985084　香港电讯开设普通话课程。

1985085　《王力文集》由山东教育出版社出版。

1985086　陈章太、李行健主持的"北方话词汇调查"课题经多次论证后正式立项，1986 年被国家语委和中国社会科学院列为重点科研课题；后又被列为国家社会科学 1986—1990 年期间的重点项目；1996 年完成全部调查并汇编成《普通话基础方言基本词汇集》。该书调查、记录了 3200 多条词语，调查点达 93 个。

1985087　北京大学王力教授将《王力文集》的全部稿酬捐献出来，设立北京大学王力语言学奖金。奖金从 1986 年开始每年颁发一次。

1985088 河南省教育厅和省文字改革办公室给 448 名中等师范学校的教师颁发普通话合格证书，并印发光荣榜。

1985089 湖北省人民政府发出《关于调整湖北省文字改革委员会的通知》。副省长梁淑芬任主任。

1985090 《普通话》（香港）创刊，主编田小琳，由香港文化教育出版社和香港普通话研习社联合出版。

1985091 费锦昌主编、《文字改革》杂志编辑部编《建国以来文字改革工作编年记事》由文字改革出版社出版。

1985092 湖北省文字改革委员会主办的《普通话》杂志创刊。

1985093 珠江电影制片厂摄制完成科教片《汉字的演变》。

# 1986 年

## 1 月

1986001　1 日，黑龙江电视台播出《一日一字》节目。节目通过对常用汉字形音义的讲解，普及文字知识，促进汉字规范化。

1986002　6—13 日，经国务院批准，国家教委和国家语委在北京召开全国语言文字工作会议。参加会议的有中央有关单位和各省、自治区、直辖市的代表 280 多人。全国人大常委会委员长万里，中共中央政治局委员、书记处书记胡乔木分别在开幕式和闭幕式上做了重要讲话。国家语委主任刘导生做题为《新时期的语言文字工作》的报告，国家教委副主任柳斌做题为《教育战线要重视语言文字工作》的报告。中国社会科学院语言研究所所长刘坚、人民教育出版社编审袁微子、国家语委委员周有光、国家测绘总局测绘研究所研究员曾世英、国家语委汉字处处长傅永和、北京大学计算机研究所副所长马希文、燕山计算机应用研究中心副总工程师石云程等分别就现代汉语规范化问题、汉字的整理和研究、《汉语拼音方案》的应用发展、基础教育中的语文训练、语文与科技、语言信息处理、地名工作中的语文问题等做了专题发言。上海、广东、黑龙江、福建、湖北、河南、安徽、云南、湖南等省市的有关人员在大会上汇报了工作，介绍了经验。解放军总政治部、全国总工会、全国妇联、共青团中央，以及部分省市的负责人也在大会上讲话。会议回顾总结了 1949 年以来的语言文字工作，学习讨论了新时期语言文字工作的方针任务，表彰了在文字改革和推广普通话方面做出显著成绩的 58 个先进单位和 194 名积极分子。会议讨论明确的主要问题是：1. 当前，我国社会主义现代化建设迅速发展，新的形势对语言文字工作提出了新的要求。党中央和国务院规定新时期语言文字工作的方针为：贯彻执行国家关于语言文字工作的政策和法令，促进语言文字的规范化、标准化，继续推动文字改革工作，使语言文字在社会主义现代化建设中更好地发挥作用。当前的主要任务是：做好现代汉语规范化工作，大力推广和积极普及普通话；研究和整理现行汉字，制定各项有关标准；

进一步推行《汉语拼音方案》，研究并解决实际使用中的有关问题；研究汉语汉字信息处理问题，参与鉴定有关成果；加强语言文字的基础研究和应用研究，做好社会调查和社会咨询、服务工作。2.语言文字工作必须积极而稳步地进行。30多年来，汉语规范化和文字改革工作有较大的发展，取得了很大成就。当前，需要充分消化、巩固和发展这一历史性重要成果。在促进语言文字规范化、标准化的同时，文字改革工作还要继续进行，尚未完成的任务还要继续完成。但是语言文字一方面不断变化，另一方面又保持相对稳定，这是语言文字的基本特点。文字改革必须稳步进行，不能急于求成。汉字已有几千年的历史，在历史上有过不可磨灭的功绩，在广大人民心中深深地扎下了根，要想在短时期内废除不用，而用拼音文字来代替它，这是不可能的，也是不可想象的；脱离实际超越历史条件的改革，是得不到大多数人支持的。可以肯定，在今后相当长的时期内，汉字作为国家的法定文字，还要继续发挥它的主导作用。《汉语拼音方案》作为帮助学习汉语、汉字和推广普通话的有效工具，要进一步推行并扩大其使用范围，但它不是代替汉字的拼音文字，可以用于汉字不便使用或不能使用的方面。关于汉语拼音化问题，许多人认为这是将来的事情，现在不忙于做出结论。会议建议国务院批准正式宣布废止《第二次汉字简化方案（草案）》。今后对于汉字的简化，应持谨慎的态度，在一个时期内使汉字的形体保持相对稳定，以利社会应用。3.推广和普及普通话是当前语言文字工作的一项重要任务，必须继续抓紧抓好。推广普通话工作要有新的要求，重点应当放在大力推行和积极普及方面。4.各级各类学校要重视、加强语文教学和研究实验。5.加强语言文字的基础研究和应用研究，进一步开展学术交流。特别要抓好有应用前景的课题研究和新兴学科、边缘学科的建设。6.培训干部、扩大语文工作者队伍。7.加强宣传出版工作。8.对语言文字的应用需要有一定的行政措施。教育、文化、新闻、出版、商标、广告、地名管理、户籍管理等方面，在制定具体法规和条例时，应当列入语言文字规范的条文。9.加强领导，建立和健全各级语言文字工作机构。

1986003　7 日，《光明日报》就全国语言文字工作会议的召开发表题为《语言文字工作的新阶段》的评论。

1986004　13 日，《人民日报》就刚闭幕的全国语言文字工作会议发表题为《努力做好新时期的语言文字工作》的评论员文章。文章认为，"当前，我国已进入以社会主义现代化建设为中心任务的新时期，随着对内搞活经济、对外实行开放和各项事业迅速发展，人们的交往大大增加，要求作为交际工具的语言文字更加合乎规范和标准，更加便于使用"，"促进语言文字的规范化、标准化，用规范的语言文字消除方言隔阂，纠正社会用字和语言使用中的种种不健康现象，被提到比以往任何时期更为重要的地位"。

1986005　15 日，中国语言和方言学术讨论会在美国加利福尼亚州奥克兰举行。会议由加州大学伯克利分校的语言学教授王士元筹办并主持。与会的学者来自中国、美国、日本、瑞典和加拿大等国家和中国香港地区以及美国王安研究院的代表共40 余人。中国台湾地区学者也参加了讨论会。

1986006　16 日，第六届全国人大常委会副委员长、著名政治活动家、文字改革工作领导人胡愈之（1896—1986），因病在北京逝世。

1986007　23—25 日，语用所举行 1985 年课题汇报会。

1986008　25 日，钱学森在写给国家语委的信中强调指出，语言文字信息处理是"我国社会主义文化建设中的大事"。

1986009　28 日，国家教委下发《关于加强对中等师范学校学生进行普通话考核的意见》。《意见》指出，普通话是教师的职业语言，掌握普通话和汉语拼音是中等师范学校学生的一项基本功，是合格教师的必备条件。因此，必须把普通话训练贯穿整个师范教育阶段，对学生掌握普通话和汉语拼音的能力进行严格、系统的考核。《意见》对师范学生掌握普通话和汉语拼音提出了具体要求。

1986010　28 日，台湾教育事务主管部门发表公告，公布《国语注音符号第二式》正式方案。这个正式方案对 1984 年的试用方案做了修订。并宣布这个方案自公告之日起正式使用。

1986011　新疆维吾尔自治区人民政府发出通知，要求全疆各地党政机关、学校、新闻出版单位、厂矿企业全面推行维吾尔文正字法。

1986012　新疆维吾尔自治区民族语委举办维吾尔文正字法骨干培训班。

1986013　香港普通话研习社成立普通话教学资源中心。该中心收集内地、香港及海外的普通话教学资源，提供教学资源服务。

# 2 月

1986014　9 日，原国家教委推广普通话办公室正式划归国家语委。

1986015　28 日，中国盲人聋哑人协会和国家教委初教司在北京联合召开带调双拼音字学术讨论会。来自全国 8 省市的盲文教学与研究工作者和北京地区高校及研究机构的代表约 40 人参加会议。国家语委派代表到会。民政部副部长杨琛、国家教委副主任柳斌、盲聋哑协会主席林太等出席开幕式并讲话。现行盲文是 1953 年起在全国推行的，采用声韵双拼制，标调另加一方音符。现行盲文的主要设计人黄乃于 1975 年又设计了带调的双拼盲文。这一设计可在不增加篇幅的情况下提高盲文的准确性。这一设计是以声、介、韵、调四拼为基础的，因而使用的符号更少，也更接近于《汉语拼音方案》。与会代表建议报请主管部门批准试用。

1986016　新疆维吾尔自治区民族语委创办维、汉两种文字版本的《新疆民族语文工作简讯》。

# 3 月

1986017　12 日，新疆维吾尔自治区人民政府批转自治区民族语委关于《新疆维吾尔自治区民族语言名词术语规范会议纪要》和《新疆维吾尔自治区民族语言名词术语规范审定委员会组织条例》的报告。批准成立自治区民族语言名词术语规范审定委员会。

1986018　13 日，香港普通话教育中心开设普通话教学法课程。课程共 10 讲，有语言教学概论，教学的目的、原则及方法，语言教学，词汇教学，会话教学等。此课程为本年秋季香港 100 多所小学即将在四年级正式开设普通话课做准备。

1986019　16 日，首届全国汉字编码方案评测工作在北京进行。

1986020　24 日，新疆维吾尔自治区召开贯彻全国语言文字工作会议精神大会。会议向全疆提出《加强汉语"双推"及汉语文规范化、标准化工作的意见》和《"双推"倡议书》。

1986021　安徽省语言文字工作委员会成立并召开第一次会议。副省长、省语委主任杨纪珂主持会议。全体委员听取了全国语言文字工作会议精神的传达，对安徽省语委《关于推广普通话和用字规范化的工作意见（初稿）》进行了讨论审定，并报请省人民政府批转各地执行。会议还研究确定了当前有关语言文字的几项主要工作。

1986022　《文字改革》从本年起更名为《语文建设》。《语文建设》是国家语委主办的语文刊物。主要任务是宣传贯彻国家关于语言文字工作的政策、法令，促进语言文字的规范化、标准化，继续推动文字改革工作。主编王均，副主编费锦昌。

《语文建设》第一、二期合刊，刊出"全国语言文字工作会议特辑"。（进入90年代以后，先后担任该刊主编的有刘照雄、李建国、张万彬。）

1986023　上海市语委、上海电视台、上海教育出版社联合举办"我爱祖国语言美——上海市第二届普通话电视评比活动"。本届评比内容始终以口语表达为主，朗读为辅，大力提倡在日常生活中使用普通话。中共中央政治局委员、书记处书记胡乔木观看了家庭组决赛。

1986024　上海交通大学计算机中心与上海图书馆《全国报刊索引》编辑部、《应用科学学报》编辑部联合研制的中文自动抽词、检索、编排系统，在上海通过鉴定。

# 4 月

1986025　12日，第六届全国人民代表大会第四次会议通过《中华人民共和国义务教育法》。该法第六条规定："学校应当推广全国通用的普通话。招收少数民族学生为主的学校，可以使用少数民族通用的语言文字教学。"

1986026　13日，香港普通话研习社举办第六届普通话（国语）朗读比赛。

1986027　16日，北京市语言文字工作委员会成立。第一次会议在中山公园中山堂召开。会上传达了全国语言文字工作会议精神。北京市副市长、市语委主任陈昊苏做了工作报告。国家语委主任刘导生、副主任王均出席会议。市语委要求：5年内各级各类学校的师生一般要力争达到国家语委规定的普通话一级水平；党政机关和企事业单位的干部，交通、商业、公安、旅游、服务等部门的工作人员要努力达到普通话二级水平；少数远郊县要努力达到普及普通话三级水平。在社会用字规范化上，力争在三五年内基本消除首都街头用字不规范现象。要不断扩大《汉语拼音方案》的应用范围。

1986028　17日，安徽大学中文系举办语言学新观点、新方法系列讲座。讲座的中心内容是如何吸收新的理论和方法促进汉语研究工作的开展。

1986029　19日，国家语委、中国书法家协会、中央电视台、语文出版社在北京联合召开"书法家谈汉字规范化座谈会"。国家语委主任刘导生在会上指出：汉字既是书面交际的工具，又是一门书法艺术。作为书面交际工具，应该严格遵守规范；至于书法艺术，则可以百花齐放，不能强求一律。我们提倡书法家写规范的简化字。

1986030  24 日，国家语委汉语拼音处和杭州市教育局在杭州召开《汉语拼音正词法基本规则（试用稿）》有效性实验鉴定会和征求意见会。从 1985 年开始，请熟悉汉语拼音的人选拼政治、文艺、科普、应用四方面的文章，从中抽样统计400 篇，总词数达 104 372 个。拼写结果，词形和《基本规则（试用稿）》相同的有 101 500 个，占总词数的 97.25%。实验得出 5 个表格:《汉语拼音正词法基本规则（试用稿）有效性调查统计表》《汉语拼音词的音节数分布表》《汉语拼音词的字母数分布表》《汉语拼音音节的字母数分布表》和《汉语拼音文章中短横出现情况表》。

1986031  29 日，为探讨文艺作品能否运用方言和如何运用方言的问题，中国语文杂志社在北京召开座谈会，邀请文艺界、语言学界、新闻界等有关单位的领导和专家、学者 20 余人交换意见。大家认为，文艺作品在语言规范化、标准化方面有着重大的作用。从历史上看，伟大的文艺作品，后来都是规范语言和文学语言的典范，因此在运用方言时要注意分寸，不能滥用。为了创作的需要，适当地用一些方言词语和方音是可以的。那种与创作需要无关或关系不大，而大量使用方言词语和方音的做法则值得商榷。

# 5 月

1986032  1 日，由香港普通话研习社主办、香港教育专业人员协会协办的《香港汉语拼音报》正式出版。该报以"天下华人是一家，人人都讲普通话"为目标，为所有教、学普通话的朋友提供活泼有趣的材料，让大家在拼拼读读中学好普通话。

1986033  2 日，广东省语言学会在广州召开年会。会上传达了全国语言文字工作会议文件，总结了学会工作。

1986034  2 日，湖南省成立省语言文字工作委员会。省委副书记刘正任主任。

1986035  3 日，国家标准局发布国家标准《信息交换用汉字 32×32 点阵字模集》（GB6345.1-86）。本标准规定了信息交换用汉字（书版宋体）图形字符 32×32 点阵字模。它主要适用于汉字信息处理系统中的点阵印刷设备和显示设备，也适用于其他有关设备。同年 12 月 1 日起实施。

1986036  3 日，国家语委顾问、原中国文字改革委员会副主任、语言学家、北京大学教授王力（1900—1986）逝世。

1986037　4日，蒙文《新疆日报》开辟《青少年园地》专栏。自治区民族语委主办的原《新疆蒙古语文通讯》（内部刊物）改为蒙文版《语言与翻译》，向区内外公开发行。

1986038　5日，上海市语委、市财贸办公室、市财贸工会联合举办财贸系统"五街一场"（南京路、淮海路、金陵东路、四川中路、北站天目路、豫园商场）普通话比赛。

1986039　5日，福建省语委办发出通知，要求福州、厦门、漳州、泉州4个沿海城市对社会用字进行调查、整理和统计。

1986040　12日，河北省语言文字工作委员会成立。副省长王祖成任主任。

1986041　13日，国防科工委系统工程研究所汪成为提出："电子计算机软件也是语言文字工作。"

1986042　19日，日本召开"汉字文化的历史和将来"国际学术演讲会。汉字文化圈4种语文（中、朝、日、越）的12位研究者做学术演讲，其中有中国李荣《汉字的演变与汉字的将来》、周有光《中国的汉字改革和汉字教学》。

1986043　23日，黑龙江省教育委员会在哈尔滨召开"注音识字，提前读写"实验工作会议，听取各地市工作汇报，总结分析一年来的实验情况，研究部署新学年的实验工作。

1986044　23日，国家语委向国务院报送《关于废止〈第二次汉字简化方案（草案）〉和纠正社会用字混乱现象的请示》。《请示》说："在今年一月召开的全国语言文字工作会议上，与会同志对《第二次汉字简化方案（草案）》长期未作定论和当前社会用字的严重混乱现象，提出了批评与建议，要求国家语委尽快加以解决。""由原中国文字改革委员会拟订的《第二次汉字简化方案（草案）》，经国务院批准，于1977年12月20日在中央和省、自治区、直辖市一级报纸上发表，在全国征求意见，其中第一表的简化字在出版物上试用。由于这批简化字不够成熟，所以1978年4月和7月，原教育部和中宣部分别发出通知，在课本、教科书和报纸、刊物、图书等方面停止试用第一表的简化字。但是，这个草案并未废止。几年来，原中国文字改革委员会采取各种方式广泛征求各方面的意见，并对这个草案进行了多次修订。但在这个过程中，无论社会上或学术界，对要不要正式公布、使用这批新简化字，一直存在着不同意见。我们认为，1956年公布的《汉字简化方案》和1964年编印的《简化字总表》中的简化字已经使用多年，但有些字至今仍不能被人们准确使用，还需要经过一段时间的消化和巩固。同时，考虑到汉字形体在一个时期内需要保持相对稳定，这对社会应用和纠正当前社会用字的混乱现象较为有利。此外，当前规模最大的《汉语大字典》《汉语大词典》《中国大百科全书》以及其他多卷本工具书，已经或即将出版；电子计算机的汉字库已采用固定掩膜体芯片存储，如现在再增加新简化字，将会造成人力、财力、物力上的浪费。因此，我们建议国务院批准废止《第二次汉字简化方案（草案）》。《请示》提出："使用简化字，以1964年原中国文字改革委员会编印的《简化字总表》为准。具体要求如下：1.报纸、杂志、图书、大中小学教材，应当严格使用规范的简化字；2.文件、布告、通知、标语、广告、招牌、路名牌、街道胡同名牌号，要使用规范的简化字；3.电影电视上的片名、演员职员表和说明字幕要使用规范的简化字；4.汉字信息处理要使用规范的简化字；5.提倡书法家书写规范的简化字；6.凡使用汉语拼音，拼写应当准确。我们拟根据以上要求，会同有关部门分别制订各方面用字管理办法。"

1986045　27—28日，新疆维吾尔自治区计算机领导小组会同自治区科委在乌鲁木齐召开计算机技术鉴定会。会议通过了新疆大学等单位研制的维、哈、柯、汉、英等5种文字计算机处理系统的技术鉴定。

1986046　30日，黑龙江省政府发文批准原省文字改革委员会更名为省语言文字工作委员会，并对原有的委员进行个别调整，批准原省文字改革办公室为省语委办公室。调整后的省语委会由15人组成，省政府主管文教工作的副省长任省语委主任。

1986047　30日，新疆维吾尔自治区厅（局）干部、职工互学语言文字座谈会在乌鲁木齐召开。会议指出，少数民族干部学习汉语、汉族干部学习少数民族语言是一项带有战略意义的根本性措施。

1986048　31日，由中国现代硬笔书法研究会和国家语委、中央电视台、《汉语拼音报》等20多个单位联合主办的"中国汉字硬笔书法大赛"圆满结束并在北京举行颁奖大会。

1986049　徐中舒主编的大型语文工具书《汉语大字典》由四川辞书出版社和湖北辞书出版社分卷出版，全书共计8卷，于1990年出齐，共收录汉字54 678字，总计2500万字。1993年11月出版缩印本。该字典是1975年由国家出版事业管理局在广州召开的全国词典编写出版规划会议上提出，经周恩来、邓小平批准组织编写的。会议确定由四川、湖北两省出版部门组织有关专业工作者协作编写。1978年国务院把这部大型字典列为国家文化建设中的一项重点科研项目；1983年，这部字典被列为哲学社会科学"六五"规划的国家重点科研项目，川鄂两省承担这一任务的300余名编写人员，经过10年艰苦奋斗，于1984年编成初稿。该字典是汉字楷书单字的汇编，是一部以解释汉字的形音义为主要任务的大型语文工具书。

# 6月

1986050　5日，福建省语委、省教育厅、共青团省委和少先队省工作委员会联合发出通知，要求少先队组织于7月10—25日在全省开展"敦促全社会文明用字"活动，对市区、城镇范围内的商店招牌、店堂、橱窗、广告、海报、路标、站名牌等的用字（包括汉语拼音），进行一次普遍检查，并敦促有关单位加以纠正。

1986051　19日，福建省语委办在福州举办全省语言文字工作干部培训班。参加培训的有各地市和大田县的语言文字工作干部，还有省有关部门以及省工青妇团体负责语言文字工作的干部。

1986052　24日，国务院批转国家语委《关于废止〈第二次汉字简化方案（草案）〉和纠正社会用字混乱现象的请示》的通知。《通知》说："1977年12月20日发表的《第二次汉字简化方案（草案）》，自本通知下达之日起停止使用。今后，对汉字的简化应持谨慎态度，使汉字的形体在一个时期内保持相对稳定，以利于社会应用。"《通知》指出："当前社会上滥用繁体字，乱造简化字，随便写错别字，这种用字混乱现象，应引起高度重视。国务院责成国家语委尽快会同有关部门研究、制订各方面用字管理办法，逐步消除社会用字混乱的不正常现象。为便利人们正确使用简化字，请《人民日报》《光明日报》以及其他有关报刊重新发表《简化字总表》。"

1986053　由北京语言学院教学研究所编著、北京语言学院出版社出版的《现代汉语频率词典》出版。该词典共统计4类200万汉字语料，统计出3.1万个词条，共出现131万词次。列成：《按音序排列的频率词表》《使用度最高的前8000词词表》《频率最高的前8000词词表》《使用度在5以下，频次在10以下的低频词词表》《按报刊政论、科普书刊、日常口语、文学作品分类的4个4000高频词词表》《按频度递降顺序排列的汉字频率表》等。

## 7 月

1986054  10 日，国家语委召开第一次委员会议。国务院批准新的委员会由 26 名委员组成，以中年委员为主。委员吕叔湘、叶籁士、周有光、倪海曙、马大猷、刘导生、陈原、王均、曹先擢、李行健、傅永和、王庆淑、于庆和、耿绍光（夏青）、刘坚、吕必松、照那斯图、马希文等 18 位委员出席了会议。会议由国家语委主任刘导生主持。会议回顾了全国语言文字工作会议以来语言文字工作开展的情况，并着重研究了如何贯彻落实《国务院批转国家语委关于废止〈第二次汉字简化方案（草案）〉和纠正社会用字混乱现象请示的通知》。

1986055  19 日，《语文建设》编辑部邀请部分高校现代汉语教师及有关人员座谈，讨论现代汉语课如何更好地为新时期语言文字工作的方针任务服务。

1986056  21 日，辽宁省语言文字工作会议在沈阳召开。出席会议的有省语委委员、各市教育局领导、语言文字工作干部共 97 人。会议回顾和总结了辽宁省 30 年来文字改革和推广普通话工作的成果，研讨了省语言文字工作"七五"规划，表彰了推广普通话的先进集体和个人。

1986057  24 日，国家教委、国家语委、商业部、国家旅游局、城乡建设环境保护部、交通部联合向各地有关部门发出《关于加强开放旅游城市推广普通话工作的通知》。《通知》要求各地认真贯彻全国语言文字工作会议精神，并提出 4 项具体措施：1. 在开放旅游城市推广普通话，要学校、社会一起抓；2. 各级各类学校要在三五年内普及普通话；3. 社会推广普通话要从商业、服务业、交通业、旅游业等"窗口"行业抓起，重点抓好干部和第一线人员的普通话推广工作；4. 各省、自治区、直辖市有关部门应把抓好开放旅游城市的推广普通话工作列入工作日程。

## 8 月

1986058  15 日，第三次中国民族语言学术讨论会在贵阳举行。来自 17 个省、自治区、直辖市包括 20 个民族的 123 位民族语文工作者、专家学者和有关部门的负责人出席会议。

1986059  21 日，由部分省、自治区、直辖市 20 多个速记团体联名举行的纪念中国速记 90 周年学术交流会在北京举行。会议活动有"长城杯"速记竞赛和有关速记教学、速记应用，以及速记理论研究等专题讨论。北京市政协主席白介夫致开幕词，国家语委副主任陈章太、顾问周有光等在会上讲话。以川口晃玉为团长的日本速记友好访华团一行 5 人专程前来参加会议。

1986060　刘涌泉《语言学现代化和计算机》由武汉大学出版社出版。

# 9月

1986061　1 日，由华中师范大学中文系现代汉语教研室筹办的首届青年现代汉语（语法）学术讨论会在武汉召开。吕叔湘做了书面发言。朱德熙做了学术演讲。吕叔湘送给大会四个字："实事求是。"吕叔湘说，以研究工作而论，"实事"就是要掌握材料，材料要可靠，并且要尽可能全面；"求是"就是要找出规律。

1986062　8 日，国家语委和国家教委在北京联合召开"七五"期间语言文字工作规划会议。参加会议的有各省、自治区、直辖市语委、教委（教育厅、局）和中央有关部门的代表。国家语委秘书长曹先擢主持会议，国家语委主任刘导生讲话。会议认为，为了适应社会发展和人们交际的需要，必须努力做好语言文字工作。全国语言文字工作会议确定了新时期语言文字工作的方针任务，明确了奋斗目标。要积极制定工作规划，以便有计划有领导地进行这项工作，落实相应的措施，并注意保持工作的连续性。"七五"期间，推广普通话要根据各地区经济文化发展的需要和已有的工作基础，对不同行业和不同年龄的人提出不同的要求。会议认为，近期要做好汉字的规范化工作，尽快克服当前社会用字混乱现象。"七五"期间，要积极解决分词连写、标调法、同音字的研究等问题。结合语言文字工作的需要，大力开展基础研究和应用研究，制定语言文字应用的各项标准。实现"七五"期间语言文字工作规划，重要的措施在于建立健全各级语言文字工作机构和培养工作骨干，加强领导，不断扩大语文工作者队伍。

1986063　12 日，全国第三届少数民族语文信息处理学术讨论会在乌鲁木齐举行，10 个民族的语文工作者和信息处理工作者 102 人出席。

1986064　14 日，由台湾"世界华文教育协进会"主持的《国语注音符号第二式》教学研讨会在台湾举行。研讨会建议：1. 从速研拟一套推广办法，使"国语"教学广泛采用《国语注音符号第二式》；2. 继续联系华人学者、有经验的老师，共同精编精选教材，使学习者获得理想的学习效果；3. 选择现有编写出色的字典、辞典或华语文补充材料，加注第二式；4. 举办短期《国语注音符号第二式》教学研习会，培养优秀的教学师资，以达到普遍推广应用的目标；5.广邀学者专家定期研讨修订，使《第二式》更臻完善。

1986065　15 日，由山东大学中文信息研究小组研制的《信息处理用现代汉语三万词语集》在济南通过鉴定。《词语集》共收二字词语 12 000 余条，三字词语 7000 余条，四字词语 11 000 余条，五字以上词语 2000 余条，总计 32 000 余条。

1986066　17 日，中国社会科学院举行普通话音节合成系统研究成果鉴定会。语言研究所研制的"汉语普通话音节合成系统"通过鉴定。专家们认为，这个系统在提高合成语音的音质方面取得了突破性进展，合成出的普通话 1260 多个音节自然清晰，已接近人的发音，几乎达到"以假乱真"的水平，在国内外处于领先地位。在进一步完善和固化以后，这个"合成系统"即可用于制作各种能讲话的装置，并为计算机配备语言输出的功能，对第五代计算机的开发和对语言学及相关学科的发展，具有十分重要的意义。

1986067　19 日，由上海科学教育电影制片厂拍摄的科教片《请说普通话》摄制完成。

1986068　27 日，国家语委负责人就废止《第二次汉字简化方案（草案）》和纠正社会用字混乱现象，对《光明日报》记者发表谈话。谈话指出："最近，国务院批转国家语委《关于废止〈第二次汉字简化方案（草案）〉和纠正社会用字混乱现象的请示》，决定废除《第二次汉字简化方案（草案）》，重新发表《简化字总表》，同时要求社会各界充分重视社会用字混乱问题，要求各有关部门要采取措施，干预和纠正这种不正常的现象。国务院的这一决定，意义是重大的，对促进汉字规范化，加强两个文明建设将起积极的作用。"谈话还指出：简化字以《简化字总表》为准，其他不规范的简化字不能再使用了。希望社会各界共同努力，促进文字规范化。

1986069　28 日，《人民日报》发表社论《促进汉字规范化，消除社会用字混乱》。社论认为："我国正在从事现代化建设。现代化要求各方面加强规范化和标准化，借以提高工作效率。文字是记录语言的符号，是非常重要的传递信息的工具，它需要规范化是不言而喻的。文字的规范化，往往反映一个国家、一个民族或一个地区的文明程度。我们必须把推行汉字规范化、消除社会用字混乱，提高到加强社会物质文明和精神文明建设的高度来认识。"

1986070　28 日，《光明日报》发表社论《努力纠正社会用字混乱现象》。

1986071　香港教育署正式推出普通话课程，列为小学四至六年级的可供选择科目，每周教学时间为 1 至 2 节。

# 10 月

1986072　5 日，香港普通话研习社举行 10 周年社庆。庆典上举办了普通话活动中心开幕式。

1986073　10 日，经国务院批准决定，国家语委重新发表《简化字总表》，共收 2235 个简化字。原《简化字总表》中的个别字做了调整。"叠""覆""像""囉"不再作"迭""复""象""罗"的繁体字处理。"囉"类推简化为"啰"。"瞭"读 liǎo（了解）时仍简作"了"；读 liào（瞭望）时作"瞭"，不简作"了"。

1986074　14 日，中国语文杂志社和语用所在北京联合主办第四次现代汉语语法学术讨论会。中心议题是围绕着语义，集中探讨语法研究中意义和形式如何结合的问题。

1986075　14 日，中国音韵学研究会第四次学术讨论会在重庆举行。

1986076　21 日，北京市语委举办第一期语言文字工作干部短期培训班。参加培训的有各区县政府，市政府有关委、局、总公司，各区、县教育局负责语言文字工作的干部近 50 人。培训班在 25 日结束。

1986077　24 日，陕西省政府发出通知，转发《国务院批转国家语委关于废止〈第二次汉字简化方案（草案）〉和纠正社会用字混乱现象的通知》，并就有关方面的工作提出要求。

1986078　26 日，深圳市推广普通话协会与香港普通话研习社首次联合主办的"深港普通话邀请赛"在深圳举行。

1986079　28 日，吉林省语言文字工作委员会成立，并于 28—31 日召开第一次语言文字工作会议。

1986080　29 日，全国哲学社会科学"七五"规划会议在北京举行，出席会议的有各学科组成员及北京各有关单位的代表 900 余人，其中语言学科小组成员共 17 人：刘坚（组长）、朱德熙（副组长）、俞敏、李荣、邢公畹、胡裕树、王均、吕冀平、吕必松、陈章太、马希文、陈韶廉、裘锡圭、邢福义、曾宪通、熊正辉、侯精一。会议确定以下 7 个课题为"七五"期间语言学科的重点项目（括号里是课题负责单位和负责人）：1. 现代汉语词类研究（北京大学朱德熙）；2. 北京话调查研究（北京语言学院吕必松）；3.汉语方言重点调查（中国社会科学院语言研究所贺巍、张振兴）；4.山西省方言通志（中国社会科学院语言研究所侯精一、山西省社会科学院语言研究所温端政）；5.普通话双音节词语和短语的语音合成（中国社会科学院语言研究所林茂灿、杨顺安）；6.汉语北方话词汇研究（国家语委陈章太、李行健）；7.汉语和藏语同源词谱（北京师范大学俞敏）。

1986081　31 日，河南省语言文字工作会议在郑州召开。会议的主要任务是：贯彻全国语言文字工作会议、"七五"期间语言文字工作规划会议的精神，修订省语言文字工作"七五"规划，筹建省推广普通话研究会等。

1986082　31 日，云南省语言文字工作委员会成立。副省长陈立英任主任。

# 11 月

1986083　2 日，新疆维吾尔自治区首届民族语言文字工作会议在乌鲁木齐召开。会议表彰了民族语文工作先进集体、先进个人，翻译工作先进个人、互学语言文字积极分子。会议发出《关于在全区开展互学语言文字的倡议书》，讨论通过《新疆维吾尔自治区语言文字工作"七五"规划》。

1986084　3 日，广东省语委与广东人民广播电台联合举办学习简化字讲座。

1986085　4 日，广东省语委召开第一次全体委员会议。省语委办公室汇报了 1986 年的工作，会议研究部署了 1987 年的工作任务。

1986086　14 日，香港普通话教师协会、香港普通话教育中心联合主办汉语拼音班及汉语拼音教学辅导班，配合学校开展普通话教学工作。

1986087　14 日，中国中文信息研究会基础理论专业委员会、汉字设备专业委员会和汉字信息处理系统专业委员会在株洲联合召开学术研究会。

1986088　15 日，由航天部七一〇所和语用所合作研制的 TCES 藏文信息文字处理系统在北京通过部级鉴定。TCES 系统建立了一个由 612 个字符构成的藏文字符库，包括了现代藏文的全部字符和一部分古代藏文字符，基本满足了进行藏文信息处理的需要。该系统采用以拉丁字母为基础的藏文输入编码，较为便利。该系统的研制将有利于藏文文字的应用和分析研究，有利于藏文信息管理系统和办公室自动化的发展。

1986089　20 日，据媒体报道，台湾将从 1987 年起正式开放"语音邮件"。此项被电信局称为"现代电话秘书"、通信界则称为"全天候值班秘书"的"语音邮件"，其正式名称为"语音存转交换系统"，就是将话语像信一样委托"电脑语音邮差"寄来寄去，将可提供存话、取话、用户语音箱管理、团体音讯、定时通知、电话传递音讯等服务。

1986090　25 日，国家语委、国家教委在北京举办第三期中央推广普通话专（兼）职干部训练班。来自全国 25 个省、自治区、直辖市的学员共 79 名。这个班主要为开放旅游城市培训推普干部。

1986091　27 日，新疆汉语言学会成立。新疆大学中文系教授徐思益任会长。

1986092　28 日，江苏省语言文字工作委员会成立。副省长杨泳沂任主任。

1986093　香港普通话教师协会成立。该协会的宗旨是促进普通话教学，推广普通话；服务对象是香港中小学和成人夜校的普通话教师。

# 12 月

1986094　2 日，语用所在北京召开汉字问题学术讨论会。国家语委副主任、语用所所长陈原主持开幕式。吕叔湘、朱德熙等专家、学者和语言文字工作者 40 多人出席会议。会上，陈原、吕叔湘、朱德熙就汉字问题做了发言。会议贯彻"百家争鸣"的方针，广泛开展讨论。讨论的主要内容有：1. 对汉字的认识及科学考察（包括对汉字的优缺点的认识，汉字定量定性分析，汉字信息冗余量的考察分析，同音字调查、统计及分析，汉字的大脑机制，汉字的认知方式，汉字的学习、记忆及实用，等等）；2. 汉字与语言教学（包括对各种教学法实验的分析与论证等）；3. 汉字在现代化进程中的应用及前途（包括汉字与电子计算机、汉字与信息传播、文献资料检索、汉字的前途等）；4. 其他有关问题。会议论文编成《汉字问题学术讨论会论文集》于 1988 年 10 月由语文出版社出版。

1986095　19 日，香港语言学学会在香港举行香港语言政策和语言计划研讨会，呼吁香港政府成立语言规划统筹委员会，加强协调在教育、法律、行政和公共机构等方面的语言规划，并在此基础上确定香港的语言政策。参加会议的有来自中国、新加坡、比利时、加拿大、菲律宾、印度、澳大利亚等国的专家及中国香港的学者和港府官员。

1986096　23 日，福建省语委、福建电视台、省广播电台、商业厅、交通厅、邮电局、旅游局和供销社在福州联合举办福建省第二届"我爱祖国语言美"普通话电视评比决赛。

1986097　24 日，国家教委初教司委托广东省教育厅组织召开全国"注音识字，提前读写"教学实践研讨会。参加会议的有来自各省、自治区、直辖市教学、教研人员以及主管这项实验的各级领导。与会代表认为从发展儿童语言入手进行小学语文教学的改革是行之有效的办法。代表们就如何分散汉语拼音的教学难点，如何减轻师生的负担等问题交流了经验。

1986098　25 日，由国家语委、商业部、城乡建设环境保护部联合委托上海市语委举办的第一期中央社会推广普通话干部培训班结业。36 名学员在近一个月内学习了新时期语言文字工作的方针、任务，以及普通话语音知识和行业规范服务用语。

## 同年

1986099　由国家科委委托国家标准局主管的重大科研项目——现代汉语词频统计，由北京航空学院等 11 个单位研制，并通过国家鉴定。这次词频统计是国内迄今为止规模最大、取材范围最广的一项系统工程，统计结果具有代表性。在统计技术方面，采用电子计算机自动分词的方法系国内首创。这项工程建立了实用性强的分词和词频统计软件系统。该项统计为汉语教学、中文信息处理、汉语理解、机器翻译、速记及盲文及手语的研究和设计、办公室自动化，以及国家标准词库的建立，提供了可靠的数字依据，并为汉语计量语言学和语言工程研究奠定了基础。

1986100　中央电视台向各省、自治区、直辖市电视台发出《关于在电视屏幕中杜绝错别字的意见》。中央电视台提出了以下初步措施：1. 凡播出的各类节目，应杜绝出现错字、别字，书写应规范化，不用已简化的繁体字；2. 加强编播人员对文字语言的辨别能力，并积极组织有关的业务学习，提高对消灭错别字意义的认识；3. 要建立一套对电视文字和语言的审查、校对制度；4. 凡已制作好、无法修改的有错别字的节目，应有一套更正制度，即在节目播完后打出更正错别字的字幕；5. 要建立相应的奖惩制度；6. 今后，各地电视台提供给中央电视台的节目，如有写错字、别字和读错音的情况，中央电视台可酌情处理。

1986101　罗竹风主编的《汉语大词典》由汉语大词典出版社陆续出版分卷。全书共 12 卷，收录词目约 37 万条。

1986102　文理结合的北京大学计算语言学研究所成立。朱德熙担任所长。计算语言学研究所的主要任务是从事语言信息处理的基础研究和应用研究，同时也承担培养计算机软件与理论专业、语言学专业博士和硕士研究生的任务。

1986103 台湾教育事务主管部门发布公告，把修订后的"国语罗马字"作为"国语注音符号第二式"予以公布。但没有得到行政管理机构的批准，所以一直没有实际使用。

1986104 新疆维吾尔自治区民族语委发出《全面检查纠正不规范汉字的通知》。

1986105 新编订的《哈萨克语正字法》《柯尔克孜语正字法》出版发行。

1986106 《中文信息学报》中文版（N11-2325，ISSN1003-0077）创刊，它是经国家科委批准、中国科学技术协会主管、中国中文信息学会和中国科学院软件研究所合办的学术性刊物，是中国中文信息学会会刊。

1986107 香港语言学学会成立。学会宗旨是促进香港地区语言学的教学与研究，推动中外语言学界的交流，提倡对汉语特别是香港地区方言的研究，并为公私机构提供语言政策及语言学训练等方面的服务。

1986108 香港中文教育学会成立。学会宗旨是促进香港中文教育的发展，加强社会人士认识中文教育的意义和重要性，提高中文教育研究的专业水平，探讨、研究及讨论当前中文教育问题，谋求可行的解决办法。

1986109 《香港汉语拼音报》改名为《香港普通话报》，由香港普通话研习社出版。

1986110 吴宗济主编《汉语普通话单音节语图册》由中国社会科学出版社出版。

1986111 由国家语委《汉语拼音报》、团中央《新少年报》、中国现代硬笔书法研究会、北京铅笔厂联合举办的"全国小学生'金鱼杯'铅笔书法比赛"圆满结束。参赛学生达 10 万多人。中共中央副主席陈云指出：在今后很长的时间里，汉字仍会是我们的主要书写工具，因此，让孩子们从小把字写好很重要。

1986112 作为《中国语文》补充读物的《中国语文通讯》，扩大版面，充实内容，并更名为《中国语文天地》（双月刊）。

1986113 北京航空学院在"现代汉语词频统计"的基础上开发建成通用大型语词库。词库（及其统计结果）按词的字数划分为一字词库、七字词库。北京语言学院建立了中型通用词库。北京师范大学建立了支持语文教学的中型通用词库。山东大学也建立了一个较小的词库。

1986114 北京航空学院、新华通讯社分别公布了基于大型语料库的新的汉字频度统计。

1986115 湖北省文字改革委员会、教育厅对全省师范院校（文理科）和教育学院、教师进修学院（文科）应届毕业生 1 万余人进行普通话语音统考。

1986116 新疆维吾尔自治区政府批准民族语言文字工作委员会增设"自治区汉语言文字办公室""自治区名词术语审定委员会办公室"等机构。

1986117 香港教育署决定，在两年之后，全面实施教育统筹委员会第一号报告中关于在中学加强使用中文教学的措施，并为有关中学提供额外的语文教师及资源。

1986118 由香港普通话研习社、教育专业人员协会、中国语文学会和社工总工会组成的普通话测试委员会，联络了两大教育学院，并邀请内地学者做顾问，积极开展工作，准备在两年内拟定出一套科学化、系统化的标准，用以在公开考试中测试应试者的普通话程度。

1986119 香港出版为儿童学习普通话而编写的歌集《唱歌学普通话》。歌集共收录 16 首儿歌。

1986120 台湾发布 CNS11643 通用汉字标准交换码，共收汉字 13 051 个。其中：特殊符号及文字 651 个；常用汉字集 5401 个，包括 CCCII 中的常用字 4808 个，以及中小学课本上的常用字 587 个和异体字 6 个；次常用字集 7650 字。古今汉字兼收。采用三个七位字节的编码方式，整个编码空间有 16 个字面。每个字面上的汉字按先笔画后部首排序。

1986121 台湾 IBM 公司用 5 年时间研究出"中文电脑输入板"，用"笔触"方式取代了按键。

1986122 深圳大学中文系与电脑中心联合研制成《红楼梦》多功能电脑自动检索系统。

1986123 文字学家、吉林大学教授蒋善国（1898—1986）逝世。

# 1987 年

## 1 月

1987001　1 日，国家语委、国家出版局、国家标准局、国家计量局、国务院办公厅秘书局、中宣部新闻局、中宣部出版局发出《公布〈关于出版物上数字用法的试行规定〉的联合通知》。《通知》指出："出版物数字写法上的混乱，给编辑、排版、校对工作增加了许多不必要的负担，也不利于计算机输入、检索"，"这个规定是在总结新闻出版单位经验的基础上，本着清楚、简便、适用的原则制定的"。《试行规定》的总原则是："凡是可以使用阿拉伯数字而且又很得体的地方，均应使用阿拉伯数字。遇到特殊情形，可以灵活变通，但应力求保持相对统一。重排古籍、出版文学书刊等，仍依照传统体例。"该《规定》自 2 月 1 日起试行。1993年 7 月修订。1995 年 12 月 13 日国家技术监督局发布在此基础上制定的国家标准《出版物上数字用法的规定》（GB/T15835），从 1996 年 6 月 1 日起实施。

1987002　19 日，深圳电视台将原来的广州话新闻节目改用普通话播出，成为广东省第一家全部用普通话播音的电视台。

## 2 月

1987003　25 日，云南省语言文字工作委员会召开第一次全体委员会议。副省长、省语委主任陈立英主持会议。会上传达了全国语言文字工作会议的精神，汇报了云南省语委工作和近年来学校推广普通话的情况。会议讨论通过了云南省语委"七五"期间全省语言文字工作的设想。

1987004　28 日，深圳市人民政府召开大会，表彰 1986 年度深圳市推广普通话先进单位和先进个人。

## 3 月

1987005　1 日，北京市文字改革研究会在北京师范大学中文系举行汉字问题学术讨论会，讨论汉字的性质、汉字的优缺点及汉字的发展前途等问题。

1987006　9 日，香港举办"八七"理工学术节专题讲座"香港普通话教育"。香港大学中文系单周尧指出：目前，中小学的普通话教师水平参差不齐，建议聘任内地来港人员担任普通话教师，还建议将普通话列为学校的必修科，以多元的手法教授普通话。香港理工学院语文系梁钰文主张把中文和普通话两个学科结合起来，即当学生基本掌握了普通话之后，所有中文课程均用普通话讲授。

1987007　12 日，广东省语委召开学校推广普通话工作汇报会。副省长、省语委主任王屏山主持会议。国家语委主任刘导生应邀出席并讲话。

1987008　21 日，江苏省语委举行第一次全体委员会议。会议由省语委主任、副省长杨泳沂主持。会上传达了 1986 年 1 月召开的全国语言文字工作会议精神，回顾了江苏省语言文字工作的历史，并就《关于贯彻执行新时期语言文字工作的方针任务的意见（讨论稿）》做了说明。

1987009　22 日，河南省语言文字工作主管部门在汲县（今卫辉市）召开中师口语表达训练教学研讨会。

1987010　27 日，国家语委、中国地名委员会、铁道部、交通部、国家海洋局、国家测绘局联合发出《颁发〈关于地名用字的若干规定〉的通知》。《通知》说："《国务院批转国家语言文字工作委员会关于废止〈第二次汉字简化方案（草案）〉和纠正社会用字混乱现象的请示的通知》中指出：'国务院责成国家语言文字工作委员会尽快会同有关部门研究、制订各方面用字管理办法，逐步消除社会用字混乱的不正常现象。'根据国务院这一指示精神和国务院 1986 年 1 月公布的《地名管理条例》，特制订《关于地名用字的若干规定》。"

1987011　27 日，国家标准局批准国家标准《信息交换用汉字编码字符集·第二辅助集》（GB7589-87）。该标准是为使用汉字字数较多的应用层面编制的。共收《基本集》以外的简体汉字 7237 个，不分级，以《201 部首（草案）》为序排列。该标准于本年 12 月 1 日起实施。与之对应的繁体字集将编成《信息交换用汉字编码字符集·第三辅助集》。

1987012　27 日，国家标准局批准国家标准《信息交换用汉字编码字符集·第四辅助集》（GB7590-87）。该标准是为用字量超过《基本集》和《第二辅助集》的应用层面编制的。共收《基本集》和《第二辅助集》以外的简体汉字 7039 个，不分级，以《201 部首（草案）》为序排列。该标准于同年 12 月 1 日起实施。与之对应的繁体字集将编成《信息交换用汉字编码字符集·第五辅助集》。

1987013 27—28 日，新疆维吾尔自治区召开第二次民族语言名词术语规范审定工作会议。

# 4 月

1987014 1 日，国家语委、广播电影电视部联合发出《颁发〈关于广播、电影、电视正确使用语言文字的若干规定〉的通知》。《通知》指出，广播、电影、电视作为现代化的大众传播媒介，是我们整个宣传战线和文化战线的重要组成部分，具有广泛的群众性。广播、电影、电视使用语言文字是否规范化，不仅关系到宣传的实际效果，而且对社会的语言文字应用也会产生重大的影响。编辑、播音员、编剧、导演、演员和影视制片工作人员都应是语言文字规范化的宣传者和实践者，积极为广大听众和观众起示范作用。多年来，广播、电影、电视工作者在促进语言文字规范化方面，特别是在推广普通话方面，做出了重要的贡献。但是，也要看到，当前广播、电影、电视在使用语言文字方面确实还存在一些问题，如有些地方的广播电台（站）和电视台方言播音占播音时间比重较大；一些播音员的普通话还不够标准；电影、电视剧（不包括地方戏剧和曲艺）滥用方言的现象还比较严重；不少电影和电视的片名、字幕、演职员和广告的用字不规范；等等。为了进一步使语言文字的应用符合规范化、标准化的要求，特制定《关于广播、电影、电视正确使用语言文字的若干规定》。

1987015 4 日，河南省语言文字工作委员会成立，副省长胡廷积任主任。与会代表听取了《河南省语言文字工作基本情况和任务》的报告。国家语委副主任陈章太出席成立大会并讲话。

1987016 8 日，国家教委和国家语委在武汉联合召开全国高等师范院校推广普通话工作经验交流会。会议分为两个阶段，8—10 日参加湖北省高等师范院校推广普通话工作经验交流会，11—12 日结合各省市的经验商讨全国高师下一步的推广普通话工作。国家语委副主任陈章太、国家教委师范司副司长岩明远和湖北省语委的领导出席会议。陈章太在讲话中谈了师范院校推普工作的现状、任务和应当采取的措施。岩明远转达了国家教委副主任柳斌"关于加强师范院校推广普通话工作的意见"。柳斌指出："师范院校推广普通话关系到亿万中小学生的教育和成长，在这方面负有义不容辞的责任。师范院校培养的未来的教师要能够用普通话进行教学，要能够在生活中讲普通话。师范院校要有这个责任感。"

1987017　9 日，国家语委主办的第七期中央普通话进修班在北京开学，学员 40名。

1987018　10 日，国家语委、商业部、对外经济贸易部、国家工商行政管理局联合发布《关于企业、商店的牌匾、商品包装、广告等正确使用汉字和汉语拼音的若干规定》。

1987019　13 日，以国家语委主任刘导生为团长的语言文字访问团一行 4 人，应新加坡华文研究会、香港中国语文学会、普通话研习社和澳门中国语文学会的邀请，先后访问了新加坡和中国香港、澳门。在为期两周的访问中，就语言政策、语言文字规范、推广普通话和准备召开汉字国际学术讨论会等问题，同当地学者交换看法，听取各方面意见。

1987020　13 日，国家教委和国家语委在武汉召开全国中等师范院校推广普通话工作汇报座谈会。会议着重讨论了中等师范院校的推广普通话工作如何巩固、提高的问题。

1987021　16 日，河南省推广普通话研究会在洛阳成立。

1987022　27 日，全国中青年语言学工作者首届学术讨论会在西安举行。会议的主要宗旨是：检阅进入新时期以来，在全国各地迅速成长起来的中青年语言学工作者的学术力量，展示这支队伍近年来的科研成果，通过对共同关心的问题的讨论来沟通信息、互相学习、明确方向。

# 5 月

1987023　6 日，江苏省教委、省语委在徐州联合召开全省语言文字工作座谈会。会议讨论了省语委《关于贯彻执行新时期语言文字工作的方针任务的意见》。

1987024　7 日，国家语委、商业部、城乡建设环境保护部联合委托上海市语委在上海师范专科学校举办第二期中央社会推广普通话干部培训班。

1987025　9 日，香港教育专业人员协会联合香港普通话研习社举办"全香港中小学生普通话讲故事比赛"。

1987026　10 日，《中国语文》第 3 期刊登林焘《北京官话溯源》。文章考察了北京官话区形成的历史原因。

1987027　14 日，吉林省语委举办省第三期推广普通话干部训练班。参加训练班的有各地、市（州）、县（区）实验小学的校长、师范学校的教师和进修学院的教研员。

1987028　16 日，新疆维吾尔自治区人民政府发布《对全区民、汉文字使用情况进行全面检查的通告》。

1987029　17 日，为进一步提高学校语文教学质量，北京市语委和校外教育办公室联合举办中学生语言文字知识竞赛。

1987030　17 日，香港普通话教师协会举办"中学普通话教学法"专题座谈会。主要内容是，关于中学普通话科的教学重点、语文教学及语音教学的技巧，并介绍"综合教学法"的应用。

1987031　18 日，福建省语委、省教委在福州联合举办小学、幼儿教师语言文字知识能力竞赛。

1987032　26 日，天津市语言文字工作委员会成立，并召开天津市首次语言文字工作会议。副市长、市语委主任姚峻出席会议并讲话。会议讨论了天津市语言文字工作"七五"规划，研究了加强语言文字工作的措施。

# 6 月

1987033　3 日，四川省高教局转发全国高等师范院校推广普通话工作经验交流会有关文件，要求师范院校积极做好推广普通话工作。

1987034　10 日，九省编"注音识字，提前读写"实验教材第 9、10 册统稿会在大连举行，参加会议的有云南、福建、湖南、湖北、四川、山西、河南、陕西、辽宁等省的代表。会议决定 10 月下旬在成都举行教材修改会议，积极组织编写实验教师培训资料，举办实验教师培训班。

1987035　22 日，语用所主办的汉语拼音学术讨论会在北京举行。讨论会的议题是：在新的历史时期，如何进一步扩大汉语拼音的应用范围；如何使汉语拼音进一步完善化。参加会议的有来自北京和全国部分省市的有关专家 20 余人。国家语委副主任、语用所副所长陈章太主持开幕式，国家语委副主任王均在开幕式上做了题为《汉语拼音的扩大使用范围和完善》的讲话。

1987036　27 日，深圳市推普办、市教育局联合举办首届幼儿园普通话邀请赛。

# 7 月

1987037　1 日，《语文建设》第 1 期刊登《关于出版物上数字用法的试行规定》，还刊登了王均就《关于出版物上数字用法的试行规定》答《出版工作》杂志特约记者问。

1987038　1 日，由香港语言学学会、香港中文大学人类学系联合主办的第一届国际粤方言研讨会在香港举行。

1987039　4 日，由明华出版公司主办，澳门中国语文协会、澳门星光书店协办的儿童普通话教学研讨会在澳门举行。

1987040　9 日，西藏自治区第四届人民代表大会第五次会议通过《西藏自治区学习、使用和发展藏语文的若干规定（试行）》。

1987041　16 日，国家语委委托福建省教委举办第一期普通话语音与方言调查培训班。招收的 30 名学员，主要来自福建、广东、江西、广西、湖南、安徽、江苏、浙江、上海 9 个省、自治区、直辖市，学员都是高校现代汉语课教师。国家语委副主任陈章太做了学术报告。

1987042　27 日，北京市语委、市教育局在西安联合举办首次北京市中学生语言文字夏令营，宗旨是：在青少年中广泛地宣传国家新时期语言文字工作的方针任务，鼓励他们为祖国语言文字的健康、规范而刻苦学习。

1987043　29 日，河南省语言文字工作委员会在郑州举办第八期普通话培训班。参加培训的有 120 名学员。

# 8 月

1987044　8 日，辽宁省语言文字工作委员会在大连召开语言文字工作现场汇报会。国家语委主任刘导生、推广普通话办公室负责人以及全国开放城市、经济特区的语言文字工作干部应邀出席会议。

1987045　10 日，第二届国际汉语教学讨论会在北京举行。出席讨论会的有来自 19 个国家和地区的近 300 名代表。与会代表就本学科内有关的理论和实践问题做了深入探讨。《第二届国际汉语教学讨论会论文选》由北京语言学院出版社于 1988 年 12 月出版。

1987046　14 日，世界汉语教学学会在北京宣告成立。联邦德国、民主德国、美国、法国、日本、泰国、新加坡、中国等 16 个国家和地区的 36 名专家、学者当选为学会理事。在首届理事会上，推选产生了常务理事会。朱德熙任学会会长，吕必松任学会副会长。下届年会于 1990 年在中国举行。

1987047　21日，语言学家李方桂（1902—1987）在美国加利福尼亚州奥克兰逝世。

1987048　27日，国家语委在北戴河召开语言文字工作座谈会。参加会议的有12个省、自治区、直辖市语委的代表31人。会议由国家语委副主任陈章太主持。会议主要就纠正社会用字混乱问题汇报了情况、交流了经验，并就北方话地区的推普工作、干部队伍的建设以及少数民族地区的推普工作进行座谈。

1987049　蒋善国《汉字学》由上海教育出版社出版。

# 9月

1987050　4日，国家工商行政管理局、国家语委联合发出《关于商标用字规范化若干问题的通知》。

1987051　6日，国家语委决定成立《当代中国的文字改革》编辑委员会和编辑部。编委会有委员9人，由国家语委副主任王均任主编，并请吕叔湘、叶籁士、倪海曙、周有光等专家担任顾问。编委会第一次会议在北京举行。

1987052　13日，汉语方言学会第四届年会在舟山召开。出席会议的有中外学者130余人。

1987053　25日，国家语委、国家教委联合发出《关于加强高等师范院校推广普通话工作的通知》。《通知》指出：1.推广普通话是一件大事，它关系到社会主义两个文明建设，是国家统一、民族昌盛的需要；2.普通话是教师的职业语言，使用普通话教学是师范院校合格毕业生的必备条件。

1987054　25日，国家语委、国家教委向各省、自治区、直辖市语委、教委（教育厅、局）联合发出《关于做好中等师范学校普通话普及、巩固、提高工作的几点意见》：1.当前中等师范学校推广普通话工作的任务；2.中等师范学校普及普通话的要求和检查验收；3.对中等师范学校学生掌握普通话和汉语拼音的要求及测试；4.加强普通话的教学和训练；5.提高教师使用普通话的水平。

# 10月

1987055　7—9日，国家社会科学"七五"规划项目之一的"北方话基本词汇调查"在重庆召开工作会议。

1987056　12日，由北京市语言学会、北京语言学院联合召开的第三次语言理论学术讨论会在北京语言学院举行。

1987057 23 日，在中国人民大学建校 50 周年庆祝会上，举行了吴玉章奖金首届颁奖仪式。获语言文字学特等奖的是吕叔湘《汉语语法论文集》（增订本），获语言文字学一等奖的是张怡荪主编《藏汉大辞典》，获语言文字学优秀奖的是王锳《诗词曲语辞例释》（增订本）。习仲勋、李鹏、邓力群、彭冲等党和国家领导人授奖。吕叔湘代表获奖者讲话。

1987058 29—31 日，复旦大学语言文学研究所、复旦大学中文系、中国华东修辞学会、上海市语文学会联合举办语法修辞研究方法讨论会，以纪念我国语言学家、教育家陈望道逝世 10 周年。

1987059 全国计算机与信息处理标准化技术委员会"字符集和编码"分技术委员会第五次会议在连云港举行。会议的一项重要内容就是总结第一届分委员会工作，选举第二届分委员会。该分委员会的职能是沟通我国电子计算机信息处理字符集和编码集标准化技术领域同 ISO/TC97/SC2 组织的联系；参与字符集和编码国际标准的测定工作；参照 ISO/TC97/SC2 提出的各项标准，在我国开展相应的工作，即提出制定和修订我国电子计算机信息处理字符集和编码标准化技术工作研究项目的建议，组织协调有关部门联合研究制定标准；对各研究单位和组织报批的有关标准项目进行技术上的论证和审定。

1987060 云南省教育厅、语委、民委、少数民族语言文字工作委员会在德宏州联合召开少数民族双语教学现场会。

# 11 月

1987061 3 日，国家语委推广普通话办公室在厦门召开南方方言区推广普通话工作经验交流会。参加会议的有南方方言区和部分北方方言区的代表 50 余人。会议交流了各地推普的经验和情况。会议介绍的主要经验是：以学校为基础，学校和社会一起抓；社会推普要和各有关部门的实际需要和业务紧密结合；大众化的宣传媒介是宣传推普的好工具；宣传活动和行政措施要紧密结合。国家语委副主任陈章太在闭幕式的讲话中对今后的工作提出了具体要求。

1987062 李荣《文字问题》由商务印书馆出版。

# 12 月

1987063 1 日，语用所主办的社会语言学学术讨论会在北京举行。来自全国各地的 70 多名学者出席会议。主要议题有：社会语言学的性质、研究对象、范围和方法；语言变异；双语、双方言问题；言语交际；语言与文化 5 个方面。

1987064 2 日，中国地名委员会、城乡建设环境保护部、国家语委联合发出《关于地名标志不得采用"威妥玛式"等旧拼法和外文的通知》。

1987065 2 日，《经济日报》计算机激光照排系统工程正式通过国家鉴定委员会的鉴定和国家验收委员会的验收。鉴定委员会宣布："《经济日报》是世界上第一家采用计算机—激光屏幕组版、整版输出的中文日报。"

1987066 15 日，新疆维吾尔自治区教委、民委、民族语委联合召开自治区首届民族中小学汉语教学工作会议。

1987067 21 日，新疆维吾尔自治区第四次蒙古语文工作会议在乌鲁木齐召开。

## 同年

1987068 国家标准局批准国家标准《信息处理交换用蒙古文七位和八位编码图形字符集》（GB8045-87）。该字符集包括 95 个图形字符，其中有 82 个蒙古文字符、13 个符号。这是我国制定的第一个少数民族文字编码字符集国家标准。

1987069 北京语言学院语言信息处理研究所成立。马希文任所长。该所以汉语信息处理为主要研究方向，宗旨是：面向实际应用，研究计算语言学理论和面向信息处理的汉语语言理论，发展自然语言处理关键技术和知识库，开发相应的工具软件和应用软件，支持对外汉语教学和语言本体研究。

1987070 云南省建成普通话师资三级培训网络。从 1987 年至 2000 年参加培训的教师已达 16 万人。

1987071 香港中国语文学会组织编辑的《王力先生纪念论文集》出版。

1987072 经自治区人民政府批准，新疆维吾尔自治区民族语委正式公布《维吾尔语正音法规则》。

1987073 上海市举行第三届"我爱祖国语言美"普通话电视比赛。

1987074 新疆维吾尔自治区民族语委、自治区教委联合召开大中小学校、工商、财贸、新闻、语言文字研究机构的语言文字专家及语言文字工作者座谈会。会议就国务院批准废止《第二次汉字简化方案（草案）》、贯彻新时期语言文字工作方针政策、纠正社会用字混乱以及重新发表《简化字总表》等问题进行了座谈。

1987075　《新时期的语言文字工作——全国语言文字工作会议文件汇编》由语文出版社出版。

1987076　倪海曙《拉丁化新文字运动的始末和编年纪事》由知识出版社出版。

1987077　世界汉语教学学会主办的《世界汉语教学》杂志创刊。

1987078　台湾出版《重订标点符号手册》。这是 1919 年《新式标点符号》的修订本，是当时台湾地区使用标点符号的依据。

# 1988 年

## 1 月

1988001　5 日，国家标准局批准发布《信息处理文本通信用编码字符集·第一部分 总则》（GB8565.1-88）、《信息处理文本通信用编码字符集·第二部分 图形字符集》（GB8565.2-88）。这两个标准定于 7 月 1 日起实施。《第二部分 图形字符集》收录一些汉字与非汉字的图形字符，主要适用于邮电部门的通信业务。其中汉字字符集由《信息交换用汉字编码字符集·基本集》的汉字和一个汉字通信子集组成。子集共收《第二辅助集》中的汉字 520 个、《第四辅助集》中的汉字 92 个，表示日期和时间的图形字符 69 个、《第一批异体字整理表》淘汰的用于人名、地名等的异体字和字根 23 个，以及已恢复使用并类推简化的"啰"。

1988002　16 日，作家、教育家、出版家和社会活动家、原中国文字改革委员会委员叶圣陶（1894—1988）逝世。

1988003　26 日，国家语委、国家教委发出《关于发布〈现代汉语常用字表〉的联合通知》。《现代汉语常用字表》分常用字（2500 字）和次常用字（1000 字）两个部分。这是继 1952 年教育部发布《常用字表》以后，由国家主管部委发布的第二份常用字表。

## 2 月

1988004　5 日，国务院发布《扫除文盲工作条例》。《条例》第六条规定："扫除文盲教学应当使用全国通用的普通话。在少数民族地区可以使用本民族语言文字教学，也可以使用当地各民族通用的语言文字教学。"

1988005　24 日，国务院任命陈原为国家语委主任，王均、曹先擢为副主任，傅永和为秘书长。

1988006　25 日，北京市语委、北京市语言学会文字改革研究会、中国人民大学语言研究所联合举行《汉语拼音方案》公布 30 周年纪念会。

1988007　27 日，语言学家、文字改革活动家、原中国文字改革委员会委员、国家语委委员、顾问倪海曙（1918—1988）逝世。

1988008　由王力、吕叔湘任顾问，季羡林任编辑委员会主任的《中国大百科全书·语言文字》分卷由中国大百科全书出版社出版。

# 3 月

1988009　15 日，现代汉语大词典编辑委员会成立。成员有：吕叔湘、李荣、朱德熙、刘坚等。编委会的第一次会议着重讨论了《现代汉语大词典》的编辑方针。《现代汉语大词典》由中国社会科学院语言研究所词典编辑室编辑，拟收录词条 11 万条左右。以收录普通话词语为主，适当收录方言词语、文言词语和近代汉语词语，都以现代文中常见为选收原则。

1988010　19 日，为庆祝《中国语言地图集》出版，中国社会科学院在北京举行招待会。《中国语言地图集》由香港朗文出版（远东）有限公司于 1987 年和 1990 年分两册出版。该地图集由中国社会科学院和澳大利亚人文科学院合作编绘，反映中国语言分布的情况。它用 35 幅大张彩色地图，配以适当的文字说明来表现中国的汉语方言和各少数民族语言、方言的分布和分区分类。

1988011　25 日，国家语言文字工作委员会、中华人民共和国新闻出版署发出《关于发布〈现代汉语通用字表〉的联合通知》。5 月 7 日，国家新闻出版署、国家语委召开新闻发布会，宣布即日起施用《现代汉语通用字表》。这份字表共收 7000 字，对原来的《印刷通用汉字字形表》（1965 年）所收 6196 字进行了增删。7000 字的选择还依据了电子计算机对 6 种动态资料（统计语料达 7000 余万字）和 14 种静态资料统计的数据。

1988012　25 日，新疆维吾尔自治区第三次民族语言名词术语规范审定工作会议召开。

# 4 月

1988013　7 日，全国青年语法史研究会第二届年会暨纪念《马氏文通》出版 90 周年讨论会在广州举行。

1988014　8 日，国家语委主办的第八期中央普通话进修班在北京开学，学员 42 名。

1988015　20日，北京古汉语学术交流会举行讨论会，纪念《马氏文通》出版90周年。

1988016　25日，首届香港"语言与社会"讨论会在香港举行。讨论会由香港大学、香港中文大学和英国文化协会联合主办。会议的总议题是"当代社会语言学：东方的观点与西方的观点"。来自中国、英国、美国、法国、日本等10多个国家和地区的140余名学者出席。论题涉及当代社会语言学研究的各个主要方面，如：1.各种语言变体的特点以及它们的制约条件；2.用于特殊场合或特定用途的有关语言表现手段；3.儿童语言；4.双语／多语教育以及双言／多言现象；5.语言政策及语言规划。

## 5月

1988017　3日，北京大学举行王力语言学奖第二届授奖会和王力先生对中国语言学的贡献学术讨论会。

1988018　19日，新疆维吾尔自治区民族语委召开"双语"讨论会，邀请自治区语言学界知名专家、学者共同商讨"加强双语教学和各民族之间互相学习语言文字"等问题。

1988019　25日，由中国语文杂志社、杭州大学中文系和语文出版社编辑部联合主办的第五次现代汉语语法学术讨论会在北京举行。

1988020　28日，由北京师范大学李金铠等研制的全能中文电脑在北京通过鉴定。

## 6月

1988021　15日，中国中文信息学会计算语言学专业委员会主办的首届全国计算语言学学术讨论会在北京举行。来自全国各地的140多位代表参加会议。论文内容涉及句法分析算法、语义学研究、机器翻译、自然语言理解与基础研究以及机器词典编纂等方面。会议还就我国计算语言学的发展战略进行了讨论。

1988022　15日，北京市语言理论研究会在北京师范大学召开专题报告讨论会，讨论专题为"语言的比较和文化的比较"。

## 7月

1988023　1日，国家教委、国家语委联合发布《汉语拼音正词法基本规则》。

1988024　22 日，中国古文字研究会成立 10 周年学术讨论会在长春举行，会议由吉林大学主办，来自全国各地及美国、英国、加拿大、联邦德国、澳大利亚等国家和中国香港、澳门地区的 140 多名代表出席会议。

1988025　23 日，由国家教委赞助、青岛大学发起的现代汉语教学讨论会在青岛召开，中心议题是现代汉语教学内容如何更新、教学方法如何改革。

## 8 月

1988026　5 日，全国哲学社会科学规划领导小组第五次会议决定自 1989 年起设立"青年社会科学研究基金"，用以支持青年社会科学研究工作者的研究工作。

1988027　16 日，国际语言学家常设委员会秘书长致函中国语言学会会长季羡林和秘书长陆俭明，正式通知我方：常设委员会执委会全体委员一致批准中国语言学会关于加入国际语言学家常设委员会的申请，同意接纳为常设委员会的会员国。

1988028　20 日，国家语委主办的第九期中央普通话进修班在北京开学。

1988029　22 日，由深圳教育学院深港语言研究所主办的深港片语言问题研讨会在深圳市召开。中心议题是"双语、双方言现象"，还讨论了港台与大陆的汉语词汇比较研究。

1988030　云南省语委、省教育厅在玉溪召开小学推广普通话工作会议。

## 9 月

1988031　6 日，国家语委在唐山召开社会用字管理工作现场会。全国 16 个省、直辖市和河北省 9 个地市的语委办主任及新闻单位的代表 50 人参加会议。

1988032　13 日，原中国文字改革委员会委员、语言学家、中国社科院民族所原副所长、研究员傅懋勣（1911—1988）逝世。

1988033　15—17 日，国家社会科学基金评审会议在北京召开。出席语言学科组的评委共 12 人。当年语言学科提出申请国家社会科学基金的共 60 项，经过投票，其中 19 项申请课题获得基金资助。

1988034　18 日，北京市古代汉语研究会在北京师范学院举行《马氏文通》出版 90 周年纪念会。

1988035　26 日，国家语委在青岛召开全国沿海开放城市和经济特区推普工作汇报会。代表们探讨了如何适应新的社会环境，把推广普通话工作进一步推向深入。

大会还讨论了国家语委推广普通话办公室制定的《关于学校推广普通话 12 年规划初步设想（1989—2000）》。

1988036　香港教育署开始在初中推行普通话课程，作为可供选择的科目，每周 1—2 节。

## 10 月

1988037　8 日，中国中文信息学会邀请信息界和语言学界的部分专家和专业工作者在黄山举行特别联席学术会议。会议的主要议题是：审定《汉语信息处理词汇基本术语》和《信息处理用现代汉语分词规范》，研讨《中文信息处理发展战略》。这三个文本都是"七五"攻关项目。

1988038　20 日，第一次全国汉语口语研讨会在沧州举行。来自全国 17 个省、自治区、直辖市的 50 多名代表参加了大会。与会代表就口语理论、口语表达、口语训练、普通话朗读等问题进行了交流和探讨。与会者呼吁，应把口语训练课列入各级师范院校的教学计划之中，口语训练应从"娃娃"抓起。

1988039　26—31 日，中国少数民族双语教学研究会在西昌召开第三届学术讨论会。

## 11 月

1988040　19 日，国家教委和国家语委在全国政协礼堂举行《汉语拼音方案》公布 30 周年纪念会。中央有关部委负责人、首都语言学工作者、教育工作者及各界人士约 200 人出席纪念会。会议由国家教委副主任柳斌主持，滕藤、陈原、钱学森、杨泰芳、吕叔湘、艾知生、胡绳、胡乔木等在会上讲话。

1988041　19 日，国家语委举办第五期中央推广普通话干部训练班。来自全国 24 个省、自治区、直辖市的 35 名学员参加学习。

## 12 月

1988042　1 日，新疆维吾尔自治区第七届人民政府第三十四次常务委员会议审议通过《新疆维吾尔自治区民族语言文字使用管理条例（草案）》。15 日，根据自治区人大常委会讨论将《条例》改为《暂行规定》予以通过。23 日，自治区主席铁木尔·达瓦买提签发政府令，公布《新疆维吾尔自治区民族语言文字使用管理暂行规定》。

1988043　10 日，总理李鹏主持召开国家机构编制委员会第十一次会议，审议并批准了国家语言文字工作委员会"三定"方案。方案主要内容是：国家语言文字工作委员会是国务院主管全国语言文字工作的部门，其主要职能是拟定语言文字工作的方针、政策，制定语言文字标准，发布语言文字管理办法，促进语言文字的规范化、标准化。内设办公室、普通话推广司、文字应用管理司。

1988044　12 日，中国文字处理协会成立。

1988045　28 日，中国中文信息学会召集有关单位在北京召开《语言信息处理词典》（暂名）和《信息处理词典》（中日合作）编写工作会议。会议由北京语言学院信息处理研究所承办。

1988046　30 日，为纪念杰出的无产阶级革命家、教育家、历史学家、语言文字学家吴玉章 110 周年诞辰，四川省自贡市、荣县党委和政府在 30 日、31 日举行系列纪念活动。

1988047　30 日，国家技术监督局批准国家标准《信息处理文本通信用编码字符集·第三部分 按页成像格式用控制功能》（GB8565.3-88）。该标准于 1989 年 7 月 1 日起实施。

### 同年

1988048　科学出版社出版由李公宜和刘如水主编、上海交通大学汉字编码组和上海汉语拼音文字研究组编著的《汉字信息字典》，汇集了汉字音、义、部首、笔画数、部件、频度、编码等 20 余项属性。

1988049　北京图书馆编著的《汉字属性字典》出版。为了从软件工程的角度在计算机系统中建立汉字属性系统，北京图书馆承担并完成了国家"七五"科技攻关项目"汉字属性标准研究"，建立了功能完备、实用有效的"汉字属性系统"，并通过了国家验收。

1988050　汉语语音合成研究工作取得重大进展。中国科学院声学研究所与中国计算机服务公司研制的 KX-1 型共振峰合成器可实现合成汉语普通话。

1988051　香港考试局开始举办面向香港各界人士的普通话水平测试。进入 20 世纪 90 年代后，测试每年 7 月举行。

1988052　新疆维吾尔自治区民族语委会同有关单位举办新疆首届普通话观摩会。

1988053　新疆维吾尔自治区民族语委设立《新疆通志·语言文字志》编辑室。

1988054　首届现代语言学学术讨论会在山西太原召开。会议议题是：汉语的特点和类型学，汉语的民族文化心理及历史背景，语言学和其他学科的相互关系，中青年语言研究的形势和前景。

1988055　为纪念《汉语拼音方案》发表30周年，国家语委和中央电视台联合摄制电视专题片《中国人民文化生活的大事》。

1988056　裘锡圭《文字学纲要》由商务印书馆出版。

1988057　叶籁士《简化汉字一夕谈》由上海教育出版社出版。该书的简化字本1995年由语文出版社出版。

1988058　陈原《社会语言学专题四讲》由语文出版社出版。

1988059　香港文化教育出版社与香港普通话研习社联合出版《普通话》杂志。

# 1989 年

## 3 月

1989001　1 日，语言学家、中国社会科学院语言研究所研究员、《现代汉语词典》主编之一、《中国语文》前主编丁声树（1909—1989）逝世。

1989002　4 日，中文信息学会计算语言学专业委员会和北京市语言学会在清华大学召开特别联席会议。会议指出：学科之间的交叉研究是 20 世纪科学研究的一个特点。计算机科学和语言科学的结合是语言研究现代化和计算机智能化的必要前提。信息时代为语言科学提供了新思想、新方法、新工具，也向语言科学提出了新方向、新课题、新要求。

1989003　21—24 日，国家技术监督局主办的中文信息处理标准化国际研讨会在北京召开。来自中国、加拿大、联邦德国、日本、韩国、新加坡、英国、美国以及中国香港、联合国等国家、地区和国际组织的专家代表百余人参加。会议探讨了中文信息处理标准化领域的有关技术问题。有 63 篇论文收入论文集。

1989004　〔新加坡〕谢世涯《新中日简体字研究》由语文出版社出版。

## 4 月

1989005　1 日，中文信息标准化代表团与台湾资讯业者代表团在香港就中文信息标准化问题举行会议。双方介绍了信息技术产业与标准化情况。两岸信息技术、语言文字和标准化方面的专家就计算机汉字交换码、内码互通之可行性、汉字字形点阵、中文输入法、ISO/DP10646 国际标准以及未来中文信息处理标准协调等方面的问题进行了广泛深入的探讨，并商定共同筹设一个非政治、非营利性的民间技术工作组，定期研讨台湾海峡两岸中文信息标准化问题。

1989006　1 日，国家语委主办的第十期中央普通话进修班在北京开学。

1989007　19 日，新疆维吾尔自治区民族语委公布试行《现代锡伯文学语言正字法》。

1989008　云南省语委召开普通话考核研究会。会议研讨了"三级六等量化评分定级标准和测试操作规程（初稿）"。

# 5 月

1989009　8 日，北京市语言学会和中国人民大学语文系联合召开学术座谈会，纪念五四运动 70 周年、白话文运动 70 周年、以注音字母发表为标志的国语推广运动 71 周年。

1989010　16—19 日，中国中文信息学会自然语言处理学术讨论会在北京召开。会议在机器翻译、人工智能、机助语言教学等三个方面展开了交流和讨论。

1989011　29 日，全国高等师范院校现代汉语教学研究会第二次年会在郑州举行。年会的中心议题是：高校现代汉语教学如何改革。

1989012　哈尔滨工业大学主持开发的汉英机器翻译系统 CEMT-I 作为中国第一个通过技术鉴定的汉英机器翻译系统，获部级科技进步二等奖。

# 6 月

1989013　2 日，通用中文代码国际联合会在北京召开简、繁、异体汉字编码专题研讨会。近百名专家学者参加会议。会议就中国、日本、韩国为主的汉字文化圈所用汉字的通用代码的设计问题进行了广泛讨论。

# 7 月

1989014　13 日，中文信息学会计算语言学专业委员会与北京市部分语言学家召开合作讨论会，就如何推进我国中文信息处理事业合作问题展开讨论。

1989015　31 日，第二届国际粤方言研讨会在广州举行。

1989016　云南省举行师范院校普通话表彰观摩大会。

# 8 月

1989017　1—3 日，中文信息标准化代表团与台湾资讯业者代表团在北京举行第二次中文信息标准化研讨会。会上正式成立了"中文信息标准化技术工作组"，并设立了中文标准编码、中文字型、中文输入法、中文信息基础研究等 4 个专业小组。各专业小组分别制订了近期和中长期的合作研究计划。

1989018　1—5 日，全国语言与文化学术研讨会在大连举行。

1989019　6—10 日，全国汉语方言学会第五届年会在湖南大庸（今张家界市）举行。代表围绕汉语方言的语音、词汇、语法及其他共同关心的课题进行了讨论。会议选举李荣为汉语方言学会理事长。

1989020　11 日，由华东化工学院美育研究中心等 50 多所院校（系、室）发起的中国文学语言研究会在华东化工学院成立。

1989021　29 日—9 月 1 日，中国计算机学会在太原举办自然语言理解专题讨论会。会议就汉语的格语法和汉语句子的复杂特征描述进行了讨论。会议由山西大学计算机科学系承办。

1989022　广播电视部计算机应用中心和山西大学计算机系共同开发的"广播电视新闻词库"通过评审。这是一个"适用于新闻领域的中等规模分词词库"。

# 9 月

1989023　2 日，国家语委主办的第十一期中央普通话进修班在北京开学。

1989024　11 日，经国务院批准，国家教委第四号令发布《幼儿园管理条例》。《条例》第十五条规定："幼儿园应当使用全国通用的普通话。招收少数民族为主的幼儿园，可以使用民族通用的语言。"

# 10 月

1989025　10 日，新疆维吾尔自治区民族语委在乌鲁木齐召开自治区首届锡伯语言文字工作会议。

1989026　21 日，浙江省人民政府办公厅发出《转发〈浙江省社会用字若干规定〉的通知》。

1989027　云南省语委、省教育厅召开中学推广普通话工作座谈会。

# 11 月

1989028　4 日，第二届全国社会语言学学术讨论会在九江举行。讨论会由语用所和江西大学联合举办。讨论会以言语交际和交际语言为中心内容。

1989029　8 日，国家语委召开电话会议，为从事语言文字工作 30 年以上的 425 位语言文字工作者颁发荣誉证书。国家语委副主任王均在电话会议上讲话。

1989030　10日，辽宁省语言文字工作者协会成立大会暨首届年会在沈阳召开。国家语委副主任曹先擢、语文出版社副社长刘照雄出席大会。

1989031　21日，中国语言学会第五届年会在杭州举行。

1989032　由新疆维吾尔自治区民族语委牵头，与新疆大学、中国科学院新疆分院共同研制的"电子计算机新疆少数民族文字信息处理"项目通过鉴定，实现了维、哈、柯、汉文办公自动化。该项目被评为国家科研二等奖。

## 12 月

1989033　22日，国务院任命柳斌为国家语委主任，仲哲明为常务副主任。

1989034　27日，由新加坡华文研究会主办的世界华文教学研讨会在新加坡区域语言中心召开。新加坡总理李光耀主持仪式并致开幕词。参加此次研讨会的有来自中国、苏联、美国、澳大利亚、日本、联邦德国、印度、马来西亚、新加坡等国家和中国台湾、香港地区的代表约500人。

1989035　28日，国家技术监督局批准国家标准《信息交换用汉字36×36点阵宋体字模集及数据集》（GB12037-89）。本标准规定了信息交换用汉字图形字符36×36点阵书版宋体字模集及数据集。本标准适用于汉字信息处理系统中的点阵式印刷设备和显示设备，也适用于其他有关设备。1990年7月1日起实施。

1989036　28日，国家技术监督局批准国家标准《信息交换用汉字48×48点阵宋体字模集及数据集》（GB12041-89）。本标准规定了信息交换用汉字图形字符48×48点阵书版宋体字模集及数据集。本标准适用于汉字信息处理系统中的点阵式印刷设备和显示设备，也适用于其他有关设备。1990年7月1日起实施。

1989037　29日，国家技术监督局批准国家标准《信息处理信息交换用七位编码字符集》（GB1988-89）。该标准1990年7月1日起实施。

## 同年

1989038　清华大学计算机系黄昌宁提出在语料库语言学的理论指导下建立大型汉语语料库的倡议，语料库的建设开始走上更加科学化、规范化的道路。在此之前，武汉大学、上海交通大学、山西大学、中国人民大学、北京语言学院、北京师范大学、深圳大学、北京航空航天大学、新华通讯社等陆续推出了规模越来越大的汉语语料库。

1989039　在机电部有关部门举办的全国首次电子排版系统评测中，北京大学新技术公司开发的方正电子出版系统、北京四通集团公司的 4S 高级科技文献书刊编排系统、山东潍坊计算机公司的华光电子出版系统、前景电脑有限公司的前景系统和天维计算机应用研究所的星汉系统被评为高档台式电子印刷排版系统，代表了国内汉字电子排版系统的最高水平。12 月 20—30 日举办了全国电子印刷排版系统及文字处理设备展示会。

1989040　中国社会科学院语言研究所刘倬主持的"科技一号"英汉机译系统获国家科技进步二等奖。

1989041　新疆维吾尔自治区民族语委制定《新疆维吾尔自治区汉语语言文字管理细则》。

1989042　马克来克·玉买尔拜根据吉尔吉斯斯坦资料编著的《柯尔克孜语正字法词典》由新疆人民出版社出版。

1989043　新疆维吾尔自治区民族语委与新疆大学、中国计算机服务公司研究起草的《信息处理交换用维吾尔文编码集》《维吾尔文键盘盘面排列》和《维吾尔文字形点阵》通过国家标准化技术委员会技术鉴定。

1989044　香港教育署推出专为不能在正常时间表内教授普通话的中学而设立的"普通话特别课程"。该课程为中一至中三学生开设，每班每年 20 小时。

1989045　香港《中国语文通讯》创刊，由香港中文大学中国文化研究所吴多泰中国语文研究中心出版。

1989046　陈原主编《现代汉语定量分析》由上海教育出版社出版。

1989047　台湾《国文天地》杂志召开"文字简化面面观座谈会"。

1989048　傅永和主编《汉字属性字典》由语文出版社出版。

1989049　王凤阳《汉字学》由吉林文史出版社出版。

1989050　冯志伟《现代汉字和计算机》由北京大学出版社出版。

1989051　由北京袁晓园语文与文化科技研究所主办的《汉字文化》杂志创刊。

# 1990 年

## 1 月

1990001　18 日，中央人民广播电台为纪念人民广播事业开创 50 周年而举办的首届全国普通话广播大赛在中央电视台进行决赛。语言学家王均担任裁判长，播音界知名人士夏青、张颂等担任评委。

## 2 月

1990002　1 日，国家技术监督局发布中华人民共和国国家标准《汉语信息处理词汇 01 部分：基本术语》（GB12200.1-90）。该词汇涉及汉语信息处理的各个主要方面，其中包括基本术语、汉语和汉字、汉字编码、汉字识别、汉语语音处理、汉语理解、机器翻译、汉语信息处理设备、汉语信息处理系统软件、汉语信息处理技术应用及其他，共 11 个部分。

1990003　16 日，国家语委召开电话会议，向各地语委机构通报国家语委领导班子的变动情况和当年的工作要点。会议由国家语委副主任曹先擢主持，国家语委主任柳斌、常务副主任仲哲明讲话。北京市、辽宁省、四川省语委办公室负责人在会上分别介绍了三省市当年的工作计划。

1990004　20 日，由北京语言学院承担的"汉语水平考试（HSK）"通过由国家教委高教司、国际合作司、社科司和国家对外汉语教学领导小组办公室联合主持的专家鉴定会。HSK 是专门为测试外国人、海外华侨和国内少数民族的汉语水平而设置的一种标准化考试。1989 年经国家教委批准，设立国家对外汉语教学领导小组办公室汉语水平考试部，并于同年在国内外开始试点工作。成绩达到规定标准者即颁发相应的"汉语水平证书"，并以此作为界定外国留学生到中国高等学校学习专业所必须具备的汉语能力标准；界定国外非零起点的汉语学习者来华继续学习汉语时分班的能力标准；界定有一定汉语水平的外国人和华侨子女获取"汉语水平证书"的能力标准；界定中国对外汉语基础教学结业时应具备的汉语能力标准；界定国内少数民族学员入高校学习专业或获取"汉语水平证书"的能力标准。

# 3 月

1990005 22 日，国家语委、新闻出版署发出《关于修订发布〈标点符号用法〉的联合通知》。原《标点符号用法》是 1951 年 9 月由中央人民政府出版总署制定发布的，同年 10 月中央人民政府政务院下达指示，要求全国遵照使用。此次修订本着"约定俗成"的原则，只做了必要的改动。修订的内容主要有以下几方面：原 14 种符号，现增为 16 种，增加了连接号和间隔号；简化了说明；更换了例句；针对书写排印改为横行，某些说法也做了相应的改动。

1990006 29 日，全国术语标准化技术委员会计算机辅助术语工作分技术委员会在北京成立。计算机辅助术语工作分技术委员会秘书处设在国家语委，由陈原担任分委员会主任。

1990007 云南省语委、教育厅印发《关于加强中学推广普通话工作的通知》。

# 4 月

1990008 4 日，中华人民共和国主席签发第二十六号主席令，公布《中华人民共和国香港特别行政区基本法》。《基本法》第一章第九条规定："香港特别行政区的行政机关、立法机关和司法机关，除使用中文外，还可使用英文，英文也是正式语文。"第六章第一百三十六条规定，香港特别行政区政府"在原有教育制度的基础上，自行制定有关教育的发展和改进的政策"，包括"教学语言"等政策。

1990009 5 日，国家语委主办的第十二期中央普通话进修班在北京开学。

1990010 22—28 日，由中国中文信息学会和美国国际中文计算机学会联合组织的中文和东方语言计算机处理国际会议在长沙举行。

1990011 28 日，国家语委、中国语言学会、北京师范大学和九三学社中央委员会在北京联合举行学术报告会，纪念语言学家、文字改革家和政治活动家黎锦熙 100 周年诞辰。出席会议的专家、学者、各界代表共 200 多人。国家语委主任柳斌、九三学社代表袁翰青、《中国语文》杂志主编侯精一、《语文建设》杂志主编王均、汉字现代化研究会会长袁晓园、北京师范大学副校长许嘉璐做了报告。

## 5 月

1990012　16 日，由华东师范大学和上海现代语言学讨论会联合主办的中青年第二届现代语言学现代汉语语法研讨会在上海举行。

1990013　22 日，原中国文字改革委员会主任董纯才（1905—1990）逝世。

1990014　23 日，新疆维吾尔自治区推广胡都木蒙文工作领导小组召开扩大会议。会议通过了《推广胡都木蒙文检查验收暂行规定》和《新疆维吾尔自治区 1991～1995 年推广胡都木蒙文规划》。

1990015　经国务院批准，国家语委增设文字应用管理司。

## 6 月

1990016　5 日，由国家语委语用所主办的普通话与方言问题学术讨论会在北京举行。会议主要议题是：我国语言生活发生哪些新情况、新问题；如何更好地贯彻执行推广普通话的方针政策，进一步加强普通话的规范和推广工作；怎样全面认识普通话与方言的关系等。

1990017　11 日，由香港浸会学院主办的中国声韵学国际学术研讨会在香港举行。出席会议的有中国大陆和台湾、香港、澳门，以及美国、日本、韩国等国家、地区的学者 70 余人。

## 7 月

1990018　10—12 日，国家语委在北京召开社会用字管理现场会。国务院有关部委的代表和各省、自治区、直辖市、计划单列市语文工作机构负责人出席会议。北京市语委介绍了北京市整顿 300 条大街社会用字工作的过程和做法。国家语委主任柳斌、北京市副市长陆宇澄、国家语委常务副主任仲哲明出席现场会并讲话。

## 8 月

1990019　1 日，新疆维吾尔自治区民族语委与乌鲁木齐市广播电台、电视台、电信局、水磨沟区人民政府联合举办"普通话'电信杯'朗读大奖赛"。

1990020　9—14 日，由青岛市语言学会、青岛大学现代汉语研究室主办的全国首届汉语方言与普通话语法研讨会在青岛召开。

1990021　10—12 日，北京大学举行纪念王力先生九十诞辰语言学研讨会。出席会议的有学者季羡林、朱德熙、张志公、俞敏、周祖谟、萧璋、吴宗济、张清常、林庚、阴法鲁、冯钟芸、李赋宁、林焘等，部分来自海外的学者也出席了会议。

1990022　16—21 日，由世界汉语教学学会、中国对外汉语教学学会和北京语言学院主办的第三届国际汉语教学讨论会在北京市举行。参加会议的有来自 23 个国家和地区的 300 多位代表。全国人大常委会副委员长周谷城、严济慈等出席开幕式。世界汉语教学学会会长朱德熙和中国对外汉语教学学会会长吕必松分别代表两个学会致辞。国家教委副主任、国家对外汉语教学领导小组常务副组长滕藤发表讲话。20 日下午，国务院总理李鹏在中南海紫光阁接见与会代表。《第三届国际汉语教学讨论会论文选》由北京语言学院出版社于 1991 年 11 月出版。

1990023　25 日，国家语委主办的第十三期中央普通话进修班在北京开学。

1990024　成立于 1990 年初的云、豫、川三省中学推广普通话研究会，在云南省大理白族自治州召开第一届研究会。

1990025　台湾历史语言研究所完成二十五史全文资料库并启用。

# 9 月

1990026　5 日，北京大学俞士汶等人研制的英汉机器翻译译文质量评估软件，通过部级技术鉴定。

1990027　11—14 日，第四届近代汉语研讨会在陕西师范大学举行。

# 10 月

1990028　5 日，第二十三届国际汉藏语言和语言学会议 5 日至 7 日在美国德克萨斯大学阿灵顿分校召开。来自美国、中国、法国、日本、泰国和中国香港等 12 个国家和地区的 87 位代表出席。宣读论文的内容大致可分为汉语和非汉语的其他东南亚民族语言两大方面。会议提供了新的有关中越、中印边境上的民族语言的资料。

1990029　15 日，由华中师范大学甲骨语言研究中心发起召开的全国首次甲骨语言研究方法讨论会在武汉举行。胡厚宣、姚孝遂、张舜徽、夏渌、邢福义等 40 多位学者出席会议。

1990030　17—20 日，中国音韵学研究会第六次学术讨论会在北京举行。

1990031　22—25 日，中国社会科学院语言研究所、国家语委语用所和安徽大学中文系联合举办的第六次现代汉语语法学术讨论会在合肥举行。

1990032 23—26 日，国家语委在上海召开全国城市社会推广普通话工作经验交流会。参加会议的有各省、自治区、直辖市、计划单列市、省会（自治区首府）和 8 个沿海开放（旅游）城市语委或教委的代表，以及国家教委、交通部、建设部、国家旅游局和新闻单位的代表共 80 多人。国家语委主任柳斌、上海市副市长谢丽娟在开幕式上讲话。会议期间，各地代表交流了社会推广普通话工作情况和经验，现场观摩上海市公安、财贸和公交系统推广普通话的活动。

1990033 《信息处理用现代汉语分词规范》审定会和鉴定会在北京召开。1988 年初成立了由计算机、汉语汉字学、机器翻译、汉字编码及标准学专家组成的制订组开始研制工作。1989 年由北京语言学院、北京师范大学和北京航空航天大学对 13 万字的语料进行分词验证 。制订组决定给《分词规范》增加一个附录，分类给出一些结构的切分形式，以帮助使用者正确掌握切分界限。鉴定会一致同意把此规范向有关部门报批。

## 11 月

1990034 6—11 日，全国汉语口语研究会第二届年会暨讲习班在韶关召开。国家语委常务副主任仲哲明发来贺词。国家教委师范司副司长孟吉平参加会议并讲话。会议传达了国家教委主任李铁映关于师范学校要把普通话作为一门重要课程来抓的指示，指出口语课程的设置必须着眼于应用，要搞一个师范院校教师语言课程的标准，让师范生学习和掌握。

1990035 22—25 日，国家语委语用所与苏州大学共同主办的应用语言学学术讨论会在苏州大学举行。讨论的主要内容有：应用语言学的名称及范围；关于语言教学及语言规范问题等。

1990036 ′25 日，台湾《联合报》发表题为《两岸文字必须早日统一》的文章。

1990037 26 日，新疆维吾尔自治区民族语委和伊犁哈萨克自治州民族语委、州广播电视局在伊宁市联合召开哈萨克语正音法学术讨论会。

## 12 月

1990038 3 日，新闻出版署在北京人民大会堂举行表彰大会，表彰为编纂出版《汉语大字典》做出贡献的单位和个人，并向 51 个单位和 455 名个人授奖。

1990039　22 日，清华大学计算机系黄昌宁等建立的学生学籍管理系统汉语专用人机接口，通过部级技术鉴定。该系统已达到实用化水平。

1990040　24 日，沈阳自动化研究所李应潭、中国科技大学赵振西等合作研制的英汉翻译系统 EC-2 通过技术鉴定。

1990041　26 日，成都市人民政府令发布施行《成都市招牌管理办法》。

1990042　29 日，国家教委、国家语委联合发出《关于小学普及普通话的通知》。《通知》的主要内容有：1. 小学普及普通话的要求；2. 小学普及普通话的进程；3. 小学普及普通话应采取和加强的措施；4. 制订小学普及普通话的规划。

## 同年

1990043　中共中央总书记江泽民在新疆考察时指出："各民族不分大小强弱、历史长短、发育阶段高低，都应该一律平等，包括政治上的平等权利，发展经济文化的平等权利，语言文字的平等权利。"

1990044　《信息交换用汉字编码字符集·第一辅助集》作为推荐性国家标准发布。它是与《基本集》对应的繁体字（包括非简化字及传承字）集。该字符集共收图形字符 7583 个，其中前 15 区共收 717 个字符，从 16 区到 91 区共收 6866 个繁体汉字，其中一级汉字 3755 个、二级汉字 3008 个，另有 103 个繁体字是简体与繁体一对多关系的字。

1990045　《现代汉语大词典》作为中国社会科学院重点课题立项，开始编写工作。

1990046　哈尔滨工业大学王晓龙研究语句输入的总体设计、人机界面、局内编辑、机器学习等有关内容，并完成了第一个拼音语句输入系统和语句级语音输入系统。该技术此后授权给微软、富士通等多家公司。目前语句输入的方式已经成为键盘输入的主流技术。

1990047　山西大学刘开瑛等采用语料库方法和人工智能结合的技术路线，在真实语料库获取语言规则的基础上，从词汇学的角度，研究词的构成、语素构词能力等，使分词在以往基于经验的基础上，介入细颗粒度的语言推理知识，建立一套专有名词识别和网络词语识别的理论和方法。在处理复杂多变的真实语言时，提高了分词精确度。

1990048　由新疆维吾尔自治区民族语委研制成功的《博格达维、哈、柯、汉文办公自动化系统》在自治区第三届发明与新技术展览会上荣获银奖。翌年 2 月 1 日，通过自治区级鉴定。

1990049　香港教育署语文教育学院中文系编《常用字字形表》（修订本）出版。

1990050　香港考试局开始举办面向香港各界人士的普通话高级水平测试。

1990051　钱锋《计算语言学引论》由学林出版社出版。

1990052　陆致极《计算语言学导论》由上海教育出版社出版。

1990053　徐世荣《北京土语辞典》由北京出版社出版。

1990054　周有光《世界字母简史》由上海教育出版社出版。

1990055　据台湾有关方面统计，至 1990 年，台湾会说"国语"的民众已达 80%。家庭中说"国语"的比例正逐渐升高。可以认定，"国语"是台湾人之间最通行的主要语言。

# 1991 年

## 1 月

1991001　9 日，复旦大学设立"陈望道修辞学基金"。

1991002　13 日，北京市第四次中青年语言学研讨会在北京召开。

1991003　18 日，上海市和复旦大学开展陈望道 100 周年诞辰系列纪念活动。10 月 17 日，上海市各界人士在上海市政协礼堂隆重举行陈望道 100 周年诞辰纪念大会。上海市委副书记、宣传部长陈至立，全国政协副主席、复旦大学名誉校长苏步青，复旦大学校长华中一等出席并致辞。18—19 日举行陈望道学术思想研讨会。18—20 日举行以"纪念陈望道的学术贡献，探讨修辞学的未来走向"为中心议题的华东修辞学会第六届年会。

1991004　25 日，广东省语委、广州市语委在广州联合召开纪念《汉字简化方案》公布 35 周年座谈会。

1991005　26 日，国家语委在北京人民大会堂举行纪念《汉字简化方案》公布 35 周年座谈会。到会的有中共中央政治局委员、国务委员、国家教委主任李铁映，人大常委会副委员长孙起孟，全国政协副主席、中国社会科学院院长胡绳，国家教委副主任何东昌，中央有关部委的负责人，各省、自治区、直辖市、计划单列市的副省长、副主席、副市长、教委主任，还有语言文字、教育、科技、书法等各界的专家学者。首都新闻界记者 150 多人与会。中共中央顾问委员会常委胡乔木做了书面发言。国家语委主任柳斌主持座谈会。李铁映、杨纪珂、胡绳、何东昌、马庆雄、裘锡圭、金光、安效珍、刘杲、甘国屏、吕必松、徐仲华、王伯熙做大会发言。与会者回顾 35 年来《汉字简化方案》在普及教育、扫除文盲、发展文化科学技术等方面发挥的积极作用，批评了随意使用繁体字和干扰简化字推行的做法。座谈会还认为，文字是记录语言的符号，是传递信息、交流思想、协调社会生产和社会生活的重要工具，全社会必须遵守统一的文字规范。

1991006　27 日—2 月 2 日，中国社会科学院语言研究所、国家语委语用所、人民教育出版社课程教材研究所、北京市语言学会和山西语文报社联合召开中学语法教学研讨会，就中学语法的现状、问题的症结所在，以及改变现状的办法进行了讨论。

## 3 月

1991007　2—30 日，国家语委普通话推广司对广东省（广州市、佛山市、顺德县［今佛山市顺德区］、汕头市、澄海县［今汕头市澄海区］）和福建省（泉州市、厦门市、同安县［今厦门市同安区］、南平市）的推广普通话工作进行调研。调研面涉及城乡的学校、机关、商业、旅游、企业等 50 个单位。

1991008　6—8 日，《现代汉语方言大词典》第一次编写会议在南京师范大学召开。该词典由中国社会科学院语言研究所和江苏教育出版社编纂，语言研究所顾问李荣任主编。该词典被列入 2000 年前辞书出版规划重点工程。

1991009　18—22 日，《语言教学与研究》编辑部和《世界汉语教学》编辑部主办的汉语语法研究座谈会在北京召开，中心议题是"80 年代与 90 年代中国现代汉语语法研究"。

1991010　20 日，以曹先擢为团长的国家语委代表团到香港访问，就汉字应用、推广普通话以及利用电子计算机进行现代汉语分析研究等问题，与香港语言文字学界同行互通情况，进行讨论。

1991011　31 日，北京大学中文系举行纪念语言学家高名凯（1911—1965）八十诞辰活动。

1991012　杨秉一《新疆民族语言文字工作四十年》出版。

## 4 月

1991013　2 日，新加坡《联合早报》记者就汉字简化、推广普通话、语言文字规范化等问题访问国家语委，常务副主任仲哲明接待。

1991014　11 日，国家语委主办的第十四期中央普通话进修班在北京开学。

1991015　17—23 日，首次中外语言文化比较研讨会在杭州举行。研讨会的议题有：语言比较研究的基本观点和方法，中外语言和中外文化的比较、翻译，中文信息处理，对外汉语教学，外语习得等。

1991016　23—25 日，国家语委和国家教委在北京联合召开全国师范院校推广普通话工作汇报会。国家语委常务副主任仲哲明,普通话推广司司长刘照雄、副司长曹澄方,国家教委师范教育司副司长孟吉平以及 27 个省、自治区、直辖市的语委办公室主任和教委师范教育负责人出席会议。云南、辽宁、福建、河南、湖北、江苏 6 省介绍了经验。主管部门决定从 1991—1993 年对全国中等师范学校、师范专科学校的普及普通话工作进行全面检查评估。仲哲明在开幕式上讲话,强调了师范院校推广普通话工作的重要性并向与会者介绍了正在制订中的语言文字工作十年规划的基本内容,指出今后推普工作应朝着"大力推广,积极普及,逐步提高"的方向努力。国家教委师范司副司长孟吉平和国家语委推普司司长刘照雄分别就师范院校开设普通话口语训练课和推普工作检查验收等工作做了部署。

1991017　23—27 日,全国文字处理协会和印刷行业协会共同主办的全国电子印刷用字评审会在北京召开。评审会的主要目的就是从字形规范、书写美观和实现技术这三个方面对国内各研究、生产厂家的电子印刷字形进行一次摸底调查,为制订高精度电子字形的标准和电子字形产业的发展策略做必要的准备,同时也为电子字形产业的出口提供指导和帮助。

1991018　27 日,北京市语言学会语言和文化研究会成立暨第一次研讨会在北京举行。会议着重探讨了汉语、汉字、训诂、少数民族语言、外语翻译和对外汉语教学等与文化的关系。

1991019　28 日,由辽宁省社会科学院文学研究所和浙江省社会科学院情报所联合主办的中国民俗语言学会成立大会在宁波举行。

## 5 月

1991020　5—8 日,国家语委语用所和中央教科所教学法研究室在安徽省歙县召开汉语拼音直读法教学实验研讨会。自 1987 年开始,有 20 个省市约 500 个班级的 2 万名学生采用直读法学习汉语拼音,取得了比较明显的教学效果。

1991021　22 日,北京市语言学会成立计算语言学研究会。中国中文信息学会副理事长陈力为、北京市语言学会副会长兼秘书长胡明扬应邀到会讲话,祝贺研究会成立并希望研究会能在这一交叉学科的建设中发挥积极作用。

## 6 月

1991022　4 日,国家语委、国家教委联合发出《关于对中等师范学校普及普通话工作进行检查验收的通知》，对检查验收的范围与对象、内容与要求、组织领导与工作程序、方法、时间做了规定。

1991023　5—7 日，全国语委办主任会议在成都召开。各省、自治区、直辖市、计划单列市的 44 名语委和教委干部出席会议，讨论了《国家语言文字工作十年规划和"八五"计划纲要》。

1991024　6 日，人民日报社、国家语委、广播电影电视部、新闻出版署、中国语言学会、北京市语言学会在北京人民大会堂联合举行座谈会，纪念《人民日报》1951 年 6 月 6 日题为《正确地使用祖国语言，为语言的纯洁和健康而斗争！》的社论发表 40 周年，呼吁提高语言文字应用的规范意识，进一步做好语言文字规范化、标准化工作。座谈会由人民日报社总编辑邵华泽主持，全国人大常委会副委员长孙起孟、中宣部副部长李彦、全国政协外事委员会副主任柴泽民、国家语委常务副主任仲哲明、新闻出版署副署长刘杲、语言学家吕叔湘以及首都各有关方面专家、学者 50 多人出席座谈会。同日《人民日报》发表社论：《认真做好语言文字规范化工作》。

1991025　8—10 日，国家语委和建设部在成都联合召开全国城市公共交通系统推广普通话经验交流会。国家语委常务副主任仲哲明、建设部城市建设司副司长赵士琦、国家语委普通话推广司副司长曹澄方等出席会议，成都市公共交通公司以及广州、西安、大连、杭州、上海、青岛等城市的公交系统代表介绍了经验。出席会议的有来自各省、自治区、直辖市、计划单列市语委、建委、公交系统的代表 107 人。广州等城市介绍了公交车通过电子报站器用普通话报站的经验。

1991026　10—25 日，中国汉语水平考试工作小组赴新加坡主持汉语水平考试（HSK）。

1991027　18—21 日，新加坡国立大学主办的"汉学研究之回顾与前瞻"国际会议在新加坡举行。参加会议的有中国、美国、苏联、德国、意大利、比利时、日本、印度尼西亚、澳大利亚、新加坡以及中国台湾、香港、澳门等 40 多个国家和地区的 300 多位汉学家。广东省语言学会会长詹伯慧在会上宣读论文《汉语方言研究的回顾与前瞻》。

1991028　19 日，国务院转发国家民委《关于进一步做好少数民族语言文字工作的报告》，要求各地政府和有关部门重视少数民族语言文字工作。

1991029　21 日，由台湾海峡交流基金会主办、台湾中国文字学会承办、台湾师范学院文学院和天地杂志社协办的"中国文字的未来"学术研讨会在台湾师范大学召开。会议主题是：海峡两岸文字统合的评估与前瞻。

1991030　26 日，中国中文信息学会在成都举办中文电脑全国交流会和中文信息通联世界学术报告会，庆祝学会成立 10 周年。

# 7 月

1991031　2—6 日，全国术语标准化技术委员会主办的"术语学、标准化与技术传播"国际学术会议在北京召开。参加会议的有来自奥地利、美国、中国、苏联、德国、日本和中国香港等 13 个国家和地区的 100 多位专家、学者。中国科协名誉主席钱三强、国家语委主任柳斌、国家技术监督局副局长罗绍曾出席开幕式并讲话。

1991032　5—7 日，国家教委对外汉语教师资格审定工作会议在哈尔滨召开。参加会议的有国家教委有关部门及 16 所高等学校的有关负责人。会议讨论了实施国家教委颁布的《对外汉语教师资格审定办法》的有关问题。

1991033　9—11 日，华东师范大学和澳大利亚拉特罗布大学在澳大利亚墨尔本联合举办语言教学讨论会。主要议题有：1. 有关汉语教学的讨论，包括电视录像和计算机在汉语教学中的利用；2. 英语基础教学的讨论和文学阅读教学的探索；3. 对澳大利亚学校中汉语课程设置的意见和改革设想；4. 汉语水平考试介绍；5. 中国少数民族语言发展概况和彝族语言教育情况。

1991034　12 日，建设部和国家语委联合发出《关于在全国城市公共交通系统进一步加强推广普通话工作的通知》。

1991035　31 日—8 月 2 日，由澳门中国语文学会和蔡氏教育文化基金会联合主办的第三届国际粤方言研讨会在澳门中华教育会堂举行。来自中国、美国等国家和中国香港、澳门地区的近 40 名学者与会。

1991036　新疆维吾尔自治区民族语委制定《新疆维吾尔自治区语言文字工作十年规划和"八五"计划》。

1991037　广东省教育厅、省语委联合发出通知，对中学普及普通话工作提出要求，并部署 1992 年下半年对省市重点中学普及普通话工作进行检查评估。

# 8 月

1991038　1 日，新疆维吾尔自治区察布查尔锡伯自治县人大常委会审议通过《现代锡伯文学语言正字法》，并公布实施。

1991039　5—7日，由深圳教育学院深港语言学研究所和深圳市语言文字工作办公室联合主办的第二届双语双方言研讨会（国际）在深圳教育学院举行。来自美国，中国香港、澳门及大陆的学者50余人出席会议。会议集中讨论了普通话与方言、少数民族语言及外语的对比研究，双语双方言研究的理论和方法，以及双语双方言研究与推广普通话的关系。

1991040　19—21日，由机电部计算机司组织中国计算机软件与技术服务总公司、联合国开发总署、日本国际情报化协力中心和北京信息工程学院联合主办的"多国语言及其翻译暨中文信息处理应用国际研讨会"在北京召开。来自日本、美国、法国和中国从事机器翻译、自然语言理解、人工智能的专家学者200多人参加会议。会议的主要内容有：中日合作多国语言机器翻译的技术交流；基于知识库的中文信息处理系统的理论与实践。

1991041　27日，深圳市人民政府办公厅发出《关于认真贯彻深圳市人民政府关于加强社会用字管理的通告的通知》。

1991042　29—30日，海峡两岸汉字学术交流会在北京举行。近20位来自台湾的学者和40多位在京大陆学者就汉字的研究和应用等问题进行了广泛交流。交流会开幕式由北京市语言学会会长张志公主持，北京国际汉字研究会会长袁晓园致辞。

1991043　30日，国家技术监督局批准国家标准《中国各民族名称的罗马字母拼写法和代码》（GB3304-91），1992年4月1日起实施。

1991044　30—31日，国家语委主任柳斌视察山东省即墨市（今青岛市即墨区）、平度市，对当地学校提出加强学校普及普通话工作的要求。

# 9 月

1991045　1日，国家语委和青岛市人民政府联合举办青岛化工杯全国普通话大赛。国家语委主任柳斌出席开幕式并讲话。参赛的有汉族、满族、蒙古族、维吾尔族、回族、藏族、布依族、佤族等8个民族的选手。

1991046　7日，国家语委主办的第十五期中央普通话进修班在北京开学。

1991047　9—11日，由北京大学中文系主办的现代语音学研讨会在北京大学召开。研讨会是由中国社科院语言所语音研究室、民族所语言研究室以及北京大学中文系共同发起的。

1991048  11—14 日，国家语委语用所主办的第二次全国汉字问题学术讨论会在北京召开。会议主要议题有：1. 汉字的规范化和标准化，涉及海峡两岸用字规范问题；2. 汉字的应用，亟待加强研究制定规范标准和相应的使用管理法规，加强研究制定规范的汉字构件，统一编码，降低汉字输入的难度；3. 汉字的理论研究。国家语委主任柳斌到会讲话。

1991049  17—20 日，国家语委语用所语言应用研究室和延边大学《汉语学习》编辑部联合主办的社会用语规范学术座谈会在延吉举行。

1991050  20 日，全国第二届城市运动会在唐山举行。会议高度重视各个环节的用字规范。会前，国家语委副主任傅永和、文字应用管理司司长王伯熙到唐山市参加了城运会各工作部门负责人会议。

1991051  24 日，中国社会科学基金会语言学科组扩大会议在北京举行。经评审，会议投票通过了 14 项中华社会科学基金资助课题。

# 10 月

1991052  5 日，中共中央政治局委员李铁映在国家语委《广东福建两省推广普通话工作调查报告》上批示："推广普通话的工作要长期坚持抓下去，特别要抓教育战线和国家干部，最好省委能做一点决定，用 10 年时间，把教育、干部、社交用语的推普工作搞好。"

1991053  7—11 日，第二十四届国际汉藏语言和语言学会议在泰国举行。16 个国家和地区的近百名专家出席会议。

1991054  22 日，国家语委公布经国务院批准的国家语委委员名单：陈昌本、甘国屏、关涛、李瑞、刘杲、刘奇葆、马立、马庆雄、汝信、田希宝、王佛松、杨贤足、于庆和、张文范、赵可铭、曹先擢、陈原、道布、傅永和、耿绍光（夏青）、胡明扬、胡乔木、胡绳、季羡林、李行健、柳斌、刘坚、吕必松、吕叔湘、马大猷、王均、许嘉璐、叶籁士、张志公、仲哲明、周有光、朱德熙，共 37 人。

1991055  中国文字学会在北京成立。理事会由 16 名专家学者组成。第一届理事会会议推举北京大学教授裘锡圭为会长、国家语委文字应用管理司司长王伯熙为秘书长。

1991056  国家语委与中央人民广播电台联合举办第二届全国普通话广播大赛。

# 11 月

1991057　2 日，中央教育科学研究所教学法研究室、国家语委语用所汉语拼音研究室和鄞县教委共同主办的汉语拼音直读法教学实验汇报会在浙江省鄞县（今宁波市鄞州区）举行。

1991058　2—6 日，中国语言学会第六届学术年会在厦门举行。

1991059　11—14 日，语用学第二届全国研讨会在济南举行。研讨会由山东大学、烟台大学、曲阜师范大学、广州外语学院和山西师范大学联合发起，山东大学主办，与会代表 70 余人。会议围绕语用学理论的引进与创新、语用学与汉语研究相结合、语用学在自然语言理解和语言教学中的应用等问题展开讨论。

1991060　11—15 日，全国汉语方言学会第六届学术讨论会在南京举行。年会产生第七届理事会，选举李荣为会长。

1991061　16 日，《现代汉语方言大词典》第二次编写工作会议在南京召开。

1991062　20 日，首届全国计算机学联合学术会议在杭州召开。来自中国大陆和台湾、香港地区的专家学者 100 余人参加会议。

1991063　21—23 日，中国音韵学会和华中理工大学（今华中科技大学）语言研究所联合主办的汉语言学国际学术研讨会在武汉举行。

1991064　29 日，国家语委下发《国家语委关于开展直辖市、省会城市社会用字检查评比的通知》，决定于 1992 年 7—8 月份对各直辖市、省会城市的社会用字进行检查评比。《通知》规定了检查范围、内容、组织领导及活动安排。

1991065　河南省语委对全省 42 所中等师范学校的普及普通话工作进行检查验收。

# 12 月

1991066　3—7 日，全国少数民族语文工作会议在北京召开。会议期间，邀请有关地区的代表和专家学者举行了新创或改进的文字试行和推行工作座谈会，还成立 5 省区藏语文协作领导小组协调会。

1991067　6 日，国家教委发出《关于全国教育系统进一步加强语言文字规范化工作的通知》。《通知》指出："学校推广普通话，是培养未来'四有'人才文化素质的基本内容之一，必须列入学校工作计划，提出明确的目标和要求，建立必要的规章制度。"《通知》要求："到本世纪末，普通话应当成为城市幼儿园和乡中心小学以上各级各类学校的教学语言，有些地区还应成为校园语言。各级各类师范学校（包括承担师资培养任务的普通高校、民族院校）和职业高中幼师类、文秘类、公共服务类（旅游、商业、服务等）专业都要开设普通话课程。普通话不合格的毕业生，应进行补课和补考，待补考合格后，再发给毕业证书。用普通话进行教学是合格教师的一项必备条件，应当成为评估教学质量的一个内容。对语文教师说普通话的能力和水平应有更高的要求。"《通知》还要求各地小学加强汉语拼音教学，并把它和推广普通话结合起来。"注音识字，提前读写"的试验应按国家教委的有关要求进一步推广。《通知》对各地教育部门的机关公文、图书报刊、信息处理、影视屏幕以及招牌、标语牌、商标、广告、证书、校徽、奖状等面向广大师生和社会公众的文字，提出了"应当合乎规范"的要求。

1991068　7 日，在全国民族语文工作会议期间，召开了关于依据《汉语拼音方案》拼写少数民族语地名的座谈会。

1991069　8 日，中国汉语水平考试（HSK）在日本东京举行。考试由中国驻日本大使馆教育处主持，参加考试的共 360 人。

1991070　10—13 日，由中国语言文化学会、广州师范学院、广州语言文化学会主办的第二届全国语言与文化学术研讨会在广州举行。

1991071　13—15 日，由香港语言学会和香港浸会学院文学院主办的"华语社会中的语言学教学"研讨会在香港举行。

1991072　16 日，国家语委文字应用管理司在北京召开现代汉语语料库第一次专家论证会。与会代表就现代汉语语料库总体设计、选材原则、汉语语料库的规范和标准以及语料库的有关课题研究等进行了充分的论证、协商。

1991073　19 日，由国家语委、光明日报社、广播电影电视部总编室、中国书法家协会、北京市语言学会、解放军总政文化部、武警部队政治部文化处等单位联合举办的首届全国规范汉字楷书书法大赛结束。

1991074　19—21 日，湖北省语言学会在武汉召开首届中学教学语法研讨会。

1991075　26 日，国家教委对外汉语教师资格审查委员会按照国家有关规定，对北京、天津、上海三市部分院校进行了对外汉语教师资格审定试点考试。

1991076　27 日，山西省语委在太原召开全省语言文字工作会议。国家语委副主任曹先擢出席并做了题为《振奋精神，进一步做好语言文字工作》的讲话。会议讨论并通过《山西省语言文字工作十年规划和"八五"计划》。

## 同年

1991077 新疆维吾尔自治区民族语委、教委联合下发《关于对中等师范学校普及普通话工作进行检查验收的通知》，要求各师范院校做好普通话普及工作。

1991078 倪海曙著作编辑小组编《倪海曙语文论集》由上海教育出版社出版。吕叔湘作序，书后附叶籁士编写的《倪海曙年谱》。

1991079 刘开瑛、郭炳炎《自然语言处理》由科学出版社出版。

1991080 王永成等《中文信息处理技术及其基础》由上海交通大学出版社出版。

1991081 1991年至1993年间，香港语文教育学院获香港汇丰银行语文发展基金赞助，进行了"香港普通话科教师基本要求"的研究。

1991082 台湾《华文世界》第59期刊载杨祚德题为《正视大陆简化字》的文章。文章指出："遇事不能单凭道听途说或游戏性臆测，应作理智的决定和判断，反对简化字的问题亦不例外。""愿读者诸君正视大陆简化字的概况，毕竟它已存在了20多年，有其不容忽视的影响。"

1991083 语言文字学家、原《文字改革》主编杜松寿（1905—1991）逝世。

# 1992 年

## 1 月

1992001　5 日，香港普通话研习社会员大会暨创办 15 周年庆典在九龙举行。200 多名会员参加大会，中国大陆和香港、台湾地区的知名人士出席庆贺。

1992002　9 日，青海省人民政府令第 11 号发布施行《青海省社会用字管理办法》。

1992003　10 日，国家语委在北京召开 1992 年度工作会议。全国 28 个省、自治区、直辖市和 13 个计划单列市的语委办负责人出席会议。国家语委常务副主任仲哲明在开幕式讲话中指出，1992 年的主要任务是：进一步大力宣传新时期语言文字工作的方针、政策，提高全社会的语言文字规范化意识；加强宏观管理、分类指导，协调各有关部门、行业系统和地方各级政府齐抓共管，做好语言文字工作；加强语言文字的立法工作，大力推广、积极普及普通话，进一步做好社会用字管理工作，促进文字的规范化、标准化，为完成语言文字"八五"计划奠定良好的基础。国家语委主任柳斌出席闭幕式并讲话。

1992004　25 日，国家语委文字应用管理司在北京师范大学召开电视片《神奇的汉字》座谈会。到会的有北京大学、中国社会科学院语言研究所、南开大学、中国人民大学、北京师范大学、北京师范学院、中央民族学院等单位的专家、教授 20 余人。专家们充分肯定了《神奇的汉字》制作者宣传、介绍汉字的热情和意图，但也指出：1.影片神化汉字、夸大汉字的功能和作用，理论上缺乏根据，政治上影响也不好；2.影片的许多结论和提法是不科学的，不符合事实的，也是经不住推敲的；3.影片否定文字改革成果，嘲讽文字改革的方针、政策，跟国家当前的语文政策不一致；4.影片不适当地突出某些个人。

1992005　28 日，国家语委语用所主办的全国性语言文字应用学术刊物《语言文字应用》创刊。它致力于推进语言文字的规范化、标准化，密切联系语言文字应用的实际，集中发表这一领域的学术研究成果，并积极开展讨论和争鸣，为国家语言文字政策的制定提供理论依据。从 1992 年至 2003 年先后担任该刊主编的有龚千炎、于根元、费锦昌、靳光瑾、李宇明。

## 2 月

1992006  2 日，中共广东省委、广东省人民政府发出《关于大力推广普通话的决定》，要求：1.全省各级党政机关必须带头推广普通话；2.新闻单位要大力做好推广普通话的宣传工作；3.抓住重点，加快学校普及普通话的进程；4.进一步抓好服务行业的推广普通话工作；5.加强领导，建立健全语言文字工作制度。

1992007  20 日，国家语委发出《关于 1992 年 9 月份开展对直辖市、各省会城市的社会用字进行检查评比通知的补充通知》。通知在检查范围、检查内容和组织领导及活动安排等方面提出了具体要求。

1992008  22 日，"中国各民族历代文字展"在昆明开幕。

1992009  27 日，由全国印刷字体工作委员会主办的第二届全国汉字印刷新字体评选会在杭州召开。

1992010  29 日，北京市召开社会用字规范化总结表彰大会，命名崇文区（后并入东城区）为社会用字规范化优秀区，北京日报群工部等 8 个单位为先进单位，安定门街道办事处等 45 个办事处为先进街道办事处。

1992011  29 日，广东省语委、省教育厅与南方日报社联合举办座谈会，贯彻中共广东省委、省政府《关于大力推广普通话的决定》。

1992012  国家语委拟定《国家语言文字工作十年规划和"八五"计划纲要》。

## 3 月

1992013  3 日，湖北省语委印发《关于做好第二届全国农运会、第四届全国大学生运动会用字工作的函》，建议两届运动会组委会把规范用字工作列入日程。

1992014  4 日，中共福建省委办公厅、福建省人民政府办公厅，根据省委、省政府的指示，向全省转发省教委《关于进一步加强全省语言文字工作的意见》，并就此发出《转发省教委关于贯彻李铁映同志对福建推广普通话工作批示的意见的通知》。

1992015  11 日，国家教委基础教育司、国家语委普通话推广司和语言文字应用研究所在哈尔滨联合召开小学语文"注音识字，提前读写"教改经验推广工作座谈会。全国 28 个省、自治区、直辖市的教委、语委和教研、实验单位的代表 150 多人参加会议。黑龙江省副省长戴谟安主持开幕式。国家教委副主任何东昌、国家语委常务副主任仲哲明出席开幕式并讲话。国家教委副主任、国家语委主任柳斌到会并讲话，国家教委基础教育司司长陈德珍做会议总结。

1992016　21 日，上海市语委和《汉语拼音小报》编辑部召开《汉语拼音小报》出版 500 期纪念会。市语委、市新闻出版局、上海教育出版社负责人及文化教育界近百名人士出席。

1992017　21 日，中国文字学会和台湾辅仁大学中文系联合主办的第三届中国文字学国际学术研究会在台湾辅仁大学举行。来自中国大陆、香港、台湾地区及日本等国约 200 名学者参加会议。

1992018　25 日，新疆维吾尔自治区第二届民族语言文字工作会议在乌鲁木齐召开。

1992019　25 日，语文出版社在北京召开《中国语言学年鉴》编纂座谈会。京沪两地部分《年鉴》的顾问、编委和有关专家学者应邀出席，并就《年鉴》编纂内容、体例方法等广泛交换意见，取得共识。《年鉴》从 1991 年编起，计划每年编纂 1 本，以及时反映中国语言学的发展状况、研究成果、学术动态，辑录保存重要资料。《年鉴》首席顾问吕叔湘，主编李行健。

1992020　28 日，国家语委邀请参加七届全国政协五次会议的部分文化、教育、科技界人士，就语言文字工作举行座谈会。出席座谈会的有：全国政协常委霍懋征、马大猷、张志公，委员夏青、李燕杰、李振麟、石奉天、王均、王益、王子野，特邀委员袁晓园。还有国家语委各司局和语文出版社的负责人。

1992021　29 日，由澳门社会科学学会主办的"澳门过渡期语言发展路向国际学术研讨会"在澳门举行。会议主要围绕语言与法律的关系、公务员的语言、中文在澳门的地位等问题进行讨论。会议论文由程祥徽主编成《澳门语言论集》出版。

1992022　黑龙江省语委举办"注音识字，提前读写"小学语文教改实验 10 周年成果展览。

# 4 月

1992023　1 日，上海市体委印发《关于做好第一届东亚运动会用字工作的通知》。

1992024 2 日，国家语委邀请出席七届人大五次会议的部分文化、教育、科技界代表，就语言文字工作举行座谈。出席座谈会的有：全国人大常委许嘉璐，人大代表黄自莲、刘焕辉、钱伯城、斯霞、王纯山、詹伯慧、张永言。国家语委各司局和语文出版社的负责人参加座谈会。国家语委主任柳斌出席并讲话。

1992025 4 日，国家语委主办的第十六期中央普通话进修班在北京开学。

1992026 5 日，由上海大学文学院、上海现代语言学研究会、山西省《语文研究》编辑部联合主办的第三届全国现代语言学研讨会在上海召开。

1992027 10 日，第三届现代汉语语法研讨会在南京召开。会议的中心议题是汉语语法的应用研究，包括对外汉语教学、汉语计算机处理以及语言学边缘学科中的语法问题。

1992028 13 日，由国家语委语用所和西安外国语学院联合举办的第三届社会语言学学术讨论会在西安召开。

1992029 20 日，河南省中师普通话口语教学成绩观摩比赛暨研讨会在洛阳举行。

1992030 22 日，由中国社会科学院语言研究所和中国语文杂志社共同主办的中国语文研究 40 年学术讨论会在北京举行。中国社会科学院院长胡绳和语言学家吕叔湘出席开幕式并讲话。京内外 70 多位专家学者出席会议。提交会议的 69 篇论文编成《中国语文研究四十年纪念文集》，由北京语言学院出版社于 1993 年 10 月出版。

1992031 23 日，黑龙江省语言学会第八届会员代表大会暨学术年会在哈尔滨举行。

1992032 24 日，由山东大学中文系承担的《信息处理用现代汉语港台词语集》在济南通过省级技术鉴定。

1992033 27 日，由国家语委文字应用管理司主持召开的汉语语料库选材原则专家论证会在北京举行。国家语委有关领导和在京的 20 多位语言学界、计算机界的专家学者出席会议。

# 5 月

1992034 8 日，由国家语委语用所语言应用研究室和湖北大学政管系联合举办的第二届应用语言学学术讨论会在随州举行。

1992035 9 日，北京市语言学会语文现代化研究会在北京师范大学召开语文现代化运动 100 周年纪念会。国家语委副主任曹先擢出席会议。北京市语言学会会长张志公、副会长徐仲华等讲话。

1992036　21 日，由新闻出版报和演讲与口才杂志社联合举办的全国计划单列市和省会城市党委机关报编校质量抽查评比颁奖大会在人民大会堂举行。

1992037　21 日，北京市语委与市商业委员会联合召开西单商场牌匾用字规范化现场会，推广西单商场坚持使用规范汉字的经验和做法。

1992038　25 日，商业部和国家语委联合发出《关于在全国商业系统加强推广普通话工作的通知》。

1992039　29 日，广东省人民政府办公厅举办机关干部普通话比赛。

# 6 月

1992040　3 日，国家语委文字应用管理司就全国大学生运动会、杂技节的规范用字问题致函武汉市领导，希望狠抓规范用字，为大型文体活动用字规范树立样板。

1992041　4 日，辽宁省实施小学普及普通话规划现场汇报会在抚顺召开。会议要求全省各市分别推出小学普及普通话工作的一个示范区和两所示范校。

1992042　12 日，江苏省广告语言研究会成立。

1992043　14 日，来自中国社会科学院和首都各高校近 20 个单位的 120 多名中青年学者，在清华大学举行北京市第五届中青年语言学研讨会。

1992044　20 日，河北省语委发布《河北省语言文字监督工作规定》，规定了语言文字监督的范围、内容、主要对象、所依据的标准等。

1992045　23 日，武汉市委宣传部和市语委联合发出《关于组织全市处级以上干部参加规范汉字知识大赛的通知》。

1992046　24 日，由新加坡国立大学高等研究中心主办的第一届国际汉语语言学会议在新加坡举行。来自中国等 22 个国家和地区的 300 余名学者参加会议。

1992047　30 日—7 月 3 日，国家语委普通话推广司和国家教委师范教育司在襄阳师专召开全国中师普及普通话检查评估总结会和高师普及普通话工作汇报会。出席会议的有全国 26 个省、自治区、直辖市的教委、语委和师范院校的代表共 94 人。国家教委师范司副司长孟吉平主持开幕式并讲话，国家语委副主任傅永和做工作总结。湖北、云南、山东、浙江、辽宁、湖南、安徽等省的代表介绍了高师推普工作的方法和经验。会议对中等师范学校的检查评估情况做了总结，对师范专科学校的检查评估做了部署，并观摩了襄阳师专的普及普通话工作。

1992048　国家教委基础教育司在北京市召开研讨会，落实"全国中小学教学用汉字编码规范与计算机汉字输入系统"的"八五"重点项目。与会代表认为，在立项报告中确定的"研究制订适合全国中小学语文规范化教学用的汉字编码方案"和"研制实现上述方案的计算机汉字输入系统"，其目标切实可行。

# 7 月

1992049　1 日，《人民日报》（海外版）从今天起改用规范汉字排印。这一举措对于推动海外华人进一步学习和使用简化字，纠正大陆目前存在的社会用字混乱现象，促进语言文字的规范化、标准化，将起到积极作用。《人民日报》（海外版）从 1985 年 7 月 1 日开始用繁体字排印后，中外读者反映强烈。1985 年 8 月 27 日中央对外宣传小组办公室把《中外一些汉语学者认为〈人民日报〉（海外版）宜用简体字》的"情况反映"呈送胡乔木。胡乔木于 1985 年 8 月 27 日和 9 月 5 日分别写信给《人民日报》总编辑、副总编，表达了对此事的关心，并提出改用简化字排印《人民日报》（海外版）的建议。

1992050　3 日，由香港中文教育学会主办的第二届中文科课程教材教法国际研讨会在香港大学举行。来自中国大陆、台湾、香港以及新加坡、马来西亚、菲律宾、日本、美国等国家和地区的学者约 200 人参加会议。研讨的范围包括课程、教材、教法、普通话及中文作为第二语文教学等有关问题。

1992051　7 日，新闻出版署和国家语委联合发布《出版物汉字使用管理规定》。《规定》要求报纸、期刊、音像制品等出版物的用字必须规范化。

1992052　8 日，中国语文现代化学会第一次筹备会议在北京举行。

1992053　9 日，国家体委和国家语委联合发布《关于在各种体育活动中正确使用汉字和汉语拼音的规定》。

1992054　13 日，新疆维吾尔自治区第七届人民代表大会常务委员会第二十七次会议通过《关于修改自治区扫除文盲条例的决定》。条例规定，使用少数民族语言文字扫盲的，应熟记和书写现行全部字母，学会拼音；在充分尊重少数民族学习使用本民族语言文字的基础上，提倡鼓励少数民族学习、使用汉语言文字。

1992055　13 日，全国口语研究会在天津召开学术年会，并举办口语教学经验研讨班。

1992056 14 日，由湖南省湘西土家族苗族自治州科委主持的"双语双文四步转换"教学改革实验鉴定会在吉首召开。湘西州共有 14 所小学的 974 名学生接受实验。首轮毕业的实验班有 4 个。由国家语委、国家民委、中国社会科学院以及省、州有关专家、领导组成的鉴定委员会肯定了这项试验。

1992057 18 日，由北京语言学院语言教学研究所承担研制的国家哲学社会科学"七五"规划重点项目"北京口语调查"通过专家鉴定。

1992058 19 日，国家语委委员、语言学家、北京大学教授朱德熙（1920—1992）在美国斯坦福大学病逝。

1992059 21 日，国家测绘局地名研究所成立。

1992060 21 日，广东省语委和广东省教育厅在深圳举办全省推普骨干培训班。

1992061 23 日，国家语委文字应用管理司致函共青团中央宣传部，原则同意团中央《关于青少年报刊坚持用字规范化，防止繁体字回潮的通知（征求意见稿）》。

1992062 24 日，国家语委文字应用管理司下发《关于直辖市、省会、自治区首府城市社会用字第一批检查工作安排的通知》。

1992063 30 日，新闻出版署、国家语委联合发出明传电报:《关于已使用不规范汉字的报头、刊名等如何改正问题的答复》。根据该《规定》，新申请创办的报纸、期刊的报头（名）、刊名，一律按该《规定》严格执行。在之前已经使用了不规范汉字的，必须予以纠正。具体做法：属于党和国家主要领导人亲笔题写的报头（名）、刊名（不含集字拼成的）中有不规范汉字的，可以暂缓改动；其他情况均应加以纠正。从 1993 年 1 月 1 日起报头、刊名必须使用规范汉字。

1992064 全国文献情报工作标准化技术委员会书面语转换分技术委员会第四届委员会在北京成立。

# 8 月

1992065 1 日，新闻出版署和国家语委联合发出的《出版物汉字使用管理规定》自今日起正式施行。《规定》的主要内容为：报纸、期刊、图书、音像制品等出版物的报头（名）、刊名、封皮（包括封面、封底、书脊等）、包装装饰物、广告宣传品等用字，必须使用规范汉字。向台湾、香港、澳门地区及海外发行的报纸、期刊、图书、音像制品等出版物，可以用简化字的一律用简化字，如需发行繁体字版本的，须报新闻出版署批准。整理、出版古代典籍、书法艺术作品、古代历史文化学术研究著述和语文工具书中有关部分必须使用繁体字、异体字的，可以使用繁体字、异体字；经国家有关部门批准，依法影印、拷贝的台湾、香港、澳门地区及海外其他地区出版的中文报刊、图书、音像制品等出版物，可照原样使用。印刷通用汉字字模的设计、计算机编排系统和文字信息处理系统使用汉字，必须符合国家标准和有关规定，需要使用繁体字的，须经新闻出版署批准。

1992066　10 日，河北省语委和省新闻出版局联合发出《关于对全省报纸、期刊用字规范化检查结果的通报》。接受检查的 47 家省级报刊中，用字规范或基本规范的有 37 家，占被检查报刊总数的 78.7%。从用字错误类别看，主要是"弃简用繁"。

1992067　14 日，深圳市人民政府办公厅发出《关于进一步加强社会用字管理的通知》。

1992068　14 日，国家对外汉语教学领导小组办公室、北京语言学院和中国对外汉语教学学会，在北京语言学院联合举办首届国际汉语考试学术研讨会。11 个国家和地区的 98 名学者参加会议。国家教委副主任滕藤、国家语委常务副主任仲哲明出席开幕式。会议期间，国务委员兼国家教委主任李铁映接见了全体与会代表并发表讲话。

1992069　16 日，新疆维吾尔自治区民族语委发布《新疆维吾尔自治区汉语言文字使用管理暂行办法》。

1992070　16 日，由中国社会科学院语言研究所古汉语研究室、中国语文杂志社、湖南师范大学《古汉语研究》编辑部等单位联合主办的全国古汉语学术讨论会在太原举行。

1992071　17 日，郑州市人民政府令第 27 号发布施行《郑州市社会用字管理规定》。

1992072　26 日，中国音韵学研究会第七届年会暨学术讨论会在威海举行。

# 9 月

1992073　3 日，由中国社会科学院计算机室和广东汕头大学联合举办的社会科学中文电脑研讨会在汕头举行。来自中国大陆、台湾地区及德国、韩国等国家的 60 位专家参加研讨。

1992074　4 日，国家语委组织检查团对哈尔滨、沈阳、太原、西安、昆明、武汉、北京、石家庄、郑州、天津等 10 座城市的社会用字进行检查。检查范围包括省委、省政府、市委、市政府、火车站、1 条繁华商业街、1 座电影院、1 所大学、1 所师范院校、1 所中学和 1 所小学。

1992075　5 日，国家语委主办的第十七期中央普通话进修班在北京开学。

1992076　15 日，天津市人民政府办公厅批转天津市语委拟定的《天津市社会用字暂行规定》。

1992077　18 日，台湾地区第五届计算语言学研讨会在台北市举行。

1992078　21 日，国家语委和国家教委联合发出《关于进一步做好中等师范学校普及普通话工作的通知》。《通知》肯定中师普及普通话第一阶段工作取得的重大进展，并提出实现第二阶段目标的要求。《通知》归纳出"将普及普通话的要求纳入培养目标，纳入管理常规，纳入基本功训练，渗透到德智体美和社会实践等各项教育教学活动中"的基本经验。被抽查的 29 个省、自治区、直辖市的 60 所学校全部合格。

1992079　21 日，国家语委、国家教委联合发出《关于对高等师范院校普及普通话工作进行检查评估的通知》。《通知》部署检查评估的重点是师范专科学校，条件具备的省市也可检查本科师范院校。检查评估的对象是一年级以外的在校学生和 1946 年 1 月 1 日以后出生的校系级干部和专任教师。

1992080　21 日，《语文建设》《语言文字应用》两刊编辑部联合召开北京地区青年语言工作者座谈会。

1992081　25 日，国务院总理李鹏主持召开的国务院第 113 次常务会议，原则同意国家语委《关于当前语言文字工作的请示》。

1992082　28 日，中共中央政治局委员、中国文字改革和社会主义文学艺术事业的推进者胡乔木（1912—1992）逝世。

1992083　福建省语委印发《福建省小学普及普通话工作 10 年规划要点》，计划从 1993 年起，分批验收已达到要求的学校。

# 10 月

1992084　2 日，中国训诂学研究会年会在湖南索溪峪举行。

1992085　6 日，国家语委在北京政协礼堂召开国家语委全体委员会议，讨论如何进一步做好语言文字工作。国家语委常务副主任仲哲明向委员们汇报了两年来国家语委的工作及向国务院呈报《关于当前语言文字工作的请示》等有关情况。国家语委副主任曹先擢就制订《国家语言文字工作十年规划和"八五"计划纲要》做了说明。国家语委主任柳斌讲话并做总结。

1992086  10 日，中国语言文化学会学术年会在襄樊举行。

1992087  16 日，中共海南省委办公厅、省政府办公厅转发《海南省语委关于在全省大力推广普及普通话的意见》，要求全省经过一段时间的努力，逐步使普通话成为各级各类学校的校园用语、党政机关的工作用语、公共场所的交际用语、各行各业的服务用语，为特区的改革开放创造良好的语言环境。

1992088  20 日，卫生部下发《关于加强药品包装和标签管理的通知》。规定：我国生产并在国内销售使用的药品，其包装、标签及使用说明书必须使用中文，并以国家语委公布的规范汉字为准；包装和标签上也可同时加注汉语拼音或外文，但必须以中文为主体；凡在我国市场上销售的进口药品，必须附有中文使用说明书。

1992089  22 日，中国语言学会选举第四届理事、常务理事和会长、副会长、秘书长、副秘书长。刘坚当选为会长。

1992090  23 日，浙江省外文学会与杭州大学外语系在杭州联合举办全国话语分析研讨会。

1992091  24 日，由中国民主促进会中央、河北省政协和河北师范学院等 30 多个单位共同发起的"张志公语言和语文教育思想研讨会"在石家庄市召开。全国人大常委会副委员长、民进中央主席雷洁琼，中共中央统战部副部长刘延东，民进中央副主席葛志成、叶至善、楚庄以及河北省负责人等出席开幕式并讲话。张志公莅会并致辞。《张志公语言和语文教育思想研讨会论文选集》1993 年 7 月由语文出版社出版。

1992092  27 日，中国辞书学会在北京成立。国家语委副主任、语用所所长曹先擢出任会长。学会下设学术委员会，并分别在北京、上海、广州设立语言词典、双语词典、百科词典、百科全书、辞书理论及辞书史研究、辞书编纂现代化技术研究、辞书编辑出版研究等 7 个专业研究机构。

1992093  青海省完成对全省 9 所中等师范学校普及普通话工作的检查评估，其中西宁、海北、乐都、海南等 7 所学校合格。青海省要求这 7 所学校在 1995 年以前实现"普通话成为校园语言"的目标。

# 11 月

1992094 3 日，纪念赵元任百年诞辰座谈会在常州市举行。

1992095 6 日，国务院发出《关于批转国家语委〈关于当前语言文字工作的请示〉的通知》。《通知》指出，语言文字工作关系到国家的统一、民族的团结、社会的进步和国际的交往；实现语言文字规范化、标准化，是普及文化教育、发展科学技术、提高工作效率的一项基础工作，对社会主义物质文明建设和精神文明建设具有重要意义，必须给予高度的重视。《通知》要求，各级语言文字工作委员会充分发挥政府职能部门的作用，加强管理，主动做好协调组织工作。各级人民政府和有关部门要支持这项工作，加强领导，坚持不懈地抓好推广普通话、推进文字规范化、推行汉语拼音等工作，使语言文字更好地为社会主义现代化建设服务。《通知》指出，少数民族语言文字工作由国家民委负责，有关问题可同国家语委协商解决，妥善处理。

1992096 6 日，由山东教育出版社出版的《王力文集》（共20卷800余万字）全部出齐。为此，山东教育出版社和《王力文集》编委会在北京举行学术活动。

1992097 7 日，北京市语言学会在北京师范大学举行以中文信息处理和语文教育为中心议题的专题年会。会长张志公在讲话中强调，应重视和加强计算语言学的研究，重视和加强语文教育研究。北京语言学院教授张普在会上做了题为《语言学和计算机科学》的专题报告，国家语委副主任曹先擢做了题为《语言文字工作近况》的专题发言。

1992098 8 日，纪念赵元任百年诞辰学术座谈会在清华大学举行。在北京的80多位语言学工作者和赵先生的亲属、友好出席会议。会上首发《中国现代语言学的开拓和发展——赵元任语言学论文选》。

1992099 10 日，《辞书编纂基本术语·第一部分》国家标准审定会在西安举行。参加会议的有国家新闻出版署技术发展司、中国社会科学院语言研究所、中国标准化信息分类编码研究所、中国大百科全书出版社、科学出版社、汉语大词典出版社、上海技术监督情报研究所等10个单位的专家、辞书编纂研究工作者、标准化工作者。这一标准填补了辞书编纂基本术语方面的空白。

1992100 11 日，沈阳市人民政府发出《印发〈沈阳市社会用字管理规定〉的通知》。

1992101 16 日，江苏省语言学会在盐城举行学术年会。

1992102　24日，由国家语委文字应用管理司和国家教委师范教育司委托湖北省教委有关部门承办的全国中师生汉字规范知识竞赛在武汉市闭幕。

# 12月

1992103　7日，广东省语委、省教育厅、省广播电视厅联合举办"容声杯"全省普通话电视大赛。国家语委副主任曹先擢和广东省副省长、省语委主任卢钟鹤出席。

1992104　10日，北京市文联研究部和艾迪尔信息咨询公司在北京举行"作家换笔大会"，鼓励更多作家用电脑写作。

1992105　14日，中共中央总书记江泽民在同国家语委主任柳斌谈到语言文字工作时说："语言文字工作，我讲三点意见：一、继续贯彻国家现行的语言文字工作方针政策，汉字简化的方向不能改变。各种印刷品、宣传品尤应坚持使用简化字。二、海峡两岸的汉字，当前可各自维持现状，一些不同的看法，可以留待将来讨论。三、书法是一种艺术创作，写繁体字，还是简体字，应尊重作者的风格和习惯。可以悉听尊便。"

1992106　16日，全国语言文字工作先进单位、先进工作者表彰大会在北京人民大会堂召开。全国各省、自治区、直辖市、计划单列市的语委负责人、语委办负责人以及先进单位、先进工作者代表共100多人出席会议。116个先进单位和321名先进工作者受到表彰。开幕式由国家语委常务副主任仲哲明主持。国家教委副主任兼国家语委主任柳斌向大会传达了中共中央总书记江泽民对语言文字工作的三点意见，并做了题为《努力开创语言文字工作的新局面》的报告。正在外地考察工作的中共中央政治局委员、国务委员李铁映打电话给柳斌向大会的召开表示祝贺并指出，语言文字工作关系到国家的统一、民族的团结、社会的进步、国际的交往，实现语言文字规范化、标准化，是一项不容忽视的社会基础工程，是加快改革开放和经济建设步伐的迫切需要。各级政府要关心、支持、领导语言文字工作，把这项工作作为精神文明建设的一项重要内容，列入政府议事日程。各部门、单位和个人都要维护并认真贯彻执行我国现行的语言文字工作方针政策。在这方面必须高度集中统一，不能各行其是。

1992107　18日，北京语言学院举行首届中外学生中文电脑输入技术竞赛。

1992108　19日，中国语文现代化学会筹备会议在北京召开。北京市语言学会副会长王均报告了中国语文现代化学会的筹备经过。国家语委副主任曹先擢和周有光、张志公、罗竹风就语文现代化事业和成立学会等问题讲话。筹备会议讨论了学会章程并推选出筹备委员会。

1992109　21 日，中国修辞学会年会暨国际学术研讨会在广州举行。

1992110　26 日，中国语文报刊协会成立。

1992111　国家语委在中央电视台举办以宣传推广普通话和语言文字规范化为主题的"论语说文"文艺晚会。

1992112　云南省成立普通话水平测试站。

## 同年

1992113　新疆维吾尔自治区民族语委制定《新疆维吾尔自治区汉语言文字使用管理暂行规定》，并报自治区人民政府审定。

1992114　本年初，云南省语委草拟《云南省普通话水平测试大纲》《云南省普通话水平测试评分定级标准》《云南省普通话水平测试操作规程》。从 12 月起对全省师范院校学生开展普通话水平测试。

1992115　郑易里以"字根编码输入法及其设备"在本年北京国际发明展颁奖会上获得金奖，并荣获北京市市长特别奖。此后，该项发明又荣获日内瓦第 22 届国际发明展金奖。

1992116　哈尔滨工业大学舒文豪主持开发的"手写汉字图文输入装置"通过机电部鉴定，成为中国第一个从硬件到软件都立足于国内器材的产品。

1992117　香港中文教学研究学会成立。学会以推动中文教学与学习的研究为宗旨。

1992118　台湾教育事务主管部门成立笔顺整理与审订工作专家小组。目的是配合汉字字体标准化，统一书写笔顺，以利中小学教学和电脑输入拆分顺序。经过两年研订，完成了对 4808 个常用汉字标准笔顺的审议。

1992119　冯志伟《中文信息处理与汉语研究》作为"汉语知识丛书"之一，由商务印书馆出版。

1992120　陆汝钤《计算机语言的形式语义》由科学出版社出版。

1992121　张普《汉语信息处理研究》由北京语言学院出版社出版。

1992122　辽宁省高等师范学校普及普通话工作会议在辽宁朝阳召开。

1992123　第十四届国际计算语言学大会在法国南特士举行。中国清华大学苑春法在会上宣读了题为《基于语料库的知识获取和汉语句法分析》的论文。

1992124　原中国文字改革委员会副主任唐守愚（1910—1992）逝世。

1992125　周有光《新语文的建设》和《中国语文纵横谈》分别由语文出版社和人民教育出版社出版。

1992126　张静贤《现代汉字教程》由现代出版社出版。

1992127　于根元主编《1991汉语新词语》由北京语言学院出版社出版。

1992128　陈永舜《汉字改革史纲》由吉林大学出版社出版。

1992129　李乐毅《汉字演变五百例》由北京语言学院出版社出版。

1992130　费锦昌、黄佑源、张静贤《汉字写法规范字典》由上海辞书出版社出版。

# 1993 年

## 1 月

1993001　5 日，北京师范大学成立汉字与中文信息处理研究中心，并邀请首都古文字学、现代汉字研究与应用、中文信息处理、计算机技术、新闻出版、书法等方面专家 30 余人，座谈"当前汉字研究的主要任务与发展方向"。

1993002　7 日，由北京语言学院语言信息处理研究所和语言教学研究所共同研制的"电脑辅助速成对外汉语教学系统"，在北京通过技术鉴定。鉴定由国家对外汉语教学领导小组办公室主持。

1993003　15 日，国家语委印发《1993 年工作计划要点》。《要点》指出：1993 年是把语言文字工作推上新台阶的关键一年。工作重心是：解放思想，实事求是，强调研究，分类指导，组织落实《国务院批转国家语委关于当前语言文字工作请示的通知》精神和《国家语言文字工作规划和"八五"计划纲要》提出的任务和要求。1993 年的主要工作是：1.继续加强宣传教育工作，进一步提高全社会语言文字规范意识，逐步造成以讲普通话、用规范字为荣的社会风尚；2.健全各级语言文字工作机构，理顺工作关系，加强宏观管理；3.培养、建设语言文字工作队伍；4.加强语言文字应用管理法规建设；5.大力推广普通话；6.继续加强社会用字管理，促进文字应用规范化。

## 2 月

1993004　8 日，国家语委普通话推广司、国家教委师范教育司下发《关于全国师范专科学校普及普通话抽查工作的通知》。《通知》部署本年 10 月、11 月抽查各省、自治区、直辖市师范专科学校的普及普通话工作。

1993005　10 日，青岛市人民政府令第 26 号发布施行《青岛市社会用字管理暂行规定》。

1993006　12 日，北京市工商行政管理局、北京市语委联合发出《关于在工商行政管理工作中加强社会用字管理的通知》，规定企业、个体工商户和市场的牌匾、广告等需要使用繁体字的，须报区、县语言文字管理部门批准。

1993007　13 日，中共中央政治局常委宋平在国家语委党组的一份报告上批示："铁映同志：推广普通话和汉语规范化是商品经济发展的需要，也是祖国大家庭人际交往的需要。台湾、新加坡华人社会都在推广，我们更应抓紧进行。"

1993008　13—15 日，青岛市开展社会用字宣传月活动。检查的重点对象是繁华街道、旅游景区、贸易中心、窗口单位、机关、学校和各有关单位的用字。

1993009　15—21 日，济南市组织大型宣传活动，万余名干部、职工和广大师生走上街头，宣传社会用字规范化、标准化的重要意义，为社会用字整顿工作的深入开展造舆论。

1993010　20 日，国家语委和国家教委联合发出《关于普通中学普及普通话的通知》。《通知》指出，中学是推广普及普通话的重要阵地，但是当前在各级各类学校普及普通话工作中，普通中学是个比较薄弱的环节，必须抓紧抓实，力争学校系统尽快形成推广和普及普通话的良性循环。《通知》要求普通中学各科教师均用普通话教学，语文教师应具有教授普通话的能力和正音能力，学生能熟练掌握3500 个常用字的正确读音，养成用普通话交际的习惯。《通知》规定普通中学普及普通话的第一阶段做到普通话成为教学用语，第二阶段做到普通话成为校园语言；规定直辖市、省会、自治区首府、计划单列市、沿海开放城市、经济特区的城市普通中学，实现第一阶段和第二阶段要求的最晚时限分别是 1996 年和 1998 年；农村普通中学争取到 2000 年实现各科教学和集体活动使用普通话。

1993011　20 日，河北省语委、省新闻出版局联合发出《关于检查〈出版物汉字使用管理规定〉执行情况的通知》，决定 4 月份对省内部分出版物用字情况进行复查。

1993012　23 日，《北京晚报》群工部与北京市语委办公室自即日起至 5 月 30 日在该报开辟"规范用字大家谈"专栏。

1993013　国家语委常务副主任仲哲明和普通话推广司的有关人员对广东省广州市、佛山市、中山市、湛江市的城乡学校、党政机关、新闻媒体和旅游、商业系统以及驻粤部队的推广普通话工作进行调查研究。

1993014　应海峡两岸中文信息技术标准化联合工作组台湾方面代表的邀请，大陆方面代表姚世全等一行 9 人访问台湾，并派选手参加海峡两岸第三次中文电脑输入技术表演赛。

## 3 月

1993015　23 日，国家语委邀请部分全国人大代表和全国政协委员，就语言文字工作进行座谈。参加座谈会的有人大代表杨纪珂、许嘉璐、张永言、刘焕辉、徐思益，政协委员马庆雄、张志公、王均、詹伯慧、邢福义、林茂灿、杜祥明。代表和委员们建议大力加强语言文字规范化、标准化工作。

1993016　26 日，山东省人民政府发出《关于印发〈山东省社会用字管理办法〉的通知》。

1993017　27 日，语文建设编辑部召开中小学语文教材语言文字规范化问题座谈会。

## 4 月

1993018　2 日，福建省人民政府令第 4 号发布施行《福建省推广普通话规定》。

1993019　3 日，国家语委主办的第十八期中央普通话进修班在北京市开学。

1993020　12 日，武汉市人民政府办公厅、市委宣传部和市语委联合对武汉 33 家市级党政机关的名牌、处室标牌、公章、文件头、简报头等用字进行检查评比。

1993021　18 日，第六届北京中青年语言学家研讨会在中央民族学院举行。

1993022　26 日，中国社会科学院语言研究所和商务印书馆联合举办的《现代汉语词典》出版 20 周年学术研讨会在宁波召开。辞书界、高等学校和新闻出版界的专家学者李荣、刘坚、孙德宣、晁继周、单耀海、林尔蔚、赵克勤、胡明扬、李行健等 65 人出席会议。中国社会科学院院长胡绳出席开幕式并讲话。专家们一致认为《现代汉语词典》在我国辞书编纂史上具有里程碑意义，但由于历史条件的限制，《现代汉语词典》无论在编纂体例上还是内容上，仍存在着不尽完善的地方。与会者建议应尽快修订《现代汉语词典》，以适应社会需要。

1993023　26 日，辽宁省小学普通话教学观摩会在锦州召开。

1993024　26 日，为检查《出版物汉字使用管理规定》的落实情况，新闻出版署和国家语委组织力量，抽查了中央和地方 14 家报纸 1993 年 2 月全月的用字。《人民日报》《光明日报》《解放军报》《新闻出版报》等大报用字情况较好。各家不规范用字中广告用字不规范现象最为严重。

1993025 国家语委普通话推广司司长李家斌等对浙江省杭州市、绍兴市、上虞市、宁波市的城乡学校普及普通话工作进行调查研究。

# 5 月

1993026 5 日，国家语委组织的全国直辖市、省会、自治区首府城市社会用字第二批检查工作开始。5 个组分别检查上海、长春、济南、西安、成都、贵阳、南宁、长沙、杭州、南京、合肥、南昌、广州、福州、海口、呼和浩特、兰州、银川、乌鲁木齐等 19 个城市。检查的范围包括：报纸用字、机关用字、街道用字、学校用字以及公共场所用字。检查组在每个城市对省委、省政府、市委、市政府、1 所大学、1 所中学、1 所小学、1 所师范院校、1 条繁华大街、1 座影剧院、1 个火车站进行检查并抽查某一天的当地报纸用字情况。

1993027 6 日，广东省语言学会在惠州举行 1992—1993 年学术研讨会。

1993028 10 日，云南省"楚雄杯"全国少数民族学讲普通话大赛在楚雄市举办。

1993029 29 日，台湾地区从事训诂学教学及研究工作者共同发起组织的训诂学会在台北成立。该会宗旨是：集合志同道合的学者共同研究，以促进训诂学学术研究的蓬勃发展，进而促使训诂学发挥其实际应用上的宏效。其次是为增进海峡两岸学术文化的交流。首任理事长为台湾师范大学国文研究所教授陈新雄。

1993030 29 日，由国家语委语用所、南开大学中文系和天津市语言学会共同主办的首届现代汉语词汇学术讨论会在天津举行。

1993031 黄昌宁《关于处理大规模真实文本的谈话》在《语言文字应用》第 2 期发表。

# 6 月

1993032 17 日，由浙江省外文学会和杭州大学外语学院主办的第三届全国系统功能语法研讨会在杭州举行。

1993033 18 日，《光明日报》发表题为《观众齐呼：净化影视语言》的文章。

1993034 22 日，国家语委在广东省召开南方方言区推广普通话工作座谈会。参加座谈会的有上海、江苏、浙江、安徽、福建、江西、湖南、广东、广西、海南及宁波、厦门、广州、深圳、珠海、汕头等 16 个省、自治区、直辖市及计划单列市、经济特区的语委、教委负责人和语言文字工作干部，以及内贸部、广电部、铁道部、邮电部的代表，共 40 余人。国家教委副主任兼国家语委主任柳斌、广东省副省长兼省语委主任卢钟鹤出席开幕式并讲话。国家语委常务副主任仲哲明做了题为《抓住改革开放的大好时机，大力推行积极普及普通话》的报告。会后，国家语委印发了《1993 年南方方言区推广普通话工作座谈会纪要》。《纪要》指出，随着社会主义市场经济体制的建立，商品经济大潮把广大城乡人民从原来的封闭式小圈子里推了出来，迫使他们跨出乡里，走向全国。推广、使用民族共同语已经成为全社会的紧迫需求。邓小平南方谈话和党的十四大关于建立社会主义市场经济体制的决策，给推广普通话工作带来了前所未有的大好时机。《纪要》肯定了近几年来南方方言区各地的语言文字工作机构逐步健全，许多党政领导越来越重视普通话的推广工作，学校普及普通话已经进入制度化和量化管理阶段，社会推广普通话也有明显进步。但普通话的普及范围和普及水平仍不能适应客观需求，推广普通话工作的发展也很不平衡。《纪要》指出，今后一个时期南方方言区推广普通话工作的主要任务是：要下大力气抓好学校普及普通话，同时有重点地抓好社会推广普通话工作；大力加强推广普通话的法制化、制度化建设；切实做好普通话师资和推普骨干的培训工作；大力加强推广普通话的宣传工作；各级语委要充分发挥职能部门的作用，做到条块结合，以块为主，齐抓共管。

1993035 　23 日，中国术语工作网在北京召开首届全体成员大会。国家技术监督局领导和标准化司、科技司的负责人出席开幕式。

1993036 　28 日，香港电台推出"普通话，遍天下"专题节目。每周将播出不少于 10 个小时的普通话节目。

1993037 　继 2 月检查 14 家报纸的用字情况后，新闻出版署和国家语委对全国 37 家刊物 1993 年第 1 期的用字情况进行检查。其中中央级刊物 10 家、地方级刊物 27 家，覆盖除新疆、西藏、青海、台湾外的所有省、自治区、直辖市。

1993038 　北京市语委和有关委、办、局及各区语委办对全市 8 个城区 126 条大街的社会用字进行联合检查。

1993039 　香港教育署调查，本地共有 36 所小学从一年级开始教授普通话。

# 7 月

1993040 　3 日，河北省八届人大常委会发表《公告》，公布《河北省汉语言文字应用管理条例》。该条例从本年 10 月 1 日起施行。

1993041　5 日，国家语委副主任傅永和、文字应用管理司司长刘连元和山东省语委办公室负责人共同检查青岛市社会用字情况。

1993042　15 日，中国社会科学院语言研究所和商务印书馆向北京市中级人民法院知识产权庭起诉王同亿和海南出版社的抄袭侵权。①

1993043　19 日，云南省教委、省语委和省教育国际交流协会在昆明联合召开双语教学学术研讨会。除云南省语言工作者和省属高校对外汉语教学教师出席外，还邀请了日本、泰国、新加坡、英国、马来西亚等国家和中国澳门的部分汉语教学工作者。

1993044　19 日，《语文建设》第 7 期刊发一组讨论语文教材语言文字规范化问题的文章。

1993045　香港中国语文学会创办《词库建设通讯》杂志。创刊号刊登了探讨词库建设的理论文章，还选刊了"外来概念词词库"的若干词条。

1993046　为使出版物在涉及数字时使用汉字和阿拉伯数字体例统一，国家语委、国家出版局、国家标准局、国家计量局、国务院办公厅秘书局、中宣部新闻局、中宣部出版局综合各方面提出的意见和建议，并参阅国家的有关标准和国外出版物的数字用法，对试行规定做了修订，提出《关于出版物上数字用法的规定（修订本·征求意见稿）》。

1993047　《朱德熙先生纪念文集》由语文出版社出版。

# 8 月

1993048　11 日，第四届国际汉语教学讨论会在北京召开。来自 25 个国家和地区的 336 位从事汉语教学与研究的学者出席会议。这次大会有很多新的研究成果和研究领域，引起代表们的兴趣和关注。会议选举产生了第三届理事会。会长吕必松，副会长黎天睦（美国）、卢绍昌（新加坡）、佟秉正（英国）。

1993049　17 日，第三届双语双方言研讨会（国际）在深圳、珠海举行。

1993050　19 日，国际汉语文化学术研讨会在太原举行。来自中国大陆和香港、台湾地区及美国、日本、韩国等国的 50 多位专家学者出席会议。

1993051　28 日，为了进一步贯彻新闻出版署、国家语委联合发布的《出版物汉字

---

①　1996 年 12 月，北京市第一中级人民法院下达判决书，中国社会科学院语言研究所和商务印书馆胜诉。1997 年 7 月，北京市高级人民法院下达判决书，中国社会科学院语言研究所和商务印书馆终审胜诉。

使用管理规定》，北京市新闻出版局与市语委联合召开出版物汉字规范化工作会议。北京市 107 家出版社、报刊社社长或主编出席会议。

1993052　29 日，国务院发布《民族乡行政工作条例》。《条例》第十四条规定："民族乡的中小学可以使用当地少数民族通用的语言文字教学，同时推广全国通用的普通话。"

1993053　《中国语言学年鉴》（1992 年）由语文出版社出版。《年鉴》首席顾问吕叔湘，主编李行健。

# 9 月

1993054　3 日，国家语委文字应用管理司发出《关于"镕"字使用问题的批复》（国语管〔1993〕3 号）："'镕'字有'熔化''铸造''铸器的模型'等几个义项。在这些义项中只有'熔化'这一义项'镕''熔'意义完全相同，'镕'是'熔'的异体字。'镕'字的另外几个义项是'熔'所不具备的，因此，当人名用字中'镕'表示'熔化'以外的意思时，'镕'字不是'熔'的异体字，可继续使用，并按偏旁类推简化原则，'镕'字应作'镕'。"

1993055　4 日，国家语委主办的第十九期中央普通话进修班在北京开学。

1993056　13 日，中国软件与技术服务公司研制出商品化的汉英—汉日机器翻译系统 Sino Trans，由电子工业部计算机司主持召开了成果鉴定会。鉴定委员会一致通过鉴定。专家们认为，汉英—汉日机器翻译系统 Sino Trans 在汉语形式语法理论和形式分析方面均有新意，其功能和技术都达到国内外商品化汉外机器翻译系统的领先水平，为开发智能机器翻译系统奠定了良好的基础。

1993057　21 日，国家语委文字应用管理司在北京主持召开现代汉语语料库选材专家审定会。国家语委有关领导和在京的语言学界、计算机学界的专家 20 多人出席会议。选材工作由国家语委文字应用管理司主持，具体选材任务分别由中国社会科学院语言研究所、北京师范大学和中国人民大学三个课题组承担。

1993058　23 日，由闽西客家学研究会主办的首届客家方言学术研讨会在龙岩召开。会议经过酝酿，成立了客家方言研究中心。

1993059　25 日，新疆维吾尔自治区人大常委会审议通过《新疆维吾尔自治区语言文字工作条例》，并颁布实施。2002 年 9 月 20 日自治区九届人大常委会第三十次会议做了修正。

# 10 月

1993060　6 日，第三届全国语用学研讨会在临汾召开。

1993061　15 日，中国社会科学院语言研究所现代汉语研究室、语文建设编辑部、语言文字应用编辑部和清华大学中文系联合主办的第四届全国现代语言学研讨会在北京召开。

1993062　22 日，中国语言学会第七届学术年会在北京举行。

1993063　22 日，中国中文信息学会、国家古籍整理出版规划小组办公室主办的海峡两岸中国古籍整理研究现代化技术研讨会在北京召开。

1993064　香港总督公布设立一项 3 亿元语文基金，以提高香港中文（含普通话）及英文水平。得到基金资助的普通话项目有：编写《普通话语音矫正自修教程》；将普通话电台广播节目转制成录音带，分送全港中学、青少年中心及图书馆；编辑出版香港中小学教师用普通话教学参考资料；举办普通话教学深造课程；举办普通话进修班；制作普通话电视语文特辑；制作学生普通话电台广播节目；制作儿童普通话电视节目；举办普通话亲子学习活动；举办在职人士普通话训练课程等。

# 11 月

1993065　5 日，全国第二届计算语言学联合学术会议在厦门召开。发起单位是中国中文信息学会、中国计算机学会、中国人工智能学会和北京市语言学会。近百名来自全国各省市和香港、台湾地区及日本的专家、学者和研究生出席会议。内容涉及：汉语语法、语义学、语料库建设、基于语料库的语言分析方法、语料加工技术、句法分析与篇章理解、机器词典、机器翻译系统、机器翻译方法、文本检索、智能型汉字输入方法等 11 个方面。

1993066　24 日，电子工业部计算机与信息化推进司印发《关于暂定"镕"字统一区位码的通知》，说明经与国家技术监督局等有关方面协商决定，暂定"镕"字的区位码位置为"9272"，并规定待国家标准将该字正式定位后，再按国家标准执行。请各有关单位按本通知规定的位置将该字在字库中补齐。

1993067　26 日，北京市语委召开全市社会用字堵源截流工作经验交流会。参加会议的共 100 余人，有全市 18 个区（县）的语委办主任、区（县）及街道（乡镇）语委干部、市区县属委、办、局负责人。国家语委常务副主任仲哲明和北京市副市长兼市语委主任胡昭广出席会议。会议归纳的北京市堵源截流工作措施主要有：工商、市容部门在审批营业执照时同时审批牌匾、广告用字小样；凡需工商、市容部门批准设置的牌匾、广告，设置单位须先经语言文字管理部门进行文字审核。

# 12 月

1993068　14 日，全国师专普及普通话检查评估总结会在厦门召开。国家语委常务副主任仲哲明、副主任傅永和，国家教委师范司有关负责人及各省、自治区、直辖市语委办主任和教委师范处处长出席会议。按两委部署，26 个省、自治区、直辖市对所属师范专科学校的普及普通话工作进行了检查评估。

1993069　14 日，哈尔滨市人民政府令第 26 号发布《哈尔滨市社会用字管理办法》，该《办法》自 1994 年 1 月 1 日起施行。

1993070　17 日，国家语委在厦门召开 1993—1994 年度全国语言文字工作会议。参加会议的有各省、自治区、直辖市语委办公室主任和社会用字受检查城市语委办公室主任共 60 余人。国家语委常务副主任仲哲明、副主任傅永和等出席会议。主要内容有两项：1. 总结全国直辖市、省会、自治区首府城市社会用字检查工作。2. 总结 1993 年全国语言文字工作，布置 1994 年工作任务。1994 年的工作主要有：（1）进一步健全各级语言文字工作机构，充分发挥政府职能部门的作用。（2）加强宣传教育，提高全社会的语言文字规范意识，逐步形成讲普通话、用规范字的社会风尚。（3）加强语言文字管理的法规建设。国家语委要组织专门班子进行语言文字立法工作，各省、自治区、直辖市语委要积极推动地方立法机构制定、颁布有关语言文字的地方性法规。（4）进一步做好语言文字应用管理工作，加大管理力度。1994 年学校推普工作的重点是开展小学普及普通话检查评估工作，还要制订并下发师范院校普及普通话第二阶段评估标准、《关于职业中学普及普通话的通知》和职业中学普及普通话检查评估标准和办法。继续加强社会用字管理工作，促进社会用字规范化。（5）加强培训工作，建设一支合格的语言文字工作队伍。（6）加强语言文字的应用研究。（7）改进工作作风和工作方法。

1993071　17 日，由澳门写作协会主办的语言风格与翻译写作国际研讨会在澳门举行。

1993072　25 日，国家语委、国家教委联合发出《关于职业中学普及普通话的通知》。《通知》指出，随着社会主义市场经济的迅速发展，推广、使用民族共同语已成为全社会紧迫需求。学校是推广和普及普通话的基本阵地，直接面向市场经济。职业中学普及普通话尤其必要。《通知》要求把掌握和使用普通话纳入职业中学的培养目标，作为职业技能训练的一项重要内容，使学生的普通话水平能够适应未来职业的需要。《通知》对职业中学的学生、教师、干部掌握和使用普通话提出明确要求。要求幼师类、文秘类、公共服务类专业开设普通话课程。普通话不合格的毕业生必须进行补课和补考，补考合格后方可发给毕业证书。

1993073　中国社会科学院 1977 年至 1991 年的优秀科研成果评选结果揭晓，其中语言学科获奖的有：《中国语言地图集》，李荣、傅懋勣等任总编辑（香港朗文出版［远东］有限公司，第一分册 1987 年，第二分册 1990 年）；《现代汉语八百词》，吕叔湘主编（商务印书馆，1980 年）；《普通话语音分析和合成的基础研究》，林茂灿、杨顺安主持研究，包括普通话的规则合成软件和录音带（1990 年通过鉴定）；《汉语普通话单音节语图册》，吴宗济主编（中国社会科学出版社，1986 年）；《现代汉语词典》，中国社会科学院语言研究所词典编辑室编（商务印书馆，1978 年）；《近代汉语词典》，中国社会科学院语言研究所词典编辑室编（商务印书馆，1978 年）；《近代汉语语法资料汇编·唐五代卷》，刘坚、蒋绍愚主编（商务印书馆，1990 年）。

1993074　美洲中国文字改革促进会主办的《语文专刊》（内部），从这年第七期起增加国内版，与原美洲版分别在北京和纽约两地发行。

## 同年

1993075　《著名中年语言学家自选集》由河南教育出版社陆续出版。

1993076　国家技术监督局发布中华人民共和国国家标准 GB/T 13715-92《信息处理用现代汉语分词规范》，并由中国标准出版社出版发行。

1993077　1993—1994 年上学期，香港城市大学语文研习所开设了 10 班普通话课程，下学期增至 16 班。

1993078　高家莺、范可育、费锦昌编著《现代汉字学》由高等教育出版社出版。

1993079　高天如《中国现代语言计划的理论和实践》由复旦大学出版社出版。

1993080　陈原主编《现代汉语用字信息分析》由上海教育出版社出版。该书反映了汉字学的某些研究面向技术应用领域的最新进展。

1993081　徐近霈等研究开发的汉语文本读入系统获得部级科技进步二等奖。

1993082　台湾教育事务主管部门编印《部首手册》，对汉字 214 个部首的形、音、义做了简要说明和注释。

# 1994 年

## 1 月

1994001　7 日，《光明日报》发表全国人大代表杨纪珂的文章《吁请出版界重视汉字规范化》，建议由全国人大制定《汉字规范法》，在全国统一实施。

1994002　9 日，国家教委师范司在北京召开教师口语教材审定会。会议由师范司副司长孟吉平主持。会议期间，国家教委副主任柳斌同编审人员就口语教学和语文教学改革问题进行了座谈。

1994003　10 日，由中国语文报刊协会、语文出版社创办的《语文世界》月刊创刊。

1994004　13 日，第三届全国文化语言学研讨会在哈尔滨召开。

1994005　28 日，中国对外汉语教学学会成立 10 周年学术纪念会在北京举行。

## 2 月

1994006　2 日，中国世界语运动的倡导者和领导人、著名的文字改革活动家、新中国文字改革工作的组织者叶籁士[①]（1911—1994）逝世。

1994007　14 日，国务院批准的国家语委"三定"方案规定：国家语委为国家教委管理的国家局。

1994008　16 日，国家语委、国家教委联合发出《关于进一步做好师范专科学校普及普通话工作的通知》。《通知》对师范专科学校以及本科师范院校的普及普通话第一阶段工作进行总结，明确提出师范院校普及普通话工作的基本经验是"三纳入一渗透"（即将普及普通话的要求纳入培养目标，纳入管理常规、纳入基本功训练，渗透到德智体美和社会实践等各项教育活动中），并提出尽早实现第二阶段目标（实现普通话成为校园语言）的要求。同时公布了全国抽查的成绩单。

1994009　26 日，国家语委主办的第二十期中央普通话进修班在北京开学。

---

[①]　原名包叔元，世界语名字 Jelezo 和笔名叶籁士均根据俄语"铁"字（желéзо）的读音起名。

1994010 28 日，北京市人民政府令第 2 号发布《北京市公共场所用字管理暂行规定》。该《规定》从本年 4 月 1 日起施行。

1994011 国家语委设立宣传政策法规室。

1994012 《语言文字应用》杂志从第 2 期起连载由黄昌宁、林杏光主持的《信息处理用语言理论讲话》。

# 3 月

1994013 6 日，两岸汉语语汇文字学术研讨会在台北举行。以李行健为团长、贺巍为副团长的大陆代表团一行 10 人应邀参加会议。台湾省的 12 位专家教授及香港特别行政区、美国的 3 位教授作为正式代表出席会议，台湾省另有百余名专家教授列席会议。研讨会的中心议题是：1. 两岸汉语语汇的差异比较；2. 两岸外来词中译问题；3. 两岸汉字比较；4. 两岸汉字实用性规范问题；5. 两岸汉字电脑化之异同问题。大会建议，为了解决两岸语汇文字的差异问题，两岸语言文字工作者有必要共同编写一套词语和文字方面的对照性词典或字典。为了进一步解决两岸词语文字的差异问题，今后还需要进行多次学术研讨会。会议建议第二次研讨会在北京举行。会议期间，台湾地区各大报、电视台、广播电台以及香港地区各报、"美国之音"广播电台、英国 BBC 广播电台等都对此做了重点报道。

1994014 8 日，国家语委印发《国家语委关于全国直辖市、省会、自治区首府城市首次社会用字检查结果的通报》和《国家语委关于印发〈全国直辖市、省会、自治区首府城市首次社会用字检查工作总结〉的通知》。1992 年 9—10 月间和 1993 年 5—6 月间，检查组分两批对全国 29 个省会城市、自治区首府和直辖市社会用字管理工作进行检查。被查范围达到合格标准的城市 26 个，被查范围总体上不合格的城市有 3 个。这次检查对全国大中城市的社会用字管理工作起到很大的推动作用。许多城市相继成立了语委，有 22 座受检城市设立了语言文字工作专门机构，一些地方行政措施也相继出台，社会用字面貌有了不同程度的改观。

1994015 16 日，国家语委和北京市语委邀请部分全国人大代表和部分全国政协委员视察北京市社会用字管理工作，并就全国语言文字工作进行座谈。代表和委员们听取了北京市语委关于社会用字整顿工作的汇报，视察了西单北大街的用字情况。大家对视察结果表示满意，认为纠正社会用字混乱的工作利国利民。代表和委员们指出，今年政府工作报告明确写入语言文字工作的内容，说明这项工作越来越受到重视。我们应抓住机遇，认真落实，力争工作有所突破。大家对语言文字立法、普及语言文字知识、词汇规范及促进大陆与港澳台地区语文统一等问题发表了意见，并决定向全社会发出关于加强语言文字管理、尽快立法的倡议书。

1994016 22—25 日，国家语委普通话推广司在天津召开学校普及普通话工作评估指导标准研讨会。辽宁、河南、浙江、广东、云南、福建、上海、天津、吉林、宁夏、江苏和重庆、广州、武汉、长春、杭州等省市的语委办以及国家教委师范教育司、基础教育司有关负责人出席。

1994017 28—29 日，河南省中小学普及普通话第一阶段（实现普通话成为教学语言）检查验收现场会在平顶山召开。国家语委普通话推广司有关负责人出席。

1994018 30—31 日，河南省小学汉语拼音教学观摩研讨会在平顶山召开。国家语委普通话推广司有关负责人出席。

# 4 月

1994019 18 日，国家语委致函国家新闻出版署，送达国家语委起草的《关于出版物汉字使用管理规定贯彻执行情况和 1994 年进一步加强管理工作的意见》，通报了委、署联合进行报刊用字抽查的情况，提出本年进一步加强出版物用字管理工作的建议。

1994020 26 日，国务院任命许嘉璐为国家语委主任。

1994021 《中文信息》第 2 期刊发钱学森《电子计算机软件与新时期语文工作》。钱学森指出："西方世界 60 年代初产生了'软件危机'。计算机语言和软件设计各搞一套，没有统一规划"，"今天，我们如果对电子计算机给今后人类社会带来的影响估计不足，对计算机软件缺乏统一规范的危害性认识不足，等到危机爆发，才着手挽救，就会给国家造成难以估计的损失。因此，从现在起就应该着手进行电子计算机技术和软件开发及其规范化、标准化的宏观筹划"，"这项工作同语言文字工作的联系最密切，国家有关部门应该在这方面多为国家上层决策提供设想和参考意见"。

# 5 月

1994022 5 日，长沙市人民政府令第 19 号发布《长沙市公共场所用字管理暂行规定》。

1994023　7 日，由国家语委语用所、安徽大学中文系、中国人民公安大学文理部联合主办的第三次应用语言学学术讨论会在黄山召开。会议主要议题是汉语新词语的整理和研究、普通话研究和语言教学研究等。

1994024　12 日，国家语委文字应用管理司与新闻出版署技术发展司、全国印刷字体工作委员会联合举行专家鉴定会，对中国印刷科学技术研究所采用 PostScript 轮廓汉字技术制作的报宋、宋二、细等线、行楷 4 副字体进行鉴定，确认符合印刷正式出版物要求。

1994025　17 日，新闻出版署发出《关于新闻出版行政管理部门要带头使用规范字的通知》，要求各新闻出版行政管理部门把出版物用字规范纳入行政管理，在出版物的审批、登记、变更、年检等项工作中，把用字规范作为一项要求提出来。在审读、评比出版物质量时，用字是否规范应作为一项重要标准。

1994026　25 日，国家语委普通话推广司、国家教委基础教育司在杭州召开全国中小学普及普通话工作汇报会。国家语委常务副主任仲哲明，国家教委基础教育司副司长马立及浙江省、杭州市有关领导出席开幕式。来自全国各省、自治区、直辖市教委、语委的 90 余位代表参加会议。杭州市、上海市、云南省、河南省、广东省的语委、教委（教育厅）和辽宁省锦州市凌河区政府、福州市台江三小做了大会发言。会议代表考察了杭州市中小学的普及普通话工作。会议还讨论了《城镇普通中小学普及普通话工作评估指导标准（征求意见稿）》。

# 6 月

1994027　9 日，澳门语言学会成立。创会会长程祥徽。

1994028　20 日，为便于《哈尔滨市社会用字管理办法》的执法操作，哈尔滨市语委印发《关于〈哈尔滨市社会用字管理办法〉执行中的应用解释》。

1994029　26 日，国家语委下发《关于社会用字管理工作的意见》。《意见》强调，当前社会用字管理工作总的原则是：采取切实有效的措施，继续贯彻国家现行的语言文字工作方针政策，坚持汉字简化的方向，促进社会用字的规范和稳定，逐步实现社会用字的规范化。《意见》提出了社会用字管理工作的基本模式和基本方法。基本模式是：1. 社会用字管理工作必须在各级政府的统一领导下，由各级语文工作机构统筹规划，积极推动，协调政府各有关部门和社会各界，实行条块结合，齐抓共管，综合治理；2. 社会用字管理工作，必须坚持为经济建设和精神文明建设服务的思想，必须同各部门、各单位的业务工作紧密结合起来，通过汉字规范化、标准化工作促进工作效率和服务质量的提高。社会用字管理工作的基本方法是：1. 堵源截流，标本兼治；2. 区别对待，分类指导。在具体工作中，各地要继续加强宣传工作和法制建设工作，实施依法管理，并注意认真掌握政策界限，提倡以说服教育为主，行政处罚为辅。

## 7 月

1994030　1 日，中央机构编制委员会办公室发出《关于调整国家语委部分所属事业单位机构编制的批复》（中编办〔1994〕142 号），同意成立国家语委普通话培训测试中心，同意组建语言文字报刊社。

1994031　13 日，国家语委普通话推广司和国家教委师范教育司联合下发《关于印发〈师范院校普及普通话工作评估指导标准〉的通知》（国语普司〔1994〕4 号）。《通知》指出：以开设普通话课和两化（制度化、规范化）评估为标志，师范院校的普及普通话工作已开始步入制度化、规范化轨道。为加强对今后普及普通话工作的过程管理，提高普及普通话工作的水平和效率，促进普通话早日成为师范院校的校园语言，国家语委普通话推广司和国家教委师范教育司联合制定《师范院校普及普通话工作评估指导标准》，供各级各类师范院校对普及普通话工作进行日常自我评估使用。

1994032　17 日，全国汉语口语教学研究会第四届年会在上海举行。会议内容涉及正音训练、教师口语课程标准、口语训练、口语课类型等方面。

1994033　21 日，国务院副总理李岚清在刊登《本世纪内城镇中小学要普及普通话》的国家语委简报上批示："应当认真抓好推广普通话的工作，这对社会和经济发展都具有重大意义。只要统一思想，措施得力，工作落实，经过坚持不懈的努力，总会有成效的。"

1994034　27 日，深圳市人民政府发出《印发〈深圳市语言文字使用管理暂行规定〉的通知》。

1994035　胡增益主编《新满汉大词典》由新疆人民出版社出版。全书收词条约 35 000 条。该词典的满文是用拉丁字母转写的，转写字符与汉语拼音相近。

## 8 月

1994036　4 日，语言文字应用杂志社主办的首届全国中学生（初中组）语言文字应用竞赛，在初赛的基础上举行决赛。全国有 13 个省市的 11 万学生参加这次竞赛。

1994037　9 日，国家语委文字应用管理司和新闻出版署技术发展司、全国印刷字体工作委员会在常州主持召开专家鉴定会，对常州华文印刷新技术有限公司制作的 PostScript 汉字字形库：华文文体、仿宋、楷体、黑体、书宋、中宋、粗宋、细圆、中圆、隶书共 10 副字体进行鉴定。其中楷体和圆头黑体的制作任务是由国家语委文字应用管理司下达的。鉴定委员会认为，提交鉴定的 10 副字体的字形库，符合 PostScript 技术的国际行业标准，符合印刷正式出版物要求。

1994038　13 日，国家教委基础教育司、国家语委普通话推广司向全国印发《全国中小学普及普通话工作汇报会纪要》。

1994039　15 日，中国音韵学研究会第八次学术讨论会暨周祖谟、邢公畹先生 80 华诞庆祝会在天津举行。

1994040　21 日，国际标准化组织 ISO/TC37/SC3 第十一次会议在挪威奥斯陆举行。中国术语标准化委员会计算机辅助术语工作分技术委员会（三分会）派代表参加会议。参加这次会议的国家还有奥地利、加拿大、丹麦、芬兰、法国、德国、日本、挪威、波兰、瑞典、美国、俄罗斯等，冰岛和荷兰的代表列席会议。本年初，中国由国家语委提出通过国家技术监督局 ISO 中国秘书处，向国际标准化组织 ISO/TC37 秘书处申请由 O- 成员国（观察员成员国）成为 P- 成员国（积极成员国）。这次会议一致同意中国的申请。

1994041　25 日，国家教委、国家语委联合发出《关于对普通中小学普及普通话工作进行检查评估的通知》。《通知》附件为《城镇普通中小学普及普通话工作评估指导标准》。检查评估的办法包括学校自我评估，地方、上级教委和语委对评估结果进行复查、抽查，国家两委对省、自治区、直辖市的检查评估工作进行检查。《通知》要求：直辖市、省会、自治区首府、计划单列市、沿海开放城市、经济特区的城市普通中小学普及普通话第一阶段的检查评估应于 1995 年底前完成，第二阶段的检查评估应于 1997 年底前完成；其他城市、县镇的普通中小学普及普通话第一阶段的检查评估应于 1997 年底前完成，第二阶段的检查评估应于 1999 年底前完成。对工作开展较好的地区或学校可以提前或直接进行第二阶段的检查评估。《通知》提出第二阶段评估成绩为优秀的学校可命名为普通话校园语言示范校。

1994042　26 日，电子工业部、新闻出版署和中国印刷及设备器材工业协会联合召开"748 工程"20 周年纪念会。

1994043　新闻出版署发出通知，要求新闻出版行政管理部门和新闻出版单位带头使用规范字。"通知"提出三条措施：1.对出版物用字管理，是新闻出版行政管理部门的一项职责。各级干部特别是领导干部要充分认识语言文字规范化的重要意义，重视和加强这项工作，认真执行《出版物汉字使用管理规定》，为促进语言文字的规范化发挥示范带头作用。2.各新闻出版行政管理部门要把出版物的用字规范化纳入行政管理。在出版物的审批、登记、变更、年检等项工作中，把用字规范化作为一项要求提出；在审读、评比出版物质量时，用字是否规范应作为一项重要标准。对少数严重违反规定而又拒不改正的，应依法给予处罚。3.各级新闻出版行政管理部门要带头执行《出版物汉字使用管理规定》。凡本系统办的报纸、期刊及出版的图书，都要带头推行简化字，使用规范汉字；各级管理机关的往来公文、通报、通知、各种报表以及印刷的证、表等，均应使用规范字。在国内举办各种活动，如书市、博览会、表彰会等的用字以及各级干部的名片，也均应注意使用规范字。

# 9 月

1994044　3 日，国家语委主办的第二十一期中央普通话进修班在北京开学。

1994045　21 日，全国语言文字依法管理现场会在石家庄召开。出席现场会的有各省、自治区、直辖市及省会、计划单列市语委负责人，河北省各市（地）语委负责人。全国人大研究室、国务院法制局的有关人士到会指导。国家语委主任许嘉璐在会上做了题为《加速法制建设，提高语言文字应用管理水平》的报告。河北、北京、哈尔滨、四川凉山彝族自治州等单位介绍了依法管理语言文字应用的经验。

1994046　24 日，人民教育出版社和全国中学语文教学研究会，会同语文出版社等多家有关单位和团体，在北京举行庆贺吕叔湘先生 90 华诞和吕叔湘语文教育思想研讨会。全国人大常委会副委员长雷洁琼出席祝贺并讲话。国家教委发来贺电，新闻出版署署长于友先和有关单位领导人到会祝贺。

1994047　国务院批准调整后的国家语委委员名单，共33人：毕文波（解放军总政治部宣传部副部长）、陈昌本（文化部副部长）、陈原（语言学家）、陈章太（国家语委语用所学术委员会主任、研究员）、崔明德（广播电影电视部播音部副主任）、道布（中国社会科学院民族所研究员）、傅永和（国家语委副主任）、甘国屏（国家工商行政管理局副局长）、桂晓风（新闻出版署副署长）、胡明扬（中国人民大学教授)、胡绳(全国政协副主席、中国社会科学院院长)、吉炳轩(团中央书记处书记)、季羡林(北京大学教授)、李瑞(国家技术监督局副局长)、李行健(语文出版社社长兼总编辑)、刘坚(中国社会科学院语言研究所所长、研究员)、吕必松(北京语言学院教授)、吕叔湘(中国社会科学院语言研究所名誉所长、语言学家)、马大猷(中国科学院声学研究所研究员)、马立(国家教委基础教育司副司长)、马庆雄(广播电影电视部原副部长、全国政协委员)、汝信(中国社会科学院副院长)、王佛松(中国科学院副院长)、王均(语言学家、全国政协委员)、许嘉璐(国家语委主任)、杨贤足(邮电部副部长)、于庆和(全国总工会原书记处书记)、张连珍(全国妇联书记处书记兼宣传部长)、张蒙(国家民委文宣司语文室主任)、张文范(民政部行政区划和地名管理司司长)、张志公(语言学家、人民教育出版社副总编辑)、仲哲明(国家语委常务副主任)、周有光(语言学家)。

1994048　香港教育署语文教育学院与教育署属下的 4 所教育学院合并为香港教育学院,设有中文系和普通话培训中心。

# 10 月

1994049　13 日,国务院副总理李岚清在国家语委《关于贯彻岚清同志批示的几点意见的函》上批示:"1994 年 7 月 21 日我收到国家语委关于'本世纪内城镇中小学要普及普通话的简报',感到很好,写了几点意见,主要是表示支持。普及普通话是一项巨大的工程,怎样才能达到此目的,还要请语言、文字专家们来研究办法。据我所知,清雍正皇帝就下过推广官话(mandarin)的诏书,至今二百五十多年过去了,仍未实现。我们这一代人应当可以实现了。现在交通方便,又有广播、电视等现代信息工具,如果要求的标准不要太高,是可以做到的。"

1994050　15 日,国家语委、中央人民广播电台主办的"双发杯"第三届全国普通话广播大赛决赛在北京举行。全国人大常委会副委员长王光英、广播电影电视部部长孙家正、国家语委主任许嘉璐为获奖选手颁奖。

1994051　18 日,中国语文现代化学会在北京举行成立大会,并召开第一次学术讨论会。中国语文现代化学会是全国性跨学科群众性学术团体。它的任务是团结全国语言学界、信息学界以及文化教育界的专家和有关人士,为更好地贯彻国家语言文字工作方针任务,为我的语文现代化建设而努力奋斗。语文现代化就是要使中国语言文字适应现代中国人的需要，适应中国现代化建设的需要，适应世界信息化潮流的需要。语言学家吕叔湘和周有光担任名誉会长，语言学家张志公为会长，王均为常务副会长。

1994052　30日，国家语委、国家教委、广播电影电视部联合发布《关于开展普通话水平测试工作的决定》（国语〔1994〕43号）。《决定》指出，普通话是以汉语文授课的各级各类学校的教学语言；是以汉语传送的各级广播电台、电视台的规范语言；是汉语电影、电视剧、话剧必须使用的规范语言；是全国党政机关、团体、企事业单位干部在公务活动中必须使用的工作语言；是不同方言区及国内不同民族之间的通用语言。掌握并使用一定水平的普通话是社会各行各业人员，特别是教师、播音员、节目主持人、演员等专业人员必备的职业素质。因此，有必要在一定的范围内对某些岗位人员进行普通话水平测试，并逐步实行普通话等级证书制度。现阶段的主要测试对象和他们应达到的普通话等级要求是：中小学教师、师范院校的教师和毕业生应达到二级或一级水平；专门教授普通话语音的教师应达到一级水平；电影、电视剧演员和配音演员，以及相关专业的院校毕业生应达到一级水平，并从1995年起逐步实行持普通话等级证书上岗制度。《决定》指出，普通话水平测试工作按照《决定》的附件一《普通话水平测试实施办法（试行）》和附件二《普通话水平测试等级标准（试行）》的规定进行。

1994053　电影事业管理局发出通知，针对近年来国产影片中滥用方言和使用不规范汉字的现象有所回潮的问题，重申各电影制片厂必须认真执行《关于广播、电影、电视正确使用语言文字的若干规定》，在国产影片中坚持使用普通话和规范汉字。通知指出，推广普通话、使用规范汉字是我国基本的语言文字政策。电影作为具有广泛群众性的重要传播媒介，使用语言文字是否符合规范，不仅关系到影片的实际观赏效果，而且对社会的语言文字应用也会产生广泛的影响。电影创作人员应是语言文字规范化的宣传者和实践者，积极为广大群众起示范作用。通知要求各厂在创作生产管理中要严格要求，采取各种有效措施，保证电影创作正确使用语言文字。通知明确规定：1.国产故事影片应使用普通话，不得大量使用方言。凡送审以方言为主的影片，电影局不予受理。特殊情况的影片，必须事先经电影局批准。2.纪录片、科教片、美术片等片种一律使用普通话解说。3.影片的片名、演职员表和字幕要使用规范汉字，不得使用已经简化了的繁体字、被淘汰的异体字和不规范的简化字，要杜绝错别字。

1994054　在云南省普通话水平测试中心与云南师范大学语言研究所通力合作下，

"云南人学普通话语音信息数据库系统"建成。研制"云南人学普通话语音信息数据库系统"的目的是为云南人学普通话的教学和研究提供全面、科学、准确的信息，有力地促进云南人学普通话教学和研究水平的提高，为推广普通话工作服务。"系统"还为普通话水平测试题库的建立打下了良好的基础，为题库建设提供科学、准确、有效的客观数据。该数据库系统还可以为其他汉语方言区的人学习普通话提供参考数据和建库示例。

# 11 月

1994055　24 日，维吾尔文、哈萨克文、柯尔克孜文、托忒蒙古文、锡伯文（含满文）进入 ISO/IBC10646 方案的编码修订工作完成。

1994056　30 日，广东省语委派出检查组，对深圳、珠海、汕头、湛江 4 市的社会用字管理工作进行检查。

# 12 月

1994057　5 日，国家语委普通话培训测试中心在北京广播学院培训中心举办第一期国家级普通话水平测试员培训班，学员 51 名。培训、考核的内容有：1.学习《关于开展普通话水平测试工作的决定》和《实施办法》；2.《普通话水平测试大纲》介绍；3.普通话水平测试的操作；4.普通话语音系统简介；5.朗读与口语训练要领；6.国家级普通话水平测试员考核。培训班于 20 日结业。42 名学员通过考核获得国家级普通话水平测试员资格证书。

1994058　6 日，由国家语委语用所、国家技术监督局、北京大学计算机系、国防科工委情报所和电子部华北计算所参加研制的国家标准《术语数据库技术评价指南》审定会在北京召开。

1994059　23 日，全国高等学校文科计算机辅助教学（CAI）协作组成立大会暨 CAI 教学软件交流研讨会在北京召开。与会专家认为，中文计算机普及教育是文科计算机辅助教学（CAI）的基础建设之一，而汉字输入技术仍然是普及中文计算机的关键。专家呼吁：当前，在没有经过国家及学术专业领域的专家评测评选的时候，应当首先把《汉语拼音方案》作为学习中文计算机的汉字输入方案，而不宜以政府行为推行其他任何方案。

1994060　《现代汉语词典》荣获新闻出版署颁发的国家图书奖。

1994061　四川省语委在成都召开省语委第三次（扩大）会议。国家语委副主任傅永和应邀参加会议并通报传达了有关语言文字工作方面的做法和打算。会议讨论了《四川省汉语言文字规范化管理暂行规定（草稿）》，并向全省首批达到中小学普及普通话第一阶段要求的先进县授旗。

## 同年

1994062　国家语委着手进行语言文字立法的准备工作，搜集部分国家有关语言文字的法律文本、政策和资料；召开语言文字专家和法学家语言文字立法研讨会；组织人员赴沿海开放城市和边疆民族地区进行调查研究。

1994063　香港理工学院升格为香港理工大学，设有中文及双语学系。

1994064　从本年起，香港城市大学举办汉语水平考试（HSK）。

1994065　陈一凡、胡宣华《汉字键盘输入技术与理论基础》由清华大学出版社、广西科学技术出版社联合出版。

1994066　刘源等《信息处理用现代汉语分词规范及自动分词方法》由清华大学出版社、广西科学技术出版社联合出版。

1994067　苏培成《现代汉字学纲要》由北京大学出版社出版。

1994068　冯志伟《自然语言机器翻译新论》由语文出版社出版。

# 1995 年

## 1 月

1995001　7 日，银川市人民政府令第 74 号发布施行《银川市社会用字管理暂行规定》。

1995002　12 日，福州市人民政府令第 12 号发布施行《福州市社会用字管理暂行规定》。

1995003　20 日，由国家教委课程教材研究所、中国社会科学院语言研究所、北京市语言学会、北京市教育局教研部、北京市西城区教研中心、北京语言学院出版社、语文建设杂志社、语文报社、语文世界杂志社、北京师范大学实验中学等单位联合举办的第二次中学语法教改研讨会在北京召开。会议认为，当前要转变观念，深化中学语法教学改革；要改变语法知识体系为语法教学体系；要精选出中学生最实用、最基本的语法内容，并研究、实验新的教法。

1995004　26 日，武汉市人民政府令第 81 号发布施行《武汉市社会用字管理办法》。

1995005　李岚清副总理指示："用一年时间，进行一次调查研究，争取把所有需要规范的内容整理出来，然后据此制定行政法规，把语言文字工作纳入法制轨道。"根据这一指示，国家语委代国务院起草《国家通用语言文字管理条例（草案）》并上报国务院法制局，列入法制局立法计划。《语言文字法》在全国人大立项后，国务院法制局提出暂不搞《条例》，全力以赴支持全国人大搞《语言文字法》。

1995006　第三届全国城市运动会筹备委员会和江苏省语委联合发出《关于在第三届全国城市运动会中正确使用汉字的通知》。《通知》规定下述范围的用字必须规范：体育场馆及各种固定设施或临时性的设施用字；公文、会标、服装、证书、奖杯、纪念品等用字；各代表团的旗帜及开幕式、闭幕式的彩车用字；会场和竞赛场地设置和显示的广告，赞助单位名称用字；赛场屏幕、入场券、记分牌、标牌等用字；运动员、工作人员、新闻记者和生活场所的用字。《通知》要求各参赛城市代表团的旗帜、服装上的用字由所在市体委严格把关，其他用字由筹委会下设的各个部门负责检查和审核。

## 2月

1995007　13日，国家语委普通话培训测试中心举办第二期国家级普通话水平测试员培训班，学员56名。51名学员通过考核获得国家级普通话水平测试员资格证书。

1995008　15日，国务院副总理李岚清在听取国家语委领导人汇报后说："语言文字工作是一项容易被人忽视的重要工作"，"推广普通话，公务员要带头"。

1995009　香港第一届16周在职全日制小学普通话科教师培训课程面世。

1995010　龚嘉镇《现行汉字形音关系研究》由湖北人民出版社出版。

## 3月

1995011　10日，由中国语文报刊协会和《中国报刊月报》联合举办的提高报刊质量，净化语言环境座谈会在国家语委举行。首都语文界和新闻界近30名专家学者参加座谈，共同商讨如何纠正报刊语言文字的不规范现象，进一步提高报刊编校质量。

1995012　12日，国家语委邀请出席全国人民代表大会和全国政协会议部分语言文字学界和中文信息界的代表、委员，就语言文字工作举行座谈会。

1995013　18日，八届全国人大三次会议通过《中华人民共和国教育法》。该法第十二条规定："汉语言文字为学校及其他教育机构的基本教学语言文字。少数民族学生为主的学校及其他教育机构，可以使用本民族或者当地民族通用的语言文字进行教学。学校及其他教育机构进行教学，应当推广使用全国通用的普通话和规范字。"

## 4月

1995014　3日，国家语委主办的第二十二期中央普通话进修班在北京开学。

1995015　10日，国家语委就当前语言文字工作召开专家座谈会，胡明扬、张志公、江蓝生、裘锡圭、方明、张颂等出席并发言。

1995016　27日，中共中央政治局常委、国务院副总理李岚清在国家语委《五省市党政机关推广普通话情况调查报告》上批示："人事部：我赞成把普通话列入对公务员的要求。公务员和教师一样，要带头说普通话。可否，请酌。"

1995017　28 日，由美国加州中国语言教育研究中心主办的中文电化教学国际研讨会在美国旧金山举行。到会的有来自近 20 个国家和地区的 230 多位语言学家、信息学家、计算机专家。会议还邀请美国苹果电脑公司、中国北大方正集团、中国书刊社、华语教学出版社、台湾新资讯技术有限公司等 15 家电脑公司及出版机构展览他们最新的电脑中文教学产品。

1995018　国家语委机关进行机构调整：原文字应用管理司的文字应用管理处并入原普通话推广司，普通话推广司改名为语言文字应用管理司，原文字应用管理司改名为中文信息管理司。

## 5 月

1995019　8 日，国家语委普通话培训测试中心举办第三期国家级普通话水平测试员培训班，学员 63 名。其中 60 名学员获得国家级普通话水平测试员资格证书。

1995020　15 日，河北省语言学会成立大会暨第一次学术讨论会在保定举行。

1995021　21 日，由江西教育出版社和江西师范大学《读写月报》联合主办的中国语文报刊协会会员代表大会在南昌庐山召开。大会向全国发出《关于正确使用祖国语言文字的倡议书》。

1995022　26 日，国家语委语言文字应用管理司在深圳召开全国经济特区、经济开发区和沿海开放城市社会用字管理工作研讨会。语文司司长李家斌做了题为《提高思想认识，扎扎实实地做好社会用字管理工作》的报告。国家语委党组书记兼副主任林炎志在闭幕式上讲话。深圳市有关方面负责人出席会议。代表还实地考察了深圳市社会用字管理情况，提出社会用字管理工作应该有统一的量化标准，形成激励机制。

## 6 月

1995023　6 日，新闻出版署发出《关于发布〈社会科学期刊质量管理标准（试行）〉的通知》，该《标准》第七条要求期刊"文字没有繁简混用情况"。

1995024　9 日，宁夏回族自治区人民政府发出《关于发布〈宁夏回族自治区社会用字管理规定〉的通知》。

1995025　12日，北京市语委召开北京市公共场所用字规范化现场会。国家语委主任许嘉璐，北京市副市长、市语委主任胡昭广出席会议并讲话。与会人员现场检查了西城区公共场所用字。该区72条繁华大街用字规范率达99%。会议宣布西城区、昌平县（今昌平区）实现了公共场所用字规范化，号召全市共同努力，使公共场所用字普遍达到规范化水平。

1995026　17日，由北京语言学院和（台北）中华语文研习所联合主办的两岸汉语言文字合作研究学术座谈会在北京举行。会议围绕原定议题，取得了积极成果：将继续就两岸汉语言文字的使用情况、发展趋势、交流沟通及从事合作研究等方面进行座谈，提出建设性意见，以利于两岸的交流。并确定两岸学者共同编写两岸现代汉语通用词典和其他合作项目。根据会议形成的基本思想，拟议编写的这部中型语文词典，将以描写性、通用性、实用性为其性质和特点，并以两岸学者合作编写、相互审订等做法保证其科学性和准确性。

1995027　19日，国家语委、中国语文现代化学会和北京市语言学会举行庆贺周有光九十华诞学术座谈会，畅谈中国语文现代化辉煌前景。香港《语文建设通讯》第50期为"周有光先生九十华诞专号"。香港《普通话》杂志"创刊10周年纪念特刊"辟有"庆祝周有光先生九十寿辰"专栏。

1995028　26日，中国社科院语言所在北京召开庆祝建所45周年大会。语言所在京的新老同人和部分语言专家学者共260多人参加会议。

# 7月

1995029　7日，国家教委、国家语委联合发出《关于加强高等院校语言文字规范化工作的几点意见》。《意见》指出，非师范类高等学校的语言文字规范化工作仍很薄弱。有的院校长期无人过问此项工作，相当多的干部师生语言文字规范意识淡薄，校内公共场合各种方言混杂使用，不规范字大量存在，大学毕业生的语言文字基本能力普遍不理想。这种状况同高等学校的办学规格和地位很不相称，同全社会正在逐步形成的"说普通话，用规范字"的大环境很不相称。因此，要求各高等学校增强执法意识，加强语言文字规范化工作。《意见》要求各高等学校实现普通话成为教学语言和校园语言，北方话区和南方方言区的学校原则上应分别于1998年底和2000年底达到这个要求。《意见》要求教师和学生接受普通话水平测试，对校内用字规范化也提出明确要求。《意见》还要求各高等学校成立语言文字工作委员会，建立有效的规章制度。

1995030　17 日，第四次世界妇女大会中国组织委员会、国家语委联合发出《关于在第四次世界妇女大会期间正确使用语言文字的通知》（世妇字〔1995〕34 号），要求第四次世界妇女大会使用的会标、宣传画、标语口号、宣传品、广告牌、标志牌、指示牌、说明文字等必须使用规范汉字；会议期间，凡与第四次世界妇女大会活动有关的公共场所，必须使用规范汉字；凡使用不规范字的单位必须在世界妇女大会召开前全部改正。

1995031　28 日，国家语委语言文字应用管理司印发《关于对部分省会和计划单列市社会用字管理工作进行抽查的通知》，决定于 9 月中下旬对南京、长沙、合肥、贵阳、银川、重庆、厦门等市的社会用字管理工作进行抽查。

1995032　《中国报刊月报》刊登《七类社科期刊质量标准及质量评估办法（试行）》，在其中的编辑标准部分提出："文字无繁简字混用"；"使用语言规范"；"标点符号、数字及计量单位等书写格式符合国家规定"。

1995033　国家语委普通话培训测试中心在日本大学（日本）举办国际关系学部汉语研修班。

1995034　国家语委普通话培训测试中心在香港教育学院（香港）举办普通话教师培训班。

# 8 月

1995035　1 日，北京师范大学中文系举办陆宗达先生九十周年诞辰纪念会暨《说文解字》学术研讨会。

1995036　8 日，国家语委发出《关于印发〈全国经济特区、经济开发区和沿海开放城市社会用字管理工作研讨会纪要〉和会议上林炎志的讲话、李家斌的报告的通知》。

1995037　21 日，重庆市人民政府令第 77 号发布施行《重庆市社会用字管理规定》。

1995038　24 日，国家语委语言文字应用管理司印发《关于征求对〈城市社会用字管理工作评估指导标准（征求意见稿）〉意见的通知》。

1995039　30 日，国家语委主办的第二十三期中央普通话进修班在北京开学。

## 9 月

1995040　6 日，由国家语委、广播电影电视部、山东省人民政府主办，淄博市人民政府承办的全国首届省级党政机关干部普通话大赛在淄博举行。全国除台湾省外的省、自治区、直辖市和解放军以及淄博市组队参赛。解放军队荣获团体总分第一名。

1995041　20 日，国家语委与美国微软公司合作谅解备忘录签字仪式在北京举行。国家语委主任许嘉璐、副主任傅永和，美国微软公司远东区总裁查尔斯·史蒂文、大中国区总裁布莱恩·尼尔森、中国区总裁杜家浜出席签字仪式。在签字仪式上，杜家浜、许嘉璐、查尔斯·史蒂文分别发表讲话。许嘉璐说："美国微软公司这次和国家语委在中文信息处理方面的合作，应该视为微软公司和中国合作的进一步拓展，也是我国中文信息处理事业走向世界的一件很有意义的事。当前，中文信息处理问题，直接关系到我国的计算机普及、信息高速公路建设的进程。由于汉语汉字的特殊性，在我们的面前还有许多基础建设和基础研究的工作需要努力去做，其中包括许多有关的语言文字规范标准和规章制度的制定工作。国家语委是我国主管语言文字工作的行政机构，一方面，它要制定中文信息处理的有关规范和标准，另一方面还要组织有关的科学研究工程作为工作的后盾。国家语委的任务之一是在整个计算机领域制定和推行国家的语言文字标准，开发和推广符合国家标准的中文应用软件。"查尔斯·史蒂文说："很高兴跟中国国家语委签订合作研究开发计划，对微软公司来说，这很重要。微软技术跟国家语委的研究结合，能给中国客户提供更好的服务。"许嘉璐和布莱恩·尼尔森分别代表双方在谅解备忘录上签字并交换文本。

1995042　香港教育学院规定所有职前教育证书课程学生必须修读 30—45 小时的普通话课程。

## 10 月

1995043　10 日，国务院召集中宣部、国务院办公厅、国务院新闻办、文化部、国家工商局、国家旅游局、新闻出版署和国家语委召开会议，研究落实江泽民总书记关于警惕"殖民文化"正在我国复活问题的批示。会议由国办秘书四局局长刘奇葆主持。国家语委语言文字应用管理司负责人参加会议。①

1995044 11 日，香港总督发表施政报告，决定加强在学校教授普通话。承诺 1996 至 1997 年度改善普通话教与学的素质，每年经费 1000 万港元，新课程将于 1998 年 9 月在小一、中一及中四开始，并加强中小学教师的普通话训练。从 1998 年 9 月开始推行普通话课程的学校将得到经常性补贴。至 2000 年普通话将列为独立的会考科目。

1995045 21 日，国家语委语言文字应用管理司从 9 月 10 日开始的对南京、长沙、合肥、贵阳、银川、重庆、厦门等 7 城市社会用字管理工作抽查结束。检查组实地检查了上述城市出版物、影视屏幕、党政机关、公共场所、学校、街道等领域的实际用字情况并做出评价，认为贵阳、银川滥用繁体字现象已经初步得到遏制，一度工作落后的南京进步显著，长沙、合肥属中游水平，重庆和厦门社会用字不规范现象仍非常严重。国家语委党组书记林炎志参加了对银川市的抽查。

1995046 《云南少数民族双语教学研究》由云南民族出版社出版。

# 11 月

1995047 3 日，国家语委语言文字应用管理司召开座谈会，邀请中宣部、人民出版社、人民文学出版社、北京人民艺术剧院、北京二中、北京联合大学及新闻媒体记者就当前社会上出现的一股"殖民文化"风进行座谈，并提出应对措施的建议。

1995048 5 日，由中国中文信息学会、中国计算机学会、中国人工智能学会和北京市语言学会共同发起的全国第三届计算语言学联合学术会议在上海召开。到会的有中国、日本、德国等大专院校、研究院所、公司等 56 个单位的 137 名代表。会议论文集《计算语言学进展与应用》由清华大学出版社出版。

1995049 8 日，由中国教育学会语文教学法研究会发起并主办的 21 世纪中国语文教育发展战略研讨会在上海师范大学举行。来自全国近 20 个省、自治区、直辖市的高等学校和科研、出版单位的 40 余位代表出席会议。会议的中心议题是，如何

---

① 新华社《国内动态清样》载，上海老作家杜宣认为，殖民文化正在中国复活。具体表现是现在商店、建筑物多用洋名；文学界有贬低鲁迅、茅盾，抬高周作人、梁实秋之风；市场上有公开出售的鸦片枪，旅游点有与蒋介石像合影的项目，等等。江泽民对此批示："关根同志：此件各省市及中央各部领导是否能够看到？要十分关心思想文化领域里的动态，一定要做到两个文明一起抓，千万不能只是向钱看。如不十分警惕，既对不起近百年来反殖民主义的仁人志士，又何以对得起伟大的中华民族的祖先？"中央办公厅将此件批转给国家语委等部门。

以改革的精神和开放的视野，在回顾的基础上，探讨中国语文教育如何改革才能更好地为培养适应新世纪需要的社会主义新型人才做出自己的贡献。

1995050　14日，中共北京市委宣传部、市政管理委员会、市工商行政管理局、市文化局、市广播电视局、市新闻出版局联合发出《关于印发〈北京市广告宣传精神文明标准（试行）〉的通知》。该《标准》第十四条规定：广告宣传"要正确使用祖国的语言文字，大力推广普通话，不应出现以下内容：1. 为达到某种宣传效果、追求经济效益，故意使用错别字；2. 广告道白用地方语言代替普通话；3. 语言港台化、洋化，对祖国语言文字有不良影响；4. 贬低、丑化、否定祖国传统文化；5. 擅改成语，编造不恰当的谐音成语；6. 使用繁体字、异体字"。第十五条规定："广告用字必须符合国家制定的文字标准。"

1995051　25日，中国辞书学会辞书理论和辞书史专业委员会年会、福建省辞书学会年会在福清联合召开。会议的中心议题是辞书排检法的理论及编制。与会代表就辞书排检法的理论和原则进行较深入的讨论，并对现有的排检法进行了研讨，建议有关部门在广泛征求意见的基础上，及早制定出汉字排检的国家标准。

1995052　27日，国家语委普通话培训测试中心举办第四期国家级普通话水平测试员培训班，学员97名。其中93名学员获得国家级普通话水平测试员资格证书。

1995053　28日，上海师范大学语言研究所举行"世纪之交汉语语言文字应用研究"座谈会。

1995054　经过检查验收，北京市主要公共场所的用字已实现规范化。8个城近郊区的中型以上街道和10个远郊区县政府所在城镇的525条要道用字规范率达99%以上。

# 12月

1995055　8日，国家语委语言文字应用管理司组织的《城市社会用字管理工作评估标准》研讨会在武汉结束。来自上海、湖北等13个省市语委办的负责人参加会议。与会人员对《城市社会用字管理工作评估标准》提出建设性修改意见，还考察了武汉市社会用字情况。

1995056　9—12日，由香港中国语文学会及香港中文大学吴多泰中国语文研究中心联合主办、香港中文大学中文系协办的"1997与香港中国语文"研讨会在香港中文大学举行。来自中国（包括港澳台地区）及新加坡、澳大利亚和美国的100

多位学者出席会议。学者们就香港回归后的语文政策、中文教育、普通话、繁简字以及汉语拼音的应用等问题发表意见和建议。与会者认为，1997 年以后，香港的语文政策，应根据香港的实际情况和居民的意愿，由特别行政区做出决策；普通话在未来香港社会生活中的地位势必日益重要，普通话将成为香港通用语言之一。

1995057　13 日，国家技术监督局发布国家标准《标点符号用法》(GB/T15834)。该标准自 1996 年 6 月 1 日起实施。

1995058　25 日，国家语委在北京人民大会堂召开纪念文字改革和汉语规范化工作 40 周年大会。中共中央政治局委员、国务院副总理李岚清出席大会并代表党中央、国务院做重要讲话。大会对在语言文字管理工作中做出显著成绩的北京市副市长胡昭广、上海市副市长谢丽娟、贵阳市副市长王选才、唐山市人大常委会副主任（原副市长）冯国安和为领导干部带头讲普通话做出表率的广州市市长黎子流进行表彰。李岚清、雷洁琼、孙起孟、钱伟长、徐志坚向 5 位市长颁发了奖牌和获奖证书。国家语委主任许嘉璐在总结发言中指出，为了很好地完成党中央、国务院交给我们的任务，全国语言文字工作者必须做到以下几点：第一，要认真学习李岚清副总理的重要讲话。这一讲话是今后一个时期语言文字工作的指导性文件。第二，要认清形势，坚定信心。语言文字工作要适应社会主义现代化建设的需要，为解放生产力和发展生产力、提高全民族科学文化素质、建设社会主义精神文明服务。我们要抓住机遇，努力工作，迎接挑战。第三，要做好语言文字工作的"九五"计划和 2010 年发展规划，明确近期和中期的奋斗目标。第四，要认真学习，更新知识结构。语言文字工作者必须在信息化时代这个大背景上重新认识我们的工作，更新观念，改进工作。

1995059　25 日，《人民日报》发表题为《在全社会树立语言文字规范意识》的社论，指出没有语言文字的规范化、标准化，现代化事业就不可能顺利进行。当前语言文字的应用与社会的发展相比，还存在某些滞后现象。社论号召全党和全国人民都以说好普通话、用好规范字为荣，各级领导更要率先垂范。

1995060　25 日，由国家语委主办、国家语委语用所承办的首届全国语言文字应用学术研讨会在北京召开。出席会议的有来自全国 22 个省市的 180 位学者，香港、澳门和台湾的 18 位学者到会。会议内容几乎涉及应用语言学的所有主要分支。国家语委主任、语用所所长许嘉璐在研讨会上致辞。他说，语言文字学具有与自然科学很相近的属性，在现代社会里与许多涉及国计民生的事业关系至为密切，对推动生产力的发展、提高全体劳动者的素质有着重大的作用，理应成为先行科学。要靠我们的研究成果使人们认识到语言文字学对国家的建设、对社会和科技发展的确有着巨大的作用。因此，语言文字学的应用研究有可能成为语言文字学"杀出一条生路"的突击队。在研讨会期间，还酝酿成立中国应用语言学会。

1995061　26 日，国家语委在北京召开全国省、自治区、直辖市及计划单列市语委办主任工作会议。国家语委主任许嘉璐在工作报告中说，李岚清副总理的讲话精神是今后一个时期里开展语言文字工作的指导思想。他分析了当前语言文字工作所面临的形势，阐述了语言文字工作同现代化、信息化，同国家的统一、民族的团结的关系。他说，深刻认识、正确把握这两方面的关系，是今后搞好语言文字工作的关键所在。社会的信息化每前进一步，都向语言文字的规范化、标准化提出挑战。在这方面要有紧迫感，要更新知识，更新观念，重新认识我们的工作。许嘉璐总结了 1995 年工作，提出了 1996 年的任务，然后强调，在国家语委和各地语委面前摆着许多困难。这些困难不会因这次纪念活动而一下子消失。在语言文字工作方面虽然有人认识得慢一点，但社会的进步也会令他醒悟。我们今天的努力就是为了使更多的人尽早懂得语言文字工作的重要。我们这一行不会总是蹲在被冷落的角落。所以，我们要认清新形势，树立新观念，开创新局面，创造新经验，迎接语言文字工作新阶段的到来。国家语委各部门负责人分别向大会报告了 1996 年的工作计划。国家语委党组书记朱新均在讲话中希望语言文字工作加强宣传力度，积极稳妥地拓宽工作领域。与会代表进行了深入讨论。国家语委副主任孟吉平做会议小结。

1995062　香港教育统筹委员会出版《第六号报告书——提高语文能力整体策略》咨询文件，进一步落实在学校推广普通话的政策，认为普通话应成为所有中小学的"核心课程"。

## 同年

1995063　语文出版社（原文字改革出版社）举行庆祝建社 40 周年活动。

1995064　何九盈、胡双宝、张猛主编《中国汉字文化大观》由北京大学出版社出版。

1995065　王均主编《当代中国的文字改革》（"当代中国"丛书之一）由当代中国出版社出版。

1995066　《叶籁士文集》由中国世界语出版社出版。

1995067　由中国科学院计算技术研究所陈肇雄等研究开发的智能型英汉机器翻译系统 IMT/EC-863 获国家科技进步一等奖。该系统在机器翻译基础理论研究和系统开发方面取得重大突破。

1995068　民政部、交通部、公安部、建设部联合发文，部署在全国国道线两侧村镇设置符合国家要求的标准地名标志。经过 3 年努力，9 万多块地名标牌排列在全国 11 万公里的国道线两侧。①

1995069　香港公务员事务司公布"公务员使用中文事宜工作小组报告书"，建议所有政务官必须学习普通话。

1995070　台湾教育事务主管部门再次委托台湾师范大学国文研究所对《异体字表》加以整理和扩编，逐字注明文献根据，于 2000 年 6 月编成《异体字字典》（总编辑曾荣汾）。据 2002 年 5 月发布的正式版第四版，共收正字 29 866 字（包括标准字体甲、乙、丙 3 表所收的正字 15 548 字和扩编增收的正字 14 318 字）、异体字 76 286 字（比原《异体字表》多出 57 698 字），总字数达 106 152 字。该字典实际上是一个全汉字字库。

1995071　曹逢甫在"1997 与香港中国语文研讨会"上发表《台湾的国语教育与母语教育》。

1995072　香港教育署用语文基金资助 95 名中小学普通话教师参加国家语委主办的普通话培训班，并参加普通话水平测试。

1995073　从本年起，普通话列为香港师范生的必修科。

1995074　姚天顺等《自然语言理解——一种让机器懂得人类语言的研究》由清华大学出版社、广西科学技术出版社联合出版。

1995075　苏培成、尹斌庸编《现代汉字规范化问题》由语文出版社出版。

1995076　张育泉《语文现代化概论》由首都师范大学出版社出版。

---

①　2000 年，民政部与交通部、国家工商总局、国家质量技术监督局联合发文，要求用 5 年时间，在全国 667 个城市的街、路、巷、楼、门牌设置标准地名标志。

1995077　美洲中国文字改革促进会和北京市语文现代化研究会联合出版《语文与信息》双月刊（内部）。

1995078　凌远征《新语文建设史话》由河南大学出版社出版。

# 1996 年

## 1 月

1996001　6 日，由澳门语言学会主办的"语言与传意"国际研讨会在澳门举行。

1996002　9 日，全国政协文史和学习委员会邀请部分政协委员和专家学者召开"关于当前一些语言现象"座谈会。与会人员指出，社会上语言污染十分严重，出现了明显的"洋化、封建化、庸俗化"倾向，繁体字回潮问题严重，有关部门对此缺乏足够的重视，建议加强语言文字立法工作。

1996003　22 日，国家技术监督局发布《汉语拼音正词法基本规则》（GB16159-1996），本年 7 月 1 日起实施。

1996004　国家语委语言文字应用管理司参与新闻出版署和全国教学辅导类期刊评审中心组织的"教育教学类期刊质量标准和评估办法"研讨活动。

## 3 月

1996005　8 日，全国政协八届四次会议进行大会发言。钱正英、钱伟长、曹其真等委员的发言都强调了要重视语言文字工作。金开诚、李汉秋、蔡义江、黄景钧、汪东林 5 位委员以《语言的健康和规范应引起全社会的重视》为题做了联合发言，指出当前语文生活中存在的诸多不容忽视的问题，分析了产生这些问题的深层原因，提出了解决这些问题的 5 项建议。

1996006　18—21 日，全国职业中学普及普通话工作交流汇报会在沈阳召开。会议观摩了沈阳市职业中学普及普通话工作汇报，研讨了拟以国家语委、国家教委名义下发的《职业中学普及普通话工作评估指导标准》和《职业中学普通话教学基本要求》讨论稿。

1996007　26 日，原中国人民建设银行更名为"中国建设银行"，新行名名称牌使用印刷体规范字。同日，中国建设银行所属 44 家省级建行全部改用统一的规范字行名牌。其他各支行也将陆续改换成与总行一致的名牌。此后，中国投资银行、华夏银行、光大银行等相继改正了标牌中的不规范字，中国人民保险公司也启用了简化字的新名牌。

1996008 在八届全国人大四次会议上，227名代表提出了7件要求语言文字立法的议案。国家语委同意制定《中华人民共和国语言文字法》，并建议由全国人大教科文卫委员会牵头起草，国家语委配合。

1996009 国家语委政策法规室编《国家语言文字政策法规汇编（1949—1995）》由语文出版社出版。

# 4月

1996010 3日，国家语委主办的第二十四期中央普通话进修班在北京开学。

1996011 4日，国家语委语言文字应用管理司、信息中心和《语文建设》编辑部邀请有关部门负责人和文化界、新闻界人士召开"语言文明建设座谈会"。与会人员对当前语文应用中滥用繁体字、方言，粗俗化、痞子化的语言大行其道，乱起洋名、乱造音译词等不良文化现象提出尖锐批评，一致呼吁：1.各部门都要把促进语言文字应用的规范化、文明化纳入本部门的工作范围，成为明确的政府行为；2.进行语言文明建设，政府要率先垂范，各级公务员特别是领导干部必须带头说普通话，用国家法定的规范汉字；3.各级各类学校是进行语言文明建设的重要基地，教育行政部门和各级各类学校都要加强文明用语教育，都要把语言文明建设纳入文明校园的评比条件并认真执行；4.各新闻单位不但要切实加强自身的语言文明建设，而且一定要把语言文字列入宣传报道计划；5.各部门要在中宣部的统一协调下，加强协作，互通情况，共同搞好语言文明建设这项意义重大的基础工程；6.必须加快语言文字的立法进程。

1996012 9日，厦门市政府第三十一号令《厦门市社会用字管理规定》颁布，5月1日起正式施行。

1996013 16日，内蒙古自治区人民政府办公厅印发《关于印发内蒙古自治区社会市面蒙汉两种文字并用管理办法的通知》，要求社会市面用文字逐步做到蒙汉两种文字并用，达到准确、规范、标准，规定了蒙汉两种文字书写、挂放规则。

1996014 17日，国家语委普通话培训测试中心与香港大学合作协议签约仪式在香港举行。双方将就香港推广普通话活动进行业务合作。国家语委主任许嘉璐、新华社香港分社副社长张俊生以及香港教育署官员、高校各界人士出席签字仪式。

许嘉璐一行此次访港期间，还访问了香港树仁学院，与香港教育署、公务员培训中心等部门以及各大学、普通话教育界、教育决策机构、出版界和新闻界等各界人士进行广泛交谈。

1996015  21 日，上海咬文嚼字编辑部和天津市语委联合召开京津 7 报编校质量检查座谈会。国家语委语言文字应用管理司司长李家斌等出席。

## 5 月

1996016  6 日，国家语委印发《关于颁布〈城市社会用字管理工作评估指导标准（试行）〉的通知》，指出：该《标准》是供全国各县级以上市，对社会用字管理工作进行日常自我评估的标准，同时供上级有关部门对其进行常规性检查的评估标准；各地应结合该《标准》，制订出从现在起到 2000 年本地各级各类城市如何达标的切实可行的工作计划，提出达标的阶段性要求，包括对所属城市分期分批进行检查、验收的具体安排；提出对城市社会用字各项管理工作和各领域用字基本的原则性要求。各地应结合本地实际，制定具有可操作性的实施办法。

1996017  国家语委副主任孟吉平、语言文字应用管理司司长李家斌等在南京、张家港、上海等地就语言文字工作在精神文明建设中的地位和作用进行调研。

## 6 月

1996018  5 日，国家语委语言文字应用管理司印发《关于在清理带有不良文化倾向的商品名、商标名、店铺名过程中加强社会用字管理工作的紧急通知》，要求各级语委积极参与有关的活动，配合、提醒和督促有关部门和单位，在更改有不良倾向的商标和名牌时，注意新商标、店名牌的用字必须符合国家现行规范标准。

1996019  6 日，国家语委语言文字应用管理司在北京大学中文系召开"语言文字工作与精神文明建设"座谈会。与会 10 多位专家强烈呼吁，正确使用祖国的语言文字应引起全党重视、得到全社会支持。

1996020  7 日，国家语委召开全体委员会议。国家语委主任许嘉璐主持会议，在京的国家语委委员、国务院有关部委代表、国家语委领导和机关各单位负责人共30 余人出席会议。会议审查并原则通过了《"九五"期间国家语言文字工作计划》。该计划由 4 个部分组成：1."八五"期间的主要成绩；2."九五"期间面临的形势；3."九五"期间的工作方针和主要任务；4.努力开拓语言文字工作的新局面。

1996021　12 日，国家语委语言文字应用管理司在哈尔滨召开华北、东北地区社会用字管理工作汇报研讨会。华北、东北地区的省、自治区、直辖市和省会、自治区首府、计划单列市的语委办负责人出席。会上，各地汇报了近两年社会用字管理工作进展情况，总结了近几年开展这一工作的经验，研讨了《城市社会用字管理工作评估指导标准》各项细则，并依据《标准》对哈尔滨市进行了模拟评估。评估结果显示，哈尔滨市社会用字规范化水平在全国省会城市中名列前茅。

1996022　24 日，国家语委在洛阳召开全国语言文字宣传信息工作会议。30 个省、自治区、直辖市及 6 个计划单列市的代表出席会议。国家语委副主任傅永和做了题为《加强社会主义精神文明建设，广泛深入地开展语言文字宣传信息工作》的报告，提出了建立健全宣传信息工作阵地、努力把宣传信息工作提高到新水平的具体要求。

1996023　26 日，解放军总政治部向全军发出《关于学习贯彻〈中华人民共和国国家通用语言文字法〉的意见》。

# 7 月

1996024　18 日，中国人民银行办公厅印发《关于金融系统要带头使用规范汉字的通知》，要求金融系统各单位严格遵守国家关于汉字的标准，凡仍使用繁体字或不规范汉字的行名牌匾，要限期改正，更换牌匾。31 日，国家语委语言文字应用管理司将此《通知》转发各地语委（语言文字工作机构），要求语言文字工作部门协助银行系统做好这项工作。

1996025　19 日，全国师范院校普及普通话工作论文评选会在丹东召开。

1996026　23 日，商务印书馆出版的《现代汉语词典》（修订本）首发式在北京举行。

1996027　24—27 日，由上海市语委、上海市语文学会和上海现代语言学研究会联合主办的第五届全国现代语言学学术研讨会在上海举行。

1996028　31 日，新疆乌鲁木齐地区大中小学和教学研究中心的 38 名教育工作者接受普通话测试培训。

1996029　上海市语委和第三届全国农运会筹委会联合对筹委会各部门、各区县语委下发了《关于在第三届全国农民运动会期间正确使用语言文字的通知》。《通知》下发后，语言文字规范化工作将被作为农运会期间精神文明建设的一项重要内容受到筹委会的高度重视。9 月，筹委会委托上海市语委对农运会用语用字情况进行检查。检查结果表明，跟以前的各类大型活动相比，农运会的用语用字情况有了明显改善，规范化程度令人满意。

# 8 月

1996030　8 日，国家语委语言文字应用管理司、国家教委师范教育司、北京市朗诵艺术研究会、北京市崇文区（后并入东城区）文化馆联合举办的首届全国教师朗诵大赛在北京闭幕。

1996031　许嘉璐、王福祥、刘润清主编《中国语言学现状与展望》由外语教学与研究出版社出版。

1996032　姚德怀《华语词汇的整理和规范》在香港《词库建设通讯》总第 9 期发表。

# 9 月

1996033　11 日，广播电影电视部在北京召开全国广播影视语言工作会议。国家语委主任许嘉璐、广播电影电视部部长孙家正、全国人大常委杨纪珂、全国政协常委叶至善、中国社会科学院语言研究所所长江蓝生出席并讲话。会议目的旨在加强播音员节目主持人队伍建设，提高我国广播影视语言文明和规范化程度。孙家正在讲话中指出，各级领导要充分认识语言文字工作在整个广播影视工作中的重要地位。电影电视工作者要成为语言文字规范化的宣传者和实践者。许嘉璐在报告中着重谈了 3 个问题：1. 语言文字的规范化、标准化是历史发展的必然，是社会进步的需要；2. 社会上存在的妨碍语言文字规范化工作的几种认识和国家语委对这些认识的看法；3. 国家语委正在进行的一些有关的工作。会议审议通过了《关于播音员主持人上岗的暂行规定》。

1996034　18 日，北京市商业委员会、市语委联合印发《关于北京市商业系统加强语言文字工作的通知》，要求各商业单位对本单位牌匾、广告、橱窗等用字进行全面检查，对不规范字及时改正，并对注册商标定型字在牌匾、广告中的使用及商品中外文名称的使用做出规定。

1996035　26 日，国家教委、国家语委联合发出《关于印发〈职业中学普通话教学基本要求〉的通知》。文件指出，职业中学各专业的普通话教学属于基本技能训练，必须列为专业基本技能类的必修课，并对师范类专业（幼儿师范、体育师范、艺术师范、普通师范等）与口语表达密切相关的专业（文秘、法律、公安、财会、金融、税务、经贸、工商管理、邮电和交通服务、医护、商业营销、广告、旅游、外事服务、餐厅客房服务等）和一般专业分别提出要求开设普通话课程和学生普通话水平达标的要求。

1996036　27日，国家教委、国家语委下发《关于印发〈职业中学普及普通话工作评估指导标准〉的通知》。该标准是供学校进行自我评估的指导性标准，同时也可以作为上级部门对学校进行阶段性检查评估的主要依据。

# 10 月

1996037　21日，民政部印发《关于加强城镇建筑物名称管理的通知》，要求禁止使用有损于民族尊严、格调低俗的名称；避免不科学、不规范、名不副实的名称出现；建筑物名称要严格按照规范汉字书写，禁止使用已简化的繁体字、已淘汰的异体字，杜绝使用自造字。

1996038　22日，国家语委语言文字应用管理司在厦门召开华东地区社会用字管理工作汇报研讨会。华东地区的省、直辖市、省会、计划单列市的语委办负责人出席。国家语委副主任孟吉平到会并讲话。会上，各地汇报了近两年社会用字管理工作进展情况，总结了近几年开展这一工作的经验，研讨了《城市社会用字管理工作评估指导标准》各项细则。与会人员依据《标准》对厦门市进行了模拟评估，实地观摩了厦门市社会用字管理工作情况，结果显示，厦门市公共场所用字整改率达到95%以上，规范率达90%以上，成绩显著。

1996039　28日，八届全国人大常委会第二十二次会议审议了全国人大教科文卫委员会对代表提案处理意见的报告，同意由全国人大教科文卫委员会牵头起草《中华人民共和国语言文字法》，并列入1997年全国人大常委会的立法计划。起草小组由全国人大教科文卫委员会教育室的人员和国家语委的管理、科研人员组成。

1996040　28日，国家语委普通话培训测试中心举办第五期国家级普通话水平测试员培训班，学员63名。其中60名学员获得国家级普通话水平测试员资格证书。

# 11 月

1996041　1日，国家工商行政管理局下发《关于规范企业名称和商标、广告用字的通知》。

1996042　2 日，国家语委语言文字应用管理司在广州召开的中南地区社会用字管理工作汇报研讨会结束。中南地区的省、自治区、省会、计划单列市的语委办负责人出席。国家语委副主任孟吉平出席会议并讲话。会上，各地汇报了近两年社会用字管理工作进展情况，总结了近几年开展这一工作的经验，研讨了《城市社会用字管理工作评估指导标准》各项细则。与会人员依据《标准》对广州市进行了模拟评估，认为广州市的社会用字管理工作取得了重大突破性进展。

1996043　4 日，上海市语委主任、《汉语大词典》主编罗竹风（1911—1996）逝世。

1996044　18 日，国家语委普通话培训测试中心举办第六期国家级普通话水平测试员培训班，学员 65 名。其中 62 名学员获得国家级普通话水平测试员资格证书。

## 12 月

1996045　16 日，国家语委普通话培训测试中心举办第七期国家级普通话水平测试员培训班，学员 57 名。其中 54 名学员获得国家级普通话水平测试员资格证书。

1996046　30 日，新疆民族文印刷体工作委员会成立。

## 同年

1996047　国家技术监督局发布《通用键盘汉字输入技能测试方法》（GB/T 16295-1996）。

1996048　齐齐哈尔市人民政府令第 2 号发布《齐齐哈尔市社会用字管理办法》。

1996049　杭州市人民政府令第 101 号发布《杭州市社会用字管理办法》。

1996050　广电部建立视听评议制度，聘请语言文字专家成立语言文字监听监看小组，并创编内部刊物《视听评议》。

1996051　香港理工大学推出专为母语为粤方言者设立的普通话考试（PSK），面向港澳地区的大专院校学生及其他各阶层人士。水平考试由香港理工大学中文及双语系负责研制，国家语委和北京语言学院的专家参加研制工作。考试实行"三级八等"制，即在国家语委发布的普通话水平"三级六等"基础上再加两等，作为入门或预备级水平。

1996052　云南省广电系统普通话水平测试站成立。到 2002 年底，共测试 800 多人次。

1996053　由香港中国语文学会等组织编辑的《一九九七与香港中国语文研讨会论文集》出版。

1996054　香港教育学院成立专门小组拟订对进修普通话科学生的入学和毕业水平要求，建议学生的普通话水平在修业期满后，必须达到国家语委规定的二级乙等。

1996055　香港在学校正式开设普通话科的已有小学 577 所，占全港小学总数 856 所的 67%；有中学 253 所，占中学总数 487 所的 52%。

1996056　香港委派 121 人到北京进修普通话，并参加国家语委主持的普通话水平测试。

1996057　台湾教育事务主管部门编订"国字标准字体研订原则"，规定"研订标准字体的通则"40 条和"研订标准字体的分则"120 条。"通则"主要是关于笔画结构的写法规定，"分则"主要是关于偏旁部首的写法规定。这 160 条实际是规定了 160 个部件的标准写法，是整理字形的细则。还出版《常用国字标准字体笔顺手册》，规定了 4808 个常用字的笔顺。

1996058　黄昌宁、夏莹主编《语言信息处理专论》由清华大学出版社、广西科学技术出版社联合出版。

# 1997 年

## 1 月

1997001 6 日，李鹏总理主持的国务院第 134 次总理办公会议，听取了国家语委主任许嘉璐关于语言文字工作的汇报。会议指出：要继续加大推广普通话和社会用字管理工作的力度。推广普通话关系到社会的进步和经济的发展，应当有计划、有法规，长期开展下去。推广普通话，关键是要培养师资队伍。在少数民族聚居地区要坚持双语教学的方向。社会用字包括公共场所、出版物、影视屏幕、公文告示等，都必须正确使用经中央人民政府批准的简化字，用词也要规范，要提高到维护我国语言文字的纯洁性和增强中华民族凝聚力的高度来认识。有关语言文字工作的学术问题可以探讨、争论和研究，但宪法、法律和国家制定的方针政策，必须坚决贯彻执行。会议批准自 1998 年起每年 9 月份的第三周为全国推广普通话宣传周。

1997002 6—20 日，国家语委普通话培训测试中心举办第八期国家级普通话水平测试员培训班，学员 64 名。其中 63 名学员通过考核获得国家级普通话水平测试员资格证书。

1997003 9 日，全国人大教科文卫委员会、国家语委和北京市语委在北京市的重点商业街、高科技园区、机场和火车站进行外文使用情况调研。

1997004 13 日，《中华人民共和国语言文字法》的起草工作正式启动。《中华人民共和国语言文字法》第一次起草会召开，讨论了立法依据、立法原则和指导思想、《语言文字法》的基本框架和主要内容。

1997005 21 日，河南省政府在郑州召开河南省语言文字工作会议。与会的有省语委委员和各市（地）、各部门的负责人共 154 人。国家教委党组成员、国家语委党组书记朱新均、国家语委语文司司长李家斌应邀出席会议。

1997006 29 日，广州市政府批转广州市语委《关于 1997 年广州市语言文字工作要点的请示》。

1997007　30 日，全国人大教科文卫委员会教育室邀请外交部等 21 个部委有关部门负责人，就外语外文的使用情况进行座谈。会议研究讨论了当前外语外文使用的现状、存在问题及对策。

1997008　浙江省委、省政府组织检查组对 11 个地级市（地区行署所在城市）进行了第三轮创建文明城市竞赛活动检查评比。本轮创建活动将"积极推广普通话，公共场所用字规范"纳入文明城市评比内容。

1997009　国家语委普通话培训测试中心在香港中文大学（香港）举办普通话水平测试员班。

## 2 月

1997010　18 日，国家语委语言文字应用管理司和普通话培训测试中心在北京召开普通话培训测试管理工作研讨会。会议集中讨论如何处理好普通话培训和测试的关系、如何提高普通话培训测试工作的科学水平及如何改进管理工作。

1997011　22 日—3 月 9 日，《语言文字法》起草小组对上海、江苏、山东、云南、四川等 5 省市的少数民族语言文字和外文使用情况进行调研。

1997012　香港政府大学拨款委员会明令各师资培训机构要在中文必修或选修课程内加入普通话单元，目的在于使新入职的中文科教师受到足够的普通话教育。

1997013　国家语委语言文字应用管理司邀请部分专家对语文生活中出现的"洋文"冲击问题召开研讨会，会后形成的《对当前"洋文"冲击汉语等现象的估价和对策》一文发表在《语文建设》。

## 3 月

1997014　6 日，湖北省教委、省语委下发通知，部署从 3 月份起，开展师范院校毕业生普通话水平等级测试，同时对中等师范学校推广普通话第二阶段工作情况进行检查。

1997015　7 日，上海市语委、市教委、市中小学幼儿园教师奖励基金会在杨浦区召开 1996 年度上海市中小学、幼儿园语言文字工作先进集体、先进工作者表彰大会。国家语委语言文字应用管理司派员出席。

1997016　10—21 日，国家语委普通话培训测试中心举办第九期国家级普通话水平测试员培训班，学员 60 名，全部获得国家级普通话水平测试员资格证书。

1997017 12 日，北京市语委下发《关于公共场所使用商标定型字的通知》和《关于管理不规范商标注册字的通知》。

1997018 24 日，全国人大教科文卫委员会教育室对《语言文字法》第二稿提出修改意见。

1997019 24 日，广电部、国家语委联合下发《关于建立广播电影电视系统普通话水平测试工作领导小组和测试站的通知》，要求各省、自治区、直辖市广播影视厅（局）组建普通话水平测试站，对播音员、节目主持人和影视演员进行普通话水平测试。

1997020 27 日，全国人大教科文卫委员会召开少数民族人士、语言文字应用部门负责人及语言学家、法学家座谈会，征求对《语言文字法》二稿一版（简本）和二稿二版（详本）的意见。

# 4 月

1997021 7 日，国家语委、新闻出版署联合发布《现代汉语通用字笔顺规范》。该《规范》在《现代汉语通用字表》的基础上，将隐性的规范笔顺变成显性的，列出了三种形式的笔顺，同时明确了字表中难以根据字序推断出规范笔顺的"火""叉""凼""爽"等字的笔顺，调整了"敝""脊"两个字的笔顺。

1997022 9 日，《新闻出版报》刊载《报纸编校质量评比差错认定细则》。《细则》中规定报纸编校质量评比有两项内容，总分 100 分，其中语言文字编校质量评比占 80 分，并要求报纸上不得使用繁体字、异体字和旧字形。

1997023 10 日，《语言文字法》起草小组对二稿一版（简本）和二稿二版（详本）进行修改后，拟出《语言文字法》框架稿。随后，全国人大教科文卫委员会召开三次座谈会，征求对框架稿的意见。

1997024 14—25 日，国家语委普通话培训测试中心举办第十期国家级普通话水平测试员培训班，学员 99 名。其中 95 名学员通过考核获得国家级普通话水平测试员资格证书。

1997025 16 日，全国人大教科文卫委员会分三次召开少数民族人士、语言文字应用部门负责人、语言学家和法学家座谈会，征求对《语言文字法》框架稿的意见。

1997026 20 日，全国人大教科文卫委员会和国家语委联合对新疆、辽宁、吉林和黑龙江少数民族语言文字和外国语言文字使用情况进行调研。

1997027 国家语委副主任孟吉平代表国家语委与香港树仁学院、香港教育学院分别签订了关于合作开展普通话培训测试的协议书。

# 5月

1997028 5—16日，国家语委普通话培训测试中心举办第十一期国家级普通话水平测试员培训班，学员97名。其中96名学员通过考核获得国家级普通话水平测试员资格证书。

1997029 5日，国家语委主办的第二十五期中央普通话进修班在北京开学。

1997030 14日，国家语委副主任孟吉平等在宁夏回族自治区石嘴山市视察工作。

1997031 26—28日，国家语委语言文字应用管理司和国家教委高等教育司联合在成都召开全国高等学校语言文字工作汇报会。各省、自治区、直辖市语委办和教委高教处负责人出席会议。国家语委语文司司长李家斌在开幕式上做题为《统一思想，通力协作，共创高校语言文字工作新局面》的讲话；国家教委党组成员、国家语委党组书记、国家语委副主任朱新均做了题为《重视并着力加强高等学校的语言文字工作》的总结讲话。上海市语委、教委，云南省语委、教委，国防科技大学、华中理工大学（今华中科技大学）、西南农业大学（今西南大学）、长沙电力学院（今长沙理工大学）、山东大学在会上介绍了开展高校语言文字工作的经验。与会代表就如何进一步加强高等学校语言文字规范化工作展开讨论，并考察了华西医科大学、四川师范大学的语言文字工作。

1997032 28日，全国人大教科文卫委员会和国家语委分别向中共中央、国务院有关部委，各省、自治区、直辖市人大常委会及中国社会科学院、新华社，地方语委办和有关高校等征求对《语言文字法（草案）》（征求意见稿）的意见。

1997033 为贯彻落实江泽民等中央领导同志就社会用字管理工作所做批示精神，国家语委对社会用字管理工作的某些方面做了调查，并对社会用字管理工作进行了认真回顾。经反复研究，对社会用字管理工作某些特定领域的有关政策做出新的规定，并在此基础上起草了《关于贯彻落实江泽民等中央领导同志就社会用字管理工作所作批示的报告》，报中央有关领导。

1997034 上海市语委、市教委发出通知，将在中小学教师中实行持普通话登记证书上岗制度。该市语文教师将于 1999 年持普通话证书上岗，其余教师从 2001 年起持证上岗。

1997035　由国家语委普通话培训测试中心赴港主持的第二届香港普通话水平测试结束。在应试考生中，有九成考生取得三级六等的及格成绩，其中有 4 位考生取得了一级甲等的成绩。本届接受测试的 228 人大多是小学教师和私人普通话教师。

# 6 月

1997036　2 日，国家语委语言文字应用管理司在贵阳召开西北西南地区社会用字管理工作汇报研讨会。重庆、四川、贵州、云南、西藏、宁夏、新疆 7 省（自治区、直辖市）和成都、贵阳、拉萨、西安、兰州、银川、西宁、乌鲁木齐 8 城市，及应邀与会的江苏、江西、广西和南宁、秦皇岛等省（自治区）、市语委办负责人共 29 名代表出席会议。会议由国家语委语言文字应用管理司司长李家斌主持，国家语委副主任孟吉平和贵州省副省长、省语委主任龚贤永出席并讲话。与会人员学习了《城市社会用字管理工作评估指导标准（试行）》，并根据这一标准实地对贵阳市的社会用字管理工作进行了模拟评估，交流了各地城市社会用字管理工作，探讨了新形势下社会用字管理工作的特点。国家语委初步决定从 1998 年起将用 3 年时间，对直辖市、省会城市社会用字工作进行检查评估。

1997037　2—13 日，国家语委普通话培训测试中心举办第十二期国家级普通话水平测试员培训班，学员 107 名。其中 102 名学员通过考核获得国家级普通话水平测试员资格证书。

1997038　16 日，国家语委副主任、党组书记朱新均率团赴加拿大进行语言文字立法考察。考察团考察了加拿大联邦政府和魁北克省的语言政策、语言立法、语言规划、语言信息处理和语言文字社会应用管理情况。

1997039　17 日，云南省普通话水平测试题库在昆明通过了由中央民族大学戴庆厦、华中师范大学邢福义等 8 人组成的专家鉴定组的鉴定。

1997040　26 日，国家语委下发《关于颁布〈关于普通话水平测试管理工作的若干规定（试行）〉的通知》，对普通话水平测试工作的机构和网络建设、测试的标准和大纲、测试成绩的认定和证书、测试试卷、测试对象及其达标要求等各有关管理环节做出规定。

1997041　香港电台第七台正式开播，从 10 时至 22 时全部用普通话播出。至此，香港电台的普通话节目将达 100 小时，开始了一个普通话、粤语、英语三语广播的新时期。

1997042　费锦昌主编《香港语文面面观》由语文出版社出版。

# 7 月

1997043　2 日，上海市语委发出通知，要求第八届全国运动会（筹）各部室、各区县政府、各区县体委、各区县语委、各比赛场馆、各接待单位，把用字规范化和普及普通话工作作为八运会筹备工作的重要组成部分，给予充分重视，并落实专人负责这项工作。

1997044　8—9 日，全国人大教科文卫委员会、国家语委召开少数民族人士和法学界座谈会征求对《语言文字法（草案）》（征求意见稿）的意见。参加座谈的有国家民委语文室、国家教委民族司、全国人大民族委员会、国务院法制局、广电部、新闻出版署、中国社科院民族所和法学所、中央民族大学、民族出版社、北京大学等单位的 14 位专业人员。

1997045　11 日，广播电影电视部、国家语委在北京广播学院建立普通话水平测试实验室。

1997046　24 日，上海市语委在浦东新区召开语言文字工作评估现场动员会，要求各区县、各系统围绕迎接第八届全运会和中国共产党第十五次代表大会的召开，精心组织好 9 月份的集中宣传月活动。

1997047　国家语委普通话培训测试中心在香港树仁学院举办学生普通话夏令营班，在香港教育学院举办普通话课程培训班，在香港佛教联合会举办普通话师资训练班。

1997048　费锦昌主编《中国语文现代化百年记事（1892—1995）》由语文出版社出版。

# 8 月

1997049　19 日，中央教育科学研究所和国家语委语用所在佳木斯召开全国"注音识字，提前读写"研讨会。22 个省市、自治区和香港特别行政区以及日本、美国等国的专家学者共 200 余人参加会议。国家语委主任许嘉璐出席并就实验的意义、实验方向和对教育改革的启示进行阐述。国家语委党组书记朱新均、黑龙江省副省长周铁农出席会议并讲话，国家语委语言文字应用管理司司长李家斌在大会上发言。会议观摩了佳木斯市的实验汇报。

1997050　27 日，由国家语委承担的国家社科基金语言学科"九五"重大课题《信息处理用现代汉语词汇研究》专家论证会在北京举行。论证会由国家语委主任、课题组组长许嘉璐主持。本课题将用 3 年时间完成，共分 3 个方面 10 个子项目：1. 自动分词研究：（1）分词词表；（2）分词规范涉及的词汇学问题；（3）歧义切分与未登录词识别；（4）词的构造研究。2. 词类研究：（1）汉语词类及标记集规范；（2）汉语词类兼类研究；（3）词的语法属性研究；（4）汉语文本的词性标注及标注后处理。3. 词义关系模型研究。另外，"短语文本的人工标注"也作为一个子项目放在后期完成。

1997051　第四届全国计算语言学联合学术会议在北京召开。大会论文集《语言工程》由陈力为、袁琦主编，清华大学出版社出版。

1997052　国家语委普通话培训测试中心在香港举办公务员普通话培训班，并在香港浸会大学举办普通话等级测试。

# 9 月

1997053　15—26 日，国家语委普通话培训测试中心举办第十三期国家级普通话水平测试员培训班，学员 97 名。其中 91 名学员通过考核获得国家级普通话水平测试员资格证书。

1997054　20 日，云南省普通话培训测试中心对昆明市中级人民法院全院法官和工作人员进行普通话水平测试。此前，对该院法官和工作人员进行了为期 3 个月的普通话培训。

1997055　23 日，全国人大教科文卫委员会第 49 次会议审议通过经过 19 次修改的《中华人民共和国语言文字法（草案）》。在审议会上，全国人大教科文卫委员会教育室负责人介绍了《语言文字法》起草的有关情况，并着重说明了 7 个问题：1. 起草经过；2. 本法主要调整对象；3. 关于社会上语言文字使用混乱的问题；4. 关于普通话的有关规定的可行性问题；5. 关于对本法的调整范围问题；6. 关于商标用字问题；7.关于信息技术产品的管理分工问题。国家语委主任许嘉璐介绍了《语言文字法》起草的前期工作。全国人大教科文卫委员会认为语言文字立法很有必要，《语言文字法》应尽快出台；对有关条款提出了意见和建议，总体认为"草案稿"基础比较好，建议提交全国人大常委会尽早审议通过。

1997056　29日，全国人大教科文卫委员会正式报请八届人大常委会审议《中华人民共和国语言文字法（草案）》。

1997057　上海市语言文字规范化集中宣传活动新闻发布会在上海召开。宣传活动从8日开始，至月底结束。

1997058　国家语委副主任孟吉平等在上海、杭州、宁波考察工作。在上海期间，考察了迎"八运"语言文字工作规范化集中宣传活动，了解上海迎接国家语委"城市语言文字工作检查评估"的准备工作以及上海参加全国语言文字工作会议的筹备情况，并在市精神文明办和市语委、市体委负责人陪同下检了八运会体育场馆的用字情况。在杭州，召开了部分省市语委办主任座谈会，就如何开展全国推广普通话宣传周活动进行研讨。

1997059　〔意〕马西尼著、黄河清译《现代汉语词汇的形成——十九世纪汉语外来词研究》由汉语大词典出版社出版。

# 10 月

1997060　1日，香港普通话研习社、香港教育工作者联合会、香港教师中心、新市镇文化教育协会及香港电台普通话台联合倡议，自本日起至12月31日举办为期3个月的"学校普通话节"。

1997061　6—17日，国家语委普通话培训测试中心举办第十四期国家级普通话水平测试员培训班，学员106名。其中99名学员通过考核获得国家级普通话水平测试员资格证书。

1997062　14日，广东省中小学普及普通话工作表彰大会在惠州举行。会议总结了1990年以来广东中小学普及普通话工作所取得的成绩，表彰了一批中小学普及普通话工作的先进集体和先进工作者。各市语委、教育局负责人和大会特邀代表近70人出席会议。国家语委副主任孟吉平到会祝贺。

1997063　24日，唐山市第十届人大常委会第三十次会议通过《唐山市汉语言文字应用管理办法》。

1997064　24—25 日，四川省首批 108 名播音员、节目主持人普通话上岗考核在成都进行。

1997065　胡百华主编《让汉语文站在巨人的肩膀上——汉语文问题讨论集》由香港商务印书馆出版。

## 11 月

1997066　18 日，广西壮族自治区语言文字工作委员会成立。

1997067　广西壮族自治区教育厅、自治区语委印发《关于在全区教育系统开展普通话水平测试工作的通知》。

## 12 月

1997068　1 日，国家语委发布《信息处理用 GB13000.1 字符集汉字部件规范》（GF3001-1997）。该规范自 1998 年 1 月起实施，适用于中文信息处理领域的设计、管理、科研、教学和出版等方面，也可供汉字教学参考。

1997069　5 日，国家语委颁布《普通话水平测试等级标准（试行）》。根据 1986 年全国语言文字工作会议提出制定"普通话水平测试等级标准"的设想，国家语委于 1988 年起组织普通话水平测试等级标准课题研究，拟定了《普通话水平测试等级标准》，于 1991 年通过专家论证。1992 年由国家语委普通话推广司印发全国试行。该《标准》把普通话水平划分为三个级别，每个级别内划分为甲、乙两个等次。

1997070　10 日，香港特区政府召开临时立法会。议员们就身份证上是用"身份"还是用"身分"进行辩论。双方相持不下，于是进行表决。结果是赞成用"份"的 14 票，反对的 30 票，7 票弃权。从此，香港主流报纸多用"身分"。

1997071　16 日，黑龙江省八届人大常委会第三十一次会议通过《黑龙江省汉语言文字应用管理条例》。2002 年 6 月 13 日省九届人大常委会第三十次会议修订。

1997072　23 日，全国语言文字工作会议在北京人民大会堂开幕。国务院副秘书长李树文宣读了中共中央政治局常委、国务院副总理李岚清的书面讲话，强调语言文字工作是社会主义文化建设的重要内容，是国家现代化建设不可缺少的组成部分。语言文字工作的根本任务，是使语言文字社会应用的规范化、标准化水平与我国经济、科技、社会发展水平相适应，为提高全民族科学文化素质、解放和发展生产力服务。国家语委主任许嘉璐做了题为《开拓语言文字工作新局面，为把社会主义文化建设事业全面推向 21 世纪服务》的工作报告。

会议总结了自 1986 年全国语言文字工作会议以来语言文字工作取得的成绩、经验，认为语言文字工作在广度和深度上都有了重要发展，初步形成了语言文字工作宏观管理机制，语言文字工作开始走上依法管理的轨道，语言文字应用状况明显改善。基本经验是：牢固树立服务意识，紧紧围绕社会需求开展工作；从社会主义初级阶段的国情，特别是现阶段的经济和文化发展水平出发开展工作；尊重语言文字自身发展规律，因势利导，积极做促进工作；强化政府行为，全面推进语言文字工作。会议认为社会主义市场经济体制的建立为语言文字工作提供了新的发展动力，社会主义民主政治和法制建设对语言文字工作提出了迫切需求，社会主义文化建设对语言文字工作提出了新的更高要求，信息技术的高速发展对语言文字工作提出了严峻挑战，综合国力增强和扩大对外开放将开拓语言文字工作新的发展空间。

会议确定新世纪语言文字工作的指导思想是：高举邓小平理论的伟大旗帜，贯彻党的十五大精神，继续贯彻国家新时期语言文字工作方针，解放思想，实事求是，尊重规律，重在建设，积极、稳妥、逐步地推进工作，使语言文字工作更好地为把社会主义现代化建设事业全面推向 21 世纪服务。

会议确定新世纪的奋斗目标是：2010 年以前，制定并完善与《中华人民共和国语言文字法》相配套的一系列法规；普通话在全国范围内初步普及，交际中的方言隔阂基本消除，受过中等或中等以上教育的公民具备普通话的应用能力，并在必要的场合自觉地使用普通话，与口语表达关系密切的行业工作人员，其普通话水平达到相应的要求；汉字的社会应用基本规范，社会用字混乱现象得到有效的遏制，出版物用字、影视屏幕用字和计算机用字达到较高的规范水平；汉语拼音应用范围进一步扩大，扭转拼写中的不规范现象；建立起有效的中文信息处理的管理制度，做到凡是面向社会推广的中文信息技术产品，均经过国家语言文字工作主管部门在语言文字规范标准方面的审查认定。新世纪中叶以前，语言文字规范标准和各项管理制度更加完善；普通话在全国范围内普及，交际中没有方言隔阂；语言文字规范化、标准化水平显著提高；中文信息技术产品在语言文字规范标准方面实现较高水平的优化统一。

会议确定当前语言文字工作的主要任务是：1. 坚持普通话的法定地位，大力推广普通话；2. 坚持汉字简化的方向，努力推进全社会用字规范化；3. 加大中文信息处理的宏观管理力度，逐步实现中文信息技术产品的优化统一；4. 继续推行

《汉语拼音方案》，扩大使用范围。为此今后应采取的主要措施是：建立健全各级语言文字工作机构和工作网络，制定并完善语言文字应用管理法规，开展多种形式的语言文字规范化宣传教育活动，进一步加强语言文字的基础研究和应用研究，努力加强语言文字工作干部队伍的建设。

广播电影电视部部长孙家正、国家教育委员会副主任柳斌分别就加强广播影视系统和教育系统的语言文字工作发表讲话。会议表彰了 12 位语言文字工作优秀领导干部、201 个语言文字工作先进集体和 373 名语言文字工作先进个人。

1997073　27 日，国家语委在北京召开语言文字工作现场会，出席全国语言文字工作会议的代表们听取了北京市有关单位关于开展语言文字工作的情况介绍，考察了长安商场、北京电视台和昌平县（今昌平区）的一些窗口单位。国家语委主任许嘉璐、党组书记朱新均、副主任孟吉平、傅永和，北京市副市长胡昭广等出席现场会。

1997074　30 日，广播电影电视部人事司下发《关于进一步做好播音员主持人持证上岗工作的几点意见》。

1997075　国家语委普通话培训测试中心与香港中文大学教育学院签订合作开展科研工作的协议书。

## 同年

1997076　贵阳市人民政府令第 25 号发布《贵阳市社会用字管理办法》。

1997077　内蒙古自治区成立内蒙古自治区蒙古语标准音工作委员会和蒙古文正字法委员会。

1997078　据统计，当年香港约有 800 所幼稚园教学普通话。

1997079　台湾"中研院"民族研究所研究员余伯泉研制通用拼音，用于"拼写国语、客家话、闽南话和原住民语"。

1997080　陈原主编《汉语语言文字信息处理》由上海教育出版社出版。

1997081　吴立德等《大规模中文文本处理》由复旦大学出版社出版。

1997082　国家语委委员、语言学家、语文教育家、人民教育出版社学术委员会主任张志公（1918—1997）逝世。

# 1998 年

## 1 月

1998001  胡双宝《汉语·汉字·汉文化》由北京大学出版社出版。

## 2 月

1998002  9 日，国家语委印发《关于颁布〈城市社会用字管理工作评估指导标准（试行）〉的通知》，对 1996 年 5 月颁布的《城市社会用字管理工作评估指导标准（试行）》进行了修订，其中对社会用字领域中手书字的要求体现了"题字、题词提倡写简化字，但不苛求"的原则。

1998003  11 日，国家语委在京召开纪念《汉语拼音方案》公布 40 周年座谈会。国家语委主任许嘉璐在讲话中指出，《汉语拼音方案》符合国家政治、经济、文化、教育等各方面发展的需要。从语音学角度看，非常科学；从应用于现代化的角度看，方便、实用。他强调，继续推行《汉语拼音方案》是跨世纪语言文字工作的重要内容之一。与会专家呼吁国家应在汉语拼音的研究和应用方面加大投入和推行的力度。

1998004  15—27 日，国家语委普通话培训测试中心举办第十五期国家级普通话水平测试员培训班，学员 92 名。其中 91 名学员通过考核获得国家级普通话水平测试员资格证书。

## 3 月

1998005  1 日，国家工商行政管理局公布《广告语言文字管理暂行规定》。

1998006  1 日，上海市语言文字工作者举行座谈会，纪念语言学家、语文现代化运动的杰出组织者倪海曙逝世 10 周年。

1998007  2 日，国家语委主办的第二十六期中央普通话进修班开学。

1998008  17 日，中宣部、国家教委、广播电影电视部、国家语委联合发出《关于开展全国推广普通话宣传周活动的通知》。《通知》指出，经国务院第 134 次总理办公会议批准，自本年起，每年 9 月份的第三周在全国开展推广普通话宣传周活动。全国推普周活动的宗旨是：以党的十五大精神为指导，通过多种形式的宣传活动，向全社会广泛宣传大力推广普通话对于社会主义现代化建设的必要性、迫切性，进一步提高广大干部群众的语言规范意识和"推普"参与意识，在全社会形成说普通话的风气，推动推广普通话工作向纵深发展。全国推普周活动由国家语委牵头，中宣部、国家教委、广播电影电视部与国家语委合作组织。国家语委设立全国推普周活动办公室。《通知》要求各省、自治区、直辖市的推普周活动由省级语委牵头，与宣传、教育、广播影视等部门共同组织开展。

1998009　18—30 日，国家语委普通话培训测试中心举办第十六期国家级普通话水平测试员培训班，学员 88 名。其中 80 名学员通过考核获得国家级普通话水平测试员资格证书。

1998010　25 日，广东省语言文字工作会议在东莞召开。主管语言文字工作的各市（教育局）领导、语委办公室负责人出席会议，各县（区）、学校的代表列席会议。

1998011　29 日—4 月 10 日，国家语委普通话培训测试中心举办第十七期国家级普通话水平测试员培训班，学员 91 名。其中 84 名学员通过考核获得国家级普通话水平测试员资格证书。

1998012　国家语委副主任孟吉平代表普通话培训测试中心在澳门与澳门理工学院签订关于合作开展普通话培训与测试的协议书。

1998013　云南省语委、教育厅联合召开全省语言文字工作会议。会议提出，要以举办"世界园艺博览会"为契机，落实全国语言文字工作会议的各项决定，进一步做好语言文字工作。

# 4 月

1998014　2 日，江苏省教委、省语委在南京联合召开江苏省语言文字工作会议。会议表彰了江苏省精神文明建设指导委员会办公室等 53 个语言文字工作先进单位和 90 名先进工作者。

1998015　9 日，国家语委委员、语言学家、语文教育家、中国社会科学院语言研究所名誉所长吕叔湘逝世（1904—1998）。

1998016　15—27 日，国家语委普通话培训测试中心举办第十八期国家级普通话水平测试员培训班，学员 106 名。其中 100 名学员通过考核获得国家级普通话水平测试员资格证书。

1998017　19 日，上海市语委全体委员会议在市政府召开。周慕尧副市长出席会议并讲话。市语委常务副主任、市教委副主任夏秀蓉报告了市语委 1997 年的工作和 1998 年的工作安排，并就迎接本年国家语委城市语言文字工作检查评估做了部署。

## 5 月

1998018　10—22 日，国家语委普通话培训测试中心举办第十九期国家级普通话水平测试员培训班，学员 151 名。其中 144 名学员通过考核获得国家级普通话水平测试员资格证书。

1998019　12 日，国家语委印发《首届全国推广普通话宣传周宣传提纲》和《首届全国推广普通话宣传周宣传口号》。《宣传提纲》的内容是：推广普通话的意义，推广普通话的法律依据，推广普通话的方针和政策，当前推广普通话工作的思路和要求，跨世纪推广普通话的工作目标和基本措施。《宣传口号》共 19 条。

1998020　19 日，首届全国推广普通话宣传周活动电视电话会议在北京召开。全国 31 个省、自治区、直辖市设分会场收看。全国人大常委会副委员长许嘉璐、中共中央宣传部副部长刘鹏分别就开展推广普通话宣传周活动的意义做了论述，并提出开展活动的要求。

## 6 月

1998021　8 日，由华东师范大学中文系和香港科技大学语言中心联合发起的"沪港商务普通话学术研讨会"开幕。8—9 日会议在香港召开，然后移师上海在华东师范大学继续举行。

1998022　8—11 日，国家语委在福州召开部分省市语委办负责人座谈会。国家语委语言文字应用管理司司长杨光在闭幕式上做了总结性发言，就进一步明确政策、用字管理的重点、如何宏观管理、依法管理、规范观等问题进行了论述。与会代表就如何进一步拓展、深化社会用字管理工作进行了研讨，并考察了福建日报社、福州晚报社、福州长乐机场等单位的用字情况。

1998023　戴昭铭《规范语言学探索》由上海三联书店出版。

# 7 月

1998024　21 日，国务院办公厅下发《关于印发教育部职能配置内设机构和人员编制规定的通知》，确定国家语委并入教育部，对外保留国家语委的牌子。国务院机构改革后，教育部是主管全国教育事业和语言文字工作的国务院组成部门。原由国家民委指导开展的民族语言文字规范标准制定和信息处理工作划转教育部管理。教育部内设语言文字应用管理司（简称"语用司"）和语言文字信息管理司（简称"语信司"）。语言文字应用管理司的职责是：拟定语言文字工作的方针、政策和中长期规划；监督检查语言文字的应用情况；指导语言文字改革；组织推行《汉语拼音方案》，指导推广普通话工作以及普通话师资培训工作。语言文字信息管理司的职责是：研究并审定语言文字规范和标准，制定语言文字信息处理标准；指导地方文字规范化建设；负责少数民族语言文字规范化工作，指导少数民族语言文字信息处理的研究与应用。

1998025　国家语委普通话培训测试中心在香港教育学院举办普通话课程培训班。

# 8 月

1998026　3—13 日，以国家语委副主任孟吉平为团长，国家语委语用司司长杨光为副团长的国家语委考察团考察了新加坡、马来西亚两国的华语教育，并向两国有关部门介绍了中国的语言文字工作情况，与两国语言文字工作者就推广普通话、推行规范汉字和汉语拼音方案以及推广"注音识字，提前读写"小学语文教学改革实验等问题进行了交流。新加坡和马来西亚教育工作者对"注音识字，提前读写"实验兴趣盎然。此后，中国湖北省与新加坡建立了"注音识字，提前读写"实验的教学交流联系。

1998027　国家语委、教育部对外汉语教师资格审查委员会下发《关于 1998 年开展对外汉语教师资格审查工作的通知》，规定申报对外汉语教师资格的人员必须获得国家语委颁发的二级甲等以上普通话水平等级证书。

# 9 月

1998028  3 日，全国人大教科文卫委员会听取部分教科文卫委员对《语言文字法（草案）》的意见。国家语委副主任、党组书记朱新均汇报了语言文字立法情况。

1998029  4 日，全国人大教科文卫委员会召开部分语言学家、法学家座谈会，听取对《语言文字法（草案）》的意见。

1998030  7 日，全国人大教科文卫委员会教育室和教育部语用司向 17 个有语言文字地方性法规和规章的省、自治区、直辖市书面征求对《语言文字法（草案）》的意见。

1998031  9 日上午，全国人大教科文卫委员会召开有关部委座谈会，征求对《语言文字法（草案）》的意见。与会人员对少数民族语言文字、语言文字管理体制、外文的使用、汉语拼音方案的使用、规范汉字的使用等方面的问题提出意见。下午，朱开轩、汪家镠、柳斌听取了全国人大民族委员会主任委员王朝文、国家民委副主任李晋有等对《语言文字法（草案）》的修改意见。

1998032  13 日，首届全国推广普通话宣传周活动在全国各地展开。全国 31 个省、自治区、直辖市及新疆生产建设兵团都开展了形式多样的宣传活动。大多数省、自治区、直辖市的主管领导发表署名文章或广播电视讲话，参加街头咨询活动。新闻媒体营造了多年来少有的推广普通话舆论声势。中央电视台对宣传周活动进行综合报道，在《焦点访谈》《实话实说》《第二起跑线》等栏目中播出推普专题节目。中央人民广播电台也连续播出相关专题节目。中央电视台、中国教育电视台、北京电视台播出推普公益广告，北京电视台播出系列专题片《中华民族的通用语言——普通话》（4 集）。各地电台、电视台、报纸、杂志等播发大量消息、特写、通讯、图片、宣传口号、公益广告等。国家邮政局发行首届推普周邮资明信片。各省、自治区、直辖市相继举行第二届全国公务员普通话大赛选拔赛。

1998033  14 日，《人民日报》发表题为《大力推广普通话》的评论员文章，祝贺首届全国推广普通话宣传周拉开帷幕。《光明日报》《法制日报》《中国教育报》等多家报刊就首届全国推广普通话宣传周活动发表评论员文章、理论文章或推出推广普通话专版。

1998034  15 日，上海市语委、解放日报社联合召开"走向 21 世纪的语言规范化座谈会"。

1998035  16 日，首届全国推广普通话宣传周座谈会在北京人民大会堂召开。全国人大常委会副委员长、民进中央主席许嘉璐，中宣部副部长刘鹏，教育部副部长吕福源，人事部副部长戴光前，广电总局副总局长同向荣，团中央书记处书记胡春华，北京市政府副秘书长王伟，北京大学教授林焘，中国人民大学教授胡明扬，北京语言文化大学教授吕必松，中国社科院民族所所长道布，语用所研究员陈章太，中央电视台节目主持人虹云、白岩松，中央戏剧学院教师鲍国安，北京人民艺术剧院演员濮存昕，北京市公交总公司售票员李素丽，北京市康乐里小学教师田世忠以及天安门国旗护卫队代表等各界人士出席座谈会。座谈会由朱新均主持，许嘉璐、吕福源讲话，王伟、鲍国安、李素丽、道布等发言。

1998036　23 日，上海市市级机关工作党委、市语委、市人事局、市广播电影电视局联合举办上海市公务员普通话比赛（第二届全国公务员普通话大赛上海地区选拔赛）。

1998037　24 日，全国人大教科文卫委员会召开全体会议，讨论修改后的《中华人民共和国语言文字法（草案）》。与会代表认为《草案》比较成熟，建议尽早提交全国人大常委会审议。

1998038　24 日，教育部、国家语委发出《关于印发〈中国语言文字使用情况调查实施方案〉的通知》。

1998039　24 日，由教育部、人事部、国家语委、国家广电总局、广东省人民政府、广州市人民政府联合主办的第二届全国公务员普通话大赛在广州开幕。本届大赛设朗诵、演讲、计算机拼音录入汉字、知识竞赛等 4 个比赛项目。全国 31 个省、自治区、直辖市和解放军、东道主广州市共 33 个代表队参加比赛。解放军、河南省、河北省、湖北省、广东省、上海市代表队分获总分前六名。

## 10 月

1998040　国家语委普通话培训测试中心举办第二十期国家级普通话水平测试员培训班。58 名学员全部通过考核，获得国家级普通话水平测试员资格证书。

## 11 月

1998041　2 日，国家语委普通话培训测试中心举办第二十一期国家级普通话水平测试员培训班，学员 65 名。其中 61 名学员通过考核获得国家级普通话水平测试员资格证书。

1998042　5 日，全国人大常委会副委员长许嘉璐主持召开座谈会，邀请全国人大常委会、国务院有关领导和少数民族工作主管部门的负责人对《语言文字法（草案）》中少数民族语言文字问题进行讨论。

1998043　18 日，"1998 中文信息处理国际会议"在清华大学召开。大会论文集《1998 中文信息处理国际会议论文集》由黄昌宁主编，清华大学出版社出版。

1998044　19 日，云南省人民政府令第 74 号发布《云南省社会用字管理规定》。

1998045　19 日，国家语委普通话培训测试中心举办第二十二期国家级普通话水平测试员培训班。51 名学员全部通过考核获得国家级普通话水平测试员资格证书。

1998046　26 日，新疆维吾尔自治区哈萨克语、柯尔克孜语名词术语规范工作会议在乌鲁木齐召开。

1998047　云南省语委、教育厅、广播电视厅联合举办省级党政机关语言文字规范大赛。

# 12 月

1998048　4 日，中国社会科学院语言研究所举办的"新中国语言学 50 年"学术座谈会在北京举行。

1998049　7 日，国家语委普通话培训测试中心举办第二十三期国家级普通话水平测试员培训班，学员 87 名。其中 82 名学员通过考核获得国家级普通话水平测试员资格证书。

1998050　14—17 日，国家语委在上海召开城市语言文字工作观摩研讨会。全国各省、自治区、直辖市和省会、自治区首府、计划单列市，及新疆生产建设兵团语委办负责人出席。与会人员观摩了上海市 10 个系统和 11 个区的语言文字工作，交流了各地工作经验，研讨了城市语言文字工作的措施和近期工作步骤。朱新均在闭幕式上做了题为《发挥城市的中心作用，积极稳步地推进跨世纪的语言文字工作》的总结讲话。国家语委副主任傅永和向大会通报 1999 年语言文字工作要点：1.配合全国人大做好《语言文字法》的审议工作；2.大力推进城市语言文字工作，制定并颁布《城市语言文字管理工作评估指导标准（试行）》；3.全面推进学校语言文字工作；4.抓好公务员推普工作；5.加强普通话水平测试管理工作，修订并颁布《普通话水平测试大纲》；6.着手建立语言文字应用宏观管理监督和评测网；7.抓紧制定中文信息处理用语言文字规范和标准，加强中文信息处理宏观管理工作；8. 组织实施中国语言文字使用情况调查；9. 拟定少数民族语言文字规范标准和信息处理的宏观管理工作规划。

## 同年

1998051　江苏省人民政府令第 144 号发布《江苏省社会用字管理暂行规定》。

1998052　北京大学俞士汶等开发的《现代汉语语法信息词典》获教育部科技进步二等奖。详细介绍这部词典的专著《现代汉语语法信息词典详解》第一版和第二版分别于 1998 年、2003 年由清华大学出版社出版。目前，该词典以及北京大学计算语言学研究所在其基础上发展的语言信息处理系列成果的使用许可权已转让给世界各地 50 多个大学和公司的研究机构。

1998053　全国科学技术名词审定委员会（简称"全国科技名词委"）根据 1997 年 8 月 IUPAC 推荐的 101-109 号元素的英文名称重新审定了相应的中文名称，它们是金字旁的右边分别加上"门（101）、若（102）、劳（103）、卢（104）、杜（105）、喜（106）、波（107）、黑（108）、麦（109）"。

1998054　李行健主编《现代汉语规范字典》由语文出版社出版。

1998055　由中国社会科学院语言研究所主办的《国外语言学》易名为《当代语言学》。

1998056　10—12 月，由香港普通话研习社、香港电台普通话台、香港教师中心、香港教育工作者联会及新市镇文化教育协会主办的学校普通话节在香港举行。本年度普通话节的主题是"学好普通话，迎接新世纪"。

1998057　张效祥主编《计算机科学技术百科全书》由清华大学出版社出版。

1998058　云南省公安厅印发《关于在省公安交通警察系统中推广使用普通话的通知》。

1998059　黄曾阳《HNC（概念层次网络）理论——计算机理解语言研究的新思路》由清华大学出版社出版。

1998060　澳门行政及公职司从 80 年代中期开始举办普通话教学班，至 1994 年共有 1400 名学员接受培训。从 1994 年起，澳门理工学院成为澳门普通话教学的主要力量，开设的普通话培训班约有 100 个，学员达 2000 余人。其间，行政及公职司和澳门政府法律翻译办公室还组织了数百名公职人员、法律专家和译员到北京接受培训。据统计，至 1997 年底，接受中文培训的公职人员已达 1 万人次以上。

从 1997 年开始，澳门教育及青年司下属的语言推广中心、澳门大学和一些社会团体相继开办了普通话培训班，各中小学也把普通话作为一门必修课，并加强对普通话的测试。为了提高公务员运用中文和普通话的水平，培训部门专门编写了《汉语教程》作为公务员学习普通话的系列教材。这是澳门历史上第一套专供公务员学习的教材。1998 年 2 月，在国家语委普通话培训测试中心和国家汉语水平考试委员会的协助下，澳门理工学院普通话培训测试中心正式成立，主要负责培训澳门普通话师资及有关专业人士，培训普通话测试员。7 月，澳门历史上首次国家级标准的普通话水平测试正式举行。11 月，澳门首次汉语水平考试在澳门理工学院语言及翻译高等学校举行。

# 1999 年

## 1 月

1999001　13日，《国务院批转教育部〈面向21世纪教育振兴行动计划〉的通知》发布。《振兴行动计划》第一部分"实施'跨世纪素质教育工程'，提高国民素质"的第七条为："建立和完善有关语言文字工作的法规体系，全面推进学校语言文字工作，各级各类学校特别是中小学、师范院校要继续把说好普通话、写好规范字、提高语言文字能力作为素质教育的重要内容。加强汉语言文字和少数民族语言文字信息处理的宏观管理，依法努力提高全社会的语言文字规范化意识，到2010年在全国实现文字应用基本规范化，使我国语言文字的应用更加适应社会主义经济、政治和文化的需要。"

1999002　23日，上海市第十四届"我爱祖国语言美"普通话朗诵电视比赛在上海东方电视台演播厅举行决赛。

## 2 月

1999003　5日，教育部、国家语委下发《关于印发〈关于进一步发挥城市的中心作用，全面推进语言文字工作的意见〉的通知》，提出进一步发挥城市中心作用的7条意见：1.进一步认识搞好城市语言文字工作的重要意义；2.城市语言文字工作的目标是：2010年以前"初步普及"普通话，汉字的社会应用"基本规范"；3.鉴于城市的类型和条件不同，可以分层次、分阶段达到规定的要求，即"三类城市分三个时间段达标"；4.城市语言文字工作的重点包括四个方面，即党政机关、学校、新闻媒体和主要的服务性行业；5.教育部、国家语委将颁布《城市语言文字工作评估指导标准》，有计划、分步骤地组织实施各类城市语言文字工作的综合评估；6.近期工作安排；7.切实加强对城市语言文字工作的领导。

1999004　26日，全国推广普通话宣传周部委协调会在教育部召开，教育部、中宣部、人事部、国家广电总局、解放军总政治部分管语言文字工作的副部（总局）长出席。会议听取了首届推普周活动总结，讨论通过了第二届推普周活动方案。国家语委副主任朱新均主持，教育部副部长吕福源讲话。

## 3 月

1999005　4 日，教育部语用司与人事部公务员管理司就对新录用的公务员提出普通话要求，并将在公务中说普通话纳入《公务员行为规范》进行协商。

1999006　6 日，教育部语用司司长孟吉平、副司长杨光接待新加坡教育署访华考察团。该考察团专程来华考察小学语文"注音识字，提前读写"实验情况，并与语用司和语文出版社达成进一步合作的意向。

1999007　教育部语用司司长孟吉平等对湖南省及长沙市、郴州市、永州市的学校语言文字工作进行调研。

1999008　教育部语用司副司长杨光等对辽宁省及沈阳市、锦州市学校语言文字工作和省广播电视系统的普通话水平测试工作进行调研。

1999009　国家语委普通话培训测试中心在澳门理工大学举办普通话测试员培训班。

## 4 月

1999010　5—14 日，教育部语用司司长孟吉平等在广西的桂林、柳州、南宁、北海进行学校语言文字工作调研。

1999011　5 日，《现代汉语方言大词典》分卷本出版座谈会在北京举行。

1999012　6 日，国家语委主办的第二十七期中央普通话进修班在北京开学。

1999013　18 日，广州、深圳、珠海、香港、澳门 5 地代表在珠海召开普通话交流营筹备会议，决定本年在澳门举行以"庆澳门九九回归"为主题的穗深珠港澳普通话交流营。5 地的推广普通话主要团体成立"穗深珠港澳普通话联谊会"，轮流在 5 地举办交流营活动。

1999014　25 日，全国部分大城市语言文字工作协作会在武汉召开。会议由武汉市语委办召集，哈尔滨、大连、上海、厦门、武汉、广州、深圳、银川 8 城市语委办负责人参加会议，教育部语用司派员列席。

# 5 月

1999015　4 日，中宣部、教育部、人事部、国家广电总局、解放军总政治部、国家语委联合发出《关于开展第二届全国推广普通话宣传周活动的通知》。本届推普周活动的主题是"推广普通话，迎接新世纪"。《全国推广普通话宣传周宣传提纲和宣传口号》作为《通知》附件同时下发。

1999016　5 日，国家语委调整语委科研规划领导小组和语言文字规范审定委员会。语言文字规范审定委员会办公室设在语信司标准处。

1999017　5 日，中国语言文字使用情况调查指导小组成立并召开第一次会议。指导小组由教育部、国家语委、国家民委、公安部、民政部、财政部、农业部、文化部、国家广电总局、国家统计局、中国社会科学院等单位的负责人组成。会议听取了调查办公室负责人的工作汇报，就调查实施方案的执行情况进行审议，并对以后工作提出了建议。

1999018　7 日，最高人民检察院办公室发出《关于在检察系统做好推广普通话工作的通知》，要求检察干警在诉讼活动中，特别是在庭审活动中尽可能说普通话，不断规范诉讼活动中的用语用字，逐步在检察系统形成说普通话的良好风气（在少数民族聚居或多民族杂居地区使用当地通用的语言进行诉讼），积极开展检察人员的普通话培训测试工作。

1999019　11 日，教育部语用司在南京召开"建立语言文字应用监督评测网及制订《城市语言文字工作评估指导标准》研讨会"。国家语委副主任朱新均、孟吉平出席。

1999020　12 日，人事部、教育部、国家语委联合发出《关于开展国家公务员普通话培训的通知》。《通知》规定 1954 年 1 月 1 日以后出生的公务员达到普通话三级甲等以上水平；对 1954 年 1 月 1 日以前出生的公务员不做达标的硬性要求，但鼓励努力提高普通话水平。对公务员的普通话培训，由各级人事部门组织实施，语言文字工作部门协助，具备条件的地方可以进行普通话水平测试。《通知》要求国家公务员在公务活动中自觉使用普通话，各地各部门要逐步将普通话作为考核公务员能力水平的内容之一。

1999021　12 日，上海市普通话培训测试中心与万国声讯服务公司联合主办的为普通话水平测试提供咨询服务的热线电话——万国声讯服务台 81289017 开通。

1999022　15 日，云南省语委、教委印发《云南省普通话教学计划》。

1999023　16 日，部分省市"注音识字，提前读写"小学语文教改区域性实验座谈会在湖北黄石召开。教育部语用司、基础教育司以及语文出版社、教育部语用所负责人出席。

1999024　教育部语用司副司长杨光等对山西省及太原市、忻州市的学校语言文字工作进行调研。

1999025　史晓东等推出国内第一家免费网页翻译网站"看世界"，开创了国内网络翻译的新模式。此后，在北京创立桑夏自然语言处理研究院，进行新一代的多语种网络机器翻译系统研究。

# 6 月

1999026　14 日，全国推广普通话宣传周领导小组成立，教育部部长陈至立任组长。领导小组办公室设在教育部语用司。

1999027　14 日，新疆维吾尔自治区城市语言文字工作会议在哈密召开。

1999028　24 日，教育部办公厅发出《关于印发〈中国语言文字使用情况调查指导小组会议纪要〉的通知》。

1999029　国际机器翻译与计算机语言信息处理会议在北京召开。

1999030　清华大学计算机科学与技术系、北京语言文化大学语言信息处理研究所完成国家自然科学基金重点项目"语料库语言学研究的理论、方法和工具"。其成果包括原型系统和资源；面向非受限文本的汉语自动分词及词性标注原型系统；基于概率型上下文无关语法的汉语句法分析原型系统；基于结构语义空间的汉语词义排歧原型系统；200 万字经分词及词性标注的汉语平衡语料库和 1.2 亿字质量可靠的生语料库；汉语语义关联网；50 万条中国人名库、4 万条英文译名库、150 万条中国机构名库等。

# 7 月

1999031　5—15 日，由国家语委副主任、教育部语用司司长孟吉平率领的考察团一行 5 人，对香港、澳门的语言教育和推广普通话情况进行考察。

1999032　12 日，由国家语委普通话培训测试中心和澳门理工学院普通话培训测试中心合作举办的全澳第二届普通话水平测试在澳门举行。

1999033　20 日，教育部、国家语委、国家民委、公安部、民政部、财政部、农业部、文化部、国家广电总局、国家统计局、中国社会科学院等 11 个部委局的办公厅，联合发出《关于开展中国语言文字使用情况调查的通知》。

1999034　26 日，台湾地区行政管理机构副领导人刘兆玄宣布采用汉语拼音，并责成教育事务主管部门做后续规划作业，后被李登辉"吹风"，暂缓执行，不了了之。

1999035　国家语委普通话培训测试中心分别在日本大学、香港教育学院、香港大学、香港普通话研习社举办汉语普通话进修班、测试班。

1999036　从本月开始，河南省鹤壁市中国银行实行上岗前全员普通话水平测试，并与工资挂钩。这在河南省非教育系统尚属第一家。

1999037　台湾行政管理机构教育改革推动小组召开会议，针对中文译音做出 3 项决议：1. 民众学习"国语"，仍采用注音符号拼音方式；2. 同意教育事务主管部门研究结果，中文译音采行汉语拼音，不宜做不必要之修改，以利外国人学习，并利国际化和资讯化；3. 请教育事务主管部门继续研究订定闽南语、客家语、原住民语所需的拼音符号，以利教学与推广。做出决定的背景是有关部门组成的专案小组对汉语拼音、注音二式、通用拼音和威妥玛式等 4 种拼音系统"以准确性、共通性、系统性、一贯性、传统性、方便性和经济性进行评估"，结果汉语拼音在 7 大指标的认同度最高；威妥玛式和注音二式因被认为过时而被淘汰；通用拼音则在国际通用性上被评为有最大的弱势。台湾《中国时报》指出，数十年来台湾独步全球未采用汉语拼音，主要受意识形态影响。国民党行政管理机构决定采用汉语拼音是一项相当重要的突破。这是台湾在拼音问题上的第一轮争论，汉语拼音胜出。但争论并未结束，随后有 14 名县市长联署反对。

　　台湾中文译音系统将采用"改良式汉语拼音"。在优先考虑"国际化"的前提下，台湾行政管理机构同意教育事务主管部门以汉语拼音为基础，略做修正，"外加其他英文字母组成的音标"，作为新版中文译音系统，并同时作为学习闽南方言、客家方言的拼音系统。台湾教育事务主管部门表示，最快从 9 月起小学学童就学习这套"改良式汉语拼音系统"，但不强制执行。

1999038　教育部语用司编写的《推广普通话宣传手册》由语文出版社出版。《手册》收入 1997 年全国语言文字工作会议文献和首届全国推广普通话宣传周文献：朱新均《大力推广普通话，为现代化建设服务》、林焘《从官话、国语到普通话》、周有光《普通话和现代化》《全国推广普通话宣传周宣传提纲和宣传口号》《推广普通话工作问答》。

1999039　教育部语用司委托中国语文现代化学会在北京举办地方语委干部培训班，语用司司长孟吉平出席并讲话。

# 8 月

1999040　1 日，由国务院侨务办公室和中国海外交流协会举办的"第三届国际华文教育研讨会"在上海召开。来自 6 大洲 32 个国家及中国香港、澳门和台湾地区的 230 多名华文教育工作者参加会议。全国人大常委会副委员长许嘉璐、国务院侨办副主任刘泽彭等出席开幕式。会议的主题是"展望 21 世纪华文教育"。

1999041　2 日，全国推广普通话宣传周领导小组召开会议，领导小组副组长、教育部副部长吕福源主持。会议审定了第二届推普周的宣传画、公益广告和电视宣传片。

1999042　5 日，中国语言文字使用情况调查领导小组和指导小组召开联席会议。会议认为准备工作已经成熟，可以在全国范围内正式启动调查工作。

1999043　6 日，国家语委科研规划领导小组审议批准 1999 年度语言文字规范标准前期研究项目 12 个：文字应用水平等级标准及测试大纲研究、新词新语规范原则研究、异形词规范原则及规范词表研究、信息处理用汉字部件称谓规范及汉语拼音通用键盘替代表示规范研究、城市语言文字工作评估指导标准研究、普通话水平测试大纲及实施办法与综合评估办法研究、规范汉字表研究、印刷行楷字形规范研究、印刷综艺字形规范研究、汉字基本属性规范研究、人名用字规范研究、地名用字规范研究。

1999044　7 日，江苏省无锡市政府召开社会用字专项治理工作会议。

1999045　9 日，由教育部和国家语委组织实施的中国语言文字使用情况调查启动仪式在北京举行。全国人大常委会副委员长许嘉璐、教育部副部长吕福源出席并讲话。这项调查的目的是了解中国国民使用语言文字的实际情况、习惯和态度，填补中国国情调查中语言文字使用的空白。语言方面，重点调查普通话、汉语的近百种方言和 60 余种少数民族语言的使用情况；文字方面，重点调查汉字的简化字、繁体字，30 余种少数民族文字以及汉语拼音的使用情况。调查对象为全国各省、自治区、直辖市（除香港、澳门、台湾外）的年龄在 15—69 周岁的中国公民，并把公务员、教师、大学生、中学生、商业工作者、医务工作者和大众传媒工作者确定为调查重点。调查采用抽样的方法，样本量约为 60 万个。调查预计在

2001 年完成。与此同时，召开了各省市调查工作负责人参加的工作会议，进一步明确了调查的目的意义和各省市所负担的任务，并对调查实施工作做了具体部署。

1999046　9 日，由中国社会科学院语言研究所和山东教育出版社主办的罗常培百年诞辰纪念会在北京举行。会议宣布由山东教育出版社出版《罗常培文集》，中国社会科学院设立罗常培语言学奖金。

1999047　23 日，民政部办公厅、教育部办公厅和国家语委发出《关于做好中国语言文字使用情况调查的通知》。

1999048　31 日，教育部语用司召开第二届全国推普周记者通气会，对新闻媒体提出报道要求。

1999049　河南省人民政府发出通知，要求凡 1956 年 1 月 1 日以后出生的社会窗口行业工作人员，必须经过普通话培训、测试，持普通话合格证书上岗。

1999050　江苏省镇江市委办公室、市政府办公室联合转发市精神文明建设指导委员会、市语委、市教委、市城市管理委员会、市工商行政管理局《开展社会用字治理工作实施意见》。

# 9 月

1999051　2 日，教育部语用司研究《教师资格条例实施办法》（征求意见稿），提出对教师普通话水平的具体要求。

1999052　12 日，第二届全国推广普通话宣传周活动在全国各地展开。活动的主题是"推广普通话，迎接新世纪"。全国各大中城市普遍举办了丰富多彩的推普周宣传活动。

1999053　12 日，新华社就中共中央政治局常委、国务院副总理李岚清为本届推普周发表的《大力推广普通话，促进语言文字规范化，为现代化建设营造良好的语言环境》的书面讲话发出通稿。

1999054　13 日，《人民日报》《光明日报》《中国教育报》转载新华社播发的李岚清《大力推广普通话，促进语言文字规范化，为现代化建设营造良好的语言环境》的书面讲话。《人民日报》同时发表题为《继续大力推广普通话》的评论员文章。

1999055　25 日，上海市语文学会和上海市语言文字工作者协会联合举办语文现代化学术座谈会，回顾新中国成立 50 年来上海市语文生活的巨大变化和语文工作取得的重大成就，并展望新世纪语文现代化工作的新要求。

1999056　"乔木文丛"之一《胡乔木谈语言文字》由人民出版社出版，收文56篇。全书记录了胡乔木积极参与研究、制定新中国各个时期语言文字工作方针政策，领导、推动文字改革和汉语规范化工作的业绩。

1999057　第二届全国推普周期间，中央电视台和中国教育电视台播出推普公益广告和系列专题片《中华民族的通用语言——普通话》（7集）。中央电视台《东方时空·东方之子》播出报道语言文字学家周有光专题节目。中国教育电视台开办《语言文字》专栏。湖南、云南、江苏、广东、上海、天津、重庆、山东、河北、福建等地对推普周活动都做了重点报道。

# 10 月

1999058　1日，国家语委发布《GB13000.1字符集汉字笔顺规范》（GF3002-1999），自2000年1月1日起实施。该《规范》以1997年4月国家语委发布的现代汉语通用字笔顺规范为基础，并分类确定不同源字集（中、日、韩）汉字笔顺的制定原则，给出了20 902个汉字的规范笔顺。

1999059　1日，国家语委发布《GB13000.1字符集汉字字序（笔画序）规范》（GF3003-1999），自2000年1月1日起实施。《规范》规定了汉字的定序规则，并给出了20 902个汉字的字序表。

1999060　1日，国家语委发布《印刷魏体字形规范》（GF3004-1999）、《印刷隶体字形规范》（GF3005-1999），自2000年1月1日起实施。两项《规范》规定了字形的规范原则和要求，并给出了150个示范例字。

1999061　8—10日，普通话水平测试管理工作座谈会在昆明召开。国家语委副主任、教育部语用司司长孟吉平、副司长杨光和全国27个省、自治区、直辖市的语委办及测试中心负责人出席。会议对《普通话水平测试管理规定（初稿）》进行讨论并提出修订意见。与会人员还对开展推普周活动的方式、内容等提出建议。

1999062　12—16日，国家语委副主任朱新均和国家语委副主任、教育部语信司司长傅永和等在内蒙古进行少数民族语言文字应用调研。考察组听取了自治区民委的工作汇报，召开了专家座谈会，并考察了内蒙古大学和内蒙古师范大学计算机系。

1999063　13日，教育部语用司依照《城市语言文字工作评估标准》（征求意见稿）对昆明市语言文字管理工作情况和部分单位的用语用字情况进行试评估。

1999064　22 日，国家语委为 4 项新的文字规范出台在北京市召开新闻发布会。4 项规范是：由国家语委主持制定的《印刷体魏体字形规范》《印刷体隶体字形规范》《GB13000.1 字符集汉字笔顺规范》，以及由语信司与中共中央办公厅信息中心联合主持制定的《GB13000.1 字符集汉字字序（笔画序）规范》。国家语委副主任傅永和主持新闻发布会，全国人大常委会副委员长许嘉璐、国家语委副主任朱新均等出席。

1999065　25 日，国家语委普通话培训测试中心举办第二十四期国家级普通话水平测试员培训班，学员 107 名，全部通过考核获得国家级普通话水平测试员资格证书。

1999066　《现代汉语方言大词典》和《新华字典》（1998 年修订本）荣获新闻出版署颁发的国家图书奖最高荣誉奖。

# 11 月

1999067　1—3 日，由中国中文信息学会、中国计算机学会、中国人工智能学会、北京市语言学会联合发起的全国第五届计算机语言学联合学术会议在北京召开。会议认为，20 世纪 90 年代崛起的语料库方法和统计语言模型仍然是当今学术界的主流，并继续引起各方面尤其是语言工程和应用领域的普遍关注。语言学尤其是词汇语义学的研究是引起关注的另一个热点。英语的 WordNet、MindNet 是关注的焦点。中文的 HowNet 上网以后，也在成为华语地区的热门话题。Internet 网上汉语的检索、文摘、分类、过滤和翻译，作为大规模真实文本处理的应用，成为当今计算语言学界的研究焦点。大会论文集《计算语言学文集》由黄昌宁、董振东主编，清华大学出版社出版。

1999068　10 日，教育部语用司邀请北京市各区县和有关行业系统的语言文字工作干部座谈，征求对《城市语言文字工作评估标准》（征求意见稿）及其实施细则的意见。与会人员对指标体系的权重和部分三级指标提出了修改意见。

1999069　22 日，国家语委普通话培训测试中心举办第二十五期国家级普通话水平测试员培训班，学员 118 名。其中 117 名学员通过考核获得国家级普通话水平测试员资格证书。

1999070　上海普通高等教育评估事务所受上海市教委、语委的委托，对上海海关高等专科学校的语言文字工作进行评估。学校语言文字工作由政府机关指令检查转化为由社会机构评估，这在全国尚属首次。

# 12 月

1999071 9 日，陕西省普通话水平测试工作会议在西安召开。来自全省各地市语言文字工作机构的负责人及各师范院校普通话水平测试站的负责人出席会议。会议总结了开展普通话水平测试的经验，并就今后进一步做好测试工作进行了研究讨论。

1999072 13 日，江苏省语委分别在盐城、扬州、镇江召开城市社会用字管理工作汇报会。来自各市语委、宣传、工商、城管、市容等部门的 50 余人参加会议。代表们按照《城市社会用字管理工作评估指导标准（试行）》，对三市部分党政机关、学校、街道、窗口行业、新闻媒体的用字情况进行了模拟评估。

1999073 13 日，国家语委普通话培训测试中心举办第二十六期国家级普通话水平测试员培训班，学员 47 名，全部通过考核获得国家级普通话水平测试员资格证书。

1999074 14 日，全国学校语言文字工作会议在北京召开。教育部部长陈至立致书面开幕词，副部长吕福源做题为《做好学校语言文字工作，为全面推进素质教育，实现新世纪语言文字工作目标而奋斗》的讲话。讲话回顾了新中国成立 50 年来学校语言文字工作的巨大成绩，指出：学校语言文字工作对提高教育教学质量，提高受教育者的素质，发挥了重要作用，对提高社会文化建设水平和语言文字规范化水平产生了积极影响。我国的方言和语言隔阂在很大程度上得到克服，人们的语言观念发生了巨大变化，全社会用语用字规范化水平不断提高，为现代化建设营造了一个与之基本相适应的语言环境。今后一个时期学校语言文字工作的任务是：1. 继续坚持普通话在学校教育教学活动中的法定地位，大力普及普通话；2. 继续坚持汉字简化的方向，使用规范字，并不断提高教育教学用字的规范化水平；3. 继续推行《汉语拼音方案》，扩大使用范围；4. 发挥语文教学主渠道作用，提高学生语言文字规范意识和应用能力；5. 积极参与面向中文信息处理的语言文字基础研究、应用研究和基础工程建设。国家语委副主任朱新均做了总结讲话。

1999075 19 日，教育部语用司和语文出版社联合在北京召开全国"注音识字，提前读写"实验与素质教育理论研讨会。研讨会由语用司司长孟吉平主持，国家语委副主任朱新均出席并讲话，国家总督学顾问柳斌发表书面讲话，语言学家周有光、王均发言。

## 同年

1999076 "中国语言文字使用情况调查"课题完成了调查问卷的设计工作。问卷共有 9 种：入户问卷 3 种（家庭问卷、主调查问卷和其他成员问卷），专项调查问卷 6 种（公务员问卷、商业人员问卷、医务人员问卷、教师问卷、大学生问卷和中学生问卷）。在问卷设计的过程中，除了广泛征求各方面专家的意见外，调查办公室还在上海、辽宁、甘肃、云南进行了试点调查。完成了抽样方案的设计工作。全国抽中的市县有 1000 多个，入户调查样本量将近 14 万户，专项调查人数近 4 万名。调查工作办公室组织编写了调查培训教材，举办了全国调查骨干培训班，编写了《调查员手册》。各省、自治区、直辖市陆续开始调查工作。

1999077 由教育部语用司监制的《语言文字》专栏节目在中国教育电视台定期播出。

1999078 上海人民广播电台《家政万事通》节目开播"语言文字规范大家谈"专题。

1999079 河北省教育厅、省语委印发《关于创建中小学普及普通话达标县（市、区）工作的意见》，对全省 183 个县级单位制订了 2001 年至 2009 年的分批达标规划。

1999080 成都市人民政府令第 74 号发布《成都市招牌管理办法》。

1999081 乌鲁木齐市人民政府令第 26 号发布《乌鲁木齐市社会用字管理办法》。

1999082 台湾教育事务主管部门决定正式启用"国语注音第二式"，但引发各界不同的意见。行政管理机构副领导人刘兆玄认为，注音二式"连国门都走不出去"，怎么能用它作为汉语音译拼音的统一版本呢？"中研院"院长李远哲、"国科会"人文处长黄荣村等则建议采用通用拼音，并要求教育事务主管部门邀集专家学者重新讨论。在随后召开的公听会和座谈会上，众说纷纭。主张采用汉语拼音的人认为，汉语拼音使用的人口多，便利对外沟通，符合国际化要求。主张通用拼音的人则认为，汉语拼音许多外国人使用不便，也与母语冲突，而通用拼音可以兼顾母语，有助于保存母语。主张注音二式的人认为，通用拼音是采用大陆的汉语拼音修改出来的，但未必能"通用"，指出通用拼音是"既不成熟，前后又相互矛盾"的拼音法。这些公听会和座谈会未能形成一致意见，有关部门将组成专案小组进行评估，再整合各方面意见提交行政管理机构教改小组决定。

1999083　第五届环太平洋自然语言处理国际会议在北京举行。大会论文集由清华大学出版社出版。

1999084　"汉字与文化"丛书由辽宁人民出版社出版。丛书学术委员会由王宁、何九盈、赵诚、费锦昌、曹先擢组成。第一辑有何九盈《汉字文化学》，王宁、谢栋元、刘方《〈说文解字〉与中国古代文化》，周有光《汉字和文化问题》，赵诚《甲骨文与商代文化》。

1999085　吴蔚天《汉语计算语义学——关系、关系语义场和形式分析》由电子工业出版社出版。

1999086　林杏光《词汇语义和计算语言学》由语文出版社出版。

1999087　侯敏《计算语言学与汉语自动分析》由北京广播学院出版社出版。

# 2000 年

## 1 月

2000001　10 日，香港理工大学中文及双语学系研制的《香港普通话水平考试》在香港通过专家审定。

2000002　17 日，国家语委副主任朱新均等在广西考察，听取了自治区民委、语委的工作汇报并先后在武鸣县（今南宁武鸣区）、都安瑶族自治县和环江毛南族自治县考察了民族中小学校的少数民族语言教学情况，还对北海市和桂林市语言文字工作进行调研。

2000003　31 日，国家语委语言文字规范审定委员会召开《一类城市语言文字工作评估标准》审定会，11 位委员出席会议。审定委员会认为：该《标准》符合我国语言文字工作实际，分项体系全面合理，分值权重基本恰当，指标表述清楚明确，是一项比较科学、便于操作的评估标准，已具备发布试行条件。

2000004　上海市正式启动中国语言文字使用情况调查。

## 2 月

2000005　18 日，河北省教委、语委下发《关于召开全省学校语言文字工作会议和语言文字使用情况调查工作会议的通知》。

2000006　24 日，北京市正式启动语言文字使用情况调查。

2000007　24 日，教育部社政司主持对北京大学计算语言学研究所完成的国家哲学社会科学研究规划基金项目"古诗计算机辅助研究系统及其应用"进行鉴定。

2000008　28 日，教育部、国家语委发出《关于进一步加强学校普及普通话和用字规范化工作的通知》。《通知》提出，学校普及普通话和用字规范化工作的目标是，到 2005 年，教师和学生的普通话水平基本达到规定的要求：普通话基本成为各级各类学校及幼儿园的教学语言，成为城镇学校及幼儿园的校园语言。教材（含讲义、教学辅助读物）用字，教学、公务和校园环境用字符合国家颁布的规范标准和要求。有条件的大中城市和经济发达地区的学校，应争取提前实现上述目标；已达标的学校要巩固成绩，不断提高规范化水平。工作难度较大的地区、偏远乡村，可适当推迟达标时限，但最迟应在 2010 年以前达标。教育行政部门公务员和学校管理人员的普通话水平应不低于三级甲等。教师应达到《教师资格条例实施办法》规定的普通话等级标准：各级各类学校和幼儿园以及其他教育机构的教师应不低于二级乙等，其中语文教师和对外汉语教师不低于二级甲等。

2000009　29 日，教育部、国家语委下发《关于印发〈一类城市语言文字工作评估标准（试行）〉的通知》。教育部语用司下发《关于印发〈一类城市语言文字工作评估标准（试行）实施细则〉的通知》。

2000010　29 日，全国推广普通话宣传周领导小组决定，增补文化部为全国推广普通话宣传周领导小组成员单位。

2000011　鉴于少数民族语言文字问题具有特殊性，全国人大常委会委员长会议决定拟定中的《中华人民共和国语言文字法》改为《中华人民共和国国家通用语言文字法》。

# 3 月

2000012　17 日，国家质量技术监督局和信息产业部联合发布两项中文信息技术标准：收录 27 000 多个汉字的《信息交换用汉字编码字符集 基本集的扩充》（GB18030-2000）和《数字键盘汉字输入通用要求》（GB/T18031-2000）。

2000013　24 日，教育部语用司在长沙召开 2000 年度全国语委办主任工作会议。国家语委副主任朱新均到会并讲话。会议总结了 1999 年的工作，通报了 2000 年工作要点，并围绕城市语言文字工作评估和贯彻学校语言文字工作会议精神等重点议题进行了讨论。

2000014　30 日，全国人大教科文卫委员会和国家语委向全国人大常委会副委员长彭珮云、许嘉璐汇报《国家通用语言文字法（草案）》修改情况。朱开轩、汪家镠、朱新均、傅永和等参加汇报。

2000015　教育部语用司对河北省唐山市的学校语言文字工作进行调研。

2000016　吕冀平主编《当前我国语言文字的规范化问题》由上海教育出版社出版。

2000017　教育部语用司在上海市长宁区进行写字教学调研。

# 4 月

2000018　12 日，全国推广普通话宣传周领导小组下发《关于开展第三届全国推广普通话宣传周活动的通知》。本届推普周活动的主题是"推广普通话，迈向新世纪"。

2000019　21 日，国家"九五"重点科研课题"中小学语文课程设置与教学体系研究"子课题"中小学语文教材课文字词分布统计"接受专家组鉴定。

2000020　21 日，香港普通话研习社演讲组和香港演讲会代表一行 20 多人，参加由台湾演讲会举办的国际演讲会千禧年会。这次活动参加者来自全球不同的地方，除了东道主中国台湾省外，还有美国、新加坡、日本、马来西亚、菲律宾、印度尼西亚、泰国等国家和中国香港地区。国际演讲会分别用英语、汉语普通话和日语演讲。

2000021　25 日，民政部、教育部、国家语委联合发布《关于开展全国政区名称用字读音审定工作的通知》，批准成立全国地名用字读音审定委员会，启动全国政区名称用字读音审定工作。政区名称是国家行政区域的语言文字标志，是地名的重要组成部分。我国的政区名称作为高频率使用的交流工具，还不能适应当今现代化社会的需要。我国现有政区名称约 5.3 万个，分属省、地、县、乡 4 级。其生僻汉字的界定标准为：1. 次生僻字：未收录于《现代汉语常用字表》的汉字；2. 生僻字：未收录于《现代汉语通用字表》的汉字。政区名称的地方读音包括：1. 常见多音字的读音之一；2. 现代汉语辞书已收录为地名的专用读音；3. 未见于现代汉语辞书但实际存在的方言读音。政区名称中随意性较大的少数民族语译音用字、一些一字多写的常用汉字也在审定之列。

2000022　27 日，国务院任命王湛为国家语委主任。

# 5 月

2000023　7 日，国家语委普通话培训测试中心举办第二十七期国家级普通话水平测试员培训班，学员 113 名。其中 97 名学员通过考核获得国家级普通话水平测试员资格证书。

2000024　10 日，教育部语用司在沈阳召开《普通话水平测试管理规定（初稿）》第二次研讨会。语用司副司长杨光主持，云南、广西、黑龙江、江苏、上海、重庆、河北、辽宁等省市语委办负责人出席。

2000025　18 日，中央金融工委、教育部、国家语委联合发出《关于加强金融系统语言文字规范化工作的通知》。《通知》要求各级金融机构的精神文明建设领导小组负责语言文字规范化工作，金融系统所有员工要以普通话为工作用语，直接面向客户服务的员工的普通话水平应不低于三级甲等；除需要使用少数民族文字和外文外，所有公务用字必须使用规范汉字；需加注汉语拼音的应书写在规范汉字的下方，拼音应符合《汉语拼音正词法基本规则》的规定。《通知》提出员工普通话水平达标培训、检查和更换不规范用字、将语言文字规范化列入精神文明建设的评比条件等措施。

2000026　19 日，海峡两岸暨香港、澳门互联网信息中心在北京成立中文域名协调联合会。

2000027　31 日，铁道部、教育部、国家语委联合发出《关于进一步加强铁路系统语言文字规范化工作的通知》。《通知》要求铁路系统员工应以普通话为工作用语，除确需使用方言、少数民族语言和外国语言的场合外，铁路系统员工在工作中均应使用普通话；直接面向旅客、货主的职工，普通话水平一般应不低于三级甲等，站、车广播员的普通话水平应不低于二级甲等；铁路系统的所有公务用字必须使用规范汉字；铁路车站名称及其他需加注汉语拼音的地方应在规范汉字的下方书写拼音，拼音应符合《汉语拼音正词法基本规则》的规定；少数民族地区的铁路站、车标志用字需加注当地通用少数民族文字的，可不加注汉语拼音。《通知》提出了培训、测试、检查和更换不规范用字、将推广普通话和语言文字规范化列入文明单位、文明列车、服务标兵评比条件。

2000028　教育部语用司致信祝贺山西省《小学生拼音报》创刊 40 周年。

# 6 月

2000029　1 日，教育部语用司印发《关于征求对〈关于开展城市语言文字工作评估的通知〉及〈一类城市语言文字工作评估办法〉的意见的通知》。

2000030　13 日，教育部语用司在南阳召开城市语言文字工作评估研讨会。部分省市语委办负责人出席会议。会议集中讨论了《关于开展城市语言文字工作评估的通知（征求意见稿）》及《一类城市语言文字工作评估办法（征求意见稿）》。

2000031　15 日，全国科技名词委在北京召开全体会议，讨论一些最新的名词定名问题。

2000032　21 日，教育部语用司印发《关于转发中华人民共和国国家标准〈地名标

牌 城乡〉的通知》。

2000033　28 日，国家邮政局、教育部、国家语委联合发出《关于加强邮政系统语言文字规范化工作的通知》。《通知》要求邮政系统除确需使用方言、少数民族语言和外国语言的场合外，所有员工在工作中均应使用普通话；直接面向客户的职工，普通话水平应不低于三级甲等，邮运指挥调度人员、检查监督人员也应达到相应水平；所有公务用字必须使用规范汉字；需加注汉语拼音的，应在规范汉字下方书写，拼音应符合《汉语拼音正词法基本规则》的规定。

2000034　教育部语用司就北京市街道名称牌上罗马字母使用的有关问题进行调查研究，并向民政部建议街路名称牌的专名和通名部分应按照国家有关法律、国际和国家标准的规定标注汉语拼音。车站、路旁和主要旅游景点的指示性文字可用中文与外文对照形式，其中地名采用汉语拼音拼写专名、通名，再用外文括注通名的方式。

# 7 月

2000035　5 日，全国人大常委会第十六次会议一审《国家通用语言文字法（草案）》。在审议过程中，许多委员认为制定《国家通用语言文字法》十分必要。认为该法草案的基础是好的，比较成熟，并提出若干修改意见。

2000036　10 日，新疆哈萨克语名词术语规范工作会议在乌鲁木齐召开。

2000037　17—18 日，全国人大法律工作委员会召开座谈会，征求对《国家通用语言文字法（草案）》的意见。

2000038　26 日，教育部副部长、国家语委主任王湛主持召开全国推普周领导小组会议，中宣部、人事部、文化部、广电总局、解放军总政治部等有关方面负责人出席。王湛在讲话中指出：推广普通话是一项需要长期坚持的社会动员工作，必须按照李岚清"要把每年一度的宣传周活动坚持下去，切实取得实效"的指示，以高度的责任感，精心组织，运用好各种宣传载体和有效形式。他要求今后推普周活动每年应有一个鲜明主题，突出重点。

2000039　27 日，新疆锡伯语言文字规范工作会议在伊宁召开。

2000040　国家语委普通话培训测试中心分别在香港大学、香港教育学院、香港普通话研习社举办普通话课程培训班。

2000041　范可育、王志方、丁方豪《楷字规范史略》，由华东师范大学出版社出版。

## 8 月

2000042　8 日，中宣部新闻局、宣传教育局联合向人民日报、新华社、光明日报、中央人民广播电台、中央电视台、中国教育报发出传真电报，要求各媒体根据全国推广普通话宣传周领导小组的安排，协助做好第三届推普周的新闻报道工作。

2000043　10 日，全国人大法律委员会审议《国家通用语言文字法（草案）》。

2000044　12 日，全国政区名称用字读音审定工作研讨班在内蒙古海拉尔举办。各省、自治区区划地名、语言文字管理部门的有关工作人员 50 多人参加。

2000045　14 日，北京大学中文系、北京大学汉语语言学研究中心、商务印书馆、山东教育出版社联合举办"纪念王力先生百年诞辰语言学国际学术研讨会"。

2000046　22 日，全国人大常委会第十七次会议二审《国家通用语言文字法（草案）》。

2000047　25 日，全国推广普通话宣传周领导小组副组长、教育部副部长、国家语委主任王湛主持领导小组会议，审定第三届全国推广普通话宣传周活动方案。

2000048　29 日，云南省语委全体委员会议在昆明市举行。

2000049　上海市语委组织各区县语委干部，结合中国语言文字使用情况调查，对上海市 12 个中心城区及浦东新区语言文字使用状况进行调查。调查为上海市语言文字工作提供了决策依据和立法依据，同时为迎接语言文字工作综合评估做了前期准备。

2000050　台湾教育事务主管部门"国语"推行委员会发表《拼音政策说帖》。

## 9 月

2000051　10—16 日，第三届全国推广普通话宣传周活动在全国展开。其间，中央电视台和中国教育电视台播出推普公益广告和系列专题片《中华民族的通用语言——普通话》（7 集）。《语文建设》《语言文字报》出版推普周专刊。全国发放推广普通话宣传画 20 万张。北京人民广播电台《普通话沙龙》栏目开始播出（每周一期）。《光明日报》《中国教育报》发表系列宣传文章；10 日，教育部、国家语委、北京市语委和北京市西城区人民政府在北京西单文化广场联合举行开幕式和大型群众性宣传咨询活动。

2000052　12 日，上海市委宣传部、上海市语委召开"语言文字规范化与社会现代化"大型座谈会，邀请各界人士 60 多人参加。市委宣传部副部长、市语委副主任、市精神文明办主任许德民做题为《充分认识语言文字现代化对精神文明建设的意义》的报告。

2000053　16 日，台湾民进党上台后重新改组的教育事务主管部门"国语"推行委员会以 14 票对 6 票否决了汉语拼音，通过了所谓"符合台湾习惯和与乡土语言具有更高相容性"的"通用拼音"。这一决定引起一片反对声。台北市市长马英九指出，目前台北市推行的汉语拼音是去年教育事务主管部门发布的，不仅符合世界潮流，也是建立一个世界级城市所必需的，何况音译法只是一种工具，应该让使用者感到方便、看得懂。台北市不会跟着采用通用拼音。"中研院"院士郑锦全、丁邦新、王士元、梅祖麟在《联合报》发表文章指出：如果有人想改变一两个字母的用法创立一个新的系统，在学术上有剽窃抄袭之嫌，在实用上，却把台湾孤立起来，和国际上的标准格格不入，徒然给自己造成许多干扰。2002 年起，民进党当局全面推行以通用拼音为主的统一译音政策。

2000054　22 日，信息产业部组织鉴定委员会和验收委员会对 HNC 汉语理解核心技术报告进行审定。

2000055　23 日，教育部部长陈至立签发第 10 号教育部令，发布《〈教师资格条例〉实施办法》。《实施办法》第八条规定，申请认定教师资格者的教育教学能力应当符合的要求中，包括"普通话水平应当达到国家语言文字工作委员会颁布的《普通话水平测试等级标准》二级乙等以上标准。少数方言复杂地区的普通话水平应当达到三级甲等以上标准；使用汉语和当地民族语言教学的少数民族自治地区的教师的普通话水平，由省级人民政府行政部门制定"。

2000056　新疆维吾尔自治区哈萨克语名词术语规范工作会议在乌鲁木齐召开。教育部语信司司长傅永和在讲话中指出，科技名词术语规范化在促进我国科学技术发展、社会进步、国家统一、民族繁荣等方面发挥着重要作用。少数民族名词术语规范化工作与汉语相比，有其自身的特点和难点，但各民族名词术语规范化工作的成功经验可相互借鉴，取长补短。

# 10 月

2000057　7 日，台湾教育事务主管部门召开研究商讨"中文译音统一规定草案"审定会，通过了通用拼音，规定路名、街名、人名、建筑物名称、海外侨校华语教学以及其他中文译音以通用拼音为准，并宣布明年起台湾小学将教学通用拼音。

2000058　9 日，全国人大法律委员会审议《国家通用语言文字法（草案）》。

2000059　13 日，台湾教育事务主管部门将《通用拼音方案》报台湾行政管理机构核定。

2000060　18 日，全国人大法律委员会提出《关于〈中华人民共和国国家通用语言文字法（草案）〉审议结果的报告》。

2000061　23 日，九届全国人大常委会第十八次会议三审《国家通用语言文字法（草案）》。

2000062　25 日，全国人大教科文卫委员会法律委员会审议《国家通用语言文字法（草案）》。

2000063　25 日，来自海内外的 80 名语言文字专家学者在厦门参加中国语文现代化学会学术会议。会议着重讨论了以下问题：1.有关《国家通用语言文字法》的出台；2.怎样对待汉语拼音；3.对信息网络时代的中国语文现代化做了新的探讨。

2000064　25 日，台湾教育事务主管部门负责人曾志朗以"稳定性不足"为由推翻通用拼音，并向行政管理机构报送以汉语拼音为中文译音的建议案。但 30 日又说，为避免争议，仍依照通用拼音精神，对汉语拼音做小幅度修正与增补。

2000065　28 日，湖北省首届国家级普通话测试员培训班在武汉开班。省测试中心首次对全省 93 名国家级测试员进行了后续培训与考核。

2000066　31 日，九届全国人大常委会第十八次会议审议并通过《中华人民共和国国家通用语言文字法》。同日，国家主席江泽民签署第三十七号主席令："《中华人民共和国国家通用语言文字法》已由中华人民共和国第九届全国人民代表大会常务委员会第十八次会议于 2000 年 10 月 31 日通过，现予公布，自 2001 年 1 月 1 日起施行。"《国家通用语言文字法》共计四章二十八条，规定普通话和规范汉字是国家通用语言文字；国家推广普通话，推行规范汉字；公民有学习和使用国家通用语言文字的权利，国家为公民学习和使用国家通用语言文字提供条件；国家通用语言文字的使用应当有利于维护国家主权和民族尊严，有利于国家统一和民族团结，有利于社会主义物质文明建设和精神文明建设；各民族都有使用和发展自己的语言文字的自由。《国家通用语言文字法》对国家通用语言文字在国家机关、学校、出版物、广播电视、公共服务行业和公共场所、商品、招牌和广告、信息处理和信息技术产品等方面的使用做出了规定；同时规定国家通用语言文字以《汉语拼音方案》为拼写和注音工具；凡以普通话作为工作语言的岗位，其工作人员应当具备说普通话的能力，播音员、节目主持人和影视话剧演员、教师、国家机关工作人员的普通话水平应当分别达到国家规定的等级标准；对外汉语教学应当教授普通话和规范汉字。对语言文字工作的管理和监督也做出规定。

2000067　研制《规范汉字表》被列为教育部、国家语委"语言文字应用研究十五科研规划"的重大项目。

# 11 月

2000068　2 日，《人民日报》发表题为《努力营造规范的语言文字环境——祝贺我国第一部语言文字法诞生》的评论员文章。同日，《中国教育报》发表题为《学校是贯彻实施〈国家通用语言文字法〉的基本阵地》的社论。

2000069　10 日，上海市人大教科文卫委、市教委、市语委联合召开"推广普通话，推行规范字——上海各界学习《中华人民共和国国家通用语言文字法》座谈会"。市教委主任张伟江在发言中强调，教育行政部门应该根据该法的要求充分发挥在语言文字工作中的规划指导、管理监督的作用，并要求各级各类学校切实贯彻《国家通用语言文字法》的有关规定和要求，认真做好语言文字工作。与会各界人士分别从加强社会主义民主法治建设，实施依法行政、提高管理水平，促进中文信息处理、计算机及网络技术进步，提高社会信息化水平，促进语言文字健康发展等角度，阐述了《国家通用语言文字法》出台的重大意义。

2000070　14 日，中宣部、全国人大教科文卫委员会、教育部、司法部、国家语委联合发出《关于学习宣传和贯彻实施〈中华人民共和国国家通用语言文字法〉的通知》，对各地学习贯彻《国家通用语言文字法》提出了要求。《通知》还要求，"各地可结合本地实际情况，制定本地区《国家通用语言文字法》的实施办法或语言文字方面的地方性法规、规章，逐步把语言文字工作全面纳入法制轨道"。

2000071　15 日，《光明日报》发表于玮的署名文章，题为《现代信息社会呼唤语言文字规范化——祝贺〈国家通用语言文字法〉诞生》。

2000072　19 日，全国来华留学生工作学术研讨会在南京举行。

2000073　20 日，国家语委普通话培训测试中心举办第二十八期国家级普通话水平测试员培训班，学员 116 名。其中 109 名学员通过考核获得国家级普通话水平测试员资格证书。

2000074　28日，黑龙江省语委在哈尔滨召开全省学习《国家通用语言文字法》、规划"十五"期间语言文字工作座谈会。

2000075　《普通话水平测试管理规定（初稿）》和《普通话水平测试工作评估指导标准（初稿）》《普通话水平测试规程（初稿）》研讨会在苏州召开。

2000076　国家语委普通话培训测试中心与香港岭南大学签订关于合作开展普通话培训与测试的协议书。

2000077　台湾地区行政管理机构以"意见尚未一致"为由，将教育事务主管部门提出的汉语拼音案"退回"。国民党、亲民党、新党三个在野党多名民意代表强烈抨击行政管理机构，指出对教育事务主管部门提出的采用汉语拼音建议案"退回"不符合决策程序，并指出政府以政治力干预中文译音案，手法和心态都有问题。

# 12月

2000078　1日，澳门理工学院和行政暨公职局主办，澳门写作学会和公务华员职工会协办的现代应用文国际研讨会在澳门举行。

2000079　8日，香港教育统筹局公布第一批语文基准培训课程，每年分别可提供1600个英语和1200个普通话师训学额。

2000080　13日，国家语委咨询委员会在北京成立并举行第一次会议。教育部副部长、国家语委主任王湛以及教育部语用司、语信司负责人出席会议。王湛就咨询委员会的职责、任务、运作方式和近期工作发表讲话。全国人大常委会副委员长许嘉璐担任咨询委员会主任，原国家语委党组书记朱新均担任副主任，咨询委员有马颂德、江蓝生、汪成为、顾冠群、王均、陈章太、曹先擢、仲哲明、孟吉平、傅永和、裘锡圭、陆俭明、李行健、邢福义、戴昭铭、杨曙望、姚喜双。

2000081　21日，全国人大教科文卫委员会、教育部和国家语委在北京人民大会堂联合召开学习、宣传、贯彻、实施《国家通用语言文字法》座谈会。许嘉璐、王湛、高俊良、江蓝生发表了讲话。

2000082　28日，上海市语文学会和上海市语言文字工作者协会联合召开纪念陈望道110周年诞辰学术座谈会，缅怀这位中国早期的马克思主义宣传者、中国共产党的早期活动家、杰出的语言学家和教育家。

# 同年

2000083 "中国语言文字使用情况调查"在各省、自治区、直辖市按规定进行抽样，开展入户调查和抽样调查。全国语言文字使用情况调查领导小组办公室举办两期调查数据录入统计培训班。各地按要求进行统计录入工作。截至年底，半数以上的省（自治区、直辖市）完成了这项工作。

2000084 广东省有关部门转发国家《关于在全国城市设置标准地名标志的通知》，要求城乡路、街、巷、门等地名标牌必须使用规范汉字和汉语拼音，不得使用英文及其他外文译写。违背国家标准的，应及时更正。

2000085 《现代汉语通用词表》（国家标准）在北京通过专家鉴定。该表含词64 000 多个。

2000086 信息产业部发布《关于互联网中文域名管理的通告》。

2000087 国内大型成人教育网站——华夏大地教育网与北京语言文化大学签署合作意向书，开展网上对外汉语教学多媒体技术联合实验室，共同开办网上对外汉语教学的学历课程、非学历课程，对外汉语水平考试的教学与考试辅导，以及对外汉语教学培训等相关网络教学课程。

2000088 云南省语委对云南 16 个市（地、州）、128 个县（市、区）、1546 个乡（镇）的名称用字进行审定。

2000089 普通话成为香港中学会考科目。

2000090 刘开瑛《中文文本自动分词和标注》由商务印书馆出版。

2000091 詹卫东《面向中文信息处理的现代汉语短语结构规则研究》，由清华大学出版社、广西科学技术出版社联合出版。

2000092 杨沐昀、李志升、于浩《机器翻译系统》由哈尔滨工业大学出版社出版。

2000093 邹崇理《自然语言逻辑研究》由北京大学出版社出版。

2000094 赵铁军等《机器翻译原理》由哈尔滨工业大学出版社出版。

# 2001 年

## 1 月

2001001　1 日,《中华人民共和国国家通用语言文字法》开始实施。这是中国历史上第一部关于语言文字的专项法律。

2001002　3 日,教育部语用司副司长杨光在哈尔滨主持召开《普通话水平测试工作评估指导标准》研讨会。上海、辽宁、吉林、黑龙江、内蒙古等省(自治区、直辖市)的语委负责人和有关专家出席。

2001003　3 日,上海教育出版社主办的《汉语拼音小报》更名为《语言文字周报》。

2001004　11—13 日,国家语委普通话培训测试中心在上海检查公务员普通话水平测试工作。

2001005　12 日,教育部语用所和《语言文字应用》编辑部在北京召开学习宣传、贯彻实施《国家通用语言文字法》座谈会。

2001006　全国人大教科文卫委员会教育室、教育部语用司合作编写的《中华人民共和国国家通用语言文字法学习读本》由语文出版社出版。

2001007　湖北省语委、省委组织部、省人事厅、省劳动和社会保障厅联合发出《关于在全省党政机关和窗口服务行业中开展普通话培训工作的实施意见》,规定凡 1954 年 1 月 1 日以后出生的党政机关工作人员和窗口服务行业从业人员,都应参加普通话培训和测试,并达到国家规定的等级标准。从 2004 年起推行持普通话等级证书上岗制度。

## 2 月

2001008　1 日,厦门语言文字网(http://ywb.edu.xm.fj.cn)开通。

2001009　14 日,中国国家质量技术监督局宣布开通《中文域名规范》国家标准试验系统。

2001010　16 日，河北省语言文字工作会议及省语委第八次全体委员会议在石家庄召开。会议提出，到 2010 年全省实现初步普及普通话、基本实现汉字应用规范化的目标。

2001011　16 日，北大方正电子有限公司开发的收录 27 000 多个汉字的方正字库和收录 70 244 个多国汉字的方正超大字库，通过由国家新闻出版署、国家语委和全国印刷字体工作委员会联合主持的鉴定。

2001012　16 日，台湾教育事务主管部门"国语会"召开客语罗马拼音系统公听会。台湾教育事务主管部门负责人曾志朗决定中文译音采用汉语拼音系统。他认为乡土语言拼音系统可以与"国语""不同套"，但乡土语言宜使用同一种拼音系统教学。"国语会"主任委员曹逢甫说，台湾教育事务主管部门将朝向客语、闽语、原住民语都采用同一套拼音系统为原则的方向来思考。

2001013　17 日，台湾教育事务主管部门负责人曾志朗明确表示乡土语言拼音系统是在台湾范围内使用的，不需要考虑国际接轨因素。乡土语言拼音系统除了本土化通用拼音之外，也可考虑使用行之多年的教会罗马字。曾志朗认为，既然国际都在使用大陆汉语拼音，现阶段台湾也应使用汉语拼音，这项政策不会受到"国语会"正在调查各县市意见的结果所影响。即使届时多数县市希望采用通用拼音，他仍会向行政管理机构力争使用汉语拼音。中文译音与乡土语言教学的拼音系统应有不同考虑。中文译音是将"国语"译成英文，方便台湾与外沟通；乡土语言拼音系统则是设计一套音标，供民众学习乡土语言。他进一步解释，台湾版汉语拼音不见得就是通用拼音，也可能是将现行通用拼音再做修正后的版本，或者是直接修正大陆的汉语拼音。

2001014　19 日，《南方日报》发表署名"伍仁言"的文章《"约定俗成，稳步前进"——关于文字改革问题的几点看法》。该文的底本是 1997 年任仲夷等 5 位老同志写给中央领导人的信。

2001015　20 日，由西藏山南地区藏语委办牵头、有关部门参加的社会用字整顿小组开始对以当泽为中心地区的公路沿线社会用字混乱现象进行检查整顿。由山南地区琼结县委县政府主要领导挂帅，重新成立藏语文工作领导小组，下设办公室。

2001016　23 日，教育部、国家语委发布《汉语拼音方案的通用键盘表示规范》（GF3006-2001）。该规范于 6 月 1 日起实施。该规范对《汉语拼音方案》的字母表、声母表、韵母表、声调符号以及隔音符号在通用键盘上的表示法做了明确规定。

2001017　23 日，教育部、国家语委主持召开有信息产业部、民政部、国家邮政局、建设部、民航总局、国家旅游局等十几个行业系统参加的宣传贯彻《国家通用语言文字法》座谈会，交流各个行业系统语言文字工作情况，建立工作联系与协调机制。教育部副部长、国家语委主任王湛发表讲话。

2001018　28 日，九届全国人大常委会第二十八次会议修订的《中华人民共和国民族区域自治法》，将有关语言文字内容的第三十七条修订为："招收少数民族学生为主的学校（班级）和其他教育机构，有条件的应当采用少数民族文字的课本，并用少数民族语言讲课；根据情况从小学低年级或者高年级起开设汉语文课程，推广全国通用的普通话和规范汉字。"第四十七条修订为："民族自治地方的人民法院和人民检察院应当用当地通用的语言审理和检察案件，并合理配备通晓当地通用的少数民族语言文字的人员。对于不通晓当地通用的语言文字的诉讼参与人，应当为他们提供翻译。法律文书应当根据实际需要，使用当地通用的一种或者几种文字。保障各民族公民都有使用本民族语言文字进行诉讼的权利。"

2001019　香港中国语文学会编《近现代汉语新词词源词典》，由汉语大词典出版社出版。

# 3 月

2001020　1 日，上海市语委召开全体委员会议。副市长、市语委主任周慕尧及市政府各委办局、各区县政府分管语言文字工作的领导出席会议。会议回顾和总结了 2000 年上海市语言文字工作，学习研讨了《中华人民共和国国家通用语言文字法》，并对《上海市宣传贯彻〈国家通用语言文字法〉的意见》进行了审议，明确了 2001 年的工作目标、任务和各项工作措施。

2001021　1 日，浙江语言文字网（http://yw.zjedu.org）开通。

2001022　9 日，《汉语拼音方案的通用键盘表示规范》（GF3006-2001）新闻发布会在北京召开。

2001023　17 日，教育部语用司在桂林召开 2001 年度地方语委办主任会暨普通话水平测试工作汇报会。教育部副部长、国家语委主任王湛出席并做了题为《认清形势，真抓实干，开创语言文字工作新局面》的讲话。会议回顾和总结了"九五"期间语言文字工作的成绩和经验，分析和认识了"十五"期间语言文字工作面临的形势，明确了"十五"期间语言文字工作的目标和主要任务；部署了 2001 年度工作；并对城市语言文字工作评估和普通话水平测试等工作进行了研究。会后，教育部语用司对桂林市的学校语言文字工作进行调研。

2001024　23 日，国家广播电影电视总局（简称"国家广电总局"）下发《关于检查播音员、主持人持证上岗制度落实情况的通知》。《通知》要求加快省级以下电台、电视台播音员和主持人普通话水平测试和持证上岗工作。

2001025　25 日，国家社科基金语言学科"九五"重大项目《信息处理用现代汉语词汇研究》鉴定会在北京召开。专家鉴定组认为:《信息处理用现代汉语词汇研究》是面向中文信息处理的现代汉语词汇理论和语言工程应用的基础研究，研究成果具有良好的系统性和实用性，代表了现阶段国内外该领域的先进水平；课题组所提供的论文、词表、标注语料、规范标注集等成果都已先后在国内外计算机信息处理中得到不同程度的应用，获得很高评价。鉴定组一致通过了对该课题成果的鉴定。

2001026　30 日，石家庄市教委、语委联合发出《关于印发石家庄市城市语言文字工作评估标准（试行）及其实施细则的通知》，规定了各县市达标时限和合格标准，并要求各单位根据《标准》，对照《细则》，及早进行自查自评。

2001027　为了贯彻落实《国家通用语言文字法》，满足社会各领域汉字应用的需求，促进国家通用语言文字的规范化、标准化和信息化，教育部语信司就研制《规范汉字表》事宜向教育部、国家语委提交立项报告。

2001028　教育部语信司向全国征集语言文字应用研究"十五"科研项目。语信司于年初向全国高校、科研院所、出版社等单位征集到课题 500 多项，在此基础上编制了《语言文字应用研究"十五"科研规划及项目指南》。该指南共包括语言规划的理论与实践；普通话及其推广；汉字及其规范化、标准化；汉语拼音及其应用；语言学习与教学；面向计算机及网络的语言文字应用；少数民族语言文字规范标准及其信息处理等 7 个方面的内容。据此形成了《语言文字应用研究"十五"科研资助项目》。

2001029　教育部、国家语委发出《关于开展城市语言文字工作评估的通知》。

# 4 月

2001030　1 日，中文信息处理发展国际研讨会在上海召开。来自中、美、英、德、加拿大、新加坡、日本、韩国等 10 余个国家和地区的专家学者出席。会议探讨了 21 世纪中文信息处理技术的地位和发展前景。

2001031　2 日，信息产业部、教育部、国家语委联合发出《关于认真做好信息产业系统语言文字规范化工作的通知》，对信息产业系统的推广普通话和语言文字规范化工作提出要求。

2001032　3 日，郑州市政府召开语言文字达标工作会议，要求将评估工作引入目标机制。市政府与各县（市）、区政府和市直有关单位的领导签订目标责任书，各县（市）、区政府要与所辖的乡（镇）、街道办事处和所属单位分别签订目标责任书，把这项工作的任务目标分解，层层落实，责任到人。

2001033　5 日，石家庄市教委、语委发出《关于印发石家庄市学校语言文字工作评估标准（试行）及其实施细则的通知》和《关于印发石家庄市系统（部门）语言文字工作评估标准（试行）及其实施细则的通知》。

2001034　6 日，国务院任命袁贵仁为国家语委主任。

2001035　8 日，华中师范大学和中国科学院声学研究所主办的 HNC 与语言学研究研讨会在武汉召开。

2001036　9 日，国家语委普通话培训测试中心举办第二十九期国家级普通话水平测试员培训班，学员 109 名。其中 88 名学员通过考核获得国家级普通话水平测试员资格证书。

2001037　12 日，全国推广普通话宣传周领导小组发出《关于开展第三届全国推广普通话宣传周活动的通知》，规定本届推普周活动的主题是"推广普通话，迈向新世纪"。

2001038　13 日，江苏省教育厅、省语委在淮安召开城市社会用字管理工作汇报会，检查了淮安市党政机关、学校、新闻媒体、窗口服务行业、街道的社会用字情况。

2001039　23 日，全国人大教科文卫委员会教育室和教育部语用司联合对陕西、甘肃、湖北、湖南四省宣传贯彻《国家通用语言文字法》情况进行调研。调研组在四省召开了有省委宣传部、省人大教科文卫委员会、教育厅、司法厅、人事厅、广电厅、信息产业厅、新闻出版局、工商局、旅游局等有关部门负责人参加的座谈会。四省教育厅汇报了宣传贯彻《国家通用语言文字法》的情况，考察了党政机关、学校、电台、电视台、出版社、商厦和街头用语用字情况。

2001040　25 日，全国推广普通话宣传周领导小组办公室与《人民日报》《光明日报》《中国教育报》《语言文字周报》《小学生拼音报》等新闻媒体联合举办《国家通用语言文字法》及语言文字规范知识竞赛。

2001041 教育部、国家语委批准《规范汉字表》研制工作立项，启动科研项目。《规范汉字表》的主要内容是确定规范汉字的总字量，并对每个汉字定形、定音、定序。字表内拟分为常用字、通用字、专门用字和罕用字等不同层级。该课题主要研制任务由教育部语用所承担。课题组设在该所，组长由该所汉字室研究员张书岩担任。

2001042 国家语委普通话培训测试中心并入教育部语用所，对外挂国家语委普通话与文字应用培训测试中心的牌子。

2001043 湖北省召开首次学校语言文字工作会议。会后，省语委、省教育厅印发《关于进一步加强各级各类学校语言文字工作的实施意见》，从 2003 年起全省逐步施行教师持普通话等级证书上岗制度。

2001044 中国东乡族第一部语言词典《东乡语汉语词典》由甘肃民族出版社出版。

# 5 月

2001045 14 日，北京大学计算语言学研究所承办的汉语词汇语义学研讨会在北京召开。20 多位计算语言学家出席。

2001046 24 日，上海市教委语言文字工作处召开与语言文字工作关系密切的市政府各职能部门分管领导和专兼职人员会议。与会人员学习了《国家通用语言文字法》。语言文字工作处负责人做了有关上海市社会系统语言文字工作自评的报告。

2001047 30 日，语言文字应用研究"十五"科研规划论证会在无锡召开。教育部副部长、国家语委主任袁贵仁，江苏省副省长王珉出席会议并讲话。袁贵仁在主题报告中指出，"十五"期间语言文字应用研究要力争在语言文字本身的规范标准建设、面向信息处理的语言文字应用研究、应用语言学学科体系建设、社会语言生活跟踪调查和对策研究以及研究手段与信息服务手段的现代化等五个方面取得较大的进展，适时推出一批具有较高学术水平和较强实用价值的语言文字应用研究成果，推动"十五"语言文字应用研究向更高层次发展；要建立科学的运作机制，保证国家职能部门的主导作用，同时也要调动社会方方面面的积极性，既使规范标准的研制有序化，又保证规范标准研制的学术民主程序，使所颁布的规范标准具有科学性、可行性和权威性；要努力改变研究人员的单一知识结构，着力培养综合型人才；要加快建立有利于优秀人才脱颖而出、能够促进专业技术人才充分发挥作用的富有活力的机制，为人才的成长创造条件。特别要鼓励人才培养和使用上的机制创新和体制创新。

2001048　30 日，重庆市教委印发《重庆市学校语言文字工作评估标准（试行）》，要求各级各类学校在城市语言文字工作中发挥基础作用，提前达标；规定此标准主要用于学校语言文字工作的自我评估和自我调节，并作为各级教育行政部门、语言文字工作机构对学校语言文字工作进行检查评估的标准。

2001049　国家语委普通话培训测试中心在香港理工大学举办普通话培训班。

# 6 月

2001050　1 日，文化部、教育部、国家语委联合发出《关于在文化系统贯彻实施〈中华人民共和国国家通用语言文字法〉的通知》。《通知》向全国文化系统提出贯彻《国家通用语言文字法》的要求，主要有：开展多种形式的学习宣传活动；把普通话作为各级文化行政部门的工作用语；1954 年 1 月 1 日以后出生的话剧演员和话剧表演专业毕业生，应接受普通话水平测试，达到普通话一级水平，并逐步施行持证上岗制度；把规范汉字作为公务和服务用字；名牌的手书字中有不规范字的，可保留使用，但应在醒目处另外设置规范汉字的名牌；文物古迹的原有文字应当保存完好，但说明文字应使用规范汉字；需加注汉语拼音的地方应在规范汉字下方书写汉语拼音，拼写应符合《汉语拼音正词法基本规则》的规定。《通知》要求各级文化行政部门要有领导分管、有人员专管或兼管语言文字规范化工作。

2001051　2 日，中国语文现代化学会在北京召开纪念《人民日报》1951 年 6 月 6 日题为《正确地使用祖国语言，为语言的纯洁和健康而斗争！》的社论发表 50 周年座谈会。教育部副部长、国家语委主任袁贵仁出席并讲话。

2001052　4 日，国家语委普通话培训测试中心举办第三十期国家级普通话水平测试员培训班，学员 117 名。其中 102 名学员通过考核获得国家级普通话水平测试员资格证书。

2001053　13 日，中宣部、教育部、人事部、文化部、国家广电总局、解放军总政治部、国家语委联合发出《关于开展第四届全国推广普通话宣传周活动的通知》。

本届推普周活动主题是"宣传《国家通用语言文字法》，大力推广普通话，促进语言文字规范化"。经修订的推普周宣传提纲和宣传口号作为《通知》附件同时下发。

2001054　14 日，教育部语用司司长杨光，在厦门大学与校、系、所领导进行磋商，召开教师座谈会，委托该校中文系和台湾问题研究所对台湾语文政策进行研究。

2001055　26 日，解放军总政治部向全军下发《关于学习贯彻〈中华人民共和国国家通用语言文字法〉的意见》。

2001056　27 日，第六次汉字文化圈汉字问题国际研讨会在韩国汉城（今首尔）召开。中国有关专家出席研讨会。会议决定由各国代表组成"共通常用汉字选定研究委员会"，协调共通常用汉字的"字数"和"字形"，并在适当时机请政府参与。

2001057　29 日，呼和浩特市第十一届人大常委会第十九次会议通过《呼和浩特市社会市面蒙汉两种文字并用管理办法》。9 月 22 日，自治区九届人大常委第二十五次会议批准。

2001058　广西壮族自治区人事厅、教育厅、语委联合印发《关于在全区国家公务员中开展普通话培训的通知》。

2001059　国家语委普通话培训测试中心在香港中文大学举办普通话课程培训班。

# 7 月

2001060　2 日，厦门大学向教育部报送"关于开展台湾语文生活与语文政策研究的请示"，表示愿意承担台湾语文政策研究任务，拟由该校汉语语言学研究中心进行研究工作，台湾研究所协助配合。

2001061　14 日，教育部语用司在呼和浩特召开城市语言文字工作评估研讨会。会议讨论修改了《关于开展城市语言文字工作评估的通知》和《一类城市语言文字工作评估办法》，研讨了如何开展语言文字应用评测工作。

2001062　27 日，教育部、国家语委印发《国家语言文字工作"十五"计划》。该《计划》总结了"九五"期间语言文字工作的进展，分析了"十五"期间语言文字工作面临的形势，提出了"十五"期间语言文字工作的指导思想、目标、思路、主要任务和措施。

2001063    31 日，国家语委印发《第一批异形词整理表（草案）》，征求意见。

2001064    教育部语用司司长杨光对广州市学校语言文字工作进行调研。

2001065    新疆语言文字网（http://www.xjyw.gov.cn）开通。

2001066    《魏建功文集》（5 卷本）由江苏教育出版社出版。

# 8 月

2001067    4 日，全国第六届计算语言学联合学术会议在山西太原举行。会议展示了国内计算语言学研究与引用的最新进展和 21 世纪中文信息处理与计算语言学研究的发展动向。大会论文集《自然语言理解与机器翻译》由黄昌宁、张普主编，清华大学出版社出版。

2001068    12 日，海峡两岸暨香港、澳门汉字"书同文"研讨会在上海举行。

2001069    20 日，在台湾"本土化、中国化、国际化"座谈会上，《中央日报》董事长邵玉铭认为汉语拼音是台湾走向世界、世界进入台湾的一种工具。

2001070    27 日，教育部、国家语委制定并印发《国家语言文字工作委员会科研项目管理办法》《国家语言文字工作委员会科研规划领导小组职责与构成》。《国家语言文字工作委员会科研项目管理办法》规定：国家语委的语言文字科学研究工作，由国家语委科研规划领导小组统一领导、规划、部署；科研规划领导小组根据国家语言文字工作规划，组织专家进行科研项目指南和课题立项的论证，决定课题的立项；科研项目一般采取单位申请、任务下达的方式；项目完成后，应及时进行科研成果的鉴定工作；对科研项目经费的管理与使用以及项目成果的所有权与使用形式等也都做了详细规定。《国家语言文字工作委员会科研规划领导小组职责与构成》规定：国家语委科研规划领导小组组长由国家语委主任担任，副组长由教育部语信司司长和语用司司长担任。

2001071    29 日，教育部语信司就制定《少数民族人名汉字音译转写规范》向社会各界广泛征求意见。该《规范》列入"十五"研制计划。

2001072    31 日，教育部办公厅致函厦门大学，同意由该校协助教育部进行台湾语文政策和语言文字使用情况跟踪研究。主要工作内容是：收集有关资料，编写《台湾语文动态》；开展专题研究和对策研究；撰写文章，配合反对文化"台独"的宣传工作；适时举办海峡两岸语言文字方面的专题学术研讨会，加强沟通和交流。

2001073 全国推广普通话宣传周领导小组办公室举办《国家通用语言文字法》与语言文字规范知识竞赛，竞赛试题在《人民日报》《光明日报》《中国教育报》及《语言文字周报》《小学生拼音报》等报刊上登载。

2001074 国家语委普通话培训测试中心分别在香港普通话研习社、香港教育学院举办普通话研习班。

2001075 江苏省制定"十五"期间加强学校语言文字工作的具体目标和措施。

2001076 湖北省语言文字网站（http://hbyw.e21.edu.cn）开通。

# 9 月

2001077 4 日，教育部、国家语委下发《关于开展城市语言文字工作评估的通知》。《通知》提出"分类指导、分步实施"，"重在建设，重在过程，重在实效"的总体要求和分段实施步骤：一类城市指直辖市、省会、自治区首府、计划单列市的城区部分，2003 年左右基本完成评估工作；二类城市（指一般地级市城区、地区行署所在城区、一类城市所辖地级郊区、县政府所在城镇）2005 年左右基本完成评估工作；三类城市指县级政府所在城镇，2010 年左右基本完成评估工作；规定城市评估工作实行分级组织，属地管理，分工负责。对一类城市的评估，直辖市由国家语言文字工作部门负责组织，省会、自治区首府和计划单列市由其所在省（区）语言文字工作部门负责组织；对二、三类城市的评估工作由省级语言文字工作部门自行安排。同日，教育部语用司印发《一类城市语言文字工作评估操作办法》，规定了评估的范围、内容、程序和上级评估的操作办法。

2001078 7 日，由北京外国语大学海外汉学教学研究中心主办的世界著名大学汉学系（所）主任国际学术研讨会在北京举行。

2001079 8 日，第四届全国推广普通话宣传周活动在全国展开。推普周领导小组办公室向全国推荐推普宣传歌曲 5 首，发放推普周宣传画 21 万张。在《人民日报》《光明日报》《中国教育报》等报刊上组织的"国家通用语言文字法及语言文字规范知识竞赛"，得到全国各省、自治区、直辖市约 7 万人的积极响应，同时在向全国各界征集推普宣传画和文艺作品的活动中收到应征作品 446 件。其间，中央电视台播出推普公益广告，中国教育电视台和北京人民广播电台播出推普专题节目。

2001080 8 日，教育部、国家语委、重庆市人民政府在本届推普周重点城市重庆，联合举行"第四届全国推广普通话宣传周开幕式"大型广场活动。许嘉璐宣布第四届推广普通话宣传周活动开幕。袁贵仁和重庆市领导和各界代表分别讲话和发言。商业、交通、铁路、航运、民航、银行等窗口行业联合向全国同行发出大力推广普通话的倡议书。重庆市各市县40万人在推广普通话的条幅上签名。当日，重庆市人大常委会举行推广普通话座谈会，许嘉璐副委员长出席并讲话。

2001081　8日，本届推普周的重点城市上海开展系列宣传活动：上海市副市长、市语委主任周慕尧发表电视讲话，号召全体市民从我做起、从身边做起，自觉讲普通话、写规范字。市语委同上海电视台联合举行"可爱的中国"大型朗诵艺术欣赏会。上海市静安区举办普通话命题演讲比赛。闸北区召开题为"规范语言文字，展示执法风采"的公检法语言文字工作现场会。上海语言文字工作网站（http://www.shyywz.com）开通。

2001082　8日，本届推普周的重点城市广州举行了广东省邮电系统普通话大赛和朗诵艺术欣赏会。

2001083　9日，《人民日报》发表题为《依法推广普通话，促进语言文字规范化》的评论员文章。

2001084　10日，教育部语信司司长李宇明率团访问加拿大。代表团与魁北克政府法语局商谈了双方术语合作协议的执行情况，同时还交流了加拿大在语言政策法规、语言工作机构、语言管理、信息技术与网络技术管理等方面的情况。

2001085　10日，中国西藏信息中心网站藏文版开通。

2001086　10日，香港特别行政区政府将每年的9月13日定为"普通话日"。

2001087　13日，香港特区政府响应国务院开展"全国推广普通话宣传周"的决定，由130个团体和学校组成的"香港推广普通话大联盟"参与香港特区第一届"普通话日"活动。特区行政长官董建华呼吁大众多听多讲普通话，以提高香港的竞争力。

2001088　16日，由中国新闻社主办的首届世界华文传媒论坛在南京举行。国务院副总理钱其琛到会祝贺。

2001089　18日，教育部、国家语委在哈尔滨召开全国城市语言文字工作评估观摩研讨会。教育部副部长、国家语委主任袁贵仁发表书面讲话，对城市语言文字评估做出全面部署。教育部语用司司长杨光，黑龙江省和哈尔滨市有关领导出席会议。会议期间，北京、黑龙江、上海、福建等地介绍了组织实施城市语言文字工作评估的做法和经验。与会人员观摩了黑龙江省语委对哈尔滨市党政机关、新闻媒体、学校、公共服务行业23家单位的检查评估，并就有关问题展开研讨。哈尔滨市是全国第一个接受上级评估认定达到合格要求的一类城市。

2001090　22 日，安徽省语委办组织省内语言文字工作干部及专家，对合肥市的党政机关、学校、新闻媒体、出版系统和窗口服务行业的语言文字工作进行调研。

2001091　27 日，黑龙江省语言文字工作会议在哈尔滨召开。

2001092　中央文明办、国家语委编《国家通用语言文字规范读本》由学习出版社出版。

2001093　重庆市语委举办三峡库区移民普通话培训班。

2001094　四川省语委举办少数民族双语（普通话、民族语言）竞赛。

2001095　全球第一套蒙古文版办公软件推出。

# 10 月

2001096　8 日，成都市市长就学校普及普通话工作做出指示："请教委对所有学校进行布置、检查，教师授课必须讲普通话。"市教委、市语委随即下发《关于贯彻落实〈中华人民共和国国家通用语言文字法〉，进一步加强学校语言文字工作的通知》。

2001097　18 日，由全国科技名词委和教育部语信司主持的"'象'与'像'用法研讨会"在北京召开。会议达成如下共识：1.明确"象、像"两字的名词义。"象"指自然界、人或物的形态、样子，如：现象、形象、印象、意象；"像"指用模仿、比照等方法制成的人或物的形象，也包括光线经反射、折射而形成的与原物相同或相似的图景，如：像、人像、画像、肖像、遗像、图像、镜像。2.确定"象、像"两字在科技名词审定中的使用原则。科技名词中应正确使用"象、像"两字，如在实际工作中难于分辨、难于选择时，可按约定俗成原则采用本学科的习惯用法，但应注意与相关学科的协调统一。会议形成了《纪要》（发表于《科技术语研究》2001 年第 4 期）。

2001098　18 日，河北省教育厅、省语委印发《河北省创建中小学普及普通话达标县（市、区）工作评估操作办法（试行）》。

2001099　19 日，成都市教委召开各区（市）县分管主任及直属学校校长会议，对进一步加强学校语言文字工作做了全面布置。随后组织力量对部分市区和区（市）县城镇学校的这项工作进行抽查考核。据不完全统计，已检查的 53 所学校中除个别大学、普通中学外，成绩均达到 90 分以上。

2001100　20日，湖南省普通话培训测试中心对湘潭大学、湖南工程学院、株洲职业技术学院、湖南信息工程学院等6所高校教师进行普通话水平测试，全面启动全省高校教师普通话水平测试工作。

2001101　23日，陕西省教育厅下发《关于转发教育部一类城市语言文字工作评估操作办法的通知》。

2001102　29日，全国术语标准化技术委员会少数民族特别分技术委员咨询组成立。教育部语信司召开全国术语标准化技术委员会少数民族特别分技术委员咨询组会议，司长李宇明主持会议并讲话。会议审议了特别分会的章程（草案）、机构组成和工作计划，专家们还审议了少数民族语言文字规范标准的制定和信息处理"十五"规划第一批立项课题。

2001103　教育部语信司成立民族语言文字信息管理办公室，其主要职责是：1.少数民族语言文字信息处理工作的宏观协调与管理；2.研究国内外少数民族语言文字信息处理的状况，制定少数民族语言文字信息处理的规划；3.参与少数民族语言文字规范标准的制定、审定工作，组织、指导相关科研及科研成果的开发应用。

# 11月

2001104　1日，由中国语文现代化学会、中国中文信息学会汉字编码专业委员会、中国计算机学会汉字信息技术专业委员会、山东省语言学会及山东大学中文信息研究所联合发起的"信息网络时代中日韩语文现代化国际学术研讨会"在济南召开。

2001105　5日，国家语委普通话培训测试中心举办第三十一期国家级普通话水平测试员培训班，学员118名。其中98名学员通过考核获得国家级普通话水平测试员资格证书。

2001106　11日，中国中文信息学会20周年学术会议在北京举行。会议内容涉及中文的电子出版及电子传播、汉语自动分词研究的新发展、Linux国际化和中文本地化的实现、计算语言学的应用研究与基础研究、机器翻译的新进展、中文文本信息检索技术的发展、面向网络计算的汉语语音信息处理、汉字识别技术现状与展望、流通度在IT术语识别中的应用分析、汉语内涵逻辑及其应用以及中文输入法的"傻瓜"境界等。

2001107　20日,《规范汉字表》专家咨询会在教育部召开。与会专家围绕异体字、简繁汉字、汉字类推简化以及印刷字形等问题进行了讨论。

2001108　22日,国家语委21世纪第一届语言文字规范(标准)审定委员会成立会在北京召开。本届审委会根据《国家语言文字工作委员会语言文字规范(标准)审定委员会章程》组建。审定委员会主任由教育部副部长、国家语委主任袁贵仁担任,副主任由教育部语信司司长李宇明担任,委员有曹先擢、曹右琦、戴庆厦、冯志伟、傅永和、李行健、刘炳森、刘连元、陆俭明、王宁、王铁琨、张振兴。袁贵仁出席会议并对审委会委员提出三点希望:1.希望积极参加审委会的工作,严把规范标准审定关;2.希望在国家语委和学术界之间起到桥梁作用,加强双方的联系和沟通;3.希望多为语言文字规范化、标准化工作献计献策,使国家语委的工作不断得到改进,尽快提高语言文字标准化工作水平。成立会后,审委会审定并原则通过了《第一批异形词整理表》和《GB13000.1字符集汉字折笔规范》两项规范。

2001109　27日,云南省教育厅、省语委发出《关于修订〈云南省城市语言文字工作分期达标规划〉和〈云南省城市语言文字工作评估指导标准〉的通知》。

2001110　国家语委普通话培训测试中心与澳门大学签订关于合作开展普通话培训与测试的协议书。

## 12 月

2001111　1日,北京大学汉语语言学研究中心、北京大学中文系和中国语文现代化学会联合举办的"语文现代化与汉语拼音方案"国际学术研讨会在北京举行。会议认为在网络信息时代,汉语拼音发挥的作用越来越大。

2001112　3日,国家语委普通话培训测试中心举办第三十二期国家级普通话水平测试员培训班,学员125名。其中107名学员通过考核获得国家级普通话测试员资格证书。

2001113　8日,教育部语用司和国家语委普通话培训测试中心共同组织的"普通话水平测试管理软件交流审定会"在北京举行。

2001114　19日,由教育部、国家语委主持制定的《第一批异形词整理表》和《GB13000.1字符集汉字折笔规范》,经教育部部长陈至立签署发布,均自2002年3月31日起试行。《第一批异形词整理表》根据通用性、理据性、系统性等整理原则，给出了 338 组异形词的推荐使用词形。该规范定为推荐性试行规范，意在体现词汇规范的柔性原则，重在引导人们更好地使用祖国的语言，而不是简单地对语言使用加以限制。该规范的发布将有利于现代汉语书面语词语使用的规范化。《GB13000.1 字符集汉字折笔规范》规定了汉字折笔笔形的分类、排序、命名的原则以及具体的分类、排序和名称，给出了《GB13000.1 字符集汉字折笔笔形表》。

2001115 21—22 日，教育部语信司、教育部语用所和上海市语委，在沪召开"汉字规范问题学术研讨会"。会议重点研讨了《规范汉字表》课题组提出的字表编制方案。

2001116 24 日，方正电子有限公司举办的首届"北大方正奖"中文印刷字体设计大赛结束。

2001117 27 日，包头市第十一届人大常委会第二十六次会议通过《包头市社会市面蒙汉两种文字并用管理条例》。2002 年 3 月 21 日，内蒙古自治区九届人大常委会第二十九次会议批准。

2001118 上海市语委对金山区、浦东新区、静安区和市建设系统的语言文字工作进行试点评估。

2001119 河南省召开语言文字工作电视电话会议，表彰语言文字工作先进单位和先进个人。会议提出，争取 2010 年以前在全省范围内初步实现普及普通话，汉字应用基本规范。濮阳市、省广电厅和省卫生厅做了典型发言。来自中国香港、澳门、台湾地区以及日本、韩国、新加坡、马来西亚、美国等国的 100 多名专家学者出席。

## 同年

2001120 4—11 月，《规范汉字表》课题组展开调研和学术准备工作，包括搜集资料和有关研究成果，梳理需要解决的重点问题，广泛听取专家意见，拟制《规范汉字表》编制方案等。

2001121 11—12 月，教育部语信司组织开展应用语言学人才培养的调查研究。调研采用座谈会、访谈、实地考察和问卷调查等形式进行，共分发调查问卷 240 份。通过调研了解到，目前由于普通高校学科专业设置变化较少，文理分科培养模式一成不变，以及高校管理机制和高校师资队伍建设不适应学科建设的要求，应用语言学人才培养问题尚未引起教育界足够重视等原因，目前我国应用语言学人才培养远远不能适应现代化和信息化的要求。调研报告提出了"应用语言学人才培养与科学研究基地建设"的初步设想，提出了尝试复合型跨学科人才培养的创新体制、探索创新人才的培养模式和建立与国际接轨的用人机制等建议。

2001122　全国各省、自治区、直辖市"中国语言文字使用情况"的入户调查和专项调查工作均已完成，数据录入工作也已结束并上报全国调查办公室。

2001123　已有来自 120 多个国家的 38 万人次参加了中国汉语水平考试（HSK）。2001 年的国外考生比 2000 年增加了 47%。

2001124　张全、萧国政主编《HNC 与语言学研究》由武汉理工大学出版社出版。

2001125　由中国科学院自动化研究所刘迎建等开发的汉王联机手写识别技术获国家科技进步一等奖。本年 7 月推出的手写识别系统（第十版）包含的"行草王"技术及"大字符集"技术，能识别手写行草体汉字，能识别国家 GB10830 汉字标准字库中的所有汉字。

# 2002 年

## 1 月

2002001　1 日，中国海峡之声广播电台闽南话频道开播。

2002002　7 日，国家语委咨询委员会第二次会议在北京召开。会议听取了教育部语用司、语信司关于 2001 年工作情况和 2002 年工作要点的通报。许嘉璐在讲话中指出，当前语言文字工作面临的形势严峻，而且涉及政治、主权和国家安全，因而更加显出其重要性和紧迫感。在信息革命、市场经济、加入世界贸易组织、培养创造型人才和为西部大开发服务等方面，语言文字工作应该更加积极主动、抓住机遇、与时俱进、有所作为。今后国家语委的工作要突出重点，进一步加大宣传贯彻《国家通用语言文字法》和学校语言文字工作的力度，同时要加强学术研究，抓好急需的规范标准制定，争取 5 年内建成语言文字规范标准的框架。

2002003　9 日，《人民日报》发表《请讲普通话，请写规范字——〈国家通用语言文字法〉施行一周年综述》。

2002004　17 日，商务印书馆在北京举行语言学出版基金发布会及青年语言学者论坛，决定出资 100 万元人民币设立语言学出版基金，主要用于资助"中国语言学文库"的出版，目前的重点定在青年专集。在"青年语言学者论坛"上，青年学者们围绕中心议题"21 世纪的中国语言学"进行了讨论。

2002005　20 日，《人民日报》刊发《异形词九问——部分专家学者就〈第一批异形词整理表〉答疑》。

2002006　20 日，标准五笔字型软件 WB-18030 在北京举行演示会。该软件可输入 27 533 个汉字。

2002007　23 日，香港立法会通过议案，促请政府制订有效措施，改善市民应用普通话的能力。教育统筹局局长罗淑芬表示，当局会继续致力提高香港市民的普通话水平。

2002008　30 日，教育部语用司在北京召开 2002 年度全国地方语委办主任会议。

内蒙古、新疆、广西的民族语委负责人应邀出席。教育部副部长、国家语委主任袁贵仁做了题为《奋发有为，与时俱进，大力推进〈国家通用语言文字法〉的贯彻实施》的讲话，对 2001 年度工作做了总结，并全面阐述当前语言文字工作的形势，对 2002 年度工作提出了原则要求。辽宁、湖北、上海、重庆、江苏、广西、河北、黑龙江、广西分别就《国家通用语言文字法》的宣传贯彻、建立语言文字工作的执法机制、新世纪语言文字工作思路、开拓西部地区语言文字工作新局面、开展城市语言文字工作评估、开展推普周活动和加强普通话水平测试管理工作等方面介绍了经验。

2002009　教育部副部长、国家语委主任袁贵仁及语用司司长杨光、副司长张世平等拜访全国人大教科文卫委员会，交流了宣传贯彻《国家通用语言文字法》的情况，并就今后宣传贯彻的有关工作进行请示。

2002010　《第一批异形词整理表说明》由语文出版社出版。

2002011　《周有光语文论集》（4 卷本）由上海文化出版社出版。

2002012　受教育部语用司委托，中国语文现代化学会举办的首期国家普通话水平测试员理论研修班在北京结业。来自 16 个省、自治区、直辖市的 43 名国家级测试员获得了由语用司和语文现代化学会联合颁发的结业证书。

2002013　重庆市委办公厅、市政府办公厅组织检查组，对市级机关及有关单位进行推广普通话工作检查。

## 2 月

2002014　27 日，四川省政府要求机关公务员在办公室及公开场合全部要讲普通话。为了推广普通话，省政府办公厅决定从 3 月 4 日起，利用一个半月的业余时间，对机关公务员集中培训，测试合格后颁发等级证书。

## 3 月

2002015　1 日，中国语言学会、中国民族语言学会、中国语文现代化学会、教育部语用所、语文出版社、国家语委普通话培训测试中心、中国语文杂志社、民族语文杂志社、语文建设杂志社、语言文字应用杂志社等单位联合举行庆贺王均先生 80 华诞及学术思想座谈会。教育部、国家语委有关领导和首都语言学界的知名学者 100 多人出席。

2002016　1日，澳门特区政府有关官员和各界知名人士为《澳门基本法读本》举行首发仪式。《读本》的每个词语都配有汉语拼音。特区社会文化司司长崔世安在首发式上说，《读本》的出版为更好地用普通话学习、宣传和推广基本法做了一件有意义的工作。

2002017　4日，国家语委普通话培训测试中心举办第三十三期国家级普通话水平测试员培训班，学员114名。其中101名学员通过考核获得国家级普通话水平测试员资格证书。

2002018　10日，针对有些人全盘否定从1945年光复后开始的"国语运动"，主张废除所有关于"国语"的规定，主张"乡土语言教学"，并把方言问题政治化，把"推崇母语"作为"反抗中国"的一种手段的言论，台湾《中央日报》发表《语言政治化》一文，指出："国民政府迁都来台后，虽然也大力推行国语，但从未禁止各民族的语言"，"许多人士都将'语言权'作为政治冲突的工具，一再地以闽南语、客语发声，来型塑自己是'被国民政府打压的一群'"。台湾《中央日报》发表石厚高《方言文字化？》，针对"台独"推行"台语文字化"，用"台语文字"写作的主张，明确表示："母语（按指方言）教学已经匪夷所思，再来方言文字化更是不可思议。"

2002019　15日，教育部语信司组织的国际标准《信息技术通用多八位编码字符集》制定工作研讨会在北京召开。出席会议的有公安部、民政部、卫生部、新闻出版总署、国家民委、中医药管理局、教育部（国家语委）等7个部委（署、局）的有关负责人和全国科技名词术语审定委员会、全国信息标准化技术委员会、中国科学院、中国电子信息产业发展研究院、教育部语用所、民政部地名研究所、北京大学、商务印书馆、中华书局、中国大百科全书出版社、北大方正、北京中易电子公司、北京汉仪科印公司等单位的专家。与会人员围绕中国在ISO/IEC 10646研制工作中取得的成绩和遇到的困难、本部门参与研制的情况及需要解决的问题进行了讨论。

2002020　17日，教育部语用司副司长张世平在新疆乌鲁木齐市、喀什地区、克孜勒苏柯尔克孜自治州等地进行少数民族汉语课师资和双语教学情况调研，考察了民族中小学、师范院校和自治区教育学院等16所学校。

2002021　18日，铁道部成立铁路系统普通话培训测试中心，并启动全路站、车广播员普通话培训工作。教育部语用司和普通话培训测试中心负责人出席成立大会。

2002022　25日，国家语委普通话培训测试中心举办第三十四期国家级普通话水平测试员培训班，学员 124 名。其中 112 名学员通过考核获得国家级普通话水平测试员资格证书。

2002023　27 日，全国推广普通话宣传周领导小组决定调整领导小组成员：组长陈至立，副组长袁贵仁（教育部副部长、国家语委主任）、刘鹏（中宣部副部长）、尹蔚民（人事部副部长）、胡占凡（国家广电总局副局长）、徐天亮（解放军总政宣传部副部长），办公室主任由领导小组成员杨光兼任。

2002024　31 日，《第一批异形词整理表》开始试行。为了做好《第一批异形词整理表》在教育系统的试行工作，教育部、国家语委发出通知，要求各级教育行政部门、各级各类学校、各教育出版和教育网络、教育影视部门，认真学习和宣传《第一批异形词整理表》，保证《第一批异形词整理表》在教育系统各有关部门和教育教学各环节的顺利贯彻执行。

2002025　31 日，黑龙江省人大教科文卫委员会、省政府法制办、省教育厅、省语委联合下发《关于贯彻落实〈国家通用语言文字法〉，开展二类城市语言文字工作检查评估的通知》，决定自 2002 年至 2004 年年底前，对全省二类城市的语言文字工作进行评估。

2002026　《规范汉字表》课题组在《语言文字应用》第 2 期发表《研制"规范汉字表"的设想》。该文总结了研制字表准备阶段的工作，阐述了有关字表收字、分级、繁简、正异、字形等问题的整体设想。

2002027　国家语委普通话培训测试中心在日本大学（日本）举办国际关系学部汉语研修班。

2002028　台湾团结联盟（台联党）立法机构党团酝酿提案，要求行政管理机构将"河洛话"（即闽南方言）列为第二官方语言，与"北平话"并列为台湾的"国语"。这项提议引发了一场语言论战。国民党认为此举"没有必要"，亲民党认为是"庸人自扰"，民进党也认为此案可能引发族群争议。陆以正在 4 月 2 日发表《第二官方语言不是闹着玩的》，文章警告："官方语言涉及国家根本体制，千万不可当作儿戏。"

2002029　在美国出版的几家中文报纸相继改版，《侨报》开始使用简化字。《星岛日报》《世界日报》抛弃了传统的竖排版式，改用从左到右的横排版式。

# 4 月

2002030　2 日，教育部、国家语委召开部分行业系统贯彻《国家通用语言文字法》

座谈会。22 个中央、国务院部门和解放军总政治部的有关负责人参加会议，教育部副部长、国家语委主任袁贵仁出席并讲话。参加座谈会的部委有关负责人表示要与教育部、国家语委积极配合，加大本部门语言文字工作推进力度，共同为《国家通用语言文字法》的贯彻落实而努力。

2002031　2 日，教育部语用司下发《关于推荐一类城市语言文字工作评估评审工作组成员的通知》，要求各省、自治区、直辖市从本地语言文字工作干部或专家学者中推荐上报 1 名成员作为评审组候选人。

2002032　2 日，台湾《联合报》发表《两位台联立委对河洛话的两种看法》，指出"台独"的主轴战略是"去中国化"。照理说，"去中国化"是以建构政治与经济的两岸壁垒为主，但"台独"却似乎往往将主要心力投注在岛内的族群及语文的区隔上。这不但是徒劳的，而且亦可能治丝益棼。

2002033　6 日，2002 年度亚洲研究协会年会的"中国语言政策专题讨论会"在华盛顿举行。

2002034　13 日，由香港电台普通话台、广东人民广播电台、澳门电台和佛山人民广播电台联合举办的第五届粤港澳普通话大赛总决赛在香港举行。

2002035　15—19 日，全国人大教科文卫委员会教育室和教育部语用司在郑州和南京分片召开地方语言文字立法工作座谈会。教科文卫委员会教育室和教育部语用司就地方立法问题进行说明。柳斌发表讲话。

2002036　18 日，澳门语言学会举行 2002 年度会员大会。大会进行了换届选举，推选出以程祥徽为会长的新一届理监事会。

2002037　26 日，国家语委 21 世纪第一届科研规划领导小组成立会在北京召开。本届领导小组根据《国家语言文字工作委员会科研规划领导小组职责与构成》组建，由许嘉璐、朱新均、江蓝生、陈章太任顾问，袁贵仁任组长，李宇明、杨光任副组长，成员有沈家煊、史习江、王铁琨、姚喜双、黄行。成立会由教育部副部长、国家语委主任袁贵仁主持。会议审议并原则通过了《语言文字应用研究"十五"科研规划及项目指南》《语言文字应用研究"十五"科研资助项目》和《语言文字应用研究"十五"科研立项实施细则》等有关文件。袁贵仁在会上讲话，要求加强应用语言学人才的培养和队伍建设，建立良好的科研运作机制；"十五"期间，要抓紧进行语言文字基础设施建设，搭建语言文字政策制定、基础研究、应用研究和规范标准建设的技术平台；要加快语料库及相关数据库的建设，建立中国语言文字工作网站，推进语言文字研究和工作的现代化。

2002038 28 日，中宣部、教育部、人事部、文化部、国家广电总局、解放军总政治部、国家语委日前联合发出《关于开展第五届全国推广普通话宣传周活动的通知》。本届推普周的主题是：宣传贯彻《国家通用语言文字法》，大力推广普通话，促进语言文字规范化，迎接党的十六大召开。

2002039 29 日，全国人大教科文卫委员会召开广电系统宣传贯彻《国家通用语言文字法》情况汇报会。会议由全国人大教科文卫委员会副主任委员汪家镠主持。国家广电总局副局长胡占凡汇报了广电总局和中央电视台、中央人民广播电台、中国国际广播电台宣传贯彻《国家通用语言文字法》的情况。

2002040 30 日，天津市语言文字培训测试中心举行揭牌仪式及专家聘任大会。

2002041 北京大学计算语言学研究所段慧明等历时 3 年完成 1998 年全年《人民日报》的标注语料库。该语料库包含 2600 多万汉字，全部完成词语切分和词性标注等基本加工。该项成果通过了合作单位富士通公司的验收。

2002042 台北大学历史系学生会举办认字比赛，让同学们通过辨识繁体字和简体字来提高读写能力。

# 5 月

2002043 6—10 日，ISO/IEC JTC1/SC2/WG2/IRG 第 19 次会议在澳门召开。来自中国、朝鲜、日本、韩国、新加坡、越南等国家和中国香港、澳门及台北电脑公会、Unicode 等地区和组织的代表出席了本次会议。会议由 IRG 召集人张轴材主持。会议主要讨论并做出了与我国有关的如下决定：1. IRG 接受日本关于制定 CJK 基本子集的提案，建议成立一个兴趣小组来讨论其需求、规模和标准。2. IRG 再次研究了 WG2 关于在 ISO/IEC 10646-1 之中采用单列 CJK 统一汉字的要求，决定仍保留多列形式，以体现不同国家 / 地区汉字字形的区别。3. IRG 不同意提供 WG2 决议要求的 True Type 字库字型做印刷之用，只采用 Bitmap 字型。4. IRG 接受 CJK-C1 编辑组提出的汉字检查办法、结果报告格式与日程安排。5. IRG 同意在 CJK-C1 中增加中国提案提出的两个折笔字符。

2002044 16—17 日，教育部语信司、语用所在江西井冈山召开"异体字问题学术研讨会"。来自全国高校及科研机构的 30 多位文字学家与会。教育部语信司副司长王铁琨出席会议并做会议总结。原国家语委副主任、研究员曹先擢做学术总结。会议重点研讨了《规范汉字表》整理异体字的原则和方法。

2002045　16—18日，香港大学主办、香港特区教育署协办的"普通话教育的发展和推广"国际研讨会举行。香港教育署署长张建宗认为，香港已有9000多名普通话教师受过培训，其中5500多人任教于中小学，师资人数"基本上满足了量的需求，下一步更要集中于质的提升"。

2002046　17日，教育部下发《关于在中小学加强写字教学的若干意见》，要求各地充分认识写字教学的目的和意义，明确写字教学的要求，各门课程都应重视写字教学。要为学生写好汉字创设环境，提供必要条件，改进写字教学评价。

2002047　18—25日，ISO/IEC JTC1/SC2/WG2第42次会议在爱尔兰都柏林召开。37位代表来自加拿大、柬埔寨、中国、芬兰、爱尔兰、日本、朝鲜、韩国、巴基斯坦、新加坡、瑞典、美国及TC46/SC4、Unicode组织等。

2002048　22日，西藏自治区第七届人民代表大会第五次会议审议通过《西藏自治区学习、使用和发展藏语文的若干规定》。规定在义务教育阶段，以藏语文和国家通用语言文字作为基本的教育教学用字，开设藏语文课程和国家通用语言文字课程，同时可以开设外语课程。法规明确要求西藏城市公共场所设施、广告、招牌及区内生产、销售的产品同时使用藏文和国家通用语言文字。

2002049　23日，北大方正有限公司举行首届"北大方正奖"印刷字体设计大赛发布会。教育部语信司副司长王铁琨出席并讲话。

2002050　25日，首届全国普通话水平测试学术研讨会在扬州召开。会议由教育部语用所、国家语委普通话培训测试中心主办。来自全国24个省、自治区、直辖市及香港、澳门特别行政区的80余名代表就普通话水平测试的有关学术问题和测试管理工作展开研讨交流。教育部语用司司长杨光、语信司司长李宇明出席并致辞。

2002051　语言文字应用研究"十五"科研工作正式启动。

2002052　对于"城市路牌上的地名为什么要用汉语拼音标注，可否改成英文"这一问题，民政部负责人接受记者采访时强调，地名标志是领土主权的象征，用汉语拼音标注地名，事关国家领土主权和尊严。

# 6月

2002053　3日，教育部语用司在秦皇岛召开全国学校语言文字工作汇报交流会。教育部语用司副司长张世平主持会议。教育部副部长、国家语委主任袁贵仁在开幕式上讲话，他把3年来各地贯彻1999年全国学校语言文字工作会议的成效归纳为 6 个方面：1. 语言文字工作机构逐步健全；2. 语言文字工作逐步成为学校常规工作，学校用语用字状况有较大改观；3. 在提高学生语言文字应用能力方面发挥了重要作用；4. 教师语言素质和语文能力得到明显提高；5. 语言文字工作在学校全面育人工作中发挥了重要作用；6. 学校对全社会语言文字规范化工作发挥了促进作用。袁贵仁提出要依法推进学校语言文字工作，继续加强教师普通话培训测试和基本功训练，进一步发挥语文教学的主渠道作用，加强农村学校和西部地区学校的工作力度，做好对学校语言文字工作的目标管理、量化评估等要求。河北省语委、上海市教委语言文字工作处，新疆维吾尔自治区教育厅等单位在会上介绍了开展学校语言文字工作的经验。与会代表观摩了秦皇岛市中小学的语言文字工作情况。语用司司长杨光做会议总结。

2002054　7 日，教育部、国家语委印发《教育部、国家语委关于在教育系统试行〈第一批异形词整理表〉的通知》。《通知》要求采取切实可行的措施，保证《第一批异形词整理表》在教育系统各有关部门和教育教学各环节顺利贯彻执行。各种升学考试，出题时暂不涉及异形词，考生答题中使用了非推荐词形，不影响成绩评定；古籍整理、有关的科学研究、面向海外的繁体字版教学辅助读物（含电子出版物）等可不受《第一批异形词整理表》限制。

2002055　13 日，黑龙江省九届人大常委会第三十次会议通过《关于修改〈黑龙江省汉语言文字应用管理条例〉的决定》，自 9 月 1 日起施行。该条例删除了有关罚款的项目。

2002056　15 日，教育部语用所、中国社科院少数民族语言研究中心、中国政法大学法律语言研究中心联合举办的"语言与法律首届学术讨论会"在北京召开。来自语言学界和法律学界的专家学者共 70 余人与会。教育部语信司司长李宇明、中国社科院民族所副所长黄行、中国政法大学副校长朱勇在开幕式上讲话。

2002057　16 日，教育部语用所、中央教育科学研究所在北京举行纪念"注音识字，提前读写"实验 20 周年座谈会。袁贵仁、周铁农、何东昌、柳斌先后在讲话中充分肯定"注·提实验"是小学语文教学改革的重要成果。

2002058　16 日，福建省语委办召开《福建省贯彻〈国家通用语言文字法〉的实施办法（草案）》讨论会。

2002059　22—23 日，教育部语信司、语用所和安徽大学在合肥市召开"简化字问题学术研讨会"。来自全国的 50 多位专家学者与会。教育部语信司司长李宇明、副司长王铁琨出席会议。李宇明司长讲话，北京师范大学王宁教授做学术总结。

会议对简化字类推简化和简繁字"一对多"关系进行了研讨，并在简化字的类推问题上达成共识：不赞成无限类推，而是把类推简化限制在一定的范围以内。

2002060　25 日，教育部语用司在上海举办城市语言文字工作评估培训班。20 个省、自治区、直辖市及其省会（首府）和计划单列市语言文字工作部门负责人，一类城市评估评审工作组成员 80 余人参加培训。参加培训人员交流了评估工作进展情况，观摩了上海市语委对徐汇区语言文字工作的评估。

2002061　26 日，教育部语用所主办的"中国语言文字网"（www.china-language.gov.cn）开通。网站的主要功能是：1. 宣传国家语言文字工作的方针、政策；2. 向社会提供咨询和信息服务；3. 实现网上远程教育，包括普通话的培训、测试及文字应用水平测试等；4. 实现全国语言文字工作和科学研究的网络化；5. 语言文字规范标准发布的平台和征求意见、研讨社会语言生活的渠道；6. 连接海内外语言文字学术研究的桥梁。网站目标是逐步实现全国语言文字工作的数字化、网络化。

# 7 月

2002062　10 日，台湾"国语"推行委员会再次开会表决中文译音系统，最后以 10 票对零票再度通过"通用拼音"作为台湾的中文译音系统。台湾教育事务主管部门负责人黄荣村报送行政管理机构核定。这一结果再度引发在野党和台北等县市的批评和质疑。国民党发言人批评民进党完全无视台湾在国际竞争激烈大环境中实现国际化和与国际接轨的需要，反而"一意孤行"，"使意识形态置于国家利益之上"。台北市市长马英九则表示该市仍采用汉语拼音。于是，台湾出现"一音两制"。

2002063　10 日，由国家对外汉语教学领导小组、北京师范大学、全美书法教育协会联合举办的第三届汉字书法教育国际会议在北京举行。来自美国、日本、韩国等国家和台湾、香港等地区的 80 多名代表参加会议。著名书法家启功、欧阳中石等出席会议。会议主题是"书法教育与现代教育的融合"。

2002064　13 日，教育部语信司在哈尔滨组织召开"全汉字库暨国际音标问题商讨会"。ISO/IEC JTC1/WG2/IRG 召集人张轴材向与会专家介绍了 ISO 10646 的进展情况。与会代表就本单位在字库建设、国际音标研究等方面所做的工作进行了交流和沟通，并达成以下共识：1. 字库建设需要协作和共享。2. 应尽快研讨建立国家通用汉字子集的问题和有关广义异体字关联的问题。3. 为了加强海峡两岸暨香港、澳门的交流与合作，应成立中国的 C-IRG 工作组。

2002065　25 日，教育部、国家语委等 6 部委联合下发《教育部等部门关于在新闻出版、广播影视系统和信息产业、广告业试行〈第一批异形词整理表〉的通知》。辞书编纂中，需要"备查、备考"的非推荐词形，应依据规范做出明确标注。古籍整理、有关的科学研究、面向海外的繁体字版出版物等，可不受《第一批异形词整理表》限制。

2002066　26 日，"少数民族文字编码字符集问题"座谈会在北京召开。

2002067　全国共有 1 万多所民族中小学分别使用 21 个民族的语言开展"双语"教学。国家和地方财政设立了民族文字教材专项补助经费。

2002068　云南省培训测试中心科研组承担的《普通话测试题库系统的改进与提高》《普通话"三级六等"语音特征数据库》课题通过省内外专家鉴定。

2002069　《现代汉语词典》繁体字版由香港商务印书馆出版。

# 8 月

2002070　2 日，由国家对外汉语教学领导小组办公室、世界汉语教学学会、复旦大学主办的第七届国际汉语教学讨论会在上海举行。全国人大常委会副委员长许嘉璐、教育部副部长周济出席并致辞。来自 38 个国家和地区的 475 名代表应邀与会。这次会议的主题是"汉语走向世界"。

2002071　13 日，贵州省人事厅、贵州省教育厅、贵州省语委联合下发《关于在国家公务员队伍中开展普通话工作的通知》。从 2005 年起，普通话将作为贵州省公务员综合能力考核的内容之一。

2002072　17 日，普通话水平测试大纲新一届学术委员会会议在北京召开。与会委员讨论了《普通话水平测试大纲（讨论稿）》。

2002073　17 日，由香港电台普通话台倡议的"普通话月 2002"举行记者招待会，宣布 9 月 15 日至 10 月 13 日在全港举行首届"普通话月"。口号是"说好普通话，闯出新天下"。

2002074　17 日，由北京大学计算语言学研究所承办的第一届学生计算语言学研讨会在北京召开。来自澳大利亚、韩国、新加坡、日本以及中国大陆、香港和台湾地区 37 所高等院校、8 家研究所（中心）的 162 名学生代表参加会议。教育部语信司司长李宇明出席并发表题为《信息时代的语言问题》的演讲。

2002075　22日，教育部语信司、语用所和烟台师范学院在烟台市召开"汉字印刷字形问题学术研讨会"。来自全国高校、科研机构的30多位专家与会。教育部语信司副司长王铁琨出席会议并讲话，北京师范大学王宁教授做学术总结。会议围绕汉字新旧字形、印刷宋体字形、海峡两岸汉字字形差异以及字表汉字字形处理等问题进行了深入研讨。

2002076　22日，台湾行政管理机构核备教育事务主管部门所提的以"通用拼音"为中文译音标准案，并把副本送交各部门及各县市政府。

2002077　26日，教育部对机关公务员进行普通话水平测试。有近200名公务员参加测试并全部取得了三级甲等以上的合格成绩。

2002078　27日，教育部语用司在北京召开语言社会应用热点问题座谈会。应邀出席的有全国人大代表、政协委员，全国科技名词委有关人士，语言学家、作家，出版、广播、电视及网络等媒体专业人士。会议由教育部语用司司长杨光主持。与会人员一致认为，语言文字必然随着社会生活的发展而不断变化、不断丰富，这是语言文字和文化的生命力之所在，因此，在群众中产生新词语是不可阻挡的。目前有大量我们能接受或不能接受的现象，泥沙俱下，鱼龙混杂，做决策时要看大背景，要看到这与社会的变革和开放是相吻合的。对近年来语言应用中大量出现的外来词、方言词、网络自创新词，与会人员结合语言应用的实际情况各抒己见，多数人的意见认为对语言应用中出现的新情况应采取宽容态度，但有关部门要及时分析研究，加以适当的引导。

2002079　27日，内蒙古自治区汉语委印发《内蒙古自治区语言文字工作"十五"计划》和《内蒙古自治区普通话水平培训测试工作管理办法（试行）》。

2002080　国务院做出关于深化改革、加快发展民族教育的决定，提出中国民族教育工作的指导思想、目标任务、基本方针和原则。要求在民族中小学逐步形成少数民族语和汉语教学的课程体系。有条件的地区应开设一门外语课。国家对双语教学的研究、教材开发和出版给予重点扶持。

2002081　内蒙古自治区汉语言文字工作委员会成立。自治区副主席宝音德力格尔任主任。

# 9月

2002082　1日，江苏语言文字网（http://jsyw.jsjyt.edu.cn）开通。

2002083　2 日，教育部语信司向有关部门发出《关于征集国际标准集外字符及国家通用字符集子集制定原则建议的函》（教语信司函〔2002〕22 号）。

2002084　9 日，国家语委和中央人民广播电台联合举办的茅台杯第六届全国普通话广播大赛决赛和颁奖会在北京举行。教育部副部长、国家语委主任袁贵仁出席并向获奖选手颁奖，教育部语用司司长杨光等出席。

2002085　12 日，教育部语用司召开新闻发布会，宣布第五届全国推广普通话宣传周活动将于 15—21 日在全国展开。中央电视台主持人王小丫出任推广普通话形象大使。

2002086　15 日，本届推普周重点城市是南京和佛山。南京举办推普专题文艺晚会等系列活动，国家语委咨询委员会副主任朱新均、教育部语用司司长杨光、副司长张世平等出席；佛山市举办的广东、广西、海南、福建、江西、香港、澳门等地中小学课本剧邀请赛和名家语言艺术欣赏会引人注目，教育部语用司副司长张世平等出席。

2002087　15 日，教育部语用司司长杨光、副司长张世平等出席浙江省杭州市、金华市的推普周活动。

2002088　15 日至 10 月 13 日，香港全港举行首届“普通话月”。口号是“说好普通话，闯出新天下”。由演员和歌手扮演的各行各业人士向市民宣传学好普通话的意义，吸引了数以千计市民参加。这次的“普通话月”是香港至今举办的规模最大的推广普通话活动。活动期间，汇丰银行要求本港 200 多家分行的一线员工必须用普通话向顾客问好。汇丰银行已有 5 千名员工接受了普通话培训。教育部语用司司长杨光应邀担任香港“普通话月”顾问。

2002089　16 日，国家语委普通话培训测试中心举办第三十五期国家级普通话水平测试员培训班，学员 149 名。其中 136 名学员通过考核获得国家级普通话水平测试员资格证书。

2002090　18 日，台湾教育事务主管部门印制“中文译音使用原则”。至此，台湾第二轮拼音之争以强行通过采用“通用拼音”结束。这是台湾民进党执政当局逆国际潮流而动在语言文字上采取的一个“台独”决策。

2002091　20 日，新疆维吾尔自治区九届人大常委会第三十次会议通过《关于修改〈新疆维吾尔自治区语言文字工作条例〉的决定》。

2002092　24 日，教育部语信司在武汉召开信息时代语言文字规范标准建设工作会议。会议的主要议题为：研讨我国加入世贸组织后的语言文字规范标准建设对策、信息时代语言文字规范标准建设的新特点、语言规划的理论与实践等问题。国务院相关部门和标准化工作机构的代表，语言文字学界、信息处理学界的专家学者，各省、自治区、直辖市语委办负责人参加会议。开幕式上，教育部副部长、国家语委主任袁贵仁做了题为《把握信息时代特点，加强语言文字规范标准建设》的书面讲话，提出了语言文字规范标准建设的目标、思路和具体措施。语信司司长李宇明做题为《信息时代的语言问题》的报告。国家标准化管理委员会高新技术部副主任王希林介绍了中国标准化机构情况以及中国标准化工作现状。中国信息产业发展研究中心高工张轴材对我国参与国际标准制定工作进行了回顾，并介绍了国际标准 ISO 10646 的进展情况。语信司副司长王铁琨做总结发言。

2002093　国家民委、教育部、信息产业部、科技部、国家标管委等部门组成联合调查组，分赴四川、西藏、青海、新疆、内蒙古等地，调查少数民族文字软件研发与使用现状以及存在的问题。

2002094　第五届上海、台北、香港、澳门四地青少年朗诵比赛在上海举办。这项赛事自 1978 年在上海市开赛以来，每年在四地轮流举行。大赛分为小学和中学两个组别。

# 10 月

2002095　1 日，山东语言文字网（http://www.sdyw.org）开通。

2002096　12 日，中国语文现代化学会学术会议在开封举行。参加会议的 70 余名代表以《国家通用语言文字法》与语文现代化的关系为主题展开讨论。教育部语用司司长杨光出席并讲话。会议选举苏培成为新一届会长，姚喜双为常务副会长。

2002097　14—22 日，教育部语信司司长、语用所所长李宇明率团赴法国考察。代表团考察了法国语料库的建设情况，并与马恩—拉瓦莱（Marne-la-Vallee）大学签订了合作协议。

2002098　18 日，中共中央政治局委员、广东省委书记李长春在广东省教育厅考察时指出，推广普通话的力度还要加大，要在全社会掀起学习普通话的热潮。全社会各行业的力度都要加大，政府部门公务员和教师要做表率，要加大推广普通话和规范用字的宣传。

2002099　30 日，第一届海峡两岸暨香港、澳门中文数字化合作会议在福州召开。来自大陆、台湾、香港和澳门的 ISO/IEC　JTC1/SC2/WG2/IRG 工作组的成员和有关专家、官员共 35 人参加会议。与会代表回顾和总结了 1989 年以来海峡两岸暨香港、澳门在 ISO/IEC 10646 的制定中协调一致、互相支持、为 CJK 汉字统一编码所做的卓有成效的工作。与会代表就会议的相关议题发表意见，并且就今后在中文数字化方面的合作提出如下设想：1.海峡两岸暨香港、澳门都要继续坚持走国际标准化的道路，坚持 ISO/IEC 10646 的方向，积极稳妥地推动汉字文化在信息时代的共同发展；2.海峡两岸暨香港、澳门都要积极参加、继续支持 IRG 工作组的工作，并保持主要编辑人员相对稳定；3.组成海峡两岸暨香港、澳门中文数字化合作论坛（Chinese Digitalization Forum，简称 CDF），合作的重点是中文编码及中文数字化应用的共同课题。CDF 下设中文字符集小组和中文数字化促进小组。海峡两岸暨香港、澳门共同推举教育部语信司王铁琨为 CDF 召集人，并各自推荐了各方的联络员。会议商定 CDF 合作论坛每年一次在海峡两岸暨香港、澳门轮流召开，会议主持人由东道主担任。第二届 CDF 会议于 2003 年 9 月前在香港（暂定）举行，第三届 CDF 会议于 2004 年 9 月前在台湾或澳门（暂定）举行；4.提出了制定 ISO/IEC 10646 的"CJK 国际基本子集"的建议草案、解决中文字符（包括人名和地名用字、古籍与辞书用字、中医药用字和科技术语用字、方俗字及少数民族文字等）扩充和古文字编码的建议方案，并对异体字的研究与应用等问题进行了讨论。

2002100　语言文字应用研究"十五"科研项目第一期立项工作结束，科研办确定立项项目 97 项。该立项工作分为申请书受理、专家函评、会议评审和立项等几个阶段。国家语委科研办在教育部语信司网页、中国语言文字网等网络媒体及《语言文字周报》等刊物上公布了《语言文字应用研究"十五"科研规划及项目指南》《语言文字应用研究"十五"资助项目》《语言文字应用研究"十五"科研项目立项实施细则》和《国家语委科研项目申请书》。至 8 月 15 日共受理申请书 427 份。8 月 16 日，科研办陆续通过电子邮件将申请书、函评评审表发送给由专家库选出的函评专家，并于 8 月 23 日前收回专家评审意见。科研办对函评意见进行了汇总，确定了进入会议评审阶段的申请项目。8 月 27 日，该项目评审会议在威海举行。专家们对项目申请书逐一审查并提出评审意见。

2002101　研制《规范汉字表》被列为教育部、国家语委"语言文字应用研究'十五'科研规划"的重大项目。

2002102　国家语委普通话培训测试中心与香港大学普通话培训测试中心就未来 3 年继续在香港推广普通话的合作协议续签仪式在香港举行。教育部语信司司长李宇明，教育部语用所、国家语委普通话培训测试中心负责人及香港大学校长等出席。

# 11月

2002103　3 日，受教育部语用司委托，厦门大学汉语语言学研究中心主办的华人地区语文生活与语文计划国际学术研讨会在武夷山召开。来自中国大陆、香港、台湾地区和新加坡、菲律宾等国家的 20 多名专家学者出席，就语言变异与语言规划、语言生活与语言现状调查以及语言的多样性与语言教学等问题进行讨论。

2002104　11 日，第九届国际自动识别技术展览会在北京举行。中国科学院声学研究所推出了"汉英—英汉语音翻译系统"。

2002105　18—24 日，ISO/IEC JTC1/SC2/WG2/IRG 第 20 次会议在越南河内召开。本次会议的代表来自中国、日本、韩国、朝鲜、越南、新加坡、美国等国家和中国香港、澳门及台北电脑公会、Unicode 等地区和组织。会议由 IRG 召集人张轴材主持。会议主要讨论并做出了与我国有关的如下决定：1. 根据中国海峡两岸暨香港、澳门的联合提案以及日本的提案，就 CJK 汉字国际基本子集的需求、范围、收纳原则达成了共识，责成召集人向 WG2 报告。2. 会议对汉字认同规则进行了澄清，达成重要共识，重点是"认同不妥比错误分离更容易修复。在认同或甄别拿不准的时候，宁肯先认同也不分别编码"。3. 会议讨论制定了用于扩充 C1 编辑工作汉字部首入部规则、部首外笔画数和首笔笔画的确定方法。4. 为保证文件提交的质量，IRG 要求各成员任命其自己的主编。5. 任命中国的张轴材、陈壮、王晓明继续分别担任 IRG 召集人、主编、技术编辑。

2002106　19 日，全国科技名词委授权金山软件公司协助推广规范的科技名词。

2002107　21 日，辽宁省教育厅、省语委在沈阳举办语言文字工作干部暨骨干测试员培训班。教育部语用司司长杨光等结合十六大精神和中国加入世贸组织，就当前语言文字工作的形势和任务、普通话的价值及当前城市语言文字评估工作分别做了讲座。培训班还就普通话水平测试管理系统软件的应用、国际音标等进行了重点培训。

2002108　25 日，教育部语信司在上海举办全国语言文字网站建设与管理研讨班。来自全国 27 个省、自治区、直辖市的语言文字工作部门和普通话培训测试中心的负责人及相关技术人员共 70 多人参加这次研讨活动。教育部语信司副司长王铁琨、上海市教委副主任薛喜民出席研讨活动。王铁琨在主题报告中阐述了建立语言文字网站（页）的意义。教育部语用所副所长靳光瑾介绍了中国语言文字网站的建设过程、网站定位、栏目设定、主要内容及今后发展。上海市信息办副主任贺寿昌做了题为《信息化国际潮流与上海城市信息化》的报告。会上交流了各地网站（页）建设情况。与会代表就语言文字工作如何适应网络时代的发展要求、各地语言文字网站的建设和管理等问题进行了讨论，进一步明确了网站的定位、国家网站与地方网站的关系、全国语言文字网站的分工合作。

2002109 全国机器翻译研讨会在北京举行。大会论文集《机器翻译研究进展》由黄河燕主编，电子工业出版社出版。

2002110 《现代汉语词典》（修订本）荣获第四届吴玉章人文社会科学奖一等奖。

# 12 月

2002111 5 日，呼和浩特市汉语言文字工作委员会成立。主任由主管副市长兼任，市委宣传部等单位为成员单位。

2002112 10 日，教育部、国家语委对北京市的语言文字工作进行考察评估。评估组听取了北京市语委自评报告，采取定点和随机抽取相结合的方式，对党政机关、学校、新闻媒体和公共服务行业的 18 个单位进行了实地考察。评估组认定：北京市现阶段语言文字的社会应用符合《国家通用语言文字法》的规定和要求，提前实现了"普通话初步普及、汉字的社会应用基本规范"的工作目标要求，达到了较高的规范化水平。

2002113 全国政区名称用字读音的省级审定工作结束。自 2000 年 4 月 25 日民政部、教育部、国家语委联合下发《关于开展全国政区名称用字读音审定工作的通知》以来，全国 31 个省级地名、语言文字主管机关遵照两部一委"通知"的要求，陆续组织本地政区名称用字读音的县级申报、地级核查和省级审定工作。河北、山西、辽宁、江西、山东、上海等 13 个省级政区成立了省级地名用字读音审定委员会。全国 31 个省级政区均已完成省级审定，并分别将 3173 个政区名称用字、读音（有部分重复）提请国家审定。

2002114 澳门语言学会会长程祥徽在《澳门语言学刊》第十八、十九期发表《新世纪的澳门语言策略》。该文以 2001 年澳门人口普查的统计资料为依据，详细分析澳门的语言状况，进而提出语文规划。

2002115 高更生《现行汉字规范问题》由商务印书馆出版。

# 同年

2002116 在国际著名的 TREC-11 文本信息检索比赛中，来自清华大学智能技术

与系统国家重点实验室和中国科学院计算技术研究所的两个研究小组共取得了
Web Track、Novelty Track 和 Adaptive Filtering Track 中 6 项指标第一的优异成绩。

2002117　黄昌宁、李涓子《语料库语言学》由商务印书馆出版。

2002118　孙星明、殷建平、陈火旺《中文信息处理技术》由国防科技大学出版社
出版。

2002119　刘颖《计算语言学》由清华大学出版社出版。

# 2003 年

## 1 月

2003001　1 日，福建语言文字网（http://www.fjyywz.gov.cn）、甘肃语言文字网（http://www.gsyywz.com）开通。

2003002　9 日，教育部、国家语委印发《关于反馈对北京市语言文字工作评估认定意见的通知》。

2003003　10 日，国家重大基础研究计划（973 计划）中文语音语言资源联盟标准制定与质量检查课题研讨会在北京举行。中国科学院自动化研究所、清华大学、北京大学、山西大学等相关单位出席。会议讨论了中文语音语言资源联盟的规范标准制定以及质量检查的方式。会议还商讨了《中文语音语言资源联盟章程（草案）》。

2003004　15 日，广州语言文字网（http://www.gzedu.gov.cn/yw/index.htm）开通。

2003005　21 日，国家语委语言文字规范（标准）审定委员会审定通过《信息处理用现代汉语词类标记规范》。

2003006　研制《规范汉字表》被列为教育部 2003 年工作要点。

2003007　为确保《规范汉字表》收字科学合理，能满足各领域基本用字需要，教育部语信司向有关部门发函征集行业用字。民政部、国家测绘局、国家中医药管理局、总参测绘局、全国科技名词委、故宫博物院、国家图书馆、人民教育出版社、中国大百科全书出版社等部门及时提供了行业用字资料。

2003008　教育部语用司编的《全国学校语言文字工作汇报交流会资料汇编》由语文出版社出版。该书收入 2002 年 6 月在秦皇岛市召开的全国学校语言文字工作汇报交流会材料。

## 2 月

2003009　10 日，台湾教育事务主管部门"国语"推行委员会通过了所谓"语言平等法"，同时废止了 1973 年台湾教育事务主管部门颁布的《国语推行办法》。

2003010　19 日，2003 年度语言文字工作会议在天津召开。教育部副部长、国家语委主任袁贵仁讲话。河北、江苏、重庆、广西等地就城市语言文字工作评估等问题做了大会交流。

2003011　19 日，安徽语言文字网（http://ahyywz. ahedu. gov. cn）开通。

2003012　《规范汉字表》课题组在教育部语用所召开会议。会议决定采用数字化手段和语料库统计方法以加快研制工作。

# 3 月

2003013　1 日，哈尔滨语言文字网（http://61.158.3.6/xingzhen/zcfg/yywz/zy.htm）、南京语言文字网（http://njyw.njenet.net.cn）开通。

2003014　7 日，教育部语用所在北京召开汉语人名规范研讨会。会议重点研讨了《人名用字表》研制的必要性与可行性、人名排序等问题。

2003015　7 日，"汉语人名规范"课题组在中国政法大学召开人名用字问题座谈会。与会专家研讨了规范人名用字的必要性与可行性，以及规范人名用字的法律依据。

2003016　12 日，北京语言大学、中国新闻技术工作者联合会、中国中文信息学会评出 2002 年中国报纸十大流行词语，依次为：十六大、世界杯、短信、降息、三个代表、反恐、数字影像、姚明、车市、CDMA。

2003017　14 日，国家语委普通话培训测试中心在兰州为西部地区举办第三十六期国家级普通话水平测试员培训班，学员 106 名。其中 95 名学员通过考核获得国家级普通话水平测试员资格证书。

2003018　26 日，教育部语信司在北京组织召开古汉字编码工作研讨会。会议由语信司副司长王铁琨主持。主要议题有：1. 明确古汉字编码的重要性；2. 确定古汉字编码的原则；3. 协商成立古汉字编码研究工作组；4. 形成提交国际会议的提案。

2003019　四川省凉山彝族自治州成立汉语普通话、彝语和英语培训测试中心。

# 4 月

2003020　1 日，天津语言文字网（http://211.81.22.65/yumin）、四川语言文字网（http://yuweiban.scxxt.com.cn）、贵州语言文字网（http://www.gzyywz.com）开通。

2003021　8 日，台北市宣布，已将全市街道名牌及大型指示标志的英文译音全面更新为汉语拼音系统。但由于台北县仍使用通用拼音系统，遂在县市交界处出现两种拼音并存的现象。

2003022　10 日，内蒙古自治区汉语委干部暨测试员骨干培训班在赤峰举办。各盟市教育局（汉语委）、有关大中专院校、大厂矿企业教育处、广电系统的分管领导、各普通话水平培训测试工作站负责人、测试员骨干及赤峰市汉语委成员单位共 100 余人参加了培训。自治区教育厅、汉语委负责人总结了 2002 年的语言文字工作，部署了 2003 年工作。教育部语用司司长杨光做了报告。

2003023　16 日，教育部副部长、国家语委主任袁贵仁及语用司司长杨光、副司长张世平等拜访全国人大教科文卫委员会，交流了宣传贯彻《国家通用语言文字法》的情况，并就今后贯彻《国家通用语言文字法》的有关工作进行了研究。

2003024　17 日，河北省人民政府发出《关于进一步规范使用汉语拼音拼写标准地名的通知》，要求用汉字书写地名，应使用规范汉字；用汉语拼音拼写汉语地名，必须按照《中国地名汉语拼音字母拼写规则》的规定拼写。

2003025　20 日，教育部、中宣部、人事部、文化部、国家语委、解放军总政治部、共青团中央等联合发出《关于开展第六届全国推广普通话宣传周活动的通知》。本届推普周的主题是"大力推广普通话，齐心协力奔小康"。指导思想是"以党的十六大精神和'三个代表'重要思想为指导，继续深入宣传《国家通用语言文字法》，进一步提高全体公民的语言文字规范意识和推普参与意识"。

2003026　20 日，教育部、国家语委、四川省人民政府、成都市人民政府在成都隆重举行第六届全国推广普通话宣传周活动开幕式。国家语委主任袁贵仁和全国推广普通话宣传周领导小组成员单位的负责人，四川省、成都市主要领导及成都各界群众约 3000 人出席开幕式。袁贵仁宣布本届推普周活动开幕并讲话，高校学生代表、成都各界代表发出大力推广普通话的倡议。成都地区大学生演讲比赛同日举行。

2003027　20 日，上海市语言文字工作者协会举行全会。会议听取了第四届理事会的工作报告，选举产生了第五届语协理事会。

2003028　23 日，上海《语言文字周报》出版第 1000 号。

2003029　23 日，上海《咬文嚼字》编辑部举行座谈会，庆祝该刊出版 100 期。

2003030　30 日，山东省教育厅、省文明办、省语委下发《关于开展城市语言文字工作评估的通知》。

2003031　到本月为止，河北省已有 46 个县（市、区）的中小学实现了基本普及普通话的目标。

2003032　湖北省人大已将《湖北省实施〈中华人民共和国国家通用语言文字法〉办法》列入全省"十五"立法计划和 2003 年工作重点。

# 5 月

2003033　1 日，江西语言文字网（http://www.jxyywz.com）、黑龙江语言文字网（http://www.hljyw.net）开通。

2003034　5 日，教育部部长周济，副部长、国家语委主任袁贵仁听取语用司关于起草《普通话水平测试管理规定》的汇报。语用司司长杨光、副司长张世平出席。

2003035　15 日，教育部部长办公会议审定《普通话水平测试管理规定》。部党组书记、部长周济，党组成员、副部长张保庆、王湛、袁贵仁、章新胜，党组成员田淑兰、李卫红听取了语用司司长杨光关于《普通话水平测试管理规定》起草情况的汇报，审议通过了这一《规定》。部领导在审议发言中指出，推广普通话是一件大事，事关政治，事关大局，经济社会越是发展，推普工作的意义就越重大。对当前社会上语言文字使用的不规范现象要加强科学研究和规范引导，要特别重视农村、边远地区、少数民族地区的国家通用语言的推广工作，提高少数民族双语教师的汉语水平。对重点行业和公共场所要加大力度，对南方重点方言地区要加强宣传引导。普通话水平测试是推普工作的有效抓手，应依据《国家通用语言文字法》及相关法规的要求加强管理。周济指出，推广普及普通话是教育部、国家语委的一项重要工作，普通话水平测试是落实《国家通用语言文字法》的重要措施，要从讲政治的高度对待推广普通话工作。要特别加快测试自动化系统的研究和开发。周济强调要进一步加强各级各类学校的普及普通话工作，在强化宣传的同时，可以依法采取带有一定的强制性措施，以加大工作力度。教育部办公厅等有关司局的负责人列席会议。

2003036　20 日，广东省教育厅、省语委下发《关于开展城市语言文字工作评估的通知》，随文印发《广东省二类城市语言文字工作评估标准（试行）》。

2003037　21 日，教育部部长周济颁布教育部令第 16 号："《普通话水平测试管理规定》已于 2003 年 5 月 15 日经部长办公会讨论通过，现予发布，自 2003 年 6 月 15 日起施行。"

2003038  21 日，上海市语委召开全体委员会议。会议审查通过了《上海市贯彻实施〈国家通用语言文字法〉的情况通报》《上海市迎接教育部、国家语委城市语言文字工作评估专项工作计划》《上海市公共场所英文译名管理专项工作计划》等 3 个报告。

2003039  27 日，教育部语用司下发《关于印发〈普通话水平测试工作评估指导标准〉的通知》和《关于印发〈普通话水平测试规程〉的通知》，对普通话水平测试工作的检查评估进行部署，对普通话水平测试的操作做出明确规范。

2003040  30 日，北京市第十二届人大常委会第四次会议通过《北京市实施〈中华人民共和国国家通用语言文字法〉若干规定》。《规定》从 8 月 1 日起实施。

# 6 月

2003041  1 日，吉林语言文字网（http://www.jlyywzw.net/jiaowei）开通。

2003042  15 日，辽宁语言文字网（http://www.lnein.edu.cn/yywzw/ywb）开通。

2003043  17 日，山西语言文字网（http://www.sxyw.cn）开通。

2003044  26 日，在中国语言文字网开通一周年之际，教育部副部长、国家语委主任袁贵仁在《语言文字网要为推进语言文字工作发挥更大的作用》一文中指出，21 世纪是信息化的时代，网络已成为人们学习和沟通最便捷的一条渠道，中国语言文字网有着广阔的发展空间。教育部语用司、中国语言文字网于当日联合举办了"语言文字法律法规建设"网上论坛。杨光等嘉宾共同主持现场讨论并解答问题，800 多人次在线发言。

2003045  教育部、中宣部、人事部、文化部、国家广电总局、国家语委、解放军总政治部、共青团中央联合发出《关于开展第六届全国推广普通话宣传周活动的通知》。通知指出，第六届推普周活动的指导思想是：以党的十六大精神和"三个代表"重要思想为指导，继续深入宣传《国家通用语言文字法》，进一步提高全体公民的语言文字规范意识和推普参与意识，促进推广普通话和语言文字规范化工作向纵深发展。

# 7 月

2003046  1 日，北京语言文字网（http://www.beijing-language.gov.cn）、重庆语言文字网（http://www.cqjw.gov.cn/col2）、湖北语言文字网（http://hbyw.e21.edu.cn）、

湖南语言文字网（http://yywzw.hnedu.com）开通。

2003047　21日，教育部语用司资助并委托新疆教育厅在乌鲁木齐举办第二期少数民族汉语课教师普通话培训班。教育部语用司司长杨光出席开班典礼并讲话。来自和田地区、阿克苏地区、喀什地区和克孜勒苏柯尔克孜自治州80名从事汉语教学的少数民族中小学教师参加培训。

2003048　26日，山西省第十届人大常委会第五次会议通过《山西省实施〈中华人民共和国国家通用语言文字法〉办法》，自9月1日起正式实施。

2003049　香港电台委托岭南大学意见调查研究部进行港人学习普通话的调查，访问了900多名15岁及以上的市民。调查结果表明，约有4成受访市民表示能够听懂普通话，比2000年增加10.4%；表示能够说普通话的有41%，比两年前增加10%；在生活和工作中需要接触普通话的分别占13%和20%，比2000年分别增加7%和10%。

# 8月

2003050　9日，全国第七届计算语言学联合学术会议在哈尔滨举行。会议认为，今后几年计算语言学的主流研究将围绕"语言计算"与"基于内容的文本处理"两大主题展开。大会论文集《语言计算与基于内容的文本处理》由孙茂松、陈群秀主编，清华大学出版社出版。

2003051　25日，中央精神文明建设指导委员会下发《关于评选表彰全国文明城市、文明村镇、文明单位的暂行办法》，其中将社会用语用字规范文明纳入文明城市评选标准。

2003052　25日，成都语言文字网（http://www.cdyywz.net）开通。

2003053　26日，教育部语信司和国家民委文化宣传司在北京就申请民族语文信息化综合项目召开专家研讨会。

2003054　29日，全国推广普通话宣传周领导小组成员进行调整，组长周济（教育部部长），副组长袁贵仁（教育部副部长、国家语委主任）、李从军（中宣部副部长）、尹蔚民（人事部副部长）、陈晓光（文化部副部长）、胡占凡（国家广电总局副局长）、嵇绍莹（解放军总政治部宣传部副部长）、张晓兰（共青团中央书记处书记），办公室主任由教育部语用司司长杨光兼任。

2003055　解放军总政治部宣传部组织编写的《部队官兵语言文字文明手册》由军

事谊文出版社出版。

# 9 月

2003056  1 日,《山西省实施〈中华人民共和国国家通用语言文字法〉办法》经山西省十届人大常委会第五次会议审议通过,于 9 月 1 日起施行。

2003057  2 日,教育部语用司在京召开纪念《汉语拼音方案》颁布 45 周年座谈会预备会。新闻出版署、国家测绘局、国家对外汉语教学领导小组办公室、中国残联、海军通信部、人民教育出版社等有关领导及部分语言学、民族学和地名学方面的专家出席了会议。会上,教育部语用司司长杨光介绍了纪念《汉语拼音方案》颁布 45 周年系列纪念活动的安排及相关准备工作。

2003058  2 日,中共中央政治局委员、新疆维吾尔自治区党委书记王乐泉就贯彻中央人才工作协调小组第二次会议精神做出指示。在谈到加强新疆干部与人才队伍建设问题时,王乐泉指出,在新疆要加大"双语"教学的力度。今后凡是不懂"双语"的不能当教师。

2003059  2 日,教育部人事司、直属机关党委、语用司再次举办部机关公务员普通话水平测试。包括部机关司局长在内的 45 名公务员参加测试。

2003060  8 日,河北语言文字网(http://www.hebyw.net)开通。

2003061  9 日,上海市教委、市语委印发《上海市语言文字应用监测工作规定(试行)》,要求各区县教育局、语委加强对辖区内公共场所语言文字应用的监督,逐步加大执法力度。

2003062  10 日,教育部语用司、中国语文现代化学会、中国语言文字网站与搜狐网站联合推出"大力推广普通话,齐心协力奔小康"的主题论坛活动。

2003063  14 日,第六届全国普通话宣传周开幕式在兰州举行。同日,兰州市还举行了公务员普通话水平测试启动仪式。

2003064  14 日,教育部、国家语委、广西壮族自治区人民政府、南宁市人民政府联合在南宁举行第六届全国推广普通话宣传周重点城市活动开幕式。

2003065  14—29 日,教育部语信司副司长王铁琨率中国地名用语标准化交流考察团访问德国、芬兰。与德、芬两国相关机构就今后进一步加强交流与合作等事宜进行了探讨,并与德国联邦测绘局地名委员会签署了关于双方在人名、地名读音和拼写标准化方面进行合作的谅解备忘录。

2003066　15 日，陕西省语言文字网（http://yuyan.snedu.com）开通。

2003067　18 日，上海市社会语言文字应用监测网成立。副市长、市语委主任严隽琪出席成立仪式并发表讲话。她指出，监测网的建立，标志着上海的语言文字应用管理又向法制化迈进了一大步。

2003068　20 日，第六届全国推广普通话宣传周在湖北武汉落下帷幕。同日，武汉市开展了"人同心，语同音"主题系列活动。汕头举行本届推普周重点城市活动。

2003069　24 日，河南语言文字工作信息网（http://www.hnyywz.com）开通。

2003070　27 日，教育部语用司发出《关于一类城市语言文字工作评估有关事项的通知》，对一类城市评估认定工作操作程序做了进一步规定，并发布"一类城市语言文字工作评估评审工作组成员名单"，规定了观察员职责。

## 10 月

2003071　8 日，武汉语言文字网（http://www.whyywz.gov.cn）开通。

2003072　10 日，教育部、国家语委下发《关于印发〈普通话水平测试大纲〉的通知》。该《大纲》自 2004 年 10 月 1 日起施行。《通知》指出，《普通话水平测试大纲》依据《普通话水平测试管理规定》和《普通话水平测试等级标准》制定，是国家实施普通话水平测试的依据。各级测试机构和普通话水平测试员要严格执行，以确保测试质量。

2003073　11 日，教育部语信司与语用所聘请有关专家就地方语言文字工作系统政务信息化工作进行评审。

2003074　28 日，广东语言文字网（http://www.gdyywz.com）开通。

## 11 月

2003075　5 日，全国语言文字信息化工作会议在长沙召开。教育部语信司司长李宇明做了题为《把握信息时代脉搏，全力推进语言文字信息化》的主题报告。会议通报了语言文字政务信息化建设情况。

2003076　28 日，全国人大教科文卫委员会、教育部、国家语委在人民大会堂联合召开座谈会，纪念《汉语拼音方案》颁布 45 周年。全国人大常委会副委员长许嘉璐、国务委员陈至立、全国政协副主席王选出席会议。有关中央、国家机关和人民团体负责人及各界代表 100 多人出席会议。会议由全国人大教科文卫委员会副主任委员邢世忠主持。许嘉璐在讲话中对《汉语拼音方案》的历史地位和作用给予高度评价。陈至立在讲话中强调，汉语拼音的推行已经取得了很大的成绩，成为亿万群众普遍掌握的一种重要知识技能，受到广大群众的欢迎。《汉语拼音方案》也推动了我国的国际交流和外交工作，在国际上产生了很大的影响。她对继续推行汉语拼音提出了希望。教育部副部长、国家语委主任袁贵仁做了题为《大力推行汉语拼音，服务国家现代化建设》的讲话，全面回顾、总结了制订和推行汉语拼音的历程及历史性成就，从未来发展信息产业、进一步扩大开放等现实需要出发，强调了新世纪推行汉语拼音的重要性。国家民委副主任周明甫、新闻出版总署副署长柳斌杰、国家测绘局局长陈邦柱、中国残联副理事长孙先德，以及海军司令部通信部、国家对外汉语教学领导小组办公室、人民教育出版社负责人、著名语言学家王均、中国工程院院士倪光南等在会上发言，介绍了汉语拼音在少数民族、残疾人、新闻出版事业和军事通信、语文教学、对外汉语教学、中文信息处理等方面的应用。指出汉语拼音广泛应用于教育、现代通信、交通、铁路、民航、贸易、中文信息处理和工业生产、国防等领域，并作为国际标准被许多国家认可和使用，在我国社会生产和生活中以及国际上产生了积极而巨大的影响。

2003077　28—29 日，中国语文现代化学会、教育部语用所、语文出版社、中国文字学会在北京召开题为"信息网络时代的汉语拼音"学术研讨会。国家语委主任袁贵仁，语用司司长杨光、语信司司长李宇明以及来自全国各地的高校教师、语言文字工作者、信息科学工作者和有关学科的专家学者 50 余人出席会议。袁贵仁在致辞中高度评价汉语拼音在社会生产和生活中发挥的重要作用；中国语文现代化学会名誉会长王均、教育部语用司司长杨光、中国语文现代化学会会长苏培成先后发言。刘涌泉、王理嘉、盛玉麒、马庆株等 17 位专家就汉语拼音在教学、信息处理、网络、地名、文化交流等方面的应用以及汉语拼音方案本体研究、正词法研究等方面的问题进行了学术交流。与会代表就当前进一步发挥汉语拼音的作用，扩大其使用范围等问题进行了讨论，并共同倡议进一步加大汉语拼音的宣传力度，扩大汉语拼音的使用范围。语文出版社出版了研讨会论文集《信息网络时代的汉语拼音》。

2003078　全国"注音识字，提前读写"教学 20 周年总结表彰大会在洛阳召开。

# 12 月

2003079 7 日，教育部语用所"汉语人名规范"课题组在北京召开汉语人名规范研讨会。与会人员来自语言教学与研究、科技术语审定、信息处理等领域以及公安、外交等相关部门。教育部语信司副司长王铁琨出席会议。会议重点研讨了《人名用字表》研制的必要性与可行性、人名排序等问题。

2003080 7 日，"汉语人名规范"课题组在中国政法大学召开人名用字问题座谈会。与会专家研讨了规范人名用字的必要性与可行性，以及规范人名用字的法律依据。

2003081 9 日，由许嘉璐主持的国家高技术研究发展计划（863 计划）"中文信息处理应用基础研究"课题研讨会在北京举行。许嘉璐就中文信息处理问题讲话，近 20 位学者做了报告。12 日上午，研讨会专家组举行子课题委托评议。评议会由倪光南主持。

2003082 15 日，教育部发文，成立《规范汉字表》研制领导小组。领导小组成员由教育部、国家语委、国家民委、公安部、民政部、信息产业部、文化部、国家广电总局、新闻出版总署、国家宗教事务管理局、中国社科院、国家测绘局、国家中医药管理局、国家标准化管理委员会、总参谋部测绘局、全国科技名词审定委员会等部委（单位）的 18 位司局级以上领导组成。教育部副部长、国家语委主任袁贵仁任领导小组组长（2006 年 5 月由赵沁平副部长接任），教育部语信司司长李宇明为副组长。领导小组办公室设在教育部语信司，办公室主任李宇明、副主任王铁琨。领导小组的职责是：负责对字表研制的方向性和政策性把关，充分调动和协调相关部门的力量支持字表的研制工作。

2003083 17 日，全国少数民族汉语水平等级考试（MHK）在吉林省开考。来自吉林省 31 所朝鲜族高中部 6200 多名高三学生在 20 个考点参加考试。

2003084 21—22 日，教育部语信司、语用所和上海市语委在沪召开"汉字规范问题学术研讨会"。来自上海、济南、常州的语言文字、新闻出版和汉字信息处理界的 20 多位专家与会。教育部语信司副司长王铁琨出席会议并讲话。会议重点研讨了《规范汉字表》课题组提出的字表编制方案。

2003085 四川省凉山彝族自治州人事局、州语委联合印发《关于开展全州国家公务员普通话水平培训测试工作的通知》，就全州国家公务员的普通话水平达标时间、等级标准等做出新规定。

# 同年

2003086　2—6 月,《规范汉字表》课题组完成以国家语委现代汉语平衡语料库（1919—2002）和北京语言大学动态流通语料库（2001—2002 年全国 15 种报纸）为基础进行的字频统计工作，初步选定字表的一、二级字，同时针对异体字、三级字收字、汉字读音等进行研究整理。

2003087　截至本年底，有 24 个省、自治区、直辖市建立了普通话培训测试中心，全国共建立地市级测试站和高校、行业测试站 825 个，有国家级和省级普通话水平测试员 34 000 多名，初步形成覆盖全国的测试工作网络。全国有 1181 万人次接受测试，其中教师约 735 万，学生约 397 万，播音员、节目主持人约 2.6 万，国家公务员约 24 万，公共服务行业人员约 22 万。港澳地区已建起 6 家普通话培训测试机构，拥有测试员 50 多名。接受国家语委测试的公务员、教师等各界人士已达 2 万多人次。

2003088　教育部、国家语委组建全国语言文字标准化技术委员会。该技术委员会下设 6 个分会：汉语语音与拼音分会、汉语语汇分会、汉语语法与语篇分会、汉字分会、少数民族语言文字分会、外语应用分会。分会秘书处分别挂靠在中国社科院语言所、南开大学、北京大学、教育部语用所、中央民族大学、北京外国语大学。

2003089　内蒙古通辽市、兴安盟、锡林郭勒盟先后成立汉语言文字工作委员会。

2003090　太原市人民政府令第 38 号发布《太原市社会用字管理办法》。

2003091　俞士汶主编《计算语言学概论》由商务印书馆出版。

# 2004 年

## 1 月

2004001　13 日,《规范汉字表》召开研制领导小组成立会。会议由教育部语信司司长李宇明主持。教育部副部长、国家语委主任、《规范汉字表》研制领导小组组长袁贵仁出席会议并讲话。语信司副司长王铁琨就《字表》的研制工作做了汇报。领导小组成员进行了充分讨论。

2004002　国家语委普通话培训测试中心编制、教育部语用司审定的《普通话水平测试实施纲要》由商务印书馆出版,为 2004 年 10 月正式实施《普通话水平测试大纲》奠定了基础。

2004003　23 日,2004 年度教育部、国家语委语言文字工作年度会议召开。教育部副部长、国家语委主任袁贵仁做《求真务实,开拓创新,为全面建设小康社会搭建高水平的语言文字平台》的讲话。会议的任务是:总结交流去年工作,对今年工作进行研讨部署,同时对上海市语言文字工作评估进行考察观摩。

## 4 月

2004004　13 日,由中国社科院语言所主办的"语言文字规范与辞书编纂"学术座谈会在北京中国社科院社科会堂举行。

2004005　14—15 日,《规范汉字表》研制领导小组办公室在北京召开《规范汉字表》研制专家研讨会。来自中国社科院语言所、北京大学、北京师范大学、北京语言大学的专家和《规范汉字表》课题组成员出席会议。会议对课题组提交的字表初稿和研制报告涉及的诸多问题进行了认真研讨。

## 5 月

2004006　11—12 日,为解决第二代居民身份证中姓名、住址的生僻字信息处理问题,教育部语信司与公安部治安管理局联合召开专家研讨会,对全国户籍部门收集的生僻字进行审核。来自高校和科研院所的 12 位文字学和信息处理方面的专家出席会议。教育部语信司副司长王铁琨、公安部治安管理局副局长鲍遂献出席会议并讲话。与会专家对 4000 多个姓名、住址中的生僻字进行了认真审核，确定了处理原则并提出具体建议。这次会议的成果为研究解决《规范汉字表》人名用字问题提供了有益的参考意见。

2004007　14 日，《规范汉字表》课题组组织召开教育领域专题座谈会。相关的中小学语文教师、教研员、编辑、教材编写人员参加了会议。会议重点围绕可否恢复若干用"同音代替"方式简化的繁体字、是否可以把几个原来作为异体字处理的字恢复为正字，以及小学至初中阶段的识字量等问题重点进行了研讨，并组织与会者填写了调查问卷。

2004008　20 日，国家语委编写的《语言文字工作简报》开辟了"《通用规范汉字表》研制专辑"，用于集中报道字表研制和行政运作的相关信息。

# 7 月

2004009　7 日，著名语言学家，南开大学中文系教授邢公畹（1914—2004）逝世。

2004010　26 日，值启功先生 92 岁寿诞之际，北京师范大学文学院、民俗典籍文字研究中心与北京师范大学出版社三家联合，在北京师范大学英东学术会堂举办"启功先生语言文字学学术研讨会暨新著首发式"。会议除举行启功先生五部新著的首发式外，着重就启功先生对语言文字学的卓越贡献进行了广泛深入的研讨。教育部袁贵仁副部长、新闻出版总署柳斌杰副署长、中央文史馆袁行霈副馆长、北京师范大学钟秉林校长等领导同志到会并讲话。

2004011　27—29 日，为加强语言文字规范标准建设，推动全国语言文字标准化技术委员会各分技术委员会顺利开展工作，教育部语信司在山东青岛召开全国语言文字标准化工作会议。全国语标委 6 个分会和部分标准研制项目的负责人共 70 多位代表参加了会议。

# 8 月

2004012　2—3 日，国际汉语教学学术研讨会在武汉大学举行。来自中国、美国、法国、德国、瑞士、意大利、日本、韩国以及中国台湾、香港地区的 80 多位专家学者出席了本次大会。

## 9 月

2004013　汉字规范问题研究丛书由商务印书馆出版。该丛书是教育部语信司组织召开的汉字系列专题学术研讨会的论文结集。丛书包括四本论文集:《异体字研究》（张书岩主编）、《简化字研究》（史定国主编）、《汉字字形研究》（厉兵主编）和《汉字规范百家谈》（李宇明、费锦昌主编）。全国人大常委会副委员长许嘉璐和教育部副部长袁贵仁为该丛书作序。丛书的出版对汉字规范化工作和《规范汉字表》的研制工作具有重要的参考价值。

## 10 月

2004014　16—18 日，第四届全国社会语言学学术研讨会在北京举行。本次会议主题为"语言规划的理论与实践"。参加会议的代表有 139 人。

2004015　22 日，《规范汉字表》研制专家工作组在北京召开成立会。会议由教育部语信司副司长王铁琨主持，司长李宇明宣布专家工作组名单并讲话。字表课题组组长张书岩介绍课题组工作进展情况。字表研制专家工作组由 14 位专家组成，北京师范大学王宁教授担任组长。专家工作组的主要任务是帮助课题组工作，争取早日完成《规范汉字表》征求意见稿。

2004016　23—25 日，中国语文现代化学会第六次学术会议暨中国语文现代化学会成立十周年纪念大会在山东泰安召开。来自全国 20 多个省、自治区、直辖市和香港特别行政区的 54 位专家学者出席了会议。与会者围绕"信息时代的中国语文现代化"的主题，对语文现代化的理论和实践、中文信息处理、普通话推广普及、汉字规范及应用、汉语拼音及应用、语言规范与对外汉语教学、人名地名规范等问题，进行了广泛而深入的讨论。

2004017　26 日，著名语言学家、编辑出版家、世界语专家陈原（1918—2004）逝世。

# 2005 年

## 1 月

2005001　1 日,《云南省国家通用语言文字条例》正式实施。

2005002　10 日，教育部和国家语委在北京举办庆祝周有光先生百龄华诞座谈会。

2005003　11 日，教育部语用司和语信司在北京联合召开语言文字工作"十一五"规划专家研讨会。

2005004　12 日，国家语言资源监测与研究中心、北京语言大学、中国新闻技术工作者联合会、中国中文信息学会在北京联合举行 2004 年中国主流报纸十大流行语新闻发布会。

2005005　18 日,《全球华语词典》编辑委员会第一次会议在广州召开。

## 2 月

2005006　3 日，由教育部语信司和华中师范大学共建的国家语言资源监测与研究中心网络媒体语言分中心在武汉举行签字仪式。

2005007　25 日，国家语委 2005 年度语言文字工作会议在沈阳召开。

2005008　本月起，教育部语信司组织有关专家，先后赴云南、四川、青海、甘肃、西藏、新疆、内蒙古、吉林、贵州等省、自治区，调研民族语言文字规范化、信息化工作。12 月，调研工作告一段落。

## 3 月

2005009　1 日，新闻出版总署颁布实施最新修订的《图书质量管理规定》及其附件《图书编校质量差错率计算方法》。

2005010　2 日，云南省政府召开省语委第七次全体委员会议，研究部署《云南省国家通用语言文字条例》的贯彻实施意见。

2005011　16 日，国家广电总局发出《关于加强电视节目字幕播出管理的通知》。

2005012　17 日，重庆市教委、市语委下发《重庆市普通话水平测试管理规定（试行）》。

2005013　18 日，国家语委"十五"重大项目"现代汉语语料库建设与深加工"结项鉴定会在北京召开。

2005014　31 日—4 月 1 日，香港城市大学中文、翻译及语言学系主办，教育部语用所协办的首届对外汉语学习词典学国际研讨会在香港召开。

# 4 月

2005015　12 日，西藏自治区人民政府决定成立西藏自治区国家语言文字工作委员会。

2005016　18 日，教育部语信司与暨南大学共同建立的海外华语研究中心在北京举行签字仪式。

2005017　23 日，新疆维吾尔自治区语委和新疆大学承担的自治区"信息交换用维吾尔、哈萨克、柯尔克孜文标准研究"课题的三项成果通过鉴定，依据该成果制定的自治区地方标准同时公布。

2005018　25—28 日，教育部语信司、中国中文信息学会、清华大学智能技术与系统国家重点实验室、烟台师范学院联合主办的中文信息处理发展战略研讨会在烟台召开。

2005019　29 日，教育部语信司与北京师范大学合作共建的中国文字整理与规范研究中心，与北京大学合作共建的中国文字字体设计与研究中心在教育部举行签字仪式。

# 5 月

2005020　11 日，教育部语信司在北京召开全国语言文字标准化技术委员会分会工作会议。

2005021　18 日，上海市语委办公室与西藏藏语委办公室在上海签署了共建西藏藏语言文字网合作协议。

2005022　20 日，新疆维吾尔自治区地方标准《维吾尔人名汉字音译转写规则》，经自治区技术质量监督局审定通过，正式公布实施。

# 6 月

2005023　2 日，全国人大教科文卫委员会教育室和教育部语用司在厦门市联合召开地方语言文字立法工作座谈会。

2005024　9 日，教育部语信司与厦门大学合作共建的国家语言资源监测与研究中心教育教材语言分中心签字仪式在北京举行。

2005025　20 日，国家语言资源监测与研究中心网络媒体语言分中心、教育教材语言分中心、海外华语研究中心、中国文字整理与规范研究中心以及中国文字字体设计与研究中心的授牌仪式在北京举行。

2005026　20 日，西藏拉萨市举办全自治区第一期普通话培训班。

# 7 月

2005027　18 日，全国语委系统第一个支持民族语言文字的网站——西藏藏语言文字网（藏文版）开通仪式在拉萨举行。

2005028　20—22 日，国家对外汉语教学领导小组主办、教育部承办的首届世界汉语大会在北京举行。大会主题是世界多元文化架构下的汉语发展。

2005029　26 日，教育部、国家语委在乌鲁木齐召开全国民族语言文字规范标准建设及信息化工作会议。

# 8 月

2005030　4 日，教育部语用司、语信司联合召开专家座谈会，就《国家语言文字工作"十一五"计划（征求意见稿）》和国务院公布《汉字简化方案》、发出《关于推广普通话的指示》50 周年纪念活动安排听取意见。

2005031　10—13 日，全国推广普通话宣传周领导小组办公室主办、中国现代文学馆协办的全国青年普通话演讲大赛在北京举行。

2005032　11 日，教育部语用司和语信司组织的"国家普通话水平测试管理信息系统"鉴定会在北京举行。

2005033　13—15 日，教育部语信司主办、暨南大学承办的首届语言与国家高层论坛在广州举行。

2005034　18 日，语言文字应用"十五"科研项目"中文应用能力测评"指导组扩大会议在北京召开。

2005035　22日，西藏自治区藏语委和西藏大学联合研制的藏文国家标准《信息技术 信息交换用藏文编码字符集 扩充集 A》《信息技术 信息交换用藏文编码字符集 扩充集 B》通过专家鉴定。

## 9 月

2005036　8日，全国科技名词委第五届委员会全体会议暨成立二十周年纪念大会在北京召开。

2005037　11—17日，第八届全国推广普通话宣传周活动在各地举行。这届推普周以云南楚雄（开幕式）、浙江宁波（闭幕式）、广东梅州为重点城市。

2005038　15日，教育部语信司、国家广电总局总编室、中国传媒大学合作共建的国家语言资源监测与研究中心有声媒体语言分中心在北京举行签字仪式。

2005039　19日，语言文字应用"十五"科研项目"汉字应用水平等级测试标准""扫盲教育基本字表""扫盲教育基本词语表"专家鉴定会在北京召开。

## 10 月

2005040　8日，国家广电总局发出《关于进一步重申电视剧使用规范语言的通知》。

## 11 月

2005041　4—7日，中国社科院语言所和南开大学联合主办，商务印书馆协办，南开大学承办的首届海峡两岸现代汉语问题学术研讨会在天津召开。

2005042　14日，国家语委2000万字已加工核心语料库上网，免费向社会提供查询服务。

2005043　23日，《规范汉字表》研制高层专家咨询会在教育部召开。国家语委柳斌等老领导、江蓝生等有关专家、《规范汉字表》研制专家工作组成员以及《规范汉字表》课题组成员出席会议。咨询会就《规范汉字表》的定级定量、内容和形式，以及如何广泛征求意见等问题进行了深入讨论。

## 12 月

2005044　7日，教育部部长周济主持召开部长专题办公会议，研究国务院发布

《关于公布〈汉字简化方案〉的决议》和《关于推广普通话的指示》50 周年纪念活动的有关问题。

2005045 14 日，教育部发文落实《〈民族区域自治法〉若干规定》。

2005046 29 日，上海市第十二届人大常委会第二十五次会议审议通过《上海市实施〈中华人民共和国国家通用语言文字法〉办法》。

# 2006 年

## 1 月

2006001　6 日，国家语言资源监测与研究中心教育教材语言分中心在厦门大学举行揭牌仪式。

2006002　8—9 日，全国科技名词委召开名词工作发展研讨会。

2006003　10 日，江苏省第十届人民代表大会常务委员会第二十次会议通过《江苏省实施〈中华人民共和国国家通用语言文字法〉办法》。

2006004　12 日，国家语言资源监测与研究中心、北京语言大学、中国新闻技术工作者联合会、中国中文信息学会，在北京举行 2005 年中国主流报纸十大流行语新闻发布会。

2006005　18 日，中国科技大学讯飞公司承担的国家语言文字应用"十五"重点科研项目"智能语音技术在普通话辅助学习中的应用研究"通过专家成果鉴定。

## 2 月

2006006　9 日，西藏自治区教育厅、自治区国家语言文字工作委员会联合发出《关于加强我区学校普通话推广工作的意见》。

2006007　22 日，中国人民解放军第一个普通话培训测试中心在解放军南京政治学院成立。

2006008　27 日，《中国通用音标符号集》由教育部、国家语委批准发布，于本年 8 月 1 日开始实施。

## 3 月

2006009　22 日，西藏自治区教育厅、自治区国家语言文字工作委员会下发《关于我区教师进行普通话水平测试有关问题的通知》，并全面启动西藏各级各类学校教师普通话达标工作。

2006010　31 日，教育部、国家语委在人民大会堂召开座谈会，纪念国务院《关于公布〈汉字简化方案〉的决议》和《关于推广普通话的指示》发布 50 周年。

2006011　31 日，湖南省第十届人大常委会第二十次会议通过《湖南省实施〈中华人民共和国国家通用语言文字法〉办法》。

2006012　31 日—4 月 1 日，中国社科院语言所、教育部语用所、中国语言学会、中国语文现代化学会、中国文字学会、中国辞书学会、世界汉语教学学会、中国方言研究会、中国语文报刊协会等单位，在北京联合召开语言文字规范化工作学术研讨会。

2006013　中国传媒大学承担的国家语言文字应用研究"十五"科研项目"传媒语言语料库"通过专家鉴定。

# 4 月

2006014　1 日，《人民日报》发表题为《说普通话 用规范字》的评论员文章。

2006015　18 日，《规范汉字表》科研结项鉴定会在北京召开。鉴定委员会由来自高校、研究所、出版社等领域的 12 位专家组成，曹先擢任主任委员。鉴定委员会对《规范汉字表》课题组的工作给予充分肯定，并通过了科研结项鉴定。鉴定委员会还对字表初步方案提出修改意见，并建议主管部门广泛征求意见，进一步组织专家对字表初步方案进行修改和完善。

2006016　19 日，新疆维吾尔自治区民语委召开纪念国务院《关于公布〈汉字简化方案〉的决议》和《关于推广普通话的指示》发布 50 周年座谈会。

2006017　21 日，教育部语信司、中国社科院语言所和全国语言文字标准化技术委员会汉语语音拼音分会，在北京联合召开"中国通用音标符号集"发布专家座谈会。

2006018　25 日，湖北省教育厅、省语委决定在全省范围内开展语言文字规范化示范校创建活动。

# 5 月

2006019　11—13 日，厦门大学汉语语言学研究中心、香港理工大学中文及双语学系、香港中文大学吴多泰中国语文研究中心，在香港理工大学联合举办海峡两岸暨香港、澳门语文政策学术研讨会。

2006020　17日，教育部语信司组织召开"汉语作为第二语言教学规范标准体系"专家研讨会。

2006021　26日，广西壮族自治区第十届人大常委会第二十次会议通过《广西壮族自治区实施〈中华人民共和国国家通用语言文字法〉办法》。

2006022　26日，福建省第十届人大常委会第二十三次会议通过《福建省实施〈中华人民共和国国家通用语言文字法〉办法》。

# 6月

2006023　2日，北京语言大学汉语水平考试中心在北京召开新闻发布会，正式推出汉语水平考试HSK（入门级）。

2006024　12日，教育部语信司组织召开《规范汉字表（送审稿）》专家委员会成立会。教育部副部长、国家语委主任赵沁平向专家委员会委员颁发聘书并讲话。《规范汉字表（送审稿）》专家委员会由9名语言文字专家组成，曹先擢任主任委员，王宁任副主任委员。专家委员会下设《规范汉字表》研制工作组，王宁任组长。

2006025　20日，国家语委语言文字规范（标准）审定委员会在北京召开《汉字应用水平等级及测试大纲》审定会。

2006026　27日，国家蒙古文信息技术国家标准工作组正式成立。

# 7月

2006027　1—3日，教育部语信司主办、渤海大学应用语言学研究中心承办的语言国情与语言政策研讨会在辽宁锦州召开。

2006028　4—5日，全国汉语国际推广工作会议在北京召开。

2006029　8日，汉语国际推广北京基地正式成立。全国人大常委会副委员长许嘉璐出任基地主任。国务委员陈至立为基地揭牌。在成立仪式上，基地开通了下设的中国汉语网。

2006030　24日，著名语言学家、教育家徐复（1912—2006）逝世。

# 8月

2006031　2日，著名语言学家、原国家语委副主任王均（1922—2006）逝世。

2006032　25日，安徽省第十届人大常委会第二十五次会议通过《安徽省实施〈中华人民共和国国家通用语言文字法〉办法》。

2006033　28 日，教育部、国家语委组织研制的语言文字规范《汉字应用水平等级及测试大纲》正式发布。

# 9 月

2006034　10—16 日，第九届全国推广普通话宣传周活动先后在各地举行。本届推普周以太原、运城、遵义、肇庆为重点城市。

# 10 月

2006035　13 日，拉萨市国家通用语言文字工作委员会成立。

2006036　22 日，北京语言大学汉语水平考试中心在北京举行新闻发布会，介绍该中心研制的一项新型汉语水平考试——"实用中国语水平认定考试"（C.TEST）。

2006037　28 日，著名语言学家、北京大学中文系教授林焘（1921—2006）逝世。

2006038　28—29 日，中国语文现代化学会在天津举行第七次学术会议，纪念国务院《关于推广普通话的指示》和《关于公布〈汉字简化方案〉的决议》发布 50 周年。

2006039　30 日—11 月 3 日，全国科技名词委与新闻出版总署联合举办首届出版物规范应用科技名词培训班。

# 11 月

2006040　13 日，宁夏回族自治区人民政府第八十四次常务会议讨论通过《宁夏回族自治区实施〈中华人民共和国国家通用语言文字法〉办法》。

2006041　22 日，首届钱伟长中文信息处理科学技术奖颁奖大会在北京举行。

2006042　22 日，《维汉大词典》由民族出版社出版发行。

2006043　24 日，浙江省政府第八十四次常务会议讨论并原则通过《浙江省实施〈中华人民共和国国家通用语言文字法〉办法（草案）》。

2006044　25 日，著名语言学家、北京大学中文系教授徐通锵（1931—2006）逝世。

2006045　25—26 日，国家语言资源监测与研究中心教育教材语言分中心、人民教育出版社主办，福建省语委办、厦门市语委办协办的首届全国教育教材语言研讨会在厦门召开。

## 同年

2006046 4月底至9月底，湖北省陆续开展全省农村中小学教师普通话大赛活动。

2006047 8—12月，《规范汉字表》研制组在教育部语信司标准处的协助下，先后多次联系、走访公安部、民政部、国家测绘局、国家统计局、全国科技名词委等部门，就《规范汉字表》三级字的收字问题听取意见，并收集人名、地名、科技术语等用字资料。

# 2007 年

## 1月

2007001　7日，教育部与北京师范大学共建的中国文字整理与规范研究中心挂牌仪式暨中心学术委员会成立大会在北京师范大学举行。

2007002　12日，国家语言资源监测与研究中心、北京语言大学、中国传媒大学、中国新闻技术工作者联合会、中国中文信息学会联合发布"2006年中国报纸、广播、电视十大流行语"。

2007003　16日，上海《咬文嚼字》编辑部公布2006年中国出现频率最高、覆盖面最广的十大语文差错。

2007004　17—18日，《规范汉字表》研制工作组在北京师范大学召开研讨会。会议由教育部语信司标准处处长王翠叶主持，司长李宇明、副司长王铁琨出席会议。来自高校、研究所和出版社的部分语言文字专家以及《规范汉字表》研制组成员与会。会议明确了如下原则：恢复部分异体字，删减三级字表，把类推简化限制在《规范汉字表》一、二、三级字表的范围内。

## 2月

2007005　8日，国家语委复函全国科技名词委，同意全国科技名词委将第111号化学元素定名为"铴"，并将"铴"纳入规范用字。

## 3月

2007006　23日，《规范汉字表》分级排序专题研讨会在教育部语用所召开。根据与会专家的意见，《规范汉字表》研制工作组改进了字表的收字方法，提出了字表分级、排序的初步处理方案。

2007007　29日，国家民委发布《少数民族事业"十一五"规划》，将调查、收集、研究、整理少数民族濒危语言文字，建立少数民族濒危语言文字数据库。

## 4 月

2007008    10 日，教育部和国家语委印发《国家语言文字工作"十一五"规划》。

2007009    15 日，首次商务汉语考试（BCT）在中国 20 所院校正式开考。

2007010    16 日，国家语言资源监测与研究中心网络语言分中心、商务印书馆、新浪网联合主办的"一个字，一个词，用汉语描述 2006 年的中国与世界"评选活动揭晓。"炒、和谐"成为描述 2006 年中国的年度关键字、词，"乱、石油"成为描述 2006 年世界的年度关键字、词。

2007011    24 日，《规范汉字表（送审稿）》专家委员会在北京市召开会议，审定《规范汉字表（送审稿）》。会议由专家委员会主任曹先擢主持。教育部语信司司长李宇明、副司长王铁琨出席会议。《规范汉字表》研制工作组组长王宁汇报了字表（送审稿）的研制情况。与会委员就字表研制的意义、原则、字量与分级以及其他若干重大问题的处理方案进行了审定。会议肯定了字表（送审稿）对繁体字、异体字、类推简化、一二级字的分级与字量、排序等问题的处理办法，原则通过了字表送审稿。委员们还对三级字的处理结果提出了若干修改意见。一致同意将三级字作为行业通用字收入字表。

2007012    30 日，教育部办公厅印发《国家语委语言文字应用科研工作"十一五"规划》。

## 5 月

2007013    16—21 日，中国英语教学研究会、中国社会语言学会和北京外国语大学联合主办的第一届中国应用语言学大会在北京召开。

2007014    18 日，国家语委在教育部官方网站公布《国家语委语言文字应用科研工作"十一五"规划》，提出我国将开展国家语言战略研究。

2007015    23—24 日，教育部语用所主办的第三届全国普通话水平测试学术研讨会、首届全国普通话测试中心主任工作论坛在福州举行。

2007016    25 日，贵州省第十届人民代表大会常务委员会第二十七次会议通过《贵州省国家通用语言文字条例》。

2007017    31 日，内蒙古自治区第十届人民代表大会常务委员会第二十八次会议通过《内蒙古自治区实施〈中华人民共和国国家通用语言文字法〉办法》。

## 6 月

2007018　29 日，教育部语信司主办、北京语言大学语言研究所承办的"中国语言普查"工作务虚会在北京语言大学举行。

## 7 月

2007019　17—19 日，《规范汉字表》研制工作会议在北京市大觉寺召开。《规范汉字表》研制工作组成员以及有关专家出席会议。与会的还有教育部语信司司长李宇明、副司长王铁琨。工作会议由王铁琨副司长主持。《规范汉字表》研制工作组组长王宁介绍了字表研制情况。与会专家讨论了拟上报教育部党组、国务院的相关文件，重点审核了三级字的收字，并讨论确定了类推简化的原则和方法，即：三级字表的字在类推范围内的一律类推简化，但要避免出现怪异字和同形字，表外字今后不再类推。会后，研制工作组根据专家意见修改了字表、字表说明以及研制报告，并对三级字做了进一步调整。

2007020　28 日，陕西省第十届人民代表大会常务委员会第三十二次会议通过《陕西省实施〈中华人民共和国国家通用语言文字法〉办法》。

2007021　国家语委创办的《语言文字》杂志内部出版。

2007022　中国民族语文翻译局承担的国家语言文字应用"十五"科研重点项目"少数民族人名汉字音译转写规范基本原则"通过鉴定。

## 8 月

2007023　4 日，《规范汉字表》研制组组长王宁带领字表研制组成员到商务印书馆跟有关方面座谈，主要讨论《规范汉字表》收字与《现代汉语词典》《新华字典》的衔接问题。

2007024　4 日，与《规范汉字表》配套的字典和字表指南编写启动会在商务印书馆举行。教育部语信司司长李宇明、副司长王铁琨，以及《规范汉字表》研制组成员、商务印书馆有关负责人出席会议。教育部语信司委托字表研制组会同商务印书馆、语文出版社负责编写的组织工作。

2007025　10 日，教育部语信司将修改后的字表、研制报告寄发专家委员会委员和有关文字学专家，进一步征求意见。专家委员会委员和有关专家充分肯定了《规范汉字表（送审稿）》，认为送审的字表稿本已比较成熟。

2007026　20日,《规范汉字表》字形专家研讨会在北京师范大学召开。汉字字形、字体字模、书法美术等方面的9位专家和《规范汉字表》研制组成员参加会议。教育部语信司副司长王铁琨出席会议。北京师范大学李国英教授介绍了GB13000.1字符集汉字宋体字形规范的研制情况。与会专家就《规范汉字表》的汉字定形问题进行了研讨。与会专家建议,应在已有研究成果的基础上,根据《现代汉语通用字表》的字形规范,研究制定汉字字形的规范原则,确定GB13000.1字符集和《规范汉字表》的汉字字形。

2007027　27日,《规范汉字表》研制领导小组出席在教育部举行的《规范汉字表（送审稿）》审议会。会议由教育部语信司副司长王铁琨主持。研制领导小组14位成员出席会议。经过审议,会议原则通过了《规范汉字表（送审稿）》,建议进一步征求意见,修改完善后尽快上报发布。

2007028　29日,国家语委公布《国家语委关于表彰全国语言文字工作先进集体和全国语言文字先进工作者的决定》。

2007029　31日,国家语委印发《国家语委关于认定首批国家级语言文字规范化示范校的通知》。

# 9月

2007030　4日,教育部举行新闻发布会,介绍第十届推普周有关情况,并正式启动国家普通话水平测试信息管理系统。

2007031　7日,《规范汉字表》研制讨论会在北京师范大学召开。与会人员有《规范汉字表》研制组成员、教育部语信司有关人员。司长李宇明出席会议。讨论会研讨的题目有三级字表定位、《字表》的效力、表外字是否简化、异体字处理原则以及有关《规范汉字表》征求意见等问题。

2007032　9—15日,第十届全国推广普通话宣传周活动在各地举行,本届推普周以江西井冈山、河北涞源、山东曲阜为重点城市。

2007033　30日,教育部党组召开会议,研究《规范汉字表》有关工作。语信司司长李宇明向党组全面汇报了有关《规范汉字表》的工作情况。语信司副司长王铁琨、《字表》专家委员会主任曹先擢和副主任王宁列席会议。教育部党组经过认真讨论,肯定了《字表》的研制工作,认为研制、发布《规范汉字表》意义重大,影响深远,但需要审慎对待,要求进一步征求意见,经修改完善后,上报国务院。

# 10 月

2007034　29 日，《规范汉字表》专家委员会在教育部组织召开了"向学术团体代表征求意见座谈会"。出席座谈会的有来自中国文字学会、中国语言学会、中国辞书学会、中国语文现代化学会、中国古文字研究会、中国中文信息学会、中国应用语言学会（筹）、中国民族语言学会、中国语文报刊协会等九个学术团体的代表。与会代表对研制《规范汉字表》的意义和研制工作的科学性给予充分肯定，期望《字表》早日发布，也对《字表》的研制工作提出一些建议。

# 11 月

2007035　1 日，中共中央宣传部、国家民委、财政部、国家税务总局、新闻出版总署联合发布《中共中央宣传部、国家民委、财政部、国家税务总局、新闻出版总署关于进一步加大对少数民族文字出版事业扶持力度的通知》。

2007036　1 日，《规范汉字表》专家委员会在北京师范大学召开"向基础教育领域代表征求意见座谈会"。座谈会由语信司和基础教育司协办。来自中小学语文课标研制组的专家、语文教材研究和编写的专家、中小学语文特级教师、中小学教材出版部门的代表出席会议。与会代表在充分肯定《规范汉字表》研制工作的基础上，重点讨论了一级字表所收 3500 字与教育用字的关系。

2007037　2 日，教育部语信司在教育部组织召开了"向国家语委委员单位代表征求意见座谈会"。与会代表重点讨论了《规范汉字表》对社会各领域的作用、有关字表的宣传和实施等工作。对《字表》研制组和国家语委的工作给予高度评价，并同意尽早将《规范汉字表》提交国务院发布施行。

2007038　4 日，《规范汉字表》字形问题专家审议会在北京师范大学召开。来自文字学界、计算机字模界、书法美术界、基础教育界的专家参加会议。教育部语信司司长李宇明、副司长王铁琨出席会议。与会代表就《规范汉字表》的字形问题进行研讨，重点探讨了印刷宋体字形的变异规则，并在遵循已有字形规范的基础上，对个别字形提出了调整草案。

2007039　9 日，中国语言战略研究中心揭牌仪式暨 2007 国家语言战略高峰论坛在南京大学举行。

2007040　16—18 日，新加坡南洋理工大学国立教育学院和暨南大学海外华语研究中心等联合举办的全球华语论坛在新加坡举行。

2007041　23 日，河北省第十届人民代表大会常务委员会第三十一次会议通过《河北省实施〈中华人民共和国国家通用语言文字法〉办法》。

2007042　24—28 日，国家民委文化宣传司、教育部语信司联合主办，中央民族大学承办的中国少数民族语言文字工作成就展暨民族语文国际学术研讨会在北京举行。

# 12 月

2007043　1—3 日，全国少数民族语言文字标准化工作会议在云南昆明召开。

2007044　17 日，教育部领导批准语信司《关于落实部党组会指示的汇报和向国务院报送"规范汉字表"的请示》，同意将《规范汉字表》报送国务院。

2007045　17—18 日，教育部语用司在安徽省安庆市召开计算机辅助普通话水平测试观摩研讨会议。

2007046　18—19 日，教育部语信司和鲁东大学联合共建的汉语辞书研究中心揭牌仪式暨首届汉语辞书论坛在山东烟台举行。

2007047　23 日，普通话水平测试在军械工程学院举行，标志普通话水平测试已由地方院校扩展到了军队院校。

2007048　26 日，教育部语信司标准处处长王翠叶和《规范汉字表》研制组成员与民政部区划地名司、地名研究所的有关领导、专家就《规范汉字表》涉及的地名用字问题进行座谈。经过交流，大家达成如下共识：进一步审核字表，尽量收入乡镇以上地名用字，重点收录地名通名用字；删除字表中音、形、义不确切的乡镇以下生僻地名用字；适当关注港澳台的地名用字。

2007049　26 日，《规范汉字表》研制组邀请信息产业部电子技术标准化研究所的有关专家到北京师范大学就《规范汉字表》在信息产业领域的实施问题进行交流，并达成共识：进一步审核《规范汉字表》的三级字，特别是类推简化字，尽量减少计算机国际编码标准 ISO/IEC10646 中非基本平面的汉字和未编码字，以免增加信息产品升级更新的成本。

2007050　国家语委科研规划领导小组办公室批准立项的青海省土族语言文字的应用与保护项目结项。

同年

2007051　1—3 月，教育部语信司就《规范汉字表（送审稿）》向国家语委委员、国家语委咨询委员会委员、国家语委科研规划领导小组成员、国家语委语言文字规范标准审委会委员征求意见，还通过国家语委 2007 年度工作会议向参会代表征求意见。

2007052　11—12 月，《规范汉字表》研制组根据三次征求意见会代表的意见，进一步审核调整《规范汉字表》。

2007053　香港特别行政区政府教育局课程发展处中国语文教育组编《香港小学学习字词表》出版。

# 2008 年

## 1 月

2008001　11 日,《规范汉字表（送审稿）》专家委员会在北京市召开字表研讨会,研究《规范汉字表》的进一步完善和定稿工作。教育部语信司司长李宇明、副司长王铁琨出席会议。针对民政部和信息产业部提出的意见,重点讨论了字表中未收入国际标准编码体系的 263 个字和一些有争议的微观字形问题。经反复论证,专家委员会决定对三级字表中的类推简化字（主要是人名、地名等用字）再行删减,以尽量减少国际标准编码体系中没有编码的字,同时确定了微观字形的调整原则。

2008002　14 日,"2007 年媒体十大流行语"在北京语言大学发布,十大流行语依次是：十七大、嫦娥一号、民生、香港回归十周年、CPI（居民消费价格指数）上涨、廉租房、奥运火炬手、基民、中日关系、全球气候变化。

2008003　14 日,教育部语信司与信息产业部电子信息产品管理司联合召开《规范汉字表》的制定与实施问题座谈会,交流了《规范汉字表》进一步完善及在信息产业领域的实施问题。会议重点讨论了字表收字与 ISO/10646 编码标准字符的对应、字表微观字形调整与计算机字库制作、字表实施与信息系统产品更新升级等问题,并达成共识;《规范汉字表》发布后,信息产业部将及时根据字表修订有关信息处理标准,双方联合发布信息产业领域的实施细则,并对实施给予一定的过渡期。

2008004　18 日,中国社会科学院民族学与人类学研究所编写的大型语言国情专著《中国的语言》由商务印书馆出版发行。

2008005　22 日,《规范汉字表》研制组对《字表》做完善定稿工作,并报送教育部语信司。

## 2 月

2008006　6—10 日,教育部语用司组织拍摄的电视系列片《汉语拼音 50 年》在山东卫视播出。

2008007　29 日，国家语言资源监测与研究中心网络分中心、商务印书馆、新浪教育频道联合主办的"汉语盘点 2007"年度关键字词网络征集活动，经由网民推荐、专家评审、网络票选等阶段落下帷幕。"涨""民生""油""全球变暖"分别列为 2007 年度国内字、国内词、国际字、国际词第一。

# 3 月

2008008　4 日，教育部语信司副司长王铁琨、标准处处长王翠叶向国务院办公厅秘书三局汇报有关《规范汉字表》的研制工作，并交流了《规范汉字表》的发布形式。国务院办公厅要求向国家语委委员单位书面征求有关《规范汉字表》的意见。

2008009　10 日，根据国务院办公厅意见，教育部办公厅发文就发布《规范汉字表》向国家语委委员单位书面征求意见。3 月至 5 月，国家民族委员会、民政部、人事部、信息产业部、文化部、国家广电总局、国家工商总局、国家质检总局、新闻出版总署、解放军总政治部、中国科学院、中国社会科学院、共青团中央、中华全国总工会、全国妇联等 15 个委员单位分别书面回函，都表示同意发布《规范汉字表》。信息产业部、国家质检总局、中国社会科学院还提出了有关《规范汉字表》的一些具体意见和建议。

# 4 月

2008010　11 日，联合国"2008 年国际语言年暨第九届国际母语日"庆祝活动在北京语言大学举行。

2008011　21 日，教育部语信司主办、中国应用语言学学会（筹）承办的纪念《汉语拼音方案》颁布 50 周年学术研讨会在北京召开。

2008012　24 日，国家标准化管理委员会组织召开《规范汉字表》与强制性国家标准衔接问题专家研讨会。教育部语信司、信息产业部产品司、国家标准委工业标准二部有关人员和字表研制组成员出席会议。通过交流，与会人员对《规范汉字表》有关问题达成共识，并协商给汉字字形等强制性国家标准的修订预留时间。

## 5 月

2008013　17—18 日，中国法律语言规范化研究专家委员会主办的首届全国法律语言规范化研究学术会议在北京政法职业学院召开。

2008014　26 日，青海师范大学藏文信息处理与机器翻译省级重点实验室承担的教育部、国家语委民族语言文字规范标准建设及信息化科研项目"藏语语料库切分标注规范及其辅助工具研究"在西宁通过结项鉴定。

2008015　27 日，中国社会科学院民族学与人类学研究所承担的教育部、国家语委民族语言文字规范标准建设及信息化项目"藏文拉丁转写国际标准"通过专家鉴定。

2008016　29 日，汉字字形规范问题专家研讨会在教育部举行。会议由教育部语信司副司长王铁琨主持，司长李宇明出席。国家语委老领导、咨询委员和来自汉字国际编码、古籍出版与数字化、辞书编纂、文字整理与研究的专家学者参加会议。会议主要围绕非通用字范围内传承字、繁体字、异体字的字形规范制定及应用问题进行了讨论。

## 6 月

2008017　4 日，国家语委组织召开汉字字形规范问题部门协调会。来自中共中央宣传部、中央外宣办、工业和信息化部、文化部、新闻出版总署、国台办、国家标准委的司局级领导及专家 20 多人出席会议。教育部语信司司长李宇明、副司长王铁琨出席会议。与会人员就汉字字形的政策与标准问题进行了讨论。各部门代表均表示将积极配合做好有关工作。

2008018　23 日，教育部语信司、国家民委教育科技司、新闻出版总署报刊司与中央民族大学合作共建的"国家语言资源监测与研究中心少数民族语言分中心"正式成立，并举行揭牌仪式。

## 7 月

2008019　5—7 日，暨南大学中文系汉语方言研究中心、香港中文大学吴多泰中国语文研究中心联合主办的首届海外汉语方言国际研讨会在广州暨南大学举行。

2008020　15 日，国家语委和全国科技名词委在商务印书馆召开新闻发布会，联合发布奥运体育项目名词。

## 8 月

2008021　4 日，教育部语信司向《规范汉字表（送审稿）》专家委员会委员和有关专家发函，征求对字表配套规范《简繁字对照表》和《新订"异体字整理表"》的意见。

2008022　13 日，教育部语用司组织召开专门会议，就妥善处理公共场所标志中汉语拼音和外文的使用进行研讨。

2008023　14 日，上海市政府侨务办公室、市教育委员会、华东师范大学、上海师范大学联合举办首届上海华文教育研讨会。

## 9 月

2008024　14—20 日，第 11 届全国推广普通话宣传周活动在全国各地先后展开。

2008025　17—18 日，国家语委主办、江苏省语委办承办的中国语言资源有声数据库建设试点暨江苏语言资源保护方案论证会在南京举行。

## 10 月

2008026　11 日，中国语言资源有声数据库建设试点工作在江苏苏州启动。

2008027　13 日，教育部语信司召开《规范汉字表》研制组会议，讨论根据国家语委单位的反馈意见修改完善《规范汉字表》事宜。

2008028　27 日—11 月 14 日，教育部语用司牵头组织，语信司、高等教育司、语用所及长春大学语言文字研究所相关人员参加的 3 个调研组，分赴北京、吉林、浙江、湖北、广东、重庆、宁夏 7 省（区、市），专项调研"网络语言、外语词、字母词"等的使用情况。

2008029　教育部、国家语委发布《中国语言生活绿皮书》A 系列《现代汉语常用词表（草案）》。

## 11 月

2008030　10—11 日，全国语言文字标准化工作会议在北京召开。

2008031　30 日，按照国务院办公厅指示向国家语委委员单位书面征求意见并进一步修改完善《规范汉字表》后，教育部、国家语委向国务院报送《规范汉字表》，随文附送《"规范汉字表"征求意见及处理情况》。

# 12 月

2008032　9 日，《规范汉字表》研制组走访国家测绘局，就地名用字收字问题与该局信息中心沟通。会后，测绘局反馈了对地名用字的意见。

2008033　15 日，中国教育电视台首批汉语文化节目正式在北美麒麟电视台播出，16 日在麒麟电视公司举行开播仪式。

2008034　29 日，国家语委指导、商务印书馆主办的"中国语言资源开发应用中心"正式成立，并举行揭牌仪式。

# 同年

2008035　4—5 月，教育部语信司标准处处长王翠叶和《规范汉字表》研制组成员先后走访公安部治安管理局和国家测绘局地名研究所，座谈《规范汉字表》姓名用字问题和地名用字问题，并参观第二代居民身份证用字处理系统和地名数据库。

# 2009 年

## 1 月

2009001　6—7 日，教育部语用司在天津召开《国家中长期语言文字工作改革和发展规划纲要》第一次研讨会，着重听取地方对国家中长期语言文字工作改革和发展的意见。

2009002　21 日，教育部、国家语委组织研制的语言文字规范《汉字部首表》和《GB13000.1 字符集汉字部首归部规范》发布，自本年 5 月 1 日起实施。

2009003　23 日，根据国务院办公厅指示，教育部办公厅向公安部、国家测绘局发函，书面征求有关地名用字、人名用字的意见。收到反馈意见后，教育部语信司与公安部、国家测绘局的有关部门进行沟通，并在《规范汉字表》中采纳了部分意见。

2009004　25—31 日，国家语委委托山东电视台拍摄的大型电视纪录片《史说汉字》在山东卫视连续播出。这是国内第一部用电视艺术全景记录展示汉字起源及发展历史的专题纪录片，是向公众展示、传播和弘扬汉字文化的有益尝试。

## 2 月

2009005　28 日，受教育部语信司委托，由浙江省普通话培训测试中心主持研发的"国家普通话水平测试网络评测管理系统"通过国家语委普通话培训测试中心专家委员会的鉴定。

## 3 月

2009006　23 日，经过专家组论证，孔子学院总部正式同意在海南师范大学建立东南亚汉语国际推广师资培训基地。

2009007　24 日，教育部、国家语委组织研制的语言文字规范《现代常用字部件及部件名称规范》和《现代常用独体字规范》发布。自本年 7 月 1 日起试行。

2009008　28日，"汉语盘点2008"年度字词网络征集活动揭晓。"和""改革开放30年""争""华尔街风暴"分列年度国内字、国内词、国际字、国际词第一。

2009009　30日，中国教育部和欧洲委员会主办、孔子学院总部承办的"2009中国—欧盟语言合作研讨会"在北京孔子学院总部举行开幕仪式。

## 4月

2009010　1日，《规范汉字表》表外字使用问题专家研讨会在北京举行。会议主要讨论了《规范汉字表》表外字的使用和繁体字、异体字的字形问题，对表外字的使用达成一致意见，即国家层面上应给出原则规定，各应用领域可根据实际需要确定具体处理办法，总原则是对表外字的简化和新字形的类推应加以控制。

2009011　1日，中央民族大学与新疆师范大学共建的国家语言资源监测与研究中心少数民族语言分中心维吾尔语文研究基地签约挂牌仪式在新疆师范大学举行。

2009012　3日，北京语言大学国际汉语教学研究基地举行揭牌仪式。

2009013　13日，中国驻意大利大使馆举办的首届意大利华人中文教育研讨会在罗马召开。

2009014　15日，教育部、国家语委向国务院报送《规范汉字表》，随文附送《"规范汉字表"征求意见及处理情况》后，国务院办公厅建议向社会公开征求意见。

2009015　23日，全国科技名词委新词工作委员会在北京成立。

2009016　23日，广西壮族自治区语委办公室、广西普通话培训测试中心首次组织对盲人进行普通话水平测试。

## 5月

2009017　11日，国际汉语教师澳门培训中心在澳门理工学院举行揭牌仪式。

2009018　12日，根据国务院办公厅把《规范汉字表》向社会公开征求意见的建议，教育部语信司起草了"《规范汉字表》征求意见工作方案"，上报教育部领导。

2009019　14日，教育部语信司向教育部领导报文，汇报汉字简繁之争的由来及对策。教育部部长周济批示，要求坚决贯彻《国家通用语言文字法》，积极引导社会舆论导向，做好《规范汉字表》征求意见预案准备工作。

2009020 22 日，汉字字形处理技术研讨会在北京语言大学召开。会议介绍了在汉字字形处理和留学生错字库建设方面的探索性成果。

2009021 23 日，应马来西亚华语规范理事会的邀请，中国教育部、国家语委委派天津市语言文字培训测试中心在马来西亚吉隆坡举行了首场普通话水平测试。

2009022 27 日，教育部副部长、国家语委主任郝平主持召开专题会，研究讨论《规范汉字表》向社会征求意见的工作。郝平要求就字表征求意见和字表名称问题召开座谈会听取意见。

2009023 29 日，天津市语言文字培训测试中心研发的汉语口语水平测试项目鉴定会在天津举行。

2009024 中国社会科学院于 4 月 8 日召开以"简化字与繁体字"为题的国学研究论坛后，引起社会关注，形成舆论热点。教育部语用所语言舆情研究中心针对两会以来社会出现的简繁字问题之争，通过舆情监测和分析，形成咨询报告。

# 6 月

2009025 2 日，国家语委立项的"汉藏语系语言词汇语音数据库"成果鉴定会在中国社科院民族学与人类学研究所召开。

2009026 3 日，教育部副部长、国家语委主任郝平召集《规范汉字表》专家委员会副主任王宁、委员黄德宽和语信司有关人员开会，听取《规范汉字表》研制情况的汇报，并就字表公开征求意见工作提出意见。

2009027 4 日，教育部语信司组织召开《规范汉字表》公开征求意见工作研商会，研究讨论字表公开征求意见工作方案和字表名称。教育部副部长、国家语委主任郝平出席会议并讲话。

2009028 9 日，教育部、国家语委向国务院报送《关于"规范汉字表"向社会公开征求意见的请示》，国务院批复同意。

2009029 16 日，国家语言资源监测与研究中心少数民族语言分中心藏语文研究基地在兰州西北民族大学揭牌成立。该基地是继维吾尔语文研究基地之后，国家语言资源监测与研究中心少数民族语言分中心建立的又一个基地。

2009030 25 日，汉语国际推广多语种基地在北京外国语大学揭牌成立。

2009031 30 日，教育部语信司向部领导呈报《关于"规范汉字表"公开征求意见工作的请示》，汇报了字表公开征求意见工作研商会情况和专家意见，调整完善了字表征求意见工作方案，并提出字表名称由"规范汉字表"更名为"通用规范汉字表"的建议，以避免引起"表外字是不规范字"的误解。

## 7 月

2009032　3 日，《通用规范汉字表》征求意见策划会在教育部召开。参加会议的有教育部语信司有关领导和字表研制组人员。

2009033　9—10 日，中文教学现代化学会主办，法国拉罗谢尔大学孔子学院、拉罗谢尔工程师学院承办的 2009 年中文电化教学专题研讨会在法国拉罗谢尔市召开。这是首次在欧洲举办、首次进行全球网络同步直播的中文电化教学国际会议。

2009034　11 日，北京大学教授，著名语言学家、翻译家、教育家季羡林（1911—2009）在北京逝世。

2009035　14—17 日，根据教育部领导指示精神，在北京连续召开的四次座谈会上，会议代表充分发表了意见和建议，一致肯定了《通用规范汉字表》研制发布的意义，高度评价了《字表》研制的成果，也对《字表》的完善和发布实施提出了意见和建议。

2009036　21 日，教育部语信司向教育部领导汇报了连续召开的四次座谈会征求意见情况，并呈报下一步公开征求意见的方案，同时提出根据会议代表意见，将《字表》名称改为"通用规范汉字表"的建议。对此，教育部领导批准同意。

2009037　28 日，中国语文现代化学会普通话水平测试研究分会成立大会在天津召开。

2009038　29 日，教育部召开《通用规范汉字表》公开征求意见工作领导小组成立会。领导小组办公室设在语信司，办公室主任由李宇明兼任。领导小组办公室下设综合组、材料组、意见收集组、宣传组、会议组、海外联络组 6 个工作组。

## 8 月

2009039　1—10 日，教育部语信司、《通用规范汉字表》研制组、《字表》公开征求意见领导小组办公室成员准备《字表》公开征求意见的相关材料和宣传稿件等。

2009040　12 日，《通用规范汉字表》公开征求意见新闻发布会在教育部召开。发布会由教育部新闻发言人续梅主持。教育部语信司司长李宇明、副司长王铁琨、《字表（送审稿）》专家委员会主任曹先擢、副主任王宁发布相关信息。人民日报、新华社、光明日报、中国新闻社等 37 家新闻媒体参加了发布会。《通用规范汉字表》开始公开征求意见。教育部门户网站、《中国教育报》发布了《字表》公开征求意见公告。征求意见的时间为 8 月 12—31 日。为配合宣传，中国语言文字网开辟专栏，刊登字表、答记者问、字表背景知识等材料及语言文字政策信息。《中国教育报》全文刊登了《通用规范汉字表》。

2009041　12—20 日，相关媒体对字表征求意见工作进行采访宣传。人民网、新华网、中国教育电视台、中央电视台等分别采访了教育部语信司司长李宇明、标准处处长王翠叶、字表研制组组长王宁、研制组成员王立军、教育部语用所研究员费锦昌、河北大学教授陈双新等，从不同角度对《通用规范汉字表》进行宣传、讲解。

2009042　21 日，《通用规范汉字表》公开征求意见工作领导小组办公室召开舆情分析座谈会。教育部语信司司长李宇明、语用司副司长张世平、语用所所长姚喜双、语用所副所长魏晖、《字表（送审稿）》专家委员会副主任王宁及有关人员出席会议。会议主要分析了舆情的基本情况、可能出现的舆情热点，研究了下一阶段的工作重点。会后，各工作组按照计划，分工协作，开展工作。

2009043　22 日，首届全国大中小学生规范汉字书写大赛决赛作品评选工作在北京展开。

2009044　24 日，上海、江苏、浙江的语言文字工作委员会和质量技术监督局在上海召开《公共场所英文译写规范（第 1 部分：通则）》沪苏浙地方标准联合发布会，共同宣布该《通则》在沪苏浙地区通用，本年 10 月 1 日起实施。

2009045　教育部有关方面召开《通用规范汉字表》公开征求意见工作部署会。会议由教育部语信司副司长王铁琨主持。《字表》公开征求意见工作领导小组成员，各地教育厅分管领导、语委办公室主任，以及国家语委会委员单位、公安部、国家测绘局有关负责人出席会议。教育部副部长、国家语委主任、《字表》公开征求意见工作领导小组组长郝平出席会议并讲话。教育部语信司司长、《字表》公开征求意见工作领导小组副组长李宇明介绍《字表》并对公开征求意见工作做了部署。部署会后，各级语言文字工作部门根据会议精神成立了工作机构，开展广泛征求意见的工作。我驻外使领馆教育处（组）也开展了向海外的汉语教学和研究者及华人征求意见工作。

## 9 月

2009046　1 日,《通用规范汉字表》公开征求意见工作领导小组办公室召开征求意见工作总结分析会,对《字表》公开征求意见工作进行总结,并就《字表》征求意见工作结束的对外发稿进行了讨论。教育部语信司司长李宇明在教育部党组会议上汇报了《通用规范汉字表》公开征求意见工作开展情况。《字表》公开征求意见工作领导小组根据教育部党组的指示,形成了征求意见工作结束公告的定稿。

2009047　1—2 日,教育部语用所所长姚喜双、教育部语信司司长李宇明先后接受中央电视台《新闻 1+1》电话直播采访和中央电视台新闻频道《共同关注》采访。

2009048　2 日,《通用规范汉字表》公开征求意见工作领导小组在教育部网站发布了《字表》公开征求意见工作结束的公告,向社会通告了公开征求意见的总体情况。总计收到反馈意见 3141 件。

2009049　3—8 日,《通用规范汉字表》公开征求意见领导小组办公室对《字表》征求意见工作进行总结,对社会意见和建议进行整理、归档、分析,并建立档案数据库,起草工作情况汇报。

2009050　7 日,教育部语用司和教育部考试中心联合组织召开汉语能力标准研讨会。

2009051　10 日,教育部语信司标准处召开会议,就向国务院和有关领导报告《通用规范汉字表》事宜进行研究。标准处处长王翠叶、副调研员王丹卉及有关工作人员出席会议。

2009052　12 日,印度尼西亚国民教育部非正规教育总司华文教育综合统筹处在雅京南区举行华语规范、资格考试问题座谈会。

2009053　13—19 日,第十二届全国推广普通话宣传周活动在全国各地展开。本届主题为"热爱祖国语言文字,构建和谐语言生活"。

2009054　新疆维吾尔自治区民族语言文字工作委员会主持编纂的《现代维吾尔文字语言正字词典》由新疆人民出版社出版。

## 10 月

2009055　14 日,教育部、国家语委向国务院报文,汇报《通用规范汉字表》公开征求社会意见工作的情况。

2009056　20 日,国务院侨务办公室和中国海外交流协会主办的首届世界华文教育大会在四川成都开幕。来自世界五大洲 37 个国家和地区的 400 余位代表出席会议。

2009057　教育部、国家语委发布《中国语言生活绿皮书》A 系列《日本汉字的汉语读音规范（草案）》等 6 项语言文字规范草案。

# 11 月

2009058　12 日，《通用规范汉字表》研制组召开会议，讨论《字表》修改计划，研究《字表》修改原则。

2009059　15 日，由教育部语信司支持的全国彝语术语标准化工作委员会成立大会在西南民族大学举行。

2009060　17 日，澳门理工学院与北京语言大学、教育部语用所合作组建的澳门语言文化研究中心在澳门理工学院揭牌。"2009 澳门·语言接触与跨文化交际"国际学术研讨会同时举行。

2009061　28 日，针对母语非汉语人群的汉语口语水平测评首度在上海开考。

# 12 月

2009062　11—14 日，国家语委主办、北京科技教育促进会承办的"雅言华章，和谐中华——新中国语言文字工作 60 年成就展"和"孔子学院资源展·多国语言展"在北京国家会议中心举行。11 日，中共中央政治局常委李长春，中共中央政治局委员、国务委员刘延东出席并观看了展览。12 日上午，由国家语委主办、北京科技教育促进会协办的"语言政策与国际推广论坛"也在展区举办。

## 同年

2009063　8—9 月，设在教育部语用所的《通用规范汉字表》公开征求意见领导小组办公室意见收集组，在公开征求意见期间，每天对网络舆情进行监测并将收集到的意见整理上报。在此期间，共编辑《舆情快报》19 期。公开征求意见结束后，又续编 5 期，完成 14 卷意见纸质文件汇编。

# 2010 年

## 1 月

2010001　5 日，经国家汉办 / 孔子学院总部批准，"汉语国际推广教学资源研究与开发基地"在武汉大学建立，旨在建设汉语教学资源库和网络共享平台。

2010002　13 日，国家语委召开《国家中长期语言文字工作改革和发展规划纲要（2010—2020 年）》研制工作汇报会，教育部副部长、国家语委主任郝平出席。

2010003　20 日，教育部语信司会同公安部出入境管理局、外交部领事司、国家民委教育科技司、民政部区划地名司，在北京组织召开了"人名地名汉语拼音拼写"专家研讨会。

2010004　28 日，教育部语用所提交《通用规范汉字表》公开征求意见工作系列分析报告，包括:《"通用规范汉字表"公开征求意见收集意见组工作总结》《"通用规范汉字表"意见征集数据分析报告》《"通用规范汉字表"征集意见分类整理及分析报告》《"通用规范汉字表"公开征求意见舆情分析报告》。

## 2 月

2010005　6 日，江苏 10 个省辖市所属城区语言文字工作评估全面达标，提前实现国家 2010 年以前"普通话初步普及""汉字的社会应用基本规范"工作目标，达标率位于全国前列。

2010006　6 日，中国中文信息学会汉字编码专业委员会编写的《汉字键盘输入技术发展与成果》一书正式出版。该书较全面地记录了 30 多年来我国汉字键盘输入技术的发展历程及成果。

2010007　10—11 日，教育部语信司在北京召开《通用规范汉字表》修改方案研讨会。《字表》研制组和有关专家出席会议。

2010008　23 日，针对海外华文教育面临的迫切问题，致公党中央拟向中国人民政治协商会议第十一届三次会议报送专门提案，建议把海外华文教育工作同孔子学院建设一起纳入国家"十二五"规划。

# 3 月

2010009　9 日，国家语委 2010 年度语言文字工作会议在北京召开。教育部副部长、国家语委主任李卫红出席会议并做了题为《围绕中心，服务大局，改革创新，促进语言文字工作科学发展》的讲话。

2010010　12 日，教育部语用所、北京语言大学和澳门理工学院联合筹办的澳门语言文化研究中心揭牌仪式在北京举行。教育部副部长、国家语委主任李卫红出席揭牌仪式并讲话。

2010011　30 日，海峡两岸的专家学者在北京就合编中华语文工具书进行了工作会商，双方达成三方面共识：第一，用 1 到 2 年的时间，尽快编纂出一本《两岸常用词汇词典》；第二，用 3 到 5 年的时间，编纂中型语文工具书《中华语文大词典》；第三，开始推动建构中华语文云数据库。

# 4 月

2010012　1 日，由中国社科院语言所和教育部语用所承担的《汉语拼音正词法基本规则（修订）》课题顺利通过结项鉴定。

2010013　7 日，国家广电总局下发通知，要求主持人口播、记者采访和字幕中不能再使用外语缩略语。

2010014　12 日，国家广电总局向中央电视台等媒体发出通知，要求主持人口播、记者采访和字幕中使用国家通用语言文字。

2010015　14 日，国家广电总局首次对本月初下发的外语缩略语的通知做出解读，称该通知要求屏蔽外语缩略语是误读，真正目的是规范使用语言文字。

2010016　教育部语信司向公安部治安管理局发函，请公安部帮助提供户籍信息管理系统中所有的姓氏用字，作为核实和处理《字表》征求意见过程中群众提出要求增补姓氏用字的依据。公安部复函并提供了全国近 7900 个姓氏用字。

2010017　"《通用规范汉字表》公开征求意见整理分析及数据系统建设"基本完成。该系统所收数据以公开征求意见期间的反馈意见为主，也收集了各类媒体的报道及后续发来的意见。系统通过关联数据库实现多属性综合检索。该项目的意见分析报告和数据系统为《字表》的修订完善提供了参考。

## 5 月

2010018　6 日，教育部语信司召开民族语言文字规范化信息化工作座谈会。

2010019　10 日，全国科技名词审定委员会组编、公布的《语言学名词》由商务印书馆出版。

2010020　17 日，《全球华语词典》出版座谈会在人民大会堂举行，会议由教育部部长袁贵仁主持。

2010021　18 日，经国家语委批准，北京、天津、上海、重庆、江苏、山东、福建、广西等成为我国汉语口语水平测试的首批试点地区，其中重庆将首次开展汉语口语水平测试。

2010022　18—20 日，教育部语信司在北京师范大学召开研讨会，讨论《通用规范汉字表》修改完善事宜。字表研制组、有关专家参加会议。语信司司长李宇明、副司长王铁琨出席会议。

2010023　20 日，国家语委民族语言文字规范标准建设及信息化项目"蒙古语语言知识库的建立"在呼和浩特通过验收。

2010024　20 日，中国国家汉办 / 孔子学院总部英国汉语考务中心宣布，新汉语水平考试（新 HSK）目前已在英国全面启动，并将争取每年举行 9 次考试。

## 6 月

2010025　4 日，教育部语用司召开《国家中长期语言文字事业改革和发展规划纲要》领导小组及工作小组汇报会。教育部副部长、国家语委主任李卫红出席会议并发表指导意见。

2010026　9 日，全国普通话培训测试信息化工作会议在合肥召开，教育部副部长、国家语委主任李卫红出席会议并讲话。

2010027　10 日，汉语国际推广中亚基地在新疆维吾尔自治区乌鲁木齐市正式揭牌成立。

2010028　13 日，《中国人名汉语拼音字母拼写规则》课题结项鉴定会在北京召开。

2010029　17 日，国家民委发布《关于做好少数民族语言文字管理工作的意见》，并就民族语言文字保护的相关问题回答了记者的提问。

2010030　23 日，《标点符号用法（修订）》《数字用法（修订）》结项鉴定会在北京召开。

## 7 月

2010031　5 日，广州市政协常委专题报告提交书面建议："把广州电视台综合或新闻频道改为以普通话为基本播音用语的节目频道，或在其综合频道和新闻频道的主时段中用普通话播出。"

2010032　16 日，教育部、国家语委、中国残疾人联合会在北京师范大学举行"国家手语和盲文研究中心"共建暨揭牌仪式。中国残疾人联合会党组书记、理事长王新宪，教育部副部长、国家语委主任李卫红等出席。

## 8 月

2010033　10 日，国家汉办 / 孔子学院总部考试处主办的首次新汉语水平考试（HSK）网考项目推广会在北京奥鹏远程教育中心举行。

## 9 月

2010034　6 日，国际汉语教育东北基地正式揭牌。该基地由吉林大学、辽宁大学、黑龙江大学和延边大学 4 校共同组建，旨在面向日本、韩国、朝鲜、蒙古和俄罗斯 5 国开展汉语教学，开发国别化教材，培训师资及志愿者，提供相关调查研究。

2010035　12 日，第十三届全国推广普通话宣传周开幕式在陕西师范大学举行。教育部副部长、国家语委主任李卫红等出席开幕式，并巡视推普周系列活动。

2010036　16 日，中华文化联谊会、中国艺术研究院、河南省安阳市政府及台湾文化总会联合主办，中国艺术研究推广中心、台湾中华新文化发展协会共同承办的首届两岸汉字艺术节在北京开幕。本届活动为期一个月，主旨为"汉字艺术，源远流长"，旨在传承汉字文化，推广汉字艺术，继承发扬中华文化。

2010037　18 日，第十三届全国推普周在北京闭幕，教育部副部长、国家语委主任李卫红出席并讲话。同日，北京正式启动"中华诵·经典诵读行动"。

2010038　20 日，国家语言资源监测与研究中心少数民族语言分中心哈萨克文 / 柯尔克孜文研究基地在新疆大学挂牌成立。

## 10 月

2010039　10 日，《通用规范汉字表》向中国语文现代化学会征求意见会在北京师范大学召开。字表研制组、语文现代化学会和教育部语信司有关人员出席会议。

会议就字表名称、收字、类推简化、字形等问题进行了交流和研讨。

2010040　16—17日，教育部语信司、中国人民大学、武汉大学、北京语言大学和商务印书馆主办的首届中国语言生活学术研讨会在中国人民大学召开，教育部副部长、国家语委主任李卫红出席开幕式并讲话。

2010041　19日，经教育部、国家语委批准，《汉语国际教育用音节汉字词汇等级划分》和《汉语口语水平等级标准及测试大纲》两项语言文字规范发布，自2011年2月1日起实施。

2010042　21日，全国科技名词委第六届全国委员会审议了《国家科学技术名词规范化工作发展规划纲要（草案）》，强调组织两岸专家合作编纂含100个学科30万至40万词条的《海峡两岸科技名词大词典》。

## 11月

2010043　10日，《通用规范汉字表（送审稿）》专家委员会会议在北京召开。专家委员会主任曹先擢、副主任王宁和专家委员会成员与会。会议由曹先擢主持，教育部语信司司长李宇明出席会议并讲话。会议研讨了研制《字表》的相关问题。

2010044　19日，教育部语信司向教育部部长袁贵仁、副部长李卫红报文，请教育部党组审议《通用规范汉字表》后报送国务院。

2010045　20日，国家汉语口语水平测试上海考点揭牌仪式在上海市语言文字水平测试中心举行，上海考点成为国家汉语口语水平测试中的首家挂牌考点。

2010046　22日，由《旺报》、《厦门商报》、中国书法家海峡两岸创作交流基地、新浪网、厦门市书法家协会合办的评选年度汉字活动开幕。这是两岸平面媒体和网络媒体首次跨平台合作，也是首度由两岸民众针对特定主题的票选活动。

2010047　25日，教育部第八次新闻发布会在北京举行，介绍《国家通用语言文字法》颁布10周年有关情况，发布2009年度中国语言生活状况报告。

## 12月

2010048　21日，新闻出版总署下发通知，禁止汉语出版物随意夹带使用英文单词。

2010049　26日，《通用规范汉字表》研制组组长王宁教授写信给温家宝总理，建议尽快发布《通用规范汉字表》。温总理将此信转给教育部，并指示汉字规范工作与基础教育关系密切，应予高度重视。教育部部长袁贵仁、副部长李卫红要求语信司、语用司按照总理指示精神，积极推进规范汉字表工作。

2010050　31 日，教育部、国家语委向国务院报送《通用规范汉字表》。报文汇报了《通用规范汉字表》征求意见后修改完善的情况。修改的原则是不恢复繁体字、异体字不做大调整、收字必须字字有来源、字形仍沿用原有规范，字表名称建议恢复为"规范汉字表"等。

# 2011 年

## 1 月

2011001　20 日，全国人大教科文卫委员会、教育部、国家语委、国务院法制办公室在北京联合召开纪念《国家通用语言文字法》颁布 10 周年座谈会。会议的主题是总结《国家通用语言文字法》贯彻实施 10 年来取得的成绩和经验，规划语言文字法制建设蓝图，推动中长期语言文字事业的科学发展。

2011002　20—21 日，国家语委在北京召开 2011 年度语言文字工作会议。教育部副部长、国家语委主任李卫红出席会议并讲话，提出今年要着力做好《语言文字规划纲要》颁布和实施工作。

2011003　27 日，教育部语信司司长李宇明、处长王翠叶向国务院办公厅秘书三局汇报《字表》工作。国务院办公厅对《字表》上报国务院的报文提出修改意见，并建议发布形式由"经国务院批准，教育部、国家语委联合发布"改为"由国务院发布"。

2011004　27 日，教育部、国家语委向温家宝总理报送《关于"规范汉字表"进展情况的报告》，回应温总理在王宁教授信函上的批示。刘延东指示，发布《字表》是落实《国家通用语言文字法》、规范基础教育和信息时代汉字应用的重要举措，十分必要和紧迫。

## 3 月

2011005　3—4 日，国家语委在北京举办语言文字规范化标准化研修班。来自教育部有关司局及事业单位、地方语委、语言文字学界、语言文字应用领域以及新闻媒体等方面共 60 多人参加学习。研修班由教育部语信司司长李宇明主持，教育部副部长、国家语委主任李卫红出席了为期两天的研修活动并做总结讲话。到会人员通过学习，掌握了《通用规范汉字表》内容，认识了《字表》的科学性，从体现国家意志的高度理解《字表》研制发布的意义和作用，统一了思想，培养了工作骨干，为《字表》的审批、发布和实施做好了准备。

2011006　16 日，教育部语信司司长李宇明、标准处处长王翠叶向《通用规范汉字表》研制组传达国务院办公厅对《字表》的意见，并与研制组讨论确定了《字表》调整方案和计划。

2011007　24 日，中国语言资源有声数据库建设上海建库工作启动。

# 4 月

2011008　6 日，教育部、国家语委向国务院报送《通用规范汉字表》。行文按照此前国务院办公厅的要求，不仅说明《字表》征求意见后的修改过程，而且全面汇报了整个研制过程和制定字表的基本原则。

2011009　7 日，中国语言资源有声数据库建设试点总结会在南京举行，中国语言资源有声数据库（江苏库）展示网同时开通。

2011010　8—9 日，中国政策科学研究会国家安全政策委员会、国家语委在江苏扬州联合举办"扬州论坛：语言与国家的安全和发展"。

2011011　11 日，国家语委向社会发布《关于印发〈国家语委"十二五"科研规划〉〈国家语委"十二五"科研规划 2011 年度项目指南〉〈国家语委科研项目管理办法（2011 年修订版）〉的通知》（国语函〔2011〕7 号），正式启动国家语委"十二五"科研立项工作。

# 5 月

2011012　12 日，教育部、国家语委发布了 2010 年中国语言生活状况报告。这是教育部、国家语委第六次向社会发布年度语言生活状况报告。

2011013　13 日，教育部语信司召开"规范汉字表"名称问题专家研讨会。会上，"通用规范汉字表"这一名称基本得到大家认可。

2011014　17 日，教育部办公厅就《字表》名称问题发函给国务院办公厅秘书三局，建议将字表名称改为"通用规范汉字表"。

2011015　19 日,《公共服务领域外文译写规范》研制启动仪式暨专家研讨会在北京举行。

2011016　26 日，教育部、国家语委向国务院报送《字表》，名称改用《通用规范汉字表》。

2011017 27 日，中国语言资源有声数据库建设北京建库工作启动。

## 6 月

2011018 6 日，教育部等九部门下发《关于开展第十四届全国推广普通话宣传周活动的通知》。本届推普周主题：提升国家通用语言文字应用能力，弘扬中华优秀文化传统。

2011019 29 日，教育部语信司召开《通用规范汉字表》发布宣传工作研讨会。与会人员有有关专家和负责起草《字表》宣传文件的起草小组成员。会议由语信司副司长田立新主持，司长李宇明讲话。会议研讨了《通用规范汉字表》在新中国文字规范史上的定位问题、新世纪我国文字政策的表述问题及重要宣传稿件的起草。

2011020 29—30 日，海峡两岸专家在北京举行中华语文工具书合作编纂工作第五轮会谈，重点讨论科技名词组的工作。

## 7 月

2011021 5 日,《新华字典》第 11 版出版座谈会在人民大会堂举行。

2011022 29 日，国家标准《出版物上数字用法》由国家质量监督检验检疫局国家标准化管理委员会批准发布。

2011023 29—30 日，全国科技名词委测绘学名词审定工作会议在江苏徐州召开，原则通过了《测绘学名词》(第四版)审定方案。

## 8 月

2011024 12 日，教育部语信司副司长田立新、标准处副调研员王丹卉和《通用规范汉字表》研制组成员王立军教授到工业和信息化部，与软件服务业司领导和有关信息技术专家交流《字表》在信息处理领域的贯彻实施问题。

2011025 17 日上午，国务院召开第 168 次常务会，审议《通用规范汉字表》。参会单位有中宣部、新闻办、公安部、国家测绘局以及 18 个国家语委成员单位。会上，教育部部长袁贵仁介绍了《字表》的有关情况，语信司司长李宇明列席会议。会议原则通过《字表》，认为研制和实施《通用规范汉字表》涉及经济社会文化各个领域，与人民群众生产生活学习密切相关。做好这项工作对提升国家通用语言文字的规范化、标准化、信息化水平，促进国家经济社会和文化教育事业发展具有重要意义。要求尽快将《字表》报送中央。下午，教育部语信司司长李宇明、副司长田立新和标准处处长王奇与教育部新闻办负责人商谈《通用规范汉字表》发布、宣传事宜，还讨论了《字表》发布的宣传计划。

2011026  20 日，教育部、国家语委向中共中央办公厅报送《关于报请审定"通用规范汉字表"的请示》。

2011027  29 日，《公共服务领域外文译写规范·英文》专家委员会成立会暨研讨会在北京召开。公共服务领域外文译写网同时开通。

## 9 月

2011028  1 日，教育部、国家语委向中共中央办公厅报送《关于"通用规范汉字表"研究制定情况的报告》。

2011029  6 日，教育部语信司组织召开《通用规范汉字表》配套材料编写协调会，讨论《通用规范汉字字典》《"通用规范汉字表"解读》和《"通用规范汉字表"50问》的编写工作。会议由副司长田立新主持，司长李宇明传达了国务院领导的指示精神，通报了《通用规范汉字表》的进展情况，并对《字表》配套材料的编写工作提出要求。

2011030  11 日，第十四届全国推广普通话宣传周开幕式在内蒙古鄂尔多斯市伊金霍洛旗举行，教育部副部长、国家语委主任、全国推广普通话宣传周领导小组副组长李卫红出席活动并讲话。17 日，宣传周在西藏拉萨闭幕。

## 10 月

2011031  28 日，普通话审音委员会成立大会在北京举行。教育部副部长、国家语委主任李卫红出席并讲话。

2011032  31 日，国家标准《中国人名汉语拼音字母拼写规则》由国家质量监督检验检疫局国家标准化管理委员会批准发布。

## 11 月

2011033  8 日，国家语委、中国残疾人联合会 2011 年度重大科研项目"国家通用盲文手语标准研制"和"国家通用盲文标准修订"开题会在北京中国盲文图书馆召开。

2011034　15 日，国家语委"十二五"科研规划重大项目——"中国跨境语言现状调查"开题会在中央民族大学召开。

2011035　28 日—12 月 1 日，澳门理工学院、中国社科院语言所、南开大学共同主办的第六届海峡两岸现代汉语问题学术研讨会在澳门召开，会议主题为"国语运动百年"。

2011036　29 日，根据国际纯粹与应用化学联合会（IUPAC）2010 年 2 月对第 112 号元素正式确定的英文名称，在广泛征求有关专家意见的基础上，全国科技名词委提出了 112 号元素的中文定名草案。

# 12 月

2011037　7—8 日，教育部语信司在上海组织召开国家标准《公共服务领域外文译写规范 英文（分则）》研制工作会。

2011038　17—18 日，首届中国心理语言学研讨会在广东外语外贸大学举行，会议期间召开了中国心理语言学专业委员会成立大会。

2011039　20 日，中国语言资源有声数据库辽宁库建设工作正式启动。

2011040　22 日，教育部、国家语委民族语言文字规范标准建设及信息化项目"现代藏语语法信息词典数据库研究"鉴定会在北京举行，并通过了专家鉴定。

2011041　30 日，国家标准《标点符号用法》由国家质量监督检验检疫总局国家标准化管理委员会批准发布。

## 同 年

2011042　台湾教育事务主管部门"国语"推行委员会在台湾恢复工作（1981—2011）的三十年，可以分为恢复期（1981 年 1 月 15 日至 1992 年）、转型期（1992 年至 2000 年 7 月 31 日）和母语"国语"并重期（2000 年 8 月以后）。

恢复期的主要工作有：拟定并颁布台湾教育事务主管部门加强推行国语文教育实施计划、着手修订《译音符号》、举办常用汉字标准字体巡回讲习、《重订标点符号手册》、修订《重编国语辞典》、开始整理多音字、铸造"标准字体铜模"与制作"标准字体母稿"等 19 项。

转型期的主要工作，从注重推行"国语"的行政措施、学校教育、社会活动，转而注重工具书籍的编纂出版、语文资料的提供服务，并且因应电脑普及、资讯工业兴起，利用网络完成许多开创性的重要工作。主要有：汉字标准字体笔顺的整理审查与出版、编辑出版《部首手册》、继续审订"国语"多音字音读、进行常用语词调查、编订《常用国字辨似》、编成《新词语料汇编》、编辑《异体字字典》、奖励汉语方言研究著作等 17 项。

并重期的主要工作，从原来着重全国共同语的政策，转向多元语言的政策。除了"国语文"教育以外，还特别重视各族群语文的研究、整理、复兴工作。主要有：编订《国语注音符号手册》、中小学课程列入本土语言（课程纲要以"先母语、再国语、再英语"为奠定学前与民众教育阶段之语言政策）、持续推广汉字标准字体、多次研议中文译音政策（自 1998 年起多次邀集相关部会与地方政府研议，通过《中文译音统一规定草案》，采用汉语拼音。2000 年 7 月"国语"推行委员会重新改组，于 2002 年 7 月 10 日召开全体委员会议，决议采用"通用拼音"。执行 6 年后，因无法达成推动国内译音一致化，且国际流通上实有窒碍难行之处，教育事务主管部门于 2009 年 1 月 5 日决定放弃通用拼音，改用汉语拼音方案）、研拟语言平等法草案、废止《国语推行办法》、拟定《台湾"教育部"国语推行委员会分组办事作业要点》、编辑《成语典》、促成台湾师范大学设立"华语测验中心"、整合并推广原住民族语言书写符号系统、推动台湾母语日活动、再审订"国语"多音字音读、研订闽南语推荐用字、建置"常用国字标准字体笔顺学习网"、修订《重订标点符号手册》等。

# 2012 年

## 2 月

2012001　1 日,《中国人名汉语拼音字母拼写规则》开始实施。

2012002　8 日,两岸合作编纂中华语文工具书成果发布会在北京举行。

2012003　18 日,文化部中国艺术科技研究所主持研发的"中国汉字历代字体检索数据库"项目阶段演示专家讨论会在北京举行。

2012004　"澳门普通话使用情况调查"项目在澳门启动。

## 3 月

2012005　国家新闻出版重大科技工程项目"中华字库·石刻文字的搜集与整理"正式启动。

## 4 月

2012006　13 日,中国中医科学院中国医史文献研究所承担的科技部重点项目"中医药基础学科名词术语规范研究项目"在北京启动。

## 5 月

2012007　18—19 日,新疆少数民族双语教育研究中心启动仪式暨中心建设咨询会在乌鲁木齐举行。

2012008　24 日,中国语言资源有声数据库广西库建设启动仪式在南宁举行。

2012009　29 日,教育部、国家语委发布 2011 年中国语言生活状况。

2012010　30 日,全国苗族自治县人民代表大会工作联系会第八次会议通过《关于推广使用苗族语言文字的决议》。

2012011　31 日,2012 首届中国国际汉字文化节在河南郑州开幕。

2012012　教育部语信司派员赴柏林参加第 39 届国际标准化组织——信息与文献

技术委员会（ISO/TC46）会议，参与《文献工作——中文罗马字母拼写法》（ISO-7098）修订工作有关议程。

## 6 月

2012013　1 日，国家标准 GB/T 15834-2011《标点符号用法》和 GB/T 15835-2011《出版物上数字用法》正式实施。

2012014　8 日，普通话轻声词儿化词规范问题研讨会在北京召开。

2012015　14 日，教育部语信司在北京召开《信息技术产品语言文字使用管理规定》研制工作调研会。

2012016　20 日，经国务院批准，外语中文译写规范部际联席会议制度正式建立，部际联席会议专家委员会成立会在北京召开。

2012017　29 日，国家质量监督检验检疫总局、国家标准化管理委员会批准发布了新版《汉语拼音正词法基本规则》，10 月 1 日起正式实施。

2012018　30 日，首次壮语文水平考试在广西南宁举行。

## 8 月

2012019　5 日，国家语委"十二五"科研规划委托项目《通用规范汉字表》配套标准"汉字古籍印刷通用字字形标准研制"开题会在北京师范大学召开。教育部语信司副司长田立新出席会议并讲话。该项目对规范汉字字形，推进中国文化传播具有重要的理论与实践价值。

## 9 月

2012020　6 日，《两岸常用词典》大陆版正式出版暨赠书仪式在北京举行。

2012021　15 日，第十五届全国推广普通话宣传周举行，教育部部长、全国推广普通话宣传周领导小组组长袁贵仁，北京市副市长程红出席开幕式并讲话。

2012022　16 日，上海实用汉语能力测试正式开考，50 多名外籍人士参加了首测。

## 10 月

2012023　1 日，国家标准 GB/T 16159-2012《汉语拼音正词法基本规则》正式实施。

2012024　30 日，新闻出版总署《国家"十二五"少数民族语言文字出版规划》公布。

2012025　我国首个权威性工具书查检学习数字平台——"商务印书馆·精品工具书数据库"正式投入市场。

# 12 月

2012026　4 日，教育部、国家语委发布了《国家中长期语言文字事业改革和发展规划纲要（2012—2020 年）》。

2012027　4 日，根据中共中央办公厅指示，教育部向国务院报送《通用规范汉字表》，认为制定、发布《通用规范汉字表》是贯彻落实党的十八大报告"推广和规范使用国家通用语言文字"的重要举措。

2012028　12 日，中国语言文字规范标准研究中心成立仪式在北京语言大学举行，教育部副部长、国家语委主任李卫红出席，并与该中心主任、北京语言大学党委书记李宇明一同为中心揭牌。

2012029　20 日，由国家语言资源监测与研究中心、商务印书馆、中国网络电视台共同主办的"汉语盘点 2012"活动在北京揭晓，"梦""钓鱼岛""衡""选举"分列年度国内字、国内词、国际字、国际词第一。同时揭晓的还有"2012 年度中国媒体十大流行语""2012 年度中国媒体十大新词语"与"2012 年度中国媒体十大网络用语"。

# 2013 年

## 1 月

2013001　6 日,《识字教学用通用键盘汉字字形输入系统评测规则》( GF 0017-2013 ) 经教育部、国家语委批准发布，自本年 5 月 1 日起实施。

## 3 月

2013002　21 日，国家语言文字政策研究中心在上海市教育科学研究院成立。

2013003　28 日，云南省第十二届人民代表大会常务委员会第二次会议审议通过《云南省少数民族语言文字工作条例》，自本年 5 月 1 日起施行。

## 5 月

2013004　21 日，教育部根据国务院办公厅反馈意见，对 2012 年 12 月上报国务院文件修改完善，增加了国务院常务会议审议后的工作情况说明，再次向国务院报送《通用规范汉字表》。

2013005　24 日，教育部语信司副司长田立新、标准处处长王奇等到北京师范大学向《通用规范汉字表》研制组通报《字表》报送国务院情况，并与研制组成员交流讨论了《字表》工作。

## 6 月

2013006　5 日，国务院发布《关于公布〈通用规范汉字表〉的通知》。《通用规范汉字表》是贯彻落实《国家通用语言文字法》，适应新形势下社会各领域汉字应用需要的重要汉字规范。制定和实施《通用规范汉字表》，对提升国家通用语言文字的规范化、标准化、信息化水平，促进国家经济社会和文化教育事业发展具有重要意义。

2013007　5 日，教育部、国家语委发布 2012 年度中国语言生活状况报告。

2013008　28日,《学说苏州话》新书发布会在苏州召开。该书是由苏州大学出版社出版发行的方言学习教材。

## 7月

2013009　5日,两岸语言文字交流与合作协调小组在北京成立,将采取民间形式积极推动海峡两岸语言文字交流与合作。

2013010　10—11日,两岸中华语文工具书合作编纂工作第八轮会谈在北京举行,两岸将在原有工作基础上,共同发布两岸语文报告,共同建设两岸语料库。

2013011　30日,国家新闻出版广电总局重点项目"译云工程"正式宣告上线。该项目的上线将有望实现多语言的实时交流。

## 8月

2013012　11日,国家语委向全国科技名词委复函,同意用"鈇""鉝"两字分别作为第114号、116号元素的中文名称并纳入国家规范用字。

2013013　19日,国务院印发关于公布《通用规范汉字表》的通知和《通用规范汉字表》。中国政府网全文登载国务院的通知和公布的《通用规范汉字表》。

2013014　27日,教育部召开新闻发布会,介绍《通用规范汉字表》的有关情况。

2013015　28日,《通用规范汉字表》发布后,媒体反响积极正面。《光明日报》刊发教育部副部长、国家语委主任李卫红的署名文章,《人民日报》刊发评论员文章,《中国教育报》全文刊登《通用规范汉字表》并连续发表专家解读《字表》的文章。

2013016　28日—9月10日,公布《通用规范汉字表》的新闻发布会召开后,国家语言资源监测与研究有声媒体中心、教育部语用所语言舆情研究中心同时启动舆情监测与研究,并及时提供监测分析报告。语言舆情研究中心编发了8期《语言舆情扫描"通用规范汉字表"专辑》。

2013017　7—8月,《通用规范汉字字典》和《"通用规范汉字表"解读》由商务印书馆出版发行。《通用规范汉字表》由语文出版社出版发行。

## 9月

2013018　4日,教育部语信司组织召开贯彻实施《通用规范汉字表》协调会。工业和信息化部、公安部等十部委业务司局的负责人出席会议。语信司副司长田立新出席会议并讲话。会议就各领域如何贯彻实施《通用规范汉字表》进行讨论，协商联合发文，并就发文内容基本达成一致意见。

2013019 10 日，教育部语信司根据《通用规范汉字表》协调会意见起草了联合发文稿，书面征求相关部委业务部门意见。

2013020 11 日，教育部、国家语委、海南省政府主办的第十六届全国推广普通话宣传周开幕式活动在海南三亚举行。

2013021 13 日，外语中文译写规范部际联席会议专家委员会召开审议会，审定通过第一批拟公布并向社会推荐使用的外语词中文译名。

# 10 月

2013022 9 日，教育部、国家语委会同工业和信息化部、国家民委、公安部、民政部、文化部、国家工商行政管理总局、国家质量监督检验检疫总局、国家新闻出版广电总局、中国科学院、中国社会科学院联合发出《教育部等十二部门关于贯彻实施"通用规范汉字表"的通知》，指导社会各领域贯彻实施《通用规范汉字表》。

2013023 16 日，北京北大方正电子有限公司召开方正通用规范字库媒体沟通会，教育部语信司副司长田立新出席并讲话。北大方正电子有限公司为配合《通用规范汉字表》的实施，正式对外发布方正通用规范字库及其输入法，并免费提供个人使用，为字表在各领域的顺利施行创造了条件。

2013024 26 日，北京语言大学中国语言政策与标准研究所、教育部语言文字应用研究所、中国语文现代化学会、商务印书馆、国家语言文字政策研究中心、北京语言产业研究中心等六家单位联合举办的纪念切音字运动 120 周年学术座谈会在北京召开，会议议题是"国家现代化历史进程中的语文改革""国家多元文化背景中的语文政策""国家安全中的语言战略"等。

# 11 月

2013025 7—8 日，《国家通用语言文字法》贯彻落实调研现场会在黑龙江哈尔滨召开。

2013026 22 日，教育部语信司主办的全国少数民族语言文字规范标准建设及信息化座谈会在四川成都召开，会议议题是"各地少数民族语言文字规范标准建设及信息化工作状况"。

2013027　中国人民大学文学院和外语学院完成《中日韩共同常用八百汉字表》的研制。

# 12 月

2013028　18 日，中国—东盟语言文化中心在北京语言大学成立。该中心是根据《中华人民共和国政府和东南亚国家联盟成员国政府关于建立中国—东盟中心的谅解备忘录》的要求建立的，目的是加强民间交流，增进中国与东盟民众和社会之间的相互了解。

2013029　19 日，国家民委民族语文辅助翻译软件成果发布会暨赠送仪式在北京京西宾馆举行。

2013030　20 日，国家语言资源监测与研究中心、商务印书馆、中国网络电视台、山东卫视、北京语言大学等联合举办的"汉语盘点 2013"在北京揭晓，"房""正能量""争""曼德拉"分别领衔年度国内字、国内词、国际字和国际字词。

2013031　30 日，《学生通用规范汉字字典》出版座谈会在北京举行。该字典是我国第一部与《通用规范汉字表》配套的学生规范汉字字典，由商务印书馆出版。

2013032　31 日，国家标准《公共服务领域英文译写规范　第 1 部分：通则》由国家质量监督检验检疫总局、国家标准化管理委员会批准发布，自 2014 年 7 月 15 日起实施。

2013033　31 日，国家新闻出版广电总局发出通知，要求广播电视节目规范使用通用语言文字，在推广普及普通话方面起到带头示范作用。

# 同年

2013034　10—11 月，教育部语信司为指导各地做好《通用规范汉字表》的学习、贯彻和推广工作，举办两期《通用规范汉字表》专题培训班，来自省级和地市级语委办的工作人员、省级教研员、相关省区民语委办的工作人员及语言文字相关学会成员参加。第一期培训班在南京农业大学举办，约 80 人参加培训。第二期培训班在四川大学举办，约 130 人参加培训。其后，各地语委陆续举办《通用规范汉字表》培训班。

# 参考文献

**报刊：**

《拼音》，中国文字改革委员会主办。

《文字改革》，中国文字改革委员会主办。

《语文建设》，国家语言文字工作委员会主办。

《语言文字应用》，教育部语言文字应用研究所主办。

《语言文字周报》，上海市语言文字工作委员会、上海教育出版社主办。

《中文信息》，中国中文信息学会主办。


**论著、工具书：**

1934 黎锦熙，国语运动史纲，商务印书馆。

1959 倪海曙，清末汉语拼音运动编年史，上海人民出版社。

1974 张博宇，台湾地区国语运动史料，（台北）商务印书馆。

1985 《文字改革》杂志编辑部，建国以来文字改革工作编年记事，文字改革
出版社。

1987 倪海曙，拉丁化新文字运动的始末和编年纪事，知识出版社。

1987 全国语言文字工作会议秘书处，新时期的语言文字工作——全国语言
文字工作会议文件汇编，语文出版社。

1988 中国大百科全书总编辑委员会《语言文字》编辑委员会，中国大百科
全书·语言文字卷，中国大百科全书出版社。

1992 黄沛荣，汉字的整理与统合，台湾财团法人海峡交流基金会委托研究
报告。

1993 高天如，中国现代语言计划的理论和实践，复旦大学出版社。

1994 栗洪武，陕甘宁边区新文字教育运动编年纪事，陕西师范大学出版社。

1995 王均主编，当代中国的文字改革，当代中国出版社。

1996 国家语言文字工作委员会政策法规室编，国家语言文字政策法规汇编

（1949—1995），语文出版社。

1997　费锦昌主编，中国语文现代化百年记事（1892—1995），语文出版社。

2005　费锦昌主编，新时期语言文字工作记事（1978—2003），语文出版社。

2006　"中国语言生活状况报告"课题组编，中国语言生活状况报告（2005）·上编，商务印书馆。

2007　柯华葳、何大安，华语文研究与教学——四分之一世纪的回顾与前瞻，台北世界华文社。

2007　黄翊，澳门语言研究，商务印书馆。

2007　"中国语言生活状况报告"课题组编，中国语言生活状况报告（2006）·上编，商务印书馆。

2008　"中国语言生活状况报告"课题组编，中国语言生活状况报告（2007）·上编，商务印书馆。

2009　"中国语言生活状况报告"课题组编，中国语言生活状况报告（2008）·上编，商务印书馆。

2010　苏培成，当代中国的语文改革和语文规范，商务印书馆。

2010　"中国语言生活状况报告"课题组编，中国语言生活状况报告（2009）·上编，商务印书馆。

2011　教育部语言文字信息管理司组编，中国语言生活状况报告（2011），商务印书馆。

2011　许长安，台湾语文政策概述，商务印书馆。

2012　戴红亮，台湾语言文字政策，九州出版社。

2012　教育部语言文字信息管理司组编，中国语言生活状况报告（2012），商务印书馆。

2012　世界华语文教育学会，国语运动百年史略，台北国语日报社。

2013　教育部语言文字信息管理司组编，中国语言生活状况报告（2013），商务印书馆。

2013　王宁主编，通用规范汉字字典，商务印书馆。

2015　教育部语言文字信息管理司，信息时代汉字规范的新发展——《通用规范汉字表》文献资料集，商务印书馆。

2016　王敏、陈双新，《通用规范汉字表》七十问，语文出版社。

2019　国家语言文字工作委员会，新中国语言文字事业70年记事，语文出版社。

# 附 录

# 中国语文现代化百年记事举要
## （1892—2013）

1892-00-00　卢戆章《一目了然初阶（中国切音新字厦腔）》出版。

1913-02-15　读音统一会开会审定国音。

1917-01-00　胡适发表《文学改良刍议》，揭开白话文运动序幕。

1918-11-23　教育部正式公布注音字母。

1919-04-21　国语统一筹备会成立。

1924-01-00　国语统一筹备会修改读音统一会所定的国音，改为以北京语音为标准音的"新国音"。

1928-09-26　南京国民政府大学院院长公布《国语罗马字拼音法式》。

1929-10-10　瞿秋白写成《中国拉丁化字母方案》。

1931-09-26　中国文字拉丁化第一次代表大会在海参崴开幕。

1934-06-00　上海文化界陈望道、胡愈之等发起大众语运动。

1935-08-21　南京国民政府教育部公布《第一批简体字表》。

1940-11-07　陕甘宁边区新文字协会成立。

1949-10-10　中国文字改革协会成立。

1950-06-25　中国科学院语言研究所成立。

1951-06-06　《人民日报》发表社论《正确地使用祖国的语言，为语言的纯洁和健康而斗争！》。

1951-09-26　《人民日报》刊登中央人民政府出版总署发布的《标点符号用法》。

1952-02-05　中国文字改革研究委员会成立。

1953-00-00　《新华字典》出版。

1954-12-23　中国文字改革委员会成立。

1955-01-01　《光明日报》首先实行左起横排。

1955-10-15　全国文字改革会议召开。

1955-12-22　《第一批异体字整理表》发布。

1956-01-31　《汉字简化方案》发布。

1956-02-06　《关于推广普通话的指示》发布。

1956-03-12　中央推广普通话工作委员会成立。

1958-01-10　周恩来总理做《当前文字改革的任务》的报告。

1958-02-11　全国人民代表大会批准《汉语拼音方案》。

1958-07-25　全国普通话教学成绩观摩会召开。

1960-04-22　中共中央发出《关于推广注音识字的指示》。

1962-00-00　《中文大辞典》在台湾陆续出版。

1963-02-22　《普通话异读词三次审音总表初稿》发表。

1963-04-00　台湾成立"国民"学校常用字汇厘定委员会，并编著《国民学校常用
　　　　　　字汇研究》。

1963-12-29　《汉语手指字母方案》发布。

1964-05-00　《简化字总表》出版。

1965-01-30　《印刷通用汉字字形表》发布。

1973-01-00　台湾编制《常用国字标准字体表》。

1974-08-09　四机部等提出《关于研制汉字信息处理系统工程的请示报告》，"748
　　　　　　工程"开始启动。

1977-07-20　《关于部分计量单位名称统一用字的通知》发布。

1977-09-07　《汉语拼音方案》开始成为中国地名罗马字母拼写法的国际标准。

1977-10-31　《第二次汉字简化方案（草案）》发布。

1978-00-00　《现代汉语词典》出版。

1979-07-27　计算机汉字编辑排版系统主体工程研制成功。

1980-10-21　中国语言学会成立。

1980-00-00　北京大学开发的汉字激光照排系统排印出样书。

1980-00-00　台湾出版《标准行书范本》。

1981-01-00　中国仪器仪表学会汉字信息处理系统研究会成立。

1981-05-01　国家标准《信息交换用汉字编码字符集·基本集》发布。

1981-06-27　中国中文信息研究会（后改名中国中文信息学会）成立。

1981-07-13　全国高等院校文字改革学会成立。

1982-08-01　国际标准化组织规定拼写汉语以汉语拼音为国际标准。

1982-11-24　国务院成立以万里为组长的电子计算机和大规模集成电路领导小组。

1982-12-04　《中华人民共和国宪法》规定："国家推广全国通用的普通话。"

1983-05-00　全国计算机与信息处理标准化技术委员会成立。

1983-11-00　《统一汉字部首表（征求意见稿）》发表。

1984-05-27　采用电子计算机分析统计汉字结构部件的工作成果通过鉴定。

1984-08-01　黑龙江省"注音识字，提前读写"实验汇报会召开。

1984-09-25　语言文字应用研究所成立。

1985-03-09　现代汉语字频统计项目通过鉴定。

1985-05-13　计算机—激光照排汉字编辑系统通过鉴定。

1985-05-00　台湾建立"中国文字资料库"。

1985-12-16　中国文字改革委员会改名为国家语言文字工作委员会。

1985-12-27　《普通话异读词审音表》发布。

1986-01-28　台湾公布《国语注音符号第二式》。

1986-05-00　《汉语大字典》分卷陆续出版。

1986-06-24　《第二次汉字简化方案（草案）》废止。

1986-09-17　汉语普通话音节合成系统研究成果通过鉴定。

1986-10-10　《简化字总表》重新发表。

1986-00-00　现代汉语词频统计项目通过鉴定。

1986-00-00　《汉语大词典》分卷陆续出版。

1987-00-00　台湾出版《重订标点符号手册》。

1988-01-26　《现代汉语常用字表》发布。

1988-02-00　《中国大百科全书·语言文字》分卷出版。

1988-03-19　庆祝《中国语言地图集》出版招待会在北京举行。

1988-03-25　《现代汉语通用字表》发布。

1988-07-01　国家教委、国家语委联合发布《汉语拼音正词法基本规则》。

1988-00-00　汉语语音合成研究工作取得重大进展。

1990-02-20　汉语水平考试（HSK）通过鉴定。

1990-03-22　修订后的《标点符号用法》发布。

1994-10-18　中国语文现代化学会成立。

1996-01-22　国家技术监督局发布《汉语拼音正词法基本规则》。

1996-03-00　国家语委同意制订《中华人民共和国语言文字法》。

1996-00-00　香港理工大学推出专为母语为粤方言者设立的普通话考试（PSK）。

1997-04-07　《现代汉语通用字笔顺规范》发布。

1997-12-01　《信息处理用 GB13000.1 字符集汉字部件规范》发布。

1997-12-05　《普通话水平测试等级标准（试行）》发布。

1998-03-01　《广告语言文字管理暂行规定》发布。

1998-07-21　国家语言文字工作委员会并入教育部。

1999-10-01　《GB13000.1 字符集汉字笔顺规范》《GB13000.1 字符集汉字字序（笔画序）规范》《印刷魏体字形规范》《印刷隶体字形规范》发布。

2000-03-17　《信息交换用汉字编码字符集 基本集的扩充》《数字键盘汉字输入通用要求》发布。

2000-04-25　全国地名用字读音审定委员会成立。

2000-10-31　《中华人民共和国国家通用语言文字法》公布。

2000-00-00　《现代汉语通用词表》（国家标准）通过鉴定。

2000-00-00　普通话成为香港中学会考科目。

2001-04-00　《规范汉字表》研制工作立项。

2001-12-19　《第一批异形词整理表》《GB13000.1 字符集汉字折笔规范》发布。

2002-06-26　中国语言文字网（www.china-language.gov.cn）开通。

2003-12-15　《规范汉字表》研制领导小组成立。

2003-00-00　全国语言文字标准化技术委员会成立。

2004-01-00　《普通话水平测试实施纲要》出版。

2005-03-01　最新修订的《图书质量管理规定》及其附件《图书编校质量差错率计算方法》颁布实施。

2005-07-20　首届世界汉语大会在北京举行。

2006-02-27　《中国通用音标符号集》发布。

2006-06-02　北京语言大学正式推出汉语水平考试 HSK（入门级）。

2006-08-28　《汉字应用水平等级及测试大纲》发布。

2007-02-08　第 111 号化学元素定名为"𬭊"，并纳入规范用字。

2008-10-00　《中国语言生活绿皮书》A 系列《现代汉语常用词表（草案）》发布。

2009-01-21　《汉字部首表》《GB13000.1 字符集汉字部首归部规范》发布。

2009-03-24　《现代常用字部件及部件名称规范》《现代常用独体字规范》发布。

2010-10-19　《汉语国际教育用音节汉字词汇等级划分》《汉语口语水平等级标准及测试大纲》发布。

2011-07-29　《出版物上数字用法》发布。

2011-10-31　《中国人名汉语拼音字母拼写规则》发布。

2012-06-29　新版《汉语拼音正词法基本规则》发布。

2012-10-30　《国家"十二五"少数民族语言文字出版规划》公布。

2013-06-05　国务院发布《关于公布〈通用规范汉字表〉的通知》。

2013-08-11　第114号、116号元素分别定名为"铽"和"铊",并纳入规范用字。

2013-12-31　《公共服务领域英文译写规范　第1部分:通则》发布。

# 人名索引*

## A

阿里阿罕 1941029

〔苏联〕阿列克谢耶夫
（В.М.Арексеев）
1930005

艾 青 1957027

艾思奇 1940018,
1949044

艾 伟 1949058

艾知生 1988040

艾中全 1949034

安其春 1981014

安效珍 1991005

## B

巴 金 1935013,
1949023, 1957003

〔美〕白德明（Dayle
Barnes） 1981015

白涤洲 1954069

白介夫 1986059

白 水 1961008

白岩松 1998035

白镇瀛 1919004,
1923004, 1928005,
1928007

柏 苇 1950109

包明叔 1968002,
1971002

包全恩 1983081

宝音德力格尔
2002081

鲍国安 1998035

鲍明炜 1955060

鲍遂献 2004006

贝贵琴 1974008

贝友林 1950059

毕文波 1994047

毕文庭 1956080

冰 心 1961017

〔美〕布莱恩·尼尔森
1995041

## C

蔡 畅 1956012

蔡尚思 1946004

蔡义江 1996005

蔡元培 1917001,
1919004, 1919006,
1923003, 1927002,
1928001, 1928002,
1933006, 1935013,
1936008, 1939004,
1939008, 1940005

操震球 1956053

曹葆华 1950076,
1950104

曹伯韩（伯韩、Boxan、
童振华） 1937015,
1949008, 1949009,
1949016, 1949027,
1949040, 1949044,

---

1949047, 1950027,
1950057, 1950075,
1950109, 1951005,
1951014, 1951022,
1951037, 1952002,
1952006, 1952007,
1952009, 1952012,
1952013, 1952021,
1952039, 1953002,
1953005, 1953018,
1953021, 1953029,
1953030, 1953037,
1954004, 1954009,
1954022, 1954032,
1954063, 1954064,
1955006, 1955011,
1955019, 1957002,
1957020, 1958067,
1959056

曹澄方　1991016,
　　1991025
曹逢甫　1949055,
　　1995071, 2001012
曹眉飘　1950100
曹乃木　1982028
曹其真　1996005
曹先擢　1986054,
　　1986062, 1988005,
　　1989030, 1990003,
　　1991010, 1991054,
　　1991076, 1992035,

1992085, 1992092,
1992097, 1992103,
1992108, 1999084,
2000080, 2001108,
2002044, 2006015,
2006024, 2007011,
2007033, 2009040,
2010043

曹右琦　2001108
草　婴　1950080
岑麒祥　1950034,
　　1950053, 1950099,
　　1950100, 1950101,
　　1950114, 1957080,
　　1958080, 1962002
〔美〕查尔斯·史蒂文
　　1995041
柴泽民　1991024
晁继周　1993022
车向忱　1956080,
　　1963049, 1963051
陈邦柱　2003076
陈秉武　1953005
陈伯达　1949044
陈昌本　1991054,
　　1994047
陈成义　1956111
陈承泽　1922003
陈此生　1947007
陈德芸　1930013
陈德珍　1984022,

1985061, 1992015
陈定民　1949017,
　　1949044, 1949046,
　　1951014, 1957027
陈刚（江成）　1949052,
　　1950109, 1952009,
　　1953016, 1954004,
　　1954025, 1955017,
　　1955054
陈光垚　1936019,
　　1953049
陈翰伯　1980010,
　　1980026, 1985051
陈昊苏　1986027
陈鹤琴　1925002,
　　1938002, 1938011,
　　1938014, 1938015,
　　1938018, 1941029,
　　1949025, 1949034,
　　1949044, 1949046,
　　1950001, 1956079,
　　1963049, 1982072
陈　洪　1972007
陈火旺　2002118
陈家康　1951041,
　　1952006, 1952012
陈嘉庚　1949044
陈建民　1983073,
　　1983086, 1984007
陈君葆　1939004,
　　1947007, 1947009,

1950062, 1950099

陈克寒　1956012

陈力为　1981014,

　　1991021, 1997051

陈　立　1956050

陈立夫　1934018

陈立英　1986082,

　　1987003

陈琳瑚　1955029,

　　1957003, 1959001

陈懋治　1916003,

　　1919004, 1928005,

　　1928007

陈梦家　1956122,

　　1957008, 1957022,

　　1957023, 1957024,

　　1957027, 1957030,

　　1966016

陈明然　1955110

陈明远　1981037

陈丕显　1959001

陈其五　1957003,

　　1983012

陈其瑗　1947007,

　　1949044

陈秋圃　1938012

陈群秀　2003050

陈榕甫　1950089

陈汝棠　1947009,

　　1956049

陈韶廉　1986080

陈绍宽　1956054

陈士翘　1950060

陈世德　1931007,

　　1954018

陈双新　2009041

陈望道（陈参一）

　　1918002, 1932003,

　　1934003, 1934007,

　　1935013, 1938008,

　　1938011, 1938015,

　　1938016, 1938018,

　　1938019, 1939001,

　　1939007, 1947002,

　　1947005, 1949023,

　　1949034, 1949037,

　　1949044, 1950109,

　　1950111, 1950117,

　　1955095, 1957003,

　　1959037, 1961017,

　　1963049, 1963051,

　　1977020, 1987058,

　　1991001, 1991003,

　　2000082

陈文彬　1952027,

　　1953005, 1953018,

　　1954018, 1954040,

　　1956103, 19 56118,

　　1957046, 1963049

陈　曦　1956059

陈晓光　2003054

陈新雄　1973005,

1993029

陈耀星　1983031

陈一凡　1994065

陈　毅　1955089,

　　1955095, 1956012,

　　1956033, 1956073,

　　1957064, 1958020,

　　1958048

陈永舜　1992128

陈元直　1956066

陈　垣　1958011

陈原（获原）　1937009,

　　1949023, 1949034,

　　1980015, 1983054,

　　1983077, 1983106,

　　1984025, 1984027,

　　1984031, 1984034,

　　1984036, 1984044,

　　1985051, 1986054,

　　1986094, 1988005,

　　1988040, 1988058,

　　1989046, 1990006,

　　1991054, 1993080,

　　1994047, 1997080,

　　2004017

陈越（陈建中）

　　1950027, 1950043,

　　1950106, 1951014,

　　1952060, 1953018,

　　1953021, 1953029,

　　1954003, 1954004,

1954006, 1954011,
1954013, 1954043,
1955041, 1955054,
1955079, 1965010,
1965022, 1974008
陈 云 1986111
陈章太 1983042,
1983059, 1983060,
1983094, 1984018,
1984025, 1984027,
1984034, 1984039,
1985009, 1985035,
1985051, 1985066,
1985086, 1986059,
1986080, 1987015,
1987016, 1987035,
1987041, 1987048,
1987061, 1994047,
1998035, 2000080,
2002037
陈之任 1950009
陈芷英 1978005
陈至立 1991003,
1999026, 1999074,
2000055, 2001114,
2002023, 2003076,
2006029
陈志彬 1956059
陈中凡 1949023
陈 壮 2002105
陈子展 1934003,

1949023
陈宗汉 1937010
成柏仁 1956068
成仿吾 1941029,
1949031, 1949044,
1949046, 1953035
程发轫 1954021,
1972022
程 红 2012021
程祥徽 1984016,
1992021, 1994027,
2002036, 2002114
程养之 1961007
迟念古 1951003
储 祎 1949052
楚图南 1957027
楚 庄 1992091
〔日〕川口晃玉
1986059
崔 鼎 1937013
崔明德 1994047
崔世安 2002016

**D**

〔日〕大岛义夫（高木
弘）1950045
戴伯韬 1956012
戴光前 1998035
戴浩泽 1980035
戴谟安 1992015

戴庆厦 1997039,
2001108
戴昭铭 1985016,
1998023, 2000080
道 布 1991054,
1994047, 1998035
〔美〕德范克（John de
Francis）1947015,
1982040
邓初民 1935013,
1947007, 1947009,
1956031
邓力群 1983090,
1987057
邓 录 1937013
邓 拓 1955065,
1956012
邓小平 1978015,
1986049, 1993034,
1997072
狄超白 1947003,
1947007
〔德〕迪特尔·冯德利
希 1980036
丁邦新 2000053
丁方豪 2000041
丁浩川 1940001,
1949044
丁 玲 1940018
丁勉哉 1955079

丁声树　1948008,
　1950119, 1951014,
　1955006, 1955095,
　1956012, 1956015,
　1958082, 1961003,
　1961020, 1961024,
　1965029, 1978060,
　1989001

丁西林　1949044,
　1951041, 1952006,
　1952012, 1952019,
　1952032, 1952045,
　1952046, 1952047,
　1952049, 1952051,
　1952052, 1952056,
　1953004, 1953008,
　1953010, 1953022,
　1953036, 1953037,
　1953043, 1954005,
　1954031, 1954032,
　1954046, 1954053,
　1954055, 1954062,
　1955006, 1955011,
　1955017, 1955018,
　1955088, 1956012,
　1956015, 1956084,
　1957020, 1959033,
　1959058, 1961007,
　1961020, 1962016,
　1962017, 1962024,
　1962028, 1962043,

1962048, 1963014,
　1963049, 1963051,
　1965029, 1974003

丁义诚　1983081

丁治磐　1953003,
　1971002

董必武　1940006,
　1940018, 1940019,
　1941029, 1949044,
　1953035, 1955065,
　1955082

董长志　1955055

董纯才　1953038,
　1953043, 1954032,
　1954062, 1955094,
　1956012, 1978022,
　1980010, 1980013,
　1980018, 1980020,
　1980026, 1980030,
　1981017, 1981018,
　1981022, 1981027,
　1982001, 1982002,
　1982011, 1982028,
　1982033, 1982034,
　1982049, 1983017,
　1983041, 1983077,
　1983089, 1983092,
　1984013, 1984031,
　1985051, 1990013

董建华　2001087

董同龢　1944008,

1948008, 1951007,
　1956089, 1960054,
　1963061

董锡斌　1956068

董振东　1999067

董作宾　1954007,
　1963052

杜定友　1934015,
　1953049, 1954013,
　1954017, 1961008,
　1961009

杜国庠　1956049

杜家浜　1995041

杜敏文　1972020

杜松寿（拓牧）
　1950109, 1953007,
　1953021, 1954004,
　1954006, 1954009,
　1954017, 1954039,
　1955017, 1955034,
　1956028, 1956092,
　1956108, 1959011,
　1959040, 1961001,
　1963049, 1981031,
　1981032, 1982011,
　1982033, 1982034,
　1982048, 1983059,
　1983073, 1983077,
　1983086, 1984007,
　1991083

杜祥明　1982033,

1983077, 1993015

杜子劲 1949043,
　1950018, 1950027,
　1950094, 1950109,
　1950119, 1951039,
　1952024, 1952065,
　1953017, 1954004,
　1954016

段生农 1981035

段太林 1965029

**E**

〔苏联〕鄂山荫
　1955095

**F**

范长江 1941016,
　1956012

范继淹 1982022

范可育 1993078,
　2000041

范世儒 1947007

范同 1955083

范文澜 1941027,
　1949031, 1949042,
　1949044, 1949046,
　1953035

范希三 1954003

方光焘 1938015,

1938019, 1947005,
　1956079, 1964081

方明 1995015

方仁麒（辅航、Angz）
　1946008, 1949034,
　1949052, 1950047,
　1950111, 1954047

方师铎 1955055,
　1965037, 1973010

方伟 1982028

方毅 1919004,
　1978015, 1980028

方与严 1950090

方祖燊 1972022

费尔伯（H. Felber）
　1981021

费锦昌 1980057,
　1982034, 1985047,
　1985091, 1986022,
　1992005, 1992130,
　1993078, 1997042,
　1997048, 1999084,
　2004013, 2009041

费虞 1953029

冯宾符 1946004

冯传璜 1980023

冯峰正 1956047

冯国安 1995058

冯乃超 1930002

冯书华 1983054

冯毅之 1956114

冯裕芳 1939004,
　1941030, 1946002,
　1947007, 1947009,
　1949001, 1949008

冯至 1950079

冯志伟 1989050,
　1992119, 1994068,
　2001108

冯钟芸 1990021

扶良文 1978059

〔日〕福岛慎太郎
　1972019

傅彬然 1955065

傅东华 1938019,
　1957020, 1957027,
　1962039, 1963015,
　1971010

傅懋勣 1940031,
　1954002, 1954062,
　1955022, 1955107,
　1956040, 1959041,
　1961017, 1962002,
　1963049, 1964078,
　1965012, 1980039,
　1981022, 1983017,
　1983060, 1985051,
　1988032, 1993073

傅启学 1953019

傅斯年 1919001,
　1949003, 1949021

傅兴岭 1982028

傅永和　1985047，
1986002，1986054，
1988005，1989048，
1991050，1991054，
1992047，1993041，
1993068，1993070，
1994047，1994061，
1995041，1996022，
1997073，1998050，
1999062，1999064，
2000014，2000056，
2000080，2001108

## G

甘国屏　1991005，
1991054，1994047
〔瑞典〕高本汉
1936024
高家莺　1993078
高景成　1982028
高俊良　2000081
高名凯　1948009，
1955017，1956015，
1957027，1958013，
1965038，1991011
高　明　1956096，
1962052
高其成　1937010
高庆赐　1950084

高　沂　1984013
高毓溥　1937014
高元白　1955054
高镇五　1956078
〔罗马尼亚〕格拉乌尔
1955095
葛莱白　1952007
葛志成　1992091
恭　士　1955041
龚嘉镇　1995010
龚贤永　1997036
龚自知　1956120
巩绍英　1949044
古大存　1956049
谷　敏　1953018，
1953029
顾冠群　2000080
关尔佳　1981006
关　涛　1991054
关　锡　1957030
关　新　1941025，
1952028
管文蔚　1956079
管燮初　1955060
光未然　1949044
桂晓风　1994047
郭炳炎　1991079
〔苏联〕郭路特
1955095

郭沫若　1930002，
1935013，1935014，
1936017，1940019，
1947002，1947005，
1948001，1948002，
1949031，1949044，
1949046，1950041，
1950043，1951041，
1952006，1952011，
1952026，1952039，
1953001，1955065，
1955089，1955095，
1956012，1956034，
1956102，1956104，
1956109，1956115，
1957012，1963003，
1964029，1964035，
1972005，1978028
郭平欣　1974008
郭庆菜　1956041
郭绍虞　1946004，
1947005，1949034
郭冶方　1983028
郭一岑　1950034，
1950114
郭　毅　1950100
〔苏联〕郭质生
（В.С.Колоколов）
1928006，1929001，
1930009

# H

韩念龙　1965012

韩永惠　1959046

汉　夫　1937015

杭　苇　1963049

郝　平　2009022,
　　2009026, 2009027,
　　2009045, 2010002

郝一真　1940001

何邦魁　1956047

何　从　1937013

何定华　1956060

何东昌　1991005,
　　1992015, 2002057

何干之　1949044

何公敢　1956054

何金生　1954037

何景贤　1971001

何九盈　1995064,
　　1999084

何其芳　1949044

何　容　1944003,
　　1945003, 1947010,
　　1949021, 1949054,
　　1949055, 1951003,
　　1953020, 1955055,
　　1959023, 1972006,
　　1972021, 1976008,
　　1984059

何若人　1956054

何塞·鲁伊斯·罗瓦依
　　1984047

何应钦　1969001

贺寿昌　2002108

贺　巍　1986080,
　　1994013

〔波兰〕赫迈莱夫斯基
　　1955095

虹　云　1998035

洪笃仁　1950009,
　　1950069

洪灵菲　1930002

洪　深　1935017,
　　1950091

洪炎秋　1949003,
　　1949021, 1953020,
　　1955055

侯精一　1986080,
　　1990011

侯　敏　1999087

胡百华　1997065

胡丙申　1955028,
　　1956007

胡春华　1998035

胡　风　1949023

胡　附　1955119

胡厚宣　1990029

胡绩伟　1941029

胡明扬　1991021,
　　1991054, 1993022,

1994047, 1995015,
1998035

胡朴安　1947002

胡乔木（乔木）
　　1935013, 1940018,
　　1941029, 1949032,
　　1949044, 1949046,
　　1949051, 1950011,
　　1951041, 1952006,
　　1953035, 1954062,
　　1955033, 1955065,
　　1955084, 1955089,
　　1955107, 1956012,
　　1956073, 1956102,
　　1956115, 1957012,
　　1958001, 1962038,
　　1963012, 1980018,
　　1980020, 1982002,
　　1982003, 1982005,
　　1982021, 1982049,
　　1983017, 1983067,
　　1984034, 1984035,
　　1985009, 1986002,
　　1986023, 1988040,
　　1991005, 1991054,
　　1992049, 1992082,
　　1999056

胡　绳　1935011,
　　1935013, 1936002,
　　1936008, 1937001,
　　1941016, 1949044,

1953035, 1956012,
1956102, 1988040,
1991005, 1991054,
1992030, 1993022,
1994047

胡庶华　1956031

胡双宝　1995064,
1998001

胡廷积　1987015

胡锡奎　1949029,
1949042, 1949044,
1953035

胡宣华　1994065

胡裕树　1962054,
1986080

胡愈之（胡芋之）
1931007, 1934003,
1934007, 1935013,
1936015, 1940022,
1949011, 1949017,
1949044, 1949046,
1951005, 1954002,
1954005, 1954055,
1954062, 1955002,
1955006, 1955018,
1955038, 1955070,
1956012, 1956104,
1957020, 1958002,
1958006, 1958038,
1959002, 1959033,
1961020, 1962011,

1962017, 1962042,
1962043, 1963014,
1963049, 1965012,
1965029, 1974008,
1978011, 1978015,
1978022, 1979016,
1979039, 1980010,
1980013, 1980018,
1980020, 1980026,
1980030, 1983091,
1984025, 1984027,
1986006

胡增益　1994035

胡占凡　2002023,
2002039, 2003054

胡昭广　1993067,
1995025, 1995058,
1997073

胡仲持　1947007,
1947011

华国锋　1956059

华中一　1991003

桓力行　1940002

桓许义　1940002

黄伯荣　1950034

黄昌宁　1989038,
1990039, 1993031,
1994012, 1996058,
1998043, 1999067,
2001067, 2002117

黄长水　1950062

黄得时　1955055

黄德宽　2009026

黄典诚　1950009,
1950109, 1953027,
1953040, 1954025,
1954056, 1979039

黄贵祥　1950050

黄和钧　1953026

黄河清　1997059

黄河燕　2002109

黄景钧　1996005

黄警顽　1939011

黄　侃　1985059

黄沛荣　1981002

黄荣村　1999082,
2002062

黄绍竑　1956102

黄　石　1949008

黄式鸿　1951007

黄松龄　1956012

黄锡凌　1941035

黄新彦　1947007,
1947009

黄　行　2002037,
2002056

黄炎培　1939010,
1940019, 1940026,
1949044

黄药眠　1947009

黄毅芬　1949008

黄佑源　1992130

黄郁　1950121

黄曾阳　1998059

黄执中　1956111

黄志南　1983017,
　　1983036

黄自莲　1992024

黄宗甄　1953025

霍懋征　1992020

霍应人　1935011

霍羽白　1964078

**J**

嵇绍莹　2003054

嵇文甫　1949044,
　　1956078

吉炳轩　1994047

〔日〕吉田光邦
　　1984018

季羡林　1951041,
　　1952006, 1952013,
　　1952025, 1952051,
　　1952056, 1953004,
　　1953008, 1954062,
　　1961017, 1962027,
　　1980039, 1984031,
　　1985043, 1988008,
　　1988027, 1990021,
　　1991054, 1994047,

2009034

贾援　1983086,
　　1984007

翦伯赞　1957022,
　　1957027

江超西　1957025,
　　1957027

江蓝生　1995015,
　　1996033, 2000080,
　　2000081, 2002037,
　　2005043

江泽民　1990043,
　　1992105, 1992106,
　　1995043, 1997033,
　　2000066

姜椿芳　1949034,
　　1981017, 1983077

姜树森　1982033

蒋介石　1953032

蒋南翔　1979036,
　　1980030

蒋善国　1955057,
　　1986123, 1987049

蒋绍愚　1993073

蒋希文　1954006

蒋彦士　1973016

蒋仲仁　1951014,
　　1983046, 1983073,
　　1983081, 1983086,
　　1984007

蒋仲英　1982028

蒋竹如　1955046

焦风　1933003,
　　1937001, 1937011,
　　1937015, 1938008,
　　1949034

金刀　1953029

金光　1991005

金祥恒　1934016

金有景　1983077

金兆梓　1922004,
　　1938019, 1947002

金仲华　1955029,
　　1957003, 1959001

靳光瑾　1992005,
　　2002108

景林　1941029,
　　1949044

景岩征　1956068

靖伯文　1984023

**K**

康华　1950109

康克清　1979036

康乃尔　1958019

康生　1956012

康同璧　1955060

柯仲平　1942004

奎璧　1949044

645

## L

Lan Pei 1950109

Lanwei 1950106

Lingding 1950106,
　1950115

郎钟骙 1983022

雷勃 1958053

雷简 1963028

雷洁琼 1992091,
　1994046, 1995058

雷沛鸿 1956083

黎锦晖 1919004,
　1919007, 1923002

〔美〕黎天睦 1993048

黎子流 1995058

李伯球 1947009

李长春 2002098,
　2009062

李长之 1957025

李从军 2003054

李达 1949044

李大魁 1982033

李登辉 1999034

李殿魁 1973005

李鼎铭 1941029

李方桂 1936024,
　1940032, 1987047

李赋宁 1990021

李公朴 1935013

李公宜 1988048

李光耀 1989034

李国英 2007026

李汉秋 1996005

李辉 1963049

李济深 1940026,
　1947007, 1947009,
　1949044

李继之 1956075

李家斌 1993025,
　1995022, 1995036,
　1996015, 1996017,
　1997005, 1997031,
　1997036, 1997049

李家瑞 1930012,
　1957047

李建国 1986022

李剑南 1949054,
　1955055

李金铠 1988020

李晋有 1998031

李涓子 2002117

李岚清 1994033,
　1994049, 1995005,
　1995008, 1995016,
　1995058, 1995061,
　1997072, 1999053,
　1999054, 2000038

李乐毅 1992129

李立三 1949044,
　1950058, 1950104

李绵 1942004,
　1949044

李楠 1983081

李鹏 1987057,
　1988043, 1990022,
　1992081, 1997001

李启烈 1954027

李仁 1955060,
　1955069

李荣（董少文）
　1952066, 1955095,
　1955120, 1956116,
　1957077, 1958082,
　1980002, 1982002,
　1982011, 1984031,
　1986042, 1986080,
　1987062, 1988009,
　1989019, 1991008,
　1991060, 1993022,
　1993073

李瑞 1991054,
　1994047

李森 1954050

李树文 1997072

李素丽 1998035

李唐彬 1931005

李铁映 1990034,
　1991005, 1991052,
　1992014, 1992068,
　1992106

李廷赞 1965012

李微冬 1956050

李维汉（罗迈）
　1940018, 1940019,
　1941029, 1949044

李卫红 2003035,
　2010009, 2010010,
　2010025, 2010026,
　2010032, 2010035,
　2010037, 2010040,
　2010044, 2010049,
　2011002, 2011005,
　2011030, 2011031,
　2012028, 2013015

李　文 1955060

李文治 1905005

李　鉴 1949055,
　1973005

李行健 1958037,
　1985086, 1986054,
　1986080, 1991054,
　1992019, 1993022,
　1993053, 1994013,
　1994047, 1998054,
　2000080, 2001108

李亚群 1958019

李　彦 1991024

李燕杰 1992020

李一华 1978059

李　应 1937011

李应潭 1990040

李宇明 1992005,

2001084, 2001102,
2001108, 2002037,
2002050, 2002056,
2002059, 2002074,
2002092, 2002097,
2002102, 2003075,
2003077, 2003082,
2004001, 2004013,
2004015, 2007004,
2007011, 2007019,
2007024, 2007031,
2007033, 2007038,
2008001, 2008016,
2008017, 2009038,
2009040, 2009041,
2009042, 2009045,
2009046, 2009047,
2010022, 2010043,
2011003, 2011005,
2011006, 2011019,
2011025, 2011029,
2012028

李远哲 1999082

李运昌 1949044

李曾适 1972020

李振麟 1992020

李政道 1972014

李志升 2000092

李仲汉 1983086

李仲英 1984045

李周渊 1950011

厉　兵 2004013

〔意〕利玛窦 1892001,
　1957006

梁东汉 1957045,
　1959052

梁荣茂 1949055

梁容若 1949003,
　1949054, 1951019,
　1956096, 1982028,
　1983022

梁若尘 1950062

梁实秋 1956096

梁淑芬 1983027,
　1984044, 1985089

梁威林 1956049

梁　煦 1959002

梁钰文 1987006

廖承志 1949044

廖沫沙 1956037

廖庶谦 1946011

廖维藩 1954007,
　1954010

林伯渠 1928006,
　1930009, 1931004,
　1931005, 1940018,
　1940019, 1941004,
　1941009, 1941026,
　1941029, 1949044

〔日〕林　大 1975001,
　1984018

林尔蔚 1993022

林 枫 1956012

林 庚 1990021

林汉达（林迭肯）
1944002, 1949042,
1949044, 1949046,
1950075, 1950090,
1951005, 1951014,
1951037, 1951041,
1952006, 1952007,
1952012, 1952013,
1952015, 1952019,
1952021, 1952029,
1952031, 1952045,
1952057, 1953004,
1953008, 1953018,
1953022, 1953033,
1953036, 1953050,
1954032, 1954053,
1954057, 1954060,
1954062, 1955006,
1955011, 1955018,
1955078, 1956012,
1956045, 1957020,
1962016, 1963049,
1972008

林金生 1956072

林茂灿 1980002,
1986080, 1993015,
1993073

林仁和 1955028

林书颜 1947007

林 太 1986015

林汤盘 1952005

林 焘 1955034,
1955079, 1987026,
1990021, 1998035,
1999038, 2006037

林天钧 1951042

林杏光 1994012,
1999086

林炎志 1995022,
1995036, 1995045

林 尹 1954021,
1962052, 1973005

林语堂（林玉堂）
1919004, 1923002,
1925001, 1941029,
1969002

凌纯声 1951007

凌远征 1966007,
1995078

刘炳森 2001108

刘长胜（王湘宝）
1931004, 1931005,
1937010

刘 春 1956012

刘 达 1984023

刘导生 1984025,
1984027, 1984031,
1984034, 1984039,
1985051, 1985067,
1986002, 1986027,

1986029, 1986054,
1986062, 1987007,
1987019, 1987044

刘鼎铭 1956120

刘 方 1999084

刘 复 1917007,
1919004, 1919005,
1920008, 1924004,
1925001, 1930012,
1957047

刘 杲 1991005,
1991024, 1991054

刘焕辉 1992024,
1993015

刘 坚 1986002,
1986054, 1986080,
1988009, 1991054,
1992089, 1993022,
1993073, 1994047

刘健飞 1956114

刘开瑛 1990047,
1991079, 2000090

刘连元 1993041,
2001108

刘 鹏 1998020,
1998035, 2002023

刘 平 1980013,
1980018, 1980019,
1980026, 1981018,
1982001, 1982011,
1982049

刘奇葆　1991054,
　1995043
刘如水　1950111,
　1988048
刘润清　1996031
刘善本　1949044
刘少奇　1950011,
　1952011, 1955048,
　1955062, 1958035
刘思慕　1947007,
　1947009
刘文葆　1950036
刘文哲　1956075
刘延东　1992091,
　2009062, 2011004
刘迎建　2001125
刘颖　2002119
刘涌泉　1963008,
　1963018, 1978059,
　1981014, 1982002,
　1982033, 1982034,
　1983017, 1983038,
　1983060, 1984053,
　1986060, 2003077
刘又辛　1957026
刘御　1953017,
　1954019
刘源　1978059,
　1985015, 1994066
刘泽彭　1999040
刘泽先（Maomao）

1951029, 1953005,
　1953018, 1953025,
　1953029, 1955083,
　1959053, 1980009,
　1983086, 1984007
刘兆玄　1999034,
　1999082
刘照雄　1986022,
　1989030, 1991016
刘真　1949054,
　1953003, 1955055,
　1956096, 1958028
刘正　1986034
刘倬　1989040
柳斌　1985061,
　1986002, 1986015,
　1987016, 1988040,
　1989033, 1990003,
　1990011, 1990018,
　1990032, 1991005,
　1991031, 1991044,
　1991045, 1991048,
　1991054, 1992003,
　1992015, 1992024,
　1992085, 1992105,
　1992106, 1993034,
　1994002, 1997072,
　1998031, 1999075,
　2002035, 2002057,
　2005043
柳斌杰　2003076,

2004010
〔朝〕柳烈　1955095
柳湜　1941029,
　1949044
柳亚子　1935013,
　1947006
柳野青　1956060
龙果夫（А.А.Драгунов）
　1930009, 1931004
龙鸿志　1954064
龙庆忠　1950034
娄光琦　1956049
楼炳芳　1950036
楼适夷　1931007
卢前　1940010
〔新加坡〕卢绍昌
　1993048
卢正义（政义）
　1941029, 1949044,
　1950035, 1950090
卢芷芬　1952057
卢钟鹤　1992103,
　1993034
卢戆章　1892001,
　1893001, 1898001,
　1905001, 1906002,
　1928011
鲁迅　1917007,
　1930002, 1931001,
　1934005, 1934012,
　1935005, 1935013,

1936008, 1936009,
1936017, 1950068
陆定一 1949044,
1950011, 1956012,
1956102
陆费逵 1909004,
1915006, 1921002,
1941036
陆高谊 1939011
陆俭明 1988027,
2000080, 2001108
陆汝钤 1992120
陆万美 1956120
陆衣言 1920005
陆以正 2002028
陆宇澄 1990018
陆志韦 1937002,
1947019, 1949010,
1949017, 1949029,
1949035, 1949040,
1949042, 1949044,
1949046, 1950018,
1950075, 1951005,
1951041, 1951043,
1952006, 1952053,
1953008, 1953012,
1953036, 1954004,
1954006, 1954020,
1954053, 1954062,
1955017, 1955018,
1955095, 1956004,

1956015, 1956069,
1957012, 1957018,
1957020, 1957079,
1958016, 1970016
陆致极 1990052
陆宗达 1955095,
1956015, 1982028,
1995035
路易·艾黎 1984031
吕必松 1983017,
1983046, 1985016,
1986054, 1986080,
1987046, 1990022,
1991005, 1991054,
1993048, 1994047,
1998035
吕福源 1998035,
1999004, 1999041,
1999045, 1999074
吕冀平 1985016,
1986080, 2000016
吕 良 1940001,
1956041
吕振羽 1962023
罗葆基 1951003
罗常培 1913001,
1924004, 1931008,
1936024, 1941034,
1949017, 1949029,
1949042, 1949044,
1949046, 1949051,

1950012, 1950075,
1950119, 1951005,
1951033, 1951041,
1952006, 1952012,
1952019, 1952029,
1952031, 1952032,
1952045, 1952046,
1952047, 1952053,
1953050, 1954003,
1954027, 1954034,
1954062, 1955018,
1955092, 1955095,
1956012, 1956015,
1956036, 1956123,
1957020, 1957081,
1958002, 1958004,
1958072, 1959012,
1999046
罗季光 1952063
罗家伦 1953032,
1954007, 1954010,
1969005
罗 俊 1965012
罗隆基 1956102
罗绍曾 1991031
罗淑芬 2002007
罗振玉 1957049
罗振銮 1957049
〔奥地利〕罗致德
1981031

罗竹风 1950015,
1959001, 1961017,
1980039, 1981017,
1983012, 1986101,
1992108, 1996043

洛 甫 1940018

骆 瑛 1957020

# M

Mali G. Xang 1950061

M. M. 阿勃拉姆孙（马
孙） 1931004

M. Y.（张勉予）
1952002

马大猷 1961017,
1963028, 1979036,
1980010, 1980026,
1983017, 1983022,
1984004, 1985051,
1986054, 1991054,
1992020, 1994047

马 丁 1949052,
1950111

马惇靖 1956111

马 鉴 1939004,
1947007, 1947009,
1950062

马克来克·玉买尔拜
1989042

〔苏联〕马里采夫
1955095

马 立 1991054,
1994026, 1994047

马庆雄 1991005,
1991054, 1993015,
1994047

马庆株 2003077

马颂德 2000080

〔意〕马西尼 1997059

马希文 1986002,
1986054, 1986080,
1987069

马叙伦 1947002,
1947005, 1949031,
1949044, 1949046,
1950119, 1951005,
1951041, 1952006,
1952011, 1952013,
1952033, 1952039,
1952047, 1953008,
1953022, 1953028,
1954062, 1955065,
1956102, 1970009

马学良 1957022,
1957073

马寅初 1956017

马英九 2000053,
2002062

马有岳 1951017

马紫笙 1956075

麦若鹏 1950075,
1950119

麦耀云 1950100

毛岸青 1950076

毛成栋 1982033

毛承恩 1950034

毛泽东 1935013,
1938010, 1940004,
1940018, 1940019,
1941008, 1944005,
1949031, 1950013,
1950056, 1950065,
1951022, 1951041,
1952006, 1952011,
1953004, 1953008,
1955046, 1956009,
1956011, 1958078,
1961018, 1973009,
1980017, 1983088,
1983092

毛子水 1953003,
1953019, 1958028,
1967004, 1971002

茅盾（沈雁冰）
1935008, 1935013,
1937004, 1940018,
1941016, 1949042

茅以升 1957022

梅兰芳 1956012

梅 益 1956012,
1983017, 1984017,

1984031

梅祖麟　2000053

孟吉平　1990034,
1991016, 1992047,
1994002, 1995061,
1996017, 1996038,
1996042, 1997027,
1997030, 1997036,
1997058, 1997062,
1997073, 1998012,
1998026, 1999006,
1999007, 1999010,
1999019, 1999031,
1999039, 1999061,
1999075, 2000080

孟宪承　1957003

莫天随　1982048

莫　循　1956041

穆　超　1970007,
1972012


**N**


倪海曙（基达、N. Xs.）
1910006, 1938001,
1938002, 1939007,
1941011, 1945002,
1946001, 1946008,
1947014, 1947015,
1948004, 1949002,
1949005, 1949023,

1949025, 1949034,
1949037, 1949044,
1949046, 1949050,
1949052, 1950028,
1950045, 1950047,
1950074, 1950082,
1950102, 1950111,
1950116, 1950117,
1951006, 1951011,
1951016, 1951018,
1951038, 1952003,
1952016, 1952035,
1952048, 1952055,
1953016, 1954004,
1954009, 1954018,
1954022, 1954044,
1955017, 1955018,
1956082, 1957020,
1957069, 1958067,
1959013, 1959014,
1961004, 1963049,
1966007, 1966009,
1975009, 1978045,
1979017, 1979039,
1980005, 1980007,
1980010, 1980013,
1980018, 1980019,
1980023, 1980026,
1980029, 1980030,
1980035, 1980036,
1981015, 1981017,
1981018, 1981021,

1981022, 1982002,
1982011, 1982013,
1982038, 1982040,
1982048, 1982049,
1983022, 1983027,
1983029, 1983041,
1983042, 1983050,
1983052, 1983053,
1983059, 1983073,
1983077, 1983086,
1984007, 1984010,
1984013, 1984018,
1984022, 1984023,
1984025, 1984027,
1985025, 1985051,
1986054, 1987051,
1987076, 1988007,
1991078, 1998006

倪康华　1950100,
1950101

聂绀弩　1949044,
1954062

聂国清　1956060

聂　真　1949032,
1949042, 1949044,
1949046, 1949051,
1953035


**O**


欧阳觉亚　1981041

欧阳山 1941029,
　1950101, 1956049
欧阳武 1956041
欧阳予倩 1956015

**P**

潘　古 1956083
潘隽之 1950009
潘梓年 1946004,
　1949044, 1955107
彭　冲 1987057
彭楚南 1952049,
　1952052, 1953030,
　1954016
彭道真 1950075
彭珮云 1984034,
　2000014
彭畏三 1956114
彭泽民 1947009
彭　真 1949044,
　1949046
平　明 1957068
平　心 1937015
濮存昕 1998035

**Q**

齐璧亭 1956075
齐建秋 1956079
齐　力 1959046

齐铁恨 1944002,
　1944003, 1946010,
　1949003, 1949054,
　1951019, 1953020,
　1955055, 1955075,
　1956096, 1968002,
　1971002
齐望曙 1950051
齐燕铭 1978022
齐泳冬 1965029
齐　越 1956015,
　1981017, 1982028
祁建华 1952017
祁致贤 1953048,
　1955055
启　功 2002063,
　2004010
千家驹 1947003,
　1947007
钱伯城 1992024
钱　锋 1978032,
　1990051
钱俊瑞 1937015,
　1949044, 1949046,
　1950037, 1950043,
　1956012, 1956102
钱其琛 2001088
钱三强 1983017,
　1991031
钱伟长 1980010,
　1980026, 1981014,

1984013, 1995058,
　1996005, 2006041
钱杏邨（阿英）
　1930002
钱玄同 1917005,
　1917007, 1918001,
　1919004, 1919005,
　1919006, 1919007,
　1922001, 1923002,
　1923003, 1923004,
　1925001, 1928005,
　1928007, 1934002,
　1935007, 1937025,
　1939014, 1957066
钱学森 1986008,
　1988040, 1994021
钱亦石 1935013
钱正英 1996005
清格尔泰 1985043
裘克安 1983017
裘斯（Martin Joos）
　1934017
裘锡圭 1986080,
　1988056, 1991005,
　1991055, 1995015,
　2000080
曲乃生 1956078
瞿秋白（瞿维托）
　1928006, 1929001,
　1929002, 1930005,
　1930009, 1930016,

1931003, 1935003,
1957066

**R**

饶秉才　1981041
饶思诚　1956041
任鸿隽　1940026
任可澄　1926003
任莲溪　1965029
任溶溶　1981017
任以奇　1949025,
　1949034, 1949052,
　1950005, 1950040,
　1950111
任仲夷　1985003,
　2001014
任　重　1949008
容　庚　1936018
汝　信　1991054,
　1994047
芮逸夫　1951007

**S**

Silin　1937014
萨空了　1946009,
　1947007, 1947009,
　1949044, 1956012,
　1965012, 1983017
赛福鼎　1949044

沙学浚　1967003
沙一穹　1954051
单耀海　1993022
单周尧　1987006
商承祚　1950034
少　波　1950122
邵力子　1940026,
　1949044, 1951033,
　1954002, 1954005,
　1954032, 1954062,
　1955065, 1956012,
　1956102, 1957020,
　1957071, 1962024,
　1967005
邵式平　1956041
邵玉铭　2001069
沈家英　1983017
沈兼士　1919004,
　1933006, 1947018
沈钧儒　1940006,
　1940019, 1940026,
　1949044
沈雁冰　1935013,
　1949031, 1949044,
　1949046, 1955065,
　1955089, 1956012,
　1956102, 1981008
沈　颐　1919004,
　1928005, 1928007,
　1936025
沈亦珍　1956096

沈尹默　1955057
沈肇年　1956060
沈志远　1947009
盛玉麒　2003077
施效人　1950109,
　1964024, 1965002
石奉天　1992020
石厚高　2002018
石凌鹤　1956041
石西民　1959001
石云程　1986002
石兆棠　1956083
时绍五　1956080
史定国　2004013
史汉武　1949004,
　1949014, 1951002
〔苏联〕史萍青
　（А.Г.Шпринцин）
　1928006, 1931004
史习江　2002037
史有为　1983077
舒兹基　1930016
舒舍予（老舍）
　1952039, 1955065,
　1956012, 1956015,
　1956102, 1958046
舒文豪　1992116
舒新城　1936025,
　1957003, 1960053
司徒美堂　1949044
思　弥　1961001

斯　霞　1992024

宋美龄　1951019

宋　平　1993007

宋庆龄　1941018,
　　1953001

宋云彬　1947009

苏步青　1991003

苏　红　1949052,
　　1950111

苏培成　1984054,
　　1994067, 1995075,
　　2002096, 2003077

孙邦正　1955055

孙承佩　1956037

孙德宣　1982028,
　　1982033, 1993022

孙伏园　1950027,
　　1954013

孙海波　1934016

孙家正　1994050,
　　1996033, 1997072

孙建一　1985047

孙景华　1956059

孙　科　1940019,
　　1941029

孙乐宜　1959002

孙茂松　2003050

孙培良　1944003

孙起孟　1991005,
　　1991024, 1995058

孙先德　2003076

孙星明　2002118

孙修章　1982028

孙冶方　1950068

孙　用　1950036

孙中山　1953041

孙　竹　1983077


**T**


唐　健　1956085

唐　捷　1959005

唐　兰　1949020,
　　1949043, 1949056,
　　1956026, 1957004,
　　1957017, 1957020,
　　1957022, 1979055

唐　麟　1956059

唐守愚　1982001,
　　1982002, 1982011,
　　1982033, 1982034,
　　1982049, 1983041,
　　1983077, 1984025,
　　1984027, 1984031,
　　1984034, 1992124

唐　弢　1949023

唐亚伟　1953045

陶　静　1980026

陶　坤　1953025,
　　1957022

陶　伦　1978024

陶孟和　1956102

陶　澎　1956085

陶行知　1935012,
　　1935013, 1938020,
　　1941029

陶燠民　1930015

滕　藤　1988040,
　　1990022, 1992068

天　宝　1949044

田　汉　1949044

田　家　1946002

田君亮　1956085

田立新　2011019,
　　2011024, 2011025,
　　2011029, 2012019,
　　2013005, 2013018,
　　2013023

田乃钊　1950090,
　　1950091

田世忠　1998035

田淑兰　2003035

田希宝　1991054

田小琳　1985090

铁木尔·达瓦买提
　　1988042

同向荣　1998035

〔英〕佟秉正　1993048

佟乐泉　1983086

童春发　1949055

## W

William Berges
1950019
万　里　1982064,
1986002
汪成为　1986041,
2000080
汪德耀　1972020
汪东林　1996005
汪家镠　1998031,
2000014, 2002039
汪懋祖　1934003
汪小川　1983017
汪　怡　1919004,
1919007, 1923002,
1923004, 1925001,
1928005, 1928007,
1949003, 1955055,
1960036
王伯熙　1991005,
1991050, 1991055
王伯祥　1957025,
1957027
王昌希　1931005
王朝文　1998031
王澄水　1980035
王纯山　1992024
王翠叶　2007004,
2007048, 2008008,

2008035, 2009041,
2009051, 2011003,
2011006
王丹卉　2009051,
2011024
王凤阳　1989049
王奉璋　1956080
王佛松　1991054,
1994047
王福祥　1996031
王福元　1983017,
1983036
王光英　1994050
王国维　1905006,
1921004, 1927001
王　宏　1938001
王洁宇　1955055
王静如　1932004
王　炬　1940028,
1954035, 1955055
王开铸　1985083
王　匡　1956049
王昆仑　1940026
王乐泉　2003058
王理嘉　2003077
王力（了一）　1924004,
1936003, 1936010,
1936023, 1940030,
1944007, 1950101,
1954027, 1954062,
1955017, 1955018,

1956012, 1956069,
1956104, 1957012,
1957018, 1957020,
1957053, 1957078,
1958002, 1958004,
1958079, 1961017,
1962053, 1963059,
1965035, 1978011,
1978022, 1978027,
1979016, 1979036,
1979039, 1979050,
1980010, 1980013,
1980018, 1980019,
1980020, 1980026,
1980030, 1980036,
1980039, 1980045,
1981017, 1981018,
1981022, 1981031,
1981038, 1982001,
1982002, 1982011,
1982028, 1982033,
1983016, 1983017,
1983022, 1983029,
1983059, 1983077,
1984023, 1984025,
1984027, 1984031,
1985051, 1986036,
1988008, 1988017,
1990021, 2000045
王立达　1959049
王立军　2009041,

2011024

王 珉 2001047

王 明 1940018

王 谟 1954035

王 宁 1999084,
2001108, 2002059,
2002075, 2004015,
2006024, 2007011,
2007019, 2007023,
2007033, 2009026,
2009040, 2009041,
2009042, 2010043,
2010049, 2011004

王 平 1949034

王屏山 1983087,
1987007

王 璞 1915001,
1915004, 1919004,
1920005, 1920009,
1923004

王 奇 2011025,
2013005

王清正 1956066

王庆淑 1986054

王士元 1986005,
2000053

王寿康 1949054,
1950125, 1951019,
1953003, 1955055,
1956096, 1968002

王泗原 1950075

王铁琨 2001108,
2002037, 2002044,
2002049, 2002059,
2002075, 2002092,
2002099, 2002108,
2003018, 2003065,
2003079, 2003082,
2003084, 2004001,
2004006, 2004015,
2007004, 2007011,
2007019, 2007024,
2007026, 2007027,
2007033, 2007038,
2008001, 2008008,
2008016, 2008017,
2009040, 2009045,
2010022

王同亿 1993042

王 伟 1998035

王希林 2002092

王熙元 1976008

王 显 1955041

王小丫 2002085

王晓龙 1990046

王晓明 2002105

王新宪 2010032

王兴国 1949044

王星舟 1955055

王 选 1985077,
2003076

王选才 1995058

王 羊 1955034

王 揖 1982002

王 益 1949015,
1949034, 1950002,
1950111, 1992020

王荫柽 1953033

王 镆 1987057

王永成 1991080

王永民 1981036

王幼境 1951016

王禹夫 1940001

王玉川 1937014,
1937018, 1938008,
1944003, 1949054,
1953020, 1955055,
1968002

王 越 1963049

王芸生 1956012,
1961017, 1978011

王 湛 2000022,
2000038, 2000047,
2000080, 2000081,
2001017, 2001023,
2003035

王 照 1900001,
1901001, 1903001,
1904001, 1904002,
1904003, 1904004,
1905003, 1905004,
1907001, 1910002,
1913001, 1957066

王　哲　1956114

王　震　1979036

王芝九　1950090

王志方　2000041

王中青　1956057

王竹溪　1980010,
　　1980026, 1981022,
　　1983008

王子野　1992020

王自强　1983054

王宗柏　1982033

王祖成　1986040

王遵明　1956031

韦悫（韦捧丹）
　　1939011, 1950091,
　　1951005, 1951014,
　　1951039, 1951041,
　　1952006, 1952012,
　　1952019, 1952025,
　　1952029, 1952031,
　　1952032, 1952039,
　　1952045, 1952047,
　　1953012, 1953022,
　　1953028, 1953036,
　　1953037, 1953038,
　　1953050, 1953051,
　　1954005, 1954009,
　　1954011, 1954031,
　　1954032, 1954034,
　　1954053, 1954055,
　　1954062, 1955006,

1955011, 1955014,
1955018, 1955070,
1955087, 1955092,
1955099, 1956012,
1956084, 1957012,
1957017, 1957018,
1957020, 1957051,
1957073, 1958002,
1958038, 1958046,
1958066, 1959033,
1959037, 1962018,
1963014, 1963049,
1976006

魏敷滋　1956047

魏　晖　2009042

魏建功　1928005,
　　1928007, 1940010,
　　1944003, 1945001,
　　1945003, 1947005,
　　1947016, 1949021,
　　1949044, 1949046,
　　1950075, 1950119,
　　1951014, 1951041,
　　1952006, 1952009,
　　1952012, 1952013,
　　1952019, 1952025,
　　1952045, 1952051,
　　1952052, 1952053,
　　1952056, 1953004,
　　1953008, 1953010,
　　1953012, 1953017,

1953051, 1953053,
1954032, 1954062,
1955006, 1955011,
1955017, 1955019,
1955022, 1955084,
1956012, 1956015,
1957012, 1957020,
1957042, 1957073,
1958002, 1959015,
1962016, 1962028,
1980004

魏金枝　1949023

温端政　1986080

温家宝　2010049,
　　2011004

温知新　1955060

文　炼　1955119

闻　心　1934006

翁独健　1956037

渥　丹　1946002

乌兰夫　1949044

巫凌云　1965022

吴伯箫　1940001

吴大琨　1962021

吴大立　1946002

吴多泰　1978062,
　　1980056, 1989045,
　　1995056, 2006019,
　　2008019

吴　晗　1956037

吴家象　1956031

吴甲丰　1978023

吴　坚　1956111

吴建一　1965023

吴冷西　1956012

吴立德　1997081

吴廉铭　1950050,
　　1950098

吴　青　1982028

吴世昌　1983022

吴守礼　1944003,
　　1951007, 1955055

吴　畏　1952046

吴蔚天　1999085

吴文祺　1950111,
　　1956015, 1979016,
　　1981017

吴晓铃　1951041,
　　1952006, 1952012,
　　1952029, 1952031,
　　1952053, 1953008,
　　1956015

吴研因　1950091,
　　1950119, 1962019

吴贻芳　1956079,
　　1963049, 1963051

吴玉章　1928006,
　　1930009, 1931004,
　　1931005, 1940001,
　　1940004, 1940007,
　　1940018, 1940019,
　　1941002, 1941025,

1941029, 1942004,
1949017, 1949024,
1949026, 1949029,
1949031, 1949032,
1949034, 1949042,
1949044, 1949045,
1949046, 1949051,
1950032, 1950056,
1951041, 1952006,
1952011, 1952012,
1952019, 1952029,
1952032, 1952039,
1952045, 1952047,
1952053, 1953008,
1953012, 1953022,
1953028, 1953035,
1953036, 1953037,
1953043, 1953050,
1953051, 1954005,
1954024, 1954031,
1954032, 1954053,
1954055, 1954059,
1954062, 1954065,
1955006, 1955011,
1955018, 1955032,
1955041, 1955048,
1955059, 1955088,
1955089, 1955107,
1956001, 1956006,
1956009, 1956012,
1956031, 1956098,

1957066, 1958008,
1958010, 1958038,
1958046, 1958062,
1959001, 1959008,
1959010, 1959031,
1959037, 1959043,
1959051, 1960028,
1960041, 1960050,
1962043, 1963014,
1963049, 1964012,
1964045, 1964048,
1966015, 1978049,
1978057, 1983090,
1983091, 1987057,
1988046

吴　钰　1983022

吴泽炎　1965029

吴　昭　1946002

吴稚晖　1896001,
　　1897002, 1912001,
　　1913001, 1919004,
　　1919007, 1919008,
　　1920005, 1923004,
　　1928001, 1928005,
　　1928007, 1930001,
　　1930003, 1930004,
　　1935015, 1941029,
　　1947001, 1949021,
　　1953041

吴宗济　1948008,
　　1963060, 1986110,

1990021, 1993073

伍仁言 2001014

〔日〕武部良明
1981032, 1982061

武 木 1949006

## X

习仲勋 1962011,
1987057

〔波兰〕夏伯龙
1955095

夏 渌 1990029

夏青（耿绍光）
1982011, 1982028,
1983022, 1983029,
1986054, 1990001,
1991054, 1992020

夏秀蓉 1998017

夏衍（沈端先）
1930002, 1956012

夏 莹 1996058

夏征农 1983012

相 望 1953029

项 南 1955065

肖 华 1950060

肖隽英 1956049

肖敏颂 1956059

萧 聪 1949034

萧国政 2001124

萧 华 1956012

萧家霖 1919004,
1928005, 1949044,
1953017

萧 三 1928006,
1930009, 1931005,
1933003, 1940001,
1940018, 1941025,
1941029, 1942004,
1949029, 1949042,
1949044, 1949046,
1956012, 1983011

萧寿民 1947007

萧向荣 1950085

萧 璋 1957025,
1961017, 1990021

谢栋元 1999084

〔苏联〕谢尔久琴柯
1955089, 1955095

谢 华 1950009

谢觉哉 1937012,
1940018, 1949044,
1953035, 1956012

谢俊清 1972020

谢丽娟 1990032,
1995058

〔新加坡〕谢世涯
1989004

谢无量 1957027

解玉田 1956057

辛安亭 1950050,
1951039

辛 丁 1946002

邢福义 1986080,
1990029, 1993015,
1997039, 2000080

邢公畹 1949019,
1949044, 1986080,
1994039, 2004009

邢世忠 2003076

邢舜田 1949052

熊兆仁 1956054

熊正辉 1986080

徐楚波 1962019

徐 复 2006030

徐嘉瑞 1956120

徐近霈 1993081

徐世荣 1956015,
1956028, 1958052,
1959037, 1963049,
1978027, 1980023,
1981031, 1982011,
1982018, 1982028,
1983027, 1990053

徐思益 1986091,
1993015

徐特立 1935013,
1937010, 1940018,
1940019, 1941027,
1941029, 1942004,
1948005, 1949029,
1949044, 1949046,
1953035

徐天亮　2002023

徐天约　1980035

徐通锵　2006044

徐　昕　1955065

徐则敏　1934015

徐志坚　1995058

徐志敏　1982022

徐中舒　1986049

徐仲华　1965027,
　1978024, 1982028,
　1991005, 1992035

许宝华　1965027

许德珩　1956102

许德民　2000052

许德瑗　1956041

许地山　1919004,
　1939004, 1940003,
　1941007, 1941010,
　1941013, 1941014

许广平　1955065,
　1956102

许嘉璐　1990011,
　1991054, 1992024,
　1993015, 1994020,
　1994045, 1994047,
　1994050, 1995025,
　1995041, 1995058,
　1995060, 1995061,
　1996014, 1996020,
　1996031, 1996033,
　1997001, 1997049,

1997050, 1997055,
1997072, 1997073,
1998003, 1998020,
1998035, 1998042,
1999040, 1999045,
1999064, 2000014,
2000080, 2000081,
2001080, 2002002,
2002037, 2002070,
2003076, 2003081,
2004013, 2006029

许孔时　1981014

许梦因　1934003

许世瑛　1956096

许中（许钟毅）
　1938001, 1950084

续　梅　2009040

宣　节　1950071

薛喜民　2002108


**Y**


燕宗昭　1950044

延焕梧　1964048

严家淦　1970017

严隽琪　2003067

严学宭　1980039

岩明远　1987016

阎沛森　1981014

羊汝德　1970015

杨秉一　1991012

杨　琛　1986015

杨　光　1998022,
　1998026, 1999006,
　1999008, 1999024,
　1999061, 2000024,
　2001002, 2001054,
　2001064, 2001089,
　2002009, 2002023,
　2002037, 2002050,
　2002053, 2002078,
　2002084, 2002086,
　2002087, 2002088,
　2002096, 2002107,
　2003022, 2003023,
　2003034, 2003035,
　2003044, 2003047,
　2003054, 2003057,
　2003077

杨吉甫　1958019

杨纪珂　1986021,
　1991005, 1993015,
　1994001, 1996033

杨建平　1947007,
　1947009

杨静仁　1949044

杨觉民　1972020

杨恺任　1981011

杨康华　1956049

杨沐昀　2000092

杨其华　1937010

杨其铣　1949055

杨时逢 1948008,
　1974015

杨曙望 2000080

杨树达 1922001,
　1930014, 1956030

杨顺安 1986080,
　1993073

杨泰芳 1988040

杨贤足 1991054,
　1994047

杨泳沂 1986092,
　1987008

杨肇燫 1953025

杨祚德 1991082

姚德怀 1974001,
　1982048, 1996032

姚居华 1937014

姚　峻 1987032

姚世全 1993014

姚天顺 1995074

姚喜双 2000080,
　2002037, 2002096,
　2009042, 2009047

姚孝遂 1990029

姚依林 1942003

叶楚强 1965015

叶丁易（丁易）
　1949017, 1949029,
　1949042, 1949044,
　1949046, 1950039

叶恭绰 1950097,

1951041, 1952006,
1952013, 1952025,
1952051, 1952052,
1952056, 1953004,
1953008, 1953010,
1953037, 1953043,
1953051, 1954005,
1954031, 1954032,
1954055, 1954062,
1955006, 1955011,
1955019, 1955089,
1956012, 1956017,
1956031, 1956102,
1957020, 1968004

叶谷虚 1923002

叶籁士（包叔元、索
　原、潘古干、余学文、
　罗甸华） 1931007,
1934004, 1934009,
1935002, 1935004,
1935011, 1935014,
1937001, 1937011,
1937018, 1938008,
1941029, 1949015,
1949034, 1949044,
1949046, 1950111,
1954002, 1954004,
1954020, 1954030,
1954034, 1954049,
1954051, 1954062,
1955004, 1955006,

1955018, 1956004,
1956012, 1957020,
1959033, 1959045,
1959051, 1962028,
1962035, 1962037,
1962042, 1962045,
1963007, 1963014,
1963017, 1963021,
1963038, 1963049,
1965012, 1972003,
1972019, 1973021,
1973022, 1979016,
1979017, 1979039,
1980010, 1980013,
1980018, 1980019,
1980020, 1980023,
1980026, 1980029,
1980030, 1980035,
1981017, 1981018,
1981022, 1981029,
1982011, 1982048,
1982049, 1982076,
1983022, 1983027,
1983029, 1983041,
1983053, 1983059,
1983077, 1983086,
1983089, 1983091,
1984007, 1984013,
1984017, 1984025,
1984027, 1984031,
1985051, 1986054,

1987051, 1988057,
1991054, 1991078,
1994006

叶启芳　1950062

叶圣陶（叶绍钧）
1935013, 1937004,
1947002, 1947005,
1949017, 1949029,
1949042, 1949044,
1949046, 1949051,
1952031, 1954032,
1954033, 1954062,
1955006, 1955011,
1955050, 1956012,
1956033, 1956102,
1957020, 1958002,
1961017, 1961020,
1962016, 1962028,
1963049, 1963051,
1964048, 1980026,
1980030, 1981022,
1983017, 1988002

叶　挺　1937022

叶至善　1992091,
1996033

〔日〕伊东正义
1984018

伊　凡　1953018

宜　闲　1949008

亦　文　1937001

易熙吾　1952009,

1952013, 1953049

易作霖　1923002

阴法鲁　1990021

殷焕先　1950077,
1950109, 1954064,
1955106, 1979039

尹斌庸　1983046,
1984054, 1995075

尹蔚民　2002023,
2003054

〔日〕永井道雄
1984018

游弥坚　1955055

于　斌　1972001

于根元　1992005,
1992127

于　浩　2000092

于　力　1949044

于庆和　1986054,
1991054, 1994047

于天放　1956066

于　玮　2000071

于夏龙　1978031

于友先　1994046

余伯泉　1997079

鱼　讯　1956068

俞　敏　1951005,
1953013, 1982028,
1986080, 1990021

俞平伯　1949023,
1957022

俞士汶　1990026,
1998052, 2003091

俞子夷　1956050

喻世长　1954069

袁贵仁　2001034,
2001047, 2001051,
2001080, 2001089,
2001108, 2002008,
2002009, 2002023,
2002030, 2002037,
2002053, 2002057,
2002084, 2002092,
2003010, 2003023,
2003026, 2003034,
2003035, 2003044,
2003054, 2003076,
2003077, 2003082,
2004001, 2004003,
2004010, 2004013,
2010020, 2010044,
2010049, 2011025,
2012021

袁翰青　1953013,
1953017, 1953025,
1963049, 1981017,
1983017, 1983036,
1990011

袁家骅　1952063,
1957027, 1960009

袁　琦　1997051

袁微子　1983086,

1986002
袁晓园 1980008,
  1989051, 1990011,
  1991042, 1992020
袁行霈 2004010
乐嗣炳 1923003,
  1934006

## Z

曾荣汾 1995070
曾世英 1956118,
  1961017, 1963036,
  1963049, 1965012,
  1965013, 1978022,
  1980010, 1981017,
  1981022, 1982033,
  1983017, 1983029,
  1984004, 1984031,
  1985051, 1986002
曾宪通 1986080
曾逸梅 1950009
曾永森 1981005
曾运乾 1945005
曾昭抢 1953029,
  1955065, 1956012
曾志朗 2000064,
  2001012, 2001013
詹伯慧 1950034,
  1981040, 1991027,
  1992024, 1993015

〔瑞典〕詹斯·奥武德
  （Jens Allwood）
  1984037
詹卫东 2000091
张爱萍 1982050
张保庆 2003035
张毕来 1953052
张勃川 1949044
张朝炳 1980017
张成功 1931005
张承先 1979036,
  1982013
张 冲 1949044
张德庆 1956031
张恩俊 1965012
张 庚 1934003
张 弓 1979016
张广权 1954014,
  1955055
张国器 1965012
张国声 1956047
张洪年 1972023
张惠芬 1983017,
  1983036, 1983073
张际春 1965012
张继祖 1941029
张建宗 2002045
张静贤 1992126,
  1992130
张俊生 1996014
张 琨 1947017

张立达 1956080
张连珍 1994047
张 蒙 1994047
张 猛 1995064
张明理 1931007
张明炜 1954012
张鸣镛（Zhamiyng）
  1950036, 1950109
张 朋 1980057
张 普 1992097,
  1992121, 2001067
张其浚 1978059
张清常 1990021
张 全 2001124
张人表 1952039
张锐光 1950083,
  1950086, 1950115
张瑞权 1959002
张士一 1920005
张世禄 1938019,
  1938022, 1957039,
  1979016, 1981017
张世平 2002009,
  2002020, 2002053,
  2002086, 2002087,
  2003023, 2003034,
  2009042
张寿康 1982033
张书岩 2001041,
  2004013, 2004015
张曙时 1941029

张舜徽 1990029

张 颂 1990001,
　　1995015

张同光 1950036

张万彬 1986022

张为纲 1950034

张伟江 2000069

张 文 1947009

张文范 1991054,
　　1994047

张文松 1982013,
　　1982028, 1983017,
　　1983022

张闻天 1938010

张希文 1955055

张奚若 1955065,
　　1955089, 1956012,
　　1956102, 1956115,
　　1957012

张席珍 1955055,
　　1970001

张系国 1972020

张 相 1945004

张晓兰 2003054

张孝裕 1955055,
　　1972022

张效祥 1998057

张修竹 1955065

张秀熟 1958019,
　　1963049

张学涛 1974008

张洵如 1950052

张 雁 1949007

张怡荪 1987057

张永言 1992024,
　　1993015

张友渔 1949044,
　　1980010, 1980013,
　　1980018, 1980019,
　　1980020, 1980026,
　　1980030, 1981017,
　　1981018, 1981022,
　　1982001, 1982002,
　　1982049, 1983017

张育泉 1995076

张远荫 1923002

张 照 1949044,
　　1949046, 1950026,
　　1951014, 1953035,
　　1965035

张振兴 1986080,
　　2001108

张 芷 1950067,
　　1950109, 1951010

张志公 1953052,
　　1954068, 1958013,
　　1961017, 1979036,
　　1980010, 1980026,
　　1981017, 1981022,
　　1982028, 1982033,
　　1983022, 1983073,
　　1983077, 1983086,

1990021, 1991042,
1991054, 1992020,
1992035, 1992091,
1992097, 1992108,
1993015, 1994047,
1994051, 1995015,
1997082

张仲实 1965012

张轴材 2002043,
　　2002064, 2002092,
　　2002105

张宗麟 1950091

章炳麟 1908005,
　　1913001, 1917008,
　　1936022

章锡琛 1898003,
　　1947005

章新胜 2003035

赵 诚 1999084

赵赓飏 1951003

赵可铭 1991054

赵克勤 1993022

赵慕昂 1982011

赵平生 1954062,
　　1955004, 1955006,
　　1957020, 1962016,
　　1962028, 1963049,
　　1965029, 1973021,
　　1981022

赵沁平 2003082,
　　2006024

赵士琦 1991025

赵铁军 2000094

赵友培 1953003,
　1955055, 1956096

赵元任 1919004,
　1920005, 1921003,
　1923002, 1923003,
　1923004, 1924002,
　1925001, 1928005,
　1928009, 1934017,
　1936024, 1939009,
　1941005, 1941029,
　1948008, 1957066,
　1965036, 1968006,
　1980052, 1982007,
　1992094, 1992098

赵振西 1990040

照那斯图 1986054

〔日〕折敷濑兴
　1984030

甄建民 1981014

郑伯奇 1930002

郑　奠 1955095

郑奋鹏 1972022

郑锦全 2000053

郑君实 1937011

郑坤廉 1947007

郑良伟 1949055

郑梅林 1950120

郑书祥 1956054

郑易里 1981036,

1992115

郑　芸 1956031

郑振铎 1947005

郑之东（Linxi、林曦、
　郑林曦） 1949044,
　1950042, 1950091,
　1950092, 1950109,
　1951005, 1951014,
　1951023, 1951037,
　1952006, 1952007,
　1952012, 1952013,
　1952031, 1952034,
　1952039, 1952050,
　1953035, 1953049,
　1953051, 1954004,
　1954025, 1955088,
　1956077, 1959015,
　1959046, 1982048

支秉彝 1978032,
　1978059, 1981014,
　1984026

钟秉林 2004010

钟惠澜 1956031

钟露昇 1955055

钟兆琥（Zh. Zhx）
　1950024, 1950047,
　1950098

仲哲明 1989033,
　1990003, 1990018,
　1990034, 1991013,
　1991016, 1991024,

1991025, 1991054,
　1992003, 1992015,
　1992068, 1992085,
　1992106, 1993013,
　1993034, 1993067,
　1993068, 1993070,
　1994026, 1994047,
　2000080

周辨明 1923002,
　1937013, 1941029

周秉清 1956103

周殿福 1963060

周定一 1950119,
　1952027

周法高 1951007,
　1959055

周　刚 1956092

周谷城 1983012,
　1990022

周冠华 1971003

周　光 1959002

周浩然 1950084

周　何 1973005

周　济 2002070,
　2003034, 2003035,
　2003037, 2003054,
　2005044, 2009019

周建人（克士、木公）
　1939011, 1945002,
　1946004, 1949023,

1956012, 1956028,
1956031, 1956102

周　杰　1956060

周梦贤　1961009

周明甫　2003076

周慕尧　1998017,
2001020, 2001081

周培源　1983017,
1985026

周松源　1931005

周天健　1982048

周铁农　1997049,
2002057

周无忌　1981041

周新武（李朴）
1949015, 1949034,
1950111, 1950116,
1956012, 1956028

周亚卫　1957022,
1957025, 1957027

周　扬　1935013,
1940018, 1941029,
1949044, 1956012,
1956102

周耀文　1950034,
1953013, 1965022

周有光（任言信）
1950020, 1950064,
1950068, 1950077,
1950078, 1950082,
1950086, 1950087,

1950109, 1950120,
1951027, 1952028,
1954027, 1955018,
1955022, 1955037,
1955042, 1955054,
1955069, 1956004,
1956012, 1956015,
1956095, 1956118,
1957020, 1958030,
1958067, 1959011,
1959026, 1959037,
1959046, 1960007,
1961001, 1961003,
1961008, 1961023,
1963018, 1963024,
1963049, 1964038,
1965005, 1965013,
1976001, 1978011,
1978027, 1978037,
1978045, 1979016,
1979027, 1979039,
1980006, 1980010,
1980011, 1980016,
1980021, 1980023,
1980026, 1980029,
1980030, 1980035,
1980037, 1980039,
1980051, 1981015,
1981017, 1981021,
1981022, 1981031,
1981032, 1982002,
1982011, 1982013,

1982028, 1982033,
1982040, 1982048,
1982049, 1983007,
1983016, 1983022,
1983031, 1983041,
1983059, 1983060,
1983073, 1983077,
1983086, 1984007,
1984025, 1984027,
1984031, 1985051,
1985061, 1985070,
1986002, 1986042,
1986054, 1986059,
1987051, 1990054,
1991054, 1992108,
1992125, 1994047,
1994051, 1995027,
1999038, 1999057,
1999084

周予同　1947005,
1949034

周祖谟　1951014,
1954027, 1956015,
1957025, 1981017,
1982011, 1982028,
1984031, 1990021,
1994039

周作人（周启明）
1919004, 1919005,
1919006

朱　德　1940018,

1940019, 1941008

朱德海　1949044

朱德熙　1951013,
　　1979036, 1980010,
　　1980039, 1981017,
　　1981022, 1986061,
　　1986080, 1986094,
　　1986102, 1987046,
　　1988009, 1990021,
　　1990022, 1991054,
　　1992058

朱家骅　1949021

朱经农　1947013,
　　1947014

朱开轩　1998031,
　　2000014

朱穆之　1965012

朱起凤　1934019

朱文熊　1906003,
　　1916003, 1919004,

1923002

朱新均　1995061,
　　1997005, 1997031,
　　1997038, 1997049,
　　1997073, 1998028,
　　1998035, 1998050,
　　1999004, 1999019,
　　1999038, 1999062,
　　1999064, 1999074,
　　1999075, 2000002,
　　2000013, 2000014,
　　2000080, 2002037,
　　2002086

朱　星　1950063

朱学范　1947007,
　　1947012, 1954062,
　　1955065, 1955069,
　　1956012, 1956102,
　　1961017, 1965012,

1981022, 1983017

朱　勇　2002056

朱早观　1949044

朱兆祥　1954029

朱志宁　1964078

〔日〕竹中宪一
　　1981032

竺可桢　1963049,
　　1965012

竺迺刚　1983037

庄　栋　1941029,
　　1955006, 1955017

庄嘉农　1949008

庄迺昌　1950009

庄炎林　1956054

宗孝忱　1954021

邹崇理　2000093

邹韬奋　1935013,
　　1936011, 1939010

668